王仲犖著作集

㟧華山館叢稿

王仲犖 著

中華書局

圖書在版編目(CIP)數據

嵢華山館叢稿/王仲犖著. -北京:中華書局,1987.4
(2007.11 重印)
(王仲犖著作集)
ISBN 978-7-101-00141-9

Ⅰ.嵢… Ⅱ.王… Ⅲ.史評-中國-古代 Ⅳ.
K220.7

中國版本圖書館 CIP 數據核字(2006)第161178號

王仲犖著作集
嵢華山館叢稿
王仲犖 著
*
中 華 書 局 出 版 發 行
(北京市豐臺區太平橋西里38號 100073)
http://www.zhbc.com.cn
E-mail:zhbc@zhbc.com.cn
北京瑞古冠中印刷廠印刷
*
850×1168毫米 1/32・19½印張・2插頁・418千字
1987年4月第1版 2007年11月第2版
2007年11月北京第2次印刷
印數:2701-5700册 定價:42.00元

ISBN 978-7-101-00141-9/K・59

作者像

前記

感謝中華書局的諸位先生，能够給我這個機會來向讀者介紹這套著作集的作者王仲犖先生。這套著作集裏的大部分書的第一版是在二十七年前，一九八〇年的十二月。這些書最初的寫作是始於二十世紀的三十年代，後幾經修改加工，終于在文革以後的那個燦爛的春天裏得以出版。全集裏的這部《西崑酬唱集注》對於王仲犖先生而言，確有着特殊的意義：這是他的第一部專著，也是他惟一一部關於文學方面的專著，而從這以後，他便開始將自己的注意力更多地放到歷史方面去了。從王仲犖先生衆多的專著，如《北周六典》、《北周地理志》、《魏晉南北朝史》、《隋唐五代史》、《䂀華山館叢稿》、《金泥玉屑叢考》、《敦煌石室地志殘卷考釋》、《䂀華山館叢稿續編》等等，我們可以看見王仲犖像每一個史學家做的那樣，做他認爲該做的事情：歷史就是這個樣子的，它既無所謂對，也無所謂錯，把它再現出來少加評價吧。而通過這套著作集，我們却可以看見王仲犖先生的另一面：七十年前那個開始寫作這本書的二十歲青年，是怎樣讓自己靈魂在中國最燦爛的文化裏翱翔。那時的他在上海，踱步在他少年時走過的石板路上，透過十里洋場紛繁的慾望，看着家門前的松柏青翠依舊，初經人世的他感喟着生命的無常，是否也像當年的蘇軾一樣考慮過鴻飛那復計東西的人生意義呢？

王仲犖先生生於一九一三年。早年師承於章太炎先生，後在三十年代末期就職於當時的中央大學講授國文。四十年代中期由於人事傾軋，離開中大赴青島任山東大學教授。説起由於人事原因而離開中大似乎與他的爲人頗不相符，他在生活中屬於那種爲人笑容可掬而又不失頭腦的讀書人，讀書人微笑裹含着的睿智與超脱往往是很動人的，尤其是當這種微笑面對着人事的磨難與困苦的時候。在二十世紀四五十年代青島的山大，海邊的天空很藍，岸邊緊靠海水浴場的魚山路常常有馬車走過的踢踢聲，這聲音和隱約的海浪聲交織在一起，會把陽光裹的寧静襯托得很美。從海洋深處傳來的清馨會從窗臺上一直流到你的心裹去，從這裹，沿着漂浮在海面上的陽光，你不僅可以感受到遥遠天邊透着深藍色的内涵，更可以讓你跨越時空去考慮在這顆渺小如塵埃的星球上所發生的歷史。在這期間他開始整理《西崑酬唱集注》，北周的六典與地理及動筆寫魏晉隋唐的斷代史。

啓蒙老師任堇先生於書法的教誨此時像刀刻一樣明晰：「學書從篆隸入手，無他道也，取其一直一横而已。取篆之一直，取隸之一横，直不撓曲，横不欹斜。思之思之。」這些話成爲王仲犖作史的主要原則。「歷史是自己譜寫的」。王仲犖在後來曾這樣説過，歷史不是史家隨意做出來的，如果在歷史上加油加醬，其結果就會出「史」界，這樣的「歷史」就不能成爲「史」。在斷代史的寫作中，在當時的情形下寫作往往變得很艱難，最讓他感到愉悦的是關於魏晉南北朝隋唐時期的文化與佛教。而後者是由外邦傳入中國後融合入中華文化，實際上已成爲我們這個一心向善民族傳統思想的一個不可分割的部分；在關於文化方面，他最喜歡的詩人是李商隱，李商隱的詩如人，空明而圓潤，在歷史繁雜的囂聲裏，曲高和寡的李商隱顯得明麗而又大器，在一個很小的範圍裏能創造出一個非常完美的世界。而這個完美世界又常常在那個時代的黑暗襯托下，誠如雨天裏的布穀鳥，近處聽着，它的叫聲没有别的鳥兒響亮，然而，只有它的啼唱才能在南國秋雨的煙朦中傳得很遠。但是，並不是所有的工作都是這樣的輕鬆。在我們的歷史中，有着太多的遺憾與殘酷，在這裏，王仲犖先生作爲一個史學家當然無法回避，但是不可否認的是，對這些專著的寫作，的確給他提供了一個可以回避的場所。

作爲一個浸潤於我們祖國傳統文化的文人，王仲犖以他特有的倜儻與瀟灑來面對他自己的生活：他平安度過五十年代末後，被借調入北京標點二十四史共十三年。十幾年的時間裏他獨自生活在北京，對這段生活筆者也無從瞭解，而只有他自己的詩句「十年踏破萬街塵，老至愁經客子春」能够説明他的情況，而這的確意味着他能避開「文革」衝擊的喧囂，讓他在工作之餘，在這份難得的平静裏得以整理自己的舊著。作爲近代的史學家，像王仲犖先生著作之豐碩是不多見的，這要得益於這段平静。

一九八六年，王仲犖先生溘然長逝在他自己的書房裏。而我們能够做到的就是從這套著作集的字裏行間，去尋找作者靈魂的痕跡，那些非常美麗的痕跡。

收入《王仲犖著作集》的各書，原係不同出版社出版，此次對所有原書《前言》均予以保留，未加刪削，以資參考。

《魏晉南北朝史》、《隋唐五代史》及《敦煌石室地志殘卷考釋》三書，承蒙上海人民出版社、上海古籍出版社許可據其原版重印，對他們的支持，表示衷心的感謝。

二〇〇七年六月鄭宜秀於濟南山東大學峼華山館

前　言

這是我四十多年來所寫的論文，怕丢失，就凑成這本集子，因爲最後是在濟南寫成的，故名曰《嶠華山館叢稿》。

第一個組成部分是古代社會史討論，本來只有三篇論文，即《春秋戰國之際的村公社與休耕制度》、《兩漢奴隷社會説》、《魏晉封建論》。都是五十年代中期的作品。後來總感到講村公社而不講井田制度是一種缺憾，於是在八十年代初，又寫了《井田制度考》和《圭田考》。一九八四年五月，東京講學歸來，又寫了《奴婢上户籍始於北魏》一篇小文，來補充前説之不足。

六十年代初，山東歷史研究所發動孔子的討論，老實説，這題目，我是不感到興趣的，可是經不起領導的動員，寫了有關孔子的論文三篇來響應，這就構成了本集的第二個組成部分。這裏應該加以聲明的，我已經感覺到當時「左」的風向，感覺到在陰暗角落裏，正有人在捲袖摩掌，在拿起棍子來整人，我特别警惕，參加孔子討論，我始終不敢觸及孔子的思想本質「仁」和「禮」的問題，這是孔子討論中的敏感部分，我終於迴避了。儘管如此，文化大革命一開始，我孔子討論的三篇，也被尋章摘句地受到歪曲，成爲放毒的文章。其中對子産的評價，因爲和當時的「左派」權威學者觀點不同，當時被視爲異端，終於被揪了出來，被打成反動學術權威，挨了批評。

第三個組成部分，是關於中國資本主義萌芽問題的討論。一九五〇年，我在北京學習，碰到嚴中平教授，大家欣幸新中國的誕生，國家長久處於不平等的經濟地位可以翻身了。怎樣借鑑於我國古代歷史和近代歷史，怎樣鼓勵人民的勞動積極興趣呢？中平教授是《中國棉紡織史稿》的作者，我受到他的啟發和幫助，於是也熱情地參加我國資本主義萌芽問題的討論。尤其茶葉經濟這篇文章，基本觀點受到中平教授的影響很大，他真是我的良師益友。到了六十年代初期，「左」的風向愈吹愈緊，人民大學尚鉞教授因爲寫了資本主義萌芽的文章，而受到批判，我看風色不善，也趕緊偃旗息鼓，草草收場。這方面一共六篇文章，現在全都收在這個集子裏。

第四個組成部分，是有關吐魯番出土文書三篇，那是七十年代初期，文化大革命尚在進行，我被調往北京中華書局點校二十四史的《宋書》和《南齊書》。點校之暇，《文物》雜誌社拉我寫稿，我就寫了三篇。文書材料，都是由《文物》雜誌社和新疆博物館供給的。

第五個組成部分，是有關敦煌石室發現的氏族志文章，一共寫了三篇，連一九四八年寫的《〈元和姓纂四校記〉書後》，一共是四篇。這幾篇文章，也有紮實的，如果顧步自憐的話，我是較滿意的。

第六個組成部分，是古籍介紹。六十年代初，山東大學歷史系負責編選《資治通鑑》，並由我寫了一篇序言。《歷史教學》雜誌社約我寫《〈資治通鑑〉和通鑑學》，我就在序言基礎上寫成了這一篇普及性的介紹教材。八十年代初，我又和內人鄭宜秀合作寫了《〈册府元龜〉在校勘學上的價值》和《〈通鑑考異〉的史料考訂價值》兩文，現在徵得宜秀的同意，也收在這本集子裏。六十年代初期，我在北京中華書局點校二十四史，晚上借觀影印《永樂大典》殘卷，寫成《渤澥一勺》，也收在這一組裏。

第七個組成部分，凡是歸納不到前面六個部分的都收在這一組裏。我寫成《魏晉南北朝史》時，上海人民出版社編輯部認爲某些章節較爲支曼蕪雜，因此删去了一些。承林煒卿先生好意，選擇删去章節中長一些的文字，用剪刀剪下來，寄還給我。書出版後，我也記不清哪些被剪裁，哪些經删節了，有暇把寄來的落選史料，寫成《魏晉南北朝史餘義》，發表在上海《歷史教學問題》上，現在又把它收入本集。《讀史札記》是我的處女作，我讀二十四史時，把疑義都寫在書的眉頭上，朱季海兄主編《考文》，向我徵稿，我就從史漢眉頭上的内容，寫成小文塞責，以後準備一史一史寫出來，可惜戰争旋起，《考文》停刊，我的那部二十四史也在離亂中被人作廢紙賣了，只剩下這篇小文，作爲紀念吧！五十年時光真是一瞬，想到這裏，不勝感慨。

《秦橋未就已沉波》一文，是四人幫倒了以後才寫的。在四人幫當權的年代，人們捧秦始皇，以爲千古一帝，到了四人幫倒臺後，對秦始皇的評價，又是一百八十度轉彎。我認爲應該給秦始皇一個準確的評價。秦始皇的航海求仙，應該看作探索海洋、瞭解海洋、征服海洋，從大陸國家一旦轉變爲海洋綫很長的國家，這個舉動，不可厚非。至於築長城，修馳道，南開五嶺，當然太急促了些，没有給人民一個喘息機會。若乎造驪山墓，起阿房宫，那就更不應該了。一旦身死，天下土崩瓦解。秦始皇所幹的這些有害於人民的事，應該作爲借鑑，有益的事情，應該加以肯定。

《齊民要術》的討論，是山東省社聯召開的，我也被邀參加。可是五穀不分的我，在這類會上是没有發言權的，所以我只考證了《齊民要術》的成書年代，聊以塞責。

《太炎先生二三事》，是我在揚州師範學院的演講，和在日本東京大學社會科學研究所座談會的講話，又經過改寫而成。以一個學生來介紹老師，當然有偏愛偏護的地方，所以是不十分適宜的。但已經講了，已經在刊物上發表過，又轉載過，還是收在集子裏吧。

最後一篇，是自我介紹，談談治學經過，知我罪我，有厚望於並世學人，有以教我。

一九八四年八月王仲犖寫定於山東大學新校南園之峼華山館。

目次

春秋戰國之際的村公社與休耕制度

中國古代整個經濟之所以長期地帶原始性和自然性，是和村公社的長期地和頑固地保持，有聯帶關係的。馬克思在《資本論》裏説：「在印度和中國，生產方式的廣濶基礎，是由小農業和家庭工業的統一形成。此外，在印度，又還有在土地共有制基礎上建立的村社的形式要加進來；這種村社在中國也是原始的形式。」（馬克思《資本論》第三卷，人民出版社一九六六年第二版，第三七三——三七四頁）可見村公社的形態，在中國，一直在階級社會中，還繼續存在很久，這是無可否認的事實。

很多的史學工作者，把中國過去曾經存在過的井田制度來證明村公社土地所有制的存在，是非常正確的。不過，關於井田制度存在的時代太遥遠，史料又太龐雜，又很不具體，從來做井田制度考訂工作的人，又把它講得複雜化了，以致很難整理。本文想通過周代休耕制度的存在來説明周代村公社在經濟制度上所能發揮的性能，以及當時村公社所有土地的分配制度。

自上古時起，在黄河及其支流所灌溉的盆地和平原上居住的人民，很早就已把農業作爲他們經濟的主要部門了。由於雨雪量分佈的不平均，使當時居民不能不仰仗人工的灌溉；同時，由於夏季融解的積雪，使崑崙東斜面的水源，挾黄土沉澱物往東流注，不斷地淤塞河牀，以致河水往往泛濫成災，居民還須與黄河災害性的泛濫，經常需要進行有組織的鬥争。

廣濶的草原、平原和接近河流肥沃的山地，自古以來，即已居有遊牧的部落，中國的農人經常要防禦這些草原遊牧人和山居部落的侵襲。爲了保衛領土，抵抗入侵，尤其是爲了統一全部水利網來適應大規模灌溉事業的需要，顯然地有集中氏族貴族强化軍事首長的必要。因此，國家形態是比較早熟的，公社殘餘，遺留在階級社會中，也特别嚴重。

集中全國土地於國家的手中，統一全部水利網，造成國家機關的集中制，這就是古代國家内政的根本任務。當時的統治者以組織灌溉工作爲榮，在古人看來，大禹治水的勳績是千載不朽的。

許多世紀中，村公社的繼續存在，成爲古代專制國家停滯性的堅强基礎。

所有村公社的成員，只能成爲土地佔有者——他的佔有，也是經由勞動實踐過程爲前提之下發生的——而不是土地的所有者。「實際的、真正的所有者——那是公社」（馬克思《前資本主義生產形態》）。公社的剩餘生產品，全部或絶大部分，又必須通過貢賦和租税等等形態，集中到高居於各公社之上的代表着「共同體的個人」，或代表着國家作爲「最高的所有者或唯一的所有者」（《前資本主義生產形態》）的國君手裏。國家認爲它有剥奪公社土地和隨意處分一切土地的絶對權力。「普天之下，莫非王土，率土之濱，莫非王臣」（《詩·小雅·北山》），就是這種村公社與專制主義關係的最好註脚。

公社成員既不是公社土地的所有者，那麽，他本身就會變成公社的財産，也就會變成專制君主變相的奴隸。馬克思所説的「盡人皆是奴隸之東方」（《前資本主義生產形態》），就是指這種現象而説的。

他們把農業和家庭手工業結合在一起，完成着自給自足的生產，他們要經常地向他們的統治者服勞役，也貢獻物品。

這些公社成員們，在身份上雖是「自由」的，在經濟生產上也是獨立的，但這不等於説這些公社成員們所受的剥削和壓迫就比以後的奴隸和依附農民們來得輕，在某些情況下，他們所遭受的壓迫和剥削，也許還要重得多。在這種特殊形態裏，自由人生產還是佔重要的地位，奴隸的勞動，不能盡量代替自由人的勞動，這樣，不但阻礙了奴隸形態的發展，也會阻礙了以後農奴形態的充分發展。

這種停滯不前的古代村公社，一直延續到春秋戰國之際，還是起極大的作用。這種村公社，在當時名之曰「社」。所以名之曰社的原因，因爲「社爲五土之總神」（鄭玄語），古代人在社祭的時候，社神中位置最高的是「田祖」，田祖是「始耕田者」，同時也就是司收穫之神——先穡。要土地上的作物豐收，在古人看來，必須祈求田祖，無怪《詩·小雅·甫田》章裏有「琴瑟擊鼓，以御（迎迓）田祖，以祈甘雨，以介我稷黍」等詩句了。在神的崇拜方面，氏族公社和村公社是有顯著不同之點的。由於氏族公社，是以血緣作紐帶的，因此，一個氏族必然地共同崇拜一個在他們看來是可以作爲神靈的祖先，而村公社呢，却不然。無論村公社在當時帶着氏族殘餘如何嚴重，但它的基礎，却已經是經濟和地域的關係了。一個村公社之內，包括許多單個的獨立的家族，實際上，各家族之間，已不可能有一個共同的祖先來崇拜了，於是他們必須祀奉起一境之内所共崇拜的司收穫之神來了。由於每個村公社都崇拜他們所祀奉的司收穫之神，於是祀奉司收穫之神的「社」，也逐漸變成村公社的專有名稱了。《禮記·祭法》云：「王爲羣姓立社曰大社，王自爲立社曰王社，諸侯爲百姓立社曰國社，諸侯自爲立社曰侯社，大夫以下成羣立社曰置社。」鄭玄注云：「大夫不得特立社，與民族居，百家以上，則共立一社。」從這些記載看來，可見「置社」才是村公社的基層組織，也就是到了後來名爲「里社」的。

在各個村公社內，包括許多單個的獨立的家族，家族的數目是不等的。《管子·乘馬篇》記載春秋時代的齊制：「方六里名之曰社。」平方六里，也就是三十六里，一里住八個家族，三十六里住二百八十八個家族，也就是說，一個村公社可以容納二百八十八個獨立的家族。倘若這平方三十六里之內的土地，三分之二是休耕地的話，那麽就只能容納九十六個家族了。和百家共立一社，數目也很接近。一般的説來，較大的村公社組織可以包括獨立的家族一百個左右。較小的村公社組織，也包括獨立的家族二十五個。前者——即包括獨立的家族一百個以上的，是西周初年較原始的村公社形態；而後者——即包括獨立的家族二十五個的，已經是晚周之法，村公社的後期形態了。

較原始的村公社形態，包括獨立的家族一百個，《周禮·大司徒》：「五家爲比」，「五比爲閭」，「四閭爲族」，一族一百家。《詩·周頌·良耜》：「以開百室」，「百室盈止」。鄭玄謂：「百室者，出必共洫間而耕，入必共族中而居。」這裏所指的族，正是指百家爲族的族而言的。鄭玄《禮記·祭法》注「大夫不得特立社，與民族居，百家以上，則共立社」。百家爲族，百家立社，這種社，也就是上文所提到過的「置社」了。

村公社的後期形態，只包括二十五個獨立的家族，這方面的材料比較多。《説文》示部云：「社，地主也，《周禮》二十五家爲社。」其實《周禮》本文無二十五家爲社之説，而是漢代的經師解釋《周禮》的時候，有這種説法，據應劭《風俗通義·祀典篇》引作《周禮説》可證。此外又如《史記·魯世家》集解引賈逵《左傳》注，《左傳》昭二十五年、哀十五年杜預注，《吕氏春秋·慎大覽》高誘注，《漢書·五行志》顔師古注引臣瓚説，《管子·小稱篇》尹知章注，《史記·孔子世家》索隱，《荀子·仲尼篇》楊倞注都説「二十五家爲社」。孔穎達《郊特牲》疏云：「周之政法，百家以上得立社；其秦漢以下民二十五家則得立社。故《鄭志》云：《月令》命民社，謂秦社也，自秦以下，民始得立社也。」鄭玄所指的「自秦以下，民始得立社」，並不是説秦以前没有社，或没有書社，《商君書·賞刑篇》：「武王與紂戰於牧野之中，大破九軍，卒裂土封諸侯，士卒坐陳者，里有書社。」《吕氏春秋·慎大覽》：「武王勝紂，與謀之士，封爲諸侯，諸大夫賞以書社。」説明周初已經出現「書社」這個名稱了。《商君書》和《吕氏春秋》都可以説是第一手的資料，應該説是非常可靠的材料。當然，周初的書社，是百家爲族的社，而不是二十五家爲社的社。自爰其田的爰田制度實施以後，二十五家爲社的書社，才固定化了起來。秦漢以下，村公社瓦解，農民自由組合成社，如《漢書·五行志》所載，「建昭五年（公元前三四年），兖州刺史浩賞禁民私所自立社」，顔師古注引臣瓚曰：「舊制二十五家爲一社，而民或十家、五家共爲田社，是私社。」又如《隋書·禮儀志》所載：「百姓二十五家爲一社，其舊社及人稀者不限。」這種社，只是「春祭社以祈膏雨，秋祭社以報功」，不再起着村公社的職能。鄭玄所指的「秦社」，恐怕是指這種社而言的。

自西周以來，村公社還起着極大的作用，它詳細地記載着村公社内各個家族的户口數字，勞動的負擔量和牛馬的統計數，製好「版籍」以後，把一份送到高居於各公社之上的國君那裏去。因爲村公「社之户口，書於版圖」，所以稱這種村公社爲「書社」。

《左傳》哀十五年杜預注：二十五家爲一社，籍書而致之。

《管子·小稱篇》尹知章注：古者羣居二十五家則共置社，謂以社數書於策。

《荀子·仲尼篇》楊倞注：書社，謂以社之户口，書於版圖。

按版圖，鄭司農《周禮·宫伯》注：「版，名籍也，以版爲之，今時鄉户籍，謂之户版。」《釋名·釋書契》云：「籍，籍也，所以籍疏人民户口也。」鄭玄《周禮·司會》注云：「圖土地形象，田地廣狹。」《大戴禮記·千乘篇》：「殷(版字之譌)書爲成男成女名，屬升於公門。」稱之爲書社，就是説它登記了人民户口，牛馬頭數和圖寫土地形象。春秋戰國之際，一個較大的國家，可能擁有這類生産整體的村公社數千個。如《管子·小稱篇》：「公子開方以書社七百下衛矣。」《左傳》昭二十五年：「公孫於齊，齊侯曰：『自莒疆以西，請致千社。』」《史記·孔子世家》：「冉有曰：『雖累千社，夫子不利也。』」一個地區，有一千個生産整體的村公社，在當時是極普遍的現象。

在這種村公社中，保存有公有制的殘餘，主要是土地的共有。草地、森林、牧場是公用的，耕地雖然分給各個家族，但不是各個家族的私有財産，而只是暫時歸其使用。《王制》裏有「田里不鬻」的話，雖是後來人的解釋，其實是符合當時實際情況的。

村公社在社會分裂出階級之後，還能存在這樣久，其所以能長期存在，是與當時農業技術的實際情況相密切聯係的，從西周以來，不但三圃制在農業中佔支配地位，而且在灌溉事業不發達的地區，二圃制和三年輪種一次的休耕法，也還繼續地普遍地存在。用這種方法進行耕種時，村公社不僅調整對庭園地的利用，而且調整着對耕地的耕種。《周禮》一書，雖是晚出，但它給我們保存了不少春秋戰國以前的珍貴史料，尤其關於古代休耕法的記載。如《周禮·大司徒》職文云：「凡造都鄙，制其地域而封溝之，以其室數制之。不易之田，家百畝；一易之田，家二百畝；再易之田，家三百畝。」鄭司農注云：「不易之田，歲種之，地美，故家百畝。一易之田，休一歲乃復種，地薄，故家二百畝。再易之田，休二歲乃復種，故家三百畝。」《周禮·遂人》職文云：「辨其野之土，上地、中地、下地，以頒田里。上地，夫一廛，田百畝，萊五十畝，餘夫亦如之。中地，夫一廛，田百畝，萊亦百畝，餘夫亦如之。下地，夫一廛，田百畝，萊二百畝，餘夫亦如之。」鄭玄注：「萊，休不耕者。」上引《周禮·大司徒》職文，「不易之田，家百畝」，《遂人》職文，上地夫「田百畝，萊五十畝」。一有休耕地，一無休耕地，出入是很大的。據鄭玄的解釋，認爲鄉、遂之制不同，六鄉之上地無萊，「六遂之民，雖上地猶有萊，所以饒遠也」。孫詒讓不同意鄭玄的説法，認爲「六鄉上地無萊，非也」。孫氏《周禮正義·遂人》職文下又云：「考諸大司馬之職，上地食者三之二，中地食者半，下地食者參之一。夫食者參之二，謂三分百五十畝，而歲種其二也。食者半，謂歲種二百畝者半也。食者參之一，謂歲種三百畝者一也。歲種二百畝之半，三百畝之一，固皆百畝也。三分百五十畝而歲種其二，亦曷嘗饒於不易之畝數哉。抑百五十畝而歲種其三之二，則歲休其一也，休其一而種其二，則是不易者多，而易者寡，易止一歲，而不易連二歲，特稍遜於皆不易者耳，此又上地與不易者之等，所以異而同者也。」

班固《漢書・食貨志》，也就是根據《周禮・大司徒》職文爲藍本而寫了：「民受田，上田夫百畝，中田夫二百畝，下田夫三百畝。歲耕種者爲不易上田；休一歲者爲一易中田；休二歲者爲再易下田，三歲更耕之。自爰其處。」古人田萊連稱，據孫詒讓《周禮正義》云：「云萊休不耕者，以對田言之。田爲當歲耕者，則萊爲休不耕者也，謂之萊者，《王制》釋文引何胤云，草所生曰萊。又引庾氏云，萊，草也。按萊本爲草，因名田休不耕，但生草者，謂之萊。」萊既是休耕地，根據《周禮・遂人》職文，上地夫「田百畝，萊五十畝」，百畝是每年耕種的土地畝數，五十畝是休耕地，上田肥美，故採取三圃制的耕種方法。中地夫「田百畝，萊亦百畝」，百畝是每年耕種的土地畝數，另外百畝是休耕地，中田地薄，故採用二圃制的耕種方法。下地夫「田百畝，萊二百畝」，百畝是每年耕種的土地畝數，另外二百畝是休耕地，下田地薄，故採用三年輪種一次的休耕法。

三圃制、二圃制和三年輪種一次的休耕法，本來不是同一時期的產物，而是先後發展起來的。我們知道在農業尚未工業化以前，耕作技術一般發展形態，可以分爲四個階段：在第一個階段，農人用其極原始的工具進行耕作，或者用火清除樹木，開闢土地，需用大量時間和大量勞動。用火清除土地後的樹木殘灰，趁下雨流水的機會，浸潤新開闢的地面，以作天然的肥料之用。經過一年或幾年之後，「地力已竭，嘉穀不生」，則任其荒置，又重新開闢新的土地來進行耕作。這種耕作方法，不用說是極其原始的。第二個階段，隨着金屬（銅、青銅）工具的發展，爲農業生產的提高造成了更爲廣大的可能。同時也知道了利用休耕來休養地力的方法。但在開始利用休耕的方法時，是不規則的，大概在一定的年間，在這一塊土地上栽培穀物，到了地力漸衰，則棄爲草地——萊，經過相當長的時期休耕以後，地力漸復，又放火焚草——焚萊，用來耕種。後來漸漸從不規則的休耕制，發展到三年輪種一次的休耕制。區分耕地爲三部分，其中每年只有一區耕種，其他二部分則爲休耕地。這種複圃制的特徵，卽是有計劃有次序的休耕。隨着農業技術的進展，又有二圃制、三圃制的出現。二圃制是分耕地爲二部分，一地耕種，一地休耕，各地每隔一年卽休閑一年。三圃制是區分耕地爲三部分，其中每年只有一區休耕，其他兩部分則栽植穀類。在休閑的耕作方法階段中，最進步的耕作方法就是三圃制了。此種耕作方法，雖較第一個階段爲進步，但每年須休耕土地三分之二，二分之一，或三分之一，在土地利用上，仍是不經濟的經營方法。第三個階段的耕作方法，比第二個階段更有進步。此時仍是將土地分爲若干區，但並不採用休耕的舊法來休養地力，反之却用輪植的辦法來恢復養料。例如豆科作物如菽豆、豌豆之類，爲窒素的生産者，而非豆科的作物如小麥、黑麥、燕麥之類，則爲窒素之消耗者，兩者輪流而種，不特無損於地力，而且有益於作物。當然，在這一階段裏，輪流栽植的方法，也是向前發展的，從幾區的輪種發展到十幾區的輪種，從粗陋的豆科輪種發展到最近精密的科學輪種，這種耕作的方法，一直到近代還有它巨大的意義。第四個階段，因受科學分工的影響，每個農場專精一種作物，投入多量的肥料和勞動，使能獲得最高的收穫量。當然，比之以後工業化的農業，還是瞠乎其後了。但比之上一個階段，也是一種進步。

春秋戰國之際，還留滯在第二個階段，休閑耕作方法階段中，三年輪種一次的休耕法和二圃制還佔支配地位，而三圃制正是在發展的時期。《呂氏春秋·任地篇》裏有「凡耕之大方，……息者欲勞，勞者欲息，……今兹美禾，來兹美麥」。正是指休耕法和輪種法而言的。又同書《樂成篇》裏説：「魏氏之行田也以百畝，鄴獨二百畝，是田惡也。」也可證明二圃制的耕作方法，在三晉尚極爲普遍。

《爾雅·釋地》：「田一歲曰菑，二歲曰新田，三歲曰畬。」這就是指休耕土地而言的。劉師培云：古代之田制，「歲耕稼者謂之畬，間歲一耕者謂之新田，三歲更耕者謂之菑。」原注：「《爾雅·釋地》言，一歲曰菑，卽言三歲之中，僅有一歲可耕也。二歲曰新田，卽言三歲之中，僅有二歲可耕也。三歲曰畬，卽言三歲之中，每歲皆可耕也。」更由此而引申，採用二圃制的休耕地，亦得謂之「新田」，採用三年輪種一次的休耕法的休耕地，亦得謂之「菑」。又進而引申，已休耕一年之休耕地爲「新田」，已休耕二年之休耕地爲「菑」。《詩·小雅·采芑》：「薄言采芑，于彼新田，于此菑畝。」正是説採芑菜於已休耕一年與二年的休耕地上耳。有些人把「菑」釋作新開墾才一年的耕地，把「新田」釋作新開墾才二年的耕地，把「畬」釋作新開墾才三年的耕地，是錯誤的。古代人給不同年度的休耕地予以不同的名稱，也見得古代農人對於休耕制度的重視。

上面講的是休耕法，現在我們再來討論由於休耕法所引起的村公社所有土地的定期分配制度。

村公社一開始，就把村公社所有的土地，按期均分於各家族去耕作，各家族在一定期間內得享有這塊土地的收益。這種期間，最初爲一年，繼爲二年、三年，期滿則重新分配。當古代中國，三年輪種一次的耕作方法開始出現的時候，土地的分配，大概是一年一次的。隨着二圃制的出現，村公社的土地，有些可以採用二圃制的耕作方法；有些比較「墝埆」的土地，灌溉又不便利，還須採用三年輪種一次的休耕法。土地既有肥薄美惡，村公社對土地的重新分配制度，也不得不有所調整，那麽也一定會規定出：一年耕種三年輪種一次的土地，一年耕種二圃制的土地，從一年一次的分配制度，延長爲二年一次的分配制度。分配的年限固然定爲二年，可是二年之內，農人所耕種的也不同是這塊土地。到了周代，三圃制也出現了，在三圃制耕作方法出現的初期，三年輪種一次的休耕法和二圃制還是在土地有高下美惡的情況下存在着的。村公社對土地的重新分配制度，又不得不有所調整，那麽就會規定出：一年耕種三年輪種一次的土地，一年耕種二圃制的土地，一年耕種三圃制的土地。從二年一次分配的制度，又隨着生産力和農業技術的發展而延長爲三年一次的村公社土地分配制度。何休《公羊傳》宣十五年注：

司空謹别田之高下善惡，分爲三品，上田一歲一墾，中田二歲一墾，下田三歲一墾，肥饒不得獨樂，墝埆不得獨苦，故三年一换土易居，財均力平。

正是指村公社土地的分配制度發展的這一段落而言的。馬克思曾説過：「農業公社的社員並没有學過地租理論課程，可是他們瞭解，在天然肥力和位置不同的土地上消耗等量的農業勞動，會得到不等的收入。爲了使自己的勞動機會均等，他們根據土壤的自然差別和經濟差別把土地分成一定數量的地段，然後按農民的人數把這些比較大的地段再分成小塊。然後，每一個人在每一塊地中得到一份土地。」（馬克思《給維·伊·查蘇利奇的復信草稿——三稿》，《馬克思恩格斯全集》第十九卷第四五二頁，人民出版社一九六三年第一版）中國古代的村公社的土地分配制度，不是正符合馬克思這一説法嗎？

古代的村公社，春則令民「畢出於野，冬則畢入於邑」。在野的居所稱做「廬」，在邑的居聚地稱做「里」，「里」的庭院土地和院内建築物，很早就成爲公社成員的私有財産了，而田中的居廬，則還是村公社所有。根據村公社土地一年、二年或三年的重新分配制度，田中的居廬也隨着耕地而調整。這就是上引何休《公羊傳》注所提到的「换土易居」。段玉裁《説文解字》注：

古者，每歲易其所耕，則田廬皆易。云三年者，三年而上中下田偏焉。

孫詒讓《周禮正義》云：

周制，三等授田之人，彼此相易，當年耕上田百畝，二年耕中田二百畝之百畝，三年耕下田三百畝之百畝，至四年而仍耕上田百畝。是以易居爲爰田，有不易而無不爰之田。

這種隨着耕地而調整居廬的辦法，後代的人是無法瞭解的，無怪以一代經師的孫詒讓，也要認爲這種制度如果真的實行過的話，也徒然使「田廬改易，紛擾無已」了。

《左傳》僖十五年（公元前六四五年），晉作爰田。孔穎達疏引服虔、孔晁兩家的解釋：「爰，易也。賞衆以田，易其疆畔。」《國語·晉語》作「轅田」，韋昭注引賈逵説，亦訓轅爲易，義與服虔、孔晁同。《説文解字》走部云：「趄，趄田易土也。」其實這爰、轅、趄三個字，就是上引何休《公羊傳》注中「换土易居」的换字，爰田就是换田。後於晉國三百年，秦孝公又在公元前三五〇年，用商鞅言，制轅田。《漢書·地理志》云：

秦孝公用商君，制轅田，開阡陌，東雄諸侯。

顏師古引孟康云：「三年爰土易居，古制也，末世浸廢。商鞅相秦，復立爰田，上田不易，中田一易，下田再易。爰，自在其田，不復易居也。」由此可見，爰田有兩種，一種是較原始的就是我們上面所提到過的隨着耕地的重新分配而同時調整耕地上居廬的「换土易居」的方法，另一種則是「自爰其處」的方法。班固在《食貨志》敍述周代授田制時，最後拖了一句「自爰其處」四個字。意思自説這些授予各個家族的上、中、下三等土地，都已經是固定化了的，由各個家族在受田之後，任其自己根據土地肥瘠來適當地進行輪流休耕法，如受上田百畝又萊五十畝的話，那麽就在自己這一百五十畝的份地上進行三圃制的耕種方法；如受中田二百畝的話，那麽就在自己這二百畝的份地上進行二圃制的耕種方法；如受下田三百畝的話，那麽就在自己這三百畝的份地上進行每百畝三年輪種到一次的休耕法。其實班固所説的「自爰其處」的休耕制度，把它拿來解釋作爲西周初年的村公社土地分配制度是錯的，然而把它來解釋晉的「爰田」制和秦的「轅田」制，却恰恰相合。因爲晉國和秦國的爰田或轅田制度，正只是在農民份地上進行的休耕制度，而不是村公社土地的重新分配制度了。也就是説，在晉國和秦國製訂

「爰田」。「轅田」以前，村公社在土地的共有方面，保存有公有制的殘餘還特别嚴重，耕地雖分給各個家族，但不是這些家族所得私有的財産，只是暫時歸其使用，每經三年都要由村公社來重新分配的，這也説明那時的村公社，還能起着調整公社耕地的作用。晉國和秦國在製訂爰田、轅田以後，公社農民受田的，不管是上田一百五十畝，中田二百畝，下田三百畝，從此授而不還，都由自己來適當地在自己的份地上進行耕種和休閑，從此村公社不再作全面的三年一次的總調整了。過去，公社的土地和居廬，是彼此互易，由村公社來重新分配，所謂「换土易居」的。至此，村公社的土地已逐漸固定化，定期重新分配的制度宣告結束，彼此土地居廬，更不相易，公共財産制度的日益消亡，個體生産和私有財産制度的日益佔支配地位，也就會加速了以後村公社的瓦解。村公社所有土地剛向各個家族私有轉化之始，土地在名義上還是村公社所有的，以後逐漸開始轉變爲私有財産了，村公社至此快失去它經濟上的意義了。

古代國家的物質基礎，既是村公社土地，隨着時間的推移，國家把村公社的土地，抓在手裏，有時以賞賜的方式賜予大貴族。這一舉動從西周開始，到了春秋戰國之際，尤其頻繁。

《商君書・賞刑篇》：武王與紂戰於牧野之中，大破九軍，卒裂土封諸侯，士卒坐陳者，里有書社。

《吕氏春秋・慎大覽》：武王勝殷，與謀之士，封爲諸侯，諸大夫賞以書社。

《晏子春秋·内篇雜下》：景公謂晏子曰：「昔吾先君桓公，以書社五百封管仲，不辭而受。」

《荀子·仲尼篇》：齊桓見管仲，與之書社三百，而富人莫之敢距。

《管子·小稱篇》：公子開方以書社七百下衛矣。

《吕氏春秋·知接篇》：衛公子啟方以書社四十下於衛。

《左傳》昭二十五年：齊侯唁公曰：「自莒疆以西，請致千社。」

《左傳》哀十五年：齊與衛地，自濟以西，禚、媚、杏以南，書社五百。

《晏子春秋·内篇雜上》：景公與魯君地，山陰數百社。

《晏子春秋·内篇雜下》：景公禄晏子以平陰與藁邑反市者十一社。

《吕氏春秋·高義篇》：越王請以故吴之地，陰江之浦，書社三百，以封夫子。

這種作爲賞賜品的書社，並不是賞賜以後，村社農民的身份立刻轉化而變爲貴族的農奴了。村社農民仍舊是編户齊民，身份不變；公社的組織形式也依然不變，只是把公社的剩餘生産品，過去集中到高居於各公社之上的國君手裏的貢賦或租税，現在分割其中三分之一到受賞賜者的手裏去，如《周禮·夏官·司勳》職：「掌賞地之政令，凡頒賞地，三之一食。」孫詒讓云：「此賞地三分，受者食其一，其不食者二分，入於王。」

愈到春秋末期，村公社作爲賞賜品的記載見之於史的也愈多。周衛齊越諸國「書社」的轉賜，尤爲頻繁。以此與周初克殷，成王分魯公以殷民六族，分康叔以殷民七族，分唐叔以懷姓九宗（見《左傳》定四年)來比較,前者是以血緣爲紐帶的氏族共同體爲賞賜臣屬的單位,而後者以地域爲範圍的村落共同體爲賞賜臣屬的單位,這兩者在階級社會中,雖都是以殘存的形態遺留着的,但同時正也標誌出社會發展不同段落的里程。

由於周代農業中,三年輪種一次的休耕法、二圃制、三圃制佔支配地位,村公社每三年重新分配一次的制度,也還繼續遺留,因此,那時村公社的土地是整體的,不可能以土地的畝數或農家的户數爲單位來分割作爲賞賜品,所以見之於史的,也都是以生産共同體的「書社」爲賞賜單位了。晉國在制爰田之後,郡縣制度首先在晉國出現,這種新興的郡縣,因爲它是在晉國的村公社已不對公社耕地起調整作用以後,也就是説村公社已不成爲晉國的生産整體以後,才更發展起來的,所以它只是以地方行政機構的姿態來出現,而不是以比村公社高一級的機構的姿態來出現了。從此,晉國的賞賜之法,也有異於前,如晉「襄公以再命命先茅之縣賞胥臣」(《左傳》僖三十三年)。所謂「克敵者,上大夫受縣,下大夫受郡,士田十萬」(《左傳》哀二年),到了戰國初年,《戰國策·魏策》稱「魏公孫痤爲魏將,而與趙、韓戰澮北,禽樂祚,魏王以賞田百萬禄之;於是索吴起之後,賜之田二十萬,巴寧、爨襄田各十萬」,從這些材料看來,也已經不是用「書社」來作爲賞賜單位了。秦國變法後,采取了「轅田」制,各個獨立家族,在生産上日益佔支配地位,土地逐漸變成爲私有財産,村公社在經濟意義上,已經不能和過去一樣是整體的東西了,用村公社來作爲賞賜的單位,也完全不合適了,代之而起的,自然是《荀子·議兵篇》裏所提到的,秦人「功賞相長也,五甲首而隸五家」的新的制度了。賞田十萬也好,賜之田二十萬也好,隸五家也好，賞地上的農民，也還是編户齊民，而不是受賞賜之家的依附農民，賞地上的租稅，受賞者三分食其一，其餘三分之二，貢獻給國君。

現在，人們認爲「自爰其處」的爰田在前，爰田逐漸破壞，才形成「書社」。我認爲不應該這樣來處理。耕作制度的發展變化、村社制度的發展變化，兩者之間存在着緊密的關係，但這是兩個概念，應該加以區别。公社的變化發展是先有以血緣爲紐帶的氏族公社，後有以地域爲範圍的村公社，在中國，村公社稱爲「書社」，「書社」可以分做兩個階段，第一個階段，尚留滯在「換土易居」的時期，當時的村社，大概是「百家爲族」的「書社」。第二個階段，已發展到「自爰其處」的時期，當時的村社，大概是「二十五家爲社」的「書社」了。「書社」破壞，就逐漸變爲「里社」和「私社」了。休耕制度呢，在換土易居階段，是一個時期，在自爰其處階段，又是一個時期，這兩個時期，它的上層建築都是「書社」。前者是百家爲族的書社，後者是二十五家爲一社的書社。晉國在公元前六四五年作爰田，秦國在公元前三五〇年制轅田，在晉秦作爰田之前，出現許多以「書社」爲賞賜之事，在晉秦作爰田之後，從此在晉秦兩國的記載上却不見「書社」之名，怎麽能説爰田在先，書社在後呢！

古代中國各邦國之間，經濟發展是極不平衡的。因此，換土易居制度之變爲自爰其處，時間也有先有後。

換土易居制度的首先開始變化是晉國，公元六四五年，「晉作爰田」，就可以算作村公社土地制度很大的變化。晉國地處黄河中流，有汾水、涑水流域的灌溉，是中國農業最早發達的地方，中國歷史的序幕，唐、虞、夏三代的傳説，都是以這一地區爲發祥地而展開的。晉在春秋初年的諸國中，農業生産力也比較發達，人口也隨着生産力的發展而急速增加。可是那地區的村社農民，一方面，由於繁重的兵役，加速了他們的破産，而使他們有「嗟予行役，夙夜無已」（《詩・魏風・陟岵》），「王事靡盬，不能蓺稷黍」（《詩・唐風・鴇羽》）之嘆；另一方面，由於人口的增加，造成了「十畝之間兮，桑者閑閑兮」，「十畝之外兮，桑者泄泄兮」（《詩・魏風・十畝之間》）的境況。人口的增加與村社土地的不够分配，由于束縛了生産力，而使當時的村社農民，因「三歲貫汝，莫我肯顧」，而有「逝將去汝，適彼樂土」（《詩・魏風・碩鼠》）的企圖。把公有制的殘餘村公社土地的共有與日益佔支配地位的個體生産和私有財産結合起來，這種公社的雙重性，必然會引致公社的瓦解。村公社的土地由定期重新分配的制度，逐漸走向固定化，終於成爲家族的私有財産了。

晉國爰田的實施，是在晉惠公與秦國作戰，爲秦所俘的時候，晉的貴族想利用村公社土地私有化的手段，來刺激生産，「富賦税以繕甲兵」（韋昭《國語》注），以加强軍事的威力。這一土地私有制的發展，自然會引起財産的不平等，一些家族富了，一些家族破産了，但無疑的，這是由於當時晉國生産力發展的結果。由此可知，凡是在村公社首先瓦解的地方，也就是生産力最是發展的地方。繼晉惠公以後的晉文公，不久能稱霸於諸夏，而晉國的霸業，比起别幾國來，也較爲悠久，就是這個緣故。晉國村公社逐漸崩潰的這一過程，延續二三百年，到了戰國三晉時代，李悝爲魏文侯作盡地力之教，立平糴之法，那時的村公社可能還發揮它一定的作用。《商君書・徠民篇》稱：

> 今秦之地，方千里者五，而穀土不能處二，田數不滿百萬，其藪澤、谿谷、名山、大川之材物貨寶，又不能盡用，此人不稱土也。秦之所與鄰者，三晉也，所欲用兵者，韓、魏也，彼土狹而民貧，其宅參居而並處，其寡萌賈息（孫詒讓云，當作賓萌貸息，賓萌即客民）民（土著之民）。上無通名，下無田宅，而恃姦務末作以處，人之復陰陽澤水者過半。此其土之不足以生其民也，似有過秦民之不足以實其土也。

《韓非子》也有「正户貧而寄寓富」之言，可見三晉的村公社至此破壞殆盡，流民的人數也日益增多了。村公社的瓦解僅後於晉國的恐怕是齊國。在春秋之末，齊國還是用「書社」作爲賞賜的單位。但是由於齊國的手工業和商業比其它各國發達，臨淄人口以後且達到七萬户之多，高利貸也在齊國首先產生，《管子・輕重丁篇》：「桓公曰：『峥丘之戰，民多稱貸，負子息，以給上之急，度上之求。』」孟嘗君的高利貸，更是猖獗一時。因此，有可能，齊國的村公社瓦解要比秦國早。

秦國的村公社，在公元前三五〇年，開始從換土易居變爲爰田，發生變化。比起晉國來，要延遲三百年左右。但是秦國村公社開始發生變化的時候，正是鐵器普遍施用，牛耕逐漸推廣，灌溉系統急速地擴張和改善，生產力急遽向上昂揚的時候，所以村社土地剛轉變爲各個家族固定的私有土地之後，百步的畝，立刻就變成二百四十步的畝，從方田轉向長條田，來適應鐵器牛耕的使用需要，而在這種新的田畝制度之下，要想湊足一夫一婦百畝之數，就非得在「自爰其處」的口號之下，連同休耕地一起頒發給各個家族才能湊足這個數目的。從此，土地的自由買賣和農民的破産現象，也立刻增多起來。但無疑的，這是當時生産力有了發展的結果。

後於秦國而瓦解的村公社，要算吴、越等地的氏族公社和農村公社的殘餘了。歷秦經西漢，到東漢末年，還是頑固地保存着，劉表滅「宗賊」，孫權伐「山越」，外面的力量，才把它摧毁。但是大體説來，古代村公社的瓦解，在中國，以公元前三五〇年秦孝公時期作爲一個段落，是比較合適的。

生産力的發展及財産不平等狀態的滋長，大大地破壞了村公社土地佔有制，馬克思在《給維·伊·查蘇利奇的覆信草稿——三稿》裏説：「各個家庭單獨佔有房屋和園地、小土地經濟和私人佔有産品，促進了個人的發展，而這種發展同較古的公社機體是不相容的。」「公社内部就有使自己毁滅的因素。土地私有制已經通過房屋及農作園地的私有滲入公社内部，這就可能變爲從那裏準備對公有土地進攻的堡壘。這是已經發生的事情。」於是公社開始瓦解。當公社開始瓦解的時候，「農户公社也越來越感覺到，停止周期分配，變交替的佔有爲私有，對它們是有利的」（恩格斯《馬爾克》，《馬克思恩格斯全集》第十九卷第三五五頁，人民出版社一九六三年十二月第一版）。所以公社土地剛向各個家族私有轉化的時候，誠如《吕氏春秋·審分篇》所説：「今以衆地者，公作則遲，有所匿其力也，分地則速，無所匿遲也。」對生産是起着一種刺激作用的。

村公社的崩潰歷程，馬克思説過：「首先會破壞耕地的公有制，然後會破壞森林、牧場、荒地等等的公有制，一旦這些東西變成了私有制的公社附屬物，也就會逐漸變成私有了。」（馬克思《給維・伊・査蘇利奇的覆信草稿——三稿》，《馬克思恩格斯全集》第十九卷第四五〇頁，人民出版社一九六三年十二月第一版）這句話意味着耕地的變成私有，不過是公社瓦解的第一個段落，到了森林、牧場、荒地等等變爲私有，公社才算徹底解體。但是在古代中國，由於集權的專制主義國家，加在村公社上面，老早就有「普天之下，莫非王土」的説法，因此，公社耕地變成私有之後，公社的森林、牧場、荒地等等，也都集中到國君手裏，這樣，公社也就如馬克思所説的「死於非命」了。

村公社的瓦解，是生產力發展的結果。

在這裏，商業資本和高利貸也起了很大的作用。

春秋以來，生產力的進一步發展，鐵器的普遍施用，不但在農業方面，有着顯著的提高，就是手工業方面有了銳利的鐵器以後，也產生許多新的手工業。結果，有些手工業從農業中開始分離出來了。手工業之離開農業而分立，促使交換經濟獲得進一步的發展，這時出現了商品生產。商業城市，也在設防的諸侯營壘性質的政治城市的基址上發展了起來，如趙之邯鄲、齊之臨淄、周之洛陽，逐漸成爲經濟中心，成爲手工業、商業、高利貸的薈萃之地。同時金屬日益起着貨幣的作用，西周有銅貝、銅埒，東周有銅錢（象農器形）、銅刀（象刀子形）。《墨子・號令篇》：「男子有守者，爵人二級；女子賜錢五千；男女老小先分守者，人賜錢千。」金銀的行用，也至此漸廣。隨着商品貨幣關係的發展，出現新的經濟力量，握有這種力量的，就是商人階級。他挾其壓倒小生產的經濟優勢，走向統治政權。隨着商人之分離出來，也就産生了高利貸。商人和高利貸者奴役着小生産者，《史記·貨殖列傳》所謂：「凡編户之民，富相什則卑下之，百則畏憚之，千則役，萬則僕，物之理也。」就是指這種情況的發生而説的。

長期地和頑固地停滯着的村公社，由於交换經濟的發展，至此也縮短了它崩潰的里程。

村公社瓦解以後，既然土地變爲私有財産，它可以出賣和抵押。同時就出現了土地私有的必然旅伴——土地的抵押。小農經濟的不穩固，必然引起有向高利貸者借欵的必要。於是抵押土地，因欠債而轉讓土地和農民破産等現象，開始增多起來，所謂「富者田連阡陌，貧者無立錐之地」，「賣田宅，鬻子孫以償債」，正是這些現象的最好説明。

村公社所有土地轉變爲各個家族的私有財産之後，「社」至此已失去它經濟上的意義，但是在風俗習慣上，如李悝所謂：「一夫治田百畝」，「爲粟百五十石」，「石三十錢」，「社閭嘗新春秋之祠，用錢三百」；陳平居陽武之户牖鄉，「里中社，平爲宰，分肉甚均」；《淮南子》稱：「夫窮鄉之社，扣瓮拊瓴，自以爲樂也」；《居延漢簡》：「入秋社錢千二百，元鳳三年九月乙卯。」古代春秋祭社，一鄉之人，無不會集，《春秋繁露·止雨篇》：「令縣、鄉、里皆歸社下」；《三國志·魏志·董卓傳》：「陽城二月社，民悉在社下」；《魏志·曹爽傳》注引《魏略》：「蔣濟爲太尉，嘗與桓範會社下」；晉洛陽建春門外道北有「白社」；可見在春秋鄉祭與羣衆性的集會方面還保留它一定的意義。

村公社雖已瓦解，可是村公社的殘餘遺留，是有利於專制主義的集權國家的。秦漢以來，村公社雖已不成其爲一個完整的生産共同體，但它的形式，多少還能對專制主義國家起些作用，專制主義集權國家的統治者自然就拾取了它的外殼，以鄉、亭、里的名稱，作爲專制主義集權國家地方組織的雄厚基礎。而鄉、亭、里也多少還帶着村公社的那種約制力量，連環保的繼續遺留，也頑固地束縛鄉、亭、里組織裏的一切成員，成爲專制君主最得力的統治工具。

《周禮・族師》職文："五家爲比，十家爲聯。五人爲伍，十人爲聯。四閭爲族，八閭爲聯。使之相保相受，刑罰慶賞，相及相共。"《比長》職文："各掌其比之治。五家相受，相和親，有罪奇袤則相及。"《士師》職文："掌鄉合州黨族閭比之聯，與其民人之什伍，使之相安相受，以比追胥之事，以施刑罰慶賞。"

《墨子・尚同》下："《太誓》之言然曰：'小人見姦巧，乃聞，不言也，發，罪鈞。'"

《管子・立政篇》："十家爲什，五家爲伍，罰有罪不獨及，賞有功不專與。"又《禁藏篇》："輔之以什，司之以伍，伍無非其人，人無非其里，里無非其家，故奔亡者無所匿，遷徙者無所容。"

《公羊傳》僖十九年何休注：梁君隆刑峻法，一家犯罪，四家坐之，一國之中，無不被刑者。

《史記・商君傳》：令民爲什伍，而相收司連坐。

《漢書・文帝紀》：元年，盡除收帑、相坐律令。

《漢書・尹翁歸傳》：縣有名籍，盜賊發其比伍中。

《漢書・韓延壽傳》："又置正，伍家相率以孝弟，不得舍姦人。"

《漢書・王莽傳》："一家鑄錢，五家坐之，没入爲奴婢。""敢盜鑄錢及偏行布貨，伍人知不發舉，皆没入爲官奴婢。""民犯鑄錢，伍人相坐，没入爲官奴婢，其男子檻車，兒女子步，以鐵鎖琅當其頸，傳詣鍾官，以十萬數。到者易其夫婦，愁苦死者十六七。"

《續漢書・百官志》："里有里魁，民有什伍，善惡相察。"

鄉、亭、里形式的保存，連環保的頑固存在，説明村公社殘餘形態儘管到了末日境地，還是對統治人民起着約制作用，當然，它在經濟意義上，比起以前的村公社來，已經微小到不足道了。

井田制度考

過去有人曾經懷疑井田制是否存在過，近年來，這類懷疑是消除了，但對井田制究竟分幾個階段，還是有一些爭議。

應該説，夏代後期，井田制已經存在了。方里而井，井九百畝，八家各私百畝，中間百畝是公田，公田的井田制。《詩》云：「雨我公田，遂及我私。」據《夏小正》，夏時蓋已有此制，其由來甚久。到了周代，又出現了没有公田的井田制。九夫共耕一井的井田制，雖然出現了，但以九服之中，疆索不同，容有沿襲而未能盡改者（孫詒讓《周禮正義》説）。所以在周代，既存在九夫一井的井田制，也保存了八家各私百畝中間百畝爲公田的井田制，這是不足爲怪的。

《孟子・滕文公篇》提到「請野九一而助，國中什九使自賦」。或行助法，或行徹法，就説明九夫一井的井田制和保存着公田的八夫一井的井田制同時存在於周代。

現在先講八家各私百畝，中間百畝爲公田的井田制。

這個制度，是八家各耕百畝，共八百畝，這八百畝是不存在什麼問題的；中間公田百畝，問題是這公田百畝，怎樣由八家來共同耕種呢？説法就很多了。

班固在《後漢書・食貨志》裏説：「井方一里，是爲九夫，八家共之，各受私田百畝，公田十畝，是爲八百八十畝，餘二十畝以爲廬舍。」這個所餘二十畝，八家各得二畝半，以爲廬舍井竈葱韭。後來何休《公羊注》、趙岐《孟子注》、宋均《樂緯注》、范寧《穀梁注》，都採用了班固這一説法。

孫詒讓氏在《周禮正義》裏反對這一説法，他認爲「井田九百畝，其中爲公田，則中央百畝共爲公田，不得家取十畝也。又言八家皆私百畝，則〔公田〕百畝皆屬公矣，何得復以二十畝爲廬舍也。言同養公田，是八家共理公事，何得家分十畝自治之也。若家取十畝各自治之，安得謂之同養也。若二十畝廬舍，則家别二畝半亦入私矣，則家别有百十二畝半，何得爲八家皆私百畝也。此皆諸儒之謬」。

孫詒讓氏的意思，八家各私百畝，中間百畝爲公田爲井田制，由八家同養公田，經有明文，不能再把公田百畝分配給八家，如果再把公田瓜分了，那麽每家不是各私百畝而是每家各私一百十二畝半了，解釋就有困難，所以孫氏持反對態度，以爲「諸儒之謬」。我認爲孫氏的説法是對的，釋經不滯。井田有公田的時候，行助法，八家同養公田百畝，就能説明問題，不必進一步再把公田百畝分給八家家别爲一百十二畝半，這反而是畫蛇添足了。

《周禮》晚出，但它不是僞書，有很多史料，是比較可靠的，是反映了周代制度的。在《周禮》裏，講到周代井田制度，是没有公田的。《周禮·地官·小司徒》，職文：「九夫爲井。」鄭玄注：「九夫爲井者，方一里，九夫所治之田也。」《載師》任地，也没有講到公田。「《司稼》職文，『巡野觀稼，以年之上下出斂法』，亦惟皆私田，乃有不定之斂法，如行助法（八家共耕公田百畝），則惟以公田之稼歸公，不必論年之上下矣。」所以《周禮》所講井邑丘甸縣鄙都是徹法（十分取一），都是九家同分百畝之井田，和《孟子》所說八家同井之井田，「助有公田，徹無公田，兩法形體雖同兩家數迥異」（《周禮正義》）。《孟子》所講的八家同養公田，《周禮》所講的九夫爲井，這裏反映了井田制的兩個階段，變遷很大，不能混爲一談。

何休曾指出公田存在的時候，必有不盡力於公田者，所以周以公田授一夫，由九夫爲井。改革這個弊端，對生產力的推動是起積極作用的。

九夫爲井，取其什一，是爲徹法。徹法是指抽成而言的，什分抽一叫徹法。《論語·顏淵篇》云：「魯哀公問於有若曰：『年饑用不足，如之何？』有若對曰：『盍徹乎？』曰：『二，吾猶不足，如之何其徹也。』」周法什一而稅，謂之徹；二謂什二而稅，什而稅二，尚無專名。

八家皆私百畝，同養公田，公田也是百畝。後來又因爲「八家不盡力於公田」，於是改爲一井九夫；改行什分抽一的稅法，謂之徹法。到了什分抽二，魯哀公猶嫌不足，想再加重稅收，可見井田制下的農民，他們的負擔，正在逐漸加重之中，井田制的破壞，也正在加速進行之中。

一方面我們前面提到「二，吾猶不足」，一方面我們也得提什一之稅，在戰國時還是較爲普遍的稅法。《漢書·食貨志》載李悝說百畝，歲收粟百五十石，十一之稅十五石，孫詒讓云：「此即周貢法什中稅一之證。」

圭田考

井田是方田，《司馬法》云："六尺爲步，步百爲畝。"《韓詩外傳》云："廣一步，長百步爲一畝。"《説文·田部》云："六尺爲步，步百爲畝。"孫詒讓氏云："然則畝廣六尺，長六百尺。又《韓詩外傳》云：『廣百步，長百步爲百畝。』案廣長相等，所謂方田。"皆謂井田是方田。

井田一夫百畝，是正方形的土地，這種土地，是和用耒耜來耕作的耕種技術相適應的。到了春秋時期，鐵器行用已很普遍，牛耕也逐漸推廣，方田就不適新的耕作方法了。

方田的形式，既不適宜鐵器牛耕的推廣，爲了適應鐵器牛耕的行用需要，就出現了長條田。

我個人極不成熟的看法，認爲圭田就是長條田的田形。先儒解釋圭田，如《禮記·王制》云："夫圭田無征。"鄭玄注："夫猶治也，征，税也。"又云："圭田不税，所以厚賢才也。"《孟子·滕文公》："卿以下必有圭田，圭田五十畝。"趙岐注："古者卿以下至於士，皆受圭田五十畝，所以供祭祀也。圭，潔也，上田故謂之圭田。"《禮記疏》："謂之圭田者，所以名其潔而供祭祀之田也，言自卿以下，皆受此圭田五十畝。""公家不税其物，故云無征。必云圭者，圭，潔白也，言卿大夫德行潔白，乃與之田。"孫詒讓氏亦云："圭之言珪潔也，珪本作圭，《説文·土部》云：『珪，古文圭，從玉。』《蜡氏注》云：『圭，潔也。』《九章·方田篇》别有圭田，乃三角田形之一，與《孟子》制圭田不相涉也。"(《周禮正義·匠人疏》)

我認爲用「上田」「潔白之田」來解釋圭田，有解釋不通的地方；用三角形田來解釋圭田，也一樣難於解釋通。其實圭田就是長條形田的別名，卿大夫以下各有圭田五十畝且可免除征稅。這種圭田是長條形的田。因爲卿大夫有牛又有條件首先使用鐵器作農具，所以鐵器牛耕首先在卿大夫的長條田上推廣起來。長條形田如果也是「南東其畝」(《詩・信南山》)的話，那麽一個人站在東南一面，遠望西北一面，本來是長條形田，由於視差的影響，稍遠則地形稍狹，本來是長條田，遠看却成圭形田了。由於長條田經過視差以後，變成帝王手執的玉珪形狀，故名之曰圭田，既與「上田」或「潔白之田」毫無關係，也非《九章算術》所指三角田形，所以圭田實際是長條田的異稱。

到了春秋之際，實施自爰具受的爰田之後，廣大的村社成員，也紛紛開除阡陌，把方田的井田改成長條田來適應鐵器牛耕的推廣，田畝也從周的廣一步長百步的古制，改成秦漢的廣一步長二百四十步爲一畝的今制了。《玉篇・田部》云：「秦孝公二百田十步爲一畝，蓋商鞅開阡陌時所開。」這樣，全國後來都把方田改成長條田了，方田没有了，圭田這個名稱也自然消滅了。田形的改變，是適應鐵器牛耕耕作技術的需要，孔子的弟子冉耕字伯牛，司馬耕字子牛，大概春秋後期，牛耕已很普遍，這是一次耕作技術上的革命。到了秦漢時期，在全國範圍内，長條田完全替代了方田，犁轅完全替代了耒耜。

在井田實施的過程中，出現了圭田，從井田的方田改變爲爰田實施以後的長條田，這都是在適應鐵器牛耕耕作技術推廣之下來進行的。鐵器牛耕的推廣、長條田的出現都標誌着農業生産力的飛躍，這在古代社會中是非同小可的一樁改革，是應該大書特書的。

兩漢奴隸社會說

我在一九五四年四月號《文史哲》上發表了《春秋戰國之際的村公社與休耕制度》一文，可以說是對中國古史分期問題的一種嘗試；到了一九五六年三、四、五月號的《文史哲》上，又發表了《關於中國奴隸社會的瓦解及封建關係的形成問題》一文，後來又把論文以小册子形式，交給湖北人民出版社出版。當時是向蘇聯學習，才斗膽地闡發這套理論。後來風向變了，我也不敢參加古史分期問題的討論了，除了在拙著《魏晉南北朝史》講授之間，談到一些農民隸屬性加强的問題，此外就不願多談了。最近編這本集子，除了仍舊把《春秋戰國之際的村公社與休耕制度》這篇論文獨立出來之外，再改寫這篇論文，聊誌鴻爪。至於本篇論點，基本上仍襲前作，在《關於中國奴隸社會的瓦解及封建關係的形成問題》這篇拙文的基礎上，略加補充和潤飾，以求大雅之指正。

中國的奴隸社會，可以分做兩個大段落。第一個段落，從夏商到戰國（公元前二千多年起到公元前三世紀中葉），那一時期奴隸社會，有兩種基本結構，即先是氏族公社的殘餘和農村公社的殘餘與未獲得發展的早期奴隸制；第二個段落，從戰國初葉到東漢王朝崩潰（公元前三世紀中葉到公元二世紀末葉（三世紀初葉），這一時期，村公社已經瓦解，在社會發展的一定階段上，較發展的奴隸制開始佔統治地位，但它的特點，還是留滯在古代形態的奴隸制階段，卽盛行着債務奴隸制。自從魏晉以後，奴隸的生産方式，終於爲封建的生産方式所替代，國有奴隸制的殘存，也通過隸農制——屯田制的過渡形式，向封建剥削形式過渡，所以到了魏晉，已經進入封建社會了。

中國奴隸社會，大概從夏商開始，或者更要早些，那就需要地下發掘來證明了。由於當時農村公社還佔據很重要的地位，奴隸勞動還不是整個經濟的基礎，因此，奴隸的使用還不十分被重視。夏商的軍事首長或氏族貴族死後，往往把大批大批的奴隸殺了來殉葬。最近在河南嵩山一帶考古發掘中，於夏文化的墓葬遺址中，發現了以奴隸爲殉葬的事實；幾十年前在安陽發掘中，在一個殷王的墓葬裏，發現殉葬的奴隸有多至數百人的。就是在春秋中期，秦繆公死時，殉葬的人達到一百七十餘人之多（其中也包括有貴族）。這種習慣，一直保存到漢初，才被廢止。也就是説，只有在奴隸經濟比較發展，奴隸在生産勞動上更佔重要地位的時候，才會取消。

古代奴隸的來源，大概有兩種，一種是戰俘，一種是罪犯。古人稱奴婢爲臧獲，臧是犯贓罪的罪犯，獲是戰俘，就是指這兩大來源而言的。殷商時期的代夷方、土方，都獲得了許多戰俘奴隸，西周的伐鬼方，在《廿五祀盂鼎》的銘文裏也説：「馘俘人萬三千八十一人」，這些戰俘，毫無問題的會變成奴隸。到了春秋戰國時期，如《墨子·天志下篇》所云：「大國而攻小國」，「入其溝境」，「殘其城郭」，「民之格者，則勁拔之，不格者，則系操而歸，丈夫以爲僕圉胥靡，婦人以爲春酋」，這種諸侯間的戰争，自然産生了很多的戰俘奴隸。戰俘奴隸以外，就是罪犯奴隸，《尚書·甘誓》、《湯誓》中，就有「予則奴戮汝」之語，《鶡冠子·世兵篇》說：「百里奚，官奴。」《左傳》襄二十三年：「斐豹，隸也，著於丹書。」杜預注云：「蓋犯罪没爲官奴者。」《周禮·秋官·司厲》職曰：「其奴，男子入於罪隸，女子入於舂藁。」鄭司農注云：「謂坐爲盜賊而爲奴者，輸于罪隸、舂人、藁人之官也。」可見罪犯也是古代奴隸的重要來源。根據《管子·小匡篇》的說法：「女三嫁，入於舂穀。」女子改嫁三次，就要没爲奴隸，也可以反映罪犯人數的衆多來。既然罪犯和戰俘是奴隸構成的基本成份，那麽也就是説當時的奴隸基本上都是國有奴隸與氏族貴族所有的奴隸，私有奴隸還不十分發展的。國有奴隸的主管長官在周代是司隸，據鄭玄《周禮·秋官·司隸》職注：「隸，給勞辱之役者，漢始置司隸，亦使將徒治道溝渠之役。」由此可見，古代的國有奴隸，主要也有用在建築道路與溝渠工程方面的。

近年在湖北雲夢縣睡虎地秦代墓葬中，發現了一批竹簡，大部分是法律文書，内有《秦律》十八種，有關奴隸記載的，私奴婢方面記載不多，提到人臣、人奴、人妾、人奴妾，人奴妾主人不稱意，可送官加以黥（刺面）劓（割鼻）刑。官奴婢方面記載就多了。男奴隸稱隸臣，服重體力勞動，由官月給禾二石，作爲口糧，又有隸臣田者，是用於土地上的，月給禾一石半。又有牢隸臣、工隸臣。牢隸臣是監視犯人的，工隸臣是作工匠的奴隸，未成年的稱小隸。在《秦律雜抄》章裏，有這樣的記載：「寇（敵兵）降，以爲隸臣。」可見戰俘奴隸，也是國有奴隸主要來源之一。官奴隸方面有隸妾、隸臣妾、冗隸妾（幹雜務的女奴婢）、更隸妾（更番服務的女奴婢），成年的叫大隸臣妾，未成年的叫小隸臣妾。大隸臣妾舂作或築垣牆，月給禾一石半，小隸臣妾春作月給禾一石二斗半。在《秦律》裏，除了記載男女奴隸之外，也提到百姓，就没有近於農奴、依附農民這類身份的人出現。最突出的是罪犯奴隸和戰俘奴隸。

春秋戰國之際，村公社開始解體，在這種解體的過程中，由於財産的不平等日益增長，而引起了債務奴隸的出現。債務奴隸在古代中國，有兩種形式，第一種形式，是奴役債務者的子女妻妾，産生這種情況，是以存在着父家長有權支配全體家庭成員的家長制家族爲前提條件的，馬克思在《資本主義生産以前各形態》裏説：「倘遇必要出賣自己和自己的近親時的全權，是人們到處都忍受過的權利，在北方各地，在希臘人中和在亞細亞，這種權利爲人們所承認」（人民出版社版，第四一頁）。恩格斯在《家庭・私有制和國家的起源》一書裏説：「父親出賣子女——這就是父權制和一夫一婦制的第一個果實。」（《馬克思恩格斯選集》第四卷第一〇八頁，人民出版社一九七二年五月第一版）《管子・揆度篇》：「民無饘者，賣其子。」可以説這種債務奴隸制形式在中國的濫觴。到了漢代，陷於困窮境遇的父母，賣鬻子女的事情，更是增多起來。《漢書・食貨志》：「漢興，民失作業，而大飢饉。」「高祖乃令民得賣子。」《漢書・嚴助傳》如淳注：「賣子與人作奴婢，名爲贅子，三年不能贖，遂爲奴婢。」已成爲當時極普遍的現象。第二種形式，就是把債務者本人出賣去做奴隸，來清償自己的債務了。《晏子春秋・内篇雜上》有這樣一個故事：「晏子之晉，至中牟，睹弊冠反裘，負芻息於塗側者，使人問焉，對曰：『我越石父者也。』晏子曰：『何爲至此？』曰：『我爲人臣僕於中牟，見使將歸。』晏子曰：『何爲之僕？』曰：『不免凍餓之切吾身，是以爲僕也。』晏子曰：『爲僕幾何？』對曰：『三年矣。』晏子曰：『可得贖乎？』對曰：『可。』遂解左驂以贖之，因載而與之俱歸。」這故事發生在春秋末年，齊國的村公社已經解體，土地已經變爲私有財産，財産方面的不平等，使一些家族富有起來，一些家族貧窮破産，像越石父那樣的人，也已由於凍餓切身，而開始淪爲債務奴隸了。

從這一時期起，私有奴隸的賣買，也開始增多起來。《禮記·曲禮》云：「買妾不知其姓，則卜之。」《禮記·檀弓》裏又記載着魯國的一個故事：「子柳之母死，子碩（子柳之弟）請具（辦喪具）。子柳曰：『何以哉？』（言無其財）子碩曰：『請鬻庶弟之母。』子柳曰：『如之何其鬻人之母，而葬其母也，不可！』」這故事發生的時間，也是在春秋末年。那時，爲父親生過兒子的遺妾，繼承他父親做父家長的長子尚且有權出賣她；那麽，沒有生過兒子的妾御和家内奴婢，可以把他們推送到市上去出賣，《戰國策·秦策》所謂「賣愛妾」，又云「賣僕妾，售乎閭巷者，良僕妾也」，這一類情況，更是普遍而不用説了。《漢書·王莽傳》謂：「秦爲無道」，「置奴婢之市，與牛馬同蘭（欄）」，《史記·龜策列傳》歷舉「買臣妾馬牛」，其實這些現象，只要在村公社已經解體的地方，必然會産生這種情況的。

在過去，國有奴隸（戰俘和罪犯），也是只有作爲賞賜品賜予貴族，而不出賣的；現在，如《國語·吴語》所載：越王命有司大徇于軍，有「身斬，妻子鬻」之語，可見已經開始把罪人的妻兒推送到市場上去出售，作爲政府的一筆收入了。

過去，在春秋前期，奴隸掠賣的現象，是不嚴重的。《御覽》卷六百四十二引《汲冢瑣語》：「晉治氏女徒病，棄之，舞囂之馬僮飲馬而見之。病徒曰：『吾良夢。』馬僮曰：『汝奚夢乎？』曰：『吾夢乘水如河汾，三馬當以舞。』僮告，舞嚚自往視之，曰：『尚可活，吾買汝。』（詢於冶氏，冶氏）答曰：『棄之矣，猶未死乎？』舞嚚曰：『未。』遂買之。至舞嚚氏而疾有閒，而生荀林父。」荀林父出生的時期，大概在公元前六百六、七十年左右，這女徒生病故事發生的年月，當離開這一假定的時間不太遠。從這一則故事中，可以見到女奴隸雖病到快死，并被棄置野外，只要她有最後一口氣，任何人都不敢收容她的，即使舞嚚氏要收容她，也必須通過購買的手續，才算合法。可見掠賣奴婢的現象，是極不普遍的。但是到了戰國時期，如《莊子·徐無鬼篇》所載「南伯子綦使子梱至燕」，「盜得之於道」，「刖而而鬻之於齊」，可見掠賣奴隸的現象，比起稍前一些時候就要嚴重多了。

村社解體，較發展的奴隸制開始佔統治地位，這都是生產力增長的結果。商品生產和商業資本在古代中國發展的進程中，更起了很大的作用。

春秋以來，生產力的進一步發展，引起了鐵器的普遍製造。最初的鐵，往往比青銅還不如，因此，青銅器只是慢慢地消滅的。「更大面積的農田耕作，開墾廣闊的森林地區」（《馬克思恩格斯選集》第四卷第一五九頁，人民出版社一九七二年五月第一版），不但鐵犁、鐵斧等普遍使用於農業方面，使農業生產有着顯著的提高；就是手工業方面，有了堅牢而鋭利的鐵器以後，也産生許多新的手工業。近年出土的戰國時代的工藝製作品，它製作的藝術精巧程度，説明手工業有了空前的發展。交換商品經濟也隨着進一步發展起來，商業城市也逐漸發展起來，城市漸漸成爲手工業商業高利貸的薈萃之地。

在思想意識方面，由於奴隸制生產方式的發展，體力勞動更多地轉嫁在奴隸身上，而使一部分人有擺脱體力勞動從事智力勞動的可能。雖然，他們的智力活動并不集中在生產技術等問題上，而是集中在軍事藝術、政治、哲學和文學、藝術方面，但是無論怎樣，戰國諸子百家思想學説的「蜂起并作」，是和奴隸制經濟獲得發展的情況符合的。

秦的兼并六國，也是和生產力發展的新階段有關係的，因爲由於過去這種村社經濟所造成的分裂局面，現在結束了。秦的統一中國，建立起中央集權化的專制主義國家，結束了全國的分裂局面。這統一助長了交换經濟的發展。

商品貨幣關係的發展，經營生產交换品的商人階級，開始抬頭，他們很快地獲得了巨大的財富以及與之相適應的社會勢力。現在，他們挾其壓倒小生產者的經濟勢力，走向統治政權。史稱：烏氏贏「求奇繒物，間獻遺戎王，戎王十倍其償，予畜，畜至用谷量牛馬，秦始皇令贏比封君，以時與列臣朝請」。「巴寡婦清，其先得丹穴，而擅其利數世，家亦不訾。清寡婦，能守其業」，「始皇以爲貞婦而客之，爲築懷清臺」(《漢書·貨殖傳》)。大商人已經和皇帝接近起來了。

「漢興，海内爲一，開關梁，弛山澤之禁，是以富商大賈周流天下，交易之物莫不通，得其所欲」。商人階級在漢王朝外事四夷，内興功利的有利條件下，對外貿易，對内商業，都獲得長足的發展。他們的勢力，「大者傾郡，中者傾縣，下者傾鄉里者，不可勝數」。他們不是「積貯倍息」，便是「坐列販賣」。最能發大財的，要算鹽鐵商人了。「蜀卓氏之先」，「用鐵冶富」，後遷「之臨邛」，「即鐵山鼓鑄」，「富至僮千人」。程鄭「亦冶鑄」，「富埒卓氏，俱居臨邛」。宛孔氏「用鐵冶爲業」，「家致富數千金」。魯曹邴氏，「以鐵冶起，富至巨萬」。齊刁間使「桀黠奴」「逐魚鹽商賈之利」，「起富數千萬」。周師史「賈郡國，無所不至」，「能致七千萬」(《史記·貨殖列傳》)。東郭咸陽「齊之大鬻鹽；孔僅，南陽大冶，皆致產累千金」(《漢書·食貨志》)。在當時低劣的技術條件下，開採礦鐵，需要使用巨量的奴隸勞動，上面提到的一些以鐵冶致富的大商人，也一定擁有爲數可觀的奴隸。除了奴隸勞動以外，由於小農農村在繼續分化，被拋出農村的農民，也投向鹽亭礦場，《鹽鐵論·復古篇》所謂「豪强大家，得莞山海之利，採鐵石鼓鑄、煮鹽，一家聚衆或至千餘人，大抵盡收放流人民」，就是指這些商人階級的經濟勢力而言的。

隨着商人勢力的出現，也就產生了高利貸。高利貸有兩種形態，一種是貸與土地所有者，一種是貸與小生產者特別是農民。前一種，如《史記·貨殖傳》所稱：「吳楚七國兵起時，長安中列侯封君行從軍旅，齎貸子錢，子錢家以爲侯邑國在關東，關東成敗未決，莫肯與。唯無鹽氏出捐千金貸，其息什之。三月，吳楚平，一歲之中，則無鹽氏之息什倍，用此富埒關中。」後一種，如《漢書·貨殖傳》所稱：「成、哀間，成都羅裒，訾至鉅萬。」初，裒「往來巴蜀，數年間致千餘萬，裒舉其半遺曲陽(曲陽侯王根)、定陵侯(淳于長)，依其權力，賒貸郡國，人莫敢負，擅鹽井之利，朞年，所得自倍，遂殖其貨」。

村社解體，土地變爲私有財產，開始出賣和抵押。恩格斯在《反杜林論》裏説「公社也就愈加迅速地瓦解爲小的鄉村」(《馬克思恩格斯選集》第三卷第二〇一頁，人民出版社一九七二年五月第一版)，以後，小農經濟的不穩固，必然引起向高利貸者借款之必要，於是抵押土地，因欠債而轉讓土地，和農民破産等現象，開始增多起來。「無立錐之地，至貧也」（《吕氏春秋·爲欲篇》）；「秦爲無道」，「强者規田以千數，弱者無立錐之居」（《漢書·王莽傳》），秦「除井田，民得賣買，富者田連阡陌，貧者無立錐之地」（《漢書·食貨志》董仲舒語）。于是「天飢歲荒，嫁妻賣子」（《韓非子·六反篇》），「賣田宅，鬻子孫以償責」（《漢書·食貨志》董仲舒語）。小自耕農迅速地破産了，當然，商品貨幣關係的發展在很大程度上刺激和加速了這一過程。

村公社開始解體的地方，也就是把早期的奴隸制初步推向較發展的奴隸制。但是專制主義漢王朝的剥削對象，主要是廣大小農農村的小生産者——農民與手工業者，奴隸還居於次要的地位。漢王朝一方面奴役和壓榨小生産者，但另一方面，又必然設法使這一小生産者階層的繼續廣泛存在。故它不喜歡商品貨幣關係的發展所起對漢王朝大一統局面形成的幫助作用；而擔心於商品貨幣關係發展後對小農農村財産上的越來越兩極化——在一極上急速地進行着農民破産和淪落，在另一極上進行着土地以及財富的集積。小生産者是漢王朝主要的軍事力量。他們在漢王朝發展的整個時期，起着重要的作用，「士卒皆家人子，起田中從軍」（《漢書·馮唐傳》），可見當兵的是他們；「男子疾耕不足于糧餉，女子紡績不足于帷幕」（《漢書·主父偃傳》），可見納税和負擔戰争費用的也是他們，倘使小生産者階層日益破産，會使「外事四夷，内興功利」的漢王朝事業，陷入癱瘓狀態。

漢王朝爲了壓制商人階級經濟勢力的無限制發展起見，對商業活動曾經不絶地采行了敵視和箝制的步驟，可是却獲得「法律賤商人，商人已富貴矣；尊農夫，農夫已貧賤矣」的結果。當時的「富商大賈，或滯財役貧」，使「封君皆低首仰給」，「冶鑄鬻鹽，財或累萬金，而不佐公家之急」。這樣，到了漢武帝元狩、元鼎之際（公元前一一九至公元前一一五年），除采取算緡、告緡等一系列措施外，並且厲行了鹽鐵等統制專賣政策，下令「敢私鑄鐵器鬻鹽者，釱左趾，没入其器物」（《漢書·食貨志》）。可以説是比較沉重地打擊了商人階級，使商業活動受到限制。商人階級看到重要的生産事業，既已收歸官營，使他們無法插手，卽使有一少部分大商人爲統治政權所吸收，造成了當時所謂的「吏部益雜不選，而多賈人」的現象之外，但是絶大部分商人却被摒於統治政權之外。於是他們就也掉轉頭來，把商業資本、高利貸資本向農村猖獗進攻，而最後集中於地權。如西漢末，湖陽樊重，「世好貨殖」，《御覽》卷五百九十八引《東觀漢記》，稱他經營高利貸，「其所假貸人間數百萬」，而重其後「廣開田土三百餘頃」（《後漢書·樊宏傳》）。這不是土地資本商業資本高利貸資本三位一體獨特地結合起來的最好例證嗎！

東漢一代，鹽鐵之禁，弛禁不常，商人也自然很慎重，不肯貿然地投入巨大資本去經營它。這樣，東漢的商業資本終至也轉化爲高利貸資本，向地權集中。東漢初，《後漢書·桓譚傳》：「今富商大賈，多放錢貸，中家子弟，爲之保役，趨走與臣僕等勤，收税與封君比入。」東漢末，荀悦《除田租論》：「今豪民占地，或至數百千頃，富過王侯。」仲長統《昌言·理亂篇》：「豪人之室，連棟數百，膏田滿野，奴婢千羣，徒附萬計，船車賈販，周於四方，廢居積貯，滿於都城。」《昌言·損益篇》：「豪人貨殖，館舍布於州郡，田畝連於方國，身不爲編户一伍之長，而有千室名邑之役。」從以上列舉情況來看，説明社會危機，更是嚴重。

所以我們認爲兩漢的蓄奴形態，比諸以前，雖有發展，但由於古代村社瓦解特別延滯，自由小農生產，一直佔重要的地位，奴隸的勞動，不能盡量代替自由人的勞動，建築在小農農村基礎上的專制主義政權，它也因此特別頑固地起着箝制商人階級——新興奴隸主勢力發展的作用。從而，古代中國的蓄奴形態的發展緩慢與不充分，自從漢武帝以後，更顯示出來了，顯得它有異於古典的希臘與古典的羅馬社會中奴隸制度那樣的較迅速的發展和較充分的繁榮。

由於奴隸制關係的發展緩慢與不充分，尤其表現在債務奴隸始終沒有廢除這一問題上。現在列舉放免債務奴隸一些材料：

《漢書·高祖紀》：五年，下詔「民以饑餓自賣爲人奴婢者，皆免爲庶人」。

《後漢書·光武帝紀》：建武七年，詔「吏人遭飢亂，及爲青徐賊所略，爲奴婢下妻，欲去留者恣聽之，敢拘制不遣，以賣人法從事」。

《後漢書·光武帝紀》：建武十二年，詔「隴蜀民被略爲奴婢，自訟者，及獄官未報，一切免爲庶民」。

《後漢書·光武帝紀》：建武十三年，詔「益州民自八年以來，被略爲奴婢者，皆一切免爲庶民，或依托爲人下妻，欲去者恣聽之。敢拘留者，比青徐二州，以略人法從事」。

《後漢書·光武帝紀》：建武十四年，詔「益凉二州奴婢，自八年以來，自訟所在官，一切免爲庶民，賣者無還值」。

《後漢書·明帝紀》：中元二年，詔「邊人遭亂爲内郡人妻，在已卯赦前，一切遣還邊，恣其所樂」。

這一系列詔令，不能説債務奴隸已經廢除了，只能説古代中國，債務奴隸制還是在發展，每當新王朝建立之初，爲了穩定政局，在個別地區，不得不受到初步的限制，而始終没能像公元前五九四年的雅典一樣。有梭倫（Solon）這種立法，也没能像公元前三二六年的羅馬一樣，有部落大會（Assembly of the Tribes）通過法律，把債務奴隸制度徹底廢除。

債務奴隸制度的不能廢除，是古代中國奴隸制不能臻至發展典型階段的古典奴隸制的重要原因。

由於古代中國没有廢除債務奴隸制，因此，對四夷戰争中，掠奪戰俘的意義，就不是非常特出的事了。兩漢對四夷的戰争，主要是防禦性的，目的不在掠奪奴隸。當然，戰俘奴隸數目的增加，對於漢王朝的經濟來説，是完全有利的，因此，每次對四夷的戰争中，如俘獲「生口」，没入「弱口」，作爲奴婢等事，仍是史不絶書。但是，債務奴隸制不消滅，戰争中獲得戰俘，不會斥賣於市場，即戰俘奴隸不會商品化，所以，奴隸的來源，戰俘奴隸不會居於首要的地位。

罪犯奴隸呢？《漢律》「罪人妻子，没爲奴婢，黥面」（《魏志·毛玠傳》）。《吕氏春秋·開春論》高誘注引《漢律》「律坐父兄没入爲奴」，卽他們的子女，也永遠成爲奴産子了。《漢書·王莽傳》：「民犯鑄錢，伍人相坐，没入爲官奴婢，其男子檻車，兒、女子步，以鐵鎖琅當其頸，傳詣鍾官（主鑄錢之官），以十萬數，到者易其夫婦，愁苦死者十六七。」罪犯奴隸的遭遇是非常悲慘的。

專制君主往往没收私奴婢爲官奴婢，如漢武帝時，算緡錢，「楊可告緡遍天下，中家以上，大氐皆遇告」，「得民財物以億計，奴隸以千、萬數，田，大縣數百頃，小縣百餘頃，宅亦如之」（《漢書・食貨志》）。史稱武帝時，「徙奴婢衆，而下河漕度四百萬石，及官自糴，乃足。」元帝初年五年（公元前四四年），貢禹上書稱「諸官奴婢十餘萬人」，「歲費五六巨萬」（《漢書・貢禹傳》），可見關内官奴婢人數的驟然增加，影響到地區的糧食供應，已到嚴重的地步。

私奴婢因奴隸主犯法經政府没收其奴婢，或奴隸主用奴婢來贖罪買爵，可以變爲官奴婢；反之，官奴婢也可以通過出賣或賞賜的方式，變爲私奴婢。《漢書・毋將隆傳》：「傅太后使謁者買諸官婢，賤取之，復取執金吾官婢八人，隆奏言：『賈賤，請更平直。』」太后取官奴婢，尚且通過購買的手續，身份地位不如太后的，必須用錢來向政府請購奴婢，更是不用説了。至如通過專制君主作爲賞賜品賜予重臣密戚的，如漢武帝賜同母姊修成君奴婢三百人（《漢書・孝景王皇后傳》），又賜方士欒大童千人（《漢書・郊祀志》），霍光前後受賜奴婢百七十人（《漢書・霍光傳》），東漢明帝賜弟東平王劉蒼宫人、奴婢五百人（《後漢書・東平王蒼傳》），和帝賜清河王劉慶奴婢三百人（《後漢書・清河王慶傳》），情形甚是普遍。這些作爲賞賜的官奴婢，其身份就由官奴婢轉化爲私奴婢。

官奴婢的用途，在漢代，除了「治道溝渠之役」外，《抱朴子内篇・黄白篇》引桓譚《新論》云：「史子心見署爲丞相史，官架屋，發吏卒及官奴婢以給之。」可見政府起造官署，也有用官奴婢來給役的。

《漢書·景帝紀》中六年如淳注引《漢儀注》:「太僕牧師諸苑三十六所，分布西邊北邊，以郎爲苑監，官奴婢三萬人，養馬三十萬匹。」可見牧馬的也是他們。《漢書·食貨志》:趙過「教田太常三輔，大農置工巧奴與從事，爲作田器」。可見鑄田器的也是他們。王莽没盜鑄錢者爲奴婢，「伍人知不發舉，皆没入爲官奴婢」，「傳詣鍾官」(主鑄錢之官)。可見鑄錢的也是他們。政府還把大量官奴婢「分諸苑養狗馬禽獸」，又令「水衡、少府、太僕、大農。各置農官」。把官奴婢分「與諸官」(《漢書·食貨志》)，着他們田官田。女奴除了粗活舂米以外，還要輸織室，參加絲織品的製造工作。至於「給勞辱之役」的官奴婢，其人數更不少。《御覽》卷二百二十九引《漢儀注》「太官(主膳食)湯官(主餅餌)奴婢三千人」，即湯官一處，就有三千人之多，整個官僚機構，其官奴婢「給勞辱之役」者，人數之多，不亞十餘萬人這個數目。

官奴婢是不許自己佔有生活資料的，因此，官奴婢必須按時從官府那裏領取生活資料，可是官府發放奴婢的口糧衣服，又往往不能及時給予，以致奴婢經常挨餓受凍。宣帝時，曾以「官奴婢乏衣食」(《漢書·杜周傳》)爲理由，罷免了太僕杜延年的職務，即此一例，可見官奴婢缺乏衣食等必需生活資料到如何嚴重程度。由秦及漢，奴隸起義，史不絶書。秦末，黥布領導的當陽軍，成爲配合平民，舊氏族貴族羣起亡秦的一支重要力量。而漢自成帝以後，陽朔三年(公元前二二年)，潁川爆發了以鐵官徒申屠聖爲首的起義；鴻嘉三年(公元前一八年)，廣漢爆發了以鄭躬爲首的起義；永始三年(公元前一四年)，山陽爆發了以鐵官徒蘇令爲首的起義，有了這種奴隸所始終堅持武裝鬥争形式，而後迫使漢王朝不得不改變奴役罪犯奴隸的形態，而把他們謫戍到邊塞去屯田。當然，這種舉動，是和漢王朝的主要軍事力量小生產者經濟的衰頽分不開的。由於小生產者經濟的衰頽，民兵的來源，日益困難。開始把輕罪犯人，謫去屯邊，後來連死囚重犯，也謫去屯邊，最後就把公私奴婢也謫去屯田塞上了。

徙奴屯邊，始於戰國後期，《水經·河水注》引《竹書紀年》："魏襄王十七年（趙武靈王二十四年，公元前三〇二年），邯鄲（趙國都）命吏大夫奴遷於九原。"《漢書·鼂錯傳》：錯説文帝，"募民徙塞下"，"不足，募以丁奴婢贖罪，及輸奴婢欲以拜爵者"，徙之塞下屯田。這種徙官奴婢實邊的舉動，一直到東漢都在進行。他們的工作，一方面，荷戈"乘邊塞候望"，另一方面，佃耕官府邊上屯田。

《居延漢簡》："右第二長官二處，田六十五畝，租二十六石。"（三〇三·七）簡文所説租二十六石，當是指政府在塞上屯墾地區所收到的租米而言的。田六十五畝，收租米二十六石，每畝租米四斗。據《漢書·食貨志》載鼂錯語，"百畝之收，不過百石"，這反映了西漢初年的收穫量。仲長統《昌言》："今通肥饒之率，計稼穡之入，令畝收三斛。"這反映了東漢末年的收穫量。東漢末比之西漢初大大有了增加，但是塞上種植，一般較爲粗放，畝收大概亦在一石左右。漢簡裏的畝收四斗，正合租額百分之四十，亦卽四六分成，政府分四成，屯卒分六成。這種剥削，固然是很重的，它不僅僅包含了屯卒的全部剩餘勞動，甚至還包含了他們一部分的必要勞動，所以官奴婢的徙邊屯田，生活還是很苦的。但是官奴婢在塞上屯田以後，是有他們自己的經濟的，固然他們自己的經濟是較不穩固和較無保障，但是比起没有自己經濟的官奴婢，已經具有某種勞動興趣，他們雖奴隸其名，而隸農其實了，這多少刺激他們去提高勞動生產率和發展生產。對漢王朝的收入來説，當然也是有利的。所以漢王朝不斷把官奴婢移屯塞上，以分成制來進行剥削，這就引起了封建因素的逐漸增長，不管就當時全國範圍内來説是如何地微弱。

現在要講私奴婢了，舊式的殘酷剥削自己同胞的方法的債務奴隸制，在兩漢時期，一直没有廢除過。私奴婢的來源，當然不排斥奴隸主售自奴隸市場。秦時，吕不韋有家僮萬人，嫪毐有家僮數千人（《史記·吕不韋傳》），張良其先五世相韓，至良尚有奴婢三百人（《漢書·張良傳》），西漢初，惠帝發諸王列侯徒隸二萬人城長安（《漢書·惠帝紀》），陳平以奴婢三百人遺陸賈（《漢書·陸賈傳》），武帝時，樓船將軍楊僕以家僮八百人移函谷關（《水經·穀水注》），宣帝時，張安世有家僮七百人（《張湯傳子安世附傳》），元帝時，史丹僮奴以百數（《漢書·史丹傳》），成帝時，王商私奴以千數（《漢書·王商傳》），王氏五侯羣弟，僮奴各以千百數（《漢書·元后傳》），大臣密戚，都擁有大量的奴隸。他們「身寵而載高位，家温而食厚禄，因乘富貴之資力，以與民争利於下」，「是故衆其奴婢，多其牛羊，廣其田宅，博其産業，畜其積委，務此而亡已，以迫蹴民，民日削月朘，寖以大窮」（《漢書·董仲舒傳》）。私奴婢的增多，造成貧富對立現象亦日益嚴峻。哀帝時，提到蓄奴的限額，「諸侯王奴婢二百人，列侯公主百人，關内侯、吏、民三十人」（《漢書·食貨志》）。奴婢「年六十以上，十歲以下，不在數中」，「諸名田、蓄奴婢，過品，皆没入縣官」（《漢書·哀帝紀》）。這個建議，遭到奴隸主的强烈反對，終被擱置起來。王莽時，「名天下田曰王田，奴婢爲私屬，皆不得賣買」（《漢書·王莽傳》），「犯令，法至死」（《漢書·食貨志》），這個改革也行不通，從始建國元年（公元九年）下令，到過了三年（公元十二年），王莽只得「下詔，諸食王田及私屬，皆得賣買，勿拘以法」（《漢書・食貨志》），把這個改革草草收場了。

東漢王朝，奴隸所有制的發展並沒有中止，如竇融祖孫，奴婢各以千數（《後漢書・竇融傳》），馬防兄弟貴盛，奴婢各千人以上（《後漢書・馬援傳子防附傳》），濟南王劉康多殖財貨，奴婢至千四百人，廐馬千二百匹，私田八百頃（《後漢書・濟南王康傳》），梁王劉暢有罪，上疏願留謹敕奴婢三百人，自餘皆上還（《後漢紀》），梁冀取良人爲奴婢，至數千口，名曰自賣人（《後漢書・梁統傳玄孫冀附傳》），折像父折國，爲鬱林太守，有資財二億，家僮八百人（《後漢書・方術・折像傳》），這些大奴隸主，不是宗王密戚，便是列侯守相，他們的奴婢稱爲「自賣人」一事上，說明大部分是債務奴隸。順帝以後，宦官的勢力，更是抬頭，他們不擇手段地奪占農民的土地，他們還「虜奪良人，妻略婦子」，把平民變成奴隸。

私奴婢的用途，漢武帝收鹽鐵官營以前，商人階級曾一度把數量衆多的奴隸使用在采礦、作炭、冶鑄各重要生產事業方面。采礦、冶鑄固然苦，就是作炭，活也不輕。如《史記・外戚世家》稱：竇「少君年四五歲時，家貧，爲人所略賣，其家不知其處。傳十餘家，至宜陽，爲其主入山作炭，暮臥岸下百餘人，岸崩，盡壓殺臥者，少君獨得脱，不死」。可見奴婢作活之苦，死亡率也非常高。武帝以後，奴婢用在手工業方面的，如《漢書・張湯傳子安世附傳》：「家僮七百人，皆有手技作事，內治產業，累積纖微，是以能殖其貨。」東漢初，《御覽》卷八百三十三引王子年《拾遺記》：「漢郭況，光武皇后之弟也，累金數億，家僮四百人。黃金爲器，工冶之聲，震于都鄙，時人謂之郭氏之室，不雨而雷，言鑄鍛之聲盛也。」但是這類手工業，主要是以滿足奴隸主自己及其家屬爲目的，因此，很少帶着商品的性質。在王襃《僮約》中，載有「令奴綿亭買席，往來都洛，當爲婦女求脂澤，販於小市」，「武陽買茶，楊氏池中擔荷」，「多作弓刀，持入益州，貨易牛羊」之事，可見奴隸有時也經營商業。

《僮約》雖是一篇游戲的文章，可是也多少反映了當時私奴婢的沉重工作和痛苦生活。他們的工作，要「四月當披，九月當穫，十月收豆，掄麥、窖芋」。要「浚渠、縛落，鉏園、斫陌」，「壘石、薄岸」，「居當穿臼、縛帚，裁竿、鑿斗」，「多取蒲苧，益作繩索，雨墮無所爲，當編蔣、織箔」，「屈竹作杷，削治鹿盧」。還要「持斧入山，斷椠、截轅，若有餘殘，當作俎几」，「治舍蓋屋，書削代牘，日暮欲歸，當送乾薪兩三束」。要「焚薪作炭」，要「養羊、牧豬，長育豚駒」，「登山射鹿，入水捕魚」。他們還要「鼓聲四起，夜半益芻」，「雞鳴起舂」。到了他們老年「奴老力索」的時候，也還要「種莞織席，事訖休息，當舂一石，夜半無事，浣衣當白」。他們「不得辰出夜入，交關伴偶」。他們只能「飯豆、飲水，不得嗜酒。欲飲美酒，裁得染唇漬口，不得傾杯覆斗」。在「植種桃李梨柿」之初，到「果熟收斂」的時候，也「不得吮嘗」。他們「若有私錢」，奴隸主完全有權處理，把他們積貯的錢，轉移用來「給賓客」的。

從近幾年的考古發掘，在洛陽東漢墓的石刻上，注明家内服役大都由奴婢來擔當。這些奴隸主還入則「唱謳伎樂，列乎深堂」(仲長統《昌言・理亂篇》)，出則「騎奴侍僮，夾轂節引」(《後漢書・王符傳》)，「鳴鐘吹管，酣謳竟路」(《後漢書・梁統傳玄孫冀附傳》)，但是家内奴隸人數，究竟是有限度的，奴隸主家庭分析家產，主要也集中在田、宅、奴婢三方面。《後漢書・循吏・許荆傳》：祖父許「武自取肥田廣宅，奴婢强者；二弟所得，並悉劣少」。《後漢書·劉平等傳序》：安帝時，「汝南薛包孟嘗」，「弟子求分財異居」，「乃中分其財」，「奴婢引其老者，田廬取其荒頓者」。田、宅、奴婢，是家產的主要內容。

私有奴隸很大一部分使用在農業方面。《國語·晉語》：「其猶隸農也，雖獲沃田而勤易之，將不克饗，爲人而已。」這裏所說的隸農，其實就是農業奴隸。漢高祖時，購季布千金，「布匿濮陽周氏，周氏」「乃髡鉗布，衣褐」，「拜與其家僮數十人之魯朱家賣之，朱家買置田舍」（《漢書·季布傳》），「誡其子曰：『田事聽此奴。』」（《史記·季布傳》）說明季布被賣爲農業奴隸，就是和季布一起出賣給朱家的周氏家僮十餘人，也是農業奴隸。《史記·平準書》：「賈人有市籍者，及其家屬，皆毋得籍名田，以便農。敢犯令，没入田、僮。」田、僮連稱，可見僮也是從事田作的農業奴隸。後漢時，「南陽龐儉」，「居閭里，鑿井，得錢千餘萬，行求老蒼頭，使主牛馬耕種」（《御覽》卷五百引《風俗通》）。管理農場，尚且用年老而有生產經驗的奴隸老蒼頭來擔任，土地上的直接生產者，其部分爲奴隸，也必然無疑。男奴既然多從事於農業生產，女婢也必然會從事於蠶織生產。這當然由於古代中國，農業和紡織手工業，始終結合在一起没有分離開來的緣故。《蜀志·楊戲傳》《季漢輔臣贊》注引《襄陽記》：「奴執耕稼，婢典炊爨。」《宋書·沈慶之傳》：「耕當問奴，織當訪婢。」《北史·刑巒傳》：「耕則問田奴，絹則問織婢。」奴婢的分工，也是男耕女織。

奴隸的使用於農業方面，如果在大奴隸主的土地上進行生產的話，就必然采取大面積土地上生產，土地不必劃成小塊塊。這在全國範圍内，數目可能有一些，但也不會太多的。當時的小生産者，他們一方面受大奴隸主、商人、高利貸者的種種剥削，另一方面，他們也會在有限的範圍内，蓄養奴婢，剥削奴婢。奴婢在這種情況下，就會和原始奴隸制階段一樣，以輔助的力量，主人全家的助手姿態，出現在小生産的份地上。

官奴隸也好，私奴隸也好，他們的地位非常低下，他們的工作非常沉重，因此他們時想逃亡外出。《漢書·匈奴傳》：元帝竟寧元年（公元前三三年，郎中侯應對邊事狀云：「邊人奴婢愁苦，欲亡者多，曰：『聞匈奴中樂，無奈候望急何？』然時有亡出塞者。」因爲就當時來説，匈奴剥削奴隸的形態，要比漢地爲緩和，換過來説，也就是漢地的蓄奴形態，要比匈奴遠爲發展，所以漢地的奴隸才要想逃到匈奴人那裏去。

我們對於不大引人注意但爲奴隸始終所堅持的各種形式的鬥争，如逃亡、破壞工具、殺害主人、洗劫奴隸主莊園，及其結果，不應對它評價不足。奴隸由於堅持上述的各種鬥争形式，終於迫使奴隸主做出一些讓步，和專制主義國家政權對這一問題的關切。秦制，奴隸主處死奴婢，必須得到官府的同意，《史記·田儋傳》：「儋詳爲縛其奴，從少年之廷，欲謁殺奴。」服虔注：「古殺奴婢，皆當告官，儋欲殺令，故詐縛奴而以謁也。」漢武帝時，董仲舒説帝「去奴婢除專殺之威」（《漢書·食貨志》）。漢律，奴婢可以自贖爲民，爲民之後，奴隸主復「略」以爲奴婢，處奴隸主以略人之法，《漢書·景武昭宣元成功臣表》：「蒲侯蘇昌，侯夷吾嗣，鴻嘉三年（公元前一八年），坐婢自贖爲民，後，略以爲婢，免。」東漢光武帝建武十一年（公元三五年）二月己卯，詔曰：「天地之性，人爲貴，其殺奴婢，不得免罪。」同年八月癸卯，詔曰：「敢炙灼奴婢，論如律，免所炙灼者爲庶民。」十月壬午，「詔除奴婢射傷人棄市律」（《後漢書·光武帝紀》）。《東觀漢紀》載：首鄉侯段曹曾孫勝，坐殺婢，國除。常侍樊豐妻殺侍婢，洛陽令祝良收其妻殺之。由此可見，奴隸的處境，已略有改善。說明奴隸們依借了各種不間斷的雖然是無組織的鬥爭形式致命地打擊了奴隸剥削形態和它所形成的全部社會制度。

兩漢奴隸的價格是不等的。《漢書·賈誼傳》：「今民賣僮者，爲之繡衣絲履，偏諸緣，内之閑中。」服虔注：「閑，賣奴婢闌。」大概這類妖童美妾，價格特別貴。《史記·扁鵲倉公列傳》：「濟北王」「才人女子豎」，「多伎能」，「往年市之民所，四百七十萬，曹偶四人」。用四百七十萬買四婢，是一婢之價，爲一百十七萬五千，可算是很高的價格。這一方面固然文帝初年，幣制貶值，物價普遍上漲所致；而另一方面，也由於妖童美妾的價格，本來就要比一般使用在生產事業方面的奴婢爲高。奴婢一般的價格，大概在一萬五千至二萬之間。王褒《僮約》：「券文曰：神爵三年（公元前五九年）正月十五日，資中男子王子淵，從成都安志里女子楊惠買亡夫時户下髯奴便了，决價萬五千。」《後漢書·朱暉傳》注引《東觀漢記》：「暉爲掾，督郵阮況當歸女，欲暉婢，暉不敢與，後況卒，暉送其家金三斤」（一斤萬錢）。《居延漢簡》：「候長觻得廣昌里公乘禮忠，年三十，小奴二人，直三萬，大婢一人，二萬」（三七·一三）。《風俗通》：南陽龐儉「行求老蒼頭，使主牛馬耕種。直錢二萬」。兩漢的物價，西漢米一石（兩漢一石，合今市石之二斗），價百餘錢，穀一石，價七八十錢。東漢米一石，價二百錢，穀一石，價百錢（見《居延漢簡》考證）。西漢時，奴價一萬五千，合米一百四五十石左右，合穀二百石左右。奴價二萬，合米二百石左右，合穀二百石左右。東漢時，奴價一萬五千，合米七十石左右，合穀一百五十石左右。奴價二萬，合米百石左右，合穀二百石左右。西漢縑每匹價五百一十二錢，東漢縑每匹價六百一十八錢。〔一〕西漢時，奴價一萬五千，合縑三十四匹左右。奴價二萬，合縑四十四匹左右。東漢時，奴價一萬五千，合縑二十四匹左右。奴價二萬，合縑三十二匹左右。西漢關中田價，豐鎬之間的膏腴上田，畝直一金(萬錢)，下田直錢七百。〔二〕郡國田價，據《九章算術》：「善田一畝，價三百，惡田七畝，價五百。」東漢洛陽都亭田價，畝直三千錢，〔三〕而《居延漢簡》稱：「田五頃，五萬」(三七·三五)，「田五十畝，直五千」(二四·背)。蓋近帝畿，田亦騰貴，窮鄉僻隅，地價特廉。故貢禹自稱：「家資不滿萬錢，有田百三十畝」，「賣田百畝，以供車馬」(《漢書·貢禹傳》)，始能應徵。西漢時，奴價一萬五千，合關中膏腴上田一畝有半，合窮鄉僻隅善田五十畝，惡田二百一十畝。奴價二萬，合關中膏腴上田二畝，合窮鄉僻隅善田六十六畝餘，惡田二百八十畝。東漢時，奴價一萬五千，合洛陽都亭田五畝，合居延田二百畝。《史記·貨殖列傳》：「馬蹄躈千，牛千足，羊彘千雙，僮手指千。」這四種數量的價格，是等同的。也就是說，二匹馬，或二頭半牛，或二十頭羊和豬，都等於一個奴隸的價格。西漢時，《九章算術》：「馬價五千四百五十四錢」，「牛價三千七百五十」，「羊價五百」，「豕價九百」，「豕價三百」。奴價一萬五千，合馬三匹，合牛四頭，合羊三十頭，合九百錢豕十七頭，三百錢豕五十頭。奴價二萬，合馬四匹，〔四〕合牛五頭又四分之一，〔五〕合羊四十頭，合九百錢豕二十二頭，三百錢豕六十七頭。

西漢		東漢	
奴價一萬五千	奴價二萬	奴價一萬五千	奴價二萬
合米一百四五十石	合米二百石	合米七十五石	合米一百石
合穀二百石	合穀二百五十石	合穀一百五十石	合穀二百石
合縑三十匹	合縑四十匹	合縑二十四匹	合縑二十二匹
合關中上田一畝 合關中下田十六畝餘 合郡國善田五十畝 合郡國惡田二百十畝	合關中上田二畝 合關中下田二十二畝餘 合郡國善田六十六畝餘 合郡國惡田二百八十畝	合洛陽都亭田五畝 合居延田一百五十畝	合洛陽都亭田六畝餘 合居延田二百畝
合馬二匹至三匹	合馬四匹		
合牛二頭至四頭	合牛五頭又四分之一		
合羊二十頭至三十頭	合羊四十頭		
合豬十七頭至五十頭	合豬三十二頭至六十七頭		

魏時奴隸價格，據《三國志·魏志·王昶傳》注引《任嘏别傳》稱：「嘏與人共買生口，各雇八匹，後生口家來贖時，價值六十匹。」王國維《釋帛》據《晉令》稱絹價低於縑價三分之一，則六十匹絹，合四十匹縑，

後者之價，已較東漢時爲貴。西晉時奴隸價格，據《御覽》卷五百九十八引石崇《奴券》：「予元康之際」（公元二九一至二九九年），「得一惡羝奴，名宜勤」，「便下絹百匹」。百匹絹合縑六十六匹二丈餘，比起東漢的奴隸價格來，又要貴到一倍以上了。〔六〕

總的説來，兩漢的奴隸價格，是比較貴的。貴的原因，我們是可以理解的。因爲兩漢私奴婢的主要來源，不是代價低廉的戰俘奴隸，而是代價高昂的債務奴隸。既然奴隸的主要來源是債務奴隸，而債務奴隸的代價又必然很高，這樣，又獲致了另一個結論，就是奴隸勞動的優點，而且是它重要優點之一的低廉是不存在的。奴隸價格的騰貴，奴隸勞動的優點低廉不存在，那麼，奴隸主如果把大量奴隸使用在農業方面，有時反不及把自己的土地劈成小塊，租給依附農民爲有利，這就引起奴隸制度内部的封建關係的急劇發展。

古代中國奴隸制生產方式的危機，在漢武帝以來就已經開始了。由於貨幣商品關係的發展，土地集中，與奴隸所有制的成長，以及政府對小生產者的超經濟的强制，戰爭和國家捐稅的負擔，引起了大羣農民的赤貧化。

破産的農民，不得不求助於高利貸者，他們因負債累累而終於喪失了自己的土地，他們的土地轉入大土地占有者的手裏去了。他們有的因爲在漢王朝巨額捐税之下，種地不能謀生，而且有了土地反要爲漢王朝服兵役，因此，他們索性主動地拋棄了土地。西漢自武帝開始，一直到東漢王朝最後崩潰爲止，農民從農村中被拋擲出來的問題，成爲古代中國最嚴重的問題。流民人數有記載的，漢武帝時，一次七十二萬五千口，一次二百萬口，成帝時，以百萬數，哀帝時，以十萬數，王莽時，有流民數十萬人，東漢桓帝時，有數十萬户。這些農民被拋出生産以後，他們的境遇是極其悲慘的，他們在流亡途程中，往往赤裸着身體，啃着草根樹皮，「裸行草食」（《後漢書·劉平傳王望附傳》），一路游蕩，這種悲慘的景象，是我們所難以想像到的。

王符《潛夫論·浮侈篇》裏説：「今游手爲巧，充盈都邑，務本者少，浮食者衆。」「今察洛陽，資末業者，什于農夫，虚僞游手，什于末業」，「天下百郡千邑，類皆如此」。游手浮食的人，既云什倍於商賈末業的人，那不是很明白地反映出了小生産者除了流蕩以外，擁進城市裏去的流民數目也在日益增多嗎？當羅馬古典奴隸制發展的時候，麕集在城市裏的破産農民，在一個時候，曾達到八十萬人左右，他們成爲寄生的階級。古代中國農民破産的情况與古典羅馬相似。所不同的，古典羅馬自公元前三二六年部落大會通過法律廢除債務奴隸制之後，羅馬的自由民，不再可能淪爲奴隸，而古代中國始終没有把債務奴隸制廢除，因此，他們一破産，就有淪爲「自賣人」即債務奴隸的危險，他們的處境，比起羅馬的自由民起來，便爲悽慘。

古代中國奴隸制瓦解長期過程，是在階級鬥爭極端尖鋭化的情况下進行着的。在奴隸制度發展以及崩潰條件下，只有憑小農農村是否急劇分解，土地是否越來越兩極化這一件事，才可以决定破産就要淪爲債務奴隸的平民起義，具有一種什麼性質。

我們認爲古代中國，由於村社解體特别延滯，自由民生産始終佔着很重要的地位，奴隸勞動不能盡量替代自由人的勞動，因此，蓄奴形態，比起古典的希臘和古典的羅馬來，是不算發展的。奴隸和自由人的比例，自由人遠要超過奴隸的人數。可是在這種特別的階段裏，又由於作爲主導的奴隸制生產方式的發展，以及商品貨幣關係增長的結果，小生產者日益套入高利貸者的羅網裏而不能自拔，甚至終必淪爲債務奴隸而後已。這樣，古代中國的小生產者爲了反抗大土地所有者、高利貸者和專制主義的革命運動，正如馬克思在《資本論》裏所說的「古代世界的階級鬥争主要是以債權人和債務人之間的鬥争的形式進行的」（馬克思《資本論》第一卷第一五六頁，人民出版社一九七五年六月第一版）那一種革命運動了。由於古代中國小生產者這一階層留下人數的衆多，使西漢末年和東漢末年以及西漢武帝以後、東漢安帝以後的無數次的革命運動，多寓有小生產者反對債務奴隸化的鬥争，當然也包含了奴隸反對奴隸主的鬥争。這一系列的革命運動有力地打擊了當時的統治階級集團與專制主義政治，因而也就多少地推動了社會生產，使不等到小生產者完全没落、不等到奴隸和奴隸主的對抗上升到第一位，而孕育在奴隸所有制社會母體内的封建生產關係，就很快地獲得了發展，奴隸社會也就急轉直下地變爲封建社會了。

在古典羅馬，奴隸制充分的發展，奴隸制危機爆發，使奴隸和奴隸制度同歸於盡，奴隸制殘餘形態完全掃蕩乾浄了。在古代中國，奴隸和奴隸主的鬥争雖也出現，但不算顯明，可是却充滿了債務者反對債權者、平民反對專制主義政權的鬥争，也由於這種原因，奴隸社會雖然結束了，奴隸却不是和奴隸制度同歸於盡，進入封建社會、奴隸殘餘依舊嚴重，這又是東方和西歐社會最大不同的地方。

在古代中國，債務奴隸制既然没有廢除，而債務奴隸的前身，就是平民。所以秦漢的平民革命運動，一方面説來是債務者反對債權者、破産的自由民拒絶淪爲債務奴隸的一種行動上的反抗；另一方面説來，在這種革命運動爆發之後，參加革命運動的羣衆，固然破産的平民比重最大，但也必然包括了前身是自由民而已破産淪爲債務奴隸的奴隸在内。平民和奴隸，雖是兩個階級，但在債務奴隸盛行的年代裏，他們却是血脈近親，他們間有利害相通的地方，他們反對的對象，大土地所有者的奴隸主、商人和高利貸者、專制主義政權，也完全是一致的。所以古代的債務者反對債權者、平民反對專制主義的鬥争，同時也就含有債務奴隸反對奴隸主的鬥争的性質在内的。

〔一〕《御覽》卷八百二十引《漢書》：張敞爲京兆尹，長安游徼受賦布，罪名已定，多其母守節，而出教更量所受布，狹幅、短度、中疏，虧二尺，價直五百，由此得不死。

王國維《釋幣》：案虧二尺，值五百，則無所虧者，一匹之直，五百二十有六。

《九章算術》：縑「一丈，一百一十八錢」，一匹四丈，四百七十二錢也。又術稱：「縑一丈，價直一百二十八」，一匹四丈，五百一十二錢也。

《流沙墜簡》二，器物類：任城國亢父縑一匹，直錢六百一十八。

〔二〕《漢書·東方朔傳》：豐鎬之間，號爲土膏，其價畝一金。

《御覽》卷八百二十一引《范子·計然》：田差高下，一值錢百金，一值錢九百。

〔三〕《王保卿買地券》：建寧二年（公元一六九年）八月，河内懷男子王保卿，從袁叔威買皋門亭部什十三陌袁田三畝，買錢三千一百，并直九千三百錢。

《樊利家買地券》：光和七年（公元一八四年）九月，平陰男子樊利家，從杜謌家買石梁部桓千東比是陌北田五畝，畝三千，并直萬五千錢。

《房桃支買地券》：中平五年（公元一八八年）三月，雒陽大女房桃支，從趙敬買廣德亭部羅西，西口步步道東，冢下餘地一畝，直錢三千。

〔四〕《漢書・食貨志》：漢興，令民鑄莢錢，米至石萬錢，馬至匹百金。

《漢書・武帝紀》：元狩五年（公元前一一八年），天下馬少，平牡馬匹二十萬。

《漢書・景武昭宣元成功臣表》：梁期侯任當千坐賣馬一匹，價錢十五萬，過平臧五百以上，免。

《御覽》卷八百九十四引《東觀漢記》：杜林馬死，馬援令子持馬一匹遺林，居數月，林送錢五萬。

《華陽國志・先賢士女贊》：東漢張壽賣家鹽井，得三十萬，市馬五匹。

《後漢書・靈帝紀》：光和四年（公元一八一年）春正月，初置騄驥廐丞，受郡國調馬，豪右辜榷，馬一匹至二百萬。

《御覽》卷八百九十七引《長沙耆舊傳》，虞芝曰：「年往志盡，譬如八百錢馬，死生同價。」

馬價貴賤不一，本文據《九章算術》，蓋以一般馬價爲標準而言。

〔五〕《居延漢簡釋文》：服牛二，六千（三七・三五）。 用牛二，直五千（二四・背）。

〔六〕《世說新語・排調篇》： 苻朗（苻堅從兄）初過江， 王咨議（王肅之，王羲之第四子）問奴婢貴賤。朗云：「謹厚有識，中者乃至十萬，無意爲奴婢問者， 止數千耳。」 （按苻朗所云奴價，前一個價格，又貴於兩漢，後一個價格，則賤於兩漢。 這一段話，大概是苻朗諷刺王肅之的話，不足爲準。）

魏晉封建論

封建關係在中國的形成，是一個漫長的過程，在江南，大概在東晉，封建制度已經完全形成了，在北方，由於「五胡」迭據中原，他們把落後的生產關係——奴隸制生產關係保留了一個較長的時期，到北朝後期周隋之際，才漸漸有了改變。我們爲了方便起見，就稱之爲魏晉封建論吧！

漢武帝時，董仲舒説帝，自秦「用商鞅之法」，「除井田，民得賣買，富者田連阡陌，貧者無立錐之地」。「或耕豪民之田，見税什五」（《漢書·食貨志》）。如淳注：「十税其五。」顔師古注：「言下户貧人，自無田而耕墾豪富家田，十分之中，以五輸本田主也。」這一條資料，可以説是反映封建生產關係最早的一條材料。這一條資料，不能説商鞅變法以後，封建生產關係立刻就產生了，只能説商鞅變法之後，貧富兩極化的結果，到了漢武帝時期，封建生產關係正在產生。到了西漢末，王莽代漢，馬援在「北地牧畜，賓客多歸附者，遂役屬數百家」（《後漢書·馬援傳》）；及援屯田天水苑川，「請與田户中分」（《水經·河水注》）；後歸洛陽，又使賓客屯田長安上林苑中。兩漢提到和封建生產關係有關的，只有以上幾條材料。這只可以説封建生產關係的萌芽，還不能稱做封建社會。

黄巾、黑山、白波等大起義，達到了摧毁東漢奴隸制王朝的最終目的，接着是董卓輔政，他徹底地破壞了奴隸制國家的政治中心首都洛陽，遷都關中。關東的牧守和世家大族起兵聲討董卓，同時又互相斯殺起來，百姓死亡，暴骨如莽，人民以鋒鏑餘生，流離四方。東漢桓帝永壽三年（公元一五七年），全國人口五千六百四十八萬餘，至西晉武帝太康元年（公元二八〇年），全國人口一千六百十六萬餘，經過一百多年，人口反而減少，只剩下三分之一還不到。當然，這種人口驟減的原因，我們不能認爲完全是由於戰争、疾疫的死亡；除了死亡而外，其餘大部分還由於地方封建貴族——世家大族經濟勢力的日益發展和鞏固，農民在戰亂與流徙以後，不得不依附於世家大族，變爲「部曲」和「佃客」。這種依附農民一變成部曲、佃客之後，也就不再向政府呈報户口。蔭庇户口的日益增多，政府的户口自然日益減少。因此，户口顯露出驟然衰落的現象來了。

在西漢王朝奴隸制生産關係全盛時期，商品貨幣關係有了較大的發展。到了東漢時期，奴隸制危機加深，商品貨幣的關係規模也正在逐漸縮小。到了東漢王朝崩潰，史稱由於董卓「壞五銖錢，更鑄小錢」，「貨賤物貴，穀石數萬」（《後漢書·董卓傳》），「自是後，錢貨不行」（《三國志·魏志·董卓傳》）。事實上倘使錢貨的不行，單純是董卓破壞五銖錢系統所造成幣制紊亂的結果，那末曹操以後復廢小錢，行用五銖，交换經濟就應該很快重新活躍起來了，然而歷史事實却不是如此。五銖的鑄幣，乞建安之世（公元一九六至二二〇年），幾近於廢棄，穀帛等實物經濟，代替執行貨幣的性能；到了曹丕黄初二年（公元二二一年），終於廢止五銖錢，使「百姓以穀帛爲市」（《晉書·食貨志》）。可見魏晉南北朝時期的貨幣近於廢棄，不能全部推諉責任於董卓的破壞五銖錢系統。董卓的這種舉動，不過加深了當時的社會危機，使物價騰貴，人民生活更加困難；而促使貨幣從此一度近於廢棄的主要原因，由於封建制度的逐漸形成，在中國境内，特別是黄河流域，湧現了無數塢壘堡壁，住在塢壘堡壁裏的「壘主」、「鄉豪」，掌握了地方權力，在自給自足的自然經濟領域裏，糧食是依附農民在塢壘堡壁的土地上生産的，衣料也是家庭成員自己來紡織的，這樣，一切自給自足，市場當然無法擴大，商業停滯，貨幣必然會近於廢棄。所謂廢棄，不是説完全摒棄貨幣於市場之外而不用，而是説在自給自足的自然經濟下，商品貨幣交换顯現出一定程度上的静止狀態罷了。所以魏晋南北朝時期，交易往往以穀帛爲主，而鑄幣只是以輔助的姿態出現於市場之上，所謂「自淮以北，萬匹爲市，從江以南，千斛爲貨」，基本上以實物來作爲交换手段的。

奴隸制的危機是從東漢時期開始的，當奴隸制危機極端嚴重的時候，流民的大量出現，依附於世家大族，這就引起了封建關係的急劇發展，在舊的奴隸制内部産生出來的封建生産關係也逐漸鞏固起來，取得了領導地位。這樣，舊的奴隸與奴隸主的生産關係，就不得不讓位於新的依附農民與封建主的生産關係了，一種剥削制度代替了另一種剥削制度。

中國封建社會初期封建土地所有主，有的出身於中央集權統治機構中的官僚，也有的是由商人轉化來的。

由於中國古代國家的統治權是嚴格集中的，所有最高的權力，最後都集中在皇帝手中，專制君主必須建立一整套官僚體系來統治整個國家。秦漢國家的巨大規模，使官僚機構愈來愈複雜而龐大，官僚的人數也愈來愈衆多。而政府選拔官僚，因爲自漢武帝以來，崇尚儒術的緣故，官僚也多以經術起家，致身通顯。他們不但授徒講學，注籍的弟子門生，成千滿萬，形成一種社會力量；而且由於他們的子孫往往紹繼家學，也必然會造成一種累世公卿的情況，如東漢弘農楊氏，四世三公，汝南袁氏，四世五公，這些士族門閥也在東漢中葉以後漸次出現了。過去所謂「每尋前世舉人貢士，或起甽畝，不繫閥閱」(《後漢書・章帝紀》)，現在開始「選士而論族姓閥閱」(仲長統《昌言》)，「貢薦則必閥閱爲前」(王符《潛夫論・交際篇》)，「以族舉德，以位爲賢」(《潛夫論・論榮篇》)了。到了曹魏初期，九品官人之法行，州郡大小中正皆由當地著姓士族擔任，九品的定評，自然操縱於他們的手中，於是官品的升降，大都憑藉「世資」，久而久之，更造成了「公門有公，卿門有卿」(《晉書・文苑・王沈傳》)，「高門華閥，有世及之榮；庶姓寒人，無寸進之路」(《廿二史劄記》)的情況。所以魏晉以來，世族的勢力更加發展。例如僑姓則有王、謝、江、袁，吳姓則有朱、張、顧、陸，山東著姓則有崔、盧、李、鄭、王，關中和河東的郡姓則有韋、杜、楊、裴、柳、薛，這些士族門閥，累世富貴，也是和他們擁有大量的部曲、佃客分不開的。

世家大族，除了出身於國家官僚機構中的官僚以外，也有從商人轉化來的。從漢武帝以後，由於鹽鐵等重要生產事業收歸官營，使商人無法插手，於是商人通過土地的兼并把他們的財富最後集中於地權。這些商人在取得大量土地以後，已經不是商人的身份，而是大土地所有者了。東漢末，湖陽樊重「世善農稼，好貨殖」，「貲至巨萬」，宛李氏「世以貨殖著姓，雄於閭里」(《後漢書・李通傳》)；其後重子宏以漢光武帝劉秀母舅，李氏子通以光武帝姊夫，轉化爲東漢貴族。東漢末，東海麋竺「祖世貨殖，僮客萬人，貲產鉅億」，竺後爲徐州牧陶謙別駕從事，嫁妹於劉備爲夫人，並進「奴客二千，金銀貨幣，以助軍資」(《三國志·蜀志·糜竺傳》),後遂隨備適荆州,由荆入蜀,爲備上客。這些身「不爲編户一伍之長,而有千室名邑之役」的富商大賈,至此,已部分轉化爲擁有部曲、佃客的大土地所有者了。這些從富商巨賈轉化來的大土地所有者,往往與「武斷鄉曲」的豪强不容易嚴格分得開,故在當時統之曰「地方豪强」。

但是從官僚體系中派生出來的世家大族,和從商人方面轉化而成的地方豪强,他們都帶着特别濃厚的父家長色彩,這是不難瞭解的。由於中國國家形態的比較早熟,在社會制度上,氏族殘餘也長期嚴重遺留,因此秦漢以來的小農農村,雖然在村公社已經崩潰以後,但是也還依然以氏族爲紐帶而鞏固結合起來,人們都是聚族以居的。

在東漢末年長期紛擾之際,世家大族除了和依附農民之間的隸屬關係有了急劇的發展以外,他們還通血緣的紐帶關係,在塢壘堡壁之間,部勒宗姓,加以武裝,或聚族以自保,或舉宗而避難。這種以血緣爲紐帶的結合,在魏晉之際世家大族形成初期,是曾經扮演了極其重要的角色的。一直到北朝,如北魏時,河東薛氏,「世爲强族,同姓有三千家」(《宋書·薛安都傳》),聚居絳郡;趙郡李顯甫「集諸李數千家,於殷州西山開李魚川,方五六十里居之,顯甫爲其宗主」(《北史·李靈傳》)。北齊時,「瀛、冀諸劉,清河張、宋,并州王氏,濮陽侯族,諸如此輩,一宗將近萬室,烟火連接,比屋而居」(《通典·食貨典·田制》引宋孝王《關東風俗傳》)。這些世家大族,大都是聚族而居的,所以自從漢代鄉亭里制度失却了它的作用之後,北魏的三長制度尚未確立以前,由於中古這種自給自足的莊園還保存了氏族制的紐帶，世家大族同時也是幾個大的家長制家族的總體的代表，因此，不得不出現符合於當時實際情況的「宗主督護」制度，來與政府地方機構取得一定程度上的聯繫，可以更合法地來「庇廕」丁户，在「百室合户，千丁共籍」(《晉書·慕容德載記》)的實際情況下，分割了國家的户口。

不過，魏晉時期，世家大族勢力形成初期，由於一族之內，就已貧富分化，因此，貧窮的族人，實際上已不能不受顯貴的族人——世家大族所役使了。然而這種情況，並不是世家大族地主莊園一開始形成時就是如此的。顯貴的族人，爲了要團結宗族子弟作爲他們屯塢自守、築壁相保的一種基本力量；貧窮的族人，也要依靠顯貴族人——世家大族來出面組織武裝，進行自衞，使自己不至轉尸於溝壑之間，或者淪爲其他封建主的佃客與奴僕，因此，他們兩者，就在原先的血緣基礎上，更加上了政治利害的一種結合。新起的世家大族所以帶着特别濃厚的父家長色彩出現於魏晉南北朝時期，就是這個緣故。

世家大族爲了維護他們的既得利益，在統一政權崩潰的廢墟上，屯塢自守，築壁相保；他們就在戰爭進行之中，部勒他們的依附農民，成爲部曲。所以建安以後，戰爭的持續進行，不但没有把他們的經濟摧毁，反而更加强了世家大族和部曲、佃客之間的隸屬關係。

農民本身也由於遭受掠奪及苛捐雜税和繁重的力役、兵役而感到絶望，這更使農民不得不託庇於世家大族。但農民是付出了非常高的代價——放棄土地所有權，將自身交給顯要的和强大的世家大族去奴役，才得到庇護的。他們受世家大族的剥削，除了「其佃穀皆與大家量分」(《隋書·食貨志》)，

「被强家收大半之賦」(《通典·食貨典·丁中》)以外，並替世家大族服許多雜役，必要時還得荷戈作戰。但是在這一時期，兵役既是農民破産的主要原因，依附於世家大族以後的佃客所負擔的兵役雜傜，究竟比自耕小農負擔的國家租税重擔減輕很多，因此，勞動人口紛紛向世家大族莊園集中，這些被奴役的農奴，就是後面要特别提到的，平時爲封建主耕地，戰時爲封建主打仗的部曲和佃客。

魏晉以來的割據之雄，爲了擴展自己勢力，壓倒敵人，對擁有部曲、佃客的世家大族，更極盡拉攏之能事，如曹操的拉攏許褚、李典、田疇，孫權的拉攏魯肅、甘寧以及吴中四姓，劉備的拉攏麋竺、霍峻，正由於世家大族的歸附與支持，魏蜀吴政權才得以形成鼎立的局面。

在這種力量支持下出現的政權，它不但不能立刻搜括逃户，而且也一定還把政府民屯下的農民賜予世家豪族。如曹魏「給公卿以下租牛客户，數各有差」，故「自後小人憚役，多樂爲之，貴勢之門，動有數百」(《晉書·外戚·王恂傳》)。東吴也有復臣下客户的事實：《三國志·吴志·陳表傳》注引《江表傳》載「權復客二百家」；《三國志·吴志·周瑜傳》載「權後著令曰：『故將軍周瑜、程普，其有人客，皆不得問。』」《三國志·吴志·潘璋傳》載璋卒後，「璋妻居建業，賜田宅，復客五十家」。政府既然以大量佃客賜予臣下，則已被「庇護」於世家大族的部曲、佃客之被追認爲合法的既成事實，更是不容置疑。這樣，曹魏以後，出現了最顯著的一個特徵，即人口的分割，封建土地所有主權力，在這一時期内，誠如馬克思所説的：「不是由他的地租的多少，而是由他的臣民的人數決定的」(《資本論》第一卷第七八五頁，人民出版社一九七五年六月第一版)。這種人口的分割，反映在法制上，便成爲兩晉、南朝的給客、蔭客制度，下面就要講到。

晉武帝初「踐位，詔禁募客」，募客是指豪勢之家公然招募佃客。佃客可以逃避公家的賦役，所以「憚役」的農民，多願意充當佃客。「貴勢之門，動有百數。又太原諸郡亦以匈奴胡人爲田客，多者數千」。武帝時，王恂爲河南尹，「明峻其防，所部莫敢犯者」（《晉書·外戚·王恂傳》），說明當時王權還强大，還能够制止募客，使它不至過分發展。泰始五年（公元二六九年）正月癸巳敕有云：「豪勢不得侵役寡弱，私相置名」（《晉書·食貨志》）。「置名」就是把佃客的姓名，載在豪勢之家的户籍上；「私相置名」，就是没有經過給客、蔭客制度的正式手續，擅自把編户齊民占募爲佃客載在自己的户籍上，這顯然是不合法律手續的，所以西晉政府下令禁止這種情況的繼續發展。

西晉初年，也有賜客制度，如《晉書·華表傳子廙附傳》載：「初，表有賜客在鬲，使廙因縣令袁毅録名，三客各代以奴。」晉武帝太康元年（公元二八〇年），下令實施占田法，同時根據官品規定了「蔭人以爲衣食客及佃客」的制度。「品第六已上得衣食客三人，第七、第八品二人，第九品……一人。其應有佃客者，官品第一、第二者，佃客無過五十户，第三品十户，第四品七户，第五品五户，第六品三户，第七品二户，第八品、第九品一户」（《晉書·食貨志》）。當然，實際蔭客的數目要遠遠超過這個數字。

東晉元帝渡江，「時百姓遭難，流移此境（指南兗州），流民多庇大姓以爲客。」元帝太興四年（公元三二一年），詔以「流民失籍，使條名上有司，爲給客制度，而江北荒殘，不可檢實」（《南齊書·州郡志》南兗州序）。《隋書·食貨志》載梁陳的給客制度云：「都下（指建康）人多爲諸王公貴人左右、佃客、典計、衣食客之類，皆無課役。官品第一、第二，佃客無過四十户，第三品三十五户，第四品三十户，第五品二十五户，第六品二十户，第七品十五户，第八品十户，第九品五户。其佃穀皆與大家（指主人）量分。」「官品第六已上，并得衣食客三人，第七、第八二人，第九品……一人。客皆注家籍。」

《隋書·食貨志》所載南朝給客制度的數目，也和實際的庇蔭人數出入很大。所以《南齊書·州郡志》裏才明確指出「江北荒殘，不可檢實」這個現實。

《南史·齊東昏侯紀》云：「又先時諸郡役人，多依人士爲附隸，謂之『屬名』。」東昏侯於永元中（公元四九九至五〇一年），下令「在所檢占諸屬名」，「凡屬名多不合役，止避小小假，並是役蔭之家」。東昏把他們都搜括出來，「攝充將役」。「屬名」之名，也就是前面提到的「私相置名」之名，「屬名」、「置名」，都是説他們的名字，已經登記在豪勢之家的户籍上，也就是「客皆注家籍」了，他們已經不能算爲政府的編户齊民，而成爲世家大族或豪勢之家的蔭庇户口了。

在北朝，情況也是一樣。《魏書·食貨志》稱：「魏初不立三長制，故民多蔭附。蔭附者皆無官役，豪强徵斂，倍於公賦。」由於匈奴、羯、氐、羌、鮮卑各族迭據中原，因此這一時期中國的北方奴隸制殘餘極爲嚴重，北魏初期的隸户、平涼户、平齊户，西魏取江陵，盡没其人民十餘萬人爲奴婢，並分賜百官，但是這些奴婢不久也被解放爲部曲佃客，如北周武帝建德六年（公元五七七年）的詔文中，下令解放了官私奴婢，命「所在附籍，一同民伍，若舊主人猶須同居，聽留爲部曲及客女」（《周書·武帝紀》）。可見部曲、佃客、客女之成爲蔭庇人口，當時政府也認爲是合法的。他們一成爲蔭附的人口，就不成爲政府的「編户齊民」，也不再負擔政府的課役了。因此，日益發展和鞏固的世家大族土地所有制，它與國家所有制是對立的。國家爲了覬覦一部分勞動力，想用來補充軍隊，作爲國家的軍事力量，並使之直接耕種國家的土地，而用田租、户調的剥削形式，把直接生産者的剩餘生産品攫爲己有，因此，國家所有制必然會在一定程度上限制世家大族土地所有制的發展。

這種對立的關係，決定了魏晉南北朝時期政府與世家大族及僧侶大地主間的關係。世家大族及僧侶大地主想增多他們的蔭庇民户，而政府便防止蔭庇户的增多。當喪亂分據，「賦重役勤，人不堪命」的時候，自耕小農不是「多依豪室」(《通典·食貨典·丁中》)，便是「假慕沙門，實避調役」(《魏書·釋老志》)。而一當政府權力集中時，便是立三長之制，建輸籍之法，甚至毁滅佛法，使北周、北齊地區逃於寺院的三百萬僧侶，「皆復軍民，還歸編户」(《歷代三寶記》)，用盡方法，來搜括蔭户。政府不但依靠了搜括的政治權力，有時還可以採用「廉價」的方法。使蔭户登記户口，成爲政府的編户齊民，所謂「定其名，輕其數，使人知爲浮客，被强家收大半之賦，爲編甿，奉公上蒙輕減之征」(《通典·食貨典·丁中》)。總之，政府和地主之間，一個是要蔭庇户口，一個是要搜括户口，這就構成魏晉南北朝時期統治階級内部矛盾的重要内容。

關於魏晉南北朝時期地主的自給自足莊園，這裏就不詳細講了；現在談談耕種莊園土地的依附農民——部曲和佃客。

「客」這一名稱的涵義，在村公社解體以後，凡是離開自己土地的人，都可以稱之爲「客」。所謂客，寄也，自此託彼曰客。因此，秦漢以來，脱離生産勞動的遊士，也稱之曰客，或稱「賓客」。後來就是自己土地不够，而勞動力有餘，於是到擁有土地較多的家族那裏去傭耕，也稱之曰客；或者已經「無置錐之地」，失去自己土地而向擁有較多土地的家族那裏去租佃他們的土地的佃農。也稱之曰客。他們開始都是以編户齊民的身份爲人傭作，爲人佃耕，身份是自由的，並不立刻變成依附農民。魏晉以來，封建依附關係加强，傭耕的佃農與主人的依附關係也逐漸强化起來，這樣，他們的身份就逐漸低落，漸漸蒙上了依附農民的色彩，終而變成部曲、佃客了。

所謂賓客，顧名思義，他們在開始時是可以和主人分庭抗禮的。這一階層的開始帶有依附色彩，應該溯源於戰國時代的食客。西漢的强宗大姓，都有賓客，如潁川灌夫，其「宗族賓客爲權利横潁川」(《漢書·灌夫傳》)，「陽翟輕俠趙季、李款，多畜賓客，以氣力漁食閭里」(《漢書·何並傳》)，「涿郡大姓東高氏，西高氏，……賓客放爲盜賊，發輒入高氏，吏不敢進」(《漢書·酷吏·嚴延年傳》)，馬援留北地「牧畜，賓客多歸附者，遂役屬數百家」(《後漢書·馬援傳》)。主人對賓客可以「畜」，可以「役屬」；賓客也可以依賴主人「豪大家」的勢力「爲權利」，「爲盜賊」，這説明他們之間的結合，已經帶着一種濃厚的依附色彩了。到了王莽末年，四方兵起，這些「豪大家」爲了擁護其階級利益起見，也將依附的賓客加以部勒，如南陽馮魴，「爲郡族姓，王莽末，四方潰畔，魴乃聚賓客，招豪傑，築營壘，以待所歸」(《後漢書·馮魴傳》)；劉縯「部署賓客」(《後漢書·齊武王縯傳》)，起兵討莽；臧宫「率賓客入下江兵中」(《後漢書·臧宫傳》)；劉植「率宗族賓客，聚兵千餘人，據昌城」(《後漢書·劉植傳》)。部勒以後的賓客，雖名爲賓客，其實已經是部曲了。東漢末年，劉節「賓客千餘家」，「前後未嘗給繇」（《三國志·魏志·司馬芝傳》）；曹洪有「賓客在〈長社〉縣界，徵調不肯如法」（《三國志·魏志·賈逵傳》注引《魏略》），這些賓客也已經賓客其名，依附農民其實了。

由於客的依附性愈來愈强化，因此客的身份也愈來愈低落。其初猶「賓客」、「人客」雜稱，久而久之，便名爲「私客」、「家客」，終於與奴僮合流，連綴起來，稱爲「奴客」、「僮客」了。

「部曲」這名詞，原來是兩漢以來的一種軍事建制。漢大將軍營，有五部，每部有校尉一人、軍司馬一人；部下有曲，每曲有軍侯一人；曲下有屯，每屯有屯長一人。「部曲」二字，連綴起來，猶如後世的師、團、營、連一樣，因爲常常連綴在一起，運用習慣了，本來軍事建制中的部曲，一轉而成了代表軍隊的名詞、士卒隊伍的變稱了。

東漢一代，主佃關係，也已經隨着新的前進的各種關係而被强化起來，軍隊中自然也不能例外，於是對主將有人身依附關係的部曲，就也日益變形爲主將的私屬了。東漢末年，困於戰爭的農民，都去請求武裝的世家大族保護；世家大族在屯塢自守，築壁相保的過程中，也採取軍事建制，來部勒他們已有的賓客和佃客，使成爲武裝的部曲，這時的私部曲，有時亦稱家兵。

戰爭的不斷擴大和延續，使部曲成爲人數衆多的階層，同時武裝的世家大族又把部曲轉移到土地上，使他們成爲且耕且戰的武裝耕作者。戰時是武裝的世家大族統率下的私部曲，在平時又是他們土地上耕作的佃客。因爲佃種土地，是父子承襲的，因此，部曲在參加耕作之後，部曲的身份，自然也是家世承襲的。所以《陳書·沈衆傳》有「家代所隸義故部曲，並在吴興」的說法。私部曲從事耕作以後，漸次變爲依附於世家大族的佃客，主要的任務，不是作戰，而是耕田，如《梁書·張孝秀傳》所載「孝秀居於東林寺，有田數十頃，部曲數百人，率以力田」，可見那時私部曲，主要用來種田了。這樣，開始是部曲作戰，佃客耕田，以後部曲的主要任務，既然也是佃耕土地，所以到了南北朝和唐代，就把佃客這一名稱，也包括在部曲名稱的涵義之内了。唐代著名的法典《唐律》，是只稱部曲，而不稱佃客的，女的不荷戈作戰，乃稱客女。

在世家大族經濟發展的初期，以前被剥奪了土地和脱離了土地的流民，又以依附者身份，重新和土地結合起來，這不能不說是一種進步的過程。但是，由於封建隸屬制度的加强，農民的身份，顯然地低落下來。本來在封建社會裏，要是地主没有直接支配農民人身的權力，他們就不可能强迫依附農民爲他們勞作，因此必須要有「超經濟的强制」。但是，經濟外的强制，在鞏固封建社會世家大族地主的經濟權力方面，固然起過作用，可是封建制度的基礎，並不是經濟外的强制，而是封建土地所有制。世家大族用封建地租形式來佔有依附農民的剩餘勞動，他們的剥削程度往往包含依附農民的全部剩餘勞動，甚至還包含大部分必要勞動，因此，世家大族不得不利用超經濟的强制來保證完成他們的封建剥削。這種超經濟的强制，主要表現在部曲佃客雖然有着自己的經濟，然而却牢固地被束縛在封建地主的土地上，無權支配自己的勞動方面。

部曲、佃客是被禁止離開封建主的土地的，他們倘若没有得到他們主人的允許，而擅自離開自己土地的時候，那就作爲逃亡論罪。法律有它的繼承性，《唐律》中有一部分實際上反映了南北朝的階級關係。在《唐律》卷二十八《捕亡律》及其本注裏有着「諸官户、官奴婢亡者，一日杖六日，三日加一等」，「部曲、私奴婢亦同」的規定，可見部曲逃亡，處刑的輕重，到唐時還是和逃亡奴婢一樣的。

另外，《唐律》還規定禁止部曲、佃客不經過合法手續，便從一個封建地主手裏轉到另一個封建地主手裏去。某些封建地主倘若收留逃亡部曲而被人告發，那就要看情節的輕重，遭受不同程度的懲罰。情節重的稱做「略」（不和爲略），情節輕的稱做「和誘」。《唐律》卷二十《賊盜律》：「疏議曰：『略他人部曲爲奴婢者，流三千里。略部曲還爲部曲者，合徒三年。』」「和誘者，各減一等。和誘部曲爲奴婢，徒三年，還爲部曲，徒二年半」。可見對收留逃亡部曲的地主，處刑是相當重的。這樣，部曲、佃客就完全被固着於土地之上，喪失了人身的自由。在這一時期內，封建地主之間買賣土地，部曲、佃客也會隨同土地一起被轉讓。

部曲、佃客必須經過主人的放免，才能成爲平民。《唐律》卷十二《户婚律》：「諸放部曲爲良，已給放書。」疏議曰：「依户令，放奴婢爲良及部曲客女者，並聽之。皆由家長給手書，長子以下連署，仍經本屬申牒除附。」可見部曲、佃客離開世家大族，必須封建主給予手筆的發放文書，申報地方政府，剔除「附籍」，才算合法。

部曲、佃客死後，世家大族有權將其妻子指配給另一部曲、佃客。《唐律》卷十二《户婚律》：「疏議曰：又問：『部曲娶良人女爲妻，夫死服滿之後，即合任情去往，其有欲去不放，或其壓留爲妾，及更抑配與部曲及奴，各合得何罪？』答曰：『……若是良人女壓留爲妾，卽是有所威逼，從不應得爲重科。或抑配與餘部曲，同。』」在這裏，法律上只規定部曲妻本來是「良人女」，不准世家大族威逼他們作妾，或者抑配給另一部曲；但是如果部曲妻不是良人女，而她們的身份是低於良人一等的客女或甚至是奴婢的話，那末，封建主就有全權支配她們，或者把她們留做自己的侍妾，或者指配給另一部曲，這在律文上是不加禁止的。

唐代法典上還明文規定着：奴婢、部曲，不同良人（《唐律》卷二《名例》）。因此，部曲殺良人，絞；良人殺部曲，減一等，流三千里。部曲殺主，斬；主殺部曲，部曲有罪，勿論，部曲無罪，主徒刑一年。部曲過失殺主，絞；主過失殺部曲，勿論。部曲姦主之妻及主之姑之姊之妹或主子弟之妻女，絞，强姦者斬；主姦己之部曲妻及客女，無罪。除謀反、謀逆、謀叛三大罪狀，直接危害到最高統治者外，部曲無控訴主人之權。部曲訴主，絞，部曲訴主之近親，流；主誣告部曲，勿論，若非誣告，更不用說了。部曲與主人，同犯一罪，一絞，一無罪，處罰截然不同，法律的階級性，在這裏表現得特別露骨。

海外一些朋友，對中國社會的分期看法，有的認爲從唐宋才開始形成封建社會，這個論點的分歧所在，主要在對待部曲、佃客的身份方面，看法不同，唐宋封建論者把部曲、佃客看做是奴隸階級，魏晉封建論者把部曲、佃客看做是農奴階級。魏晉封建論者根據《唐律》，認爲部曲、佃客不同於奴婢，奴婢是奴隸主所有，而部曲、佃客只是「附籍主户」作人身的依附。奴婢在法律上是「律比畜産」、「同於資財」，而部曲、佃客雖是封建主變相的資財，但畢竟不同於資財，更非畜産。奴婢只能與奴婢結婚，而部曲除娶客女外，也可娶良人女，但也可以娶婢女。奴婢可以買賣，而部曲、佃客只准轉移事人，不能出賣。魏晉封建論者既認爲部曲、佃客是農奴階級而不是奴隸階級，當然認爲魏晉時期，是封建社會的開始形成時期了。

現在再講講奴隸的殘餘嚴重問題。

就是在奴隸社會的全盛時期——兩漢，債務奴隸也没有廢除過，卽中國和羅馬不是一樣，羅馬帝國的崩潰，奴隸和奴隸制度同歸於盡，而中國，奴隸社會雖然結束了，奴隸的殘餘却還是非常嚴重。世家大族莊園内的奴婢，不僅限於家内的執役，而且是參加農業生産勞動的。西晉時，石崇有「蒼頭八百餘人，它珍寶貨賄稱是」（《晉書·石苞傳子崇附傳》）；王戎「廣收八方園田」（《晉書·王戎傳》），「家僮數百」（《初學記》卷十八引徐廣《晉記》）；荀晞有「奴婢將千人」（《晉書·荀晞傳》）；東晉時，陶侃有「家僮千餘」（《晉書·陶侃傳》），刁逵「有田萬頃，奴婢數千人」（《晉書·刁協傳》）；謝混死後，「會稽、吴興、琅邪諸處，太傅（安）、司空琰時事業，奴隸尚有數百人」（《宋書·謝弘微傳》）；宋彭城王劉義康「私置僮部（僮僕·部曲）六千餘人」（《宋書·彭城王義康傳》）；沈慶之「廣開園田之業」，「奴僮千計」（《宋書·沈慶之傳》）。僮僕人數如此之多，决非家内執役所能容納，他們實際已用於土地之上從事耕作了。《南齊書·蕭景先傳》載景先臨死遺言，「三處田，勤作，自足供衣食。力少，更宜買粗猥奴婢充使」，從這話看來，奴婢顯然是用在土地上的。梁武帝初年，御史中丞任昉奏彈劉整，提到劉整家奴當伯「供衆作田」（《昭明文選》卷四十《奏彈劉整》），可見奴當伯也曾用來耕作土地。

宋時王僧達自言：「奴婢十餘，粗有田入，歲時是課，足繼朝昏。」（《宋書·王僧達傳》）北齊時顏之推云：「常以爲二十口家，奴婢盛多，不可出二十人，良田十頃。」（《顏氏家訓·止足篇》）以上兩例，很明白地説明到南北朝時期的奴婢已經按照依附農民的租田課額把收穫物分成繳給主人了，也就是説，他們已經走上農奴化的道路了。

東晉末，會稽王世子司馬元顯「發東土諸郡免奴爲客者，號曰樂屬，移置京師，以充兵役」（《晉書·會稽文孝王道子傳》）一事，也充分説明東晉末年，在東土一帶的世家大族莊園裏，已經開始把許多奴婢免爲部曲、客女了。大概一直到梁陳時期，免奴爲客的事，還在繼續進行。

在奴隸制殘餘比較嚴重的北朝，前面已經講過，北周武帝建德六年（公元五七七年），下詔釋放官私奴婢，令「所在附籍，一同民伍，若舊主人猶須共居，聽留爲部曲及客女」（《周書·武帝紀》）。這反映了在北朝後期，奴隸制殘餘形態也在逐漸削弱和封建依附關係的繼續發展。

下面再講講政府的編户齊民。

曹操在東漢建安中，敗袁氏，取河北，定田租户調令，編户齊民，畝收田租四升，户調絹二匹，綿二斤。

西晉武帝在滅吴之後，公佈占田法，丁男之户，每年繳納户調絹三匹，綿三斤，女及次丁男立户，減半數。每畝徵收田租八升。

北魏孝文帝太和九年（公元四八五年），頒佈均田令，民調一夫一婦帛一匹，粟二石。

東晉南朝，北朝的北齊、北周，對田租户調的徵收，都有所增減，我們就不多敍述了。封建社會的編户齊民——小生産者，是王權的主要支柱。荷戈作戰，要依靠他們，繳租納税，要依靠他們。如果這個階層人户減少，經濟衰頽，王朝的軍事力量也大大削弱下來。不過在中國，這個階層，儘管在非常艱難的處境下，還是一支巨大的力量，它支撑着王權，使王權不至過度衰落。

曹魏時期的軍屯、民屯，詳細的分佈地區，我就不談了。他們得按分成的辦法，繳給政府，「兵持官牛者，官得六分，士得四分；自持私牛者，與官中分」（《晉書·傅玄傳》）。魏末晉初，租率又提高到「持官牛者，官得八分，士得二分；持私牛及無牛者，官得七分，士得三分」（《晉書·傅玄傳》）。屯田客、田兵逃亡，没其妻子爲官奴婢。屯田客，田兵身故，其妻得由政府指配給另一士兵。他們的身份，比私家部曲、客女還不如，所以我稱他做隸農階層，大概不算過份的。

現在把魏晉以來，封建制度發展以後，發生的階級關係的變化，簡述如下：

（一）秦漢以來，失去土地而傭耕爲生的雇農，以及耕豪民之田，見税什五的佃農，與由於遭受掠奪及苛捐雜税和爲繁重力役所困倒而絶望，以求助於世家大族蔭庇的農民，隨着依附關係的强化起來，他們逐漸喪失了人身自由，終於完全被固着於土地之上，變成了依附農民，即《唐律》裏的部曲和客女。

（二）本來是自由人身份的莊園主族人，由於日益貧困，而不得不受其顯貴族人所役使，久而久之，逐漸接近依附農民的隊伍。

（三）在兩漢時代，債務奴隸制没有被廢除，進入魏晉時期，過了時而不佔支配地位的奴隸制殘餘，還是被保留了下來，而且很嚴重；由於奴婢被轉移到土地上從事農業勞動的緣故，久而久之，他們就逐漸走上了農奴化的道路。奴婢的轉化爲依附農民，北朝和南朝不是同時進行的，南朝走在先一點，北朝走在後一點，北周武帝建德六年（公元五七七年）下詔釋放公私奴婢，聽留爲部曲和客女。隋文帝滅陳，又把江南的人民掠爲奴婢，到唐初才被放免。

（四）曹操在東漢建安中，平河北，定田租、户調令，是對編户齊民進行剥削；西晉武帝在滅吴之後（公元二八〇年），實施占田法，也是對全國的編户齊民進行剥削；北魏孝文帝太和九年（公元四八五年），實施均田令，也是對北方的編户齊民進行剥削。編户齊民的小生產者，是王權的主要支柱，負戈作戰的是他們，繳租納税的是他們，作爲王權，必須維持這個階層。隋唐王朝就是在均田的基礎上訓練出一支勇悍善戰的六十萬左右的府兵來，才出現强盛的唐王朝。

（五）屯田兵、屯田客，他們雖是政府手下的田兵、作士，但既被束縛於屯田土地之上，受着沉重的分成剥削，如果逃亡，妻子爲戮；身死，其妻還得指配給另一田兵、作士。他們的身份，既低於編户齊民，也不高於豪大家的部曲佃客，稱之爲隸農，大概是適合的。從曹操建安元年（公元一九六年）的許下屯田，到西晉武帝太康元年（公元二八〇年）實行占田，屯田制度的實施，前後只有八十多年時間，這個隸農制度就被廢棄了。後來歷史上的屯田，剥削分成和身份地位，與曹魏屯田，名同實異，不能稱之爲隸農制度。只有曹魏的屯田，才能稱爲隸農制度。

奴婢上户籍始於北魏

奴婢，古代不以爲人，只能當作財産看待，《居延漢簡》三七·三五：「候長觻得廣昌里公乘禮忠，年三十。小奴二人，直三萬，大婢一人，二萬。」因爲要算緡錢，才把他們的價格記録下來。魏晉以後，部曲、客女，「皆注家籍」，可是奴婢還是記載在貲調簿上，作爲財産看待，不能載入户籍，連「附籍」的資格也没有。

北魏太和中，實施均田制，奴婢和平民一樣受露田：奴四十畝，婢二十畝，但不給桑田，麻布地區，奴受麻田十畝，婢受麻田五畝，奴婢五口給宅田一畝。奴婢没有自己的經濟，他們在授田土地上耕作收入，全歸奴隸主所有。但他們的身分也有了一些變化，開始可以附載在主人的户籍之上了。

北魏太和户籍，可惜没有保存下來。斯坦因敦煌文書第六一三號西魏大統十三年敦煌户籍計帳：「口一，賤婢，新。」「婢來花，己未生，年究（玖），實年十八，進丁。」這是北朝户籍計帳記載奴婢附籍主户的最早資料。

唐朝奴婢不授田，但是奴婢却記載在主人户籍上，如哈拉和卓一號墓文書：「唐西州高沙彌等户家口籍，婢孝女。」「户主辛延熹」，「婢捺女，年□」。「户主□武仕」，「婢寅皁，年五□」。「户主孟海仁，婢來香，年十八。婢守香，年六□」。阿斯塔那七八號文書：「奴□富，年叁，小奴。」「婢豐女，年肆拾伍，丁婢、婢海香，年叁，小婢。」阿斯塔那一〇三號墓文書：「唐西州某鄉户口帳：『一百一十六賤，五十九人奴、五十七人婢。』」斯坦因敦煌文書第五一四號唐大曆四年沙州敦煌縣懸泉鄉宜禾里手實，「户主索思禮」籍内有「奴羅漢，年肆拾陸歲，丁。奴富奴，年貳拾玖歲，丁。奴安安，年伍拾叁歲，丁。乾元三年籍後死。奴寶子，年貳拾玖歲，丁。」北京翠文齋雒竹筠藏唐定興户殘卷有「户李光俊」，「婢具□，卌一。婢香女，五十八。奴胡子，四。奴來吉，八」。「户宋光華」，「婢妙香，卌五。奴緊子，六。婢花子，四。奴鶻子，一」。「户吴庭光」，「婢善女，卅一。奴超超，六」。斯坦因敦煌文書第三二八七號子年汜履清等户殘牒：「户索憲忠」，「婢目目」。「户珍國珍」，「奴緊子，論悉殉夕將去。奴金剛、婢落娘，已上並論悉殉息將去。婢□娘。婢□□」。「梁庭蘭」，「奴定奴。奴□奴。婢榮娘。宜娘。婢星星」。

從上引户籍，自西魏至唐，奴婢的名字已經附籍主户，反映了北魏均田制實施已後，由於奴婢可以受田，因此奴婢地位有所提高。唐代奴婢雖不授田，但仍附籍主户，無所改變，這是值得加以注意的事情。

吐蕃據有河西走廊時期，貴族病死，以奴婢爲殉，説明吐蕃的社會性質，遠遠落後於中原的社會性質。

試論《論語》《孟子》兩書中所反映的當時社會經濟制度

《論語》是孔門後學記載孔子言行的一部書，《孟子》是孟子弟子記載孟子言行的一部書，在這兩部書中，多介紹孔孟的思想，少反映當時社會經濟制度。但是兩書中也多少反映了當時社會經濟制度，今抽繹書内微義，公諸討論。

我個人不成熟的看法，認爲從夏商周到兩漢，都是奴隸社會。奴隸社會又可分做兩個階段，夏商周是一個階段，那一時期的奴隸社會，有兩種基本結構存在，即村公社和未獲得充分發展的早期奴隸制。春秋戰國之際一直到東漢王朝崩潰，是一個階段，村公社已經瓦解了，奴隸制在村公社崩解之後，有了很大程度的發展，貧富分化增劇了，土地買賣盛行了，商品貨幣關係比之以前有所發展了，債務奴隸增多了，佃農雇農出現了，統一王朝出現了，這些當然都是生產力發展的結果。而《論語》、《孟子》兩部書，正是這一交替時期的作品，即春秋戰國時期的作品。在這兩部書的内容裏，是能够説明一些問題的。當然，僅僅想從這兩部書中要求完整地説明這一時代的經濟結構，是遠遠不够的，必須綜合這一時期的文獻材料和考古材料來加以研究，才不會流於片面。本文只局限在這兩部書的内容上，以管窺天，以蠡測海，無法全面展開討論，還祈各方加以諒解。

有人提到既然把春秋戰國説成是奴隸社會，爲什麽在《論語》、《孟子》兩部書裏没有一條反映奴隸的材料呢！箕子爲之奴，是殷末的事，百里奚爲奴，是春秋前期的事。

我們認爲《論語》、《孟子》兩書所反映的思想意識，並不僅僅是狹義的封建意識，而應該是廣義的等級意識。因爲古書中提到的封建，是封侯建國的意思，與近代所提到封建社會的封建，内容完全不同。我們現在所提到的封建意識，嚴格説起來，應該是反映封建農奴隸屬關係的一種思想意識，而一般的等級意識，不僅封建社會有，奴隸社會也有，有些甚至資本主義社會也還保存着。譬如《論語》裏的「民可使由之，不可使知之」（《里仁》）。《孟子》裏的「或勞心，或勞力。勞心者治人，勞力者治於人。治於人者食人，治人者食於人，天下之通義也」（《滕文公》）。「無君子莫治野人，無野人莫養君子」。孔子所强調的「君君臣臣，父父子子」（《顔淵》），孟子所樂道的周室爵禄之制，「天子一位，公一位，侯一位，伯一位，子男同一位，凡五等也。君一位，卿一位，大夫一位，上士一位，中士一位，下士一位，凡六等。天子之制，地方千里，公侯皆方百里，伯七十里，子男五十里，凡四等。不能五十里，不達於天子，附於諸侯曰附庸」（《萬章》）。這些等級思想，這些政治制度，只要階級社會出現以後，階級關係發展到一定階段，就可以産生的，不一定到封建社會才發生，因此想根據這一些思想和制度來説明孔子、孟子是封建時代的「聖人」，從而證明這一時代是封建社會，是没有什麼根據的。

關於《論語》、《孟子》兩書没有反映奴隸制度的材料問題，不僅這兩部書，從先秦的文獻史料中，一般反映得就不多，而在金文中却有反映。這是因爲鍾鼎器物大都是氏族貴族（卽帶有宗法性的貴族）的器物，而當時社會，私奴隸不多，債務奴隸可能還没出現，只有氏族貴族——卽諸侯和大夫才占有奴隸，因此只能從他們日用和殉葬的器物銘文上反映出來，而一般文獻上就付之闕如了。孔子、孟子的時代，奴隸人數既然不多，奴隸制危機也没有出現，自然不會像西漢那樣重點討論到限制奴婢的問題了。那一時期的社會經濟問題主要是村公社的瓦解問題。在孔子時，這一問題已經成問題了，但尚不嚴重。到了孟子時，問題日趨嚴重了。因此他們所亟亟要談到的課題自然是村公社的問題了。

魯國從魯宣公十五年（公元前五九四年）初税畝之後，已經用履畝而税的辦法代替一向行用的什一而税的辦法，不僅使村社農民的負擔增加了許多，而且這種税法實施之後，也反映了村社的可耕地，正在日益變成村社成員私有財産過程之中。到了魯成公元年（公元前五九〇年），魯又作丘甲。一丘十六井（一井九夫），過去出戎馬一匹、牛三頭的，現在還要加出甲士了（過去四丘——六十四井才出甲士三人），説明村社成員的兵役負擔也是在增重之中。到了魯哀公十二年（公元前四八三年），魯用田賦，過去一丘（即十六井，一百四十四家）出戎馬一匹、牛三頭的，現在一井的單位來出這些賦了，説明村公社的軍賦負擔，更在日益加重之中。

孔子生於公元前五五一年，卒於公元前四七九年。孟子生於公元前三七二年，卒於公元前二八九年，從孔子死到孟子生，時間上距離約有一百多年，這一百多年間，中國社會經濟是有巨大的變化的。

孔子所生的時代，正是處於魯用田賦的這樣一個時代。那時土地還不可以公開買賣，土地兼并的現象還不曾發生，債務奴隸、租佃、雇傭也都没有盛行，所以在《論語》這部書裏，没有提到這些。因此，孔子所關心的問題，主要是村社成員的生活問題，村社内部的貧富分化問題，也就是村社的如何鞏固問題。

孔子的時代，村社的存在是不成問題的。如《論語》裏提到的：「子曰：『由也，千乘之國，可使治其賦也。』『求也，千室之邑，百乘之家，可使爲之宰也。』」（《公冶長》）「子曰：『十室之邑，必有忠信如丘者焉，不如丘之好學也。』」（《公冶長》）「子路、曾皙、冉有、公西華侍坐。子曰：『以吾一日長乎爾，毋吾以也，居則曰不吾知也，如或知爾，則何以哉！』子路率爾而對曰：『千乘之國，攝乎大國之間，加之以師旅，因之以飢饉，由也爲之，比及三年，可使有勇，且知方也。』夫子哂之。『求爾何如？』對曰：『方六七十，如五六十，求也爲之，比及三年，可使足民；如其禮樂，以俟君子。』」（《先進》）一般軍事編制是和授田制度聯繫在一起的。「千乘之國」，「百乘之家」，不僅説明在村社制基礎上軍事編制之存在，同時也説明了村公社在當時之廣泛存在。

當時的村社人員，雖是自由人的身份，並且在習慣上還可以自由遷徙，所謂「有分土，無分民」。如果那一國諸侯的政治比較好，剥削比較輕，那末，「四方之民，襁負其子而至矣」（《子路》）。但是「小人懷土」（《里仁》），一般村社人員非到萬不得已的時候，究竟不肯輕易離開村社土地和世居的居宅的，因此就不得不忍受統治階級的剥削。村社土地雖是村社所有，但村社的剩餘生産品，很大一部分，却必須通過租税等形態，集中到高居於村社之上的國君或大夫手裏去。他們的賦税，如在齊國，有時須要繳納總收穫量的三分之二，《左傳》昭三年所謂「民參其力，二入於公，而衣食其一」。在魯國也不見得比齊國輕。譬如《論語》裏記載魯「哀公問於有若曰：『年飢，用不足，如之何？』有若曰：『盍徹乎。』曰：『二，吾猶不足，如之何其徹也』」（《顏淵》）。徹指什一而稅，二指什二而稅。在當時生產力不很高的情況下，什二而稅，尚且不足，還要想追加村公社成員的剝削，村社成員的負擔之重是可想而知的了。

力役也是當時村社成員的沉重負擔，因此孔子想要鞏固村公社的經濟，就提出他的「道千乘之國，敬事而信，節用而愛人，使民以時」（《學而》）的主張來。節用就可減輕對村社成員的剝削，使民以時，就不至給人民帶來了沉重的力役，這確是鞏固當時村社的一種有效辦法，當然不是唯一的辦法，因爲村社的瓦解，是生產力發展的必然結果。

由於生產力的發展，必然會引起村社內部的貧富分化，孔子在主觀上還想阻止這種分化，所以他說：「丘也聞有國有家者，不患寡而患不均，不患貧而患不安。」（《季氏》）他一方面認識了當時社會的物質條件比諸他夢想的周公時代，確實富裕多了，但隨着物質財富的增多，也帶來了新課題，卽「不均」和「不安」的問題，發展了，個別家族生活提高了，而大多數人的生活更加困難了。孔子的主張「均」，主張「安」，正反映了當時存在的嚴重社會問題「不均」和「不安」。

村社開始瓦解，犯法的案件增多了，季康子曾經問孔子：「如殺無道，以就有道，何如？」孔子的答覆是：「子爲政，焉用殺，子欲善而民善矣。君子之德風，小人之德草，草上之風必偃。」（《顏淵》）孔子站在統治階級的立場，作爲統治人民的手段來講，他是主張德化而不主張刑殺的。犯法的案件是增多了，「譬諸小人，其猶穿窬之盗也與」(《陽貨》)！這些還不過是小偷，而不是大盗。魯大夫季康子請教孔子應該采用怎樣辦法來止盗，孔子對他説：「苟子之不欲，雖賞之不竊。」(《顔淵》)孔子的話是對的，如果統治階級不貪婪的話，叫村社成員去做盗賊，雖給他賞賜，他們也不會幹的。孔子的弟子曾參也和他的老師看法一樣，有一天，孟氏的士師(法官)陽膚向曾參請教，曾子説：「上失其道，民散久矣，如得其情，則哀矜而不喜。」(《子張》)曾子認爲犯法是社會問題，應該由統治貴族負責的，不應該單怪犯法的人，你做士師，案情被你搞清楚了，更應該對犯法的人同情才對。可見社會矛盾已經發展到了這樣程度。

生於孔子一百多年以後的孟子，到了他的時代，齊魏魯滕諸國，村公社的雙重性，矛盾更大，私有經濟更加抬頭，公共財産制度日益消亡，孟子所樂於稱道的井田制度(是村公社分配土地的一種早期形式)，已經成爲孟子之前遥遠的事情了。他對那種井田制度的敍述，如滕文公「使畢戰問井地。孟子曰：『子之君將行仁政』，『夫仁政必自經界始。經界不正，井地不均，穀禄不平。是故暴君汙吏，必慢其經界。經界既正，分田制禄，可坐而定也。夫滕壤地褊小，將爲君子焉，將爲野人焉。無君子莫治野人，無野人莫養君子。請野九一而助(井田制)，國中什一使自賦(税畝)。卿以下必有圭田，圭田五十畝，餘夫二十五畝。死徙無出鄉，鄉田同井，出入相友，守望相助，疾病相扶持，則百姓親睦。方里而井，井九百畝，其中爲公田，八家皆私百畝，同養公田。公事畢，然後敢治私事，所以别野人也。此其大略也。若夫潤澤之，則在君與子矣』」（《滕文公》）。齊宣「王曰：『王政可得聞與？』對曰：『昔者，文王之治岐也，耕者九一（文王使岐民修耕田，八家耕八百畝，其百畝以爲公田及廬井，故曰九一也），仕者世祿』」（氏族貴族之子孫，世代食祿）（《梁惠王》）。「滕文公問爲國，孟子曰：『夏后氏五十而貢（耕五十畝，貢上五畝），殷人七十而助（耕七十畝，以七畝助公家），周人百畝而徹（耕百畝者，徹取畝以爲賦），其實皆什一也。』『詩云：雨我公田，遂及我私。唯助爲有公田。由此觀之，雖周亦助也』」（《滕文公》）。這種早期的村公社土地制度，在孟子時代，已經没有實行的了。所以孟子也没有完全解釋清楚，譬如休耕制度，譬如爰土易居，他都没有講到。但是從孟子當時所講的「今也制民之産」的字面和「願受一廛而爲氓」（《滕文公》）的制度看來，那時的村社授田、里居授宅制度，還没有完全被取消。這種村社制，以我不成熟的看法，可能還在村社後期土地制「自爰其田」階段。這種「自爰其田」階段的村社制，村社成員的生活還是有一定程度保障的，卽孟子所謂「是故明君制民之産，必使仰足以事父母，俯足以畜妻子，樂歲終身飽，凶年免於死亡」（《梁惠王》）的。孟子在描繪這種村社時，曾說過：「五畝之宅，樹之以桑，五十者可以衣帛矣。雞豚狗彘之畜，無失其時，七十者可以食肉矣。百畝之田，勿奪其時，八口之家，可以無飢矣。謹庠序之教，申之以孝悌之義，頒白者不負戴於道路矣。」（《梁惠王》）又云：「五畝之宅，樹牆下以桑，匹婦蠶之，則老者足以衣帛矣。五母雞，二母彘，無失其時，老者足以無失肉矣。百畝之田，匹夫耕之，八口之家，足以無飢矣。」（《盡心》）實際這種村社的小康景象，當孟子之世，就已經不存在了。

在孟子出生前的四十多年，公元前四一二年，魏文侯任李悝爲相，作盡地力之教時，曾替農民一年的生活費用作了簡單的計算。《漢書·食貨志》裏説："今一夫挾五口，治田百畝，歲收畝一石半，爲粟百五十石。除十一之税十五石，餘百三十五石，食人月一石半，五人終歲爲粟九十石。餘有四十五石，石三十，爲錢千三百五十，除社閭嘗新春秋之祠用錢三百，餘千五十。衣人率用錢三百，五人終歲用千五百，不足四百五十。不幸疾病死喪之費及上賦斂，又未與此。此農夫所以常困，有不勸耕之心，而令糶至於甚貴者也。"可見在孟子之前，三晉的農民生活已經極爲艱難了。到了孟子時代，在齊滕，村社經濟更是已經瀕於崩潰的前夜了。孟子説："今也制民之産，仰不足以事父母，俯不足以畜妻子，樂歲終身苦，凶年不免於死亡，此唯救死而恐不贍，奚暇治禮義哉！"（《梁惠王》）

對村社成員的剥削，本來就"有布縷之征，粟米之征，力役之征"，孟子稱"君子用其一而緩其二，用其二而民有殍，用其三而父子離"（《盡心》）。而實際當時已用其三了，所以大量村社成員已經"父子不相見，兄弟妻子離散"（《梁惠王》）了。

村社農民開始離開村社土地而流亡了，凶年飢歲，"民老羸轉於溝壑，壯者散而之四方者，幾千人矣"（《公孫丑》）。乞丐也出現了，孟子所謂"一簞食，一豆羹，得之則生，弗得則死，呼爾而與之，行道之人弗受，蹴爾而與之，乞人不屑也"（《告子》），這就是最好的説明。"齊人有一妻一妾而處室者，其良人出"，"之東郭墦間之祭者乞其餘，不足，又顧而之他"（《離婁》），這齊人也是以乞丐爲生的。貧富的分化，如此劇烈，説明階級關係已經相當緊張了。

在這樣的社會危機之下，孟子詛咒了給人民帶來沉重痛苦負擔的兼并戰爭。他說：「争地以戰，殺人盈野，争城以戰，殺人盈城，此所謂率土而食人肉，罪不容於死。」（《離婁》）他又揭發了當時高居於各村社之上的氏族貴族的奢侈腐朽生活，說他們「堂高數仞，榱題數尺」，住的房子是那麽講究；「食前方丈，侍妾數百人」，喫的是那麽奢侈，姬妾是那麽衆多；「般樂飲酒，驅騁田獵，後車千乘」（《盡心》），生活是那麽糜爛腐化。他把氏族貴族的「庖有肥肉，廐有肥馬」，來和「民有飢色，野有餓莩」（《梁惠王》），作了一個顯明的對比，認爲「此率獸而食人也」。認爲自稱「爲民父母」的氏族貴族，活像野獸那樣在吞噬老百姓，怎麽配得上稱爲「民之父母」呢？他見到當時的氏族貴族解釋人民生活的痛苦，推諉於年歲收成的不好，孟子諷刺他們說：「狗彘食人食而不知檢，塗有餓莩而不知發，人死，則曰『非我也，歲也』，是何異於刺人而死之，曰『非我也，兵也。』」（《梁惠王》）他認爲「民之憔悴於虐政，未有甚於此時者也」（《公孫丑》）。孟子于是正面提出他的「民爲貴，社稷次之，君爲輕」（《盡心》）的「民本」思想來。他的理想是「老吾老，以及人之老，幼吾幼，以及人之幼」。他認爲「保民而王，莫之能禦也」（《梁惠王》）。這和他另一處對梁惠王提到的「不嗜殺人者能一之」（《梁惠王》）的精神是完全一致的。

當孟子十三歲的那一年（公元前三五九年）和孟子二十二歲那一年（公元前三五〇年），秦任商鞅，二次改革。秦制自爰其田的制度，村社土地的私有性加强了，村社瀕於崩潰前夜了。但孟子還在齊滕諸國的國君那裏兜售他理想的井田制度，還想挽救村社瓦解的命運。

村社的破壞，是生産力發展的必然結果。由於村社經濟的解體，債務奴隸開始增多了，奴隸買賣更加盛行了，《漢書·王莽傳》稱：「秦爲無道」，「置奴婢之市，與牛馬同蘭」。這現象的出現完全和歷史發展階段相適應的。接着是雇傭勞動也增多了，《韓非子·外儲説左上》稱：「夫賣庸而播耕者，主人費家而美食，調布而求易錢者，非愛庸客也，曰如是，耕者且深，耨者熟耘也。庸客致力而疾耘耕者，盡巧而正畦陌畦時者，非愛主人也，曰如是，羹且美，錢布且易云也。」主人用什麽來對待雇農，雇農用什麽態度來對付主人，已成爲當時譬喻的資料。

從孔子到孟子時代，一百多年間，由於生産力的發展，商業也有着一定程度的發展。孔子時，商業還不能算做十分發達。「百工居肆以成其事」（《子張》），工匠還帶有官府手工業的性質。貨幣的使用，也缺乏記載，《論語》裏記載着：「原思爲之宰，與之粟九百（斗），辭」（《雍也》）。「子華使於齊，冉有爲其母請粟，子曰：『與之釜』（六斗四升）。請益，曰：『與之庾。』冉子與粟五秉」（十六斛爲一秉，五秉爲八十斛）（《雍也》）。大都是實物而不是貨幣。

過了一百多年，到了孟子時代，商品貨幣關係大大有了進展。首先表現在商税的增加這方面。「古之爲市也，以其所有，易其所無者，有司者治市耳。有賤丈夫焉，必求龍斷而登之，以左右望而罔市利，人皆以爲賤，故從而征之，征商自此賤丈夫始矣」（《公孫丑》）。「古之爲關也，將以禦暴；今之爲關也，將以爲暴」（古以禦暴亂，今以收征税）（《盡心》）。「市，廛而不征，法而不廛，則天下之商，皆悦而願而藏於其市矣。關，譏而不征，則天下之旅，皆悦而願出於其路矣」（《公孫丑》）。除了表現在征收商税和過境税以外，金銀貨幣也開始行用了。陳臻曰：「前日於齊王饋兼金一百而不受，於宋饋七十鎰而受，於薛餽五十鎰而受」(《公孫丑》)。這不能不說是社會發展的過程。

和村社瓦解相應的，階級結構方面也有了明顯的變化，帶有氏族貴族性質的各國諸侯，他們的權力基本是建築在村社經濟基礎之上的。現在由於村社的逐漸瓦解，他們開絕大部分的權力也隨之衰落了。孔子在敍述這一變化過程時說道：「天下有道，則禮樂征伐自天子出；天下無道，則禮樂征伐自諸侯出。自諸侯出，蓋十世希不失矣；自大夫出，五世希不失矣；陪臣執國命，三世希不失矣。天下有道，則政不在大夫；天下有道，則庶人不議。」(《季氏》)孔子的話固然没有觸及事物的本質，但這種現象却正說明由於村社解體過程中引起的一系列上層建築的變革，所謂三家擅魯，六卿分晉。隨着私有經濟的繼續發展，孟子時代，這種變化更在急遽進行。孟子也說到：「萬乘之國，弒其君者，必千乘之家。」(《梁惠王》)在私有經濟基礎之上發展起來的「巨室」勢力，孟子也不敢漠視之了。所以孟子說：「爲政不難，不得罪於巨室。」(《離婁》)舊的村社經濟没落了，舊的氏族貴族的勢力也衰落下來了，私有經濟發展了，債務奴隸出現了，新的貴族勢力開始抬頭了。

士這一階層，從孔子時代起——「竹帛下於庶人」的這一時代起，開始抬頭了。孔子是宋國貴族的後裔，孟子是魯國貴族孟孫氏的後裔。孔孟而外，其餘的士，有的固然出身貴族，有的却不盡出身於貴族，可能自村社成員中上升而來的。如孔子的學生冉雍，他的父親是平民，所以孔子說他「犂牛之子，騂且角，雖欲勿用，山川其舍諸」(《雍也》)！孔子的另一學生樊遲「請學稼」，又「請學爲圃」(《子路》)。可見士在孔子時代並不排斥生產勞動。在《禮記·少儀篇》裏，有「問士之子長幼，長，則曰『能耕矣』。

幼，則曰『能負薪、未能負薪』」。都說明士階層開始没有脱離生産勞動的。到了稍後，士的地位有了變化，就完全脱離生産勞動了，所以在《禮記·曲禮篇》裏又有「問士之子，長，曰『能典謁矣』。幼，曰『未能典謁也』。問庶人之子，長，曰『能負薪矣』。幼，曰『未能負薪也』」。這載於《禮記》裏的兩種説法，正標誌出士階層上升過程中的兩個不同段落。孔子時代的一些隱士，如諷刺子路「四體不勤五穀不分」（《微子》）的荷蓧丈人，諷刺孔子「是知津矣」的長沮、桀溺，佯狂而歌鳳兮的楚狂接輿，説孔子「是知其不可而爲之者」（《憲問》）的石門門者，其實都是没有脱離生産勞動的士，他們這些隱士是和魏晉南北朝時代的所謂隱士，脱離生産勞動的，是完全不一樣的。

作爲士階層奠基者的孔子（當然他後來做到大夫了），雖然從小脱離生産勞動，禄足以代其耕，但是士者事也，執事公門，還是多能鄙事的。《論語》裏載：「太宰問於子貢曰：『夫子聖者與？何其多能也。』子聞之曰：『太宰知我乎！吾少也賤，故多能鄙事。君子多乎哉！不多也。』」（《子罕》）

到了孟子時代，士更輕視生産勞動了，所以孟子有「勞心者治人，勞力者治於人，治於人者食人，治人者食於人」（《滕文公》）的輕視勞動的荒謬説法了。

士與大夫最大的區别，大夫是食邑的，孔子爲魯大夫，原思爲孔子家邑之宰。到了孔子不當大夫，家邑也就還致於公。士只有食禄，所謂禄足以代其耕，「士之仕也，猶農夫之耕也」（《滕文公》），士是没有采邑的。故孟子有「唯士無田，則亦不祭」（《滕文公》）之語。從孔子到孟子時代，這個制度始終没有變化。當然，士如上升爲大夫，就可以受采邑，則又當别論了。《荀子·榮辱篇》的「志行修，臨官治，上則能順上，下則能保其職，是士大夫之所以取田邑也」。這裏所指的士，已經是指士上升爲取得田邑的大夫而言的，並不是士受田邑。

在《孟子》裏，提到「王曰：『何以利吾國。』大夫曰：『何以利吾家。』士庶人曰：『何以利吾身。』」（《梁惠王》）好像孟子把士和庶人並列在一起，這是因爲士食禄而不食封邑，和大夫截然有異，和庶人却爲相近的緣故，所以才並列在一起的。事實上，士是統治階級，庶人是被統治階級，拿「以士之招招庶人，庶人豈敢往哉」（《萬章》）的例子來看，他們間的身份是有嚴格區別的。以孟子相近時代的荀子作品爲證，在《荀子・王制篇》裏提到：「雖王公士大夫之子孫也，不能屬於禮義，則歸之庶人；雖庶人之子孫也，積文學，正身行，能屬於禮義，則歸之卿相士大夫。」士和卿相大夫是一個等級，庶人又另是一個等級，階級階層的劃分是非常清楚的。

關於庶人和衆人的身份問題，《論語》、《孟子》裏的民和庶人，既没有證據證明他們是統治階級，更没有證據證明他們是奴隸，我認爲「衆人」、「庶人」一般是指農工商賈而言的。上文所引《荀子・王制篇》王公士大夫的子孫，「不能屬之於禮義」，則下降爲庶人，庶人的子孫，「能屬於禮義」，則提拔他們做卿相士大夫，同一篇裏還提到：「庶人者，水也，水則載舟，水則覆舟。」從這些關係來看，衆人、庶人既不是奴隸，更不是後來的農奴。《左傳》哀二年載晉趙鞅的誓言，也有「克敵者，上大夫受縣，下大夫受郡，士田十萬，庶人工商遂，人臣隸圉免」之語。大夫是一個等級，士是一個等級，庶人和工商是一個等級，奴隸是一個等級。克敵之後，大夫食邑，士受到賜田，賜田者，村社收穫的上繳部分，國君把三分之一分賜給他，庶人工商可以仕進，奴隸則只能免除奴籍。可見庶人和奴隸也是有很大區别的。《荀子·儒效篇》裏又稱：「小儒者，諸侯士大夫也。衆人者，工商農賈也。」《史記·貨殖傳》裏也稱：「庶民，農工商賈。」可以説士農工商四業中，「衆人」、「庶人」包括農工商三種人，而不包括士，這可以算是「衆人」和「庶人」的最明確的定義。「衆人」、「庶人」既是自由民階級，但在當時奴隸社會内，都是屬於被統治階級，而不屬於統治階級。又可以斷言的，他們絶不是奴隸，更引申一步來説，衆人、庶人不僅在當時不是奴隸，而且從來也不是奴隸。

我們現在來歸結一下，孔子、孟子的時代，絶不是封建社會，而是奴隸社會。它正處於早期奴隸制社會内部殘存的村公社正在迅速解體，奴隸經濟更向較高階段發展的一個變化時代。是否有當，公諸討論。

從孔子對歷史人物的評價看他的基本思想

孔子評論過的歷史人物太多了，上自堯、舜、禹、稷、商湯、文、武、周公，還有微子、箕子、比干、泰伯、虞仲、伯夷、叔齊、周之八士，以及否定的人物如羿、奡、桀、紂。春秋時代的人物他評論過的更多，魯國有柳下惠、臧文仲、季文子、臧武仲、叔孫昭子、孟僖子、孟公綽、微生高、孟之反、卞莊子，齊國有齊桓公、管仲、陳文子、齊景公、晏平仲、鮑莊子，晉國有晉文公、叔向，楚國有令尹子文、楚靈王、楚昭王、子西，衞國有孔文子、甯武子、蘧伯玉、公子荆、史魚，鄭國有裨諶、子太叔、子羽、子產。還有很多很多。爲了叙述的方便，這裏，我只想抽出孔子對周公、管仲、柳下惠、臧文仲、子產五個人的評價來談一談。把他們分成三組：周公一人爲一組，管仲、子產爲一組，柳下惠、臧文仲爲一組。

孔子對周公的評價

周公是周禮的化身，是周文化的締造者，是文王、武王統一事業的繼承者和完成者。孔子是周文化的崇拜者，所謂「周監於二代，郁郁乎文哉！吾從周」（《論語·八佾》）。魯國是周公之胤，本來就有四代的樂器，西周滅亡之後，周的禮樂，只有魯保存得最完整，所謂「周禮盡在魯矣」（《左傳》昭二年），所以孔子要說：「魯一變，至於道。」（《論語·雍也》）孔子平生所向往的是周初那樣的統一局面，而這局面的鞏固和發展，又是和周公分不開的。孔子在晚年説過：「甚矣！吾衰也！吾不復夢見周公。」(《論語·述而》)可見孔子對周公的時代，是夢想以求的。

周公時代，究竟是怎樣的一個時代呢？這時代的社會基本結構是什麼樣子的呢？我認爲，那時候雖然是階級社會了，早期的奴隸制已經相當發展了，但是村公社還是非常牢固地存在着，爰土易居的休耕制度還是在實施着。這個時候，社會有兩種基本結構，即村公社和早期奴隸制。在這種基礎上，氏族殘骸的宗法制，還頑强地作爲上層建築而存在，大宗、小宗制度，媵的制度，世卿制度，都是宗法制存在的具體內容。《左傳》和《周禮》一書都或多或少的反映當時基礎和上層建築的。孔子是想鞏固村公社制和宗法制的人，但是，晉國「自爰其田」以後，村公社却開始在崩潰了，宗法制的殘暴性與落後性愈來愈不合適當時的環境了，建築在這一基礎上的周文化也開始更加衰落了。而新的基礎還没有形成，新的文化還剛剛萌芽，新的階層——士還没有嶄然露頭角，這就是孔子時代的悲哀。孔子對周文化的衰落，是嗟嘆不能自已的。樂是禮的不可分割的部分，當魯國的樂隊散伙的時候，孔子記載着：「太師摯適齊，亞飯干適楚，三飯繚適蔡，四飯缺適秦，鼓方叔入於河，播鼗武入於漢，少師陽、擊磬襄入於海。」(《論語·微子》)孔子是以極沉重的心情，向他弟子講述這樁事情。

個體小農經濟在村公社經濟行將崩潰的基址上有了很大的發展，貧富的分化加速了，富有的家族中孕育出新的階層——士，貴族支庶的没落又充實了這個階層。士階層不但正在形成，而且在逐漸走上政治舞臺了。孔子是士階層奠基者的重要人之一，他一方面以悼念的心情看待周文化的衰落，哀嘆自己不復夢見周公;另一方面,非常注意士階層的興起,他對學術方面的努力,對竹帛不於庶人工作的重視,以及和他那一套「發憤忘食,樂以忘憂,不知老之將至云爾」(《論語·述而》)的工作態度,他對士階層形成時期出現新的形勢,起了巨大的作用。所以孔子既是周文化的繼承人,同時又是春秋戰國之際諸子競出、百家争鳴新形勢的創導人。

周公是魯國的先君,孔子對魯昭公的缺點尚且爲他諱飾,對周公更是不會有微辭的了。事實上也是如此。譬如周公誅管叔這件事,孔子就是肯定的。在《論語·微子》篇裏,記載了周公對魯伯禽的一段話,「君子不施其親,不使大臣怨乎不以,故舊無大故,則不棄也,無求備於一人」。在孔子心目中,周公是一個全人,是周禮的化身,是周文化的締造者,歌頌周公,就是歌頌周文化,包括對周代村社制和宗法制的肯定態度。然而士階層正在形成了,百家争鳴的局面,到孔子弟子和再傳弟子時候,行將開展了,村公社制和宗法制將被抛在時代的後面了,而孔子却將以新階層——士的祖師爺形象出現在政治舞臺上,對孔子説來,這是一幕悲劇,而且帶有諷刺性的;對文化的開展來説,只有孔子能够擔任這個重任,正像周初一樣,只有周公能够擔任締造周文化的重任。

孔子對管仲、子産的評價

《荀子·王制篇》裏提到:「成侯,嗣君,聚斂計數之君也;鄭子産,取民者也,未及爲政者也;管仲,爲政者也,未及修禮者也。故修禮者王,爲政者强,取民者安,聚斂者亡。」可見孔門後學對管仲、子産,自有定評。管仲的事業，比起鄭子產來，當然影響要更爲巨大。因此孔子對管仲也大體上是肯定的。「子路曰：『桓公殺公子糾，召忽死之，管仲不死，曰未仁乎？』子曰：『桓公九合諸侯，不以兵車，管仲之力也。如其仁！如其仁！』子貢曰：『管仲非仁者與！桓公殺公子糾，不能死，又相之。』子曰：『管仲相桓公，霸諸侯，一匡天下，民到于今受其賜。微管仲，吾其被髮左衽矣。豈若匹夫匹婦之爲諒也，自經於溝瀆而莫之知也。』」或「問管仲，曰：『人也，奪伯氏駢邑三百，飯疏食，没齒無怨言』」（《論語・憲問》）。可見孔子是如何推崇管仲。當然，孔子對管仲也不是没有微辭的，如「管仲之器小哉」！「管氏焉得儉」，「管氏而知禮，孰不知禮」（《論語・八佾》）這一類話。「儉」是在「禮」範疇之内的，孔子平日以「仁」和「禮」兩管尺度來衡量人，以「仁」的尺度來衡量管仲，是「如其仁！如其仁」！而以「禮」的尺度來衡量管仲，那末還有不足之處。

子產的業績，不如管仲，孔子對他却幾乎没有一句直接的貶辭，這是應該注意的地方。《史記・鄭世家》謂：「孔子嘗過鄭，與子產如兄弟云。」又謂：「兄事子產。」這一段史料，如果考訂一下，可能感到還有問題。因爲子產相鄭，在魯襄公三十年，那時孔子才九歲，魯昭公二十一年，子產死，那一年孔子才三十歲。當時孔子尚未爲魯大夫。孔子周游列國，自宋適鄭，在五十六歲以後，他到鄭國的時候，子產死已二十多年了，因此孔子兄事子產之説，似不可信。一方面，我們説孔子没有兄事過子產；但另一方面，應該説孔子是非常推重子產之爲人的。

子產和孔子有很多相同的地方。孔子是有神論者。孔子説：「祭如在，祭神如神在」（《論語・八佾》）。

「非其鬼而祭之，諂也」（《論語·爲政》）。「鄉人儺，朝服而立于阼階」（《論語·鄉黨》）。子產也是一個有神論者。他解釋實沈是參星之神，台駘是汾水之神（見《左傳》昭四年）。晉侯夢見黃熊，他解釋爲鯀的神在作祟。鄭大夫駟帶、公孫段病卒，當時謠傳伯有的鬼魂在作祟，子產居然也相信了，還說出一套大道理來，什麽「匹夫匹婦强死，其魂魄猶能馮依於人，以爲淫厲」（《左傳》昭七年），更何況伯有是鄭國的大夫呢？于是就給伯有的兒子良止官做，以安慰伯有之靈，這些都證明了子產是有神論者。其實子產和孔子都是有神論者，是不足爲怪的。因爲孔子平常主要是講「仁」和「禮」的，子產也是號爲「知禮」的君子（見《左傳》昭十二年）。五禮之中，吉凶二禮就是和鬼、神、祇打交道的，要是重「禮」、知「禮」的人不是有神論者，恐怕是不容易的。但是，有神論者没有完全給鬼神祇和天道思想所俘虜住，這就算非常不容易了。譬如說，鄭裨竈預先對子產說，鄭國將發生大火災，如果用瓘、斝來禳火，火災就可以免除。子產不信他的一套，後來在鄭國火災偶然地發生了。到了第二年，裨竈又對子產說，鄭國還將發生火災，大家都勸子產接受裨竈的建議，祭以禳火。子產說：「天道遠，人道邇，非所及也。何以知之？竈焉知天道？是亦多言矣，豈不或信。」（《左傳》昭十八年）因此還是不聽信裨竈的話，結果鄭國也没有發生第二次火災。有一次，鄭國境内發生大水，龍（可能是鱷魚）鬥於鄭時門之外洧淵，鄭國的人請子產去洧淵祭龍，子產說：「我鬥，龍不我覿也；龍鬥，我何獨覿焉。禳之，則彼其室也。我無求於龍，龍亦何求於我。」（《左傳》昭十九年）結果不去祭龍。這些都和後來孔子弟子說孔子的「夫子之言性與天道，不可得而聞也」（《論語·公冶長》）。「子不語，怪、力、亂、神」（《論語·述而》）。「務民之義，敬鬼神而遠之」

《論語·雍也》)。「季路問事鬼神?子曰:『未能事人,焉能事鬼』」(《論語·先進》)。孔子重人道,輕天道,不完全聽天由命,在一定程度上,强調了主觀的努力,這些思想,有和子產相似的地方。在桑山禱雨的一件事情上,子產也責備祭山的大夫,應該「藝山林」(《左傳》昭十六年),廣植樹木才對,而不應該砍伐樹木。固然,子產不可能具有植林對雨水起調節作用的近代科學知識,他只是認爲非禮而責怪砍樹的人的,但禮的某些部分,是社會風俗習慣的結晶,有時又包含了勞動人民對自然界進行鬥争的經驗在内,因此它含有合理的成分在内,不能因爲子產是有神論者,而忽略了他這些合理的内核。

子產相鄭,在施政上,有關政治、經濟方面,有三件大事:第一件是魯襄公三十年的鄭作封洫;第二件是魯昭公四年的鄭作丘賦;第三件是魯昭公六年的鄭鑄刑書。這三件事,第一件事,不需要孔子來稱贊,用鄭國人民的歌謡,就説明了問題了。在子產作封洫後的第三年。鄭之輿人誦曰:「我有子弟,子產誨之;我有田疇,子產殖之;子產而死,誰其嗣之!」(《左傳》襄三十年)已經説明子產在鞏固村公社制度方面的成效了。孔子對魯用田賦,晉鑄刑鼎,都有過譏評,而對鄭子產的作丘賦,鑄刑書,却没有批評。可能在形式上雖同是用田賦、鑄刑書,而在内容上還是有較大的區别的。當鄭作丘賦的時候,國人批評子產,子產説:「何害,苟利社稷,死生以之。且吾聞爲善者,不改其度,故能有濟也。民不可逞,度不可改。詩曰:『禮儀不愆,何恤於人言。』吾不遷矣。」(《左傳》昭四年)當鑄刑書時,子產在答晉叔向的覆書中也説到:「吾以救世也。」(《左傳》昭六年)可見子產做這兩樁事都是理直氣壯的。孔子對這兩樁事没有直接加以批評,可見鄭國的作丘賦和鑄刑書,在客觀條件上,也不能和魯的用田賦以及晉的鑄刑鼎等同齊觀的。如果孔子認爲子產這兩樁事對鄭國的人民是非常朘刻的話，子產之死，孔子也就不會說：「古之遺愛也。」（《左傳》昭二十年）也不會經常提到：「子產，惠人也」（《論語·憲問》），「其養民也惠」（《論語·公冶長》）等話。

孔子對「仁」字是不輕易許人的。子張問令尹子文，「子曰：『忠矣。』曰：『仁矣乎？』曰：『未知，焉得仁。』問陳文子，子曰：『清矣。』曰：『仁矣乎？』曰：『未知，焉得仁。』」（《論語·公冶長》）而對子產却許之以「仁」字。《左傳》襄三十一年載：「鄭人游於鄉校，以論執政。然明謂子產曰：『毁鄉校何如？』子產曰：『何爲？夫人朝夕退而游焉，以議執政之善否。其所善者，吾則行之；其所惡者，吾則改之。是吾師也，若之何毁之？吾聞忠善以損怨，不聞作威以防怨，豈不遽止，遂猶防川，大決所犯，傷人必多，吾不克救也；不如小決使導，不如吾聞而藥（石）之也。』」「仲尼聞是語也，曰：『以是觀之，人謂子產不仁，吾不信也。』」孔子特别重視「仁」和「禮」兩種道德，從上面所引孔子評語看來，這「仁」和「禮」兩種美德，子產是都具備了的。

當時鄭國存在着三種矛盾，一種是統治階級和被統治階級的矛盾，這是當時的主要矛盾；一種是列國之間因争霸而引起的矛盾；一種是鄭國統治階級内部的矛盾。子產在處理這三類矛盾時，特别顯出他的才能來，并爲孔子所贊許。

子產在緩和階級矛盾方面，從下面這些片言隻語中，可以窺見其一些措施：「我有田疇，子產殖之。子產而死，誰其嗣之」（《左傳》襄三十年）；「其養民也惠，其使民也義」（《論語·公冶長》）。《左傳》

昭二十年載：「鄭子產有疾，謂子大叔曰：『我死，子必爲政。唯有德者，能以寬服民；其次莫如猛。夫火烈，民望而畏之，故鮮死焉；水懦弱，民狎而玩之，則多死焉。故寬難。』疾數月而卒。大叔爲政，不忍猛，而寬。鄭國多盜，取人於萑苻之澤。大叔悔之，曰：『吾早從夫子，不及此。』興徒兵以攻萑苻之盜，盡殺之，盜少止。仲尼曰：『善哉！政寬則民慢，慢則糾之以猛，猛則民殘，殘則施之以寬，寬以濟猛，猛以濟寬，政是以和。』」這一段史料，也說明了在子產爲相的時候，鄭國的治安是比較算好的。階級矛盾的不尖銳，是和子產的施政分不開的。子產施政的優點，不在乎「糾之以猛」，而在於「其養民也惠，其使民也義」。

子產在處理列國之間矛盾方面也有特別的才能。鄭是小國，疆域不大，可是地段却所處適中，商業較爲發達，地區經濟較爲富裕，這又容易爲四鄰所垂涎，所以春秋後半段，晉楚爭霸，鄭國崎嶇兩大國之間，兵禍日至，「井湮木刊」（《左傳》襄二十五年）。在這樣情況下，鄭國的執政者，必須具有特別顯著的外交才能，才能够應付這種局面。子產在當時可以算得起是一位傑出的外交家了。現在舉兩三個事例爲證。當子產尚未執鄭國國政時，鄭破陳，使子產獻捷於晉，晉國的大夫問陳國何罪而鄭國去伐它，又責備鄭國說，爲什麽侵犯小國？子產解釋陳國曾發動軍隊隨楚師侵鄭，「當陳隧者，井湮木刊」，給鄭國帶來了很大的災害，因此鄭國才去反擊它。並說：「先王之命，唯罪所在，各致其辟。且昔天子之地一圻（方千里），列國一同（方百里），自是以衰（七十里、五十里以差降）。今大國多數圻矣，若無侵小，何以至焉！」（《左傳》襄二十五年）晉人也就不再詰問下去了。孔子對子產這一次的外交詞令，非常欣賞，說：「《志》有之，言以足志，文以足言，不言，誰知其志，言之無文，行而不遠。晉爲伯，鄭入陳，非文辭不爲功，愼辭也。」可見孔子是非常心折子產的外交才能的。有一次，列國同盟於平丘，將盟，子產因爲鄭國出的貢賦太重，請求減輕，「自日中以爭，至於昏」。才算解決。既盟之後，子大叔責怪子產說：你這樣爭，如果諸侯來討伐我們，我們能輕易對付得來麽？子產說：晉國的政治權力分散在大夫手裏，並不集中，這些大夫們利害既不一致，而且只苟且顧到目前，怎麽敢會討伐我們呢？我們在有些地方也應該争，如果不争的話，就陵替得不像一個獨立國家了！孔子聽到子產這一次外交上的勝利，備加贊許，說：「子產於是行也，足以爲國基矣。《詩》曰：『樂只君子，邦家之基。』子產，君子之求樂者也。且曰：『合諸侯，藝貢事，禮也。』」（《左傳》昭十四年）

鄭國是大夫專政的局面，統治階級內部矛盾錯綜複雜，子產的父親子國就是在統治階級內部矛盾爆發中被殺的一個。可是子產在這方面，却不是弱手。他處理這一矛盾局面，非常穩妥，照他的位置，他還不可能在鄭國執政，他首先取得子展、子皮父子的信任，因而做了鄭國的上卿。他在用人方面，卿大夫之「忠儉者，從而與之，泰侈者，因而斃之」（《左傳》襄三十年），更顯出他的本領來。但是他的本領不是權術、手段，而是孔子所說的：「子產，有君子之道四焉，其行己也恭，其事上也敬，其養民也惠，其使民也義。」（《論語·公冶長》）他的成功，是他的誠懇和嚴肅。他是不輕易給人官做的，子皮想叫尹何做邑大夫，子產說：尹何年紀還小，不知道能够不能够擔任起來。子皮說：我很喜歡他的謹愿，學學就會了。子產說：「不可，人之愛人，求利之也，今吾子愛人則以政，猶未能操刀而使割也，其傷實多。」「子有美錦，不使人學製焉。大官、大邑，身之所庇也，而使學者製焉，其爲美錦不亦多乎？僑（子産之名）聞學而後入政，未聞以政學者也。若果行此，必有所害」（《左傳》襄三十一年）。這和孔子的看法也是基本相同的。子路推薦子羔爲費邑宰，孔子曰：「賊夫人之子。」子路説：「有民人焉，有社稷焉，何必讀書，然後爲學。」（《論語·先進》）孔子聽了這話火更大了，駡子路是佞人。可見孔子也贊許子産的看法，認爲不能讓没有實際經驗的人去治民、去害民。

在孔子看來，管仲的業績是巨大的，但管仲還有不足的地方；子産的業績，不如管仲，可是子産的爲人，從「仁」、「禮」兩個角度看來，從他的外交才能看來，從「其使民也惠」的角度看來，却幾乎是全人了。孔子没有像荀子那樣説「子産，取民者也，未及爲政者也」的話，這是孔子和孔門後學顯著不同的地方。

孔子對柳下惠、臧文仲的評價

孔子對柳下惠，認爲是賢者，説到他做「士師，三黜。人曰：『子未可以去乎？』曰：『直道而事人，焉往而不三黜，枉道而事人，何必去父母之邦』」（《論語·微子》）。又説柳下惠是「逸民」，「降志辱身矣。言中倫，行中慮」（《論語·微子》）。孔門的後學孟子也説：「柳下惠，聖之和者也。」（《孟子·萬章》）「不羞汙君，不辭小官，進不隱賢，必以其道。遺佚而不怨，阨窮而不憫，故曰：『爾爲爾，我爲我，雖袒裼裸裎於我側，爾焉能浼（汙）我哉！』」（《孟子·公孫丑》）又説：「故聞柳下惠之風者，鄙夫寬，薄夫敦。」（《孟子·萬章》)可見孔子、孟子和他的後學，對柳下惠大體上是肯定的。

關於柳下惠的事迹，《國語·魯語》裏還記載着他譏笑臧文仲的話：「海鳥曰爰居，止於魯東門之外，二日，臧文仲使國人祭之。展禽(柳下惠)曰：『越哉！臧孫之爲政也。夫祀，國之大節也，而節，政之所成也。故慎制祀，以爲國典。今無故而加典，非政之宜也。夫聖王之制祀也，法施於民則祀之，以死勤事則祀之，以勞定國則祀之，能禦大災則祀之，能扞大患則祀之。非是族也，不在祀典。』『今海鳥至，已不知而祀之，以爲國典，難以爲仁且知矣。』『無功而祀之，非仁也，不知而不問，非知也，今兹海其有災乎？夫廣川之鳥獸，恒知而避其災也。』是歲也，海多大風，冬煖。」在柳下惠這一段話中，有很多唯物的成份，孔子以後也用祀爰居一事來譏諷臧文仲之不知，可知孔子是接近柳下惠這種看法的。

由於對柳下惠的肯定，就引出對臧文仲的否定。臧文仲是魯國的大夫，而且有一段時間是魯國的執政者。可是孔子說：「臧文仲，其竊位者歟！知柳下惠之賢，而不與立也。」(《論語·衛靈公》)

孔子的批評臧文仲「其竊位者歟」！是和他平日舉賢才思想聯繫起來的。《論語·子路》：「仲弓爲季氏宰，問政。子曰：『先有司，赦小過，舉賢才。』曰：『焉知賢才而舉之？』曰：『舉而所知，爾所不知，人其舍諸。』」孔子上面所指的賢才，主要是指士階層中的賢才而言的，孔子主張提拔士階層中的優秀人物來參加政權，從當時歷史發展階段來講，應該算作是一種進步思想的表現。現在孔子用任賢思想來衡量臧文仲，從柳下惠一事來看，就顯得特别不够了。柳下惠是魯國的同姓大夫，以同姓大夫之賢，而臧文仲尚不知舉，要求臧文仲來提拔士階層的優秀人物，更是談不到了。這是孔子對臧文仲這一人物否定的主要原因。

我們知道臧文仲在春秋時代，是享有大名的人物。晉范宣子問於魯叔孫豹曰：「人有言曰，『死而不朽，何謂也？』對曰：『魯先大夫臧文仲，其身没矣，其言立於後世，此之謂死而不朽。』」（《國語·魯語》）可見當時公認他是賢大夫。可是孔子却因他不能任賢而説他是「竊位者歟」。又説臧文仲居蔡（畜藏大龜，用來占卜），山節藻棁（節，栭也，柱上方木也，棁，梁上短柱。刻山形於柱上方木，繪藻形於梁上短柱，説他的奢侈），何如其知也」（《論語·公冶長》）。他還説：「藏文仲，其不仁者三，不知者三。下展禽（壓柳下惠），發六關，妾織蒲，三不仁也。作虛器（畜龜和山節藻棁），縱逆祀（升僖公神主於閔公之上），祀爰居，三不知也。」（《左傳》文二年）孔子在《論語》裏，往往是仁知對舉的（知智古今字），如「仁者安仁，知者利仁」（《論語·里仁》）。「知及之，仁不能守之」（《論語·衛靈公》）。有時又是知仁勇三者并舉的，如「知者不惑，仁者不憂，勇者不懼」（《論語·子罕》）。在孔子看來，臧文仲既不仁又不智的人。仁、智是孔子衡量人物的標準尺度，如果一個人被孔子認爲是既不仁又不知，那就是孔子心目中的否定人物了。

孔子評價人物不受到傳統思想的束縛

從上面孔子對周公、管仲、子産、柳下惠、臧文仲五個人物的評價來看，孔子衡量人物的標準尺度，主要是仁、智、禮（任賢是包括在仁的内容裏面的）。孔子是主張恕道的，主張「無求備於一人」的，因此他的評價人物，是抓住這個人物的主要方面來說的。周公是周禮的化身，是周文化的締造人，不僅周公之才之美，爲孔子所心折，就是周公的一切，孔子都是肯定的。管仲，在孔子看來，儘管還有某些不足的地方，但孔子認爲那是枝節問題，「民到於今受其賜」，他的業績是巨大的。子產的時代和孔子相接，他是爲孔子所取法的人物，孔子聽到他的死，甚至流眼淚。柳下惠，在當時是受到魯貴族的排擠，在政治上是不算得意的，可是孔子却對他非常尊重。臧文仲，在春秋之世，是享有大名的一個人物，是號爲智者，並被公認爲死而不朽的這樣一個爲貴族所取法的人物，可是孔子却對他蔑視，說他既不仁，又不智。從這一點看來，孔子的評價人物，不完全受到當時傳統看法的束縛，是有自己的看法的，是有自己的愛憎的。

孔子爲什麽有這種看法，產生這種愛憎呢？我們認爲，這應該由孔子代表的士階層的利益和孔子的政治態度來決定的。

孔子對上面四個肯定人物中，除了柳下惠賢而不見用，無法瞭解他一套政治主張以外，其餘三個人物，如周公是周文化的締造者，文王、武王的統一事業，由周公來完成。管仲相桓公定霸業，他在齊國的一套政治措施，對當時社會經濟的改革，起過一定作用。子產雖是鄭國大貴族七穆之一的國氏子弟，但他在鄭國的一些政治設施，有很多應該加以肯定的。因此這三個人，在政治上都有過貢獻，不能算是保守派和頑固派。獨有臧文仲却不然，他雖有博學之名，但從他的神治思想（如龜卜、祀爰居）和任賢思想（如不推薦柳下惠）來看，應該算是保守派和頑固派。孔子是士階層的奠基者，「士」在當時是一個新興階層，而孔子是這個階層的代表人物。當然在這個士階層開始抬頭的時候，自己的力量還是非常薄弱，還不得不有賴貴族對他們的提攜，因此有他對貴族妥協的一面，不可能要求他完全擺脱傳統思想的束縛，這是他和整個士階層的落後面。但是代表新興士階層的孔子思想，也有許多可以肯定的東西，如「有教無類」的教育思想，舉賢才的任賢思想，在德化思想以外，寬猛相濟的法治思想也有了苗頭，重人事，輕鬼神的思想，以及「己所弗欲，勿施於人」（《論語·顔淵》），「己欲立而立人，己欲達而達人」（《論語·雍也》）的思想等等，在當時歷史條件下，這些思想還是應該説是可以肯定的。我個人是同意孟子評孔子的話：「孔子，聖之時者也。」（《孟子·萬章》）因此我認爲孔子在當時是一個肯定的人物，而不是否定的人物。孔子的政治態度也自然趨向於進趨，而不趨向於逆轉。儘管孔子所處的時代，社會變化還剛剛開端，新的東西還不明顯，新的士階層還不嶄露頭角，孔子所處的魯國，又是趨向保守的一個地區，舊勢力還很頑强，從而又限制了孔子的政治作爲，但是這都不足以掩蓋孔子可以肯定的一面。既是肯定孔子，所以很自然地會肯定周公、管仲、子産那樣帶有創制變法意義的革新人物，而否定臧文仲那樣保守的頑固的貴族。

孔子在當時歷史發展階段下不是一個否定人物

在評價孔子在歷史上的作用時，有的人認爲他是進步的，有的人認爲他是落後保守的，分歧意見較大。我認爲孔子在當時是應當加以肯定的人物，當然孔子有他落後保守的一面。我肯定孔子，不等於説他是「萬世師表」，直到今天還是崇拜的偶像，而只是想把被封建統治階級及其知識分子長期以來加以神聖化的這樣一個歷史人物，把他的真面目，重新顯現出來，加以正確的評價。

爲什麼我要肯定孔子呢？因爲孔子是新興的士階層的代表人物，他對士階層的興起，起了推動的作用。孔子雖曾上升爲大夫，但這時世卿制度還頑固地存在着，孔子以異姓致位大夫，要得意是比較困難的，因此還是被世卿所排擠下去，「致邑於公」，以後，實際上他又回到士的隊伍來了。孔子是士階層的奠基的，因爲士這個階層當時正在發展，而孔子「有教無類」，對這一階層的發展壯大，起了重大的作用。不但儒家由此成立，就是法家也由此孳生。法家的思想和孔子的距離較遠，但法家的發展，則是和士階層的形成有關的，因此和孔子也不無關係。

士階層在當時統治集團内是較低的一個階層，他原來是依附氏族貴族——即世卿而存在的，如果世卿賞識他們，個別的也可提拔爲大夫，孔子卽是其中的一個。但是在這個時候，氏族貴族的勢力在動摇了，因爲他們的經濟基礎在動摇了。氏族貴族的經濟基礎除了剝削公室的奴隸以外，還對當時奴隸社會裏殘存的村公社進行剥削，可是這個村公社在自爰其田之後，土地不復調配，私有性日漸加强而開始崩潰了。這種經濟上的變革，有人把它説成自上而下的賦税制度的變化，這是不全面的。我認爲這是一種所有制度的變革。在古代社會裏，這種變革的意義是巨大的，它是生産力進一步發展的結果，是私有經濟在村公社雙重性的經濟比重中更佔主導地位的結果，是貧富進一步分化的結果。這種變革，在階級社會中，説明了公有制殘餘基本肅清了，私有經濟更占統治地位了。在此經濟基礎變革的基礎上，氏族貴族的統治動摇了，他們想要和舊日一樣壟斷政治已是不行了。士階層這時的抬頭，不是在想鞏固世卿制度，而是在想結束世卿制度。孔子配合「親親」而提出來的舉賢才，固然還不能廢「周親」的習尚，但已孕育了任賢使能的新内容。分崩離析的局面要求結束，大統一的局面要求開展出來，儘管當時孔子的理想還想利用周室來實施統一的步驟，這是帶有迂腐氣息的，但至少反映大統一的要求，已被新的士階層提到議程上來了。被歌頌爲盡善盡美的周禮，士階層在當時是不敢否定掉的，但孔子已經悄悄地插入「仁」的新内容。過去，禮是不下於庶人的，現在開始下於庶人了。世卿壟斷文化的局面，也不能存在了，竹帛下於庶人，富裕家族的子弟，也有游學的機會了。孔子的杏壇講學，正説明了這一事實。

今天很多人説：孔子的教育思想是進步的，孔子的政治思想是落後的。這種説法，我認爲是説不通的。在竹帛下於庶人的這樣一個階段中，孔子的教育思想正是爲他的士階層政治立場服務的，由於孔子的政治立場基本上可以肯定的，所以他的教育思想也才可以肯定。如果離開孔子這個士階層的奠基者的立場來講孔子教育思想，那就無法理解了。

孔子反對季氏的用田賦，有人説季氏的用田賦，是想采用封建的剥削方式，是站在封建地主立場，是進步的；而孔子呢？是站在奴隸主立場，是落後的。關於社會分期問題，尚未取得一致的看法，有些問題，我們只能存而不論，但是要説季氏用田賦，是采取封建的剥削方式，則是武斷臆測，没有根據的。用田賦的內容，已有不少同志談過了，我在此不再多説。簡單地説，季氏提倡的用田賦，其實質是加重人民的税收，而孔子却是反對增加税收，主張「斂從其薄」。《論語・先進》裏説：「季氏富於周公，而求也爲之聚斂而附益之。子曰：『非吾徒也。小子鳴鼓而攻之，可也。』」孔子對季氏加税這樣重視，怎麽能説孔子是站在奴隸主立場上呢！

以士階層的奠基者，反對人殉制度，「始作俑者，其無後乎」（固然是倒果爲因了）的孔子被説成是站在舊的奴隸立場；以魯國的實際執政者世卿三桓，尤其貪冒無厭，不斷增加對人民的剥削，並用人於亳社的季氏，被説成爲新興地主階級立場，這是違反歷史事實的。歷史不能以成敗論人，但實踐是檢驗真理的標準，歷史上的成功與失敗，多少標誌着是否符合客觀發展規律的准衡。史實説明孔子身處着的這一個階層，當時是方興未艾的階層，有他們的發展前途；而季氏呢？却終於無情地被歷史所淘汰了。世卿制度也終於被布衣卿相（當然，布衣不是人民兩字的含義）的局面代替了。如果説被淘汰的是進步階級，方興未艾的是落後保守階級，這種論斷是與歷史發展的規律相違背的。

我不否認孔子有他的保守面，但主流是應當肯定的。我也不否認法家在某一個歷史階段對社會發展所起的進步作用，比起儒家來大些，但這不能得出孔子以及他的學派儒家，一開始走上歷史舞臺就是代表保守落後勢力的結論。

中國封建社會的特點

不同國家的封建社會，有它們的共同點，也有它們不同的特徵。譬如在歐洲，封建領主土地所有制佔統治地位，在東方的印度，村社殘餘特別嚴重，土地是村社所有，買賣也受到限制。而在中國却是封建地主土地所有制，土地較早可以自由買賣。

中國從春秋戰國開始，井田制、書社制的崩潰，土地開始可以自由買賣。即使在曹魏屯田制，西晉占田制，北魏至唐的均田制，遼金的村社組織，土地買賣因此受到一定限制，儘管這樣，地主土地所有制也仍然佔主導地位，屯田、占田、均田、猛安、謀克這些帶有村社性和國有性的土地，只是這一特定階段地主經濟的補充形式，並且在某種限度内也可以進行買賣。

我們雖然認爲中國封建社會很早土地可以自由買賣，不像歐洲那樣，土地成爲不可轉讓的硬化的私有財產，因此在中國，土地就被蒙上一層薄薄的商品色彩。但是，在自給自足的封建社會裏，交換在整個經濟中，不起決定性的作用，土地所有權還是有相對的穩定性。地主擴展土地，除了通過土地買賣以外，有時還巧取豪奪，通過一種權力來實現的，不完全依靠經濟力量，所以不能把土地買賣當作中國封建社會土地兼并的唯一支配形式。

我有那麽一種看法，即從社會制度來講，地主封建土地制度，是一種比較典型的封建土地制度，而領主封建制度，却是一種變態的封建土地制度。照理來説，封建社會就應該是地主封建制度，因爲在階級社會開始，土地已經開始向私有化道路發展，沿着這條道路發展，封建社會必然是地主土地所有制。西歐的情況，却不是這樣，由於進入羅馬帝國的日耳曼人，他們的社會非常落後，尚留滯在先封建階段，他們拿到羅馬奴隸主的土地之後，習慣地在帝國廢墟上建立起村公社這種體制來。村公社的土地是村公社所有的，而不是個人或家庭所有。這裏不存在土地的買賣。後來，日耳曼人階級分化了，村公社的土地掌握在貴族（領主）手中，日耳曼人民成了附着於公社土地之上的農奴。西歐的領主封建制度就在這種情況之下發展起來。個人没有私有權，土地是屬於領主的，「無土不屬於領主」。

而中國呢？從奴隸社會過渡到封建社會，是在承繼着以前的土地私有這一基礎上發展下去的，它没有像西歐那樣倒退得厲害，北魏均田也好，金代的猛安謀克也好，没有像日耳曼人在羅馬土地上建立瑪爾克那樣頑固，很快私有化又抬頭了，只是過去奴隸主使用奴隸來耕田，而後來封建主使用農奴來耕田罷了，不像西歐那樣，一切都得從頭做起。

從奴隸社會來講，希臘、羅馬的奴隸社會，商品經濟是比較發展的；中國的奴隸社會時期的商品經濟遠没有希臘、羅馬那樣發展。但是從封建社會來講，中國的封建社會，商品經濟，在封建社會第一、第二階段，遠遠要高過西歐。

在歐洲，羅馬奴隸制帝國崩潰後，商品交換完全進入静止狀態，羅馬大道生滿青草，羅馬城市成爲廢墟，貨幣完全廢棄不用了，鄉村統治了城市，自然經濟恢復到幾乎原始的狀態了。到了九至十三世紀，才在教會集會，河橋渡口，出現一些交換商品的集市，商業第二度從農業中分離了出來。而中國從奴隸社會走向封建社會，雖然也經過喪亂，但商品經濟没有衰落到西歐封建社會初期那樣地步，無論魏晉，無論南北朝隋唐，城市没有完全衰落，梁代建康，人口二十八萬户（四口一户，在一百萬人以上），北魏洛陽人口十餘萬户（五十萬人以上），唐代長安人口也在百萬以上，宋明都市人口，更是增多，不用説了。

西歐的商業、手工業重新從農業中分離出來，一切都得從頭做起。而中國封建社會繼承上一個階段的商業，手工業勢頭，有所發展，没有破壞到西歐那樣嚴重程度。所以中國封建社會前期、中期的商業、手工業遠遠高於同期的西歐。

但是，一方面中國的封建社會前期，商品經濟高出於西歐遠甚；可是另一方面，中國的城市又和西歐的城市具有不同的内容。西歐的城市和領主領城上聳立的堡壘是對立的，在城市裏，工商業者又不斷和封建領主進行鬥争，最終取得了城市的獨立自主權，它是不完全受領主統治的，西歐多半城市是城鄉對立的。而中國的城市，不僅含有經濟意義，同時它又是地主階級政治統治和軍事設防的基地。它的政治和軍事方面的意義大於經濟意義。而且由於土地可以自由買賣，官僚、商人、高利貸者、富裕的作坊主，他們不管發財致富的手段如何，「以末致富，以本守之」，最後把他們的財富集中於地權。官僚、商人、地主三位一體，相互轉化，他們互相勾結起來，掌握了城市的統治權，城市生產階級的勢力非常薄弱，地主統治階級力量非常强大，迫使市民運動無法展開。

我們對商人、手工業作坊主積累的資本，不僅僅要看到其來龍，尤其要看到其去脉，不問其起家如何方式，而尤應注意其資本是否集中於地權，如果集中於地權，就會影響資本主義萌芽發展的關鍵性問題了。

封建社會後期，歐洲城市的空氣使人自由，城市是資本主義的摇籃；而中國城市，城市不可能取得自治權，城市是封建地主的巢窟。歐洲的行會組織，主要是爲了避免競争，保持小所有者的地位，而中國的行會和行頭則是爲了供應官府的科派，避免競争，反居於次要的意義。

歐洲的封建社會，表現爲城鄉的對立，領主在政治上想控制城市，城市在經濟上想剥削農村。城鄉關係表現爲城市和領主的鬥争。而中國城市既是地主的政治巢穴，城市完全受着地主政權的控制，地主反而利用這種城市來對農村進行統治。城鄉的矛盾，不體現爲市民和地主間的鬥争，而體現爲廣大農村人民和以城市爲巢穴的地主階級之間的鬥争。

在歐洲，城市興起的時候，王權依靠城市的第三等級聯盟合作，逐漸形成統一的民族國家，大概在十三、十四世紀以後，王權才强大起來，因爲它能結束領主之間永無休止的紛争局面。「它是無秩序中的秩序代表」，它是應該加以肯定的。

而中國的王權，既不同於西歐的王權，也有異於東方印度各國的王權。中國的王權是封建地主階級力量集中的表現，權力比較强大，對外起着抗禦外患的作用，對内起着長期統一的穩定作用。可是另一方面，由於王權是封建地主階級力量集中的産物，對農村鎮壓農民革命戰争。對城市鎮壓手工業和城市貧民的反抗起義，王權不是城市的聯盟，它是聯合封建地主階級來控制城市、鎮壓人民的，它是城市的對立物，不像歐洲那樣，成爲「無秩序中的秩序代表」。歐洲的王權是依靠和第三等級聯盟而形成强大力量的；中國的王權自唐宋以來，通過科舉制度來選拔官僚，來鞏固封建統治，它在中國封建社會後期，對社會没有起着有益的促進作用。

在歐洲，希臘、羅馬古典文明，是光輝燦爛的，到了羅馬帝國滅亡，「奴隸和奴隸制同歸於盡」，羅馬奴隸社會是結束了，羅馬古典文明也同時結束了，封建時期開始，日耳曼人的文化是比較落後的，所以用歐洲歷史上的術語，迎來了黑暗時期。十二、三世紀以後，騎士文學讓位於市民文學，歐洲的文化，也還停滯不前，只有到了十五世紀以後，文藝復興，才真正結束歐洲文化上的黑暗時期，開出中世紀文明燦爛之花，與古典文明可以媲美，給近代文明的發展，鋪平了道路。在中國，也有人把魏晉南北朝時期看作是黑暗時代，認爲它一團漆黑，社會經濟文化停滯不前，我過去也受過這種看法的影響。後來動筆編寫《魏晉南北朝史》，才開始認識到這個看法是錯了。是的，魏晉南北朝時期，自然經濟佔絕對統治地位，貨幣近於廢棄，這是由於封建依附關係的加强而造成的，但不等於説這個社會就裹足不前了，這個社會的文化就不再向前發展了。相反，在這個時期，無論是經學思想、宗教哲學思想，史學著作、地理學著作，文學創作、文學批評，繪畫、書法、雕塑、音樂、舞蹈、雜技等等，以及科學技術方面，都有重大的成就。魏晉南北朝時期文化上的成就，爲以後唐宋時期文化的繁榮和發展準備了充分的條件。但是也應該看到，歐洲在文藝復興以後，展現出了近代文明；而在中國，却由於專制主義王權，思想方面的干涉過多，文網方面的箝制厲害，嚴重影響中國文化淬厲無前的發展。

我國學術界在討論地主封建土地所有制的時候，曾有人説過，中國地主封建土地所有制的重要特點之一是不能形成完整的莊園體系，我基本上同意這個看法的。在歐洲，領主的封地就是領主的莊園，他們的土地不能買賣，因此土地連成一大片，這個莊園不僅是經濟的實體，同時也是政權的實體，領主有逮捕人的權力，有司法權，有監牢，有絞刑架。而中國却不然，地主只能擁有土地，一切司法權力是没有的，政治的權力，只能由政府來行施，地主隨便捉人，私設牢房，是犯法的，凡侵犯王權，都是要判罪的。由於地主封建土地所有制土地可以買賣，因此土地很零碎，不能形成一大片，所以地權雖集中，地面却很分散，土地犬牙交錯。他的土地是分散中的小集中，譬如一個地主在江陵有田三千畝，置一莊，在監利有田二千畝，置一莊，在竟陵（今湖北天門縣）有田二千五百畝，置一莊，這是完全可能的。至於《抱朴子》所載，東吴的大地主，「僮僕成軍，閉門爲市」。《顔氏家訓》載，南北朝的大地主，一切已自給自足，「閉門而爲生之具已足」。也完全是可能的。唐宋的寺院，地權雖非常集中，地面却分在幾處，如唐會昌元年（公元八四一年）的《重修大像寺記》中説到，這所寺宇「管莊大小共柒所」，「都管地總伍拾叁頃伍拾叁畝叁角」。又如宋淳化三年（公元九九二年）的《廣慈禪院莊地碑》亦稱《本院東北兩莊土地之碑》，碑文中載明東莊一所，在萬年縣春明門外，並附有水磑兩所，共計地一十七頃三十四畝二分；北莊一所，在臨涇縣，共計地四十頃三十六畝。這兩所莊子，原來是瀛州防禦使安守忠，施捨給寺院的。莊的附近，還置有水磑兩所，當然它是爲鄰近居民磑碾糧食，是經營商業的作坊，決不像歐州那樣，專爲領主自己的莊園經濟服務的。到了宋元時期，如《太平廣記》中所載地跨大河南北的李誠莊，以及明《拍案驚奇》卷三十五裏，形容一個地主土地多到「有那鴉亦飛不過的土地」的說法。又如《水滸傳》裏說：「這裏方圓三百里，都喚做祝家莊，莊前莊後有五、七百人家，都是佃户，有一、二千了得的莊客。」又有史家莊，「史太公歿了，滿村中三、四百史家莊客，都來送喪挂孝」。這類田莊，不是完全沒有，只是太少太個別罷了。一個自然村，往往有幾個大中小地主構成聯合統治。這裏和歐洲還有明顯不同的地方，歐洲領主爲了避免給鄰近的領主喫掉起見，他是採用長子繼承制的，他的土地是不分的，永遠是一大片；中國的地主土地所有制，土地財産是由子孫分析的，經過一定時代，就分一次家，這就加深了土地地段的分割程度，因此一個自然村内，幾個地主聯合統治的形式要比一個地主統治田莊的形式爲多。地主的土地還得向王朝納税，交皇糧，地主也得接受當地政權的統治。

在地主和佃農的生産關係方面，有人說，地主土地所有制下的佃農，有較多的人身自由。我認爲，相對地講，地主土地所有制下的佃農比領主土地所有制下的農奴稍自由些，但說他們「有較多的人身自由」，有些過頭了。魏晉隋唐時期的部曲、客女身份很低，即使兩税法後，莊客佃户的身份，比從前的部曲佃客似乎有些改善，但還是不十分自由的。他們受封建契約關係的束縛，與地主有主僕之分，有時仍然可以變相買賣，如《元典章》載：「江南富户，止靠田土，因買田土，方有地客。」「主家科派，其害甚於官司。若地客生男，便供奴役，若有女子，便爲婢使，或爲妻妾。」說明南宋時期，江南很多地主已經把「佃客計其口數，立契，或典或賣，不立年份，與賣驅口無異，間有略畏公法者，將些小荒遠田地，夾帶佃户典賣，稱是隨田佃客，公行立契外，另行私立文約」。他們的身份也是非常低落的。

關於農民戰争，在中世紀，中國和歐洲情況也不一樣，中世紀早期、中期，歐洲没有發生規模較大的農民戰争，卽使有，這些農民戰争的性質，大概是自由法蘭克反對農奴化的階級鬥争。而中國從封建社會一開始到終結，都是反對專制主義王權的戰争，大調發、大徵兵促使農民起來發動規模巨大的農民戰争，尤其地主封建土地所有制下，土地可以自由買賣，地主大規模兼并土地，掠奪土地，迫使農民挺而走险，起來反抗。因爲王權既然是地主階級力量集中的産物，地主階級通過王權鎮壓奴役人民，王權既壟斷了政治一切，也壟斷了經濟一切；不僅代表了地主，也代表了富裕的工商業者。王權對經濟的壟斷，阻礙了許多重要發展部門，如鹽、茶葉、磁器、煤、石油等等行業，無法採用資本主義生産方法，無法走向資本主義社會。因此，中國的王權和歐洲不一樣，歐洲的王權，是「無秩序中的秩序代表」，它能和第三等級聯盟起來，把社會推向資本主義；中國的王權是壓在人民頭上的大山，不推倒這種王權，中國社會經濟就無法進一步發展。所以中國的農民戰争不是像西歐那樣要好皇帝，而是把鬥争矛頭集中指向皇帝，中國封建社會階級鬥争始終非常尖鋭慘烈，它是要推倒皇帝。當然，農民不是新的生産體現者，它不可能建立新的政權，這構成它的悲劇。只有資本主義革命，才能推翻舊的統治，建立新的秩序。只有工人階級革命，才能推翻資本主義，建立社會主義。

從茶葉經濟發展歷史看中國封建社會的一個特徵

自唐宋以後，鴉片戰争以前，中國的手工業，有着一定程度的發展。有的手工業如絲、布、茶、鹽、磁器等，在簡單的再生産中，已發展成規模較大的作坊。這些作坊所生産的商品，不但在國内有它的廣大市場，就是在國外也有它一定的銷路。那末鴉片戰争前的中國手工業作坊爲什麽没有發展成爲機械化的工廠呢？换言之，爲什麽中國的封建社會在鴉片戰争前，爲什麽不很快地瓦解，而出現資本主義社會呢？

我們現在從茶葉作坊的出現，和它發展的道路，這一角度，來説明中國在鴉片戰争前，爲什麽不出現資本主義社會。

茶葉作坊的出現

茶葉是野生植物，在中國古代，很早就有茶。西漢神爵三年（公元前五九年），蜀郡（四川成都市）人王褒著《僮約》一文，文内規定當時新購進的家僮一年到頭應該做哪些事，其中提到須要差遣這新購進的家僮去武陽（今四川彭山縣東）收買茶葉，可見茶葉在當時已開始以簡單的商品姿態出現於本地的市場上了。六朝時，江南士大夫喜歡飲茶。隋唐時，北方飲茶的風氣，跟着盛行起來。唐貞元年間

（公元七八五至八〇四年），全國飲茶的習慣，已極爲普遍，正如明人丘濬在《大學衍義補》卷二十九裏所說：「唐宋以來，遂爲人家日用一日不可無之物。」因爲全國茶葉的消耗量增加，茶葉的栽植，也成爲農村中重要的一項副業，焙製茶葉的作坊，在唐時也漸次出現。唐中葉後，規模較大的一個民營茶葉作坊，雇用的工人人數，多到一百多個人。《太平廣記》卷三十七引《仙傳拾遺》云：「初，九隴（四川彭縣）人張守珪仙君山，有茶園。每歲召採茶人力百餘人，男女傭功者雜處。園中有一人，自言無親族，賃爲摘茶。」在茶葉製造業發展的初期，分工一定尚未十分明確，採茶的雇工，往往就會是焙製茶葉的工人。一座民營茶園，人力多到百餘人，就全國範圍來說，總的雇工人數，當更爲可觀。他們大多不是本地人，每年在茶葉可以採摘和加工焙製的季節，他們來自遠方，自北而南，辛勞地工作。新茶上市後，他們雖只獲得極低的工資，但是他們還能購買些新茶，返鄉出賣。如《太平廣記》卷二十四引《廣異記》云：「唐天寶（公元七四二至七五五年）中，有劉清真者，與其徒二十人，於壽州（治壽春，今安徽壽縣）作茶，人致一馱爲貨。至陳留（今河南開封市東南）遇賊。」根據上引書籍記載，可見茶葉作坊發展初期，不但作坊主（往往也就是茶山主）獲得厚利，就是被雇傭於作坊的工人，他們獲得的工資，也勉强能維持他們最低的生活。因此在江淮一帶産茶地區，地方經濟顯現出起色來了。唐宣宗大中（公元八四七至八五九年）中，杜牧上李太尉（德裕）書：「伏以江淮賦税，國用根本，今有大患，是劫江賊。」「劫殺商旅」，「得異色財物，盡將南度，入山博茶。蓋以異色財物，不敢貨於城市，唯有茶山可銷受。蓋以茶熟之際，四遠商人，皆將錦繡繒纈，金釵銀釧，入山交易。婦人稚子，盡衣華服，吏見不問，人見不驚」。是以賊徒「劫得財物，皆是博茶。北歸本州貨賣，循環往來，終而復始」。懿宗咸通三年(公元八六二年)，歙州司馬張途在《祁門縣新修閶門溪記》裏也說到：「邑之編户籍民五千四百餘户」，「邑山多而田少」，「山且植茗，高下無遺土，千里之內，業於茶者，七、八矣。由是給衣食，供賦役，悉恃此祁之茗。色黃而香，賈客咸議，逾於諸方。每歲二三月，齎銀緡繒素求市，將貨他郡者，摩肩接迹而至」。欣欣向榮的茶葉製造業，照這樣情況有利地發展下去，前途應該是無限美好的，簡單的再生產可能發展爲擴大的再生產的。茶葉加工製造的作坊，可能利用機械化來提高生產效率的。這不單單是可能，其實自北宋起，已經利用過水轉連磨來作爲實現提高生產效率的手段了。元王禎《農書》說：「水轉連磨」，「須用急流大水，以湊(衝擊)水輪。其輪高闊，輪軸圍至合抱，長則隨宜。中列三輪，各打(動)大磨一槃。槃之周匝，俱列木齒，磨在軸上，閣以板木，磨旁留一狹空，透出輪軸，以打上磨木齒。此磨既轉，其齒復旁打帶齒二磨。則三輪之功，互發九磨。其軸首一輪，既上打磨齒，復下打碓軸。可兼數碓」，「其利甚博。嘗至江西等處，見此制度，俱係茶磨，所兼碓具，用搗茶葉，然後上磨」。

王禎的《農書》，寫定於元皇慶二年(公元一三一三年)。而利用水力來推動磨茶的水磨，見於中國史上記載的，其實開始於北宋元豐(公元一〇七八至一〇八五年)年間。史載：

元豐六年(公元一〇八三年)二月二十七日，都提舉汴河堤岸言：「丁字河水磨，近爲濬蔡河開斷水口，妨關茶磨。本司相度通津門外汴河，去盟河咫尺，自盟河下流入淮，於公私無害。欲置水磨百盤，放退水入自盟河。」從之。(《宋會要・食貨・碾磑》)

紹聖元年（公元一〇九四年）八月二十三日，詔「興復水磨茶」。九月二十八日，户部言：「準敕復置水磨，今踏逐到京索天源等河，措置修立。」從之。（《宋會要·食貨·碾磑》）

紹聖二年（公元一〇九五年）三月七日，詔就差舉茶場水磨官兼提舉汴河堤岸，專管勾自洛至府界，調節汴水，應副茶磨，不得有妨東南漕運。（《宋會要·食貨·碾磑》）

水轉連磨圖

紹聖四年（公元一〇九七年），於長葛等處京索溭水河，增修磨二百六十餘所。（《宋史·食貨志》）

紹聖四年十一月，户部中提舉水磨茶場孫迥言：「茶磨乞在京東水門外沿汴河兩岸，逐舊日修置水磨處，别行興復。」從之。（《宋會要·食貨·碾磑》）

元符三年（公元一一〇〇年）十二月三日，詔以都水使者魯君貺專知應副茶場水磨。先是閻守懃、李士京同領茶場，欲榷淮南茶，盡鬻之官，歲當三百萬緡，三省抑而不行。至是三省因奏神宗本以抑奪都城十數兼并之家，歲課十四萬緡。（《宋會要·食貨·碾磑》）

政和元年(公元一一一一年),水磨茶自元豐創立,止行於近畿,昨乃分配諸路。(《宋史·食貨志》)

什麽叫水磨茶呢?福建的「臘茶」,在採摘後,加工焙製,都先把茶葉碾成碎末,再壓成餅,製成茶團,有似今天的茶磚一樣的形式。這樣,去浄水份,可以經久不壞,香味不變,裝運也非常方便。水轉連磨就是在這一系列加工過程中的一種主要工具。它不但在南方如福建、江西等地普遍施用,就是在汴水上下,也創立水磨,來磨茶造磚了。

我們知道,一切發展了的機械,都由三個在本質上不同的部份構成,一爲發動機(蒸汽機水力等),二爲配力機(調節運動),三爲工具機。在歐洲,蒸汽機是在一七八四年發明的,但繼續到十八世紀的八十年代之初,還不曾引起産業革命,直到工具機的發明,却使蒸汽機有參加生産的必要。水轉連磨它具有着工具機的原始形態,從北宋以來,中國人就知道利用它來製造茶磚,爲什麽從宋元以後,没有給它繼續發展和改良的機會呢?

有人認爲手工業的發展能够走向機器化,止有在國外或國内的市場無限擴充下,才有可能。中國的國内市場,由於大多數的農民受着長期的封建統治的過度剥削,過着非人的生活,而喪失了購買力。國外市場又受到明清兩代嚴格的閉關政策影響,海外貿易受到一定的限制。因此中國封建社會裏的手工業生産,不可能獲得它應有的發展。

是的,但是我們認爲從茶葉製造業來説,國内外的貿易情況,却不是如此。茶葉從唐宋以來,「爲人家日用一日不可無之物」，國内的消費量，是相當地大的。至於運銷國外，自宋元以來，如與西北境上各部族以及境外各國家的茶葉貿易，早佔有廣大的國外市場。

海外貿易呢？唐宋以後，茶葉已由海舶運銷南洋日本各地（在日本建久二年，中國的茶樹已經移植於日本本土），南宋紹興五年（公元一一三五年），政府爲了壟斷海外貿易，規定凡是「臘茶，輒裝上海舶」，「販物人並船主梢工，並皆處斬。水手火兒（炊事火夫），各流三千里，皆刺配千里外州軍牢城」（《宋會要·食貨·茶法雜録》）。政府既有這樣嚴厲的禁令，另一方面，却可以或多或少地反映出當時茶葉漏税走私初期在海外暢銷的情形。十八世紀中葉，中國茶葉輸至英國，年達三千萬磅之多，這以後還會説到它的。

根據上面所説的事實，正證明中國茶葉加工製造業自宋元以來，在國外有它廣大的市場。並不因爲明清兩朝的閉關政策——寸板不准下海，而使中國的茶葉外銷呆滯。

從中國茶葉輸出的總數量來看，恰恰會得到那麽一個結論，就是中國的手工業工場或作坊，首先使用工作機的原始形態作爲生産手段而向現代化工業邁進的，應該是茶葉加工製造業。它的理由是茶葉加工製造業所製成的商品——茶葉，有它廣大的國内外市場。然而，茶葉加工製造業也和其它手工業一樣，在中國，老是停滯在原有的階段上，生産工具没有繼續改進。還有人説，明初朱元璋以茶磚勞民，下令不准製造茶磚，只准採芽製造葉茶，因此，水轉連磨也就漸漸不使用到茶葉加工的生産過程方面來。這話是不對的，因爲此後中國和西北境上各部族以及境外各國家的茶葉貿易，還是靠茶磚來進行交換。水轉連磨還有它發展改良的前途。我們認爲水轉連磨和其它茶葉加工製造的生産工具，所以没能改進，主要是由於作坊主没能把原始資本積累起來，没有積累得足以給資本主義的産生，造成有利的準備條件，生産工具没有繼續改善，新的生産工具如水轉連磨之類，没能迅速的發展起來。也就是説，無法使商品生産制的作坊，發展成爲使用進步工具的工場。這樣，中國的各行各業作坊主，也還不能形成爲一個新的勢力集團，還不能聯合起來向封建制度作政治鬥争，更不可能出現代表他們利益的新政權，替資本主義開闢前進的道路。

這是什麽緣故呢？我們現在從中國歷史上封建統治者和高利貸地主對茶山主和茶葉加工製造業的重重剥削這個角度上，來説明中國爲什麽不可能很快地從封建社會走向資本主義社會，中國的封建社會爲什麽延續得比較長久。

唐代的茶葉徵税制度

唐德宗建中三年（公元七八二年），政府開始徵收茶税，在「諸道津要」處，設立税官。經過的物産如竹木茶漆，都要按照市價抽取十分之一，作爲税錢。試行不到幾年，因國内動亂，爲穩定政局，只得暫時停徵。到了貞元九年（公元七九三年），唐統治權漸趨穩定，唐德宗從鹽鐵使張滂議，再度下令徵收茶税。規定「出茶州縣若（茶）山」，就地徵税，别於商人往來要路，收運銷税，並「十税其一」，政府每年剥削到的茶税，達到「錢四十萬緡」（千文一緡）。《元和郡縣圖志》載江南道饒州浮梁縣（今江西景德鎮市北新平)，「每歲出茶七百萬馱，稅十五萬貫」。一地茶稅已很可觀。穆宗長慶元年(公元八二一年)，鹽鐵使王播奏「增天下茶稅，率百錢增五十，江淮浙東西嶺南福建荆襄茶，播自領之，兩川(西川東川)以户部領之」。當時習慣茶一斤重二十兩，王播又規定按重兩增收稅錢。稅率增高，茶葉市價也跟着增加，飲茶的人數，就逐漸減少，茶葉的消費量降低，這樣自然影響到政府的茶稅收入了。右拾遺李珏上書向政府建議：

茗飲，人之所資，重稅則價必增，貧弱益困。不可二也。山澤之饒，其出不訾(不可計算)，論稅，以售多爲利，價騰踊，則市者希，不可三也。

這話從封建統治者的長遠利益來打算是對的。可是封建統治者只想滿足他們目前奢侈腐化生活，已不可能接受李珏「養雞取卵」的建議了，相反「竭澤而漁」，文宗接受了鄭注的建議，「其法欲以江湖百姓茶園，官自造作，量給直，分命使者主之」(《舊唐書·鄭注傳》)。太和九年(公元八三五年)，任命宰相王涯兼榷茶使，「徙民茶樹於官場，焚其舊積，天下大怨」(《新唐書·食貨志》)。甘露事變發生，王涯被殺，「左僕射令狐楚奏：『新置榷茶使額。伏以江淮間，數年以來，水旱疾疫，凋傷頗甚。昨者忽奏榷茶，實爲蠹政。豈有令百姓移茶樹就官場中栽植，摘茶葉於官場中造，有同兒戲，不近人情。乞特除此使額，早賜處分，一依舊法，不用新條。惟納榷之時，須節級加價，商人轉擡，必校稍貴。卽是錢出萬國，利歸有司，既無害茶商，又不擾客户。』詔從之」(《舊唐書·食貨志》)。

政府移植茶樹，在「官場」栽種。這次的瞎指揮，江南的茶樹，幾乎全部遭到慘烈破壞，茶山主和作坊主傾家蕩産的，尤不計其數。這場暴風雨過後，民間的茶葉製造業，雖徼倖保存，還有它喘息的餘地，可是在重税剥削之下，它的前途，也受到一定的限制了。

文宗開成五年（公元八四〇年），武宗卽位，鹽鐵使崔珙上《禁園户盗賣私茶奏》云：「伏以江南百姓，營生多以種茶爲業，官司量事設法，惟税賣茶商人。但於店鋪交關，自得公私通濟。今則事須私賣，苟務隱欺，皆是主人牙郎，中裏誘引」，「其園户私賣茶犯十斤至一百斤，徵錢一百文，決脊杖二十，至三百斤，決脊杖二十，徵錢如上」（《册府元龜》），税茶立法，愈來愈重了。武宗時，又屢次增加江淮茶税。當茶葉出産後，由茶商向茶山主茶葉作坊主購進茶葉，運銷各處。運銷之前，茶商須得在事先向政府繳納税錢，運往各地時，「所過州縣有重税」，諸道官吏「置邸以收税，謂之搨地錢」。如果不交重税和搨地錢，貪污的官吏就用種種方法，故意刁難，或扣留茶商的車輛馬匹船隻，故意把茶葉露積雨中，讓它霉爛，不得收取。因此，茶商的利潤，就也有限，私販却普遍地活躍起來。

宣宗大中六年（公元八五二年），政府爲了防止茶葉的私運，製訂法律，也就更爲嚴酷。如：

（一）凡私運茶葉至三百斤，在三次以上的，判處死刑。

（二）長途結幫，販運私茶，不管茶葉斤兩的多少，一律判處死刑。

（三）趕車的車伕，受私販雇用，替私販運載茶葉，至五百斤，在三次以上的，判處死刑。

（四）旅店主留宿私販，倘客替私販作介紹，買賣私茶，至一千斤，在四次以上的，判處死刑。

（五）園户私賣茶葉給私販，在百斤以上的，杖背。犯三次以上的，杖背以外，又罰充苦役。

此外，如有園户不願種植茶樹，擅自斫伐茶樹這類情況發生，地方長官發現後，須迅速制止。倘不及時制止，地方長官得受嚴厲處分。

當時首都長安永昌里，已出現「茶肆」，供人飲茶，見《舊唐書·王涯傳》。唐五代的藩鎮割據勢力也千方百計地掠奪茶山之利。《舊唐書·吴少陽傳》，少陽據「蔡州凡五年，時奪掠壽州(治壽春，今安徽壽縣)茶山之利」。《新唐書·劉建鋒傳》：馬殷爲湖南兵馬節度留後，其屬高郁教殷「民得自摘山收茗，算募高户，置邸閣居茗，號八牀主人，歲入算數十萬，用度遂饒」。《新唐書·劉仁恭傳》：「乾寧二年(公元八九五年)，爲盧龍軍節度使。禁南方茶，自擷山爲茶，號山曰大恩以邀利。」

在中央和地方勢力的慘酷壓榨下，茶税的收入，固然成爲中央、地方主要財源收入之一，可是茶園户的生活水平，却日益下降，他們的生産情緒也益低落，縱然由於封建政權的嚴刑峻罰，使園户不敢擅自砍掉茶樹，逃避剥削。但他們掙扎在死亡綫上，宛轉求生，奄奄一息，這種悽慘景況，是可以想像得到的。

宋代的茶葉加工業和官賣制度

宋代最有名的茶葉出産地，首推福建。據當時對飲茶一道有研究的人説：

建安(今福建建甌)茶品，甲於天下，疑山川至靈之卉，天地始和之氣，盡此矣。(王子安《東溪試茶録》)

至茗茶之爲物，擅甌閩之秀氣，鍾山川之靈禀。本朝之興，建溪之貢，龍團鳳餅，名冠天下。而婺源之品，亦自此而盛。近歲以來，采擇之精，製作之工，品第之勝，烹點之妙，莫不盛造其極。

（宋徽宗《大觀茶論》）

茶葉愈出名，政府對茶葉加工製造業的剥削就也愈重。

在當時，茶葉加工製造業是以焙製茶葉的作坊爲生産單位，而不是以茶山茶園爲生産單位的。一個焙製茶葉的作坊，往往包括幾座茶山茶園。例如建安的茶葉加工製造業，在北宋初年，丁謂記「官私諸焙」，總共有一千三百三十六所，其中官營的有三十二所。王子安《東溪試茶録》説到官焙的分佈：「東山之焙十有四」，「南溪之焙十有二」，「西溪之焙四」，「北山之焙二」。又説到：「建溪之焙，三十有二，北苑首其一，而園别爲二十五。」「又有蘇口焙，與北苑不相屬，其園别爲四。」這些官營的茶葉加工製造作坊，也就是稱爲「官焙」的，據《東溪試茶録》的記載，它可以包括四座以上甚至二十五座的茶園。這些官營的茶葉加工製造作坊，大都是受着政府設置在該地的山場或茶場統一管理的。據莊季裕《雞肋編》載：「韓昷嘗監建溪茶場，云採茶工匠幾千人，日支錢七十」，「歲費常萬緡」。可見政府的茶葉加工製造作坊，也就是稱爲「官焙」的，雇用的工人人數，是相當多的。就福建一地來説，「官焙」總共只三十二所，就有如此衆多的工匠，民營的茶葉製造作坊，達一千三百零四所，它規模雖或不及官營作坊那麽大，但它占有茶山面積的總和，它雇用工匠人數的總和，比起官營茶葉製造作坊來，當更爲可觀。

宋代茶葉製造加工大致分二類，「曰片，曰散。片茶，蒸造成片者。散茶則既蒸而研，合以諸香以爲餅，所謂大小龍團是也」（《大學衍義補》卷二十九）。趙汝礪著《北苑別録》，詳述官焙中製造茶葉過程，分工已很細緻，現在略舉如下。

「采茶。采茶之法，須是清晨，不可見日。晨則夜露未晞，茶芽斯潤。見日則爲陽氣所薄，使芽之膏腴內耗，至受水而不鮮明。故每日常以五更撾鼓，集羣夫於鳳凰山，監采官人給一牌入山，至辰刻（約八點鐘，太陽已升起）則復鳴鑼以聚之，恐其逾時貪多務得也。大抵采茶亦須習熟，募夫之際，必擇土著及諳曉之人，非特識茶發早晚所在，而於采摘亦知其指要，蓋以指而不以甲，則多温而易損，以甲而不以指，則速斷而不柔，故柔夫欲其習熟，政爲是耳。」（采夫日役二百二十二人）

「蒸茶。茶芽再四洗滌，取令潔浄，然後入甑，俟湯沸蒸之。然蒸有過熟之患，有不熟之患。過熟則色黄而味淡，不熟則色青易沉，而有草木之氣，唯在得中爲當。」

「榨茶。茶既熟謂茶黄，須淋洗數過（欲其冷也），方入小榨，以去其水，又入大榨出其膏。先包以布帛，束以竹皮，然後入大榨壓之，至中夜取出揉匀，復如前入榨，謂之翻榨，徹曉奮擊，必至於乾浄而後已。」

「研茶。研茶之具，以柯爲杵，以瓦爲盆，分團酌水，亦皆有數。上而『勝雪』、『白茶』，以十六水，下而『揀芽』之水六，『小龍鳳』四，『大龍鳳』二，其餘皆一十二焉。自十二水而上曰『研一團』，自六水而下曰『研三團』至『七團』，每水研之，必至於水乾茶熟而後已。水不乾則茶不熟，茶不熟則首面不匀，煎試易沉，故研夫尤貴於强有力者也。」

「造茶。造茶舊分四局，匠者起好勝之心，彼此相誇，不能無弊，遂并而爲二焉。故茶堂有東局西局之名，茶銙有東作西作之號。凡茶之初出研盆，盪之欲其匀，操之欲其膩，然後入圈製銙，隨筥過黄。」

「過黄。茶之過黄，初入烈火焙之，次過沸湯爁之，凡如是者三而後宿一火，至翌日遂過烟焙之。火不欲烈，烈則面炮而色黑；又不欲烟，烟則香盡而味焦，但取其温温而已。凡火之數多寡，皆視其銙之厚薄。銙之厚者有十火至十五火，銙之薄者八火至六火。數既足然後過湯上出色。出色之後，置之密室，急以扇扇之，則色澤自然光瑩矣。」

茶葉製造的過程，非常複雜。采茶夫、蒸茶、榨茶、研茶、造茶工匠，也必需專業分工，官焙是如此，私焙也必然如此，才有競争能力。在茶餅製成以後，餅面上還要塗上一層「珍膏」。據蔡襄《茶録》云：「茶色貴白，而餅茶多以珍膏油其面，故有青、黄、紫、黑之異。善别茶者，正如相工之視人氣色也。」「既已末之，黄白者受水昏重，青白者受水詳明，故建安人鬥試，以青白勝黄白。」建茶成餅者，亦稱「臘面茶」。

有人説，宋人煑茶時，先把茶研成細末，包以細羅，然後入湯。而不承認在製造茶葉過程中，先把茶葉碾成茶末，再壓成餅這個過程。那末宋代盛行的水磨碾茶，就無法加以解釋了。我認爲宋人製造末茶，經過兩次碾治的過程。第一個過程是把茶葉碾成細末，再壓成餅。明丘濬《大學衍義補》卷二十九云:「唐宋用茶,皆爲細末,製爲餅片,臨用研之。」「《元志》猶有末茶之説,今世唯閩廣間用末茶,而葉茶之用,遍於中國,雖外夷亦然,世不復知有末茶矣。」可見宋人茶葉製餅前碾成細末,壓而爲餅,飲用時,又把茶餅搥取少許,加以碾治,然後入湯,是兩道碾治過程,而不是一道碾治過程。第一道碾治過程,是在大生産製造過程中進行的;第二道碾治過程,是在飲用前進行的,用「砧椎」以砧茶,用「銀碾」以碾茶,然後包以細羅,置茶杯中,以湯點之。

官營茶葉製造作坊的工人,他們在參加研茶部門的工作時,他們須把自己的頭髮和鬍子剃得精光。見《宋會要·食貨·茶法雜録》:

至道二年(公元九九六年)五月詔:「建州歲造龍鳳茶,先是研茶丁夫,悉剃去鬚髮。自今但幅巾,洗滌手爪,給新净衣。」

在封建社會内,倘若把頭髮鬍子都剃去,那就算是莫大的恥辱,只有判處死刑的囚犯,才會受到這樣不合理的待遇,可是在福建官營茶葉製造作坊内做工的工匠,開始受到這種不合理的待遇。後來又略有改善,只要頭戴幅巾、洗滌手爪、給新净衣穿著,就認爲合格了。採茶工匠的工資每天七十文,僅够維持他一個人最低限度的生活,要想養家也是談不到的。

茶山主和民營茶葉加工製造作坊主,在宋政府把福建路的園户,用地方組織保甲制度組織起來之後,《宋會要》稱:崇寧三年(公元一一〇四年),福建路「諸園户,五家爲保,内有私相交易者,互相覺察,告賞如法。即知而不告,論如五保不糾,律加一等」。也是在嚴密的保甲制度互相監督之下,不得把他們生產出來的商品賣給茶販，而得全部賣給政府，歸政府統一銷售，這就是下面要講到的宋代專賣制度。

在北宋，茶產區除福建的建劍二州之外，有淮南的蘄黄廬舒光壽六州，江南的宣歙江池饒信洪撫筠袁十州，廣德興國臨江建昌南康五軍，兩浙的杭蘇明越婺處温古湖常衢睦十二州，荆湖的江陵府潭澧鼎鄂岳歸峽七州荆門軍，四川的眉蜀彭綿漢嘉邛雅八州，陝西的興元府洋文二州，這些産茶地區園户所生產的茶葉，全部需歸政府專賣。我們現在姑舉淮南六州的茶場爲例，來説明宋政府的茶葉專賣制度究竟是什麼一回事。

北宋政府在淮南的蘄黄廬舒光壽六州，設立了十三個「山場」。在光州的叫光山場、子安場、商城場，在壽州的叫麻步場、霍山場、開順場，在廬州的叫王同場，在黄州的叫麻城場，在舒州的叫羅源場、太湖場，在蘄州的叫洗馬場、王祺場、石橋場。凡是植茶製茶民户，統稱爲「園户」。園户在每年中生産的茶葉，經過加工焙造以後，除一部分代替租税繳納給政府外，剩餘的茶葉，悉數由山場收買，不准自由出售。當園户向山場繳納茶葉時，每繳一百斤，還須加納二十斤至三十五斤不等，稱做「茶耗」。倘若園户把茶葉隱藏起來，不肯繳予山場，或祕密出售給私商，一經發覺，不但全部茶葉由政府没收，並依照茶葉的斤兩與價值，輕重定罪。山場在每年收買茶葉之前，先規定好本年度茶葉的收購價格，如王同場的收買茶葉價格，上估每斤二十六文四分，次估每斤十九文八分，下估每斤十五文四分。霍山場的收買茶葉價格，上估每斤三十四文一分，次估每斤三十文一分，下估每斤二十二文。到了出賣時，王同場的買價，上估每斤五十六文，中估每斤四十五文五分，下估每斤三十七文一分。霍山場的賣價，上估每斤八十八文二分，次估每斤七十九文八分，下估每斤六十三文。買進便宜，賣出昂貴，宋政府就在這差價中獲得巨額利潤。

宋政府還發放貸欵給園户，在茶葉收穫之後，園户把本息一併折合茶葉，交給山場。《宋會要·食貨·茶法雜録》云：「諸産茶州縣，每歲於民間闕乏時，預先計置見錢斛斗，召園户情願結保借請，每貫出息二分，至茶出時曉示，令以茶赴官折納，過夏季不納，即追催。」這種貸欵，稱爲「本錢」，實在説來，就是一種變相的高利貸。李燾《續資治通鑑長編》元祐元年二月條云：右司諫蘇轍言：「利、益路所在有茶，其間卭蜀彭漢綿雅洋等州興元府三泉縣人户，種茶爲生。自官榷茶以來，以重法脅制，不許私賣，抑勒等第，高秤低估，遞年減價，見今止得舊價之半。茶官又於每歲秋成糴米，高估米價，强俵茶户，謂之『茶本』。假令米直八百錢，即依一貫支俵，仍勒出息二分。春茶既發，茶户納茶，又例抑半價，兼壓以大稱，所損有半，謂之『青苗茶』。及至賣茶，本法止許收息二分，今多作名目，如『牙錢』、『打角錢』之類，至收五分以上。」由於園户長期的受着封建統治者和高利貸方式的過度剥削，真德秀在《大學衍義》中曾提到過：「豫指收斂之人，以爲稱貸之資。」「今則往往貸於半歲之前矣。千錢之物，僅得數百，或不及其半矣。」「償或未足，則又轉息爲本，因本生息，昔之數百，俄而千錢。於是一歲所貸，至累載不能償，己之所貸，至子孫不能償。」儘管高利貸者的面目怎樣猙獰，利息高得這樣唬人，可是園户爲了苟延殘喘，還是不能不借貸。高利貸的横行，自然加速園户的破産，園户破産會影響政府財政的收入，政府爲了獨佔茶葉製造業的利潤，不得不採取發放「茶本錢」的貸欵方式，來對園户進行高利貸剥削，來堵塞地主商人的高利貸資本對園户的猖狂進攻。政府用「茶本錢」的貸欵方式向園户發放貸欵之後，到期就向園户徵收茶葉，園户的死活，他們是不管的。

因爲政府只要根據每年度舉放高利貸時的茶葉數額，就可以先向商人拋售，因此商人如要販賣官茶，只須事先向京師「榷貨務」買取茶葉的販賣特許證，稱做茶引（賣鹽的交引叫鹽引，賣茶的交引叫茶引）。買到「茶引」後，商人拿着「茶引」到出産地去提取茶葉，而後再販運到指定的地區出售。茶葉從出産地運出，必須和「茶引」在一起，没有「茶引」在一起的茶葉（包括散茶和末茶），關卡搜索到之後，就作爲挾帶私茶論罪，判刑很重。沈括《夢溪筆談》中有這樣一個故事：「予友人有任術者，嘗攜家出宜秋門。是時茶禁甚嚴，家人懷越茶數千，稠人中馬驚，茶忽墜地，其人陽驚，回身以鞭指城門鴟尾，市人莫測，皆隨鞭所指望之，茶囊已碎於埃壤矣。」懷挾幾斤茶葉，牽涉到身家前途，真是好險。

「茶引」行用以後，政府對茶葉加工製造業剥削的經過手續是：

民製——官收——官賣——商運——商銷

五種過程。宋政府採取茶葉專賣制度，開始於宋太宗雍熙年間（公元九八四至九八七年），由於政府的對外用兵，邊食空虛，不得不先把本年度的「茶引」拋售給商人。「茶引」的票額值十萬文的，政府爲了吸收現欵起見，往往用較賤的價格如五萬五千文拋售出去，商人拿到「交引」後，不但能向出産地的山場提取價值十萬文的茶葉，平空一過手，就獲利四萬五千文，而且由於「茶引」、「鹽引」兼有匯兑和紙幣的性能，更從而大量囤積「交引」，因此在北宋的首都開封，交引鋪紛紛設立起來。這些商人，大都是與官僚勾結在一起的。如《宋史·梁適傳》載：「適進中書門下平章事。京師茶賈負公錢四十萬緡，鹽鐵判官李虞卿案之急，賈懼，與吏爲市，内交於適子弟，適出虞卿提點陜西刑獄。」茶商的勢力可以操縱宰相撤换官吏，與其説是商人，毋寧説是「官僚商人」了。這些「官僚商人」，他們趁政府要錢的當兒，以低廉的代價來攫取「交引」獲得厚利。發展到正如丁謂所説的：「邊糴纔及五十萬，而東南三百六十餘萬茶利，盡歸之豪商大賈也。」（《古今治平略》）政府所出的「交引」，掌握在商人手裏有二三年之久尚不能償付的。

仁宗天聖元年（公元一〇二三年），宋政府爲了增加税收，爲了節省浮費，又改行「貼射法」。取消了對園户的貸欵制度，不再發放「本錢」，由茶商直接向園户進行茶葉貿易。在貿易進行時，政府還得收取「本錢」的利息，例如舒州羅源場的茶葉每斤出售價格爲五十六文，除了政府原來貸放給園户的「本錢」二十五文外，每斤獲得浄利三十一文，實行「貼射法」之後，商人除了直接向園户以二十五文一斤的代價購進茶葉外，更要用三十一文的代價向政府繳納園户貸欵的「息錢」，政府獲得「息錢」之後，按照指定地點，發給「茶引」，經過的手續，仍舊是：

民製——商人據茶引買茶——商運——商銷

這次變法，只是節省了政府很有限的開支，對專賣制度，並没有起根本的重大的變化。「茶引」的利權，盡握在富商豪族的手中，富商豪族的財富愈積愈多，園户的生活，在封建統治和高利貸資本以及富商豪族的重重盤剥下，却愈來愈困苦。史稱：「園户困於徵取，因陷罪戾（爲了虧本而不得不把茶葉偷偷地賣給私販，因此犯法），至破産逃匿者，歲比有之。」不僅加速了直接生産茶葉的茶山主和茶葉加工製造作坊主破産時期的到來，就是小本經紀的商人，在官僚商人集團的壟斷下，也弄得無利可圖。仁宗景祐中（公元一〇三四至一〇三八年），葉清臣在奏疏中提到：「刳剥園户，資奉商人」，「皆商吏協計，倒持利權」。「富人豪族，坐以賈贏，薄販下估（小賣買商人），日皆朘削，公私之際，俱非遠策」。在這種情況下，私販自然地愈形猖獗起來了。史稱：「約束愈嚴，而冒禁愈繁，歲報刑辟，不可勝數。」（《宋史・食貨志》）園户的破産，私販的猖獗，小商人的無利可圖，尤其是宋政府茶課收入的日就萎縮，種種湊在一起，使政府對茶葉的專賣制度，不得不有所改變。自然這種改變，也是從統治者本身的利益爲前提而來考慮的。

宋仁宗嘉祐四年（公元一〇五九年），實施「通商法」。除控制四川的蜀茶爲了好壟斷與西北各部族的貿易、控制福建的臘茶爲了好壟斷與遼朝的貿易外，其他各地的茶葉買賣禁令，悉予解除。園户植茶，經過加工製造後，由政府徵收「茶租錢」，然後聽任園户把茶葉賣給有「茶引」的商人。在園户和商人進行貿易的時候，商人必須向政府繳納「徵算」（營業税）。嘉税四年前，茶葉專賣時，政府净入錢一百九萬四千餘貫，到了實行「通商法」之後，政府净入錢一百一十七萬五千餘貫，可見改法之後，財政的收入，只有增加，並無減少。也可見這次修改的專賣制度，其目的也只是在增加政府的税收而不是在改善園户的生活。

過了十多年，福建的茶葉，因爲積壓過多，推銷不出去，終於也在某些地區，局部施行了「通商法」。「通商法」行了四十多年（公元一〇五九至一一〇二年），到了宋徽宗崇寧元年（公元一一〇二年），宰相蔡京建議，廢止「通商法」，「謂宜於荆湖江淮兩浙福建七路所産茶，仍舊禁榷（即專賣制度）官賣，勿復科民。即産茶州郡，隨所置場，申商人園户私易之禁」。凡「産茶州軍，許其民赴場輸息，量限斤數，給『短引』於旁近郡縣便鬻，餘悉聽商人於榷貨務入納金銀緡錢」，「別給『長引』，從所指軍州鬻之」。到了崇寧四年（公元一一〇五年），「蔡京復議更革，遂罷官置場，商旅並即所在州縣或京師給長短引，自買於園户」。政和二年（公元一一一二年），「凡請『長引』再行者，輸錢百緡（一萬文），即往陝西，加二十（一萬二千文），茶以百二十斤。『短引』，輸緡錢二十（二千文），茶以二十五斤」。「長引限以一年，短引限以半歲」（《宋史·食貨志》）。另外規定盛茶的籠篰，有規定的大小式樣，由官府製定出售，用火印熏記題號，作爲標記，經過州縣税務，都要加以盤點，用私籠篰的，以私茶論。

「請引法」實施以後，全國的茶葉生産，又以專賣制度的方式，控制在政府機構手裏，而政和時期的專賣制度，比起以前所行施過的專賣制度，組織方式更加嚴密，剥削手段更加殘酷。政府爲了要提高零售價格，來增加收入，政和中（公元一一一一至一一一八年），陝西地區的茶葉零售價格，每斤高至五六千文，以當時米價每石二千五百至三千文爲標準，那末茶葉一斤的價值，抵到米二石左右。茶價愈高，飲茶的人愈少，政府手裏控制的茶葉，就也愈不易銷售出去。貪婪的統治政權就用强制攤派的鄙劣手段，命官吏按照地區大小，實行攤派。貪婪的統治政權又怕官吏對茶鹽的日用必須品等攤派工作，執行得不够澈底，於是訂出考核官吏成績的「比較法」，規定官吏中誰攤派工作做得最好，誰給統治者向人民搜括得愈多，誰就獲得奬賞。誰的攤派工作做得不好，誰的搜括民脂民膏成績不够好，誰就得降級。「比較法」换言之就是「搜括競賽」。這樣，各地大小官吏，在搜括人民脂膏時，爲了要不至考課不及格，就把甲地推銷不出去的茶葉，轉運到乙地去銷售，配售給鋪户的茶葉，因售價過昂，無人問津，掉頭配售到農村裏去，按户等上下攤派在農民頭上。政和六年（公元一一一六年），全年茶葉息錢增加到一千萬緡之多，實徵茶葉也在一千二百八十一萬五千餘斤之多。由於過度的剥削，階級矛盾尖銳化到了不可調和的程度，宣和二年（公元一一二〇年），兩浙江南路的茶園户在漆園户方臘的領導下，在睦州舉行起義，不到十天，皖浙地區的農民團結在他周圍的有十餘萬人之衆。統治階級看到人民力量的强大，想緩和矛盾，穩定政局，只得下令暫停「比較法」。同時由政府官吏作公開表示，要舉放茶葉貸欵，來欺騙園户，來分化農民軍的内部力量，來挽救當時政府軍事上的頹勢。起義軍雖是不久失敗，當政府的高利貸放欵——「茶本錢」，還未及發放，園户也還未及「飲酖止渴」，金兵已經攻下汴梁，長驅南下，北宋也就滅亡了。

南宋繼承了北宋的剥削方式，東南路的茶葉，全都由江寧榷貨務都茶場印好「茶引」出賣給茶商，茶商持「茶引」往出産地的茶場提取茶葉。紹興（公元一一三一至一一六二年）初，政府「茶引」一項收入錢二百七十餘萬緡。淳熙（公元一一七四至一一八九年）初，又增加到四百餘萬緡。江南的茶葉業特别發達，政府對茶葉製造加工業的搜括也愈爲殘酷，茶葉加工製造作坊的工人和茶山主雇用的採摘工匠，他們的生活也愈爲悲慘。因此茶葉加工製造作坊的主人和茶山主雇用的採摘工匠的參加農民起義或領導農民起義，也史不絶書。紹興二十四年（公元一一五四年），「鼎洋茶寇猖獗，殺傷潭鼎巡檢官」。紹興二十九年（公元一一五九年），「瑞昌興國之間，茶商失業，聚爲『盜賊』」（見《建炎以來繫年要録》）。高宗紹興末年和孝宗初年，便出現了「茶寇」活動時期。乾道七年（公元一一七一年），兩湖的園户和販茶私商，又聚結在賴文政的領導下，舉行起義。《宋會要》還載：「乾道七年十一月二十三日，知常德府劉邦翰言：『本府素爲『茶寇』出没之地。』」「乾道九年六月十六日，知荆州府葉衡言：近日興國一帶，多有劫盜，數百爲羣，劫掠舟船，往往皆係興販私茶之人，及刺配逃軍。」淳熙二年（公元一一七五年）六月十九日詔：「『茶賊』於吉州永新縣界禾山等處藏匿。」「淳熙二年八月六日詔：『茶寇』已立賞格，許人捕殺。」「閏九月十四日，樞密院言：『茶寇』已收捕。」「二十八日，宰執進呈：昨『茶寇』自湖北入湖南、江西，侵犯廣東，已措置剿除。」《宋會要》所稱的「茶寇」，也就是《建炎以來朝野雜記》中所稱以茶户賴文政爲首的這類農民起義。這次起義地區，延及到兩湖南北、江西、廣東，規模之大，聲勢之壯，可以想見了。

我們在這裏還應該交代一件事。爲什麽中國封建社會後期的農民起義，其領導者往往是販鹽的小商人（如黄巢、張士誠）與販茶的小商人呢？販鹽的小商人領導農民起義，我以後如有機會，還要講到，這裏只講販茶小商人的領導農民起義吧！我認爲販茶的小商人領導起義，是有他必然性的。我在上面曾經提到過，自從唐宋以來，茶葉雖是行銷海内外，可是銷售的利權，却全部操縱在封建政權和大商人的手裏，小商人没能沾到一點兒的光。但另一方面，由於封建政府長期的過度的剥削園户，用貸欵方式預先訂購茶葉，「有茶一本，而官市之額至數十斤」，「茶引」裏寫明一斤的，到園户交貨時，却要以五十兩作一斤計算（見《宋會要》），超額的茶葉繳納數量，逼得園户破産也不能償付。於是在茶葉輸送到官場裏去時，就不得不作些弊，事先焙製茶葉時就夾雜些其他樹木的芽葉。李時珍《本草綱目集解》提到：

今南人輸官茶，往往雜以衆葉，惟茅蘆竹筍之類，不可入之。餘山中草木芽葉，皆可和合。椿柿尤奇。

這樣官茶的品質逐漸降低，而園户偶然也可留下一些真茶，就偷偷地出賣給私商，作爲維持他們生命的最後源泉。私販就在這種情況之下，活躍起來。封建政府爲了壟斷茶利，對私茶的商販，同處置私鹽一樣，斬絞杖殺，百般鎮壓。他們被迫害得愈慘酷，仇恨封建政權的心也愈切，每次農民起義，往往由他們來領導或參加，主要的原因，就是在此。

宋金的茶葉貿易

女真統治北方以後，産茶地區，大都在南宋的手裏，北方人民所飲的茶葉，依賴南宋供給，因此金國的財富，大量流入江南。據《金史·食貨志》記北方城鄉飲茶的盛況時説：

泰和六年（公元一二〇六年）十一月，尚書省奏：「茶飲食之餘，非必用之物。比歲，上下競啜，農民尤甚，市井茶肆相屬。商旅多以絲絹易茶，歲費不下百萬。是以有用之物，而易無用之物也，若不禁，恐耗財彌甚。」

泰和八年（公元一二〇八年）七月，言事者以「茶乃宋土草芽，而易中國絲綿錦絹有益之物，不可也。」

元光二年（公元一二二三年）三月，省臣以國蹙財竭，奏曰：「金幣錢穀，世不可一日闕者也。茶本出於宋地，非飲食之急，而自昔商賈以金帛易之，是徒耗也。」「邊民又窺利越境私易。」「今河南陝西，凡五十餘郡，郡日食茶率二十袋（一斤一袋），袋值銀二兩，是一歲之中，妄費民銀三十餘萬（兩）也。奈何以吾有用之貨而資敵乎？」

北方的茶葉消費，甚至影響到金政府財政的支絀，不得不下令禁止飲茶賣茶：「制，親王公主及見任五品以上官，素蓄（茶葉）者存之，禁不得賣饋，餘人並禁之。犯者徒五年，告者賞寶錢一萬貫。」禁令到如此嚴厲的地步，也可以說明南宋茶葉暢銷於北方的盛況。在宋政府這方面，對金國的茶葉貿易，也有它一系列的措置，那就是下令嚴禁茶販偷運茶葉渡淮，違者身斬，家產没收。通過這種處置，想來壟斷江南對北方的茶葉貿易，想由政府來獨佔對金國茶葉貿易的利潤。

元代的茶葉專賣

元王朝入主中原以後，接受了中國傳統的封建剝削方式，對茶葉加工製造業進行超額的剝削。元世祖至元五年(公元一二六八年),始榷成都茶。六年,「立西蜀四川監榷茶場,使司掌之」。「至元十二年(公元一二七五年),既平宋」,「十七年(公元一二八〇年),於江州置榷茶都轉運司,總江淮荆湖福廣之稅」(《元史·食貨志》)。

至元十三年,定「長引」、「短引」之法,「長引」每引計茶一百二十斤,收鈔五錢四分二釐八毫,「短引」計茶九十斤,收鈔四錢二分八毫。至元十七年,除「長引」,專用「短引」,每引收鈔二兩四錢五分,草茶每引收鈔二兩二錢四分。出賣茶引的銀額,逐年增加。據《食貨志》載江西榷茶收入:

至元十三年(公元一二七六年),茶課一千二百餘錠。
至元十四年(公元一二七七年),茶課二千三百餘錠。
至元十五年(公元一二七八年),茶課六千六百餘錠。
至元十八年(公元一二八一年),茶課二萬四千錠。
至元十九年(公元一二八二年),茶課四萬四千錠。
至元二十三年(公元一二八六年),茶課四萬錠。
成宗元貞元年(公元一二九五年),茶課八萬三百錠。
仁宗至大四年(公元一三一一年),茶課十七萬一千一百三十一錠。
皇慶二年(公元一三一三年),茶課十九萬二千八百六十六錠。
皇慶三年(公元一三一四年),茶課三十九萬二千八百七十六錠。

延祐五年（公元一三一八年），茶課二十五萬錠。

延祐七年（公元一三二〇年），茶課二十八萬九千二百一十一錠。

順帝至元二年（公元一三三六年），茶課二十八萬九千二百餘錠。

江南各路的茶稅，一年一年的增加，園户實際生産的茶葉數量，却並没有增多。《續文獻通考》云，延祐五年十一月，「增江南茶稅」。「郡縣所輸，竭山谷之産，不能充其半，餘皆鑿空，取之民間，歲以爲常」。

茶課的增多，主要是「茶引」增加金額，世祖至元二十三年，「每引五貫」。除了「茶引」以外，又有「茶由」以給賣零茶者，初每「由」茶九斤，收鈔一兩。延祐五年，「茶引」一道，增稅爲一十五兩五錢。

過度的剥削，使江南園户無法活下去，桐柏山脉是淮西茶場的所在地，這一帶也是元末紅巾起義軍的根據地，茶葉加工製造作坊的工人和茶山採摘茶葉的雇工，一定成爲紅巾軍中的中堅份子。就是茶山主和茶葉加工製造作坊的主人，以及小本經營的茶葉私販，也一定被團結在紅巾軍周圍，與元統治貴族展開長期的激烈的你死我活的階級鬥争，終於傾覆了大元帝國。

唐宋明清陸路上的國内外貿易與茶葉

茶葉一出現在中國的市場上，中國北部的回鶻部族，就和唐王朝進行貿易，「驅馬市茶」。西藏地區的吐蕃貴族也酷嗜飲茶。《國史補》云：「常魯公使西蕃，烹茶帳中，贊普問曰：『此爲何物？』魯公曰：

『滌煩療渴，所謂茶也。』贊普曰：『我此亦有。』遂命出之，以指曰：『此壽州者，此舒州者，此顧渚者，此蘄門者，此昌明者，此㴩湖者。』」可見吐蕃貴族對飲茶一道，已深有體會了。

史稱宋景德（公元一〇〇四至一〇〇七年）中，宋遼外交關係一度惡化，宋的茶利也「十喪八九」，以後宋遼關係又有所改善，茶葉也開始又大量輸出，宋政府的茶課，也驟增十倍以上，可見茶葉在宋政府的貿易品輸出方面，是佔如何重要的地位。

宋神宗熙寧七年（公元一〇七四年），在陝甘邊境，成立官賣茶場，由政府用茶葉來交換西北境上各部族的馬匹。《古今治平略》裏曾說過：

蓋北人嗜乳酪，隔氣底滯（消化不良），茶性通利，能滌蕩（刺激腸胃，幫助消化），勢所必資。而邊境得北馬，團操爲武衛。所謂以採（茶）山之利，而易充廐之良（馬）。北人得茶，不能爲我害，中國得馬，足以爲我利，計之得者也。況北人背中國，則不得茶，……以是羈縻之，賢於數萬師遠矣。

這樣，政府就在充實國防的口號下，實施川茶專賣法。熙寧七年（公元一〇七四年），政府收榷利四十餘萬緡，元豐元年（公元一〇七八年），收榷利七十六萬餘緡，元豐八年（公元一〇八五年），又繼續增加到一百萬緡。四川的茶園，本來是兩稅地，須繳夏秋兩稅，茶葉官賣之後，過去的田賦固然不能減免，而且園户在夏秋兩稅以外，還要受到更殘酷的剥削，那就是《宋史·食貨志》所載的：

蜀茶之出，不過數十州，人賴以爲生。茶司盡榷而市之，園户有茶一本（株），而官市之額至數十斤。官所給錢(高利貸),糜耗於公者,名色不一。給借保任,輸入視驗,皆牙儈主之,故費於牙儈者,又不知幾何。是官於園户,名爲平市,而實奪之。園户有逃而免者,有投死以免者,而其害猶及鄰户。欲伐茶則有禁,欲增植則加市。故其俗論謂地非生茶也,實生禍也。

四川的茶葉在獲得國内及國際貿易市場之後,却給茶山主和茶葉加工製造作坊主帶來了飛天橫禍。他們想砍掉茶樹,怕犯罪。要擴充茶園,增加利潤,懂得政府的强制市買茶葉的數額也會隨着增加。不得已,只有陷於求死不能求生不得的悲慘境地,宛轉待盡,真是他們種植茶葉時始料所不及的,毋怪人們要説不是種茶而是種禍了。

南宋建炎二年(公元一一二八年),蜀茶也施行「通商法」。由政府賣「茶引」給茶商,茶商持「茶引」至茶産地與園户自相貿易,政府從園户那兒收到茶「租錢」,從茶商那兒收到「徵算」(營業税)錢,此外又每年徵收茶葉若干萬斤,運往茶馬交易場與西番部族進行貿易,賣茶換馬。建炎四年(公元一一三〇年),買馬二萬餘匹,乾道(公元一一六五至一一七三年)初,九千餘匹,淳熙(公元一一七四至一一八九年)以來,一萬二千餘匹。這些馬匹,都是用茶葉與西北兩邊境上各部族交换得來的。有時用茶一馱,可以换到馬一匹,有時用茶三馱,才能换到馬一匹不等。

這種與西北兩邊境上各部族的茶馬貿易,一直延續到明清兩代,還繼續存在。

《見只編》云:「茶於吴會,爲六清上齊;乃自大梁迤北,便食鹽茶;北至關中,則熬油極炒,用水烹沸,點之以酥(酥油),持敬上客。」「若永順(今湖南永順縣)諸處,至以茱萸草果,與茶擂末烹飲,不翅煎劑矣。茶禁至潼關始厲，雖十襲筐箱，香不可掩。至於河湟松茂間，商茶雖有芽茶葉茶之別，要皆自茶倉堆積，粗大如掌，不翅西風楊葉。顧一入番部，便覺籠上似有雲氣，至焚香膜拜，迎之道旁。蓋以番人乳酪腥羶是食，病作匪茶不解，此中國（指中原及江淮地區川蜀地區）以茶馬制其死命也。定例，番族納馬」，「上馬給茶一百二十斤，中馬七十斤，下馬五十斤」。「而私茶闌出者，極刑處死」。

明政府和宋政府一樣，爲了達到獨佔西北兩邊境上各部族的茶葉貿易目的，在陝川邊界關津要害之處，設立「批驗茶引所」，如茶商買一百斤「茶引」一道，納錢一千文，買六十斤「茶由」一道，納錢六百文，有了「茶引」才准放行，不然，嚴禁私茶漏出境外。洪武（公元一三六八至一三九八年）初，明太祖朱元璋的愛婿駙馬都尉歐陽倫出使西邊，因挾帶私茶出界，明太祖逼令自殺，從這一樁事例就可說明明政府對茶葉貿易利潤的獨佔，是如何重視，明太祖甚至不惜用愛婿的頭顱來鞏固私茶之禁，正因爲茶葉的輸出，在當時政府財政中是一種重要收入啊！

朱皇帝的愛婿尚且會被逼令自殺，對私販的迫害，法令上當然訂得更嚴厲更殘酷。《明會典》載：

永樂六年（公元一四〇八年）下令：

諭各關把關頭目軍士，務設法巡捕，不許透漏緞疋布絹私茶青紙出境。若有仍前私販，拿獲到官，將犯人與把關頭目，各凌遲處死。家遷化外，貨物入官，有能自首，免罪。

弘治十八年（公元一五〇五年），題准各處行茶地方，但有將私茶潛往邊境興販交易，及在腹裏（內地）販賣與進貢回還夷人者，不拘斤數，事發，並知情歇家（旅館棧房主）牙保（中人），俱問發南方烟瘴地面衞所，永遠充軍。

茶馬貿易的收穫，洪武二十五年（公元一三九二年），用茶葉買到番馬一萬餘匹。三十一年（公元一三九八年），買到一萬三千餘匹。正德（公元一五〇六至一五二一年）初，楊一清爲相當國，三年之內，買到番馬一萬九千餘匹。萬曆二十九年（公元一六〇一年），兵部議每年茶馬司易馬，總共用茶換到馬九千六百匹。這利潤都是由政府獨佔的。

清政府輸出西北兩邊境上各部族的茶葉，還是用來換馬。《清會典》户部課程：「茶課，順治（公元一六四四至一六六一年）初，易馬例，每茶一篦，重一十斤。上馬給茶一十篦，中馬給茶九篦，下馬給茶七篦。」此外在明崇禎（公元一六二八至一六四四年）末，中國茶葉開始通過陸上交通，輾轉輸至帝俄。清乾隆十四年（公元一七四九年），輸往俄國茶葉僅九十磅。其後逐年增加，至鴉片戰爭後的第十一個年頭，卽道光三十年（公元一八五〇年），只茶磚一項，由中國輸往帝俄的，就達三百三十萬磅之多。中俄貿易，一般都在恰克圖進行。

由此可知，茶葉的國外市場，不但是下面要提到的海外，就是在陸上，它的輸出量也是極大的。不過茶葉貿易由陸上輸出，其獲得的盈利，幾乎由政府和大商人獨佔，小商人不能染指。至於茶山主和茶葉加工製造作坊的主人，他們不但不因爲國內外茶馬交換的頻繁而獲得厚利，相反由於國內外市場的繁榮發展，封建政權因此對於茶葉業控制的加緊，政府規定茶葉收買官價的過於壓低與因此受到「茶耗」等等額外需索的過於虧蝕，而無法積累原始資本，無法改用進步的生產工具，無法擴大再生產。

小商人方面，由於政府的茶葉販賣特許證——「茶引」、「茶由」，大都操縱在大官僚、大商人手裏；茶葉的利潤，由於政府與大官僚、大商人獨佔之後，小商人無法染指。他們看到茶葉加工製造作坊的發展前途，由於政府的過度剝削，利潤極薄，處處受到限制，自然也不會投資去作茶葉加工製造工場場主。而大茶商呢？自明清以來，由於茶葉實行官督商銷制的結果，政府的茶葉販賣特許證——「茶引」，極大部份操縱在他們的手裏。他們和官吏勾結在一起，通同作弊，壟斷了茶葉利權。他們的子孫親戚，列名「綱册」，特准永遠「佔引」。他們剝削人民，獲取額外的大利。他們在獲得大利之後，不但不肯投資於茶葉工場，擴充和改進茶葉的生産事業，相反他們把資金轉買土地，以大地主兼大商人的身份，出現於後期封建社會。他們用搜括得來的脂膏，納資捐官，在清朝中葉，凡是大茶商，無一不是朝廷命官，因此大茶商實際就是賣茶的官吏。他們只有依靠封建的政府才能獲利，所以他們也必然起着維持封建統治的作用。因此，鴉片戰争前的茶葉加工製造業，雖然它擁有廣大的國内國外市場，但始終只能成爲封建社會的剝削淵藪，而無法使它發展成爲破壞封建社會經濟體制的原動力，從封建的生産關係下解放出來。

茶葉與鴉片戰争

公元一六七八年至一八七八年，這前後恰恰兩百年之間，是中國茶葉獨霸於世界市場的時代。在十七世紀的二十年代（明萬曆末），中國的茶葉，由荷蘭人之手輸至歐洲市場。當時歐洲各國首先飲茶的是英國。

在英國「革命內戰」結束後，接着「王政復古」，國會以地主和教會的利益爲前提下，頒佈了「圈地法」，强烈地促使農民的破産和失業，大工廠排擠下的小手工業也破産了。但另一方面，却由於對殖民地的掠奪，奴隸買賣，國債利息的增長，以及工廠對工人的剥削，龐大的資本開始在英國創造起來。這原始資本積累和「價格革命」過程中，金銀價格跌落，而農産品價格則扶搖直上，糧食和日用必需品價格，提高了三四倍，所有靠工資收入而生活的工人、學徒、雇農，他們的生活，較前更爲悲慘。英國人過去是喜歡喝酒的，到此，爲節省開支起見，不得不改飲咖啡和茶葉。咖啡和茶葉，就在這時開始輸入英國本部。公元一六六九年（清康熙八年），由英國東印度公司開始採辦中國茶葉僅一百四十三磅，運入英國。最初飲茶的以婦孺爲多。公元一六七八年（康熙十七年），茶葉輸入英國的數量增加到四千三百七十磅。十八世紀初葉，英國重要各城市中，飲茶已成爲習慣，倫敦街頭的咖啡館，都兼營茶飲。入七十年代後，城鄉人士，更普遍地嗜茶若渴，同時中國茶葉也開始由英國商人之手轉運到新大陸各地。由於中國茶葉的暢銷海外，獲利豐厚，不得不引起英人的注意。公元一七六七年（清乾隆三十二年）左右，有作家名阿瑟·榮（Arther Young）的，著文反對飲茶（加糖），謂英國每年在茶葉和糖兩項消費上，就可供給國內四百萬饑餓失業的人獲得「喫飯錢」。公元一七七二年（清乾隆三十七年），中國茶葉輸往英國和其殖民地（新大陸）的總數量，竟達到三千萬磅之巨。公元一七七六年（清乾隆四十一年），美國獨立，中國茶葉輸到英國本部的，雖暫時曾減少到一千萬磅，可是在公元一七八四年（清乾隆四十九年)，美國派船已直接到中國來購買茶葉了。據夏燮《中西紀事》云：

據外洋月報，道光十三、四年(公元一八三三至一八三四年)間，花旗(美國)曾銷過茶葉一千八百餘萬磅，以每磅十二兩計之，則十四、五萬石之數。

可見在美國獨立後，中國運銷英國的數量，表面看來，好像下降，其實在中國茶葉出口總的數量說來，還是有增無減的。這一年(卽公元一七八四年)運英的茶葉，在一千三百萬磅左右，加上運美的茶葉一千八百餘萬磅，總共還是在三千萬磅左右。據說那時英國茶葉進口，走私漏稅的很多，英商向英海關報關納稅的，只有五百五十萬磅左右。中國茶葉有一種叫做 Hyson tea 的，在英國市上的售價每磅到英鎊十先令六便士。公元一七九七年(清嘉慶二年)，英爵士弗・艾登(F. Eden)記當時飲茶的普遍情形云：「我們只要去鄉間，就可以看到草屋裏的農民，都在喝茶，他們不但在上午晚間喝茶，就是在中午，也習慣於以茶佐餐了。」這正可以反映出當時中國茶葉風靡於歐美兩洲的盛況。

公元一七九七年後，中國茶葉，在世界市場上，還是旭日初昇，有增無減。卽以英國一地而論，每年銷耗，也增加到少則二三千萬磅，多到五千萬磅。《中西紀事》所謂：「中國出口之貨，以茶葉爲大宗，而湖絲次之。」恰是實在記錄。中國茶葉佔英全國輸入總額百分之一百。公元一八五六年(清咸豐六年)後，錫蘭(斯里蘭卡)茶開始出口，中國茶佔英輸入總額的百分之九十七，錫蘭茶佔百分之三。清户部奏摺有：「嘉慶、道光以前，每歲出口之茶，約值銀五千餘萬兩，其時通商僅廣東一口。」僅茶葉一項的出口，已達白銀五千餘萬兩，絲絹棉布磁器等尚不統計在內。其中茶葉佔五分之三，絲佔五分之一。

而這值五千餘萬兩白銀的茶葉，運往英國，又佔出口茶的總數的二分之一强。英國對中國的輸出呢？如毛織品洋布銅鐵器鐘錶等商品，雖曾運銷中國，由於自給自足的中國農村，只有極其薄弱的一些購買力，農民選擇布匹的重要標準，不是花樣是否合時，織造是否匀浄，而是是否堅固和便宜，中國的土布，遠比機織品爲經久耐用，自然不會採買外洋的布匹，至於鐘錶等商品，更是只限於少數地主階級服用，因此英國的貨品，運來中國之後，往往無法銷售，虧本很多。自公元一七九七（清嘉慶二年）至一八二〇年（嘉慶二十五年）間，英國和中國的貿易，總共虧蝕英鎊一百六十八萬八千一百零三鎊之巨。這樣，中英兩國的商務貿易，在英國方面説來，入超超過出超的差額很遠，無法獲致平衡。從一七五七至一七八三年（清乾隆二十二年至乾隆四十八年），由英本土及印度輸至中國的白銀，每年達十萬鎊以上，從英國而言，在這種不利的貿易情況下，要想維持中英印三角貿易關係的均衡，就不能不出諸販運鴉片手段，來彌補入超之一途了。往後由於英國東印度公司對中國輸入大量的鴉片，而後英國向中國購買茶葉，不必用白銀來抵付。到公元一八二八年（清道光八年），輸入鴉片一萬三千箱，至此中國茶絲的出超，已不能彌補鴉片的入超，而中國的白銀也開始向海外大量流出。清政府看到這面臨的危機，道光十八年（公元一八三八年）上諭：「有人奏，内地人民，不盡皆食鴉片，而茶葉大黄，爲外夷盡人必需之物，請酌定價值，只准以紋銀交易，不准以鴉片及洋貨抵交等語。」「所奏似屬可行。」茶葉的出口，到不能抵補鴉片的入超，禁烟的法令，自然不得不嚴厲地來執行。自鴉片流毒中國，紋銀出洋之數，逐年增加，以致銀貴錢賤，地丁糟糧鹽課，因而交困。

印度的英殖民地政府，它的七分之一的收入，是由於出賣鴉片給中國人，而且是非法的出賣以獲得利潤的。印度是英國波士頓紡織品的重要市場，如果印度不生產鴉片出賣給中國，印度人民，就没有購買力來買進英國的布匹。如果英國政府讓清政府禁止鴉片，那不是就使英國的布匹，無法傾銷於印度市場了嗎？不也就是使中英印三國貿易，英國政府無法維持了嗎？如果不用印度鴉片輸入中國，英國就須用大量的白銀來換取中國大量的茶葉，那就是説，除了用鴉片來換得中國的茶葉、生絲以外，英政府此外就不可能用其他正當的貿易手段來平衡入超。同時由中國輸英的茶葉進口税，英政府抽得非常高，税率高到百分之一百或百分之三百以上；公元一八三六年（清道光十六年），英政府海關在中國茶葉進口税一項的收入上，就搜括到三百二十二萬鎊之多，公元一八三九年（清道光十九年），更增加到四百六十七萬鎊之多。如果英國不强迫中國人買鴉片，那末，英國就無法向中國購買茶葉；如果中國茶葉不輸至英國，那末也就會直接影響英政府的進口税中一項主要收入，而使英國財政發生困難。唯利是圖的英政府，爲了保持這種利益，自然只有訴諸於鴉片戰爭了。

落後的經濟，腐敗的政治，昏頑的統治者，兇暴的侵略者，一切罪惡和弱點，在鴉片貿易中全面表現出來。爲了征服老朽的中國封建社會，新興的英國資本主義竟不惜發動戰爭，這個戰爭，就是鴉片戰爭。戰爭的結果，使中國淪爲半殖民地半封建社會，歷一百年之久。

在這一百年中，由於日本茶、錫蘭茶瓜分了世界的茶葉市場。中國磚茶，僅僅在帝俄一角，還有它推銷的市場。

簡短的結語

茶葉，西漢時期，已以商品的形式，出現於市集。

茶葉，自唐宋以來，「爲人家日用一日不可無之物」。

茶葉加工製造業，在宋代，曾經使用過較爲進步的具有原始工具機形態的水轉連磨。

茶葉，唐宋以後，有它廣大的國內國外市場。在公元一六七八至一八七八年，這二百年間，是中國茶葉獨霸於世界市場的時代。

但是由於歷代封建統治者與「官僚商人」雙重剥削和殘酷壓迫，茶山主和茶葉加工製造作坊主，始終陷於求死不能求生不得的悲慘境地。他們的悲慘處境，無法積累資本，無法繼續發展使用進步的生產工具，無法擴大再生產。

官營茶場，僅福建一處，在宋代，就擁有工匠數千人之多。可是這種利用政治權力來强迫工匠爲他們進行生產的作坊或工場，它只能壟斷茶葉的利權，杜塞民營茶葉加工製造作坊發展的道路，而起着一種鞏固封建制度的作用。

商人方面，由於茶葉利權，大都操縱在「官僚商人」之手，使他們無利可圖，自然不會投資去作工場場主，去忍受封建政府與「官僚商人」的雙重剥削，因此無法使商品生產制的工場發展成爲使用進步生產工具的工場。

封建政府的茶葉販賣特許證——「茶引」，絶大部份都操縱在「官僚商人」的手裏。他們和官吏勾結在一起，通同作弊，壟斷茶利，剥削小民，獲取額外的大利。他們在獲得大利之後，不但不肯投資於茶葉生産事業，相反他們把從茶葉方面榨取來的利潤，轉買土地，以大地主兼大商人的身份，出現於封建社會的政治舞臺。他們用搜括到的財富，納資捐官，在清代中葉，凡是大鹽商大茶商，無一不是朝廷命官，因此大茶商實際就是賣茶的官吏，而不僅僅是商人。他們只有依靠封建政權，才能獲利，他們只能起維持封建統治的作用。

因此，我們從茶葉經濟發展的歷史中，同樣可以看出中國封建社會的一個顯著特徵，即高利貸資本、商業資本與封建經濟政治體制的强固結合，由於這種結合，更加强了封建階級對於茶農和製茶加工工人的殘酷剥削，阻礙了手工業作坊向工場工業的發展，阻礙了中國資本主義的成長，後來更由帝國主義的侵略，而保持了封建統治。要改變這種情況，只有根本剷除封建統治，争取獨立自主，除此以外，没有别的出路。

中國資本主義萌芽以前的江南絲織業

中國的種桑養蠶繅絲，早在史前時期，就已經發展起來了。董巴《輿服志》中説：「上古穴居野處，衣毛而冒皮，未有制度，後世聖人易之以絲麻。」大概衣毛冒皮之後，就利用絲麻來當衣服，這是符合發展演進步驟的。

李時珍《本草綱目》：「古之綿絮，繭絲纏延，不可紡織者；今之綿絮，則多木綿也。入藥仍用絲綿。」可見古無棉花，所謂綿者，皆指絲綿來講的。産麻的地區，找不到絲綿，則用麻頭蒲穰來「貯衣」。《晉書·王延傳》：「西河人也。繼母卜氏遇之無道，恒以蒲穰及敗麻頭與延貯衣。」《北史·焉耆傳》：「養蠶不以爲絲，唯充綿纊。」邊遠地區，至養蠶來作絲綿，不以爲絲縑，這是特殊的例子。

古人在長期生活演進之中，發現了蠶吐的絲，古人以利用它來製成絹帛，這是一個很大的發明。傳説中，黃帝的正妃嫘祖，可能在絲織品發展中，也參加了這製造衣帛的過程，後來的人神化了她，尊她爲「先蠶」，實際在她之前，早就有人發明種桑養蠶了。這個發明，在原始社會時期來講，可以説是一個巨大的發明，它利用動物所吐纖維，來製成絲織品，把人類文明推進了一大步。

中國以外的人，不信蠶能吐絲，能織絹帛。《太平廣記》卷四三四引《金樓子》云：漢人對大月支及胡人曰：「『吾國蟲名爲蠶，爲人衣，食樹葉而吐絲。』外國人復不信有蠶。」於是域外傳説，不以爲是蠶吐的絲，而以爲是人吐的絲。《山海經·海外北經》云：「歐絲之野，在大踵東，一女子方跪據樹歐絲。」郭璞注云：「言噉桑而吐絲，蓋蠶類也。」

我國絲織品的發展開始在北方的黄河流域下游

我國古代蠶桑發達地區，是在今山東、河南、河北，首先是青、兗兩州的齊魯兩國。《禹貢》：「濟河惟兖州」，「桑土既蠶」，「厥貢漆絲」。「海岱惟青州」，「岱畎絲枲鈆松怪石，厥篚檿絲」。「泰山之陽（南）則魯，其陰（北）則齊」（《史記·貨殖列傳》），可以説齊魯兩國，是《禹貢》著作時期的絲織業發達地區。

《史記·貨殖列傳》也首先提到齊魯，「齊帶山海，膏壤千里，宜桑麻，人民多文綵布帛魚鹽」。「而鄒魯濱洙泗」，「地小人衆」，「頗有桑麻之業」。除齊魯以外，還提到「中山（治盧奴，今河北定縣）地薄」，「仰機利」：「齊、趙（治邯鄲，今河北邯鄲市）設智巧，仰機利」：「燕（今北京市西南）代（今河北蔚縣東北）田畜而事蠶」。《漢書·地理志》也稱齊「俗彌侈，織作冰紈綺繡純麗之物，號爲冠帶衣履天下」。《漢書·貢禹傳》「齊三服官，作工各數千人，歲費數鉅萬」。齊國是絲織品最發達的地區，大概是千準萬確的。《漢書·地理志》又稱「粤地儋耳、珠崖郡」（今海南島），「女子桑蠶織績」，可見海南島上也已種桑養蠶。

《地理志》又云：「齊郡臨淄有服官」，「陳留郡襄邑（今河南睢縣）有服官」。王充《論衡》也説：「齊部世刺繡，恒女無不能；襄邑俗織錦，鈍婦無不巧。」可見襄邑的絲織品，既可與齊郡齊名，而且名馳國内。

《地理志》又載河内郡懷（今河南武陟縣西南）有工官，河南郡（治洛陽，今河南洛陽市）有工官，潁川郡（治陽翟，今河南禹縣）有工官，南陽郡宛（今河南南陽市）有工官，濟南郡東平陵（今山東章丘縣東平陵）有工官，泰山郡（治博，今山東泰安縣）有工官，廣漢郡涪（今四川綿陽縣東）有工官，蜀郡成都有工官。凡是置服官的地方，製造帝皇后妃皇子公主等的絲織品衣服；凡是置工官的地方，製造縑素絹帛綾羅端匹。當然它們都是官府作坊。

何晏《九州論》："清河（今河北清河縣東）縑總，房子（今河北高邑縣西南）好綿。"左思《魏都賦》："錦繡襄邑，羅綺朝歌（今河南淇縣）"，"綿纊房子，縑總清河"。可見經過兩漢，絲織業生産地區，從青兖迤北向河北發展。曹操取鄴，制户調令，户出絹二匹，綿二斤，這也反映河北地區蠶桑事業的大大發展。

四川是織錦的産地，《御覽》卷八一五引《諸葛亮集》曰："今民貧國虚，決敵之資，唯仰錦耳。"同卷引魏文帝詔曰："前後每得蜀錦，殊不相比，適可訝，而鮮卑尚復不愛也。且吾所所識如意虎頭連壁錦，亦有金薄、蜀薄來至洛邑，皆下惡，是爲下土之物，皆有虚名。"可見北方對蜀錦之注意。同卷引環氏《吳紀》曰："蜀遣使獻重錦千端。"織錦貴昂，重錦千端，所值已經難以估計了。左思《蜀都賦》云："闤闠之裏，伎巧之衆，百室離房，機杼相和。貝錦斐成，濯色江波。"可見成都絲織業之繁榮。蜀滅，據《三國志·蜀志》引王隱《蜀記》，收得"錦綺綵絹各二十萬匹"。《隋書·地理志》："周時梁州以併雍部，及漢，又析置益」。「得蜀之舊域」，「人多工巧，綾錦雕鏤之妙，殆侔於上國」。「其處家室，則女勤作業，而士多自閑」。可見蜀地的絲織業，一直經過南北朝，還是一片繁榮景象。

秦漢的絲織品、麻績品總生產數字，已無法可考。秦始皇并吞六國，北築長城，南用兵五嶺，絹布銷耗得很厲害，可惜已無詳細數字可稽。《漢書·伍被傳》："「秦爲無道，男子疾耕不足於糧餽，女子紡績不足於蓋形。」這幾句話，可以包括來形容他了。

漢興，文帝初卽位，「出帛十萬餘匹，以振貧民」（《漢書·賈山傳》），漢武帝元封元年（公元前一一〇年），「天子北至朔方，東到泰山，巡海上，並北邊以歸。所過賞賜用帛百餘萬匹」。復「置平準於京師」，「一歲之中，諸物均輸帛五百萬匹」（《史記·平準書》）。王莽始建國五年（公元十三年），「發帛四十五萬匹輸常安」（《漢書·王莽傳》）。晉惠帝「永寧（公元三〇一至三〇二年）之初，洛中尚有錦帛四百餘萬匹」（《晉書·食貨志》）。「張方移惠帝於長安，兵人入殿取物」，「自魏晉之積，將百餘萬匹，三日撻之，尚不缺角」（《御覽》卷八一七引《四王故事》）。

自東吳孫氏立國，綿延六朝（東吳、東晉、宋、齊、梁、陳），這一時期，江南的蠶桑事業有了初步發展。《隋書·地理志》云："「江湖之南，一年蠶四五熟。」《御覽》卷八二五引《永嘉郡記》："「永嘉有八輩蠶，蚢珍蠶，三月績；柘蠶，四月初績，蚢蠶，四月初績；愛珍，五月績；愛蠶，六月初績；寒珍，七月末績；四出蠶，九月初績；寒蠶，十月績。凡蠶再養者，前輩皆謂之珍。」蠶種的多樣化，反映養蠶事業的發展。

東晉初期，蘇峻舉兵攻破建康（今南京市），取官庫「絹數萬匹」，「布二十萬匹」（《晉書·蘇峻傳》），可見政府在絲織品的貯藏額是不太豐富的。劉裕破關中，遷後秦錦工於建康，立錦署，《御覽》卷八一五引《丹陽記》曰：「門場錦署，平關右，遷其百工也。江東歷代尚未有錦，而成都獨稱妙，故三國時，魏則市於蜀，而吴亦資西道。」東晉末年，江南也有錦署，製造織錦了。

東吴時，據陸凱奏事，「諸暨（今浙江諸暨縣）、永安（今浙江武康縣西）出御絲」（《御覽》卷八一四引），出產蠶絲的地區，還不很廣。到了南朝劉宋時期，《宋書·孔靖傳論》：「江南之爲國」，「外奉貢賦，内充府實，止於荆揚二州。揚部有全吴之沃，魚鹽梓漆之利，充牣八方，絲綿布帛之饒，覆衣天下」。絲麻紡織業開始可以和北方競賽了。當時的官吏也獎勵種桑，《南史·循吏·沈瑀傳》，瑀，齊明帝時爲建德（今浙江建德縣）令，「教一丁種十五株桑」，「女子丁半之」，「頃之成林」。可見對桑蠶的重視。但我們也不能太誇張江南的絲織業，它還不能趕上河北、山東。顔之推在《顔氏家訓·治家篇》云：「河北（泛指河北山東）婦人織紝組訓之事，黼黻錦繡羅綺之工，大優於江東也。」可見絲織品的數量和精緻程度，江南還趕不上河北。《藝文類聚》卷六七梁任孝恭《謝裙襦啓》有云：「加以庭闕桑麻，室空機杼，牀無暖席，桁靡懸衣。值蓬卷北郊，雁飛南浦，雪暗河陰，冰生海岸。而繩帶屢盡，苦風霜之切，弊履恒穿，踐泥沙之涑。自憐袖短，雖内手而猶寒，每恨衣輕，徒斂襟而彌愴。」在江南，儘管農桑有所發展了，但衣著問題，還是没有完全解決，任孝恭的寒酸形狀，就是缺乏衣著的真實寫照。

《隋書·地理志》揚州豫章（今江西南昌市），「一年蠶四五熟，勤於紡績，亦有夜浣紗而旦成布者，俗呼爲雞鳴布」。江南的紡織技能，確實在前進之中。

在今甘肅成縣之西漢水北岸，有個氐族建立的仇池國，《御覽》卷八二六引《仇池記》云：「仇池縣庫下悉安織婢，綾羅絹布數十張機。」

十六國北朝唯前燕、北燕知栽植桑樹，《晉書·慕容寶載記》：「先是遼川無桑，及〔慕容〕廆通于晉，求種於南，平州桑悉由吳。」《晉書·馮跋載記》：下書曰：「桑柘之益，有生之本。此土少桑，未見其利。可令百姓人植桑一百根，柘二十根。」説明遼西地區，蠶桑事業也在發展起來了。

北魏拓跋氏以馬上取天下，及入主中原，史稱：「魏初禁網疏闊，民户隱匿漏脱者多。東州（指河北山東）既平，綾羅户民樂葵因是請採漏户，供爲綸綿。自後逃户占爲細繭羅縠者非一，於是雜營户帥，遍於天下」（《魏書·閹官仇洛齊傳》），到了太武帝拓跋燾時，才改屬郡縣。

太武帝和平二年（公元四六一年），下「詔出內庫綾綿布帛二十萬匹，令內外百官，分曹賭射」（《魏書·食貨志》）。孝文帝太和四年（公元四八〇年）「以紬綾絹布百萬匹」「賜王公以下」（《魏書·高祖紀》），這時候絹帛生產，已恢復到漢晉時代的數額了。

孝文帝太和九年（公元四八五年），下詔均田，男夫一人「受露田四十畝」，桑田「二十畝」，桑田上必須「種桑五十樹」（《魏書·食貨志》）。北齊武成帝河清三年（公元五六四年），「每歲春月，各依鄉土早晚，課人農桑」，「桑蠶之月，婦女十五已上，皆營蠶桑」（《隋書·食貨志》），絹帛生產，自又激增。《魏書·長孫道生傳曾孫稚附傳》：靈太后時，有詔廢鹽池税。稚上表曰：「今冀定二州，且亡且亂，常調之絹，不復可收。」「畧論鹽税，一年之中，準絹而言，猶不應減三十萬匹也。便是移冀定二州，置於畿甸。」可見北魏全盛之時，冀定二州，户調絹就可收入三十萬匹，揆之全國，其數更鉅。

北齊在常額向均田户徵收户調絹以外，還設置官府作坊，製造絲織品。太府寺下有中尚方令，中尚方令下「又别領别局、涇州絲局、雍州絲局（涇雍皆屬北周，疑），定州紬綾局四局丞」（《隋書·百官志》）。大概是專替帝后妃主織製奢侈的絲織品服裝的。

只許州官放火，不許百姓點燈。北齊皇室自己設置官府作坊，却不准官吏私藏工匠，違則有罪。《北齊書·酷吏·畢義雲傳》：齊「文宣受禪，又坐私藏工匠，家有十餘機織錦，并造金銀器物。乃被禁止，尋見釋」。

隋文帝滅陳，「御朱雀門，因行慶賞，所費三百餘萬段」。開皇十二年（公元五九二年），有司上言，「庫藏皆滿」。「每年賜用至數百萬段，曾無减損。於是乃更闢左藏之院，購屋以受之」（《隋書·食貨志》）。可以説隋的全盛時期了。

北方的蠶桑地區，面積也還在擴大，主要是向北面擴大。《隋書·地理志》云：青州，「在漢之時，俗彌侈泰，織作冰紈綺繡純麗之物，號爲冠帶衣履天下」。「大抵數郡風俗，與古不殊，男子多務農桑」。冀州，「信都（郡治長樂，今河北冀縣）、清河（郡治清河，今河北清河縣）、河間（郡治河間，今河北河間縣）、博陵（郡治鮮虞，今河北定縣）、恒山（郡治真定，今河北正定縣）、趙郡（治平棘，今河北趙縣）、武安（郡治永年，今河北永年縣東南）、襄國（郡治龍岡，今河北邢台市），其俗」「務在農桑」。「魏郡，鄴都所在，浮巧成俗，彫刻之工，特云精妙。士女被服，咸以奢麗相高」。「長平（郡治丹川，今山西高平縣西南）

上黨（郡治上黨，今山西長治市），人多重農桑」。

唐朝繼續施行均田制，《唐律疏議》卷十三：依《田令》，户内永業田課植桑五十根以上，「應課植桑棗而不植，如此事類」，里正「違法者，每一事有失，合笞四十」。唐玄宗天寶（公元七四二至七五五年）全盛之時，「天下計帳，户約有八百九十餘萬，其税錢約得二百餘萬貫，其地税約得千二百四十餘萬石。課丁八百二十餘萬，其庸調租等，約出絲綿郡縣計三百七十餘萬丁，庸調輸絹約七百四十餘萬匹（每丁計兩匹），綿則百八十五萬餘屯（每丁三兩，六兩爲屯），租粟則七百四十餘萬石（每丁兩石）。約出布郡縣計四百五十餘萬丁，庸調輸布約千三十五萬餘端（每丁兩端一丈五尺），其租約百九十餘萬丁，江南郡縣折納布約五百七十餘萬端，二百六十餘萬丁江北郡縣，納粟約二百餘萬石」。「其時錢穀之司，唯務割剥，迴殘剩利，名目萬端，府藏雖多，閭閻困矣」（《通典·食貨典·賦税》）。

唐九道，「關内道，厥賦絹、綿、布、麻」。「河南道，厥賦絹、絁、綿、布，厥貢絲、布」；「河南府河南郡土貢文綾、繒、縠、絲、葛」；「滑州臨昌郡土貢方紋綾、紗、絹」；「蔡州汝南郡土貢四窠、雲花、龜甲、雙距、溪鷘等綾」；「徐州彭城郡土貢雙絲綾、絹、綿、紬、布」；「青州北海郡土貢仙紋綾、絲」；「兗州魯郡土貢鏡花綾、雙距綾、絹」；「河北道厥賦絲、絹、綿，厥貢羅、綾、紬、紗」；「魏州魏郡土貢花紬、綿紬、平紬、絁、絹」；「博州博平郡土貢綾、平紬」；「鎮州常山郡土貢孔雀羅、瓜子羅、春羅」；「定州博陵郡土貢羅、紬、細綾、瑞綾、兩窠綾、獨窠綾、二包綾、熟綫綾」。「山南道厥賦絹、布、綿、紬，厥貢金、絲、紵、漆」；「江陵府江陵郡土貢方紋綾、貲布」；「隋州漢東郡土貢合羅、綾、葛」；「閬州閬中郡土貢蓮綾、綿、絹、紬、縠」。「淮南道厥賦絁、絹、綿、布，厥貢絲、布、紵、葛」；「揚州廣陵郡土貢錦、蕃客袍錦、被錦、半臂錦、獨窠綾」；「廬州廬江郡土貢花紗、交梭、絲、布」。「江南道厥賦麻、紵，厥貢紗、綾、蕉葛、綿、綀」；「潤州丹陽郡土貢衫羅、水紋、魚口、繡葉、花紋等綾、火麻布」；「常州晉陵郡土貢紬、絹、布、紵、紅紫綿巾、緊紗、兔褐、皂布」；「蘇州吳郡土貢絲綿、八蠶絲、緋綾、布」；「湖州吳興郡土貢御服、烏眼綾、折皂布、綿、紬、布、紵」；「杭州餘杭郡土貢白編綾、緋綾」；「越州會稽郡土貢寶花、花紋等羅、白編、交梭、十樣花紋等綾、輕容、生縠、花紗、吳絹」；「明州餘姚郡土貢吳綾、交梭綾」。「劍南道厥賦絹、綿、葛、紵，厥貢布、絲、葛、羅、綾、綿、紬」；「成都府蜀郡土貢錦、單絲羅、高杼布、麻」；「彭州濛陽郡土貢段羅、交梭」；「蜀州唐安郡土貢錦、單絲羅、花紗」；「漢州德陽郡土貢交梭、雙紃彌牟、紵布、段綾」；「綿州巴西郡土貢輕容、雙紃綾、錦」（《新唐書·地理志》）。生產精美絲織品的郡縣，除隴右、嶺南二道外，幾乎遍及全國，在中國封建社會時期，幾乎達到最高水平了。

國際貿易和絲綢之路

《大唐西域記》有這樣一段記載：「瞿薩旦那國（今新疆和闐縣）周四千餘里，沙磧太半，壤土隘狹。」「出氍毹、細氈，工紡績絁紬」。「少服毛褐氈裘，多衣絁紬白氎」。「王城東南五六里，有鹿射僧伽藍，此國先王妃所立也。昔者，此國未知桑蠶，聞東國有之，命使以求。時東國君祕而不賜，嚴敕關防，無令桑蠶種出也。瞿薩旦那王乃卑辭下禮，就婚東國，國君有懷遠之志，遂允其請。瞿薩旦那王命使迎婦，而誡曰：『爾致辭東國君女，我國素無絲綿桑蠶之種，可以持來，自爲裘服。』女聞其言，密求其種，以桑蠶之子置帽絮中。既至關防，主者遍索，唯王女帽不敢以檢，遂入瞿薩旦那國，止射鹿伽藍故地」，「以桑蠶種留於此地。陽春告始，乃植其桑，蠶月既臨，復事採養。初至也，尚以雜葉飼之，自時厥後，桑樹連蔭。王妃乃刻石爲制，不令傷殺，蠶蛾盡飛，乃得治繭」。「故今此國有蠶不殺，竊有取絲者，來年輒不宜蠶」。雖然玄奘傳述，但是這條材料，我却是不敢相信的。因爲西漢之前，河西走廊没有開闢，西域未通，不可能有與中原通婚之事，漢武帝以後，開通西域，也没有公主婚配于闐國主的記載；另外中原對於蠶桑的推廣，也從來没有嚴禁。

《舊唐書·吐蕃傳》："「高宗卽位，弄讚獻金銀珠寶十五種，高宗嘉之，賜雜綵三千段。因請蠶種及造酒、碾磑、紙、墨之匠，並許焉。」中原的唐政府對文成公主尚如此優待，此前諸王朝更未必有諸關防嚴禁蠶桑携出之事。

《唐律疏議》曰："「依《關市令》，錦、綾、羅、縠、紬、綿、絹、絲、布、犛牛尾，真珠、金、銀、鐵，並不得度西邊北邊諸關，及至緣邊諸州興易。」絲織品和貴重物資，唐代確實嚴禁出口。

《漢書·匈奴傳》："「孝文前六年（公元前一七四年），服繡袷綺衣（顏師古曰："「袷者衣無絮也。繡袷綺衣，以繡爲表綺爲裏也）」，「繡十匹，錦二十匹，赤綈綠繒各四十匹，使中大夫謁者令肩遺單于」。宣帝甘露三年（公元前五一年），匈奴單于「朝天子於甘泉宫，賜錦繡綺縠雜帛八千匹，絮六千斤」。「呼韓邪單于復入朝，禮賜如初，加錦帛九千匹，絮八千斤」。哀帝「元壽二年（公元前一年），單于來朝，加賜錦繡繒帛三萬匹，絮三萬斤」。《後漢書·南匈奴傳》：建武二十六年（公元五〇年）秋，詔賜單于「黄金、錦繡、繒布萬匹，絮萬斤」。「賜單于母及諸閼氏、單于子、及左右賢王、左右谷蠡王、骨都侯有功善者繒綵合萬匹，歲以爲常」。順帝漢安二年（公元一四三年），「給綵布二千匹」。《後漢書·班超傳》：「别遣衛侯李邑護送烏孫使者，賜大小昆彌以下錦帛」。「超使使多齎錦帛遺月氏王」。這些由漢王朝贈與的錦帛，往往由匈奴、烏孫貴族輾轉投入國際貿易市場。

《魏略》稱：「大秦國（西羅馬帝國）有桑蠶，有織成細布，言用水羊毳，名曰海西布」。「作織成、氍毹、毾㲪、罽帳之屬皆好，其色又鮮於海東諸國所作也。又常利得中國絲，解以爲胡綾。故數與安息諸國交市於海中」（《三國志·魏志·烏丸鮮卑東夷傳》）。可見中國的絲織品，在漢魏之際，已到達西羅馬帝國的羅馬城。

北朝後期，突厥興起，土門可汗「部落稍盛，始至塞上市繒絮，願通中國」（《北史·突厥傳》）。西魏相宇文泰遣元暉「齎錦綵十萬，使於突厥。暉説以利害，申國厚禮，可汗大悦，遣其名王隨獻方物」（《隋書·元暉傳》）。沙鉢略可汗遣使致書於隋文帝曰：「此國所有羊馬，都是皇帝畜生，彼有繒綵，都是此物，彼此不異也」（《北史·突厥傳》），可見塞北的羊馬，中原的繒綵，都是兩方的特産。

隋煬帝大業三年（公元六〇七年），至榆林，「啓民可汗及義成公主來朝行宫，帝大悦，賜物萬二千段。享啓民及其部落酋長三千五百人，賜物二十萬段」（《隋書·突厥傳》）。

唐朝也不斷通過和市形式，買突厥回鶻之馬，贈以中原之繒綵。唐玄宗時，張九齡草敕突厥可汗書云：敕「可汗，比來和市常有限約，承前馬數，不過數千」。「中間蘇農賀勒兼領堅昆馬來。念其遠來，磧路艱苦」，「賜蘇農賀勒下及堅昆使下，總二萬匹，任其市易」。又敕突厥可汗書云：敕突厥可汗，「先可汗在日，每年約馬不過三四千匹，易既無多，物亦易辦。此度所納前後一萬四千」，「恩義相及，不可卻迴，所以總留，計物五十萬匹。兼屬國家大禮，並放天下租庸，調度無窮，非特和市，緣此馬價通容稍遲，念悉此意，當復寬心」。《舊唐書・迴紇傳》：至德二載（公元七五七年），收東京，「每載送絹二萬匹至朔方軍，宜差使受領」。永泰元年（公元七六五年），「前後賚繒綵十萬匹而還」。《新唐書・食貨志》：「回紇有助收西京功，代宗歲送馬十萬匹，酬以縑帛百餘萬匹。」陸贄與回紇可汗書：「緣諸軍兵馬收京破賊，賞給數多，府藏虛竭，其馬價且付十二萬匹。至來年三月，更發遣一般，餘並續續支付」。《舊唐書・迴紇傳》：貞元六年（公元七九〇年）六月，「迴鶻使移職伽達干歸蕃，賜馬價絹三十萬匹」。穆宗卽位，長慶二年（公元八二二年），「賜迴鶻馬價絹五萬匹」，「又賜馬價絹七萬匹」，「又詔發繒帛七萬匹賜之」。文宗太和元年（公元八二七年），「命中使以絹二十萬匹賜迴鶻充馬價」。《新唐書・回鶻傳》：「文宗又賜馬直絹五十萬。」以上所記的上百萬匹的絹綵，或者是無償的賞賜，或者是充馬值，突厥迴鶻得到這些絹匹之後，不是完全在本部族銷費，其中有絕大部分是投入國際貿易市場的。

《新唐書・黠戛斯傳》：「服貴貂豽」，「女衣毳褐錦罽綾，蓋安西、北庭、大食所貿售也」。綜上資料，說明黠戛斯除直接向唐國安西（高昌，今吐魯番）、北庭（今吉木薩爾北）購買以外，也間接購自大食。中國的絲織品往往通過間接媒介，拋售到國際市場上，在兩漢是匈奴，在北朝是柔然，從西魏到唐，是突厥、回鶻。

那麽漢唐盛世，有没有一條商路——絲綢之路呢？答覆是有。漢代的絲綢之路，大概就是張騫、班超所鑿孔的一條通路。唐代的絲綢之路，起自涼州，經河西走廊，越沙磧到達安西鎮的龜兹（今庫車）。唐詩人張籍《涼州詞》云：

邊城暮雨雁飛低，蘆筍初生漸欲齊。無數鈴聲遥過磧，應馱白練到安西。

北道自龜兹西北越八達嶺，經熱海邊緣到碎葉城，歷昭武九姓一些國家，到達馬里緑洲（當時稱木鹿城）。南道自龜兹經疏勒（喀什），歷吐火羅故境（今阿富汗），更西行到馬里緑洲。馬里是當時大食（阿拉伯）的東邊重鎮。再由馬里緑洲到達大食哈利發的首都八格達。西往東羅馬帝國的首都君士坦丁堡，南下至埃及的開羅。絲綢之路的大概輪廓就是如此。

不能够用近代的眼光，來看待這條絲綢之路，當時私人商隊，販運繒綵，不管漢人或商胡，都受到關卡的限制，無法踰越關禁，隨便通過的；只有官吏才有特權，才能帶運大量繒綵，踰越沙磧，經營東西方的貿易。貿易量也是規模不大的，從近年吐魯番出土的文書，提到有人隨身携帶絹二百七十五匹，從弓月城（今新疆霍城縣西北）運往碎葉一帶，至於想像中浩浩蕩蕩的大商隊，駝馬成羣，帶着千端萬匹的絲織品，在沙磧上行進，那還没有發現這類材料。

絲紡織品生産的速度改進

絲紡織品的種類很多，前代學者考證得很詳盡，我們在這裏就不多講了。蠶桑工具有蠶槌、蠶椽、蠶筐、蠶槃、蠶架、蠶網、蠶杓、蠶簇、繭甕、繭籠、繅車、熱釜、冷盆、蠶連。桑梯、桑几、桑鉤、桑籠、桑網、劖刀、切刀、桑碪、桑夾。絲織工具有絲籰、經架、緯車、絡車、織機、臥機、梭、砧杵等等，尤其織機的改進，並世學人，考之詳矣，所以我在這裏也不再多講了。我只講絲織品生産速度的改進。

《西京雜記》：「霍光妻遺淳于衍蒲桃錦二十四匹，散花綾二十五匹。綾出鉅鹿陳寶光家，寶光妻傳其法，霍顯召入其第使作之。機用一百二十鑷（五絲爲鑷），六十日成一匹，匹直萬錢。」六十日織成一匹，可見其精緻程度了。

《傅子》云：「馬先生鈞居貧，乃思綾機之巧。舊綾機五十綜（《列女傳》：「推而往，引而來者綜也。」）者五十躡（五絲爲鑷），六十綜者六十躡。先生患其遺日喪功，乃皆易以十二躡，其奇文異變，用感而作。」（《三國志·魏志·杜夔傳》注引）躡，絲接歧也。《西京雜記》作鑷。經織縱絲，緯織橫絲。綜，機縷也。馬鈞改進綾機，花色增多，紡織時間有所縮短。

《九章算術》：「今有女子善織，日自倍，五日織五尺，問日織幾何？答曰：初日織一寸三十一分寸之十九。次日織三寸三十一分寸之七。次日織六寸三十一分寸之十四，次日織一尺二寸三十一分寸之二十八。次日織二尺五寸三十一分寸之二十五。」這部算術教科書，大概是漢魏時期的作品，一個善織女子，技藝比較純熟，最高的紡織記錄，也只是每日二尺五寸，八天才能成綾一匹。

《張丘建算經》：「今有女善織，日益功疾，初日織五尺，今一月日織九匹三丈（三十九丈），問日織幾何？答曰：五寸二十九分寸之十五。」這部算術教科書是北魏孝文帝太和八年（公元四八四年）均田令實施以後的作品。每月可織三百九十尺，每天可織一丈三尺。這個最高記録和《御覽》卷六二六引《古豔歌》相合。歌云：

孔雀東飛，苦寒無衣。爲君作妻，中心惻悲。夜夜織作，不得下機，三日載匹，猶言吾遲。

這首《古豔歌》説三天織成四丈的綾，一天正是織一丈三尺餘，和《張丘建算經》可説不謀而合，恐怕是當時的真實記載，是可以相信的。

古詩有：

新人工織縑，故人工織素。織縑日一匹，織素五丈餘。將縑來比素，新人不如故。

又《焦仲卿妻古辭》有：

雞鳴入機織，夜夜不得息。三日斷五匹，大人故嫌遲。非爲織作遲，君家婦難爲。

陳蕭詮《賦得婀娜當軒織》詩中有「三日五匹未言遲」。唐王建《當窗織》：

歎息復歎息，貧家女大富家織，父母隔牆不得力。水寒手澀絲脆斷，續來續去心傷爛。草蟲促促機下啼，兩日催成一匹半。輸官上頭有零落，姑未得衣身不著。

三日五匹，可能有誇大之辭，兩日一匹半，庶幾可能，紡織的速度，可説是很高水平了。

織造的時間速度，是和絲織品的精緻程度分不開的。樂府《作蠶絲》：

素絲非常質，屈折或綺羅。敢辭機杼勞，但恐花色多。

李白《贈裴司馬》：

愁苦不窺鄰，泣上流黄機。天寒素手冷，夜長燭復微。十日不滿匹，鬢蓬亂若絲。

十日不滿四丈，極言情緒之低。

《學海類編》中收有《沈氏農書》，書成於明崇禎末，其《蠶務》篇云：

男耕女織，農家本務，況在吾地（湖州），家家織紝，其有手段出衆，夙夜趕趁者，不可料酌。其常規，婦人二名，每年織絹一百二十匹。每絹一兩，平價一錢，計得價一百二十兩，除應用經絲七百兩，該價五十兩；緯絲五百兩，該價二十七兩；籰絲錢家火綫蠟五兩；婦人口食十兩，共九十兩，數實有三十之息。若自己蠶桑，絲利尚有浮，其爲當織無疑也。但無頓本，則當絲起加一之息，絹賤則銀水差加一之色，此外又有鼠竊之弊，有甚難於稽考者。若家有織婦，織與不織，總要喫飯，不算工食，自然有贏。日進分文，亦爲家室計。

婦人二名，每年織絹一百二十匹，這個統計資料，我認爲是比較科學的。

北方蠶桑事業的破壞

唐初均田制，每户課植桑五十根以上，到了均田制破壞，廢租庸調，别立夏秋兩税。「所謂民間二税，自有經常，夏納絹帛，秋輸苗米」（《宋會要·食貨·賦税雜録》）。由於兩税法是以户等定等來收納税的，桑多，户等高，繳税也多。

在租庸調時代，要的是租粟布帛，杜甫《自京赴奉先縣詠懷五百字》中有云：

彤庭所分帛，本自寒女出。鞭撻其夫家，聚斂貢城闕。

兩税法實施以後，「今之兩税，但估資產爲差，便以錢穀定税，臨時折徵實物」（陸贄《均節賦税恤百姓六條》），要的還是粟米和絹布。

東方封建社會的傳統剥削方式，就是土地剥削之不足，轉向紡織機剥削，蓋古代已然，並非創始於中世。秦以前，已有布縷之征。由於當時紡織工具比較粗率，紡織技能也比較不熟練，生產量受到一定的限制。因此幼年時代的紡織業，尚不能成爲政府部門剥削的主要對象。往後由於勞動人民對紡織技能的不斷提高，紡織工具的繼續改良，絹布生產量在驚人地激增，公元一世紀左右，西方甚至稱東漢王朝爲蠶絲國了。可是因爲紡織工具的不斷改良，紡織技能的不斷提高，封建的剥削方式，也與此相適應而變更和發展了。三世紀初葉，出現了户調式，六世紀初葉，出現了租庸調，八世紀下半葉，出現了兩税法，名目各異，内容却一樣，既向人民要大量的穀米，同時也向人民要超額的絹布。

由於封建統治的殘酷剥削，本已造成了農民的極端貧困，中國農業因此也停留在低級的水平條件下。不管中國土地所有權如何集中，但土地使用權是極度分散的。由於農民田場的狹小，人口的繁殖，相反的，勞動力却過剩。在這種情況下，增加一家之内勞動力的消耗，是農家獲取最高產額的唯一途徑了。男耕女織，本來是兩性的原始分工。要解決土地方面的不足，唯有倚賴紡織業。於是耕男勤栽桑麻，織婦長年扎扎機杼。耕男織婦的主觀願望，不過要求能支持他們最低限度的生活，延長他們破產時期的來到而已。客觀效果上，卻給社會創造了無數物質財富，因紡織業的發達，社會生產力，也隨着轉變和發展了。封建統治者就大刀闊斧地對人民作殘酷的剥削，既向人民要大量的穀米，又向人民要超額的絹布。耕男織婦生產了無數物質財富，不但没有改善他們的生活，却反而陷入更深的泥淖裏去了。因此，他們的生產情緒是不高的。唐于濆《辛苦吟》：

壟上扶犁兒，手種腹長飢。窗下擲梭女，手織身無衣。

唐王建《簇蠶辭》：

蠶欲老，箔頭作繭絲皓皓。場寬地高風日多，不向中庭曬青草。神蠶急作莫悠揚，年老爲爾祭神桑。但得青天不下雨，上無蒼蠅下無鼠。新婦拜簇願繭稠，女曬桃槳男打鼓。三日開箔雪團團，先將新繭送縣官。已聞鄉里催織作，去與誰人身上著。

創造物質財富的勞動人民，把創造出來的絹布，全部得繳給統治者，在這種不合理的生產關係之下，生產情緒的低落，是理所當然的。

唐李翱著《平賦書》，鼓勵耕男織女，勤事蠶桑。他說：

其田間樹之以桑。凡樹桑人百之。桑太寡則乏於帛，太多則暴於田。是故十畝之田，植桑五功，功不下一匹帛（五功五匹），公索其百之十。凡百里之州，樹桑凡一百一十五萬有二千功，功率十取一匹帛，爲帛一十一萬五千有二百匹。以貢於天子，以給州縣凡執事者之禄，以供賓客，以輸四方，以禦水旱之災，皆足於是矣。

統治政權也下令勸種桑樹。唐代宗世，常衮草《勸天下種桑棗制》云：「天下百姓」「仍每丁每年種桑三十樹」，「務令及時，各使知勸」。唐憲宗《勸種桑詔》云：「農桑切務，衣食所資。如聞閭里之間，蠶織猶寡，所宜勸課，以利於人。諸道州府有田户無桑處，每檢一畝，令種桑二根」。「其桑仍切禁採伐，犯者委長吏重加責科」。唐武宗會昌二年（公元八四二年）《加尊號赦文》：「勸課種桑，比有敕令，每年奏聞。如聞都不遵行，恣爲翦伐，列於市肆，鬻爲柴薪，州縣宜禁斷，不得輒許更賣，犯者科違敕罪。」《册府元龜》宣宗大中元年（公元八四七年）二月制：「應天下逃户桑田樹木等，不得輒有毁除斫伐，如有違犯，據限日量情科責，并科所由等不檢校之罪。」可見唐後期，北方的砍伐桑樹，已經非常厲害了。

五代以來，北方淫徵暴斂，下不堪命，爲了減輕剥削，減低户等，砍伐桑樹，更有甚於唐代。《册府元龜》後晉出帝開運二年（公元九四五年）十二月，中書舍人陶穀奏：「機杼乃豐國之本，伏見近年已來，所在百姓，皆伐桑爲柴。苟桑柘漸稀，則繒帛須缺」。「舊木已伐，新木未成，不知絲綿欲憑何出。欲望特下明敕，此後不得以桑棗爲柴，官場亦不許受納，州縣城門不令放入，及不得囊私置買，犯者請加重罪」。敕曰：「宜舉科條，仍付有司」。後漢隱帝乾祐元年（公元九四八年），殿中監胡崧上言，「請禁斫伐桑棗爲薪，城門所由，專加捉搦。從之」（《册府元龜》）。

《五國故事》：「蜀先主王建」，「蜀中每春三月，爲蠶市，至時」，「建嘗登樓望之，見其貨桑栽者不一，仍顧左右曰：『桑栽甚多，儻税之，必獲厚利。』由是言出於外，民懼，盡伐其桑柘焉」。這一則故事，生動地説明農民的不敢種植桑樹，是怕沉重的封建剥削壓在他們肩上。

北宋時期，北方還在繼續斫伐桑柘。《古今治平略》：「宋初課民種樹，定民籍爲五等，第一等種雜樹百，每等減二十有差，梨棗半之。又詔所在長吏諭民有能廣植桑棗，墾開荒田者，止輸舊租。民伐桑棗爲薪者，罪之。」《宋史・太祖紀》：「建隆三年（公元九六二年）秋九月丙子，禁伐桑棗。」《宋史・食貨志》：「太祖詔所在長吏諭民有能廣植桑棗，墾闢荒田者，止輸舊租。民伐桑棗爲薪者罪之。剝桑三工以上，爲首者死，從者流三千里。不滿三工者，減死配役，從者流三千里。」《續資治通鑑長編》：宋仁宗至和二年（公元一〇五五年）七月詔：「如聞河東户役，惟課桑以定物力之差，故農人不敢植桑而蠶益薄。其令轉運使勸植之。自今毋得以桑數定户等。」《續資治通鑑長編》：宋神宗熙寧六年（公元一〇七三年）：「中書以勸課栽桑之法奏御，上曰：『農桑，衣食之本，宜以勸民，然民不敢自力者，正爲州縣約此以爲貲，升其户等耳。舊有條禁，可申明之。』」宋神宗究竟是賢明之君，他完全猜透農民的心理。農民怕種桑養蠶，是怕提高户等，加重剝削，加速了他們的破産，才斫伐桑樹，才不願養蠶。封建的生産關係，這樣緊緊地束縛住活躍的生産力到這步田地，情形是相當嚴重了。

宋鄭震《採桑曲》云：

晴採桑，雨採桑，田頭陌上家家忙。去年養蠶十分熟，蠶姑只著麻衣裳。

宋俞文豹詩云：

可笑春蠶有許癡，年年辛苦爲他誰。恰如貧女飛梭了，挂體何曾有一絲。

栽桑養蠶的耕男織婦，終年忙碌，自己没有一絲挂體，還要等待什麼才不斫去桑樹呢！

斫伐桑樹的人，就是栽桑養蠶，而禁不起封建超額剥削的耕男織婦。因爲要躲避無限度的殘酷剥削，才自己動手去斫他們過去曾經認爲衣食之源，而不料以後却促成他們迅速破産的桑樹。斫伐桑樹以後，不得不推諉自己不知道，以圖免去政府的嚴刑峻罰。統治階級知道了這原因之後，也想出了對策。元順帝至正二年（公元一三四二年），淮西廉訪簽事苗好謙向政府建議：分農户爲上中下三等，上等户地十畝，中等户地五畝，下等户三畝至一畝，全栽植桑樹，並在桑樹周圍，硬性强迫農户築起圍牆。當然，在圍牆之内的桑樹，倘有斫伐，是得由户主負責的。桑樹的株數，只准增加，不准減少。所有桑樹的株數，寫在一塊木牌上，挂在桑園的門口，每年清查幾次。元順帝聽了這個建議，非常贊許，第二年，就通令全國，普遍實施。一時雷厲風行，考察一個地方官的負責不負責，政府也把栽桑這樁事，作爲考查標準之一。社會的反映呢？劉基在元代有一首《畦桑詞》，就是説這件事的。詩云：

編竹爲籬更栽刺，高門大寫畦桑字。縣官要備大事忙，村村巷巷催畦桑。桑畦有增不可減，準備上司來計點。新官下馬舊官行，牌上却改舊官名。君不見，古人樹桑在牆下，五十衣帛無凍者。今日路傍桑滿畦，茅屋苦寒中夜啼。

這首詩的主題在説明，不論政府官吏推行栽桑政策如何認真，但是農民對栽桑的態度還是冷漠的。栽桑的人，養蠶的人，紡織的人，既不是使用絹帛的人，通過勞動人民勞動實踐所生産的絹帛，却給不勞而獲的統治者們去享用了，無論把桑株栽遍天涯，於勞動人民生活無補，他們的勞動力只是因此而更多的被剥削而已。唐孟郊《織婦詞》中有：

如何織紈素，身著藍縷衣。官家牓村路，更索栽桑樹。這短短二十個字，用來移作農村栽桑伐桑寫照的縮影，我想是唯妙唯肖説到事物的本質上去了。

明太祖在洪武二十七年（公元一三九四年），明令户部行文書教國内百姓，務要多種桑樹。勒令每一户第一年種二百株，第二年種四百株，第三年種六百株。栽種過的數目，造册回奏。違者全家發遣充軍（見《明通紀》）。但是這類詔令，往往等於具文，没有收到實際成效。由於歷代封建統治者的過度剥削，農民對蠶桑事業，已經存有戒心了。「徒勞何所獲，養蠶持底爲」，過去曾寄有希望，想通過蠶桑生產，來支持他們最低限度的生活，用實踐的歷史來檢驗，是落空了。青桑白繭，耕男織婦們對它已不再存有幻想了。在這種情况下，要在全國範圍内展開栽桑植麻高潮，不是一紙命令所能收效的了。

當時的家庭絲織業，因爲封建剥削的過重，遭受到沉重的摧折，而呈顯出枯萎的現象。但是我們根據上面所引斫伐桑樹的史實來看，斫伐桑樹，怕提高户等，加重封建負擔，從唐後期開始，經五代宋初，是最嚴重的階段。我們知道五代後晉、後漢的區域，没有超過今天的河北、河南、山東、山西諸省，宋太祖得國初年，也還未兼併江南，所以我們可以説斫伐桑樹最厲害的區域還是淮河、漢水以北的北方地區。江南的絲織業不但破壞得不厲害，而且正在發展，這就是下面要講到的。

和買和高利貸資本的侵襲

和買就是預售，這制度唐代已有，到了宋代，就變本加厲了。

宋釋文瑩《玉壺清話》:「唐彥範曰:和買絹始於祥符(公元一〇〇八至一〇一六年)初,因王勉知潁州,歲大饑,出錢十萬緡於民,約曰:『來年蠶熟,每貫輸一縑』,謂之和買,自爾爲例。」范鎮《東齋記事》:「太宗時,馬元放爲三司判官,建言:『方春民乏絶時,豫給緡錢貸之,至夏秋輸絹於官。』預買絹紬,蓋始於此。」王明清《揮麈後録》從《東齋記事》,以爲起於馬元放建言。和買實際是官府利用農民生活困難,春初預支錢緡,夏秋令輸絹於官,往往和買的價格要低於市價,因此名爲和市,兩相情願爲和,實際是以賤價强迫預購,是一種變相的高利貸。

《宋史·食貨志》:「宋承前代之制,調絹紬布絲綿,以供軍須。又就所産折科和市(卽和買)。」「馬元放爲三司使判官,建言方春乏絶時,預給庫錢貸民,至秋令輸絹於官。」「大中祥符三年(公元一〇一〇年),河北轉運使李士衡又言:『本路歲給諸軍帛七十萬匹,民間罕有緡錢,常預假於豪民,出倍稱之息,至期則輸賦之外,先償逋欠。以是工機之利愈薄。請預給帛錢,俾及時輸送,則民獲利而國亦足用。』詔優予其直。自是諸路亦如之,或蠶事不登,許以大小麥折納。」《文獻通考》:「大中祥符九年(公元一〇一六年),内帑發下三司,預市紬絹。」《宋史·食貨志》:「治平(公元一〇六四至一〇六七年)中,歲織十五萬五千五百餘匹。神宗卽位(公元一〇六八年),京東轉運司請以錢三十萬二千二百貫給貸於民,令次年輸絹,匹爲錢千,隨夏税初限督之。」「熙寧三年(公元一〇七〇年),御史程顥言,京東轉運司和買紬絹,增數抑配,率千錢課絹一匹。其後和買并税絹,匹皆輸錢千五百。」「元豐三年(公元一〇八〇年),京東轉運司請增預買數三十萬,卽本路移易,從之。」徽宗時,「江西和預買紬絹歲五十萬匹,民重傷困。」「初預買紬絹，務優直以利民，然猶未免煩民。後或令民折輸錢，或物重而價輕，民力寖困。其終也，官不給直，而賦益甚矣。」

北宋亡，南宋在江南建國，和買還是在進行。《宋史·食貨志》：「建炎三年（公元一一二九年）春，高宗初至杭州，兩浙轉運副使王琮言：『本路上供和買夏稅紬絹歲爲匹一百一十七萬七千八百匹，每匹折輸錢二貫以助用。』詔許之。東南折帛錢自此始。五月，詔每歲預買綿絹，令登時給其直。又詔江浙和預買絹減四分之一。紹興元年（公元一一三一年），以兩浙夏稅及和買紬絹一百六十餘萬匹，半令輸錢匹二千。」「以兩浙和買物帛，下户艱於得錢，聽以七分輸正色，三分輸見錢。」「四年（公元一一三四年）冬，初令江浙民户，悉輸折帛錢。令民輸紬者全折，輸絹者半折，匹五千二百，省折帛錢由此愈重。」「十七年（公元一一四七年），減折帛錢，江南匹爲六千，兩浙七千，和買六千五百。」「二十九年（公元一一五九年），先是江浙路折帛錢歲爲錢五百七十二萬餘緡，並輸行都，至是始外儲之，以備軍用。」《文獻通考》：「紹熙三年（公元一一九二年），時東南諸路歲起綾羅絹二百五十六萬餘匹，紬總五十二萬匹，折錢一千七百餘緡，而錦不與焉。」

南宋孝宗淳熙（公元一一七四至一一八九年）時所纂撰的《嚴州圖經》：「和預買，絹舊額六萬二百八十四匹二丈，今收五萬七千六百七十二匹。紬舊額二萬二千□百六十二匹，今收二萬二千五百匹。絲舊額二萬三千五百兩，今收二萬五千兩。生紬線舊額五千兩，無增減。」淳安縣，「和預買絹舊額一萬四千二百五十五匹，今收一萬三千七百五十五匹。紬舊額五千四百匹，今收三千八百七十匹。絲舊額四千兩，今收五千五百兩。生紬線舊額八百兩，今收一千兩。」建德縣，「和預買絹舊額一萬二千一百七匹，今一萬一千六百七匹。紬舊四千五百匹，今三千二百二十六匹。絲五千兩，無增減。生紬線八百兩，無增減」。

和買就是政府發放利貸，到了絲可收成，先是上繳織成的絹紬，後來索性以錢折納，「稻苗未立而和糴，桑葉未吐而和買」（宋俞猷卿言），敲骨吸髓，耕男織婦，雖傾家蕩産亦不足以償。

兩税方面，夏税以絹紬，秋税以苗米。《嚴州圖經》：「夏税，絹舊額五萬七千九百一十七匹三丈六尺七寸，今收四萬五千七百五十三匹。紬舊額一萬三千五百八十四匹二丈七尺八寸，今收一萬四千二百九十三匹。綿舊額四千九百八十六屯三兩三錢，今收二萬六千一百七十六兩。」淳安縣，「夏税絹舊額一萬三千二百三十六匹七尺九寸，今收四千九百八十三匹有畸。紬舊額三千六百五十五匹二丈五尺一寸，今收二千五百六十二匹有畸。綿舊額一千一百六十四屯二兩八錢，今收二千三百五十五兩」。建德縣，「夏税絹舊一萬六百七十九匹三丈三尺七寸，今四千六百六十四匹有畸。紬舊一千八百八匹一尺五寸，今一千三百七十六匹有畸。綿舊九百三十二屯二兩七錢，今二千六百五十兩」。

《揮麈録餘話》：「建炎己酉（建炎三年，公元一一二九年），葉夢得「爲左丞，纔十四日而爲言官所攻而罷。其自記奏對聖語，備列於後。一日，進呈知婺州蘇遲奏，乞減年額上供羅。聖訓問：『祖宗額幾何？』臣等對：『皇祐編敕一萬匹。』『今數幾何？』臣等指蘇遲奏言：『平羅、婺羅、花羅三等，共五萬八千七百九十七匹。』臣等退，御筆卽從中出，曰：『訪聞婺州上供羅，舊數不過一萬匹，崇寧（公元一一〇二至一一〇六年〕以後，積漸增添，幾至五倍。今後每年與減二萬八千匹并零數者爲永法。』臣等即施行。」

耕男織婦忙碌終年，所有織成的絹紬，都給政府徵收去了。唐元稹《織婦詞》：

織婦何太忙，蠶經三卧行欲老。蠶神女聖早成絲，今年絲税抽徵早。繅絲織帛猶努力，變緝撩機苦難織。東家頭白雙女兒，爲解挑紋嫁不得。檐前嫋嫋游絲上，上有蜘蛛巧來往，羨他蟲豸解緣天，能向虛空織羅網。

耕男織婦的怨恨，已經刻骨之深了。宋范成大《繅絲行》云：

小麥青青大麥黄，原頭日出天氣涼。姑婦相呼有忙事，舍後煮繭門前香。繅車槽槽似風雨，繭後絲長無斷縷。今年那暇織絹著，明日西門賣絲去。

元王虎臣《繅絲行》云：

去年絲成盡入官，敝衣不足常苦寒。今年蠶留猶在紙，已向豪家借倉米。

明高啟《養蠶詞》：

東家西家罷來往，晴日深窗風雨響。二眠蠶起食葉多，陌頭桑樹空枝柯。新婦守箔女執筐，頭髮不梳一月忙。三姑祭後今年好，滿簇如雲繭成早。簷前繅車急成絲，又是夏税相催時。

可見明初的夏税對象，還是絹紬。

兩税户，從唐以來，就是高利貸者的剥削對象。陸贄《均節賦税恤百姓六條》，其四論税期限迫促云：「非獨淫賦繁多，至於徵收迫促，亦不矜量。蠶事方興，已輸縑稅，農功未艾，遽斂租穀。上司之繩責既嚴，下吏之威暴愈促，有者急賣而耗其半直，無者求假而費其倍酬。」唐僖宗乾符二年（公元八七五年）《南郊赦文》：「且徵兩稅，自有常期，苟或先自催驅，必致齊人凋弊。蓋緣機織未畢，庤錢未終，便須零賣縑繒，賤糶斛斗。致使豪首迫蹙，富户吞侵。」高利貸者已經趁農民青黃不接的時候，伸開魔掌，向耕夫織婦進攻了。唐聶夷中《傷田家》詩云：

二月賣新絲，五月糶新穀。醫得眼前瘡，剜卻心頭肉。我願君王心，化作光明燭。不照綺羅筵，只照逃亡屋。

南宋末，真德秀著《大學衍義》，對這首詩作了個補充說明：

豫指收斂之入，以爲稱貸之資。新絲之出以五月，而貸以二月；新穀之登以八月，而貸以五月，此猶當時之俗也。若今則往往貸於半歲之前矣。千錢之物，僅得數百，或不及其半焉。富室鉅家，乘時射利，田夫蠶婦，低首仰給，否則無以爲耕桑之本。迨繭浴於湯，禾登於場，而責逋者狎至。解絲量穀，亟以授之，回顧其家，索無所有矣。償或未足，則又轉息爲本，因本生息，昔之千錢，俄而兼倍，昔之數百，俄而千錢。於是一歲所貸，至累載不能償，己之所貸，至子孫不能償。牒訟一投，追吏奄至，伐桑撤屋，賣妻鬻子，有不容惜者矣。

從上面所引的材料看來，可見唐宋時代，高利貸者的富室鉅家，對耕男織婦的剥削，是無比的殘酷的。所可痛心的，儘管高利貸者面目怎樣猙獰，利息高得怎樣唬人，耕男織婦，要求生存，並不因爲高利貸者利息之高而不借貸。不借貸，就得立刻餓死，借貸了，受盡盤剥，還可苟延些時。善良辛勞的耕男織婦，就是這樣的宛轉在生活鞭子之下，來創造社會物質財富的。

到明朝，高利貸者對耕男蠶婦的剥削，除了借貸轉息以外，還有一種形式，我們應該在這兒提到它的。由於農民田場狹小，無法廣栽桑樹，因此有的農家只養蠶，少栽桑，臨時購買桑葉喂給蠶喫。這些地主和高利貸者發現了生財之道，於是他們大量栽植桑樹，養蠶之家，如不栽桑，或桑葉不够的話，就不得不向他們去購買，購買無現欵，用一種借貸的方式，到絲上市，折絲還他，利息之高，也是可想而知的。據明末朱國楨《湧幢小品》裏說：

湖州畜蠶者，多自栽桑，否則預租別姓之桑，俗曰秒桑。凡蠶一斤，用葉百六十斤。秒者先期約用銀四錢，既收而償者，約用五錢，再加雜費五分。蠶佳者用二十日辛苦收絲，可售銀一兩餘，爲緜爲線，矢可糞田，皆資民家切用。〔秒桑〕我郡在在有之，唯德清尤多。本地葉不足，又販於桐鄉、洞庭，價隨時高下，倏忽懸絶。諺云仙人難斷葉價。故栽與秒，最爲穩當，不者謂之看空頭蠶。有天幸者，往往趣之。予鄰家有章姓者，預占桑價，占賤卽畜至百餘斤，二十年無爽，白手厚獲，生計遂饒。

這可以說高利貸者對耕男織婦的剥削，一代比一代厲害，剥削的手段方法，也一代比一代精明刻扣。這些高利貸者從耕男織婦那兒盤剥到無數財富之後，却把財富投資土地，毫不起一些進步作用的。

明代蘇松嘉湖四府的租額和江南絲織業

在明代，江南絲織業發展的範圍是很廣的，我這裏偏重蘇杭嘉湖四府，《古今圖書集成·職方典》卷七〇〇：「吾松（松江府）紡織木棉，不力蠶事，有稻田而無桑林。」可見松江府是木棉的故鄉，而不是蠶桑的基地。我所以在這裏也提到它的，因爲它受到超額租賦剥削，却和蘇杭嘉湖四府是一樣的，因此連類及之。關於松江的木棉，我有另文叙述，兹不贅及。

南宋末年，賈似道試行公田法，先從浙西路實施，蘇州嘉興幾府土地，大都由政府賤價收買，作爲公田。經張士誠據吳，公田數量，繼續擴大。明太祖朱元璋擊滅張士誠，凡張士誠部下文武官吏及富民所有田産，一律没收，作爲公田。據《宣德實録》載鍾況奏疏，蘇州耕地，如按十六分計算，十五分是公田，一分是民田。明政府全國田賦，蘇州松江最重，嘉興湖州次之，杭州又次之。公田的租額尤其特別重，每畝最高額竟至二三石。洪武十三年（公元一三八〇年），曾命户部酌量減輕江南租額，蘇州一府的秋糧，仍多至二百七十四萬六千餘石。其中民田租額，僅十五萬石，只佔十九分之一强。田糧負擔，全部壓在農民頭上。江南農民在這種程度剥削之下，是怎樣活下去的呢？就是倚賴一機一杼。徐光啟在《農政全書》裏説：

所由供百萬之賦，三百年而尚存視息者，全賴此一機一杼而已。非獨松也，蘇、杭、常、鎮之幣帛枲苧，嘉、湖之絲纊，皆恃此女紅末業，以上供賦税，下給俯仰，若求諸田畝之收，則必不可辨。

這正證明蘇松杭嘉湖五府的人民，所以能够負擔超額的租賦，而尚能活下去，其主要因素，全靠一機一杼。倘若農民純賴田畝的收入，來繳納超額的租賦的話，是無法活下去的。

明統治者看到自唐宋元歷明，由於對家庭紡織業的過度摧殘，北方地區的桑柘，繼續不斷地在斫伐，絹紬總生產量也急速地在向下降，如果他們依循以前一套剥削方法，江南的絲織業也會和北方一樣，斫伐桑樹，減低產量。明太祖爲了避免這種情况的發生，因此他也只敢傍敲側擊地加重蘇松杭嘉湖五府的賦額，賦額重，農民自然地不得不靠紡織業方面來彌補不足。這樣，也不就是變相進行對江南紡織業的剥削嗎？而通過這種轉彎抹角的剥削方式，農民方面，也不致立刻會覺悟到賦額加重是爲了紡織業發達的緣故，因而破壞蠶桑生產，這方式不是比較過去的封建統治者的提高户等等剥削方式爲巧妙嗎？

明太祖和他的子孫，前後二百八十年之久，所以敢對蘇松杭嘉湖幾府農民作殘酷的剥削，就是看準了勞動人民一天肯在死亡綫上掙扎，政府的超額租賦，一天不會落空。他名目上雖是加重田賦，實際想把耕男織婦所生産的紡織製成品也擠出來，填滿他無厭的慾壑。我們不相信僅僅如傳説，明太祖要懲罰蘇松嘉湖四府人民在元末爲張士誠堅守抵抗集慶軍的緣故，因而加重蘇松嘉湖的四府租額負擔；而是用蘇松杭嘉湖五府的紡織業特別發達，足供他的剥削，他才敢從田賦着手，變相進行對絹紬的剥削。他和他的子孫們，剥削了二百八十年之久，江南的絲織業和綿織業，也不能得到長足的發展，無形地停滯了二百八十年之久。

超額的租賦，已把耕男織女，壓得窒息，而家庭紡織業又受到封建政權和地主、高利貸者的重重剥削。雖時而政府剥削重，時而地主、高利貸者剥削重，大多時間，又都是三者並重。他們對家庭紡織業者剥削程度的加深，終極必至造成家庭紡織業無法自給，又不得不取助於田場的耕作，於是紡織業，本來要想脱離農業而自立的局面，結果却又非抓緊土地不可。狹小的田場，超額租賦下的農業，養不活人；重重剥削下的家庭紡織業，也養不活人，兩者互相結合輔助起來，却好成爲封建政權、地主、高利貸者的剥削淵藪。

現在來介紹一下蘇杭嘉湖四府的絲織業繁榮景象。先講蘇州府：

城中婦女習刺繡，以蠶桑爲務。地多植桑，生女未笄，教以育蠶。三四月謂之蠶月，家家閉門不相往來。（《古今圖書集成·職方典》卷六七六引《蘇州府志》）

在城東，比户皆織，不啻萬家。（乾隆《元和縣志》）

吾吴市民，罔藉田業，大户張機爲生，小户趁機爲活。每晨起，小户百數人，嗷嗷相聚玄廟（玄妙觀）口，聽大户呼織，日取分金爲饔飧計。大户一日之機不織則束手，小户一日不就人織則腹枵。（蔣從化《西臺漫記》）

蘇州府屬縣吴江縣和吴江的震澤鎮、盛澤鎮：

貧者皆自織，而令童稚挽花，女紅不事紡織，日夕治絲。故兒女有十歲以外，皆朝暮拮据從事。

（乾隆《吳江縣志》）

震澤鎮，成爲絲織業的新興鎮市，後來甚至爲震澤縣治。

元時村鎮蕭條，居民數十家，明成化（公元一四六五至一四八七年）中，至三四百家，嘉靖（公元一五二二至一五六六年）間倍之，而又過焉。明末，貨物并聚，居民且二三千家。（乾隆《震澤縣志》）

（吳江震澤鎮，）成化弘治（公元一四六五至一五〇五年）以後，近鎮各村盡逐綾綢之利。（乾隆《震澤縣志》）

宋元以前，唯郡人爲之，至明（洪）熙宣（德）（公元一四二五至一四三五年），邑人始漸事機織，猶往往雇郡人織挽。成（化）弘（治）而後，土人亦有精其業者，相沿成俗。（乾隆《震澤縣志》）

盛澤鎮的絲織業也發展很快。

前明吳江縣尚無盛澤鎮，嘉靖以後，居民漸衆。明初以村名，居民止五六十家，嘉靖間倍之。以綾綢爲業，始稱爲市。（乾隆《吳江縣志》引陶葆謙《盛湖志序》）

到了明末，盛澤鎮已經成爲擁有人口五萬的絲織業大市鎮了。

綾羅紗綢出盛澤鎮，奔走衣被天下。富商大賈，數千里輦萬金而來，肩摩連袂，如一都會矣。（康熙《吳江縣志》）

四方大賈，輦金至者無虛日。每日中爲市，舟楫塞港，街道肩摩，蓋其繁華喧盛，實爲邑。（吳

江)中第一(康熙《吴江縣志》)

杭州府,也是蠶桑重要基地。

(杭州)習以工巧,衣被天下。(《明史·方域志》)

(杭州)桑麻遍野,繭絲綿苧之所出,四方咸取給焉。(張瀚《松窗夢語》)

綃,縣民織者甚衆,今直隸江西等省皆買之。(乾隆《杭州府志》卷五三引萬曆《臨安縣志》)

城東機杼之聲,比户相聞。(厲鶚《東城雜記》)

杭州的唐梅鎮,亦以絲織品馳名而欣欣向榮。

(唐梅鎮)百貨聚集,徽杭大商,視爲利藪,開典頓米,貿絲開車者,駢臻輻輳。(光緒《唐梅鎮志》卷一八引明人撰《栖溪風土記》)

嘉興府的絲織品,也是馳名國内的。

嘉禾之俗,終歲勤動者,餉給於國,而尺寸之土必耕,衣被他邦,而機杼之聲不絶。(《古今圖書集成·職方典》卷九六二引柳琰《嘉興府志》)

蠶桑組繡之技,衣食海内。(嘉慶《嘉興府志》卷三四引明王世貞《檇李往哲别傳序》)

近鎮村坊,織紬爲業。(萬曆《秀水縣志》)

濮院鎮尤爲著名。

去(桐鄉)東北二十里,萬家烟火,民多織作絹綢,爲都省商賈來往之會。(徐秉元《桐鄉縣志》)

人可萬餘家，織絲紵。（萬曆《秀水縣志》）

鎮人以機爲業，以梭爲耒。（胡琢《濮鎮紀聞》）

機杼之利，日生萬金，四方商賈，負資雲集。萬曆中，改土機爲紗綢，製造尤工，擅絶海内。（胡琢《濮鎮紀聞》）

邇來（萬曆中）肆廛櫛比，華厦鱗次，機杼之聲軋軋相聞，日出錦帛千計。（《濮川所聞記》卷四引李培所著《翔雲觀碑記》）

吾里織業，十室而九，終歲生計，於五月新絲時爲尤亟。富者居積，仰京師絡至，陸續發賣。而收買機産，向傳設市翔雲，今則俱集大街，所謂永樂市也。日中爲市，接領踵門，至於輕重諸貨，名目繁多，總名曰綢。（胡琢《濮鎮紀聞》）

於（濮院鎮）市中立四大牙行，收積機産。遠商大賈，旋至旋行，無羈泊之苦，因有永樂市之名。嗣後市業日盛。（《濮鎮紀聞》）

濮綢，粤人之所尚，每歲收買抵金閶。（《桐鄉縣志》卷五釋澹歸《桐川濮炎軒詩存》）

嘉興府屬的石門縣（今浙江桐鄉縣西石門鎮），蠶桑業也很發達。

地饒桑田，蠶絲成市，四方大賈，歲以五月來貿絲，積金如丘山。（康熙《石門縣志》引《萬曆縣志》）

吳興府是江南絲織業的最大基地。

吳興以四月爲蠶月，家家閉户，官府勾攝徵收及里閈往來慶弔，皆罷不行，謂之蠶禁。（《古今圖書集成·職方典》卷九七四引《西吴枝乘》）

（烏程縣）桑葉宜蠶，縣民以此爲恒産，傍水之地，無一曠土。一望鬱然。（乾隆《湖州府志》）

湖州府屬歸安縣之菱湖鎮，也形成爲絲織品的大市鎮。

（菱湖鎮）正（德）嘉（靖）隆（慶）萬（曆）間（公元一五〇六至一六一九年），第宅連雲，闤闠列螺，舟航集鱗，桑麻環野，遂爲歸安雄邑。（光緒《菱湖鎮志》卷一引明龐太元《菱湖志序》）

多出蠶絲，貿易倍他處。（宋雷《西吴里語》）

歸安菱湖市廛家，主四方鬻絲者多。廛臨溪，四五月間，溪上鄉人貨絲船，排比而泊。（董斯張《西吴備要》）

湖州雙林鎮，也是絲織品出産的重要市鎮。明初只有幾百户人家，隨着絲織品的發展，到了明末，已經成爲擁有居民一萬六千人的大鎮了。

機杼之家，相沿比業，巧變百出。各省直客商雲集貿販，里人賈鬻他方，四時往來不絶。（乾隆《湖州府志》卷四一引《雙林志》）

有絹莊十座，在春光橋東，每晨入市，肩相摩也。（《雙林鎮志》）

江寧府（今江蘇南京市）除了官府絲織業以外，民營絲織業也非常繁榮。

（清乾隆時）通城緞機以三萬計，紗綢絨綾，不在此數。（陳作霖《鳳麓小志》）

（江寧）南鄉之民樸勤，常以飼蠶爲業，繭成繅釜，負以入城，行户收買，謂之土絲。（同上引）

南京機業之興，百貨萃焉。絲行則在沙灣，所以收南鄉之土物也。當四五月間，鄉人背負而來，評論價值，比户皆然。（同上引）

開機之家，總會計處，謂之帳房。機户領織，謂之代料。織成送緞，主人校其良楛，謂之讎貨。其織也必先染經，以湖絲爲之。經既染，分散絡工，絡工，貧女也，日絡三四窠，繞諸簍。得錢易米，可供一日。（同上引）

除了江寧府的材料時代較遲外，蘇杭嘉湖四府的材料，很多是明代的，可見那一地區，絲織業都相當發達。

明末清初，蘇杭南京一帶，已有機户出現。《蘇州府志》：

明萬曆年，蘇民無積聚，多以絲織爲生。東北半城，皆居機户。

機户的出現，這和耕男織婦耒耜機杼相互結合的體制，有很大的區别。最明顯的不同，就是男子也參加了絲織業勞動，改變了已往的耕男織婦的兩性分工，進而成爲社會的勞動分工。這是一個很大的躍進。

蘇杭一帶，也出現了具有一定規模的絲織業作坊。明嘉靖時人仁和張瀚著《松窗夢話》，其卷六《異聞記》有云：

毅庵祖家道中微，成化（公元一四六五至一四八七年）末年，購機一張，織諸色紵帛，備極精工。每一下機，人争鬻之，計獲利當五分之一。積兩旬，復增一機，復增至二十餘。商賈所貨者，常滿户外，尚不能應。自是家道大饒。後四祖繼業，各富至數萬金。

徐一夔《始豐稿》卷一《織工對》云：

予蹴居錢唐之相安里，有饒於財者，率居工以織之。每夜至二鼓，一唱衆和，其聲驩然，蓋織工也。旦過其處，見老屋將壓，杼機四五具，南北向列工十餘人，手提足蹴，皆蒼然無人色。工曰：「吾業雖賤，日傭爲錢二百緡。吾衣食於主人，而以日之所入，養吾父母妻子。」

在清代初年，蘇州還有一種近乎日工的機匠出現。《古今圖書集成·職方典》卷六七六引府縣志云：

郡城之東，皆習機業。織文曰緞，方空曰紗，工匠各有專能。匠有常主，計日受值。有他故則喚無主之匠代之，曰喚代。無主者，黎明立橋以待。緞工立花橋；紗工立廣化寺橋；以車紡絲者曰車匠，立濂溪坊。什百爲羣，延頸而望，如流民相聚。粥後俱各散歸。若機房工作減，此輩衣食無所矣。每橋有行頭分遣，今織造府禁革，以其左右爲利也。（每橋有行頭分遣三句，據《蘇州府志》增添。）

從這條材料看來，有下列幾個特點：（一）已出現絲織手工業的私人作坊或工場。（二）參加絲織業生産活動的是男子而不是女性。（三）蠶絲繅成之前，大概仍由家庭生産，由機房收購生産。（四）緞、紗、紡絲都已分工，由各部門的技術工人參加生産。（五）雇傭的機工分兩種，一種是長期的，一種是臨時的，後者人數什百爲羣，前者人數當佔更大比例，惜無確切統計。（六）計日受直，即工資以日計算。（七）行幫有行頭，作爲機户和臨時被雇傭工人的中間人，説他「左右爲利」，一定存在過裒削機工的行爲。從這些材料看來，可見江南的絲織業，已由家庭生産進而爲商品生産，由家庭兩性分工發展爲社會勞動分工，雛形的絲織手工業工場，在明代成化年間已經出現了。

絲織手工業工場一出現，明封建統治者，卽想集中全力，向他們進行殘酷剥削。但是全蘇小商品生産者，却立刻組織起來，對封建統治者進行英勇的鬥争。終於摧折了封建統治者的淫威凶燄，造成明代工人運動的大勝利。事情的經過，據《蘇州府志》載：

萬曆二十九年（公元一六〇一年）六月，蘇州機户捶死參隨黄建節等。其年水災，絲價過昂，萬民無積聚，多以絲織爲生，東北半城，皆居機户。織造太監孫隆帶管税事。四月中，至蘇會稽，五關之税日縮，借庫銀以解，嚴漏税之禁。建節投爲參隨，交通土棍王莘等十二人，擅自加徵，妄議每機一張，税三錢。訛言四起，有謂二家謀管一門者；有謂每緞一匹税五分，紗税二分者；有謂所織紗緞，悉付圓妙觀用印，方准發賣者。衆聞大懼，一時鬨聚，飛石擊死黄建節，盡燬莘等十二家。又傳鄉紳某參議家人取利貸建節金，謀入用事，并掠某參議家。然皆赤身不持械不搶物，守令曲諭乃解。下令索首倡，有葛成者，挺身應之，官奏聞，錮於獄。方變作，隆走避申少師（宰相申時行）家二日，乘小舟走杭州，從此不復至蘇，辭税務歸之劉成，機户皆得免，專取盈商舟矣。

蘇州的絲織業工人，經過了這次英勇的鬥争，雖是獲得勝利，可是封建的剥削，却永遠在他們的頭上盤旋。我上面提過，那時絲織業，已由家庭兩性分工，進而成爲社會勞動分工，絲織業的生産勞動，全由男子參加。可是所有機户，却並没放棄他們原來租佃的土地。土地上的農作蠶桑活動，都改由機户家裏的婦女來擔承。一直到今天，蘇州的婦女，在農村裏都能下田耕作，據明人筆記上記載，明代已是如此，其原因就是在此。婦女參加了農作活動以後，勞動力得到了適當的調配。所以明朝二百八十年間，縱然對蘇松嘉湖四府用超額租賦放手剥削，可是蘇松嘉湖人民，居然能忍受下來，其原因也就是在此。

蘇杭嘉湖幾府的絲織業，雖然相當發達，機户人數也相當多。但是他們在封建統治者、地主、高利貸者的重重剥削之下，艱苦掙扎，宛轉求生，已經是很不容易了。要想使這些地區的絲織業直接生產者來蓄積資本，使用進步的生產工具，擴大再生產，是不可能辦到的。絲織業中偶然湧現了幾户或幾十户較大的作坊主或工場主，擁資至數萬金，他們的錢是從絲織業方面賺來的，他們錢的去處却不是擴大再生產，而是投向土地。商人方面，由於勞動人民大都追求自給，力避購買，因此市場購買力薄弱，他們看到市場的繼續擴大，受到限制，自然也不會去投資，自爲工場作坊主。因此明朝二百八十年的江南絲織業，始終只能成爲封建社會的剥削淵藪，而無法使它發展成爲破壞封建社會經濟體制的原動力，從封建的生產關係下解放出來。

中國資本主義萌芽以前的江南棉紡織業

新疆地區的棉紡織手工業，我在《唐代西州的緤布》一文中，已經講到了。這裏要講到雲南保山一帶草棉的栽植和閩廣一帶草棉的栽植情形。

先講雲南保山一帶的草棉栽植。華嶠在《漢後書》裏稱：「哀牢夷知染綵紬布，織成文章如綾絹。有梧(桐)木華，績以爲布，幅廣五尺，潔白不受垢汙。」(《太平御覽》卷八百二十引)哀牢夷居住在今天雲南省迤西的保山縣一帶，華嶠雖是西晉初年人，但他所著的《後漢書》記述哀牢人的事情，却是後漢前期的事，因此可以算做我國棉布的較早資料。華嶠書中所說的梧桐木華紡織成的棉花，在與華嶠同時的左思的《蜀都賦》裏，又稱之謂橦布，所謂「布有橦華」。據左思同時人劉逵爲《蜀都賦》所作的注釋說：「橦華者，樹名橦，其花柔，毳可績爲布也，出永昌(郡治不韋，今雲南保山縣東)。」橦卽桐，大概左思也知道把棉花當作梧桐木花，不大妥當，所以採取「桐」字這個音，而另造一個橦字，說明棉花不就是梧桐的花毳。但是到了東晉人常璩著《華陽國志·南中志》、宋人范曄著《後漢書·西南夷傳》時，還是稱它爲桐華布或帛疊。

《華陽國志·南中志》云：「其梧桐木，其花柔如絲，民績以爲布，幅廣五尺以還，潔白不受汙垢，名爲桐華布以」「服之，及賣與人」。「又有罽旄、帛疊、水精、瑠璃、軻蟲、蚌珠」。

《後漢書・西南夷傳》：哀牢夷「土地沃美，宜五穀蠶桑，知染采文繡，罽㲲、帛疊、蘭干細布，織成文章如綾錦。有梧桐木華，績以爲布，幅廣五尺，潔白不受垢汙」。帛疊卽白疊，蓋外來語稱棉花爲疊也。東晉人郭義恭著《廣志》，載「木棉濮，土有木棉樹，多葉，又房甚繁。房中綿如蠶所作，其大如拳」(《太平御覽》卷二百九十一引)。從以上這些記載，可以説現在雲南保山地區，是我國植棉較早的地方。

閩廣地區，也是引進草棉最早的地方。福建武夷山有船棺葬，船棺高高的放置在懸崖絶壁之間，在白巖船棺出土的紡織品碎塊，其中發現棉布，呈青灰色，質量較好。時間的上限是戰國，下限是秦漢之際。這可以算是中國最早棉布繁植的記録了。東吴時人著《外國傳》云：「諸簿國女子作白疊花布。」(《太平御覽》卷八百二十引)諸簿卽闍婆之異譯，也就是今天印度尼西亞的爪哇島。福建、廣東的棉花種籽，大概是由南洋羣島引進的。

東吴時人萬震著《南州異物志》云：「五色斑衣，以絲布古貝木所作。此木熟時，狀如鵝毳，中有核如珠珣，細過絲綿。人將用之，則治出其核，但紡不績，任意小抽，相牽引無有斷絶。欲爲斑布，則染爲五色，織以爲布，弱輭厚緻，文最繁縟。」(《太平御覽》卷八百二十引)東吴、西晉之間人張勃著《吴録》，謂「有木棉樹，高大，實如酒杯，口有綿，如蠶之綿也。又可作布，名曰白緤、一曰毛布」(《齊民要術》卷十《木綿》條引)。晉末宋初人裴淵著《廣州記》，也説「蠻夷不蠶，採木綿爲絮」(《太平御覽》卷八百十九引)。魏文帝(曹丕)詔：「夫珍玩所生，皆中國及西域，他方物比不如也。代郡黄布爲細，樂浪練爲精，江東太末布爲白，故不如白疊故鮮皮也」（《太平御覽》卷八百二十）。曹丕詔中以中國（指中原地區）與西域（中國西部地區）對舉，又特別標舉出白疊布的鮮潔，那末此白疊當是指新疆地區出産之緤布。魏西域的白疊布，蜀西部保山的橦花布，吴治下閩廣的吉貝布，三國時期，魏蜀吴三國對棉布的生産，都既能生産，也可誇耀於時了。

由於棉布是閩廣一帶生産，這一帶是百越聚居地區，因此當時習俗稱棉布爲越疊。《晉令》裏有：「士卒百工，不得服越疊」（《太平御覽》卷八百二十引）。《宋書·禮志》也記載「騎士卒百工人」不得服用越疊，可見越疊是貴重的物品。梁武帝佞佛著名，怕殺生，蠶繭成絲，在梁武帝看來，殺死蠶的生命太多，罪孽深重。因此他「身衣布衣，木棉阜帳」（《梁書·武帝紀》）。木棉和草棉本來不是同一種植物，木棉花的纖維比較滑潤，紡起紗來拉力不强，但當時人對棉布究竟是用木棉還是草棉做成，是不十分明確的，因此往往也叫草棉布爲木棉布。梁武帝的木棉帳，實際就是草棉做成的帳子。梁人劉孝綽有《謝越布啟》云：「此納方綃，既輕且麗。珍邁龍水，妙越島夷。」（《藝文類聚》卷八十五引）陳代吏部尚書姚察，有門生送他「南布一端」（《陳書·姚察傳》），越布、南布大概都是指草棉布而言的。

唐代開元天寶時期，長安有白疊行，出售棉布。陳鴻《東城老父傳》云：唐玄宗時，賈昌爲雞坊五百小兒長。「歲時伏臘，得歸沐，行都市間，且有賣白衫、白疊布行，隣比鄽間」。可見長安市上已有棉布出售。廣西一帶的棉種，大概是從廣東推廣過去的，已很繁植，織成的布匹，稱爲桂管布。《太平廣記》卷一百六十五引《芸田録》：「夏侯孜爲左拾遺，常著緑桂管布衫朝謁。開成中，文宗問孜：『衫何太粗澀？』具以桂布爲對：『此布厚，可以欺寒。』他日，上亦效著桂管布，滿朝皆倣效之，此布爲之貴也。」杜甫《大雲寺贊公房》詩：「光明白疊中。」白居易《酒後狂言贈蕭殷二協律》詩：「吴綿細軟桂布密。」又《新製布裘》詩：「桂布白似雪，吴綿軟於雲。」王建《送鄭權尚書南海》詩：「白疊家家織。」可見廣東生產棉布之盛。

宋初樂史著《太平寰宇記》，卷一百六十六貴州（今廣西貴縣），土產古具布，古具布當爲古貝布之譌。又同書卷一百六十二桂州古縣場，「有古終篠，俚人以爲布」。李時珍《本草綱目》卷三十六木棉條，木棉「似草者名古終」，則古終布亦卽草棉布也。

宋仁宗時彭乘著《墨客揮犀》云：

閩嶺已南多木棉，土人競植之，采取花爲布，號古貝布。

方勺《泊宅編》云：

閩廣多種木棉，樹高七、八尺。樹如柞，結實如大麥而色青。秋深卽開，露白綿茸茸然。土人摘取出殼，以鐵杖捍盡黑子，徐以小弓彈令紛起，然後紡織，當以花多爲勝。橫數之，得一百二十花，此最上品。海南蠻人織爲布，上作細字雜花卉，尤工巧，卽古所謂白疊巾也。

《武林舊事》：「紹興二十一年（公元一一五一年）十月，高宗幸清河郡王（張俊）第，供進御筵，節次如後」，內有「木棉二百匹」。一九六六年，在浙江蘭溪縣香溪公社密山大隊的一座南宋古墓中，出土了一條完整的棉毯。與棉毯同時出土的有南宋孝宗乾道七年（公元一一七一年）和淳熙六年（公元一一七九年）虞允文等具名的告身。這條棉毯，大概是南宋孝宗時期的產品。可見南宋時期，江南的棉花栽植，正在推廣之中。

南宋淳熙五年（公元一一七八年），周去非著成《嶺外代答》，其中吉貝條云：

吉貝木，如低小桑枝，萼類芙蓉花之心，葉皆細，茸絮長半寸許，宛如柳綿。有黑子數十，南人取其茸絮，以鐵筋碾去其子，卽以手握茸就紡，不煩緝績，以之爲布，最爲堅善。雷、化、廉州及南海黎峒富有，以比絲紵。雷、化、廉州有織匠幅長闊而潔白細密者，名曰慢吉貝。狹幅麤疎而色暗者，名曰麤吉貝。有絶細而輕軟潔白，服之且耐久者。海南所織，則多品矣。幅絶闊，不成端匹，聯二幅可爲卧單，名曰黎單。間以五采，異紋炳然。聯四幅可以爲幕者，名曰黎飾。五色鮮明，可以蓋文書几案者，名曰鞍搭。其長者，黎人用以繚腰。南詔所織尤精好，白色者，朝霞也。國王服白氎，王妻服朝霞，唐史所謂白氎吉貝、朝霞吉貝是也。

先於《嶺外代答》三年成書的《桂海虞衡志》（成書於一一七五年），也提到黎單：

黎單亦黎人所織，青紅間道木棉布，桂林人悉買以爲卧具。

成書於南宋理宗寶慶元年（公元一二二五年）的趙汝适《諸蕃志》，其吉貝條云：

吉貝樹類小桑，萼類芙蓉，絮長半寸許，宛如鵝毳，有子數十。南人取其茸絮，以鐵筋碾去其子，卽以手握茸就紡，不煩緝績，以之爲布。最堅厚者，謂之兜羅綿，次曰番布，次曰木棉，又次曰吉（貝）布。或染以雜色，異紋炳然。

宋謝枋得《謝劉純父惠木棉布》詩：

嘉樹種木棉，天何厚八閩。厥土不宜桑，蠶事殊艱辛。木棉收千株，八口不憂貧。江東易此種，亦可致富殷。奈何來瘴癘，或者畏蒼旻。吾知饒信間，蠶月如岐邠。兒童皆衣帛，豈但奉老親。婦女賤羅綺，賣絲買金銀。角齒不兼與，天道始均平。所以木棉利，不畀江東人。避秦衣木葉，矧肯羞懸鶉。天下有元德，孔融願卜鄰。綈袍望不及，共裘志自仁。贈我以兩端，物意皆可珍。潔白如雪潔，麗密過錦純。羔縫不足貴，狐腋難擬倫。絺纊皆作貢，此物不薦陳，豈非神禹意，隱匿遺小民。詩多草木名，箋疏欲諄諄。國家無楚越，欲識固無因。剪裁爲大裘，窮冬勝三春。

詩人也開始歌頌種植棉花，歌頌穿着木棉布衣了。

在南宋時期，閩廣一帶棉花種植，開始向北推移，普及到長江流域。在北方，新疆一帶的棉花種植，也開始向東推廣到陝甘地區和黄河的中上游。

元朝統一中國，即以棉布爲徵收租税的對象，元世祖至元二十六年（公元一二八九年）四月，「置浙江、江東、江西、湖廣、福建木棉提舉司，責民歲輸木棉十萬匹」（《元史·世祖紀》）。至元二十八年（公元一二九一年），雖一度罷江南五提舉司歲輸木棉，但在至元二十九年（公元一二九二年）又明令江西等地區「於課税地税内折收木棉白布」，並規定「已後年例必須收納」。元成宗元貞二年（公元一二九六年），又明文規定「夏税以木棉、布、絹、絲、綿等物」（《元史·食貨志》），正式把棉布列入常賦之内。《新元史·食貨志·科差》項下記載元文宗天曆元年（公元一三二八年），收到棉花七萬二千斤，棉布二十一萬餘匹。此外在元成宗大德十年（公元一三〇六年），在江西吉州路和買木棉六萬六千餘匹。元武宗至大三年（公元一三一〇年），又在江西省建昌路折收「木棉布七千匹」（《元典章》卷二十二）；同年，又在江西和買「木棉八萬匹」（《元典章》卷二十六）。元政府徵收棉布數量，也反映了棉布生產之在激增。

陶宗儀在《輟耕録》中，介紹了木棉在松江的開始栽植記載：

閩廣多種木棉，紡績爲布，名曰吉貝。松江府東去五十里許曰烏泥涇（今上海縣舊城西南二十六里），其地土田磽瘠，民食不給，因謀樹藝，以資生業，遂覓種於彼（指閩廣）。初無踏車椎弓之製，率用手剖去子，線弦竹弧置案間，振掉成劑，厥功甚艱。國初時，有一嫗名黄道婆者，自崖州來，乃教以做造捍彈紡織之具，至於錯紗配色，綜線挈花，各有其法。以故織成被褥帶帨，其上折枝、團鳳、棋局字樣，粲然若寫。人既受教，競相作爲，轉貨他郡，家既就殷。未幾，嫗卒，莫不感恩灑泣而共葬之，又爲立祠，歲時享之。

《輟耕録》有元至正丙午孫大雅的敘言，至正丙午爲元順帝至正二十六年（公元一三六六年），二十八年（公元一三六八年）而元亡。《輟耕録》中的國初是指元朝初年，那麼，松江棉布業的開始發展，也應該是在元朝的初年，而不是明朝的初年。

由宋入元的胡三省注《資治通鑑》，有兩處講到木棉，一條是梁武帝大同十一年注文：

木棉，江南多有之，以春二三月之晦，下子種之。既生，須一月三耨其四旁，失時不耨，則爲草所荒穢，輒萎死。入夏漸茂，至秋生黄花結實。及熟時，其皮四裂，其中綻出如綿。土人以鐵鋌碾其核，取如綿者。以竹爲小弓，長尺四五寸許，牽弦以彈綿，令其匀細。卷爲小筩，就車紡之，自然抽緒，如繅絲狀，不勞紉緝，織以爲布。自閩廣來者，尤爲麗密。方勺曰：閩廣多種木棉，樹高七、八尺，葉如柞，結實如大菱而色青，秋深卽開，露白綿茸然。土人摘取，去殼，以鐵杖捍盡黑子，徐以小弓彈令紛起，然後紡績爲布，名曰吉貝。今所貨木綿，特其細緊者耳。當以花多爲勝，横數之得百二十花，此最上品。海南蠻人織爲布，上出細字雜花卉，尤工巧，卽古所謂白疊巾。

一條是後晉高祖天福七年注文，原文是楚王馬希範作天策府地衣，春夏用角簟，秋冬用棉，注云：

木棉今南方多有焉。於春中畦作之，至夏秋之交結實。至秋半，其實之外皮四裂，中踊出，白如綿。土人取而紡之，織以爲布，細密厚暖，宜以禦冬。

對棉布的介紹，也非常詳盡，説明當時種植棉花，紡績棉布，已經有清楚的瞭解了。

元初所編《農桑輯要》特别講到：「木棉亦西域所産，近年以來，種於陝右，滋茂繁盛，與本土無異。」説明陝甘青一帶，也在推廣，這是新疆地區移植來的。

王禎於元仁宗皇慶二年（公元一三一三年），著成《農書》，他對木棉種植的介紹和木棉布的製造工具，頗爲詳盡。其《木棉序》云：

桑土既蠶之後，唯以繭纊爲務，殊不知木棉之爲用。夫木棉産自海南，諸種藝制作之法，駸駸北來，江淮川蜀，既獲其利。至南北統一之後，商販於北，服被漸廣，名曰吉布，又曰棉布。其幅匹之制，特爲長闊，茸密輕暖，可抵繒帛。又爲毳服毯段，足代本物。按裴淵《廣州記》云：「蠻夷不蠶，採木棉爲絮。」又《諸蕃雜志》云：「木棉，吉貝木所生，占城、闍婆諸國皆有之。」今已爲中國珍貨，但不自本土所産，不能足用。且比之桑蠶，無採養之勞，有必收之效，埒之枲苧，免績緝之工，得禦寒之益，可謂不麻而布，不繭而絮。雖曰南産，言其適用，則北方多寒，或繭纊不足，而裘褐之費，此最省便。夫種植之法，已載《穀譜》，製造之具，復列於此，庶遠近滋習，助桑麻之用，兼蠻夷之利，將自此始矣。

木棉一名吉貝，穀雨前後種之，立秋時隨獲所收。其花黄如葵，其根獨而直，其樹不貴乎高長，其枝幹貴乎繁衍。不由宿根而出，以子撒種而生。所種之子，初收者未實，近霜者又不可用，唯中間時月收者爲上。須經日曬燥，帶棉收貯，臨種時再曬，旋碾而下。其種本南海諸國所産，後福建諸縣皆有，近江東、陝右亦多種，滋茂繁盛，與本土無異，種之則深荷其利。悠悠之論，率以風土不宜爲説，按《農桑輯要》云：「雖託之風土，種藝不謹者有之，種藝雖謹，不得其法者有之。」信者言也。夫種木棉擇兩和地，不下溼肥地，於正月地氣透時，深耕三遍，擺蓋調熟，然後作成畦畛，每畦長八步，闊一步，内半步作畦。背上堆積土，至穀雨前後好天氣日下種。先一日，將已成畦畛連澆三次，用水淘過子粒，堆於溼地上，用少灰搓得伶俐，看稀稠，撒於澆過畦内。將元起出覆土，覆厚一指，再勿澆。待六七月苗長齊時，旱則澆溉鋤治，常要潔浄。稠則移栽，稀則不須，每步只留兩苗，稠則不結實。苗高二尺以上，打去衝天心，傍條長尺半，亦打去心葉。葉不空，開花結實，直待綿欲落時，旋熟旋摘。隨即攤於箔上，日曝夜露，待子粒乾，取下製造。夫木棉爲物，種植不奪於農時，滋培易爲於人力，接續開花而成實。可謂不蠶而綿，不麻而布，又兼待氈毯之用，以補衣褐之費，可謂兼南北之利也。

製造棉布的工具有木棉攪車，是分離棉花和棉的工具，木棉彈弓，長四尺許，比胡三省介紹的彈弓，要長出三倍，當然彈力也加强了。又有木棉捲筳，以無節竹條爲之，「其法先將棉毳條於几上，以此筳捲而扞之，遂成棉筒，隨手抽筳」（《農書》卷十一）。又有木棉紡車、木棉撥車、木棉軠牀、木棉線架，織成棉線，然後通過織布機，織成棉布。胡三省《通鑑注》中講到木棉彈弓，「長尺四五寸許」，《農書》裏已經「長可四尺許」，明人《梧潯雜佩》中提到「今之彈棉之弓，以竹爲之，長六尺餘」，可見工具之在不斷改進。

棉農織婦生產無數棉布，最終被統治政府和地主階級剥奪了去。元熊澗谷《木棉歌》云：

秋陽收盡枝頭露，曬破青囊吐白絮。田婦攜筐採得歸，便須織作機中布。大兒來覔襦，小兒來覔袴。半擬償私債，半擬輸官賦。竹籠旋烹活火熏，蠹蟲蠕動走紛紛。尺鐵碾出遥空雪，一弓彈破秋江雲。以筳壓板搓成索，晝夜紡車聲落落。車聲纔止催上機，知作誰人身上衣。小女背面臨風泣，憶曾隨母田中拾。寸縷何曾挂得身，完過官私剩空屋。

迺賢《新鄉媼》云：

蓬頭赤脚新鄉媪，青裙百結村中老。日間炊黍餉夫耕，夜紡綿花到天曉。棉花織布供軍錢，借人碾穀輸公田。縣裏公人要供給，布衫剥去遭笞鞭。

這兩首詩都反映了棉農織婦生活是如何地困難。

明初丘濬在《大學衍義補》中講到：

按自古中國布縷之征，惟絲枲二者而已，今世則又加之以木棉焉。府人調發民丁，歲輸絹、綾、絁及錦，輸布及麻，是時未有木棉也。宋林勳作《政本書》，匹婦之貢，亦惟絹與綿，非蠶鄉即貢布麻。《元史》種植之制，丁歲耕桑棗雜果，亦不及木棉，則是元以前，未始以爲貢賦也。漢唐之世，遠夷雖以木棉入貢，中國未有其種，民未以爲服，官未以爲調。宋元之間，始傳其種入中國，關陝閩廣，海通舶商，關陝壤接西域故也。然是時猶未以爲征賦，故宋、元史《食貨志》皆不載。至我朝，其種乃遍布於天下。地無南北皆宜之，人無貧富皆賴之，其利視絲枲，蓋百倍焉。

《遯齋閒覽》云：

閩嶺以南多木綿，土人競植之，有至數千株者。採其花爲布，號古貝布。予讀《南史·海南諸國傳》言林邑等國出古貝，正此種也。

李時珍《本草綱目》云：

江南淮北所種木棉，四月下種，莖弱如蔓，高者四五尺，葉有三尖如楓葉，入秋開花，黃色如葵花而小，亦有紅紫者。結實大如桃，中有白綿，綿中有子，大如梧子，亦有紫綿者，八月採梂，謂之綿花。此種出南番，宋末始入江南，今則徧及江北與中州矣。不蠶而綿，不麻而布，利被天下，其益大哉。

宋應星在《天工開物》中講到棉花種植、棉布製造，也很詳盡。

凡棉布禦寒，貴賤同之。棉花有木棉、草棉兩者，花有白紫二色，種者白居什九，紫居什一。凡棉春種秋花。花先綻者，逐日摘取，取不一時。其花粘子於腹，登趕車而分之，去子取花，懸弓彈花。為挾纊溫衾襖者，就此止功。彈後以木板擦成長條，以登紡車，引緒糾成紗縷，然後繞籰牽經就織。凡紡工能者，一手握三管，紡於鋌上。捷則不堅。凡棉布寸土皆有，而織造尚松江，漿染尚蕪湖。凡布縷緊則堅，緩則脆。碾石取江北，性冷質膩者。每塊佳者，值十餘金。石不發燒，則縷緊不鬆乏。蕪湖巨店，首尚佳石，廣南為布藪，而偏取遠產，必有所試矣。為衣敝浣，猶尚寒砧擣聲，其義亦猶是也。外國朝鮮，造法相同，惟西洋則未覈其實，併不得其機織之妙。凡織布有雲雲、斜文、象眼等，皆倣花機而生義。然既曰布衣，大素足矣。織機十室必有，不必具圖。

現在先來介紹一下明代和清初松江一帶的種棉織布造成的繁榮景象。

（松江）城中居民，專務紡織，中户以下，日織一小布以供食。雖大家不自親，而督率女伴，未嘗不勤。（范濂《雲間據目抄》卷五）

俗務紡織，他技不多，而精綫、綾、三梭布、漆紗、剪絨毯，皆為天下第一。前志云：百工衆技，與蘇杭等。要之松郡所出，皆切於實用，如綾、布二物，衣被天下，雖蘇杭不及也。（《古今圖書集

成·職方典》卷六九六引《松江府志》）

井臼之餘，刺繡旨蓄，靡不精好。至於鄉村，紡織尤尚精敏，農暇之時，所出布匹，日以萬計，以織助耕，女紅有力焉。後以兵祲相仍，賦役交困，四民皆有儉思，今華實更逾於昔矣。（同上引）

紡織不止鄉落，雖城中亦然。里媪晨抱紗入市，易木棉以歸，明旦復抱紗以出，無頃刻閒。織者率日成一匹，有通宵不眠者。田家收穫，輸官償息外，未卒歲，室廬已空，其衣食全賴此。（同上引）

郊西尤墩布，輕細潔白，市肆取以造襪，諸商收鬻，稱於四方，號尤墩暑襪。婦女不能織者，多受市值，爲之縫紉焉。（同上引）

前明數百家布號皆在松江、楓涇、洙涇樂業，而染房、踹房、商賈悉從之。（顧公燮《消夏閑記摘抄》）

松江府的屬縣，棉紡織業都很發達。首先要提到上海：

（上海）民間於秋成之後，家家紡織，賴此營生，上完國課，下養老幼。（李煦奏摺）

農暇之時，所出布匹，日以萬計，游手之徒，有資婦女養生者。紡織不止村落，雖城市亦然。里媪晨抱紗入市，易木棉以歸，明旦復抱紗以出，無頃刻閒。織者大率日成一匹，甚有一日兩端，通宵不眠者。（乾隆《上海縣志》）

地産木棉，紡織成布，衣被天下。（葉夢珠《閱世編》）

青浦也盛産棉布：

俗務紡織，里媪抱紗入市易棉歸，旦復抱紗出。織者率日成一端，入市易錢以佐薪米。（光緒《青浦縣志》）

太倉州也盛産棉布：

郊原四望，遍地皆棉。（崇禎《太倉縣志》）

（太倉嘉定）比閭以紡織爲業，機聲軋軋，子夜不休，貿易唯棉花布。（《古今圖書集成·職方典》卷六七六）

嘉定亦以産棉布著稱：

地産棉花，種稻之田不能什一，其民唯托命於木棉。（《天下郡國利病書》引《嘉定縣志》）

蘇州府的一部分屬縣，有不少是産棉區，先講常熟縣：

（常熟産棉布）用之邑者有限，（往往販運外地）彼氓之衣縷，往往爲邑工也。（嘉靖《常熟縣志》）

再講崑山縣：

（崑山）不宜五穀，多種木棉。（歸有光《震川集》）

嘉興府的平湖縣，亦産木棉：

比户勤紡織，婦女燃脂夜作，成紗綫及布，侵晨入市，易棉花以歸。積有羨餘，挾纊賴此，糊口亦賴此。（乾隆《平湖縣志》）

湖州府除有發達的絲織業以外，就是棉紡織業也相當發達。

商賈從商旁郡，販棉花，列肆我土（湖州）。小民以紡織所成，或紗或布，侵晨入市，易棉花以歸，仍治而織之，明旦，復治以易。（雍正《浙江通志》）

說明江南不宜蠶桑的地方，多種植木棉，松江府的華亭、上海、青浦，太倉州的太倉、嘉定，蘇州府的常熟、崑山，嘉興府的平湖，還有湖州府的一部分地區，植棉織布，已經都很發達了。棉布的紡織技能有所改進，棉布已經能够日織一匹，甚至兩端。這些棉農織婦，辛勤勞動，甚至通宵不眠，機聲軋軋，這形象是非常感動人的。

從上面所引松江、太倉、杭州、嘉興一些府州的棉紡織業來看，如果它繼續保持這個勢頭，發展下去，也會萌芽資本主義關係，出現資本主義社會的，然而事實却並不是如此，始終停滯在資本主義萌芽以前的階段，胎中幼兒，遲遲未能脱離母胎，健康地生育下來，這是值得深思的。

徐獻忠著《布賦》，在賦裏敍述棉農織婦的困難生活，高利貸的猖獗，棉農賣布換錢，路上被高利貸者攘奪以去，赤手回家，夫婦對泣。最後講到政府征税之酷，遇到自然災害，年成歉收，更是大禍臨頭。賦云：

客有至吴下邑，覽織婦之布素，……迺喟然而歎曰：「美哉布乎！是固一匹可以愧盗心，不得千金之償約者歟！何齎者之逐逐，而拾者之堇堇也。」下邑之士曰：「羅紈繡文，素綈錦綾，長裙交褘，流景飛晶，此居者之所揚輝，而觀者之所凝睇也。子不是慕，而慕諸貧民之業，亦有說乎？」客曰：「布通貴賤之服，不擇溫涼而適。其爲製也，疏陋縑繒，密殊絹縠，有氍毹之毛毳，齊縞素之潔白，賤靡綺之浮華，傷貝錦之徒飾。孺子匹婦，可濟其乏缺，通都大邑，與千乘之富相埒，豈虛言哉。」曰：「子何不傷其勞而徒羨其美，不稽其私而徒誇其會，子亦欲聞其勞且病乎？若乃鐵木相軋，手挽足壓，且餧且扐，出絮吐核，張弓掛弦，弦急聲噎，牽條絡車，咿啞錯雜。借光焚膏，繼夜併日，心急忘寐，力疲强發。衾簟空寒，漏水寂溢，婦子喧闐，老稚畢力。」客曰：「若是勞乎？」曰：「未也。嫠婦卷袖，妖姬解佩，含愁入機，凝寒弄梭。流蘇綰綜，一伏一起，踏躡相次，上下不已。縷斷苦接，梭澀恐膩，手習檻匡，聲揚宮徵。長夜淒然，得尺望咫。寒雞喔喔，解軸趨市。方是時也，母聞謗而不暇投杼，妻迎夫而帖然坐起。」客曰：「若是勞乎？」曰：「未也。織婦拖凍，龜手不顧，匹夫懷饑，奔走長路，持魯莽以入市，恐精麤之不中數。飾粉傅脂，護持風露，摩肩臂以授人，騰口說而售我，思得金之如攫，媚賈師以如父。幸而入選，如脫重負，坐守風簷，平明返顧。」客曰：「若是勞乎？」曰：「未也。婦辭機而望遠，子牽裳而怨飢，先潔釜而待米，旋汲水而候炊。語少待以相慰，既久竚而始歸，夫嬰嬰以隕涕，云攘攘者在途，索子錢而不釋，併布母以如飛。夫狼攫虎噉，肉寒骨解，無一語之抗聲，猶三虢而稱怪。握兩手以授之，拂空拳而吞欬，雖卒歲之靡從，完小信而不怠。是豈但一婦織而衣十人，殆所謂一室肥而衆俱瘠者也。」客曰：「若是病乎？」曰：「未也。海上之民，土薄水淺，其惡易遷，枵腹者未知其稅駕，鶉衣者徒羨夫長袖。夫廣儲豐積，出自農夫之耕，一絲寸縷，皆從匹夫之手。然而繭絲告成，置蠶不問，耕犁召豐，於牛何有，是固天下之同風，惟江南爲叢藪。畝鍾之地稅從升，泥途之末路計斗。是以手不停機，而終歲無衣。窮年仡仡，而不贍其口。」客曰：「何言之過也。……顧今日之江南，殆海內之樂國，雖有布縷之征，亦豈加於穀粟，何徒抱杞人之憂，損名都之望乎？」曰：「否！否！不然。……今昔庚申，火仇馮夷，亢令爍金，天漢飛灰，槁土沃焦，赤地坼龜。既葵黎之莫采，亦木棉之變衰，枝無垂莪，絮罕葳蕤，傾筐脫負，采掇支離，寡夫臃腫，哲婦鵠夷，里胥蹀躞，督郵喧豗，無尺寸之可縫，況綱運之崔巍，匪凶歲之取盈，抑國計之在兹。雖使星嫛獻技，火鼠脫鬣，罄大夏之全産，省公儀之百室，傴陽不懸於城雉，匡廬借練於飛瀑，亦何以應之。」客曰：「嗟哉！下邑之民，若是病乎？……九月授衣，猶以爲晚，終歲作勞，祁寒不免。吾又何敢袖手以向人，徒負暄而思暖，迺授簡而書之，告輶軒以示遠。」

下面講到明代蘇松嘉湖四府的租額和江南紡織業。

南宋末年，賈似道試行公田法，先從浙西路實施，蘇州、嘉興、松江幾府土地，大都由政府賤價收買，作爲公田。歷元經張士誠時，公田面積，繼續擴大。明太祖朱元璋滅張士誠，凡張士誠部下官吏及富民所有財産，一律没收，作爲公田。據《宣德實録》所載鍾況奏疏，蘇州耕地，如按十六分計算，十五分是公田，一分是民田。明政府規定蘇松嘉湖四府公田的租額也特別重，每畝竟高達二三石。因此，全國田賦，蘇州松江最重，嘉興湖州次之，杭州又次之。明太祖洪武三年（公元一三七〇年）九月，「户部奏『賞軍用布，其數甚多，請令浙西四府秋糧內，收布三十萬匹。』上曰：『松江乃産布之地，止令一府輸納，以便其民，餘徵米如故。』」(《天下郡國利病書·蘇松》)明太祖輕描淡寫作出這個指示，松江一地的負擔，驟然增加棉布三十萬匹，松江的棉農織婦就真難活下去了。

洪武十三年(公元一三八〇年)，曾命户部酌量減輕租額，但蘇州一府秋糧，仍多至二百七十四萬六千餘石；其中民糧，僅十五萬石，只佔十九分之一强。田糧負擔，全部壓在農民頭上。當時官田租額，「嘉定重斂，至有七斗三升者」，周忱後來見到「嘉定地薄，而賦與旁邑等，思所以恤之，謂地産棉花，而民習爲布，奏令出官布二十萬匹，匹當米一石」(《天下郡國利病書·蘇松·嘉定田賦》)。

就是説，從明太祖起的明代統治者，他們早已摸索到東方封建社會的剥削祕密，那就是對土地剥削之不足，轉向棉紡績機進行剥削。明太祖統治全國之初，就下令普遍展開栽桑植棉運動。《明通典》載，明太祖初卽位，下令國内農民有田五畝至十畝的，栽植桑、木棉各半畝，十畝已上的加倍，田多的累加。不種桑的，罰每年繳絹一匹，不種木棉的，罰每年繳木棉布一匹。就説明了明代的這樣注意到對田農織婦雙管並下的剥削。

由於封建統治的殘酷剥削，本已造成了農民的極端貧困，中國農業因此也停留在低級水平的條件下。不管中國土地所有權如何集中，但土地使用權是極度分散的。由於田場的狹小，人口的繁殖，相應的，勞動力却過剩。在這種情況下，增加勞動力的消耗，是農業裏獲取最高産額的唯一途徑了。男耕女織，本來是兩性的原始分工。要解決土地方面之不足，唯有倚賴紡織業。於是耕男勤栽桑棉，織婦長年札札機杼。耕男織婦的主觀願望，不過要求能支持他們最低限度的生活，延長他們破產時期的來到而已。客觀效果上，却給社會創造了無數財富。因紡織業的發展，社會生產力，也隨着變化和發展了。可是封建的生產關係也與此相適應而變更和發展了。封建統治者摸索到封建社會的剥削祕密之後，就大刀闊斧地對耕農織婦進行殘酷的無情剥削，既向人民要大量的租穀，又向人民要超額的絹布，往後茶鹽瓷器，無一不稅。耕男織婦生產了無數物質財富，不但沒有改善他們的生活，却反而陷入更深的泥淖裏去而不能自拔了。

耕男織婦，把衣食兩項生產活動，結合在一起，食糧是耕男在自己所租佃的土地上生產的，就是棉布，也是自種自紡自織，由家庭成員自己來製造的。一家的勞動力得到合理利用，生活上主要必需產品，也就差可自給。耕男織婦爲了縮減消費，避免購買，耒耜機杼，遂很自然地成爲小生產體的主要組合方式，這是東方封建社會的特色之一。到了木棉出現，木棉本身原具有適宜於大衆消費以代替絲麻的優越性。農民選擇適當的手工業，本來爲了追求自給，在這一方面，木棉是具有這條件的，所以大多數農民都闢出一塊棉花田，來種植木棉，盡心護養，以求自給。

徐光啓在《農政全書》裏說：

陶宗儀稱松江以黃嫗，故有棉布之利，而仲深先生（丘濬字）亦云其利視絲枲百倍，此言信然，然其利今不在民矣。嘗考宋紹興中，松郡稅糧十八萬石耳，今平米九十七萬石，會計加編、徵收耗剩、起解鋪墊諸色役費，當復稱是，是十倍宋也。壤地廣袤不過百里而遥，農畝之人，非能有加於他郡邑也；所由供百萬之賦，三百年而尚存視息者，全賴此一機一杼而已。非獨松也，蘇、杭、常、鎮之幣帛枲麻，嘉、湖之絲纊，皆恃此女紅末業，以上供賦稅，若求諸田畝之收，則必不可辦。故論事者多言東南之民勤力以事上，比於孝子順孫，不虚耳。

清孫承澤著《春明夢餘録》也説：

韓愈謂賦出天下，而江南居十九，今浙東西又居江南十九，蘇松常嘉湖五郡又居兩浙十九也。

這正證明蘇松嘉湖四府的農民，所以能够負擔超額的租賦，而尚能活下去，其主要原因，全靠一機一杼。倘若農民純賴田畝的收入，來繳納租額的話，連徐光啟也明白地説不可能的了。

超額的租賦，已把農民壓得窒息。而家庭紡織業，又遭受到上面所説的封建政權、地主、高利貸者的重重剥削。雖時而封建政權剥削重，時而地主、高利貸者剥削重，大都時間，又都是三者並重。這三者對家庭棉紡織業的剥削程度之加深，終極必至造成家庭棉紡織業無法自給，又不得不取助於耕作。於是棉紡織業本來要想脱農業而自立的局面，結果却又非抓緊耕地不可。狹小的田場，超額租賦下的農業，養不活人；重重剥削下的家庭紡織業，也養不活人，兩者互相輔助結合起來，却正好成爲封建統治者、地主、高利貸者剥削的淵藪。

明太祖和他的子孫，前後二百八十年之久，所以敢對蘇松嘉湖幾府人民作超額的剥削，就是看準了勞動人民一天肯在死亡綫上掙扎，政府的高額税收，就一天不會落空。他名目上雖是加重田賦，實際却是想把勞動人民所生產的紡織製成品也擠出來，塡滿他們無厭的慾壑。我們明白了東方封建社會的剝削祕密，我們也就能說明明太祖的加重蘇松嘉湖幾府租額負擔，不僅僅如傳說，爲了要懲罰蘇松嘉湖人民在元末爲張士誠堅守抵抗集慶軍的緣故；而是因蘇松嘉湖幾府的紡織業（棉布和絲綢），足供他的剝削，他才敢從田賦入手，變相進行對棉布和絲綢的剝削。他和他的子孫們，超額的剝削了二百八十年之久，江南的棉紡織業和絲織業，也不能得到長足的發展，無形地停滯了二百八十年之久。

就松江一府來講，還出現一種怪現象，卽人口下降。據明《大政記》，天順五年（公元一四六一年），松江府積荒田四千七百餘頃，皆重額久廢不耕，税加於見户。再來看《明會典》記載的户口數，明洪武二十六年（公元一三九三年），松江的户數是二十四萬九千九百五十户，口數是一百二十一萬九千九百三十七口；過了九十八年，到了弘治四年（公元一四九一年），松江的户數是二十萬五百二十户，口數是六十二萬七千三百十三口；又過了八十七年，到了萬曆六年（公元一五七八年），松江的户數是二十一萬八千三百五十九户，口數是四十八萬四千四百十四口。二百年間，棉紡織業生產在發展，户數、口數却不但没有增加，反而有下降的趨勢，下降到只剩三分之一。户數、口數的下降，這點都正説明棉農逃亡現象之嚴重。

有人問：松江的棉紡織業相當發達，那麽家家都應該租佃小型的田場，來栽植木棉，爲什麽荒田面積反而一年多於一年呢？爲什麽蘇松嘉湖四府中，獨獨松江更爲嚴重呢？這是可以解釋的。蠶絲必須栽桑，栽桑不是一年就能長大，所以不能隨意放棄土地。植棉花却不然，紡紗織布，可以向外購進原棉，不必一定要本地生產的棉花，才能紡織。明王象晋《木棉譜序》云：

今棉之利遍宇内，且功力視苧葛甚省。績苧葛日以錢計，紡棉四日而得一觔，信其利遠出麻枲上也。今北土廣樹藝而昧於織，南土精織紝而寡於藝。若以北之棉，學松之織，利當更倍，顧棉則方舟而鬻諸南，布則方舟而鬻諸北，此子先（徐光啟字）所爲歎也。

徐光啟在《農政全書》中先已講到：

《松江志》又言，綾布二物，衣被天下。原此中之布，實不如西洋之麗密。曾見浙中一種細布，亦此中所未見者，徒以家紡户織，遠近通流，遂以爲壤奠爲利源也。第事勢推移，無數百年不變者。元人稱關陝而外諸郡土地不宜吉貝，識者非之。今之藝吉貝者，所在而是焉。何樹藝之獨然，而織紝之獨不然邪，安能禁他郡邑之人不爲黄婳邪。今北土之吉貝賤而布貴，南方反是。吉貝則泛舟而鬻諸南，布則泛舟而鬻諸北，此皆事之不可解者。……數年來，肅寧（今河北肅寧縣）一邑，足當吾松十分之一矣。初猶莽莽，今之細密，幾與吾松之中品埒矣。其值僅當十之六七，則向所云吉貝賤故也。

可見明中葉以後，木棉的栽植，已很普遍，北方的産棉區域，也在逐漸推廣之中，北方生産出來的原棉，開始大量南運。北方的田賦，既比松江爲輕，原棉的成本也一定低於松江。松江的棉農織婦，因爲本地的賦額重，原棉成本也貴。因此就放棄租佃土地，改用北方原棉。但是要放棄租佃土地，封建統治者是不會允許的，於是不得不攜着棉紡織工具而出亡，僑居異鄉，仍以紡織棉布爲業。這樣，松江的户數口數就日益減少，逃亡人口，幾佔全府總人口的三分之二，可是租額總數，却並没有減少，所有重額租賦，全都壓在松江勞動人民頭上。松江一府人民的負擔，一天天在加重，他們生活一天比一天更爲艱苦，這是可想而知的。

現在小結一下：明太祖因蘇松嘉湖四府的紡織業發達，所以定四府的租賦也特別重，以變相進行對紡織機的剥削。自古以來，就有布縷之征，超額的蘇松嘉湖田賦，以米一石易布一匹，就是變相的布縷之征。松江一帶農民，盡心栽植木棉，用來補助田業收入之不足，不幸封建剥削，也隨着棉織業的發展而加重，於是棉織業者，除了攜着紡織器而出亡，僑居異鄉以外，留在松江本土的棉織業者，不但不能得到獨立的發展，反因剥削的加深，而不得不取助於耕作。耒耜機杼，兩者結合起來，以最堅韌的抗力，阻塞了紡織機械化的道路，成爲封建社會剥削的淵藪。

古代中國人民使用煤的歷史

中國是世界上最早發現煤和最早使用煤的一個國家。

煤在古代，有許多名稱，如《孝經援神契》稱「王者德至山陵，則出黑丹」，這黑丹就是煤的異名。如《拾遺記》言「焦石如炭」，《嶺表録》謂「康州（治端溪，今廣東德慶縣）有焦石穴」，這焦石也是煤的異稱。又有烏金石與石墨或石炭之稱，李時珍《本草綱目》卷九金石部稱：「石炭卽烏金石，上古以書字，謂之石墨。今俗呼爲煤炭，煤、墨音相近也。」顧炎武《日知録》謂：「北人凡入聲字，皆轉爲平，故呼墨爲煤，而俗竟作煤字。」所以，煤是後起之名，而石墨、石炭之稱，要早於煤。

最早大規模使用煤的記載，始於曹操，事見西晉人陸雲與兄陸機的信中，信中説：

一日上三臺，曹公藏石墨數十萬斤，云消此燒，復可用然，不知兄頗見之否？今送二螺。（《御覽》卷六百五引《陸雲與兄機書》）

後來北魏末年人酈道元在《水經·濁漳水注》中，對鄴城三臺窖藏石炭一事作了一些補充。

魏武封於鄴，城之西北有三臺，皆因城爲之基。建安十五年（公元二一〇年），魏武所起。中曰銅爵臺，南則金虎臺，北曰冰井臺，上有冰室，室有數井，井深十五丈，藏冰及石墨焉。石墨可書，又燃之難盡，亦謂之石炭。又有粟窖及鹽窖，以備不虞。

這兩條材料，可說是石炭正式見之於記載的最早記錄。在此以前，固然有人把《外戚世家》竇少君爲其主作炭，《後漢書·黨錮列傳》夏馥入林慮山親突烟炭兩事，認爲是開採石炭的開始，但由於也可以作木炭解釋的緣故，未必能够十分肯定一定是石炭。因此，我們把石炭的正式開始使用，安置在東漢的末年。

當中原地區知道用煤來冶鑄以後，不久，這種先進的生產技術，很快推廣到邊疆去，釋道安《西域記》載：

屈茨（卽龜茲之異譯，今新疆庫車縣）北二百里，有山，夜則火光，晝日但烟，人取此山石炭，冶此山鐵，恆充三十六國用。（《水經·河水注》引）

可見西域城郭諸國不僅知道開採石炭，而且也知道利用石炭來煉鐵了。

東晉南朝時期，在江南也開始採掘石炭。東晉劉欣期《交州記》中云：

竈頭山，越人炊爨之處，掘而得炭。（《御覽》卷八百七十一引）

又雷次宗《豫章記》中載：

豐城縣（今江西豐城縣西南）葛鄉，有石炭二百頃，可燃以炊爨。（《御覽》卷八百七十一引）

大概南北朝時人用石炭來煮食物，已較普遍了，所以隋文帝受禪初年（公元五八一年），王劭上表中云：

今温酒及炙肉，用石炭、木炭火、竹火、草火、麻荄火，氣味各不同。（《北史·王慧龍傳五世孫劭附傳》）

這些説法，都可以反映用石炭來煮食物，已經很普遍了。

唐代對煤的開採，比之前代，也有很大進展。日本僧人圓仁在唐文宗時入中國，朝拜五臺山後，西去長安，經過晉陽，在他所著的《入唐求法巡禮行記》裏記載着：

開成五年（公元八四〇年）七月廿六日，出（太原府）西門，向西行三、四里，到石山，名爲晉山。遍山有石炭，近遠諸州人盡來取燒，料理飯食，極有火勢。見乃巖石燒化爲炭，人云天火所燒也。

此外《開元天寶遺事》中載：

西涼國進炭百條，各長尺餘，其炭青色，堅硬如石，名之曰瑞炭。燒於爐中，無焰而有光，每條可燒十日。其熱氣逼人而不可近也。

唐代没有西涼國，不知何指。所指瑞炭的質地性能，很象石炭。但小説家言，不免有誇大之處。且石炭中土所有，而這裏説從西涼入貢，也有説不通的地方。

段成式《酉陽雜俎》中載有「無勞縣出石墨，爨之彌年不消」一條，然無勞縣，據《宋書·郡國志》屬日南郡，晉武帝分北景立，至隋已廢，成式淵博，《酉陽雜俎》所録，當是採自前朝記載而不是指唐代而言的。好在今日已屬境外，我們就也不必去討論它了。

近代在遼寧撫順煤礦的發掘，在唐代舊坑中發現有圓形斜坑，這種採掘方法，似爲古高句麗人所慣用的方法，並在此圓形斜坑中發掘出圓形古器，似爲用來盛油之用，亦似李唐時期高句麗人所習用的器皿，如此，東北地區，在唐代可能已有煤礦開採之經營，而其礦工則大都爲古高句麗人或古新羅人云。

到了宋初，歐陽修在《歸田録》中曾提到石炭。

> 有人遺予以清泉香餅一篋者，〔蔡〕君謨聞之，歎曰：「香餅來遲，使我潤筆獨無此一種佳物。」清泉，地名。香餅，石炭也。用以焚香，一餅之火，可終日不絶。

這裏所說的香餅，已經不是原來的塊煤，而是經過加工，滲和香料以後成爲很容易燃燒的燃燒物了。

當時宋政府亦在磁（今河北磁縣）相（今河南安陽市）等地收買石炭。《宋會要輯稿·食貨·市易》載：

> 天聖二年（公元一〇二四年）十月二十七日，陝州西路轉運使杜詹言：「欲乞指揮磁、相等州所出石炭，今後除官中支賣外，許令民間任便收買販易。」從之。

石炭的使用至此益廣，中原缺乏薪柴地區，往往仰給石炭來做燃料。北宋末南宋初人朱弁著《曲洧舊聞》，謂石炭在熙寧間（公元一〇六八年至一〇七七年），開始出現於宋都汴京市上。且作了一首《坑寢》詩云：

西山石爲薪，黝色驚射目。方熾絶可邇，將盡還自續。飛雲涌玄雲，燄燄積紅玉。稍疑雷出地，又似風薄竹。

莊季裕在紹興三年（公元一一三三年）成《雞肋編》，書中載：

昔汴都數百萬家，盡仰石炭，無一家然薪者。

則石炭確已風行汴京，成爲人民生活中不可缺少的燃料用品了。北宋時期，除了利用石炭來煮食物和取暖以外，當時燒磁製造業也須要消費大量燃料，薪柴不足，往往兼用石炭。《宋會要輯稿·食貨·窑務》載：

神宗熙寧七年（公元一〇七四年）五月，江陵府江陵縣尉陳康民言：「勘會在京窑務，所有柴數，於三年内取一年最多數，增成六十萬束，仍與石炭兼用。」「其石炭自於懷州（今河南沁陽縣）九鼎渡、武德縣（今河南沁陽縣東南四十里）收市」。及句當東窑務孫石「乞將石炭出貨」，「宜如康民所請。其出賣石炭，每秤定價六十文」。詔除武德縣收市不行外，餘並從之。

又據蘇軾《石炭》詩引稱：

彭城（江蘇徐州市）舊無石炭，元豐元年（公元一〇七八年）十二月，始遣人訪獲於州之西南白土鎮之北，以冶鐵作兵，犀利勝常云。

詩云：

君不見前年雨雪行人斷，城中居民風裂骭。濕薪半束抱衾裯，日暮敲門無處喚。豈料山中有遺寶，磊落如壂萬車炭。流膏迸液無人知，陣陣腥風自吹散。根苗一發浩無際，萬人鼓舞千人看。投泥潑水愈光明，爍玉流金見精悍。南山栗林長可息，北山頑礦何勞鍛。爲君鑄作百煉刀，要斬長鯨爲萬段。

又《宋史·李昉傳從孫昭遘附傳》：

降知澤州（今山西晉城縣）。陽城（今山西陽城縣）冶鐵鑄錢，民冒山險輸礦炭，苦其役，爲奏罷鑄錢。

可見石炭在當時已開始用來冶鐵鑄錢，其用途更爲廣泛了。北宋的煤礦分佈地區，尚不出今河南河北山東陝西以及蘇北地區，據朱翌《猗覺寮雜記》稱：「石炭自本朝河北山東陝西方出，遂及京師。」而朱弁《曲洧記聞》謂「今西北處處有之，其爲利甚博。」陳槱《負暄野録》亦謂石炭「今西北處處有之」。惜北宋記載西北一帶開採煤礦的文獻記録非常缺乏，致我們無法考知其詳。

據《雞肋編》載「汴都數百萬家，盡仰石炭，無一家然薪者」之語，以及煤的廣泛使用於燒窑和冶鐵各方面，則當時煤礦的開採規模，必然比之以前爲擴充，開採煤礦的工匠人數也一定比之以前爲增多。然而封建政權也決不肯對石炭生產事業方面的剥削，輕輕放過，讓它去自由發展的。一方面宋政府在石炭的出産地區，開始抽税，如《猗覺寮雜記》載：「石炭自本朝河北山東陝西方出，遂及京師。陳堯漕河東時，始除其税。」是陳堯佐漕河東前曾有石炭税，故《續資治通鑑長編》也有「明道元年（公元一〇三二年）九月己丑，廢真定府石炭務」之語。另一方面，政府還在石炭産區進行收購，然後再由政府置石炭場，專利「出賣石炭」(《宋史・職官志》)。據《宋會要輯稿・食貨・市易》稱：

> 元符三年(公元一一〇〇年)十月二十八日，尚書省勘會平準務：石炭自近年官中收買，置場出賣，後來往市，價轉增高，實於細民不便。詔罷平準務，仍今後更不官買石炭出賣。

這一次「更不官買石炭出賣」一事，事實上也沒有真正執行，所以雍正《山西通志》中稱：「宋崇寧末(公元一一〇二至一一〇六年)，官賣石炭，增賣二十餘場，天下市易務炭，皆官自賣。大同路煤炭課一百二十九錠一兩九錢，煤木所二千四百九十六錠二十四兩五錢。」倘若真正廢止官炭官賣，就也不會有煤炭課的收入了。石炭場的分佈，據《宋會要輯稿・職官・官制別録》中記載：「宣和二年(公元一一二〇年)八月十八日吏部狀：河南第一至第十石炭場，河北第一至第十石炭場，京西軟炭場，抽買石炭場，豐濟石炭場」之語，是石炭場之林立，政府的控制石炭也恐怕比之以前更加嚴密。

南渡之初，當時江南許多地區，竹木尚多，燃料尚還不成問題，所以煤的開採不甚發達，陸游《老學庵筆記》云：

> 北方多石炭，南方多木炭，西蜀又有竹炭，燃巨竹爲之，易燃，無烟，耐久，亦奇物。

然據莊季裕《雞肋編》稱：

> 昔汴都數百萬家，盡仰石炭，無一家然薪者。今駐蹕吴越，山林之廣，不足以供樵蘇。雖佳花美竹，墳墓之松楸，歲月之間，盡成赤地。根枿之微，斫撅皆徧，芽蘖無復可生，思石炭之利而不可得，東坡已呼爲遺寶，況使見於今日乎！或云：信州玉山(江西玉山縣)亦有之，人畏穿鑿之擾，故

不敢言也。

可見南宋之人看到人口日增，竹木等燃料日少，也未嘗不想到石炭的開採對於人民日常生活之有利，但由於受到北宋末年政府專利的影響，不敢輕啟利門，因此没有大規模開採而已。不過據南宋時人謝啟新《古今合璧事類備要》所引：

江南西路豐城（今江西豐城縣）萍鄉（今江西萍鄉縣）二縣，皆産石炭，於山間掘土，黑色可燃，有火而無焰，作硫黄氣，既銷，則成白灰。

據此，則南宋時，江南人民對煤的用途，不是不知道的。又從《異聞總録》中載：

宋寶祐間（公元一二五三至一二五八年），高郵軍阮子博夜行安慶府（今安徽安慶市）九曲嶺，迷不知徑，望火光之茅屋一間，二士燒石炭，對坐觀書。

從這一則故事來看，利用石炭來烤火，在大江南北，也可能説是很普遍了。

元代煤礦，仍在繼續開採。《元一統志》：

石炭煤出宛平縣（今北京市西北）西四十五里大谷山，有黑煤三十餘洞；又西南五十里桃花溝，有白煤十餘洞。（《永樂大典》卷四六五三引）

石炭窑四座，一在離石縣（今山西離石縣）上官村，二在寧鄉縣（今山西寧陽縣）南五里。

煤炭出管州，出樓煩城（今山西静樂縣）北一十里石炭井村。又城南五十里順道村。（《永樂大典》卷五二〇一引）

炭窰一十三處，在孟州（今河南孟縣），去州南招賢村八十里，歲辦官課。

石炭，在宜君縣（今陝西宜君縣）北一百里嘉會村，有一石窟。

墨嶺，在徽州路。舊志，黟縣（今安徽黟縣）之南有墨嶺。《九域志》引《方輿志》云，墨嶺上出石墨，土人採之成井，遂云石墨井。（《永樂大典》卷一一九八〇引）

《永樂大典》卷五一〇一引《太原志》：

煤炭出本縣（陽曲縣，今山西太原市）水谷村。

煤窰三處，計四座。在陽曲縣馬北村，縣東二十里一座。留南村，縣東北十五里一座。西明村，縣西三十里，二座。

煤炭窰五十七座。在太原縣南胡泉村，肥炭窰四座，煤窰六座。豐泉村，煤炭窰六座。金勝村，煤窰九座。安仁鄉，煤窰二座。黃泉村，煤窰六座。晉祠村，煤窰四座。王索村，煤窰六座。邵村西社，煤窰四座。華谷，煤窰四座。姚村大社，煤窰一座。邵村大社，煤窰三座。皇陵北社，煤窰二座。

《永樂大典》卷五一〇一引《晉陽志》云：

煤窰在〔榆次〕縣北寺村，按《晉陽志》云二十座。煤窰三處。在清源縣（今山西清徐縣）馬谷村一處。已行摧塌。梁村一處。今不取用。白石山一處。見行取用。

石炭窰三座。在孟縣（今河南孟縣）傾城村一座，去縣東南二十里。温池村一座，去縣東二十里。 蘭村一座，去縣西南五里。

元好問《續夷堅志》卷四載：

河南澠池縣炭穴顯露，隨取而足，用者積累成堆，下以薪爇之，烈焰熾然。

元代還設置銅冶總管府，主管冶銅事務，冶銅的燃料也用石炭，稱爲礦炭。《元典章》卷二十二《銅冶·立銅冶總管府》條稱：

至元四年（公元一二七六年），欽奉聖旨 一，隨處爐冶户，每年合着供爐礦炭等差役，仰管官品答，貧富依理均科，其礦炭出給花名，由帖驗數，又將科定數目，攢造文册，申報銅冶總管府。 除外，管爐官再不得一面擅行科差。 一，諸處系官並自備諸色銅冶採打礦炭大石甜工，照依舊例行，其經行地面，所在官司及各處軍民諸色人等，並不得遮當，如違申仗制國用使司究問施行。

這些採石炭的民户，往往淪爲王公妃主的户奴，如《續文獻通考》載：

元至元中（公元一二七三至一二九四年），以馬鞍山（北京市西山）大峪等石炭煤窑辦課，奉皇太后位下。

從元代開始，中國開採石炭的業績，開始傳播到歐洲去。《馬哥波羅行記》（馮承鈞譯，第一〇一章）稱：「契丹全境之中，有一種黑石，採自山中，如同脉絡，燃燒與薪無異，其火候且較薪爲優。 蓋若夜間燃火，次晨不息，其質優良，致使全境不燃他物。 所産木材固多，然不燃燒，蓋石之火力足，而其價亦賤於木也。」繼馬哥波羅之後，有阿拉伯國家的旅行家伊本拔禿塔，在元順帝至正七、八年間（公元一三四七至一三四八年)游歷中國。看到中國人用石炭作燃料,他也認爲非常稀奇。在他的行記裏説:「中國及契丹居民所燃之炭,僅用一種特産之土,此土堅硬與吾人國内所産之粘土同,置之火中,燃燒與炭無異,且熱度較炭爲高,及成灰燼,復溶之水中,取出曬乾,可以復用一次。」(同上引書注,馮承鈞譯)從此中國人開採煤礦的方法,逐漸爲歐洲人所注意,爲以後資本主義的發展,能源的需要方面,創造了有利的條件。

明政權一開始就和宋政權一樣,抽收石炭税,也可以説,對石炭開採業是一種摧殘。從明洪武二十六年(公元一三九三年)起,製訂抽分竹木局的抽分例中,就有煤炭一項,十分抽二。永樂六年(公元一四〇八年),設通州、白河、盧溝、通積、廣積抽分五局,至十三年(公元一四一五年)定抽分例,其中石炭一項,爲三十分取一。《明實録》卷一百五十八載:

正統十二年(公元一四四七年)九月癸丑,漕運總兵並各處巡撫工部左侍郎周忱等至京,會六部都察院堂上官,具條事宜以聞。一,大同山西數處,産有石炭,軍民小户,自取燒用,亦被擒攔抽分納課,深爲不便。

萬曆中,政府還在山西一帶,没收民營煤礦,自行開採。雍正《山西通志》載:

明萬曆三十年(公元一六〇二年)十一月,内官奏:山西煤窨,每年變價五千兩。有旨開取。

據《明實録》卷三百八十載:神宗萬曆三十一年(公元一六〇三年),曾因採煤内監王朝利用權力,騷擾民營煤礦，因而激起「窰民」（礦工）的嚴重抗議，「於是驁面短衣之人，塡街塞路，持揭呼寃」。當時宰臣上言：「煤利至微，煤户至苦，其人又至多」，如果「一旦揭竿而起」，就會動搖封建統治，所以主張撤回内監，停收煤稅。工科都給事中白瑜也說：「今者蕭牆之禍四起，有産煤之地，有做煤之人，有運煤之夫，有燒煤之家，關係性命，傾動京畿。」結果明王朝在羣衆的壓力之下，終於召回内監。據《山堂肆考》：

萬曆三十三年（公元一六〇五年）諭曰：「畿輔煤窰，係小民日用營生，除官窰煤炸，内監採用外，民窰稅課，盡免停之。」

可證這次窰民的抗議，果然官營煤礦，還是繼續存在，而且在一定程度上阻礙了民營煤礦事業的順利發展；但是另一結果，民營煤礦的煤稅却從此停免，這多少有利於民營煤礦的發展的。

同時，當時皇室和勢家，都迷信風水，往往爲了祖上墳墓接近礦山的緣故，恐怕破了風水，就利用政治力量，阻止人民開採煤礦。《明實録》卷一百五十二載：

英宗正統十二年（公元一四四七年）四月己酉，盧溝河東，有鑿山伐石之禁；太師英國公張輔縱家奴即其地闢煤窰，都察院請罪輔，上特宥之。

太師張輔家奴倚仗張輔勢力，開採煤礦，尚且幾至得罪，小民如果私採，獲致重罪，更是無疑了。《明會典》卷一百九十四《窰治門》載：

成化元年（公元一四六五年），令都察院申明渾河大峪山煤窰禁約，錦衣衛時常差人巡視，敢有私自開掘者，重罪不宥。

正德元年（公元一五〇六年）議准：「渾河山場與皇陵京師相近，恐傷風水，申嚴禁約，不許動戚勢要之家鑿石取煤。」

這種禁令，一直到清代也曾存在。如近代《中國實業通志》載：「撫順煤礦，在瀋陽東約六十餘里。」「該礦自遼金以降，久有開採，清季以東陵風水禁採。」這種有形的禁令和當時更廣泛的社會頑固習俗，嚴重地阻礙了煤礦事業的順利發展。

但是，儘管這樣，有明一代，煤礦開採還是有它重大發展的。《讀史方輿紀要》卷二十九稱：

和州含山縣（安徽含山縣）牛頭山，在縣北三十里，山產煤，明正德中（公元一五〇六至一五二一年），居民採以爲業。

《本草綱目》卷九《金石部·石炭門》載：

石炭，南北諸山產處亦多，昔人不用，故識之者少，今則人以代薪炊爨，鍛煉鐵石，大爲民利。土人皆鑿山爲穴，橫入十餘丈取之。有大塊如石而光者，有疎散如炭末者。《夷堅志》云：彰德（今河南安陽縣）南郭村井中產石墨。宜陽縣（今河南宜陽縣）有石墨山。汧陽縣（今陝西汧陽縣）有石墨洞。燕之西山（今北京市西山），楚之荆州（今湖北江陵）、興國州（今湖北陽新縣），江西之廬山、袁州（今江西宜春縣）、豐城（今江西豐城縣）、贛州（今江西贛州市），皆產石炭，可以炊爨，並此石也。（《本草綱目》成書於一五七八年）

宋應星《天工開物》卷十一《燔石篇》稱：

凡煤炭，普天皆生，以供鍛煉金石之用。南方禿山無草木者，下卽有煤，北方勿論。煤有三種，有明煤、碎煤、末煤。明煤大塊如斗許，燕齊秦晉生之，不用風箱鼓扇，以木炭少許引燃，熯熾達晝夜。其傍夾帶碎屑，則用潔凈黃土調水作餅而燒之。碎煤有兩種，多生吳楚，炎高者曰飯炭，用以烹炊。炎平者曰鐵炭，用以冶鍛。入爐先用水沃濕，必用鼓鞴（風箱）後紅，以次增添而用。末炭如麪者，名曰自來風，泥水調成餅，入於爐內，既灼之後，與明煤相同，經晝夜不滅。半供炊爨，半供鎔銅、化石、升朱。至於燔石爲灰與礬硫，則三煤皆可用也。凡取煤經歷久者，從土面能辨有無之色，然後掘挖，深至五丈許，方始得煤。初見煤端時，毒氣灼人，有將巨竹，鑿去中節，尖銳其末，插入炭中，其毒烟從竹中透上，人從其下施钁拾取者，或一井而下，炭縱橫廣有，則隨其左右闊取。其上支板，以防壓崩。（《天工開物》成書於一六三七年）

從《天工開物》中這一段話看來，對煤的開採技術比之以前已經跨進了一大步了。在當時，煤主要已用在冶鐵方面。《天工開物》卷十四《五金篇·鐵》稱：

凡鐵場，所在有之。凡鐵一爐，或用硬木柴，或用煤炭，或用木炭，南北各從利便。扇爐風箱，必用四人六人帶拽。

又《天工開物》卷十《錘鍛篇·冶鐵》稱：

凡爐中熾鐵用炭，煤炭居十七，木炭居十三。卽用煤炭，亦別有鐵炭一種，取其火性內攻，焰不虛騰者，與炊炭同形而分類也。

這裏所指的鐵炭，當是無烟煤，或者當時尚未知煉焦，據《畿輔通志》引《磁州志》稱：「石炭，州西山入穴取之，深數十丈，先見水，水盡見砂石，砂石盡見炭。有三種，初得者爲山青，次爲大青，末爲下架，或煉焦炭，備冶鑄之用。」大概十七世紀三十年代，中國已經知道煉焦了。

煤在燒窰方面，因其價格低廉，能够降低成本，因此普遍地利用。《本草綱目》載：

石炭，今人作窰燒之，一層柴或煤炭一層在下，上累青石，自下發火，層層自焚而散。

《天工開物》卷七《陶埏·磚》載：

凡磚成坯之後，裝入窯中。凡燒磚有柴薪窯，有煤炭窯。用薪者，出火或青黑色；用煤者，出火或白色。若煤炭窯，視柴炭窯，深欲倍之，其上圓鞠漸小，並不封頂，其内以煤造成尺五徑闊餅，每煤一層，隔磚一層，葦薪墊地發火。

煤除了使用於冶鑄和燒磚方面以外，同時也成爲人民日常生活中廉價燃料。丘濬《大學衍義補》中說：

今京城軍民百萬之家，皆以石煤代薪。（轉引自《天下郡國利病書》北直隸下）

蓋北京一帶居民已經普遍把煤用來作燃料了。故《戒庵漫筆》有「北京諸處，多出石炭，俗稱水和炭，可和而燒也」。反映了北京城内燒煤的普遍。

除了北京以外，在陝西等行省，也開始開採煤礦，供給人民日常燃燒之用。如《天下郡國利病書》稱：

陝西涇陽縣（陝西咸陽市東北），崇禎三年（公元一六三〇年），知縣路振飛申文：「竊炤涇陽迤南有涇河一帶，直通渭水。渭水，商賈舳艫相望；而涇則任其安瀾，弗載舟楫。其可以運糧筏木，姑勿論，卽如石炭一節，涇邑人稠地狹，莫可樵薪，而止藉於任輦之些須，供炊爨，往來之力甚艱。故每炭一石，賤不下四錢，貴則五七錢不止矣。民間有淫雨冰雪而不能舉火者，非盡無米之苦也。本縣使吏同水夫沿〔涇〕河踏驗，雖甚淺處，水亦尺許，深者竟艨艟巨艦一毛矣。職欣然謂是可舟也，乃先是爲舠船，使水夫駕之臨潼縣（陝西臨潼縣）地名交口，運炭一次，往來止三日，而炭已卸裝，視任輦者（陸運），盤費省十之七。又令水夫馬守倉等，各渡餘船，並前船，預支以工食，連運數次，在前每斗炭四分，今止二分五釐。至於雨雪載塗，輪蹄阻礙，其爲利益，尤倍平日。」

石炭的運輸工作是否能够暢通無阻，已經成爲穩定當地物價的關切問題，那末，石炭在人民生活中已經成爲不可一日或缺之物，也可想而知了。

明後期和清初期，著名的煤産地，除了《本草綱目》中所提到的地區以外，在河南者，《天下郡國利病書》引《彰德府志》稱：

武安北則沃衍，又産錫、煤及堊土。

崔銑《彰德志》稱：

安陽縣龍山出石炭，人穴取之無窮，取深數百丈，必先見水，水盡然後炭可取也。炭有數品，其堅者謂之石，軟者謂之烸，氣愈臭者，然之愈難盡云。

《河南通志》稱：

石炭，魯山（今河南魯山縣）出，鞏（今河南鞏縣）洛（今河南洛陽市）間亦有之。

在山西者，《天下郡國利病書》引《河汾燕聞録》稱：

石炭，卽煤也，平定（今山西平定縣）所産尤勝，堅黑而光，極有火力。

雍正《山西通志》引張鳳翼《晉國賦》稱：

冀北之煤，連綿大麓。斵礅砑巖，摩肩擊轂。五方絡繹以奔塗，萬竈炘爈而轉燠。

雍正《山西通志》稱：

山西府州（今陝西府谷縣），唯石炭不甚缺，間有缺處，亦以樵山較易於鑿窟，非因遼絶不可致，而後易之以薪也。俗稱煤炭。有夯炭，微烟；有肥炭，有烟，出平定者佳；有煨炭，無烟，出廣昌（今河北淶源縣）廣靈（今山西廣靈縣）者佳，精膩而細碎，埋爐中可日夜不滅。出陽曲（今山西陽曲縣）者，置宜寒地，遇暖則化，埋爐中亦可經久不滅。

在河北者，《明會典》卷一百九十四載：

嘉靖七年（公元一五二八年），以居庸關官軍無處樵採，白羊口鎮煤窰，准照舊開取。

《畿輔通志》引《明一統志》稱：

石炭，宛平、房山二縣出。

朱彝尊《日下舊聞》卷二十四引宋啟明《長安可游記》稱：

由門頭村登山，數里至潘闌廟，三里上天橋，從石門進，二里至孟家胡同，民皆市石炭爲生。

《畿輔通志》引《撫寧縣志》稱：

> 煤，椒果山東爲六羅山上莊院，其西爲西嶺，皆産煤。

近代《中國實業通志》稱：

> 河北磁縣（今河北磁縣）煤礦，該礦發現，遠在明季。
>
> 河北靈山鎮煤礦，在河北曲陽（今河北曲陽縣）東北四十里。該礦之發現，始於清乾嘉時代。其時深谷山澗之地，經水流剥削之力，煤屑漸露，煤末多有遺留於流水中者，於是鄉人從事探挖。其開採之處，率在宫莊大七車之南部，煤窑林立，運煤牲畜，絡繹於途，頗稱一時之盛。

在東北者，據近代《中國實業通志》稱：

> 遼寧本溪湖（今遼寧本溪市）煤礦，當清乾隆時（公元一七三六至一七九五年），准民龍標採掘，道光咸豐同治年間（公元一八二一至一八七四年），採掘尤甚。
>
> 遼寧烟台（今遼寧瀋陽市南）煤礦，前清嘉慶（公元一七九六至一八二〇年）初年，有吴某者，依軍功，准其開採煤礦，因之獲利甚多。
>
> 遼寧五湖嘴（遼寧復縣舊復州城南四十里）煤礦，開採於前清乾隆末年，當時有鄭親王家僕陳嘉景、劉俊二人，各由户部外領龍票一份，其礦區則陳東劉西，故有東票頭西票頭之稱。

在山東者，近代《中國實業通志》稱：

山東華寶煤礦，位於泰安縣（今山東泰安縣）東南九十餘里，清乾隆元年（公元一七三六年），曾有山西汾陽縣人劉瑛在該礦廠附近私行開採。繼而本地人接踵而起，因之開採者，日見增多。在安徽者，近代《中國實業通志》稱：

安徽懷遠（今安徽懷遠縣）煤礦，位於懷遠縣西南九十里。該礦自明時經土人開採，至乾隆時乃大盛，井口遍地，當時礦業極稱發達，開礦之人，倪姓爲多。所鑿之井，深至二十三丈有奇。

此外如浙江烏竈煤礦，在浙江義烏縣西北，道光咸豐以前，開採極盛。又光緒《秀山縣志·貨殖志》中敍述嘉慶道光以前的秀山（今四川秀山縣）煤産情況云：

石炭以代薪燒，東南穿河蓋、西北平陽蓋兩界，大山也，産炭最盛。業秀油者尤需之，歲用至千萬斤。平時十斤率十餘錢，最貴無過廿錢，歲亦至數萬金。近歲開鑿幾空，傾塌時聞，然所産未衰。擔負者皆附山窮氓，什佰成行，山路巇嶇，嘉道時（公元一七九六至一八五〇年），李士昌妻陳氏，嘗大修穿河蓋路。木桐亦産石炭，然多運銷酉陽（今四川酉陽縣），縣人燒之，千之一也。

這些記載，充分地説明了鴉片戰争（公元一八四〇年）前，中國的煤礦業發展，已經具有一定程度的規模了。

總起來説，中國是最早發現煤和利用煤作爲燃料的國家。二千年來，由於中國人民不斷努力的結果，對煤山的勘探和煤礦的採掘，都積累了豐富的經驗。這些寶貴的經驗，還通過外國來的許多旅行家，介紹到歐洲去，給歐洲人提供了怎樣提取廉價燃料的重要資料，有助於歐洲以後資本主義工業生產的發展。在國內，石炭的持續開採，不僅北宋首都汴京數百萬家仰給石炭，就是明北京城軍民百萬之家，也都用石炭代薪，不僅用煤來炊爨、烤火，而且在冶鐵、溶銅、鑄錢、燒磁、燒磚、煉油、化石、升朱各方面，也無一不用煤來當燃料。因爲煤的成本低廉，使上述工業產品用煤來作燃料以後成本不至過高，同時並可提煉皂礬及硫黃等副產品，這樣，對當時各項手工業生產的發展是起一定的推進作用的。而煤礦業本身也就成爲當時重要生產事業之一種。中國古代的手工業生產，最難解決的能源問題，通過煤的開採，可算基本上解決了。

但是，由於專制主義封建政權爲了要進行殘酷的剥削，往往把煤礦歸由政府來經營，即使讓民間來開採，也由政府利用政治權力，以最低價格，進行收買開採出來的石炭，然後賣之於市上，這樣一轉手，煤礦的利益，就完全被政府壟斷專利而去了。煤礦業就也會和其它封建社會內部發展起來的手工業一樣命運，在官營專賣的情況下，阻礙了他們的順利發展。其次，封建社會的風水迷信，又使個別地區的礦山封錮起來，無法開採。還有，即使有一些礦區，已經開採了，這些進行私採或向户部領到龍票請求採掘的礦業經營者，不是大官僚的家奴，便是親王密戚的家僕，他們大都受着他們主人之指蹤，實際就是這些王公大臣的代理人。王公大臣的霸占礦產，操縱新興的煤礦事業，不但無利於煤礦事業的發展，而且深深地束縛了這一事業的發展。因爲王公大臣用家奴出面來霸占礦權，不過想從礦業經營裏獲得利潤，來滿足他們的奢侈腐朽生活，決不肯把利潤大量投資礦業，擴大再生產與改進開採技術的。至於人民自發的在礦場開採，又大都是「附山窮氓」，既無資力來大規模進行開採，同時他們在封建政權和高利貸者的重重盤剥之下，更不可能積累大量資金，擴大再生産，自然也無法迅速地來改進生産技術了。至於運輸的困難等等，更提不到日程來了。因此，一直到鴉片戰争（公元一八四〇年）發動的前夜，中國的煤礦業，大多採用土法，規模狹小，没有進一步獲得發展的可能，至於投入國際市場外銷競争，更是談不到了。

鴉片戰争之後，外國資本侵入，他們首先掠奪能源資源，一直到一九一二年止，中國的煤礦生産，在資本主義壟斷勢力的控制之下的，占全國總産量的百分之五二·四了。與此同時，代表中國封建勢力的官僚資本，也利用了他們政治上的權力，經營煤礦，到了公元一九一二年爲止，占全國煤礦機械開採産量（不包括外國資本主義控制下的各礦産量）總數的百分之八二·二了。也就是説中國絶大部分煤礦富源，都掌握在外國資本主義和代表中國封建勢力的官僚資本家手中。在上述情況下，煤礦業固然一度有過畸形的發展，機械的開採法固然也曾廣泛採用，但是由於利潤不是不斷外流，便是落在少數官僚買辦資本家手裏的緣故，因此使全國人民的生活水平更是低落，封建統治的勢力繼續頑强殘存，礦工的生活也愈加悽慘。這説明了要改變半封建半殖民的經濟體制，只有在發動人民的力量下，根本剷除封建統治，争取獨立自主，發奮圖强，除此以外，没有别的出路。

石油篇

過去，資本主義國家的學者們，説中國是個貧油的國家。建國以後，政府號召地質探勘部門，探勘石油，經過短短三十年的努力，我國已經成爲年産億噸以上的産油國家了。

我在一九五六年十二月山東大學學報《文史哲》上，曾發表過《古代中國人民發現石油的歷史》一篇短文，曾把中國古代記載石油的分佈地區，作一概括的介紹，企圖説明只要我國地質探勘工作能展開，遲早有條件卸下貧油國那個帽子。

最近，抽出一些時間，把舊稿加以改寫，定名曰《石油篇》。

中國古代人民發見石油的歷史

石油，在中國古代書籍記載裏，又名石漆、石脂、泥油、猛火油、雄黄油、硫黄油。

最早關於發現延長石油礦的記載，是《漢書·地理志》。在《漢書·地理志》上郡高奴縣(今陝西延長縣)下云：「有洧水，可爇。」顔師古注云：「爇，古然火字。」然，後來俗書作燃。這個在洧水中漂浮出來的物質，就是石油的原油。《漢書》的作者班固死於東漢和帝永元四年(公元九二年)，固死時，《漢書》除了《天文志》和八表尚未定稿外，其餘均已定稿，所以《地理志》所載的「有洧水，肥可爇」這一條材料，是班固手定，至遲不得遲於一世紀末，這就説明了公元一世紀末，中國人民已經記載了延長一帶發現石油的記録。

北魏末年，酈道元在《水經·河水注》裏也講到延長縣的石油：

清水又東逕高奴縣，合豐林水，《地理志》謂之洧水也。故云「高奴縣有洧水，肥可爇」，水上有肥，可接取用之。

《元和郡縣志》關内道延州膚施縣（今陝西延安縣）下，也提到這樁事：

清水，俗名去斤水，北自金明縣（今陝西安塞縣北）界流入，《地理志》謂之清水，其肥可燃。

段成式《酉陽雜俎》裏也講到：

石漆，高奴縣石脂水，水膩浮水上如漆，採以膏車及燃燈，極明。

北宋范仲淹在陝北，已經知道利用石油來作爲軍中照明和燃料之用。沈括在其所著《夢溪筆談》中，也提到延長的石油：

鄜延境内有石油，舊説高奴縣出脂水，卽此也。生於水際，沙石與泉水相雜，惘惘而出。土人以雉尾裛之，乃採入缶中，頗似淳漆。燃之如麻，但烟甚濃，所霑幄幕皆黑，予疑其烟可用，試掃其烟以爲墨，墨光如漆，松墨不及也。遂大爲之，其識文爲「延川石液」者也。此物（指煤烟）後必大行於世，自予始爲之。蓋石油至多，生於地中無窮，不若松木有時而竭。今齊魯間，松木盡矣，漸至太行、京西、江南，松山大半皆童矣，造煤人蓋未知石烟之利也。

沈括已經採用石油的煤烟作爲製墨的原料，用來代替松烟。宋康譽之《昨夢録》載：

西北邊城防城庫，皆掘地作大池，縱横丈餘，以蓄猛火油。不閱月，池上皆赤黄，又别爲池而徙焉。不如是，則火自屋柱延燒矣。猛火油者，日初出之時，因盛夏日力烘石極熱則出液，他物遇之卽爲火，唯真琉璃可貯之。中山府（今河北定縣）治西有大陂池，郡人呼爲海子，予猶記郡帥就之以按水戰，試猛火油，池之别岸，爲敵人營壘，用油者以涓滴自火焰中過，則烈焰遽發，頃刻列營净盡。餘力入水，藻荇俱盡，魚鱉遇之皆死。

猛火油大概是指煉過的石油而言的，所以遇火卽燃，宋代並用於作爲戰争的用途。康譽之所説的西北邊城防城庫，掘池縱横丈餘，以蓄猛火油，這個猛火油，一定是就地取材，是延長一帶的産物。

《永樂大典》卷八百八十四引《元一統志》：

石油，在延長縣南迎河，有鑿開石油一井，其油可燃，兼治六畜疥癬。歲納一百一十斤。又延川縣（今陝西延川縣）西北八十里永平村有一井，歲辦四百斤，入路之延豊庫。

石油，在宜君縣西二十里姚曲村石井中，汲水澄而取之，氣雖臭而味可療駝馬羊牛疥癬。

《格古要論》王佐增補云：

石腦油，出陝西延安府。陝西客人云，此油出石巖下水中，作氣息，以草拖引煎過，土人用以點燈。

明末朱國禎《涌幢小品》稱：

延安府延長縣石油，出自泉中，歲秋，民勺之，可以燃燈，亦可治毒瘡。浸不灰木，以火爇之，有焰，滅之，則木不壞。

以上諸書所指的石油産區，就是今天陝北的延長油礦。

玉門油田的石油，見之我國最早記載的是西晉人張華的《博物志》，書成於三世紀之末。

酒泉延壽縣（今甘肅玉門縣東南），有山泉，注爲溝，其水有脂，如煑肉汁，挹取著器中，正黑，如不凝膏，燃之極明，但不可食，此方人謂之石漆。（《初學記》卷八引）

酈道元在《水經注》中，除了引用了張華《博物志》外，又有所補充。酈道元云：

《博物志》稱，酒泉延壽縣南山，出泉水，大如筥，注地爲溝。水有肥，如肉汁，取著器中，始黄後黑，如凝膏，然極明，與膏無異，膏車及水碓缸甚佳，彼方人謂之石漆水。

《元和郡縣志》隴右道肅州玉門縣下云：

石脂水，在〔玉門〕縣東南一百八十里，泉有苔，如肥肉，燃之極明，水上有黑脂，水以草盈取，用塗鴟夷酒囊及膏車。周武帝宣政初（公元五七八年），突厥圍酒泉，取此脂燃火，焚其攻具，得水逾明，酒泉賴以獲濟。

可以説也是利用石油來作爲守城武器的我國最早記録。以上所講的，都是指古玉門油礦的石油而言的。

在我國新疆的西北部，唐代就有石油發現的記載，據《新唐書》卷四《地理志》北庭大都護府（今新疆吉木薩爾縣北)下云：

自庭州(吉木薩爾縣北)西延城西六十里，有沙鉢城（今新疆阜康縣東一百九十里雙岔河堡西)守捉。又有馮洛守捉，又八十里有耶勒城守捉，又百里有俱六城守捉，又百里至輪臺縣（唐輪臺縣，在今烏魯木齊市北)。又百五十里有張堡城守捉，又渡里移得建河（《西域水道記》謂是瑪納斯河、白楊河附近之烏蘭烏蘇)七十里有烏宰守捉，又渡白楊河七十里有清鎮軍城。又渡葉葉河七十里有黑水(新疆烏蘇河)守捉。又七十里有東林守捉。又經黄草泊、大漠、小磧(自今之固爾圖經沙泉子一帶)。渡石漆河（今精河縣之晶河)，踰車嶺（自今之登努勒台山口踰額林哈畢爾噶嶺)，至弓月城(今新疆伊寧市附近)。過思渾川(喀什湖)、蟄密失城，渡伊麗河(今伊犁河)，一名帝帝河，至碎葉界。又西行千里，至碎葉城(Jokmak)。

晶河，即今新疆精河縣之精河，在唐代，本名石漆河。石漆即水上漂浮出來未經提煉的原油。既以石漆名河，那末唐代石漆河流域，一定有石油原油滲透出水面來，所以才會獲得這一石漆河的稱呼。今新疆精河縣東北距克拉瑪依市約二百公里左右，東距烏蘇縣獨山子口油田，約一百五六十公里左右。精河水上漂浮出原油來，完全是有可能的。

明人李時珍《本草綱目》卷九《金石部》石腦油下云：

石脂所出不一，出陝之肅州、鄜州、延州延長及雲南之緬甸、廣之南雄(今廣東南雄縣)者，自石巖流出，與泉水相雜，汪汪而出，肥如肉汁，土人以草挹入缶中，黑色類似淳漆，作雄、硫氣，土人多以燃燈，甚明，得水愈熾，不可入食，其烟甚濃。

則今廣東的南雄一帶地下，也有貯藏石油的可能。

四川的石油井和天然氣，最早見之於史籍記載的，是張華《博物志》：

臨邛（今四川邛崍縣）有火井，縱廣五尺，深二三丈，在縣南百里。昔時有竹木投之以取火，後火轉盛熱，以盆著井煮鹽，得鹽後，以燭火投井中，卽滅，迄今不復也。（《御覽》卷一百八十九引）

東晉人常璩著《華陽國志》卷三《蜀志》云：

臨邛縣，〔蜀〕郡西南二百里，本有邛民，秦始皇從上郡實之。有布濮水，從布濮來，合火井江。有火井，夜時光映上照，民欲其火光，以家火投之，頃許，如雷聲，火焰出，通耀數十里。以竹筒盛其光藏之，可洩行終日不滅也。井有二水，取井火煮之，一斛水得五斗鹽，家火煮之，得無幾也。

《太平寰宇記》卷七十五臨邛縣下云：

火井，在縣故城八里。《十道要記》云：火井有水，郡人以竹筒盛之，將以照路，蓋似今人秉燭，卽水中自有焰耳。

這一個火井，在今四川邛崍縣西南，北周曾於此置火井鎮。《太平寰宇記》又在儀隴縣（今四川儀隴縣）下云：

火井，在蓬池縣（今四川儀隴縣東南六十里）西南三十里。水涸之時，以火投其中，焰從地中出，可以禦寒，移時方滅。若掘深一二丈，頗有水出。

宋王象之《輿地紀勝》也記載了四川蓬溪縣西一百里伏龍山下的火井：

地窪若池，以薪引之，有聲隱隱出地中，少頃炎熾。夏月積雨瀦水，則焰生水上，水爲之沸，而寒如故。冬月水涸，則火生焰，觀者至焚衣裾。

四川的油井和天然氣，還不止這兩處，據《本草綱目》載：

國朝正德（公元一五〇六至一五二一年）末年，嘉州（今四川樂山縣）開鹽井，偶得油水，可以照夜，其光加倍。沃之以水，則焰彌甚，扑之以水則滅，作雄黄氣。土人呼之爲雄黄油，亦曰硫黄油。近復開出數井，官司主之。此亦石油，但出於井爾。蓋皆地産雄、硫、石脂諸石，源脉相通，故有此物。

明何宇度《益州談資》云：

油井在嘉州、眉州（今四川眉山縣）、青神（四川青神縣）、井研（四川井研縣）、洪雅（四川洪雅縣）、犍爲（四川犍爲縣）諸縣，居民皆用之燃燈。官長夜行，則以竹筒貯而燃之，一筒可行數里，價減常油之半，光明無異。

青神子《記異》續編云：

井油亦四川出，其油出井中，形稠而臭甚惡，能點燈，塗秃瘡，甚效。人呑少數，卽死，蓋毒物也。凡點燈，其盞以鐵爲之，上覆以蓋，如不覆蓋，則滿盞俱燃，其火雖風雨不能滅。

近代《中國實業通志》稱：

四川之石油礦，多在富順縣自流井古井一帶（今四川自貢市）。所産石油，皆自鹽水浮面括取而得，並無專爲採油之井，雖鹽井之數多至十餘口，而産油者，亦不過五十處而已。

據上引諸書，四川油井和天然氣的發現，應當說從西晉開始，已有記載。由於採鹽開井，偶然性地發現了石油井或天然氣井。後來當地人民就利用它來煮鹽。明人宋應星在《天工開物》一書中介紹了火井煮鹽經過甚詳：

西川有火井，事甚奇，其井居然冷水，絶無火氣。但以長竹剖開去節，合縫漆布，一頭插入井底，其上曲接，以口緊對釜臍，注鹵水釜中，只見火意烘烘，水卽滚沸，啟竹而視之，絶無半點焦意。未見火形而有火神，此世間大奇事也。

由此看來，我國古代勞動人民是比較早的發現石油礦和天然氣井，並開始利用石油資源和天然氣資源的。這二千多年來，由於我國勞動人民不斷努力的結果，對石油、天然氣的分佈地區和在較爲原始的探勘工作方面，也都積累了一些經驗和記録。但是，在當時封建政權統治之下，油田、油井、天然氣井，是封建政府和大地主階級霸佔的財産，是不允許勞動人民來染指、利用、開採、提煉的。當時封建社會手工業作坊的生産規模也很狹小，對能源需要並不十分迫切，因此談不到利用石油、天然氣等等來作爲動力。所以一直到鴉片戰争（公元一八四〇年）前夜，我國大量的能源石油和天然氣，還是沉沉酣睡在大地母親的懷裏，談不到大規模去開採和利用。卽使有一些雛形的石油採煉工業，又大多是採用土法，規模狹小，產量甚微。

關於把原油提煉爲猛火油的作坊，始於北宋。《宋會要輯稿・職官・東西八作司》下云：「又有廣備指揮，主城之事，總二十一作」，這二十一作中，有「猛火油作」。宋王得臣《麈史》云：

宋次道《東京記》說八作司之外，又有廣備攻城作。其作凡二十一目，所謂火藥、猛火油是也。

這個猛火油作，可以說是我國由政府主辦石油加工作坊的最原始狀態了。

明陶宗儀《南村輟耕錄》元氏掖庭侈政云：

「油有蘇合油、片腦油、温肭臍油、猛火油。」猛火油下自注云：「得水愈熾。」

又明王泌《東朝記》亦云：

建文未遁時，先於大内蘭香殿，聚珠夜寶帳及内帑珍異諸物，殿上塗猛火油、貯瀝青其中，語親密宫人，期以城破遁去舉火。

猛火油和瀝青貯在一起，我們敢肯定這些猛火油也是中原内地出産的石油，由政府作坊加工製造而成的。

關於猛火油從海外輸入的記載

在五代、宋的不少記載中，提到了猛火油，並説這猛火油是由東南亞輸來中國的，現在條列於下：

《資治通鑑》後梁均王貞明三年(公元九一七年):吳王遣使遺契丹主以猛火油,曰:「攻城以此油然火焚樓櫓,敵以水沃之,火愈熾」,契丹主大喜。胡三省注引《南蕃志》云:「猛火油,出占城國,蠻人水戰,用之以焚敵舟。」

《吳越備史》載:吳越文穆王,貞明五年(公元九一九年)四月乙巳,大戰淮人於狼山口,因縱火油焚之。火油得之南海大食國,以鐵筒發之,水沃,其焰彌甚。

《新五代史·占城國傳》:占城,在西南海上,顯德五年(公元九五八年),其國王因德漫遣使者莆訶散來貢猛火油八十四瓶。猛火油以灑物,得水則出火。

宋張世南《游宦記聞》亦載有此事,文字略同。

馬令《南唐書》載:宋開寶八年(公元九七五年)六月,曹彬下金陵,巨舟實葭葦,灌膏油,欲順風縱火,謂之火油機。至勢蹙,乃以火油機前拒。

在曾公亮的《武經總要》裏,也記載了盛以「油熾炭」的「火車」和盛有火藥的「火罐」,這類武器,都附有「猛火油櫃」與「筒櫃」等機械裝置。

這些猛火油,固然不排斥從國外輸入的可能,但如果把它們全都當作海外輸入品,好像中土從來不生産石油一樣,我認爲也是不妥當的。

有關大地自燃的記載和探索

在我一九七五年重寫這篇《石油篇》的文章時，啟元白先生和王鍾翰先生告訴我，他們兩人當時在點校《清史稿》，發現《清史稿·災異志》裏，記載着不少大地自燃的資料，這些資料，可能和石油、天然氣有關。經他們兩位的提示，我就遍翻了正史中的《五行志》、《靈徵志》、《災異志》諸篇目，把有關大地自燃現象的材料，按年代排比如下。可惜我年已老耄，精力衰竭，無法遍檢地方史志，來廣泛搜集這方面的材料了。

《晉書·五行志》：穆帝升平三年（公元三五九年）二月，涼州（治姑臧，今甘肅武威縣）城東池中有火。四年（公元三六〇年）四月，姑臧澤水中又有火。

《南齊書·五行志》：武帝永明三年（公元四八五年）正月，甲夜，西北有野火，光上生精，西北有四，東北有一，並長七八尺，黃赤色。三月庚午，丙夜，北面有野火，光上生精，長六尺。戊夜，又有一枚，長五尺，並黃赤色。四年（公元四八六年）正月丁亥，夜有火精三處。閏月丁巳，夜有火精四所。十二月辛亥，夜東南有野火精二枚。五年（公元四八七年）十二月丙寅，夜西北有野火，火上生精，一枚長三尺，黃白色。六年（公元四八八年）十一月戊申，夜西南及北三面有野火，火上生精，九枚，並長二尺，黃赤色。九年（公元四九一年）二月丙寅，甲夜，北面有野火，火生精，二枚，西北又一枚，並長三尺，須臾消。（它沒有載明發生的地點，可能在首都建康附近。從火上生精的話看來，肯定不是燐光，可能是滲透出來的石油或天然氣。）

《魏書·靈徵志》：高祖太和八年（公元四八四年）五月戊寅，河內沁縣（北魏河內郡無沁縣，有沁水縣，在今河南濟源縣東北）澤自燃，稍增至百餘步，五日乃滅。　明帝孝昌二年（公元五二六年）夏，幽州遒縣（今河北淶水縣北）地燃。　東魏孝静帝武定三年（公元五四五年）冬，汾州西河（今山西陽城縣西）北山，有火潛行地下，熱氣上出。

《金史·五行志》：衛紹王太安二年（公元一二一〇年）十一月，京師民周修武宅前渠内火出，高二丈，焚其板橋。又旬日，大悲閣幡竿下石隙中火出，高二三尺，人近之即滅，凡十餘日。自是都城連夜燔爇二三十處。

《清史稿·災異志》：順治十年（公元一六五三年）二月，曹縣（今山東曹縣）夜間火光遍野。康熙十二年（公元一六七三年）五月，寧波仙鎮廟井中有火光上騰。　十四年（公元一六七五年）八月十五日，海豐（今廣東海豐縣）火光遍野。　三十一年（公元一六九二年）秋，南樂（今河南南樂縣）空中有火，著鐵皆明，自申至亥乃止。　乾隆二十年（公元一七五五年）十一月，彭澤（今江西彭澤縣）江心洲有穴出火，投葦輒燃，久而不息。　嘉慶十六年（公元一八一一年）夏，撫寧（今河北撫寧縣）夜遍地起火。　道光三年（公元一八二三年）三月，蘄州（今湖北蘄春縣蘄州鎮）清江水中出火。　二十二年（公元一八四二年）十一月，鄖西（今湖北鄖西縣）地中出火。　二十四年（公元一八四四年）七月，光化（今湖北光化縣東北）遍地緑火。　二十六年（公元一八四六年）正月，平鄉（今河北平鄉縣）火光遍野。　咸豐三年（公元一八五三年）正月，通州（今北京市通縣）有火，如星如燐，以千百計，自西南趨東北，凡四五夜始熄。　十年（公元一八六〇年）冬，肥城（今山東肥城縣)既昏，有火從城中出，如燐而火，色赤而青，作二流光，遍地皆燃。光緒元年(公元一八七五年)正月十四日，灤州(今河北灤縣)五聖祠突有火光，俄而火起，高矗雲霄，祠竟無恙。二十二年(公元一八九六年)四月戊子，南樂(今河南南樂縣)有火光徑尺，明如月，自西南往東北，尾長丈許，忽炸爲火星四散。二十三年(公元一八九六年)五月戊午夕，南樂有火光，圓可徑尺，飛向西南。二十五年(公元一八九九年)十一月乙未夜，南樂有火光流空中，其明如月。二十六年(公元一九〇〇年)七月壬戌夜，南樂有火光流空中。

這些遍野火光和地中出火的大地自燃現象，可能和地下蘊藏着石油或天然氣有關，我們可以根據這類現象的記載，來作進一步的探勘。

洋油的輸入和傾銷

鴉片戰爭以後，洋油開始向中國傾銷。

在洋油没有向中國推銷之前，國内居民一般都用豆油、菜油、茶油燈盞或蠟燭來照明的。洋油輸入中國以後，因爲煤油燈的照明度，遠要比油盞和蠟燭好，起初外商又故意把煤油價格壓低，所以許多居民很快都改用煤油，用來照明了。煤油的輸入中國，開始於同治六年(公元一八六七年)，這一年的煤油進口數量是三萬加侖(美一液量加侖等於三·七八五升)。到了同治九年(公元一八七〇年)，已增加到二十八萬加侖。光緒二十年(公元一八九四年)，又增加到六千七百九十萬加侖，價值合海關平銀八百多萬兩。光緒三十四年（公元一九〇八年），更激增到一億八千六百萬加侖。辛亥革命以後，洋油輸入的情况，没有基本改變。公元一九二三年，輸入的煤油躍升爲進口物資的前列第三位，數量到達二億一千五百萬加侖，合海關平銀五千八百萬兩。國民黨政府統治時期，一九三〇年，煤油、汽油、潤滑油、柴油四項的輸入，合海關平銀八千多萬兩，以後的幾年，汽油的輸入量，還在繼續增加。

洋油向我國傾銷初期，大多來自英國和荷屬南洋羣島；光緒十五年（公元一八八九年），俄國生産的煤油開始進口。這一年，俄油進口占全國煤油總進口數額的百分之二四·五，第二年（公元一八九〇年），俄油又躍而占進口總額的百分之三九。光緒二十四年（公元一八九八年），中國海關貿易册載，全國洋油輸入總數爲九千九百萬加侖，計美油四千八百萬加侖，俄油三千七百萬加侖，英荷的蘇門答臘油一千四百萬加侖。到了一九〇四年，日俄戰争，沙俄戰敗，沙俄對我國的炮艦外交，也頓告失靈，它和别的資本主義國家競争，力量也有所削弱。此後就逐漸轉變爲美英兩大壟斷資本争奪中國洋油市場的局面。

煤油的開始進口，是盛裝在鉛鐵箱（當時稱之爲馬口鐵箱）裏的。兩個鉛箱之外，又套上一個木箱。這樣，盛裝的成本很高，運輸費用也高，這一情况，對於壟斷資本競争洋油市場來講，是不利的。後來他們改用油船運來，並在我國通商口岸建立較大的油庫用來貯存散裝的洋油。一八九三年，德商瑞記洋行在上海浦東陸家渡建立油庫，有三個貯油池，可儲存煤油二千五百噸。油庫附近，還設置裝箱廠，能够日裝煤油五千箱。油箱的原料鉛鐵（馬口鐵），也是從國外輸進的。用完的油箱，百分之九十，能够收回。這樣，裝運的成本都大大減低，競争的力量也就大大提高了。在裝箱廠旁邊還建立一座大倉庫（當時稱之爲堆棧），能够存放煤油七萬五千箱之多。到了一八九四年，瑞記洋行又在廣東汕頭建造油庫，也是三個貯油池，共可貯油四十六萬加侖。這兩處的洋油，都是沙俄巴庫油田的産品，由巴庫運至巴統，再卸油下船，運銷中國。此後美國的美孚石油公司、德士古石油公司、英荷合資的亞細亞石油公司也仿照這一辦法，先後在中國各通商口岸，建立油庫、油棧、碼頭，設置車輛、船隻、加油機等，並成立子公司、經銷店、加油站，以及附設的製造廠、製燈廠、玻璃燈罩廠、洋燭廠等等。這幾家外國公司壟斷着中國的煤油市場，任何窮鄉僻隅，無空不入，都有洋油的銷路，中國人民的膏血，就是這樣漸漸地給外國壟斷資本家吸得一乾二淨的。

與外國壟斷資本向中國内地傾銷同時，他們還進一步採用各種手段，和封建勢力、買辦勢力聯合勾結在一起，攫取對中國内地油礦、油井的開採權。如光緒二十八年（公元一九〇二年），法國商人在和四川保富公司合作的名義下，成立和成公司，獲得了四川巴縣、萬縣一帶的油礦開採權。光緒三十年（公元一九〇四年），英商普濟公司也同樣在和四川保富公司合作的名義下，獲得了四川樂山等八縣的石油、煤、鐵等礦的開採權。不過，這些合同雖都訂立，由於開採石油，投資較大，中國的石油消費市場，都操縱在洋商手裏的，因此只要國外洋油來源不成問題，洋商實際並没有開採中國内地油礦的緊迫需要，因而這些洋商和川紳所簽訂的合同，都以拖延而作廢。

北洋政府時代，決定油礦歸政府專辦。公元一九一四年三月，熊希齡内閣並和美商美孚石油公司簽訂了合同，組織中美合資公司，開採陝北延長縣和承德建昌縣（今遼寧凌源縣）的油礦，中國股份占百分之四五，美孚股份占百分之五五，專利期限是六十年。在中美合資開採陝北油田行將簽訂合同的前夜，上海《申報》在一九一四年二月十九日對此事作了一段評論，議論分析得很透闢。它說：

此次結約之利弊，本館不必爲長篇之討論，有一弊最爲顯著，一索可得者，卽美孚公司將限制中國産油之出産數，以保守其在他處之油利也。換言之，卽新創之中美公司不過爲美孚公司之附屬，而美孚公司決不任陝西之産油區有巨大額之出産，致與其在他處之油區有競争也。

《申報》的評論員已經看到，這次中美合資採油，美孚公司掌握了百分之五五的股權，所以在陝北開採的油田，能够發現大量石油，固對美孚有利，如果探鑽結果，油苗不旺，美孚在華的石油市場，不但不受影響，而且壟斷勢力更爲穩固。採油成功，固然對它有利，採油失敗，對他也一樣有利。

中美合資協作的公司，從一九一四到一九一六年，先後在延長烟霧溝以及膚施（今陝西延安縣）、安塞、宜君等處鑽探油井七口，結果没有發現大的油田，因而中止開採。美孚公司在鑽探結束後，發表了一份實地調查報告，它武斷地判定："「陝西省有少量之石油，已有充分證明；是否能中量，尚未可確定；"至於大量石油，恐其未必能有。」在這個調查報告裏，還説到「他們調查過河北、熱河、甘肅、河南、四川等地的油田和油井，結論更爲悲觀。在山西省也未發現油苗。所以卽使尚有未發現的油藏，大概油藏的貧弱，是可以斷定的。」資産階級的御用學者們，也走馬看花地來中國各地兜了一圈，就鼓吹起「中國貧油論」，並説「中國石油的儲藏極其貧瘠」。「中國大部分地區的巖石類型與生成時代，都没有儲存僞科學理論，實際是企圖從思想上解除中國人民的武裝，妄想中國人民永遠依賴着洋油過日子。這種有開採價值的石油的可能」。這種爲壟斷資本服務的僞科學理論，在較長一段時期裏，非常囂張。

舊中國的石油開採

從公元一九〇五年（清光緒三十一年）到一九三七年，陝北延長油田開採石油經過的一段歷史，可以説是一篇舊中國在半封建半殖民地時期萌芽的石油工業吐苦水的歷史。因爲它比較有典型意義，所以我們現在舉它爲例子。

光緒二十九年（公元一九〇三年），陝紳和德商世昌洋行簽訂合同，集資探採延長油田，經陝撫阻止，並奏請官辦。乃於光緒三十一年（公元一九〇五年），撥出藩庫存銀二十萬兩，作爲開辦經費，成立延長官礦局，從事石油開採。並派員向國外聘請技術人員，採購探鑽機和煉油設備，還購買貯油鉛鐵箱等。辛亥革命以後，延長官礦局又改名爲延長煤油廠，繼續開採。公元一九一四至一九一六年，北洋政府批准中美合資開採延長油田，延長煤油廠一度併入中美合資的石油公司；但開採工作旋告失敗，因此延長煤油廠還是維持原樣，繼續營業。

這一在清代稱做官礦局、辛亥革命以後改稱煤油廠的石油開採企業，在光緒三十三年（公元一九〇七年）四月，於延長縣城西門外翟水北岸開掘出了第一口油井（老一井），深二百三十四尺，每一小時可出原油百餘斤，一九〇七年八月到十二月，共出原油六萬斤。以後每年陸續有所增加，一九一六年，年產六十三萬斤，一九一七年，年產六十四萬斤，這是老一井出油的最旺時期。宣統三年（公元一九一一年），在老一井西北四十多丈的地方，又開掘了第二個油井（老二井），深三百十五尺，日產原油二三百斤。這口井在一九一九年軍閥内戰時期，遭到嚴重破壞，最後終於停產。一九二八年，在老一井北一百丈的地方，又開掘了一口油井（新一井），深五百十八尺，晝夜可出原油二萬多斤。由於煉油設備趕不上，煉油鍋小，煉油時間長，出油一天，須停採幾天。新油井採油到一二個月後，由於技術不過關，日產減到七八百斤，一九二九年，日產再減到二三百斤。另外也先後在延長開掘了八口油井，有些井未見油，有些井油雖出了，而油苗不旺，因此都没有繼續開採。到一九三三年，延長油田實際只有老一井、新一井兩口井在噴油，年產量爲二百八十八桶（每桶二十五公斤）。

當時延長生產的甲種油價每桶五元五角，乙種油每桶三元五角（桶價不包括在内）。由於交通困難，運輸艱巨，甲種油運至外縣銷售，加上運輸費用，每桶不低於六元，可是美孚、德士古、亞細亞等公司的洋油，在延安、洛川、延長一帶推銷，一桶却只售四元，所以這一帶實際都是洋油暢銷的市場。在没有關税保護制度下的半殖民地舊中國，石油企業那能有什麼力量來和洋油進行競争，只能緊縮開支，减低職工薪金，一面忍痛把本地出産的甲種油降低到每桶四元以下，以圖在死亡綫上挣扎。在這種情况下，談不到有經濟力量來添置新的鑽探機器和煉油設備，也自然更談不到擴大再生產了。從這一個最典型的例子，我們就能體會到一個國家，只有獲得真正的獨立自主，才能使本國的民族工業獲得充分的發展。

一九三一年，東北淪陷，一九三四年，僞滿公布「滿洲石油株式會社法」和「石油專賣法」。先後開採了撫順的油頁巖並利用了鞍山、本溪湖等煉焦的過程，提取石油。到了一九四二年，僞滿的石油生產，年產量曾到達七十八公噸。

新疆在抗戰初期，也開採烏蘇獨山子油田，到一九四〇年，共開掘油井四口，各井平均日產原油三、四十桶（每桶四十二加侖），到一九四三年，新疆政局發生變化，採油工業無形停頓。

關於抗戰期間，國民黨統治區内的石油工業，以玉門油田的開採爲重點，因此也可以說它最有代表性。

一九三七年，抗戰全面開始，不久，沿海口岸，相繼失守，海運阻梗，洋油輸入幾告斷絶。當時全國的石油儲備，極端缺乏，而這時從國防運輸和戰時工業來講，是迫切需要的就是石油。所以在一九三九年，才注意開始鑽探玉門油田。鑽探結果，發現該區蘊藏有一定數量的石油，有開採價值。但是，這時石油還能從滇緬路輸入，所以對玉門油田的開採工作，並不感到十分迫切，又拖延了一個時期。到了一九四一年冬，太平洋戰争爆發，不久，滇緬路被切斷，石油進口來源完全斷絶，得全靠自己生産石油了。就在這樣迫切情況的前夜，從一九四〇年冬到一九四一年秋，在玉門老君廟鑽探油井八口，油産量比較豐富，且屬噴井。這時在國外採購的鑿井煉油設備器材，因太平洋戰争突起，散失在香港、仰光一帶，於是儘量利用國内器材，自建煉爐，提煉石油。一九四二年，在玉門油田又開掘了油井三口，其中一口，出油甚旺，日産原油五六百桶（每桶四十二加侖），汽油産量達到一百八十多萬加侖。一九四三年，玉門油田又續鑽油井十多口，產量更加增加，平均年產四十多萬桶。

年　份	汽　油（加侖）	煤　油（加侖）	柴　油（加侖）	天然氣（立方公尺）
一九三九年	四，一六〇	四，一四一	七，三八三	
一九四〇年	七三，四六三	三二，三三五	六一，五三五	
一九四一年	二〇九，三二一	一一二，五九〇	一四一，一二五	二六，七二〇
一九四二年	一，八九五，七二四	五九六，九三五	五三，〇九〇	二三三，一一二
一九四三年	三，〇三六，五九四	五五八，四五八	二八，四六八	二六六，九八八
一九四四年	四，〇四八，〇〇〇	二，一五八，〇〇〇	一五五，〇〇〇	二七三，〇〇〇
一九四五年	四，三〇五，〇〇〇	一，六五四，〇〇〇	二七〇，〇〇〇	二三七，〇〇〇
一九四六年	五，〇五八，〇〇〇	二，三〇四，〇〇〇	三八一，〇〇〇	六一，〇九八，〇〇〇

以上材料根據《資源委員會季刊》和《統計月報》

在抗戰時期，廣大工人階級爲了支援抗戰，抵抗外國的侵略，在這樣一種愛國主義的感情下，開採了玉門油礦，生產了迫切需要的石油。但是，由於當時政治腐敗，生產出來的石油，可以說是不能「油盡其用」的。當時迫切需要的汽油和燃料油等，都是實施戰時配給制度的，可是在重慶、昆明，達官貴人包括他們的闊太太闊小姐們，她們乘着小卧車風馳電掣，上下歌樂山、都郵街、西山、正義路，任意浪費汽油，一點也不受到限制。每每看到他們那種坐着小卧車跑警報，汽車是一輛接着一輛，可以列隊幾公里之長，完全使人忘記了汽油來源的困難。更有一種奇怪現象，國防用的飛機油，憑配給證發給的汽油，以及工業方面用的燃料油，都有不法官吏偷盜出來，以比官價高幾倍或幾十倍的價格，在黑市出賣，而且必須用黄金美鈔來折算，這已成爲當時公開的祕密。有許多官僚、將校和投機商人，就是利用出賣這種黑市石油發了大財。

玉門油田的工人，生活非常悽慘。據玉門油礦的礦史《石油城》一書裏説：玉門油礦最初的工人，除了鑽井隊熟煉工人是從延長油礦調來之外，其餘工人有的是用各種手段欺騙來的，有的是通過當地軍閥用拉壯丁的方式從附近農村拉伕抓來的。上工的時候，由把頭押着他們上工。開始晚上没有房子住，有的就住在過去掏金人挖下的黑窗洞裏，有的連黑窗洞都住不上，只能屈蹉在戈壁灘上露宿野外。當時物價飛漲，工人工資極低，生活過得連牛馬豬狗都不如。有時還要遭到把頭的毒打，特務的迫害。不少勤勞善良的工人，在饑餓、寒冷、勞累、鞭打的情況下，活活地被折磨死了。當時玉門油田流行着這樣一首歌謡：「出了嘉峪關，兩眼淚不乾。進了檢查站（玉門油田大門），如入鬼門關。」這二十個字，充分反映了當時玉門油田上廣大工人階級所受到經濟上的壓榨和政治上的迫害之嚴重程度。

抗戰勝利，國民黨政府劫收了全國（包括台灣省在内）的一切油礦和採油、煉油設備。但是並没有在這一基礎上繼續開採油井，添置新的機器設備，發展石油工業。當時我國石油工業比起發展的國家來，還是懸殊很大，處於很落後的狀態。石油工人的生活，由於紙幣貶值物價飛漲而更爲悽慘；石油生産的産量，比起抗戰時期來，反而有萎縮的趨勢。國内生産的石油，已遠遠不够他們的揮霍，必須進口大量的石油。這時太平洋戰争已告結束，海口大部收復，洋油也源源輸入。據一九四八年三月二日天津《大公報》載：「現今全國每月汽油消耗量，包括飛機用油在內，估計約爲一千五百萬加侖，而國産油量每月尚只一百十萬加侖，不足之數，須用國外輸入。」一九四七年，進口的汽油、原油、柴油、潤滑油四項，「合計全年共約耗外匯六，六九八萬美元，而所需全部運費尚未計算在内」。這段報導，可以説明中國大陸解放前夜，洋油的傾銷，是如何猖獗！一九四九年，全國解放前夕，當時舊中國許多油井，因内戰仍酣，停産減産，這一年年産原油只有六萬九千噸，而進口油却達到二百萬噸以上。

新中國的石油勘探和開採

全國解放，在中國共産黨的英明領導下，中國工人階級當家作了主人，幹勁沖天，我國石油工業獲得了突飛猛進的發展。玉門油田除了改進老君廟油井的採油工作外，還繼續開採了鴨兒峽、白楊河和石油溝等油井。同時還發現了新疆準噶爾盆地的克拉瑪依油田，和青海的柴達木盆地油田。全國的石油産量，大大提高。

我國的石油工業，在建國以後的十多年中，雖然有了較快速度和較大程度的發展，但是，由於生産力的解放，全國經濟的巨大發展，無論工業、農業和交通運輸業各條戰綫上，石油的需要量也正在大幅度地增加，我國自産的石油，遠遠不能滿足當時經濟上的巨大需要，仍然有相當的部分，不能自給，還不能不進口大量石油，來彌補我國的不足部分。

過去有不少國家的專家權威們，曾散布中國貧油論，他們説：「已知的油田，大都在海相地層中，中國大部分是陸相地層，因此不可能儲藏有工業開採價值的石油。」但是，我國傑出的地質學家李四光教授不相信這套僞科學，根據他在地質工作方面長期研究的結果，認爲根據我國地質構造的特點，運用地質力學的方法，研究地質運動的規律，得出結論，認爲在我國「新華夏構造體系」的沉降帶，有着良好的生油和儲油的條件，中國貧油論這一結論，未免下得太早了。我國的地質工作者在全國範圍内展開了大規模的石油普查工作，結果在短短的幾年之内，在一個地區，卽處在「新華夏構造體系」的沉滯帶，找到了一個大油田——大慶油田。

在發現大慶油田以後，還發現了大港油田、勝利油田、任丘油田、肥城油田，一個又一個的新油田不斷發現了。在我國遼闊的土地上，有幾百萬平方公里的沉積巖分布區，有上百個沉積盆地，盆地沉積巖厚，從三四千米到一萬多米。我國還有廣闊的領海，像在渤海灣海底、中南海海底，就證實了貯藏極其豐富的石油，長江三角洲海底和東海海底，也有很大的希望。我們祖國的石油生產遠景，是非常燦爛的。

一九四八年，舊中國年產的石油一千四百萬加侖。到了一九七八年，原油年產量一〇四〇五萬噸，已經躍過億噸大關，這是一個巨大驚人的飛躍。石油管道也鋪設得很快，石油不但能够自給自足，而且有力量輸往國外。

大慶、大港、勝利、任丘、肥城等油田和渤海、南海等領海海底油田的繼續開發，以及不少新的煉油廠投入生產，石油化工業綜合利用的大量發展，說明我國能源經濟建設和國防建設，已經進入一個嶄新的階段。一九七八年，石油生產已經跨過億噸大關。經過今後三年調整、改革、整頓、提高，把國民經濟納入持久的、按比例的、高速度發展的軌道；同時我們既要堅持「獨立自主、自立更生」，也要有選擇地引進我們迫切需要的先進技術，決不能閉關自守。同時在主權掌握在自己手裏的前提下，在深海探勘等項目，還可與外資合作，加快開發。這樣，石油生產指標，到了一九九〇年，一定能翻兩番，到達二億噸、四億噸，是毋庸懷疑的。從此中國甩掉了資產階級僞科學所强加於我國頭上的「貧油國家」這頂帽子，所謂「中國貧油」論這個調子，是徹底破產了，中國靠洋油過日子的時代，是一去而不復返了。

唐代西州的緤布

新疆地區是我國最早種植棉花和生產棉布的地區。近年考古發掘的報告和論文中曾提到，在一九五九年，於民豐縣北大沙漠中發掘出的東漢墓裏，出現了大批織物，其中有作爲覆蓋木碗用的兩塊藍白印花布，都是由草棉纖維織造的，〔一〕還有男尸着的白布褲和女尸的手帕，也都是草棉織品。〔二〕這說明至遲在東漢時期，新疆地區已經種植草棉和紡織草棉布了。

吐魯番緑州的種植草棉織成棉布，最早見於歷史記載的是《梁書·高昌傳》。它說：高昌「多草木，草實如繭，繭中絲如細纑，名爲白疊子，國人多取織以爲布。布甚軟白，交市用焉」。白疊子就是棉花，到今天新疆吐魯番地區還名棉花爲疊。疊布這一名稱，佛經中時常提到，慧琳《一切經音義》卷四《大般若波羅蜜多經》第三百九十八卷《音義》：「白氎，西國草名也。其草花絮，堪以爲布。」《一切經音義》卷三十四《轉女身經音義》：「抽毳紡氎。氎者西國木棉草，花如柳絮，彼國俗皆抽撚以紡成縷，織以爲布名之爲氎。」《一切經音義》卷三十四《佛爲勝光天子説王法經音義》：「白氎。《埤蒼》云：『氎，細毛布也。』《考聲》云：『亦草花布也。』」《一切經音義》卷六十四《四分尼羯磨音義》：「白氎者，西國木棉花如柳絮，彼國土俗，皆抽撚以紡爲縷，織以爲布，名之爲氎。《説文》從毛氎聲。」同卷《四分僧羯磨音義》：「細氎。按氎，西國草花絮，撚以爲布也。」《一切經音義》卷六十五《五百問事經音義》：「粗氎，西國草花布也，或作緤，又作㲲，古字也。」《一切經音義》卷六十八《阿毗達磨大毗婆沙論》卷二《音義》：「㲲絮者，西國木棉花絮也，如此土柳絮之類，今南方交阯亦有之。」《一切經音義》卷一百《法顯傳音義》：「白㲲，正合作㲲。今傳本盡作褺，音正立反，非也。詳其義例，合是白㲲，應從衣作褺，於義亦失，今宜作㲲是也。」希麟《續一切經音義》卷五《大威力烏樞瑟摩明王經》卷上《音義》：「用㲲，《切韻》白㲲也，西域所尚也。經文從系作緤，俗用非也。」慧琳認爲疊布之疊當作疊，不當作緤、褺、㲲，因爲吐魯番出土俗文書中都作緤，所以我也稱之爲緤布了。

按棉布在南海不稱白疊而稱吉貝或古貝。俞正燮《癸巳類稿·吉貝木棉字義》認爲作古貝譌，作吉貝是。其實古吉同屬見紐，作古貝作吉貝並不誤。慧琳《一切經音義》卷十七引玄應《大方等大集經》卷十五《音義》：「劫波育，或言劫貝者，訛也。正言迦波羅。高昌名㲲，可以爲布。罽賓以南，大者成樹（指木棉），以北形小（指草棉），狀如土葵，有殼，剖以出花，可紉以爲布也。」劫貝即吉貝之異譯，劫波育之簡譯。慧琳《一切經音義》卷七十引玄應《阿毗達磨俱舍論》卷十一《音義》：「古貝，謂五色㲲也，樹名也，以花爲㲲也。」從以上所引材料看，可以認爲，高昌名疊，南海名吉貝，不但是由於地區和品種的不同，而且還有單色和多色的區別，疊一般是白色，而吉貝則是多色的。

一九五九年，在新疆巴楚縣晚唐地層中發現棉籽，經新疆維吾爾自治區博物館把棉籽送交中國農業科學院棉花研究所檢定，認爲是草棉種籽，即非洲棉。〔三〕《梁書·高昌傳》和慧琳《一切經音義》談到的高昌白疊子，西國白疊草，也就是指這種草棉種籽。高昌用白疊子織成的布，稱爲疊布。《梁書》裏説它「交市用焉」，可見南北朝時代疊布的產量已較多，才會把它作爲流通手段。《通典·食貨典·賦稅下》講到「天下諸州每年常貢」中，西州（治高昌，今新疆吐魯番縣東南六十里）或交河郡的貢品是每年「疊布十端」，可見疊布在唐代也認爲是西州的特產。

從吐魯番近年出土的文物，也證實了這些記載的可靠性。一九六四年，在吐魯番阿斯塔那十三號晉墓中出土了一件布俑，身上穿的衣褲，全是用棉布縫製的。〔四〕一九六〇年，在阿斯塔那三〇九號高昌時期的墓葬中，出土了幾何紋織棉，是用絲、棉兩種纖維混合織成的。〔五〕屬於同一時期的墓葬中，還發現有純棉纖維織成的白布。〔六〕一九六四年，在哈喇和卓二號唐墓（有貞觀十四年墓誌）裏，出土了一件長四十八、寬二十四厘米的棉布口袋。〔七〕此外還發現了用棉花捻成的油盞燈芯等等。〔八〕

在吐魯番出土的文書裏，哈拉和卓高昌時期九〇號出土文書一三：高昌主簿張綰等供帳：「□出行緤卌匹，主簿張綰傳令與道士曇訓，□出行緤五匹，付左首興與提懃□行緤三匹，赤違三枚付隗已隆與阿祝至火下。」十七高昌惠宗等入緤殘帳：「□下□惠宗緤兩匹」，「王高隆入緤兩匹」。阿斯塔那高昌章和十三年（公元五四三年）一七〇號墓出土文書：四，高昌僧義遷等僧尼得施財物疏：「道智，疊三十二丈。」七，高昌□子等施僧尼財物疏：「取義峻疊十丈，合卌五丈七尺。」「尼男奴，食疊十四丈。」阿斯塔那一六九號墓出土文書：三，高昌僧僧義等僧尼得施財物疏：「武仕疊八匹六十四尺。」「□□疊□匹卌丈。」此外出土隨葬衣物疏，或云白疊一千五百匹，或云疊一千匹，或云白疊三百匹，或云細疊，實際只是虛數，並沒有真正入壙隨葬，就不一一羅列了。

在吐魯番阿斯塔那三二六號墓出土的文書裏，發現一張高昌和平元年(西魏大統十七年，公元五五一年)的借貸契，契中談到一次借貸疊布六十匹一事。〔九〕在同一地區唐永徽六年(公元六六五年)的墓裏，出土一件殘文書，上寫疊毛袋貳百柒拾口字樣，是用來撥付關内道雍州的一個折衝府——懷歸府的。由此也可以見到西州地區盛産棉布，所以才用棉布作袋來支援關中地區。

在敦煌莫高窟壁藏發現的文書中，也能見到緤布或氎布這個名稱。伯希和敦煌文書第二〇三二號，正面有唐僖宗中和四年(公元八八四年)的破除曆(故紙的正面，佛經的反面)，背面寫「麁緤一匹，報恩寺起幡人事用」。麁緤就是粗棉布。斯坦因敦煌文書第四四七〇號正面《張承奉李弘愿布施疏》，記載他們的布施品有細氎一匹，緤一匹。

日本大谷探險隊在幾十年前，曾在新疆吐魯番發掘唐墓很多，在唐西州殘文書中提到緤花、緤布的地方也不少，〔一〇〕我們現在選擇其中比較重要的試作探討。

大谷一二一〇號文書第四行：

竹住住貳畝　自佃　種緤

又大谷二三七三號文書：

曹射毗貳畝　佃人史才金　種緤

王屯相貳畝　佃人康道奴　種緤

以上所引殘文書裏講到的緤，多是指棉花而言。

唐代的制度，徵收實物，都是「隨鄉所出」，「任土所宜」，像江南用麻布，河北用絹，四川用羅、紬、綾、絹之類。因爲西州的特産是棉布，所以徵收實物，也多用緤布。

周祝子納賧放緤布兩段，乾元三年（公元七六〇年）八月十三日，魏感抄（大谷五七九八號）。

周祝子納上元元年（公元七六〇年）長行預放緤布兩段，其年十月卅日，城局闞處忠抄。又十一月八日納兩段，城局闞處忠抄。又納二段，正月廿八日，闞處忠抄。又納壹段，三月五日，城局闞處忠（大谷五七九五號）。

周祝子納長行預放緤布伍段，上元二年九月十一日，典僚陸静交（大谷五七九四號）。

周祝子納長行預放綿布壹段，上元二年（公元七六一年）十月七日，典僚陸静交（大谷五七九四號）。

周祝子納瀚海軍（在北庭）預放緤布□一段，寶應元年（公元七六二年）八月廿九日，□抄（大谷五八三三號）。

周思温，付上元二年（公元七六一年）科户緤，價錢一千壹百文，其年八月二十六日，緤頭宋知脊抄（大谷五七九二號）。

周思温納瀚海等軍預放緤布一段，其年八月十四日，里正蘇孝臣抄（大谷五八三一號）。

周思温等三户，共納瀚海軍賧放次細緤布壹匹，上元元年（公元七六〇年）十月六日，典劉㺚行（大谷五八〇一號）。

周義敏納和市緤布壹段陸尺，典劉讓抄（大谷五八〇三號）。

周義敏納和市緤布，貼錢叁佰文，乾元三年（公元七六〇年）四月十一日，王質抄（大谷五八〇二號）。

周義敏納十一月番課緤布壹段，寶應元年（公元七六二年）十一月十四日，隊頭安明國抄，見人張泰賓（大谷五八二四號）。

周義敏納三月番課緤布壹段，寶應□年三月廿五日，隊頭苑忠敏（大谷五八二五號）。

户緤等於黄河流域的户調絹，徵收户緤由「緤頭」來進行。緤頭這個稱謂，只見於上引文書，大概是在里正領導之下，負責徵收户緤的人員。賒放是在棉布尚未生産之前，預先支欵，到製成之後，向政府交納。預支的棉布價格，一般壓得比較低，這是對棉農的一種變相高利貸剥削。在上引文書裏，説到瀚海軍賒放棉布的事。瀚海軍在北庭伊西節度使治所金滿縣（今新疆吉木薩爾縣北二十里），是北庭伊西節度使的重要依靠力量。安西四鎮和北庭伊西的經費，原來大都是依靠内地供給的，供給的物資主要是絹練。唐張籍《涼州詞》有「無數鈴聲遥過磧，知馱白練到安西」之句。安西（治龜兹，今新疆庫車縣）能獲得内地許多物資，北庭也並不例外。當上元元年，中原正在血戰，安禄山雖死，史思明的勢力還很强大，唐政府軍費支出浩繁，已没有力量用内地所産的絲織品去支援西北，北庭軍費的來源，也就不得不專靠富庶的西州地區來支持了。討平安史叛亂，對全國人民來説，是一場維護國家統一，反對藩鎮割據的戰争。西州地區爲了支援唐政府進行的這次戰争，自然得准許北庭瀚海軍在西州地區棉農中賒放緤布，到期還得替他催納。通過這幾件西州殘存文書，可以看到西州人民爲維護國家統一作出的貢獻。上引文書講到的和市，就是和買。和市的方式，由地方政府訂出棉布的收購價格，勒令人民到期出賣，一般定價都遠比市價要壓得低。美其名曰「和」，卽兩相情願，其實是不和，卽出賣的一方是極不情願的。這是一種變相的剥削形式。

關於上引文書中講到的番課，從下面有「隊頭安明國抄」這幾個字看來，可能和衞士或防人有關。因爲「隊頭」是部隊的名稱。唐代的制度，距京師二千里以外的遠州，十二番，卽衞士一年一個月去京師宿衞。如果不去宿衞，可以納「番課」。還有防人、衞士每年得給當地官長去輪流服役十五天，擔任「仗身」或「執衣」這類職務，如果不願去，也可以「納課」，「執衣」納課一千文，「仗身」納課六百四十文。這種代役金制度，是當時統治階級對人民的額外剥削。西州文書中的「番課」，可能是指這些來講的。「番課」不收現錢，改徵緤布，這也是「任土所宜」，根據西州地區特殊情況來決定的。

在當時西州高昌縣（今新疆吐魯番縣東南六十里古城）的市上，棉花、棉布的價格是：

緤花壹斤　上直錢七文　次[illegible]（大谷三〇八〇號）。

細緤壹尺　上直錢肆拾伍文　次肆拾肆文　下肆拾叁文

次緤壹尺　上直錢叁拾文　次貳拾伍文　下貳拾文（大谷三〇五七號）。

麁緤壹尺　上直錢拾一文　次壹拾文（大谷三〇八〇號）。

據唐《關市令》：「諸市每肆立標，題行名。市司准貨物時價爲三等，十日爲一簿，在市案記，季別各申本司。」「肆」就是每一家店鋪，「行」就是行業的分工，像「帛練行」、「果子行」、「鐺釜行」、「米麪行」之類。唐代的制度，所有在市上出售的貨品，都有規定的價格。這種價格是通過什麼方式來決定的呢？像上面所引的文書，每一種同級的貨物，先定爲上中下三等的價格，而以中間的那種價格，即「次估」，由市司批准作爲標準價格。細緤一尺，次估四十四文，一匹價一千七百六十文，一端（五丈）價二千二百文。次緤一尺，次估二十二文，一匹價一千文，一端價一千二百五十文。粗緤一尺，次估十文，一匹價四百文，一端價五百文。這就是當時西州高昌縣市上的棉布價格。

同時在西州高昌縣市上出售的絲織品和麻績品的價格，出土的殘存文書中也有記錄。像細綿紬一尺，次估四十五文（大谷三〇七三號），即每匹價一千八百文。次綿紬一尺，次估四十文（大谷三〇五一號），即每匹價一千六百文。綾一尺，次估六十五文（大谷三〇六〇號），即每匹價二千六百文。河南府生絁一匹，次估六百四十文。蒲、陜州絁一匹，次估六百二十文。生絹一匹，次估四百六十文。大練一匹，次估四百六十文。梓州小練一匹，次估三百八十文（大谷三〇九七號）。貲布一端，次估五百四十文。大麻布一端，次估四百九十文。皛布一端，次估四百七十文。維州（治薛城，今四川理縣薛城鎮）布一端，次估四百文。小水布一端，次估三百二十文（大谷三〇八三號）。把緤布和這些絲織品、麻績品的價格來比較，只有細綿紬的價格比細棉布的價格貴了一些，次綿紬和綾的價格，都比不上細棉布。絁、絹、大練的價格，也都比不上次細棉布。貲布較貴於粗棉布，其餘大麻布、皛布、維州布、小水布之類，價格又在粗棉布之下。這還是棉布産地高昌市上的價格，「物離鄉貴」，如果把西州出産的棉布運到外地去銷售，價格一定比當地還要高出幾成。當時西州高昌市上的白㲲價格是：

白㲲壹尺　上直錢叁拾捌文　次叁拾柒文　下叁拾陸文（大谷三〇七二號）。

次估一石白㲲價三百七十文，六石白㲲合二千二百二十文。就是説要用六石白㲲才能買到五丈一端的細緤布。一種産品價格的高低，是由生産者付出勞動的多少和它本身質地的精緻、耐用程度與市場的需求來決定的。從西州出産緤布的價格較高這個事實來看，這種棉産品很受人們的歡迎，在國内外市場上享有很高的聲譽。

綜合上面所提到的一些情况，我們可以得出這麽一個結論：新疆地區是我國植棉較早的一個地區，在唐代的西州地區，棉花的種植已很普遍，棉布的生産量也相當多。同時，棉布是全國人民所歡迎的一種紡織品，在西州市場上出售，價格也相當高。新疆棉布在國内外都享有很高的聲譽。

我國自古以來，是一個多民族的統一國家。新疆地區，自古以來就是統一祖國的一部分。在唐代，吐魯番緑洲聚居着包括漢族在内的各族人民，各族勞動人民之間互相學習，交流技術，增進了文化的密切聯繫，促進了生産的日益發展，有助於各民族的團結，推動了歷史的進步。唐代西州地區棉布生産方面的成就，我們必須歸功於當時聚居在這一地區的各族人民。

談完唐西州緤布以後，還附帶談一個問題，即吐魯番緑洲在漢至唐代，本地是否生産蠶絲？

我們知道新疆的和田（當時稱于闐），在古代是絲紡織業特别發達的地方。在唐代，和田地區「桑樹連蔭」（《大唐西域記》），人「工紡織」（《新唐書·于闐傳》）。從近年在新疆巴楚縣唐代遺址中也出現了蠶繭和蠶絲一事看來，蠶桑的育植，在當時新疆地區一定很普遍。

近年在吐魯番地區出土了大量自漢至唐的絲織品，有各類絲織品如錦、紬、綾、羅、絹、練等等。它們大都來自中原地區，也有少部分來自波斯（伊朗）和提婆（斯里蘭卡）等國。吐魯番正處於這條絲綢之路的通道上，充分發揮了對國内外文化、經濟、生産技術各方面交流的作用。

近年在吐魯番出土唐開元三年（公元七一五年）的《麴娘墓誌》，誌文説：「晨摇彩筆，鶴態生於緑箋；晚弄瓊梭，鴦紋出於紅縷。」這説明唐代西州地區，已能生産織錦。

在《新唐書·地理志》西州下説：「土貢絲、氎布、氈、刺蜜、蒲桃五物。」絲既作爲土貢，且列在緤布之上，説明西州一定已經植桑養蠶。大谷三〇九一號文書：

色絲壹兩　上直錢玖拾文

生絲壹兩　上直錢陸拾文　次伍拾文

即當地産絲，市上也有生絲和色絲出賣，絲織品生産的原料有了保證，因此織錦、紡納，都完全可能。不過市上生絲一兩，次估五十文，色絲一兩，上值錢九十文，絲的價格比較昂貴。由絲織成的豪華的織錦，價格一定更貴，必然不能普及。

〔一〕　見《文物》一九六〇年第六期，新疆維吾爾自治區博物館：《新疆民豐縣北大沙漠中古遺址墓葬區東漢合葬墓清理簡報》。按這兩塊覆蓋在木椀上的藍白印花布，應該稱做「食單」。大谷文書三〇九〇號：「□色緤食單壹條　上直錢肆佰伍拾文　次肆佰文　下叁佰文」，是其證。

〔二〕〔三〕〔四〕〔六〕〔七〕〔八〕　並見《文物》一九七三年第十期，沙比提館長：《從考古發掘資料看新疆古代的棉花種植和紡織》。

〔五〕　見《文物》一九六二年第七、八合期，武敏：《新疆出土漢——唐絲織初探》。

〔九〕　見《文物》一九六二年第七、八合期，吴震：《介紹八件高昌契約》。

〔一〇〕　本文所引大谷文書，並轉引自日本西域文化研究會編的《敦煌、吐魯番社會經濟資料》上下二册日本學者論文所引用的。

吐魯番出土的幾件唐代過所

近年來，新疆維吾爾自治區博物館在吐魯番東南阿斯塔那附近唐代墓羣裏，發現了不少唐西州户曹文書。在這些文書中，有不少是和過所有關的，對我們瞭解唐代中央政府有效地統一管轄邊疆地區的具體情況以及當時階級關係、交通往來制度等，提供了珍貴的材料。這裏，試就阿斯塔那出土的幾件有關過所文書作一初步探討。

過所，就是通過關、戍、守捉的通行證明。在漢代也叫做「傳」。《周禮》鄭玄注：「傳，如今移過所文書。」劉熙《釋名》：過所，至「關津以示之也」。「傳，轉也，轉移所在，執以爲信也」。馬縞《中華古今注》：「程雅問：『傳者云何？』答曰：『傳以木爲之，長一尺五寸，書符信其上。又一枚，封以御史印章，所以爲期信，卽如今之過所也，言經過所在也。』傳，以木爲之者謂之棨，以帛爲之者謂之繻。《三國志·魏志·倉慈傳》西域胡「欲詣洛者，爲封過所」。《太平御覽》卷五九八引《晉令》：「諸渡關及乘舡筏上下經津者，皆有所，寫一通，付關吏。」《唐六典》：上關令、中關令、下關令：「掌禁末游，伺奸慝。凡行人車馬出入往來，必據過所以勘之。」從以上所引材料可以見到，從魏到唐，要經過水陸關禁，都得請領過所，勘驗以後，才得通過。沒有過所，偷度關，要判刑；冒名頂替，借過所與人，也要判刑。《太平御覽》卷五九八引《廷尉決事》：「廷尉上廣平趙禮詣洛治病，博士弟子張策、門人李藏齎過所詣洛還，責禮冒名渡津，（廷尉」平裴諒議禮一歲半刑，策半歲刑。」《唐律·衞禁律》：「諸私度關者，徒一年；越度者，加一等。」《疏議》曰：「水陸等關，兩處各有關禁，行人來往，皆有公文，謂驛吏驗符券，傳送據遞牒，軍防丁夫有總歷，自餘各請過所而度。若無公文，私從關門過，合徒一年。越度者，謂關不由門，津不由濟而度者，徒一年半。」又《律禁律》云：「諸不應度關而給過所，若冒名請過所而度者，各徒一年。」《疏議》曰：「不應度關者，謂征役番期及罪譴之類，皆不合輒給過所，而官司輒給，及身不合度關，而取過所度者，若冒他人名請過所而度者，合徒一年。」又《衞禁律》云：「即以過所與人，及受而度者，亦準此。」《疏議》曰：「以所請得過所而轉與人，及受他人過所而承度者，亦徒一年。」「若已判過所未出關門，回未過各減一等」，「不應給過所而給者，不在減例」。就是說，主判的官吏如果把過所發給不應給的人，也要受到嚴厲處分。因爲處分比較重，所以官吏對過所的發給，審查比較嚴格。

《唐六典》卷六尚書省刑部司門條：「司門郎中、員外郎，掌天下諸門及關往來之籍賦，而審其政。」「凡度關者，先經本部本司請過所，在京則省給之，在外，州給之。雖非所部，有來文者，所在給之。」唐代的過所，在中央由尚書省發給，在地方由都督府或州發給。尚書省主管過所事務的，是刑部司門郎中和員外郎，由刑部司門司主判，刑部都官員外郎判依（覆審）。在地方，由户曹參軍主判，諮議參軍等判依。後面所引唐西州文書中，許多請給公驗和過所的文書都由户曹參軍主判，和《唐六典》的記載相符。

唐人向尚書省刑部司門司或地方請給過所，一般是繕寫兩通。一份是正本，由官方加蓋官印，發給請過所的人，一份是副本，形式和正本一模一樣，也都要經過主判官、覆審官簽名，作爲刑部司門司或州户曹檔案，加以保存。當時日本制定的令式，有不少參用唐制。據日本《公式令》過所式的説明説：「右過所式，並令依式具録二通，申送所司。所司勘問，即依式署一通留爲案，一通判給。」雖中日過所格式内容不完全相同，但具録爲兩通，一通判給，一通留爲檔案，大概一模一樣。

這些户曹檔案，只需在一個規定的年限之内，加以保存，過了這個期限，這些檔案就可作爲廢紙處理。《唐律疏議》：「依令，文案不須常留者，每三年一揀除。」這是指一般的檔案，如果重要的檔案，保存的年限，可能要長一些。在吐魯番出土的唐西州文書，就是作廢紙處理的舊檔案。

唐代的過所是什麽樣式的呢？爲了便於考查，我們先介紹幾份保存得比較完整的日本智證大師圓珍入唐取得的過所和公驗。這些傳世的過所和公驗，現在保存在日本上野國立博物館。這一套過所、公驗文書，一共有十通，現開列如下：

日本太宰府公驗（仁壽三年，卽大中七年二月十一日）

福州都督府公驗（大中七年九月）

温州横陽縣公驗（大中七年十月二十六日）

温州安國縣公驗（大中七年十月二十九日）

温州永嘉縣公驗（大中七年十一月六日）

台州黄巖縣公驗（大中七年十一月二十三日）

台州牒（大中七年十二月三日）
台州臨海縣公驗（大中七年十二月六日）
越州都督府過所（大中九年三月十九日）
尚書省司門司過所（大中九年十一月十五日）

我們在這裏只介紹六通文書，四件是公驗，兩件是過所。

先介紹日本太宰府公驗：

日本國太宰府
延歷寺僧圓珍年卌臈廿一
從者捌人
隨身物經書衣鉢剔刀等
得圓珍狀，「云將遊西國，禮聖求法，」
得大唐商人王超等迴鄉之船。恐」
到處所，不詳來由，伏乞判附公驗，」
以爲憑據。
仁壽叁年貳月拾壹日大典越直京
大監［ ］

圓珍以大中七年（公元八五三年）七月十六日離開日本，於九月十四日，才到達唐福州，就向唐福州都督府乞給公驗，福州都督府就在圓珍所上牒文上加以批示，就成爲公驗了。福州都督府公驗格式如下：

福州都督府

日本國求法僧圓珍謹牒

爲巡禮來到　唐國狀并從者柒人隨身衣鉢等」

供奉僧圓珍年四十一臈廿二

從者　僧豐智年三十三臈一十三沙彌閑静年卅一俗姓海譯語丁滿年卌八」

經生的良年廿二物忠宗年三十二大全吉年廿三」

伯阿古滿年廿八却隨李延孝船歸本國報平安不行」

隨身物經書四百五十卷　衣鉢剔刀子等　擯竈壹具」

牒圓珍爲巡禮天台山五臺山并長安城青龍興」

善寺等，詢求　聖教，來到　當府。恐所在」

州縣鎮鋪，不練行由，伏乞公驗，以爲憑據。」

謹連元赤，伏聽處分。

牒件狀如前。謹牒。

大中七年九月　日日本國求法僧圓珍牒」

任爲公驗　十四日福府録事參軍平仲」

牒上加蓋了福州都督府大印三處，就成爲公驗了。又圓珍温州横陽縣公驗：

温州　横陽縣

日本國求法僧圓珍謹牒

爲巡禮來到　唐國狀，并從者隨身衣鉢等

供奉僧圓珍年四十臈廿一

從者　僧豐智年卅三臈一十三沙彌閑静年卅一僧姓海譯語丁滿年卌八」

經生的良年廿五物忠宗年卅二大全吉年廿三」

伯阿古滿年廿八却隨李延孝歸本國報平安不行」

隨身物　經書四百五十卷衣鉢剔刀子等攘竈一具」

牒圓珍爲巡禮天台山五臺山并長安城青

龍寺等，詢求　聖教，來到　當縣。」

恐所在州縣鎮鋪，不練行由，伏乞公驗」

以爲憑據。謹連元赤，伏聽處分。」

牒件狀如前。謹牒。

大中七年十月　日日本國求法僧圓照牒

任爲憑據廿六日横陽縣丞權知縣事伋

在第二行下，縣丞還批了「印赴州」三字，卽赴州去蓋印。又温州安固縣公驗：

温州　安固縣

日本國求法僧圓珍謹牒

爲巡禮來到　唐國狀，并從者隨身衣鉢等

供奉僧圓珍年四十臈廿一

從者　僧豐智年卅三臈一十三沙彌閑靜年卅一俗姓海譯語丁滿年卌八」

經生的良年卅五物忠宗年卅二大全吉年廿三」

伯阿古滿年廿八　却隨李〔延〕孝船歸本國報平安不行」

隨身物　經書四百五十卷衣鉢剔刀子等擐竈壹具」

牒圓珍爲巡禮天台山五臺山并長安城青龍興」

善寺等，詢求　聖教，來到　當縣。恐所在州縣」

鎮鋪，不練行由，伏乞公驗，以爲憑據。謹連」

元赤，伏聽處分。

牒件狀如前，謹牒。

大中七年十月　日日本國求法僧圓珍牒」

任爲憑據廿九日安固縣主簿知縣事蘭及」

在第二行下縣主簿還批了「印赴州」三字，卽赴州去蓋印。已上四件文書都稱「公驗」，下面兩件文書稱「過所」。越州都督府過所云：

越州都督府

日本國內供奉　敕賜紫衣僧圓珍年肆拾參　行者」

丁滿年伍拾驢兩頭隨身經衣鉢等」

上都已來路次。檢案內人貳驢兩頭并經書衣鉢等」

得狀稱仁壽三年七月十六日離本國，大中七年九月十四日到」

唐國福州。至八年九月二十日到越州開元寺住聽習。今欲」

略往兩京及五臺山等巡禮求法，却來此聽讀。恐」

所在州縣鎭鋪關津堰等，不練行由，伏乞給往還

過所。勘得開元寺三綱僧長泰等狀同，事」

須給過所者。准給。此已給訖，幸依勘過。

大中玖年叁月拾玖日給

功曹參軍个　府葉新

史

潼關五月十五日勘入　丞 □

過所上有三處都蓋上越州都督府印。又尚書省司門司過所格式如下：

尚書省司門

福壽寺僧圓珍年肆拾叁行者丁滿年伍拾并隨

身衣道具功德等 ||

韶廣兩浙已來關防主者，上件人貳，今月　日」

得萬年縣申，稱今欲歸本貫覲省，并往諸道州」

府巡禮名山祖塔。恐所在關津守捉，不練行由，請」

給過所者。准狀勘責狀同。此正准給，符到奉行。」

主事袁參

都官員外郎　判依　令史戴敬宗

書令史

大中玖年拾壹月拾伍日下

蒲關十二月四日勘出　丞郢

此尚書省刑部司門司所給圓珍過所，加蓋「尚書省司門之印」三處。這份過所，由刑部司門司判給，由都官員外郎判依。這是唐中央發給的標準的過所，日本到今天奉爲國寶，不是偶然的。

在圓珍所將去過所文書中，還有「公驗」一項形式的文書，這對我們研究唐西州過所文書啟發很大，唐西州過所文書，有些不是過所，而是公驗，我過去不知分別，現在得加以糾正，這是非常愉快的事情。

唐西州户曹給石染典的公驗

一九七三年，在吐魯番阿斯塔那唐五〇九號墓裏出土了不少件西州都督府發給的過所副本或公驗等等文書。下面先講有關石染典的公驗文書。

石染典先在瓜州，請得過所。我們上面提到過，過所一式兩分，正本付給石染典本人執掌，作爲通行護照之用；副本由瓜州歸入檔案保存。石染典到了西州以後，又欲前往他處，於是以瓜州過所呈驗，另外請發給公驗，以爲憑據。西州都督府勘驗了石染典的瓜州過所之後，就把瓜州過所發還本人。把瓜州過所後面勘過的四行文字，却裁下來，歸入石染典請求頒給公驗的檔案裏。這四行是

三月十九日懸泉守捉官高賓勘西過

三月十九日常樂守捉官果毅孟進勘西過

三月廿日苦水守捉押官辛立用勘西過

三月廿一日鹽池戍守捉押官健兒呂楚珪勘過

據《沙州圖經》，懸泉水在沙州（今甘肅敦煌縣）東一百三十里，懸泉驛在沙州東一百四十五里，懸泉守

捉當置於懸泉驛附近。瓜州常樂縣在今甘肅安西縣西，常樂守捉當置於常樂縣左近。苦水無考。鹽池，《新唐書·地理志》沙州敦煌郡下敦煌縣，「東四十七里有鹽池」，苦水守捉當在常樂、鹽池的中間。這是從瓜州向西州高昌經過關戍守捉，經過守捉官的勘過簽押。從這四行殘存文書中，可以説明過所不僅經過全國二十六個關卡要檢查，就是經過有守捉官的地方，也得繳驗過所，經守捉官「勘過」，才准放行。

石染典到了西州以後，在開元二十年（公元七三二年）請求改給過所，前往安西（安西都護府在今新疆庫車縣），西州都督府認爲石染典已有瓜州頒發的過所了，不必再給過所，只要「勘過」就可以了。這份公驗也在同一唐墓裏被保存了下來。

（前殘）

家生奴穆（下殘）

安西已來，上件人肆、驢拾，今月　日得牒稱：

「從西來至此，市易事了，今欲却往安

西已來。路由鐵門關，鎮戍守捉，不練行由，」

請改給者。」依勘來文同，此已判給，幸已勘」

過。

户曹參軍重　府史楊祗

開元貳拾年叁月拾肆日給

這是西州都督府公驗的副本，正本已發給石染典了，副本留檔。「重」是西州都督府的户曹參軍，楊袛是主辦文書的人員。過所或公驗的發給與否，是由户曹參軍主管辦理的，因此户曹參軍是這件公驗的判官。

安西都護府當時設在龜兹（今新疆庫車縣），鐵門關在焉耆（今新疆焉耆縣）西五十里（見《新唐書·地理志》）。從西州往安西，必須經過鐵門關，鐵門關有守捉，所以在公驗上要特别提到它。

在同一唐墓裏，還出土了石染典在西州領到的另一公驗。第一次西州發下的公驗是開元二十年三月十四日，可是第二次發下的公驗是開元二十年三月廿五日，相差時間只有十一天，可見石染典取得第一次公驗後，並没有去安西，變卦了，改去安西爲去伊州（今新疆哈密縣）。牒文云：

作人康禄山　石怒怨　家生奴穆多地

驢拾頭　諸事勘同　市令張休

牒染典先蒙瓜州給過所，今至此市易」

事了，欲往伊州市易，路由恐所在守捉，不」

練行由。謹連來文如前，請乞判命。」

開元廿年三月廿　日西州百姓游擊將軍石染典牒

任去　琛示　廿五日

四月六日伊州刺史張賓押過

這件公驗，蓋有西州都督府印兩處，最後一行有「伊州刺史張賓押過」字樣，所以應是石染典去伊州公驗的正本。大概伊州回來，又要去另一處，因而再次申請公驗，並把去伊州的公驗正本繳還至西州都督府，這也許就是這件公驗正本被保留在西州户曹檔案内的原因。

石染典請求去伊州市易，也不是一帆風順的，需要保人來證明，在同一墓裏，發現保證石染典去伊州市易的牒文，可惜太殘缺了，現引證如下：

（前殘）

□□□□石染典計程不迴，連」

罪者。謹審但染勿等保石染典在此見有家宅」

及妻兒親等，並總見在，所將人畜，並非寒詃等」

色如染典等違程不迴，連舉之人，並請代承課」

役，仍請准法受罪。被問依實，謹牒。　元

開元廿一年正月　　日

石染典人肆馬壹騾驢拾」

請往伊州市易，責保」

可憑，牒知任去　諮元琛白

依判　諮延禎示

　　　廿三日

依判　諮齊晏示

　　　廿三日

依判　諮崇示

　　　廿三日

依判　斛斯示

　　　廿三日

同一墓裏，另外還有一件關於石染典的牒文，事多殘缺，原因現在已弄不清楚了。牒云：

石染典

牒件狀如前牒知准狀，故牒

開元廿一年正月廿二日

　　　府謝忠

户曹參軍　元

　　　史

正月廿一日受　廿三日行判

録事元賓檢無稽失

功曹兼録事參軍思白訖

牒石染典爲將人畜往伊州市易事

最後一行，距離最後倒數第二行較遠，怕是兩個文件，作廢紙後，把它粘糊在一起的。

石染典的文書，正月廿一日接受，廿三日受「行判」了，工作效率相當快，也可見得石染典具有相當社會地位，使西州都督府的官吏，上至西州都督王斛斯這樣快速的爲他辦理「行判」。

在同一墓裏還出土了開元二十一年正月五日立的石染典買馬契。大概石染典在二十年四月到伊州後，不久就回到西州。過了一些時候，又向西州都督府請給公驗去外地市易。這次旅行，要帶新買到的馬匹，因此在請領過所時，把買馬契隨牒繳驗。

《唐律・衞禁律》裏規定：「即將馬越度、冒度及私度者，各減人二等。」《疏議》曰：「將馬越度、冒度、私度，各減人二等者，越度，杖一百，冒度、私度，杖九十。」因爲馬是關係國防軍事的牲畜，政府控制得比較嚴，石染典要領到公驗，不得不把買馬契和市券繳驗，後來市券大概發還了，買馬私契却存在西州户曹檔案裏，沒有發還。

馬一匹　騮敦　六歲

開元廿一年正月五日，西州百姓石染典交用大練拾捌」

匹，今於西州市買康思禮邊上件馬。其馬」
及練，即日各交相分付了，如後有人寒」
盜識認者，一仰主保知，當不關買人之事。恐」
人無信，故立私契，兩共和可，畫指」
爲記。

練主

馬主別將康思禮年卅四

保人興胡羅也那年卌

保人興胡安達漢年卌五

保人西州百姓石早寒年五十

買方是游擊將軍石染典，賣方是別將康思禮，三個保人中兩個是興胡，亦即商胡，一個是西州百姓。從他們的姓氏看來，除了羅也那可能是吐火羅人以外，安達漢、石早寒等都是原來居住在阿姆河以北的昭武九姓部落。他們之所以能在買賣兩方的交易中擔任保人，說明了他們早已長期定居在西州，現在只能從他們姓氏上還能知道他們的原籍而已。

唐益謙等請給過所的牒文

唐益謙是唐循忠的侄兒，唐循忠原任西州都督府長史，後遷福州都督府長史。《元和郡縣圖志》江南道汀州下，講到這個人。《志》云：「開元二十一年，福州長史唐循忠於潮州北、廣州東、福州西光龍洞，檢責得諸州避役百姓共三千餘户，奏置州，因長汀川以爲名。」和吐魯番文書時間正合，當卽一人。唐循忠已經内調了，他的侄子唐益謙在開元二十一年正月向西州都督府請求發給過所，其牒文也在同一唐墓裏發現。牒文云：

前長史唐侄益謙　奴典信　奴歸命」

婢失滿兒　婢緑葉　馬四匹」

問得牒請將前件人畜往福州，檢」無來由。仰答者，謹審唐益謙從四鎮來，見」有糧馬遞。奴典信、歸命，先有尚書省」過所。其婢失滿兒、緑葉兩人，於此買得。」馬四匹，並元是家内馬。其奴婢四人，謹」連元赤及市券，白如前。馬四匹，如不委，」請責保入案。被問依實。謹牒。元

開元廿一年正月　日別將賞緋魚袋唐益謙牒

連元白　十一日

元赤在日本求法僧圓珍大中七年福州都督府發給的過所中，也有這樣的用語。「恐所在州縣鎮鋪，不練行由，伏乞公驗，以爲憑據。謹連元赤，伏祈處分。」元赤可能指以前給發的過所、公驗等文件，是當時公文程式中所習用的一種術語。

唐益謙請求頒給過所和公驗的牒文中，提到的婢失滿兒、緑葉二人，「於此買得」。又説：「其奴婢四人，謹連元赤及市券，白如前。」可見唐益謙的牒文之外，還附有證明奴失滿兒、緑葉是在西州買得的市券。她們的市券，也在同一墓裏發現。現把失滿兒的市券，抄録如下：

開元拾玖年貳月　日，得米禄山辭：『今將婢失滿兒年拾壹，于西州市出賣與京兆府金城縣（今陝西興平縣）人唐榮，得練肆拾匹。其婢及練，即日分付了清給買人市券者。』准狀勘責。問口，承賤不虛。又責得保人石曹主等伍人欵：『保不是寒良誸誘等色者。』勘責狀同，依買人市券。

練主

婢主興胡米禄山

婢失滿兒年拾貳

保人高昌縣石曹主年卌陸
保人同縣曹沙堪年卌八
保人同縣康薄鼻年五十五
保人寄住康薩登年五十九
保人高昌縣羅易没年五十九

丞上柱國　亮　券　史

史竹無冬

從這件買女奴的市券裏，可以看到十二歲的女奴失滿兒以四十匹練的代價被她的主人米禄山轉賣給唐榮的悲慘遭遇。買主唐榮可能是唐循忠和唐益謙的家屬。婢主米禄山和保人石曹主、曹沙堪、康薄鼻、康薩登，從他們的姓氏來看，原籍當是昭武九姓部落，保人羅易没，原籍可能是吐火羅。不過他們中間，除了康薩登尚稱「寄住」以外，其餘諸人已由於長期居住在西州而成爲西州高昌縣百姓了。

奴緑葉原名緑珠，買到唐家以後，始改名緑葉。改名的原因，可能避唐家内諱。她的市券云：

開元貳拾年捌月　日。得田元瑜牒稱：「今將胡婢緑珠，年拾叁歲」，於西州市出賣與女婦薛十五娘得大練肆拾匹，今保見集」，謹元券如前，請改給買人市券者。「准狀勘責狀同。問」口，承賤不虚。又責得保人陳希演等五人欵：「保上件人婢不」

是寒良詃誘等色，如後虛妄，主保當罪。』勘責既同，依給」買人市券。

（用州印）

練主

婢主田元瑜

胡婢緑珠年十三

保人瀚海軍別奏上柱國陳希演年卌三

保人行客趙九思年卌八

保人行客許文簡年卌二

保人王義温年廿五

保人行客張義貞年卅六

同　元

史

丞上柱國元亮　券

史康登

這張買人券裏的買方練主薛十五娘，就是下面牒文裏要提到的唐循忠之妾薛氏。

這兩張買奴券，已經過「市司」的批准，成爲正式的市券。《唐律·雜律》：「諸買奴婢馬牛駝騾驢，已過價，不立市券，過三日，笞三十，賣者減一等。」吐魯番唐墓羣裏，近年出土了不少市券，但失滿兒、緑珠兩件被賣市券，因爲它和唐益謙請給過所牒文可以聯繫起來，更具有重要的意義。

我們在同一唐墓裏還發現唐益謙又一次向西州都督府請給過所的牒文：

福州都督府長史唐循忠媵薛年拾捌」
侄男意奴年叁拾壹　奴典信年貳拾陸」
奴歸命年貳拾壹　奴捧鞭年貳拾貳」
奴逐馬年拾捌　婢春兒年貳拾　婢緑珠年拾叁」
婢失滿兒年拾肆　作人段洪年叁拾伍」
一烏驃草八歲　一棗騮父九歲　一驄草八歲　一騧父六歲
馬匹捌
一驄敦六歲　一騮父七歲　一驃父二歲　一驄父二歲
驢伍頭　并青黄父各八歲
右得唐益謙牒：『將前件人馬驢等往」
福州。路由玉門、金城、大震，烏蘭、潼、蒲」
津等關。謹連來文如前，請給過所者。』」
□檢來文，妾婢緑珠、失滿兒，馬四匹」
□同者。准狀問唐益謙，得欵：『前件婢」

□於此買得，見有市券保白如前，其」
□並是家畜，如不委，請責保者。』依」
□市券到勘，與狀同者。依問保人宋守夜」
等，得欵：『前件馬並是唐長史家畜，不」
是寒盜等色。如後不同，求受重罪者。』」
唐長史侄益謙年廿三
右得前件人牒請過所往福州者，檢無」
來文。問得唐益謙欵：『從四鎮來，見有」
糧馬遞者。』依檢，過所更不合別給。」
（中殘）
唐益謙牒請將人拾馬」
捌□□□福州□無」
來文，并責保識有［ ］」
准給所由過所。唐（益謙）」
從西，自有（糧馬遞，更不）」
別給（過所）。」

（中夾叙他事，略）

依判　諮延禎示

十四日

依判　諮齊晏示

十四日

依判　諮崇示

十四日

依判　斛斯示

十四日

批准這件文書的判官，仍是户曹參軍元，可惜文有殘缺。同判官有諮議參軍延禎、齊晏、崇。由於唐循忠家屬和奴婢人數衆多，並隨帶大批驢馬，由吐魯番去福州，關戍守捉多，里程很長，路途上比較複雜，所以最後還須送給西州都督王斛斯去親自審批，因此本文件上有王斛斯的判字。

唐益謙第一次向西州都督府請給過所的牒文，只説自己要帶二奴、二婢、馬四匹去福州，並把尚書省以前發給奴二人的舊過所和婢失滿兒、緑珠二人的買契市劵一併繳驗。第二次請給過所的牒文和第一次的牒文内容比起來，情況就有了較大的出入：一，唐益謙從安西四鎮來，本帶有「糧馬遞」，屬於因公出差，據《唐律·衛禁律》《疏議》曰：「傳送據遞牒」的規定，他是可以住驛站，給馬糧的。因此西州都督決定不再發給唐益謙過所。但是「糧馬遞」的待遇，僅限於唐益謙本人，而一大批眷屬、隨從、驢馬就不好處理。這樣，唐益謙就推出他叔叔福州都督府長史唐循忠的妾滕年十八歲的薛氏(可能就是綠珠賣身契上的練主薛十五娘)來請求領取過所。牒文上説她要前往她丈夫唐循忠的福州任所，理由當然很充足。由於申請人是薛氏，因此唐循忠的另一侄子意奴，只能列名於過所的第二位。二，第二次牒文和第一次牒文不同，第一次牒文，只開列馬四匹，没有載明它們的毛色、齒歲，這是不符合唐代令式的。《唐律·衛禁律》裏規定，馬冒度關，馬的所有者要「杖九十」。因此在第二次牒文上，就詳細地載明八匹馬的毛色、齒歲，和過所上載明馬的毛色、齒歲不同，叫做「冒」。過關馬的毛色、齒歲、牝牡等等。這就符合於規定了。由於馬是有關軍事的牲畜，所以規定比較嚴格，而關於驢駝等牲口度關的規定，就比較簡單，《唐律》裏載明即使過所上所載的毛色、齒歲和實際情況略有出入，也可以免予追究。因此第二次牒文中，就只説「驢伍頭並青黄父各八歲」，而没有詳細分别每一頭的毛色、齒歲。

唐循忠妾滕薛氏爲首一行請給過所的牒文裏，載明經過玉門(今甘肅敦煌縣西)、金城(今甘肅蘭州市北黄河渡口)、烏蘭(今甘肅靖遠縣西南)、大震(今陝西隴縣隴山下)、潼(今陝西潼關縣潼關)、蒲津(今陝西大荔縣東，黄河西岸，對岸是山西永濟縣的蒲州鎮)等關津。烏蘭關應該在大震關之前，牒文誤寫在大震關後。度潼關一般不再經過蒲津關，度蒲津關實際已經繞過潼關，請給過所裏，兩關並舉，可能使取得過所的行人，在到達關中後，在東向出關時，可以相度當時形勢，作出自由選擇。這一情況可能與下述事實有關。開元二十一年，關中久雨穀貴，二十二年正月，唐玄宗率領百官去東都洛陽就糧，皇帝和百官都走潼關一條路，潼關路途上就會擁擠不堪。關門的盤查，也一定更加嚴格。所以唐益謙在第二次牒文中，就預先安排好繞道走蒲津關的打算。

薛光泚請給過所的牒文

和唐益謙請給過所的文書夾雜在一起的，有薛光泚請給過所牒文，文云：

甘州張掖縣人薛光泚年貳拾陸　母趙年陸拾柒」
泚妻張年貳拾貳　驢十頭並青黃父各捌歲」
右同前得上件人辭稱：『將母送婆神柩」
到此，先蒙給過所還貫，比爲患瘮，未能」
得發，今患損，欲將前件及妻驢等」
歸貫。路由玉門關及所在鎮戍，不練行由，」
〔過〕所今已隔年，請乞改給。謹連本過所」
□乞處分者。』依檢本過所關十九」
□往甘州有實」
□狀謹牒」
正月　日　史謝忠牒

驢十頭，大概是運柩之用，才用這許多頭驢，歸鄉當時習稱歸貫，貫指本貫。這個改給過所的事情，大概很快辦成了，在這文件的最後有「福州甘州件狀如前，此已准給，□依勘□」一行字樣，說明過所也發了，文書也勘過了，才歸入户曹檔案。

審訊王奉仙的對案和録狀

在同一唐墓裏，出土了王奉仙的對案和供狀，也是和過所有關的。今録文如下：

王奉仙年卌，仰

奉仙辯：「被問是何色？從何處得來至酸棗」
戍？仰答者，謹審但奉仙貫京兆府華原縣。去」
年三月內，共馱主徐忠驅馱送安西兵賜，至安西」
輸納。却迴至西州，判得過所。行至赤亭，爲身患，」
復見負物主張思忠負奉仙錢三千文，隨後却」
趁來至酸棗，趁不及，遂被戍家捉來，所有」
行文見在，請檢卽知。奉仙亦不是諸軍鎮逃」
走等色，如後推問不同，求受重罪。」被問依實。謹辯。」
典康仁依口抄并　開元廿一年正月　日

讀示訖　思

連九思白

廿九日

今並録王奉仙的供狀文書：

安西給過所放還京人王奉仙

右得岸頭府界都遊弈所狀稱『上件人無向北庭行文，至」酸棗戍捉獲，今隨狀送者。』依問王奉仙，得欵：「貫京兆府華源縣。去年三月内，共行綱李承胤下馱主徐忠驅驢送兵至安西輸納了，却迴至西州，判得過所。行至赤亭，爲患」復承負物主張思忠負奉仙錢三千文，隨後却趁來，至」酸棗，趁不及，遂被戍家捉來。所有行文見在，請檢卽知者。』」依檢，王奉仙并驢一頭，去年八月廿九日，安西大都護府」給放還京已來，過所有實。其年十一月十日，到西州都督」押過。向東十四日赤亭鎮勘過。檢上件人無却迴赴北庭來」行文者。又問王〔奉〕仙得欵：「去年十一月十日，經都督批得過」所。十四日至赤亭鎮官勘過，爲卒患不能前進，承有債」

主張思忠過向州來，即隨張〔思〕忠驢馱到州，趁張〔思〕忠不及，至」
酸棗戍即被捉來，所有不陳，却來行文，兵夫不解，伏聽
處分。亦不是諸軍鎮逃走及彰名假代等色。如後推問」
稱不是徐忠作人，求受重罪者。又欵：『到赤」
亭染患，在赤亭車坊内將息經十五日，至十九日即隨鄉家任元祥却」
到蒲昌縣，在任祥傔人不得名家停止，經五十日餘，今年」
正月廿一日，從蒲昌却來趁任忠，廿五日至酸棗，趁不及。」
□州所有不陳患由及却來文」
從西行到安昌城死訖者」

（中間空二行）

□無過所今

（下殘）

王奉仙持有安西都護府的過所，但路綫是經西州向關中，王奉仙不依照指定路綫走，反而走向北庭，因此經酸棗戍就被扣留住了。酸棗戍把王奉仙解往西州，西州都督王斛斯批示「付功曹推問」，可惜文書原件我没看到，最後結果，我也無法猜測。

關於史計思過所中「過所有名點身不到」的問題

在同一墓裏，出土了有關史計思過所的牒文。文云：

興胡史計思　作人史胡然　羊貳佰口　牛陸頭

別奏石阿六　作人羅伏解　驢兩頭

右件羊牛等，今日從白水路來，今隨狀送者。

又計思作阿達及

右件作人，過所有名，點身不到者。

　牛壹頭　馬壹匹

　右件牛馬，見在過所上，有臕，隨狀送者。

以前得遊弈主帥張德質狀稱，件狀如前者。史計思等「

□一是興胡，差遊弈主帥張德質領送州聽裁者。謹牒録上」

牒件狀如前。謹牒

　開元廿一年二月六日　典何承仙牒

遊弈都巡官宣節校尉前右果毅要籍□

　付司　斛斯示

八日

二月八日録事

功曹攝録事參軍　　思付

連元白　十一日

因爲過所上所開的人畜，同實際經過關卡時勘過的人畜數目不符，因此扣了回來送西州都督府聽裁，西州都督王斛斯批了「付司」兩字，就由都督府去查辦，再向他彙報了。

白水路，即《西州圖經》上的白水澗道。

有關麴嘉琰請給過所的高昌縣文書

在同一唐墓裏，還出土了高昌縣上西州都督府的一件文書，也和請給過所有關係。

高昌縣　爲申麴嘉琰請過所所由具狀上事

隴右別　　敕行官前鎮副麴嘉琰　男清年拾陸

鵞雞年拾貳婢千年年拾叁已上家生」

作人王貞子年貳拾陸　駱敬仙年貳拾叁　驢拾頭八青黄　二烏馬壹匹　騮

右被符稱得上件人牒稱：『今將前件人畜等往隴右，恐所在關鎮守捉，不」

練行由，請給過所者。』麴嘉琰將男及作人等赴隴右，下高昌縣勘責，去後何人」

代承户傜？並勘作人是何等色？具申者。准狀責問得保人麴忠誠等」五人，欵：『麴〔嘉〕琰所將人畜，保並非寒盜詃誘等色者。』又問里正趙德宗，欵：『上」件人户當第六（中下），其奴婢先來漏籍，已經州司首附下鄉訖。在後雖有小男」二人，並不堪祇承第六户。有同籍弟嘉瓚見在，追問能代兄承户否？」其驢馬奴婢，並是麴〔嘉〕琰家畜者。依問弟嘉瓚，得欵，兄嘉琰去後，所有户」傜一事以上，並請嘉瓚祇承，仰不闕事者。依問麴〔嘉〕琰，得欵，其作人王貞子」、駱敬仙等，元從臨洮軍來日雇將來，亦不是諸軍州兵募逃户等色」者。依問王貞子等，得欵，去開元廿年九月，從臨洮軍共麴〔嘉〕琰驅䭾客作到」此，今還却共麴〔嘉〕琰充作人驅䭾往臨洮軍，實不是諸軍州逃兵募」健兒等色者。』麴嘉琰請將男及人畜等往臨洮軍，請過所，勘責」狀同録州户曹聽裁者。謹依録申。

一月七日

朝議郎行録事參軍攝令上柱國　沙安

朝議郎行丞上柱國方盛

户曹參軍　元

史

正月廿四日受　廿五日行判

録事元賓　檢無遺失

功曹攝録事參軍思白訖

下高昌縣爲勘麴嘉琰去後何人任傜上事

攝高昌令沙安，黄文弼氏《吐魯番考古記》圖三十二有他的簽名，黄氏釋文時仍照原來簽名的樣子，描畫印出，没有解釋這兩個字是什麽字。日本《西域文化研究》第二册《敦煌吐魯番社會經濟研究》一書中，引用大谷光瑞探險隊取去吐魯番出土文書第五八三九號、第五八四〇號，均有録事參軍沙妻其人，蓋卽此沙安。這個沙安的簽字，安字有些像妻字，又有些像富字，但中土取名「安」字的很多，取名「妻」字尚未見過，因此推斷爲「沙安」二字。

高昌縣這件呈覆的文書，是答覆西州都督府户曹關於麴嘉琰請給過所前往臨洮軍而需要高昌縣進行調查的幾件事。答覆是：一，麴嘉琰是中下户（第六等），所有户傜，已由其弟麴嘉瓚答應負擔。二，麴嘉琰帶走的奴婢驢馬，由麴忠誠等證明，不是偷盗誑誘而來。三，奴婢在户籍上曾漏報，現已補報。四，作人王貞子、駱敬仙，不是軍州逃亡兵募健兒等色。西州都督府户曹就根據這一高昌縣的調查報告，發給麴嘉琰前往隴右臨洮軍的過所。

從這件高昌縣呈覆西州都督府的文書，還説明了一個問題，卽高昌縣的百姓，如故離開高昌的時間較長，他所負擔的户傜還必須有人承應，而且還要在申請給發過所時加以落實。看來這種情況不是一地一縣的特定制度，由於材料還不够充分，這一點暫時還不能作出肯定的結論。

天山縣爲張无瑒請往北庭探兄請給過所上事

在同一唐墓裏，出土了天山縣爲張无瑒請往北庭探兄請西州都督府給發過所的申狀。狀云：

天山縣　爲申請張无瑒請往北庭請兄禄具上事

前安西流外張无瑒　奴胡子年廿五　馬壹匹駿草四歲驢貳頭並青黄父各陸歲

右得上件流外張无瑒，稱『兄無價任北庭乾坑戍主，被召將軍，」

奏充四鎮要籍驅使，其禄及地子合於本任請授。今四鎮封牒到，欲」

將前件人畜往北庭請禄。恐所在不練行由，請處分者。』責問上者，得」

里正張仁彦、保頭高義感等狀稱：『前件人所將奴畜，並是當家家生奴畜」，

亦不是該誘影他等色。如後有人糾告，稱是該誘等色，義感等連保，各求」

受重罪者。』具狀録申州户曹聽裁者。今以狀申。

這件文書，下半殘缺，没有年月日，大概也是開元二十一二年間文書。張无瑒兄張无價本任北庭乾坑戍主，這時已被召將兵，快要去四鎮擔任重要軍職，「充四鎮要籍驅使」。張无價的俸禄和地子，本年度的仍須在北庭給授，因此張无瑒急急趕向北庭，替張无價料理這些事情。

有關蔣化明丟失過所案件的文書

在同一唐墓裏，出土了一件牒文和判案，述及到過所丢失的案件。

（前有殘缺）

所將走去，傔人桑思利經都督下牒，不敢道□□□□□都」
督處分。傔人桑思利領化明將向北庭，行至酸棗戍，勘無過所，並被」
勒留見今。虞候先有文案，請檢卽知虛實。被問依實謹辯。　思

開元廿一年九月

蔣化明年廿六

化明辯：被問先是何州縣人？得共郭林驅驢？仰答但化明」
先是京兆府雲陽縣嵯峨鄉人，從涼府與敦元暕驅馱至北庭。括」
客乃卽附户爲金滿縣百姓。爲飢貧，爲郭林驅驢、伊州納和糴」。
正月十七日，到西州主人曹才本家停。十八日欲發，遂卽權奴子盜化明」
過所將走。傔人桑思利經都督牒，判付虞候勘當得實，責」
保放出，法曹司見有文案，請檢卽知虛實。被問依實謹辯。　志

開元廿一年正月

付法曹檢　九思白　廿九日

功曹　付法曹司檢　典曹仁　功曹參軍宋九思　郭林驅驢人蔣化明　傔人桑思利

古請檢上件人等去何日被虞候推問？入司復緣」

何事？作何處分？速報。依檢案内上件蔣」

化明，得虞候狀：其人北庭子將郭林作人，先」

使往伊州納和糴，稱在路驢疫死損，所納」

得練，並用盡，北庭傔人桑思利於此追捉」，

到此捉得案内。今月二十一日，判」

付桑思利領蔣化明往北庭有實。

牒前，檢如前。謹牒

開元廿一年正月　日　府宗賓牒

參軍攝法曹程光琦

具録狀過　九思白　廿九日

（後有殘缺）

（前有殘缺）

————問有憑」

准狀告知，任連本過所別」

自陳請。其無行文蔣化明」

壹人，推逐來由，稱是北庭」
金滿縣户，責得保識，又非」
逃避之色，牒知，任還北庭」
諮元璟白

五日

依判　諮齊晏示

五日

依判　諮崇示

五日

依判　斛斯示

五日

蔣化明

牒件狀如前，牒至准狀，故牒

開元廿一年二月五日

府謝忠

户曹參軍元

史
正月廿九日受二月五日行判
録事元賓　檢無稽失
功曹攝録事參軍思白訖

牒蔣化明爲往北庭給行牒事

關於發給蔣化明前往北庭的行牒，内容説明蔣化明是金滿縣的百姓，原籍是京兆府雲陽縣(今陝西涇陽縣北)嵯峨鄉人。從涼州(治姑臧，今甘肅武威縣)充當脚夫，到北庭金滿縣，剛碰到政府下令搜括客户，蔣化明就著籍金滿縣，成爲金滿縣的百姓。因爲飢貧的緣故，又替北庭子將郭琳驅驢，送和糴米入伊州(在今新疆哈密縣)倉。回來的時候驢在道路病死，和糴换得的練匹，也在路上用完了。走到西州，住了一天，過所被人竊走。北庭子將郭琳派傔人桑思利趕到西州，就把蔣化明揪送西州都督府法曹追究郭琳驢練的去處。經西州都督府法曹判「付桑思利領蔣化明往北庭」(卽金滿縣)。桑思利揪着蔣化明向北庭，走到酸棗戍，因蔣化明已把過所丢失，没有證明身分的文件，因而遭到酸棗戍的拘留，並把蔣化明、桑思利兩人一併送回西州，聽候西州都督府再次處理。

當然，在當時封建社會裏，卽使蔣化明不以罪犯的身份回到北庭，那位北庭子將郭琳也決不能讓蔣化明平安無事，一定還會追究驢的死因，驢皮、驢肉的處理，以及和糴换得練匹的去處和如何償還的辦法。蔣化明在政治上經濟上一定還會繼續受到郭琳和他的爪牙桑思利等人的迫害和壓榨。

從蔣化明丟失過所這一件事上，也可以看到當時的關津鎮戍守捉遊弈對往來行旅的盤查和過所的勘核，是如何嚴格。對遠行的人來講，過所是如何重要，如果没有它，就有被拘留、坐班房的危險。

唐王朝在西州的統治是穩固的

秦漢以來，我國就成爲一個統一的多民族的國家，統一是我國歷史發展的主流。唐王朝建立以來，從唐太宗到唐玄宗前期（開元時代），不同程度上執行了在當時歷史條件下比較進步的政治措施，經過一百多年，造成了一個比較穩定的政治局面，並使社會經濟得到比較大的發展。强大的政權機構是統一的保證。

對於當時邊疆地區的政府機構，唐王朝中央政府給予了極大的重視。唐太宗、唐高宗在削平了新疆地區的割據分裂勢力以後，根據具體情況，對新疆地方政府進行了認真的整頓和重建，在一部分地區實行了和中原内地相同的州、縣、鄉、里的制度，在另一部分地區因地制宜地實行都護府、都督府和羈縻州的制度。

健全的行政機構保證了中央政府的政策法令在新疆地區有效地推行。近年來吐魯番地區出土的大批官方文書就是一個很好的實證。上面就這些文書中的幾件過所試作了一些解釋和分析。這些文件使我們瞭解，申請過所必須由申請人備具牒文，按照規定一一説明有關的項目，諸如外出原因、人數、身份，以至奴婢來源和市券，牲畜的毛色口齒，外出以後家中的户徭由誰承擔等等，必要時還要附交有關的證件。負責審查的官吏對此要一一核實。例如上述麴嘉琰請給過所，先由當事人提出申請，然後由主管機關西州都督府户曹向其所在的高昌縣進行調查覆核，由高昌縣具文申報調查結果。和這件文書同時出土的天山縣調查張无瑒請給過所文書，上面特別注明據里正、保頭的證明，張无瑒所攜帶的奴僕和驢馬，「並是當家家生奴畜」，而不是「詃誘影他等色」。同時我們還可以看到在過所上，上自都督王斛斯，下至主辦文書起草人員以及審批的户曹參軍諮議參軍等，都要一一簽名。這些手續，和《唐六典》所記載的規定是完全符合的。

申請人領到過所以後，在路途中還必須接受嚴格的檢查。唐王朝在交通要道設有關戍守捉等等以稽查行旅。石染典的文書中，就保留有瓜州以西懸泉、常樂、苦水、鹽池等守捉勘過的四行。行旅往來，如果不持過所，或者過所開列的事項與實際不符，會受到拘留審訊；如果過所完備，就可以順利通行。蔣化明丟失過所和唐益謙代叔父唐循忠妾媵薛氏請給過所的兩件文書，有助於我們瞭解這方面的規定。蔣化明失落過所，目的地雖近在北庭，也必須審查補發；唐益謙率領一支人畜衆多的旅行隊伍，只要領到過所，就可以按照規定的路綫，從西北的吐魯番到東南沿海的福州。迢迢萬里，通行無阻。

這種嚴格的審批和檢查制度，本質上無疑是統治集團對被統治者實施控制的一種手段，過所制度也不過是國家機器上的一個零件，這是事情的一個方面。另一方面，一個强有力的中央政府，在全國範圍内必須建立並健全各種制度和法令。過所制度的重要目的在於防止偷漏國税、逃避賦役、拐賣人口，以至清查來自國境以外的破壞活動。這些對於保障社會秩序的相對穩定，也有積極的意義。

歸納上述的一些情況，我們可以看到，在開元時代，唐王朝的權力還處於比較健全的狀態，對這個幅員廣大的國家，實行了有效的控制。如果不是一個鞏固的統一的國家，來往行人要想在統一的法令管理下，從吐魯番西北到碎葉，東南至福州，這是不可設想的。同時我們還可以看到，西州的地方政府嚴格執行了中央政府關於過所的各項規定，它所發給的過所也和尚書省刑部司門司以及其它地方政府所發給的一樣，在全國各地都具有法律效力。這一事實也清楚地表明，地處新疆的西州當時正處於唐王朝中央政府的有效管轄之下。

新疆是一個多民族聚居的地區，兩漢以來，各兄弟民族和漢族之間的經濟文化交流就非常密切。唐太宗貞觀十四年（公元六四〇年），於高昌設置西州都督府，加强了行政管轄，促使西州地區的經濟文化獲得更大的發展。《十道記》載：「都會未反於沙州（敦煌），繁富尤出於隴右」（《太平寰宇記》卷一五六引）。當時中國和中亞、西亞、南亞各國的聯係，有天山南北兩條通道，高昌正處在這兩條交通要道的交叉點上。在高昌市上，既有中原地區的各種精美的絲織品、漆器、香料、顏料、藥材，也有產自波斯的馬匹、駱駝、玻璃碗、瑪瑙杯等物品。而高昌本地所產的織錦、緤布、葡萄乾、哈密瓜等，尤爲馳名國内外的珍貴物品。

在統一的、中央集權的政府管理之下，商路暢通，行人絡繹。各族人民、商人、官吏頻繁出入於西州地區，有的就長期定居在那裏。由於唐初的最高統治集團執行了比較正確的民族政策，在西州這個多民族聚居的地區，各族人民之間的關係和其他地區一樣，基本的方面是團結友好的。漢族和兄弟民族的成員進行交易，有兄弟民族的中保人署名於市券上，這表明了兄弟民族在法律、貿易等等方面都和漢人享有同等的權利。當然，民族之間的和睦相處和經濟文化的交融不可能消除階級之間的矛盾，「胡人」米禄山把十二歲的「胡婢」失滿兒出賣給漢人唐榮，蔣人蔣化明受到「胡人」桑思利的追逮，表面上的民族矛盾，實質上屬於一個階級對另一個階級的壓迫，這是十分清楚的事情。

出土的吐魯番文書數量衆多，它是研究唐代歷史極可寶貴的第一手資料。上面只是選取了幾件有關過所的材料試作一點粗淺的解釋分析。我們相信，隨着全部文書的整理和公布，再由專業工作者作深入的研究，必將取得新的、可喜的成就。

本文中吐魯番出土文書的材料，是由新疆博物館提供的，特此致謝。

本文中所引日本求法僧圓珍的過所和公驗，兩份過所見日本内籐湖内教授《三井寺藏唐過所考》，轉引自萬斯年《唐代文獻叢考》。四份公驗轉引自日本《國寶》第三册，由京都大學人文科學研究所勵波護教授贈予，誌此以表示感謝。過所、公驗原件，現藏東京上野日本國立博物館。

唐代西州高昌城周圍的水利灌溉

吐魯番窪地，在我國新疆維吾爾自治區的天山南部。這個窪地包括吐魯番、鄯善二縣的全部和托克遜縣的一部份，面積約有五萬平方公里。窪地周圍有高山環繞，北面有博格達山，最高的主峰海拔六五一二米，山頂長年積雪。南面有庫魯克山，平均高度也在一二〇〇米左右。中間形成東西狹長的窪地，許多農田、村落都處在地平面以下。其中艾丁湖湖面，低於海平面一五四米。它是我國大陸表面的最低點。

吐魯番窪地處在大陸的中心，距離海岸綫很遠，飽含水分的海洋季節風無法吹入，因此雨水稀少，氣候乾燥。同時由於西部北部有高山大嶺阻擋了高空冷空氣，增温迅速，散熱不易，使得這個地區有半年是處在炎熱的夏季。也由於吐魯番窪地有這種炎熱而乾燥的特殊氣候，所以一、二千年以上的地下古文物，都被完整地保存了下來。

在窪地的中部，沿着天山南麓，又隆起一個低脊丘陵，東起連木沁，西至雅爾湖，東西長九十公里，南北寬九公里。山石由沙礫巖所組成，巖層褶曲并多呈紅色，維吾爾語稱之爲「克子爾塔克」，就是漢語「紅山」的意思。這就是今天所稱的「火燄山」。

吐魯番窪地雨量稀少，每年的平均降水量僅十六至三十毫米。但窪地内地下水源却很豐富，主要來自北部天山融化的雪水。這些雪水在通過地下粗沙礫層向窪地滲透過程中，爲火燄山所截，便在山間一些溝谷中涌出無數清泉，並積流成溪，下流灌地。吐魯番地區各族勞動人民自古以來，就利用這種自然有利條件，鑿井穿渠，用來灌溉吐魯番窪地的土地。正由於充分利用泉水和渠水來系統地進行灌溉，使河谷兩岸，土地肥沃，物産豐富，禾稼茂盛，果樹蔭翳。在火燄山的山南山北，特别是每道山川的上下游，就形成了葱翠富饒的緑洲，這些地區主要是靠坎兒井來引水灌溉的。

坎兒井的發明者，大概是古代波斯。在中國稱爲「井渠」，中國井渠最早的記載見於《史記·河渠書》。當漢武帝時，開洛水支渠——龍首渠（這事發動在元狩二年到元封二年，即公元前一二一至公元前一〇九年之間）。由於「岸善崩，乃鑿井，深者四十餘丈，往往爲井，井下相通行水」，「井渠之生自此始」。漢元帝初元元年（公元前四八年），在高昌壁（今吐魯番縣東南六十里高昌城古址）置戊己校尉，以爲屯戍之所。後漢的戊己校尉，也屯戍在高昌壁。由於長期屯墾的緣故，高昌壁一帶的農業生産很快獲得發展，水利灌溉事業也相應有了很大進展。吐魯番地區的各族勞動人民彼此互相學習，交流技術，上述的井渠工程，開始廣泛地推行起來。他們在長期生産實踐中，漸漸地掌握到了天山東部地區雪水融化後潛行地下的這個規律，創造了一種獨特的水利工程——坎兒井。井的結構，一般都是由豎井、地下渠道、地面渠道和澇垻四個部分組成。開始穿鑿深達十幾米或幾十米的豎井，匯聚地下水，然後在地下開通暗渠或利用地面渠道，引水流注，把水導至農田地帶，修成堰壩，然後把水引出地面，灌溉農田。坎兒井的優點在於順應地勢的傾斜，愈往下游，地下水的水位距離地面愈近，所以不用任何提水工具，就能把深達十幾米或幾十米的地下潛水變成地面水，進行農田灌溉。由於坎兒井和地下渠道在井底儲水和流注，它能使井渠保持一定水位，並避免了水分的大量蒸發。這在氣候乾燥、蒸發强烈的吐魯番窪地，是克服農田用水和生活用水重重困難的非常重要措施。這種獨具特點的坎兒井工程，是我國古代各族勞動人民汲取外國先進經驗又在本國生産實踐中的一項重大成就，它對發展和建設祖國邊疆的農田水利有着重要的意義。

新疆是一個多民族聚居的地區，兩漢以來，各兄弟民族和漢族之間的經濟文化聯係就非常密切。唐太宗貞觀十四年（公元六四〇年），在高昌設置西州都督府，加强了行政管理，促使西州地區在經濟文化各方面都獲得更大的發展。尤其是這一地區積累了各族勞動人民的辛勤成果，在農田水利灌溉事業方面，也更加系統化，更加日趨完備了。

根據日本大谷光瑞探險隊在吐魯番取去的唐代高昌給田、退田文書，根據以唐長孺教授爲首整理的吐魯番文書，唐代西州都督府所在地高昌城周圍的渠堰分布情況是：

城東一里東渠、土門谷渠、石宕渠，城東二里石宕渠、南渠、七頃渠、俗尾潢、潢渠、北渠，城東三里谷中渠、辛渠、俗中潢，城東四里石宕渠、北渠，城東五里石宕渠、左部渠、屯頭渠、胡道渠、壘底渠，城東七里左部渠，城東廿里宋渠（高寧）、璅渠（酒泉）、辛渠（酒泉），城東卅里宋渠（高寧）、辛渠（酒泉）、高寧渠、北部渠（高寧）城東四十里對渠（柳中）、屯續渠，城東六十里阿觀渠（横截城）、谷中渠。

城南一里杜渠、索渠，城南二里杜渠、索渠、樊渠，城南三里樊渠、馬堰渠，城南四里白渠，城南五里馬塠渠、蒿渠、白地渠、東渠，城南六里滿水渠，城南七里白地渠，城南八里滿水渠。

城西一里杜渠、左官渠、孔進渠、北部渠，城西二里孔進渠，城西三里榆樹渠，城西五里榆樹渠、胡麻井渠、棗樹渠、屯頭渠、神石渠、白渠，城西七里北部渠、榆樹渠、棗樹渠、屯頭渠、白渠、白地渠、堅石渠、樹石渠、沙堰渠，城西八里棗樹渠、白渠，城西十里艻其渠、武城渠。

城北半里大地渠，城北一里滿水渠、杜渠、潢渠，城北二里孔進渠、石宕渠、胡麻井渠、張渠，城北三里潢渠、石宕渠，城北七里榆樹渠，城北十三里低黃渠（寧戎），城北廿里滿水渠、尉坞潢。（文書編號均略去）

從以上這些渠潢的分布情況，就可以想象到唐代高昌城周圍，當時支渠縱橫、堰井棋布的水利灌溉發達情況。這種水利灌溉系統的完整發展，使高昌城周圍的土地大大肥沃起來。

唐代西州地區，據《通典·州郡典》的記載，墾田九百頃（九萬畝）。耕地的分類，根據土地的肥脊，水渠澆溉的遠近，分爲潢田（或稱秋潢田）、常田、部田、部田一易，部田三易（即三年輪種一次）等等。並種上粟、麥、黍、青稞、豆、緤花（棉花）等等各類作物。

唐政府對全國水利灌溉事業的管理，中央有都水使者。《唐六典》云：都水使者，「掌川澤津梁之政令」。「凡京畿之內，渠堰陂池之壞決，則下於所由而後修之。每渠及斗門，置長各一人，以庶人年五十以上并勛官及停家職資有幹用爲之。至溉田時，乃令節其水之多少，均其灌溉焉。每歲，府縣差官一人以督察之，歲終録其功以爲考課。」馬克思説過：「氣候和土地條件」，「使利用渠道和水利工程的人工灌溉設施成了東方農業的基礎」。「節省用水和共同用水是基本的要求，這種要求」「在東方，由於」「幅圓太大，不能產生自願的聯合，所以就迫切需要中央集權的政府來干預。因此亞洲的一切政府都不能不執行的一種經濟職能，卽舉辦公共工程的職能。這種用人工方法提高土地肥沃程度的設施依靠中央政府辦理。」都水使者就是負擔起唐中央政府人工灌溉工程這一經濟職能的。

敦煌石室發現的《水部式》殘卷裏提到：「諸溉灌大渠，有水下地高者，不得當渠〔造〕堰，聽於上流勢高之處，爲斗門助引取。其斗門皆須州縣官司檢行安置，不得私造。其傍支渠，有地高水下，須臨時暫堰溉灌者聽之。凡澆田，皆仰預知頃畝，依次取用。水遍卽令閉塞，務使均普，不得偏併。」可見負責水利灌溉的官司，對每一地區用水的統籌安排，規定得很嚴密細緻。《水部式》殘卷裏還講到：「河西諸州，用水溉田，其州縣府鎮官人公廨田及職田，計營頃畝，共百姓均出人力，同修堰渠。若田多水少，亦准百姓量減少營。」我們知道，在河西走廊和西州等地區，人工灌溉是保證農業進行的唯一條件。在這些地區，缺少的不是土地，而是水源不够。從上引《水部式》殘卷的規定裏可以見到，用水還是在極不公平的情況下進行的，官吏的公廨田和職田，一般都靠近水渠，澆溉方便；而百姓的耕田，往往土地瘠薄，距離水渠也遠，碰到「田多水少」的時候，就要被迫「量減少營」。因此他們的收穫有時就沒有保證了。

《水部式》殘卷裏又提到「沙州用水澆田，令縣官檢校。仍置前官四人，三月以後，九月以前，行水時，前官各借官馬一匹」。前官就是《唐六典》都水使者職掌下所講到的停家職資，有時也稱爲「知水官」。近年在吐魯番阿斯塔那五〇九號唐墓出土《高昌縣申修堤堰料工狀》，就有「知水官」這一名稱：

高昌縣　爲申修堤堰人(下殘)

新興谷内堤堰一十六所　修塞料單功六百人。

城南草澤堤堰及箭幹渠　料用單功八百五十人。

右得知水官楊嘉惲、鞏虔純等狀稱：前件堤堰」

每年差人夫修塞。今既時至，請准往例處分」

者。准狀，各責得狀，料用人功如前者。依檢案」

□例取當縣羣牧、莊塢、厎(邸)店及夷胡户

□日切修塞，件檢如前者，修堤失

(中殘)

准去年□

司未敢輒裁□

宣德郎行令上柱國處訥　朝議□

都督府户曹件狀如前，謹依録申，請裁。謹上」

開元廿二年九月十三日登仕郎行尉白慶菊上」

(後略)

知水官楊嘉惲、鞏虔純在灌溉行水之前，先查察了全縣的堰渠幹道，向高昌縣建議，哪些堤堰應該修理，需用人工多少。然後高昌縣根據他們的建議，申狀西州都督府，徵發人伕，進行修塞。知水官在行水澆田之時，還專知節水多少，「若用水得所，田疇豐殖，及用水不平，並虛棄水利者，年終録爲功過附考」(見《水部式》殘卷)。

知水的人責任很重，在吐魯番阿斯塔那五〇九號唐墓裏，出土了一件《城南營小水田家牒稿爲舉老人董思舉檢校取水狀》，今録文具下：

城南營小水田家　狀上

老人董思舉

右件人等所營小水田，皆用當城四面豪」
坑内水，中間亦有口分，亦有私種者，非是」
三家五家。每欲灌溉之晨，漏併無准。」
只如家有三人兩人者，重澆三迴；」
惸獨之流，不蒙升合。富者因兹轉贍，貧」
者轉復更窮。總緣無檢校人，致使有」
强欺弱。前件老人」
性直清平，諳識水利，望差檢校，庶得無漏。立一牌牓，」

水次到，轉牌看名用水，庶得無漏。如有不依次第取水用者，請罰車牛一道遠使；無車牛者，家罰單功一月日驅使。」

即無漏併長安穩。請處分。

牒件如前。謹牒。

城南營小水田，都是利用高昌城四面濠坑内水，用的不是渠水，所以不置渠長、堰頭，而推薦老人董思舉來檢校用水。董思舉也非「知水官」、「前官職資」，而是庶人年五十以上，由於他「性直清平，諳識水利」，因而得到城南營小水田家的聯名推薦，這大概是非常例外的一個例子。

上引《高昌縣申修堤堰料工狀》中所提到的「新興谷内堤堰十六所」。大谷文書中也講到：

城北廿里新興（大谷一二三八號、二九一三號）

城北廿里新興屯亭（大谷二八五五號、二九一四號）

城北廿里新興滿水洪（大谷三三七七號）

城北廿里新興尉埒潰（大谷二八五三號）

都説新興在高昌城北二十里。這一帶的水道，古今變遷當不太大。今天勝金口水，下流灌溉阿斯塔那和哈拉和卓一帶的農田。在古代，這一條水就早被利用來灌溉高昌城的園了。新興谷堤堰可能就是指今天勝金口這段當時築成的堤堰來説的。僅僅修理高昌城北二十里新興谷的十六所堤堰和高昌城南草澤堤堰及箭幹渠，高昌縣就徵發了民伕一千四百五十人之多，也可以看出這種經常性的水利修補工程規模之巨大了。

到了快要行水的季節，不僅高昌縣的人民要動員出來參加堤堰的修整工程和行水灌溉工作，有時西州都督府還要動員游牧在這一帶的西突厥族勞動人民來參加這項工作。吐魯番阿斯塔那五〇九號墓出土的唐代文書《爲行水澆溉致突厥葛臘啜下遊弈首領骨邏拂斯關》說到了這件事：

葛臘啜下遊弈首領骨邏拂斯[ ]
得中郎將麴玄祚等狀稱：西面武[ ]
檢校，今共曹長史與此首領計會，傳可汗[ ]
計會定人數，長令澆溉，更不用多雜人出[ ]
一水子專領人勾當，首領請與多少糧食[ ]
用遣湯嘉運領人者。遊弈突厥令於此計[ ]
行水澆溉，關係□□准狀者。關至准狀。謹關。
開元廿二年八月十二日
府高山

這一文書蓋有西州都督印三處，內容是動員駐牧在西州的西突厥族人民來共同參加農田水利建設。在唐中央政府統一的、有效的管轄下，西州地區水利灌溉工程的發展，就是各族勞動人民共同努力建設的結果。

高昌城周圍的土地，由於「渠高水下」，必須「臨時整堰」來進行灌溉，所以每一道水渠，設置堰有多至十幾處的，堰置堰頭，見於大谷文書的如：

□□渠第一堰　堰頭康何哉（二三七二號）。

索渠第四堰　（二二一三號）。

□渠第十三堰　堰頭康力相（二三七四號）。

堰頭的任務，除了管理當堰行水澆田等事項以外，還有一件極其繁瑣的任務，就是造牒報告當年的「青苗」、「秋苗」畝數。在青苗簿上還須詳細注明田主、佃户的姓名，種植作物的類別，有時甚至要注明田畝的四至。例如大谷二三六八號文書：

曹貞信貳畝　自佃　徐胡子貳畝　自佃

翟□貳畝　佃人董永貞

□□子貳畝　佃人董永貞

馬英連貳畝　佃人張滿信

□□護叁畝　佃人骨惡是

康鼠子貳畝　佃人康令子

（中　略）

匡海緒肆畝匡駬子壹畝　已上佃人蘇建仁

□當堰見種青苗畝數、佃人，具件如前。如有隱□
□罰車馬一道遠使。謹牒。
□八日　天授二年　月　日堰頭骨惡是牒

又如大谷二三七二號：

□□渠第一堰　堰頭康何哉
□□職田捌畝半　佃人焦知通　種粟
都督職田拾壹畝半　佃人宋居仁　種粟
（中　略）
氾文最貳畝　自佃　種粟
縣公廨柒畝壹佰步　佃人唐智宗　種粟
康索典壹畝半　佃人唐智宗　種粟
趙寅典半畝　佃人唐智宗　種粟
（下　略）

又大谷二八四七號文書：

成家堰王渠　堰頭竹辰住
竹達子壹畝　竹辰住佃　東吳法師　南竹〔辰〕主

西渠　北丁尉

竹辰住二畝　自佃　東康海善　西渠　南□

□　北竹達子

康海善四畝　自佃　東索僧奴　西竹辰住　南張

漢姜　北馬才□

張漢姜二畝　竹〔辰〕住佃　東索僧奴　而渠　——

索僧奴二畝　佃人竹辰住　——

上引第一件文書中，骨惡是既是堰頭，又是租佃别人土地的佃人。在上引第三件文書中，竹辰住既是堰頭，又自己有土地二畝，同時又是租佃竹達子、張漢姜、索僧奴等三人土地共五畝的佃人。上引大谷二三六八號文書，是在武則天天授二年（公元六九一年）時期填報的，所以原件如年月日等字，都用武周所制的新字。堰頭在填造青苗簿上報的時候，還得向政府官吏保證，如有「隱没一畝以上」，願意「依法受罪」，「罰車馬一道遠使」，可見堰頭在工作上出了差錯，就有傾家遠役的危險。綜合起來説，堰頭一般都是當堰的農民或佃人，他是屬於被統治的農民階級。

宋元時代，吐魯番窪地的政治中心，由高昌城移向哈拉和卓，到了清代，又自哈拉和卓遷往廣安城（即今吐魯番縣城。吐魯番的政治中心由高昌城遷走以後，高昌舊城荒廢了，剩下了一些斷垣殘壁。但這對吐魯番窪地的灌溉系統，並没有帶來衰落。吐魯番現有坎兒井一千多口，灌溉着窪地内百分之七十的土地。

解放後，我國從一個貧窮落後的舊中國，變成了初步繁榮昌盛的新中國。新疆以及吐魯番的面貌，也發生了根本的變化。新疆維吾爾自治區的天山南北，過去風沙迷漫，土地不毛，現在已經出現了不少新綠洲，大小水庫，碧波蕩漾，渠道交織，雪水奔注。吐魯番窪地的人民，也先後修建了一些地面引水工程，把天山雪水直接引進窪地，灌溉農田，真是水渠如網，條田連片，葡萄垂架，果樹交蔭。新疆各族人民在中國共産黨的領導下，依靠各族人民的堅强團結，乘勝前進，大搞農田水利基本建設，改造沙漠，征服沙漠，利用沙漠，必將創造出象吐魯番窪地那樣的更多緑洲來。

《唐貞觀八年條舉氏族事件》殘卷考釋

在半個多世紀前的敦煌石室發現中，有一件唐貞觀八年（公元六三四年）吏部尚書高士廉等《條舉氏族事件》殘卷，這不是原奏疏，而是奏疏的抄件。有人懷疑他是僞造的，這個推斷太荒唐了。卷末有敕旨「依奏」字樣，假造敕旨，是要砍頭的，所以我認爲這個抄件是真的無疑。

殘卷今藏北京圖書館，卷號爲位字七十九號。殘卷殘存四十七行（後面一行抄書人題識不統計在內）。有的同志認爲就是唐太宗貞觀十二年（公元六三八年）所修成的《大唐氏族志》殘帙，我開始也認爲是《大唐氏族志》的郡姓篇目，後來把它和宋鄧名世《古今姓氏書辨證》中所列舉的貞觀氏族郡姓來對校一下，發現出入較大。因此我不敢再稱呼它爲《貞觀氏族志》殘帙了，采用了繆荃孫氏的提法，稱它爲《唐貞觀八年條舉氏族事件》殘卷。

唐太宗在貞觀初年，命高士廉、韋挺、岑文本、令狐德棻等，刊正姓氏，「于是普責天下譜牒，仍憑據史傳，考其正僞」（《舊唐書·高士廉傳》），撰爲《氏族志》。貞觀十二年書成，班於天下。在書修成之前的四年，卽貞觀八年的五月，高士廉等先搜集了全國八十五個郡的三百九十八個姓，把他們開列出來，奏上唐太宗，請求唐太宗初步批准這個文件，然後他們可以根據批准的文件，來進一步修撰《氏族志》。因爲這樣，所以盡管《貞觀氏族志》已經亡佚了，現在無法瞭解它的全貌，但這個《唐貞觀八年條舉氏族事件》殘卷，多少還能反映出貞觀初年郡姓的一些面貌。

另外，在宋樂史《太平寰宇記》裏，在有些州的前面，曾記載了當州的郡望和郡姓，這些郡姓，并不是代表唐前期的郡姓，而只能代表唐後期的郡姓。我這樣説，當然也有一定根據的，只舉一個例子，《唐貞觀八年條舉氏族事件》殘卷裏，有「松陽郡四姓，括州」這幾個字，而在《寰宇記》裏，却改作處州「縉雲郡三姓」。據《舊唐書·地理志》：「處州，隋永嘉郡。武德四年，……置括州。……天寶元年，改爲縉雲郡。乾元元年，復爲括州，大曆十四年夏五月，改爲處州。避德宗諱。」唐德宗名适，即位於大曆十四年（公元七七九年）的五月，此避嫌諱，所以改括州稱處州，是大曆十四年五月以後的事。這就可以説明《寰宇記》所記載的郡姓，最早不能提到大曆十四年以前，因此我認爲《寰宇記》所記載的郡姓材料，只能反映唐後期的。

我們現在以《唐貞觀八年條舉氏族事件》殘卷爲主，來和《古今姓氏書辯證》所引《大唐氏族志》及《元和姓纂》、《廣韻》、《姓解》、《寰宇記》所引郡姓，加以核對，條列於後。

《唐貞觀八年條舉氏族事件》殘卷云：

〔晉〕陽郡三姓并州　儀　景　魚

按《寰宇記》并州下姓氏：「晉□郡三姓　魚　儀　景。」蓋殘卷脱晉字。《元和姓纂》西河有儀氏。又云景氏有平陽郡望。魚氏有馮翊、下邳二望，而無晉陽郡望。

雁門郡三姓〔代〕（岱）州　續　薄　解

繆荃孫跋：「岱當作代。」　《姓解》：「續，《姓苑》：『舜七友，其一曰續友。』《風俗通》：『漢有續相如』，晉有續武。」　《廣韻》上聲十一蟹：「解姓出雁門。」《南史・孝義・解叔謙傳》：「雁門人也。」

太原郡十一姓〔并州〕　〔王　郭　霍　蓼　郝　温　昝〕　閻　鮮于　令狐　尉遲

按太原郡十一姓，脱去七姓，據《寰宇記》補。　《寰宇記》并州下姓氏：「太原郡十一姓　王　武　郭　霍　廖　郝　温　閻　昝　令狐　鮮于。」　按據《唐會要》卷三十六《氏族》云：「初，《貞觀氏族志》稱爲詳練，至是（指唐高宗顯慶四年，公元六五九年）許敬宗以其書不叙明皇后武氏李望，乃奏改之。」是殘卷及《貞觀氏族志》皆無武氏。　太原王氏，爲郡著姓。　《新唐書・宰相世系表》：「太原王氏，自〔王〕霜居太原晉陽。」　《元和姓纂》，太原陽曲，郭氏郡望，爲郡著姓。　蓼原作廖，《元和姓纂》，蓼，望出太原，是廖當作蓼。　《元和姓纂》，郝氏有太原郡望。　《元和姓纂》，太原祁縣温氏，爲郡著姓。　《新唐書・宰相世系表》：「温氏，漢有温何，始居太原祁縣。」《姓解》，太原温氏，晉有温嶠、温羡，唐有温大雅，弟彦博。　昝，《姓解》，望出彭城，不言有太原郡望。　《元和姓纂》：「昝，何氏《姓苑》云，昝氏，蜀人也。《晉中興書》桓温將昝堅。」　閻，《古今姓氏書辯證》閻姓下云：「唐貞觀所定太原十姓有閻氏。」　按據是，殘卷作太原郡十一姓，而《貞觀氏族志》實作十姓。　鮮于，據《元和姓纂》有漁陽、閬中二望，而無太原郡望。　令狐，據《元和姓纂》有敦煌郡望，而無太原郡望。　《新唐書・宰相世系表》：「令狐氏世居太原。」　尉遲，鮮卑姓，當以河南或京兆爲郡望，尉遲敬德，朔州善陽人，亦非太原郡望。

中山郡一姓〔恒〕(垣)州　甄

按垣州當是恒州之訛。　《廣韻》上平聲十七真：「甄姓，出中山望。」《寰宇記》中山郡五姓有甄姓。

上黨郡五姓〔潞〕(路)州　包　鮑　連　赫連　樊

繆荃孫跋：「路當作潞。」　《寰宇記》：上黨郡四姓，包、鮑、樊，并同殘卷。　《後漢書・鮑永傳》：「上黨屯留人也。」

廣平郡四姓冀州　宋　焦　啖　游

按《元和姓纂》：宋姓有廣平郡望，爲廣平大族。《廣韻》去聲二宋：宋姓出廣平。　按《廣韻》下平聲四宵：「焦姓出南安。」《姓解》魏有焦先，據《三國志・魏志・管寧傳》，焦先，河東人，並無廣平郡望。　《古今姓氏書辨證》啖姓下云：苻秦有秦州刺史啖鐵，本武都氏。《新唐書・儒學・啖助傳》：「趙州人。」又談姓下云：「談，今望出梁國廣平。」　據此，啖當作談。　《元和姓纂》，游有廣平郡望。《廣韻》下平聲十八尤：「游姓出廣平。」《姓解》：「前燕廣平游邃爲慕容廆股肱。」

渤海郡四姓冀州　吳　歐陽　高　刁

按《寰宇記》渤海郡吳、高、歐陽三姓，與此並同。　《元和姓纂》，渤海爲歐陽郡望。《晉書・石崇傳》：崇甥歐陽建，字堅石，時人爲之語曰：「渤海赫赫，歐陽堅石。」　《新唐書・宰相世系表》：「高洪，後漢渤海太守，因居渤海蓨縣。」《姓解》：「渤海高氏。」《廣韻》下平聲三蕭：「刁姓出渤海。」

高陽郡四姓冀州　紀　公孫　耿　夏

按《寰宇記》高陽郡五姓，紀、夏、公孫三姓全和殘卷相同。

上谷郡四姓燕州　寇　桊　侯　麻

《元和姓纂》有上谷昌平寇氏。《姓解》，桊，有桊駕鵝。《左傳》有大夫桊叔。仲尼時有桊啓期。漢有左僕射桊劭。《元和姓纂》侯有上谷侯氏。《廣韻》上平聲十八尤：「侯姓出上谷望。」

范陽郡三姓幽州　盧　鄒　祖

按盧氏爲范陽大族。《元和姓纂》有鄒姓，但不言有范陽郡望。《元和姓纂》，祖有范陽郡望。《姓解》：「范陽祖氏，晉有祖逖，北齊有祖瑩。」

清河郡七姓貝州　崔　張　房　尚　傅　路　勒

按《寰宇記》：「清河郡六姓，崔、張、房、尚、傅、靳。」殘卷尚原訛句，據《寰宇記》改。勒靳形似，疑當作靳。崔氏爲清河大族，《新唐書·宰相世系表》：「崔氏，崔業，漢東萊侯，居清河東武城。」《廣韻》下平聲十陽：「張姓出清河望。」《古今姓氏書辨證》引孔至《姓氏雜録》曰：「唐初定清河張氏爲乙門。」《廣韻》下平聲十陽：「房姓出清河、濟南、河南三望。」《姓解》：「清河房氏，北魏有房法壽，隋有房彦謙。」《姓解》：「清河傅氏。」《新唐書·宰相世系表》：「清河傅氏，出自後漢漢陽太守壯節侯燮。」

河間郡一姓〔瀛〕（濄）州　邢

河間原訛河潤，據繆荃孫跋改正。瀛原卷訛溤，也作了改正。《魏書·邢巒傳》：「河間鄚人。」邢爲河間大族。

巨鹿郡三姓邢州　莫　魏　時

按巨鹿，殘卷訛錐鹿，據繆荃孫跋改。《寰宇記》巨鹿郡五姓，中有莫、魏、時三姓，和殘卷相同。《元和姓纂》，魏氏有巨鹿郡望。爲郡大姓。時氏有巨鹿郡望。《新唐書·宰相世系表》：「魏歆，〔漢〕巨鹿太守，初居下曲陽。」

内黄郡一姓相州　扈

按《寰宇記》内黄郡三姓，有扈氏。《姓解》：《風俗通》云，晉有將軍扈輒。《元和姓纂》，扈有京兆、河南、南昌三望，而無内黄郡望。

平原郡三姓德州　師　雍　封

按《寰宇記》平原郡六姓，師、雍兩姓同殘卷。《古今姓氏書辨證》東方姓下云：「貞觀中，定德州平原郡八姓，其一東方氏也。」《寰宇記》平原郡六姓，皆有東方氏。《元和姓纂》，師有琅邪郡望，而無平原郡望。《廣韻》上平聲二冬：「封姓出渤海。」《晉書·慕容超載記·封孚附傳》：「渤海蓨人。」《北齊書·封隆之傳》：「渤海蓨人。」而《寰宇記》渤海郡郡姓無封氏，殘卷封氏繫德州平原郡，蓋蓨縣永泰元年前屬德州，永泰元年，改屬冀州也。

趙郡二姓趙州　李　眭

按《寰宇記》同。李氏爲趙郡大族。《魏書・逸士・眭夸傳》：「趙郡高邑人。」《北齊書・文苑・眭豫傳》：「趙郡高邑人。」

河内郡九姓懷州　宋　司馬　苟　向　浩　淳于　東　尋　□

按《寰宇記》河内郡八姓，其中司馬、淳于與殘卷相同。苟訛荀，《廣韻》上聲四十五厚：「苟姓出河内。」《姓解》：「苟，《姓苑》黄帝之子有居河内者，地多苟杞，因以爲氏。漢有苟參，晉有苟晞。」《晉書・苟晞傳》：「河内山陽人。」向，《寰宇記》訛何，《元和姓纂》向有河内郡望。《晉書・向秀傳》：「河内懷人。」浩，《姓解》：「漢有青州刺史浩賞，吳有都尉浩周。」

黎陽郡二姓衞州　璩　桑

按《寰宇記》黎陽郡四姓，其中有蘧、桑二姓。璩、蘧通。春秋衞有蘧伯玉。《姓解》：「桑姓，秦大夫子桑之後以爲氏，漢有桑弘羊。」《晉書・孝友・桑虞傳》：「魏郡黎陽人。」

河南郡七姓洛州　賀蘭　丘　士　穆　祝　〔竇　獨孤〕

按殘卷脱去二姓，據《寰宇記》補。按《寰宇記》河南郡九姓，其中丘、穆、祝同殘卷。《新唐書・丘和傳》：「河南洛陽人。」《姓解》：「士，堯之裔，劉累後也。」《左傳》有晉大夫士會、士季。

弘農郡四姓〔虢〕(郛)州　楊　劉　張　晉

繆荃孫跋：「郛當爲郭，郭與虢通，即虢州也。」《寰宇記》恒農郡五姓，其中楊、劉、晉三姓同殘卷。《廣韻》下平聲十陽：「楊姓出弘農、天水二望。」《元和姓纂》，劉有弘農郡望。《廣韻》下平聲十八尤。」「劉姓出弘農。」

南陽〔郡〕十姓〔鄧州〕 張 樂 趙 滕 井 何 白 鄧 姬 □

繆荃孫跋：「南陽下落郡字，無州名，當作鄧州。」《寰宇記》南陽郡十一姓，其中張、樂、趙、井、何、白、滕、鄧、姬九姓并同殘卷，尚有韓、周二姓，殘卷脱去一姓，非脱去韓姓，卽脱去周姓。《廣韻》下平聲十陽：「張姓出南陽。」《元和姓纂》，南陽，樂氏郡望。《新唐書·宰相世系表》：「樂氏，後漢樂乾，徙南陽淯陽。」《廣韻》上聲二十小：「趙姓今出南陽望。」《元和姓纂》，井，漢司徒掾井宗。《姓解》：「井，《姓苑》云，姜子牙之後也。《左傳》有虞大夫井伯，漢有司徒掾井宗，後漢井丹，精五經者。」按井丹，扶風郿人，各家姓氏書不載井氏郡望。何，據《廣韻》下平聲七歌，何姓有廬江、東海、陳郡三望，無南陽望。《廣韻》去聲四十八嶝：「鄧姓出南陽望。」《姓解》：「鄧，南陽鄧氏。」

滎陽郡四姓鄭州 鄭 毛 潘 陽

按《寰宇記》滎陽郡四姓，與殘卷全同。按鄭氏爲滎陽大族，《新唐書·宰相世系表》：「鄭氏，鄭當時，漢大司農，居滎陽開封。」《廣韻》下平聲六豪：「毛姓本居巨鹿，避仇滎陽也。」《晉書·毛寶傳》：「滎陽陽武人。」《晉書·潘岳傳》：「滎陽中牟人。」按北平陽氏，爲當郡大姓，《魏書·陽尼傳》：「北平無終人。」滎陽本無陽氏。據《古今姓氏書辨證》青陽姓下云：「唐貞觀所定鄭州滎陽四姓，一曰青陽。」是滎陽陽氏，原爲青陽氏，後去青字，單稱陽氏也。

潁川郡七姓許州 陳 荀 韓 鍾 許 庾 庫

按《寰宇記》潁川郡八姓，陳、荀、韓、鍾、許、庫六姓並同殘卷。《廣韻》上平聲十七真：「陳姓出潁川。」荀，殘卷訛苟，按苟姓爲河内郡望，荀姓爲潁川大族。《後漢書・荀淑傳》：「潁川潁陰人。」《廣韻》上平聲二十五寒：「韓姓有潁川、南陽二望。」《後漢書・韓韶傳》：「潁川舞陰人。」《姓解》：「潁川鍾氏。」《三國志・魏志・鍾繇傳》：「潁川長社人。」庾，殘卷訛庚，據《寰宇記》改。《元和姓纂》，庾有潁川郡望。《廣韻》上聲九麌：「庾姓出潁川、新野二望。」《晉書・庾峻傳》：「潁川鄢陵人。」《廣韻》去聲十一暮：「庫，《風俗通》云，古守庫大夫之後，以官爲氏。後漢輔義侯庫鈞。」

按姓氏書不言庫氏郡望。

陳留郡四姓汴州 〔阮〕(元) 謝 衛 虞

按《寰宇記》陳留郡五姓，只謝氏一姓和殘相同。《晉書・阮籍傳》：「陳留尉氏人也。」陳留有阮姓，無元姓，殘卷訛元，今改正。《廣韻》去聲四十禡：「謝姓出陳郡、會稽二望。」《廣韻》去聲十三祭：「衛姓出河東、陳留二望。」《姓解》：「虞、東漢有虞延。」《後漢書・虞延傳》：「陳留東昏人。」

東郡三姓〔滑〕州 費 成公 上官

按殘卷原作東來郡，州上缺字。繆荃孫跋：「東來郡三姓，來當作萊。州上缺字，當是萊字。」按繆跋誤。據《寰宇記》滑州下姓氏，「白馬郡三姓，費、成公、上官」。可見這一條應該作東郡，州字上脱去的也不是萊字而是滑字。滑州，隋代稱東郡。治白馬。成公，殘卷鈔録者錯把它併成「盛」字，今改正。《晉書・文苑・成公綏傳》：「東郡白馬人。」《元和姓纂》：上官有東郡郡望。

梁國郡三姓宋州　宋　喬　張

按《寰宇記》梁國郡三姓，與此全同。《廣韻》下平聲四宵：「橋姓出梁國。」《姓解》：「梁國橋氏。」《後漢書·橋玄傳》：「梁國睢陽人。」此作喬，《後漢書集解》引惠棟曰：「橋或作喬，見《陳球碑》，古文通。」《廣韻》下平聲十陽：「張姓出梁國望。」

譙國郡八姓亳州　戴　夏侯　桓　嵇　曹　婁　龐　□

按《元和姓纂》，戴有譙國郡望。《晉書·隱逸·戴逵傳》：「譙國人。」《宋書·隱逸·戴顒傳》：「譙國銍人。」《元和姓纂》，夏侯爲譙國大姓。《元和姓纂》，桓氏爲譙國龍亢郡望。《廣韻》上平聲二十六桓：「桓姓出譙郡。」《廣韻》上平聲十二齊：「嵇姓出譙郡。」《晉書·嵇康傳》：「譙國銍人。」《廣韻》下平聲六豪：「曹姓出譙國、彭城、高平、巨鹿四望。」按龐姓據《廣韻》上平聲四江，出南安、南陽二望，而無譙國郡望。

濟陽郡三姓曹州　蔡　丁　江

按《寰宇記》濟陰郡五姓，其中蔡、丁、江三姓，全同殘卷。按濟陽，殘卷原作齊陽，繆荃孫謂當作濟陰，然《元和姓纂》，蔡姓望出濟陽考城。《宋書·蔡廓傳》：「濟陽考城人。」又《元和姓纂》，江姓望出濟陽。《宋書·江夷傳》：「濟陽考城人。」蓋考城本來屬濟陽，唐代又改屬濟陰。《廣韻》下平聲十五青：「丁姓出濟陽、濟陰二望。」

汝南郡七姓〔豫〕州　殷　昌　袁　應　和　荊　梅

繆荃孫跋："「汝南郡七姓，州上脱字，當脱豫字。」按豫州汝南郡郡姓，《寰宇記》誤收入亳州譙郡下，《寰宇記》云九姓，其中有殷、袁、應、和、荆、梅諸姓，並同殘卷。《元和姓纂》，殷氏有汝南、陳郡郡望。昌氏亦有汝南、東海二望。然梁將昌義之，歷陽烏江人。《元和姓纂》，袁氏有陳郡、汝南諸望。《廣韻》上平聲二十二元："「袁姓出陳郡、汝南、彭城三望。」《廣韻》下平聲十六蒸："「應姓出南頓。」《後漢書・應奉傳》："「汝南南頓人。」《廣韻》下平聲七歌："「和姓出汝南望。」《晉書・和嶠傳》："「汝南西平人。」《元和姓纂》，梅氏有汝南郡望。《廣韻》上平聲十五灰："「梅姓出汝南。」

濮陽郡六姓濮州　吴　徐　表　扶　黄　慶

按《寰宇記》濮陽郡七姓，其中有吴、徐、扶、黄、慶五姓同殘卷。《廣韻》上平聲十一模："「吴姓今望在濮陽。」《廣韻》上平聲九魚："「徐姓出濮陽望。」《廣韻》上聲二十小："「表姓出《姓苑》。」按表《寰宇記》作袁，據《廣韻》上平聲二十二元，「爰姓出濟陽」。或爰已改作袁。《廣韻》上平聲十虞："「扶姓，漢有廷尉扶嘉。」

濟〔陰〕〔陽〕郡五姓齊州　董　禾　丁　〔郄〕〔都〕　苗

《寰宇記》作濟陰郡，是。按《寰宇記》："「濟陰郡四姓，苗、董、卞、郗。」都當是郄之訛，作郗亦非。按丁卞形近，《廣韻》下平聲十五青："「丁姓出濟陽、濟陰郡望。」《元和姓纂》，卞氏出濟陰冤句。《晉書・卞壼傳》："「濟陰冤句人。」《南史・儒林・卞華傳》："「濟陰冤句人。」《廣韻》入聲二十陌："郤（即郄字）姓出濟陰。《晉書・郤詵傳》："「濟陰單父人。」都姓無濟陰郡望，都當是郄之誤。

高平郡五姓兗州 〔郗〕(郤) 檀 徐 曹 孫

按《元和姓纂》，郗，望出高平金鄉。《廣韻》上平聲六脂：「郗姓出高平。」《晉書·郗鑒傳》：「高平金鄉人。」郤姓望出濟陰，字或作郄；郗姓望出高平。郄郗形近，故由郗訛郄，由郄作郤。《廣韻》上平聲二十五寒：「檀氏望出高平。」《宋書·檀韶傳》：「高平金鄉人。」《元和姓纂》，徐氏有高平郡望。《廣韻》上平聲九魚：「徐姓出高平望。」《廣韻》下平聲六豪：「曹姓出高平望。」

濟北郡一姓濟州 氾

按《元和姓纂》，氾有濟北盧縣郡望。《廣韻》下平聲二十九凡：「氾姓，出敦煌、濟北二望。」

東平郡三姓兗州 萬 呂 畢

按《寰宇記》東平郡四姓，其中萬、呂、畢三姓和殘卷相同。《元和姓纂》，呂氏有東平郡望。《廣韻》上聲七尾：「呂姓出東平望。」《新唐書·宰相世系表》：「呂氏出自姜姓，其後又徙東平壽張。」《元和姓纂》，畢氏有東平郡望。《新唐書·宰相世系表》：「畢氏，後漢兗州別駕湛，世居東平。」《魏書·畢衆敬傳》：「東平須昌人。」

魯國郡七姓兗州 夏 孔 車 〔唐〕(庚) 曲 栗 齊

按《寰宇記》魯國郡七姓，其中夏、孔、車三姓和殘卷相同。庚，《廣韻》下平聲十一唐：「庚姓，唐有太常博士庚季良。」《寰宇記》作唐，《廣韻》下平聲十一唐：「唐姓出魯國望。」疑作唐是。《姓解》：「曲，《姓苑》云，晉穆侯子成師，封于曲沃，後以爲氏。漢有代郡太守曲謙，後漢有太常卿曲仲尼。」　栗《寰宇記》作粟，《廣韻》入聲三燭：「粟姓，袁紹魏郡太守粟舉。」《姓解》：「栗，《史記・樂毅傳》有趙將栗腹，漢有長安富人栗氏。」

平陽〔郡〕一姓兖州　孟

繆荃孫跋：「平陽下落郡字。」　《廣韻》去聲四十三映：「孟姓出平昌。」《宋書・孟懷玉傳》：「平昌安丘人。」

太山郡四姓兖州　胡　周　羊　鮑

按《寰宇記》太山郡五姓，其中有胡、周、羊三姓相同。　按胡當作胡母，胡姓出安定、新蔡二望，而胡母氏爲太山大族。《廣韻》上平聲十一模：「胡母，漢複姓。齊宣王母弟，别封母鄉，遠本胡公，近取母邑，故爲胡母氏。」《晉書・胡母輔之傳》：「泰山奉高人。」　《廣韻》下平十八尤：「周姓出太山望。」《廣韻》下平聲十陽：「羊姓出泰山望。」《晉書・羊祜傳》：「泰山南城人。」　《廣韻》上聲三十一巧：「鮑姓出泰山望。」

平昌郡一姓兖州　管

按《寰宇記》平昌郡三姓，管、孟、牟。　孟已見上平陽郡下。　《元和姓纂》：管有北海、平原二望。《廣韻》上聲二十四緩：「管姓出平原望。」《三國志・魏志・管輅傳》：「平原人。」　按《古今姓氏書辨證》蓋姓下云：「唐魏徵定天下姓氏，平昌郡三姓，有蓋氏。」

樂安郡七姓青州　孫　任　高　元　薛　門　蔣

按《寰宇記》樂安郡九姓，其中有孫、任、薛、蔣四姓與殘卷相同。《廣韻》下平聲二十三魂：「孫姓，凡太原、東莞、吴郡、樂安四望。」《元和姓纂》，任氏有樂安郡望。《梁書·任昉傳》：「樂安博昌人。」繆荃孫跋：「樂安高氏，當作商，《姓譜考》云，商容之後。」按《寰宇記》亦作高。《世説新語》注引《高柔集叙》：「柔，樂安人。婚泰山胡母氏女。」疑作高不訛。元、《寰宇記》作亢，《廣韻》去聲四十三宕：「亢姓出《姓苑》。」《廣韻》上平聲二十三魂：「門，亦姓。」《寰宇記》門氏作閻氏，然閻氏亦不言有樂安郡望。《元和姓纂》：「蔣氏居樂安。」

千乘郡一姓青州　倪

按《寰宇記》千乘郡二姓，有倪氏。《元和姓纂》，兒有千乘郡望，倪有中山郡望，但這兩個姓，後已不分。

臨淄郡三姓青州　史　甯　左

按《寰宇記》齊郡四姓，其中史、甯、左三姓，同殘卷。《古今姓氏書辨證》甯姓下云：「唐貞觀所定齊郡四姓，一曰甯氏。」按殘卷作三姓，《貞觀氏族志》作四姓。又殘卷作臨淄郡，可疑。隋爲齊郡，唐置齊州，天寶元年改置臨淄郡，貞觀八年殘卷不當作臨淄郡。《元和姓纂》，左氏有齊國郡望。《晉書·文苑·左思傳》：「齊國臨淄人。」

成陽郡二姓[青]州　成　蓋

按《寰宇記》「成陽郡三姓，成、毌、益。」益疑是蓋之訛。《古今姓氏書辨證》蓋姓下云：「唐魏徵定天下姓氏，山陽郡五姓，有蓋氏。」按山陽疑即此成陽之訛，殘卷作二姓，《氏族志》作五姓，也不相同。

彭城郡五姓徐州　劉　曹　袁　引　受

按《寰宇記》彭城郡六姓，闕三姓，三姓中劉、曹、袁與殘卷相同。　《元和姓纂》，劉氏有彭城郡望，爲郡著姓。　《廣韻》下平聲十八尤：「劉姓出彭城望。」　《廣韻》下平聲六豪：「曹姓出彭城望。」《廣韻》上平聲二十三元：「袁姓出彭城望。」　繆荃孫跋：「徐州引氏，見《姓苑》。」按《廣韻》去聲三十七號：「到氏出彭城望。」《南史・到彦之傳》：「彭城武原人，楚大夫屈到後也。」引氏未聞，到氏爲彭城著姓，疑引是到之訛。

沛郡三姓徐州　朱　張　周

按《寰宇記》沛郡三姓，與殘卷同。　《廣韻》上平聲十虞：「朱姓出沛國望。」《姓解》：「沛國朱氏。」《宋書・宋齡石傳》：「沛郡沛人。」　《廣韻》下平聲十陽：「張姓出沛國等十四望。」　《元和姓纂》，周有沛國郡望。　又《廣韻》下平聲十八尤：「周姓出沛國望。」

琅邪郡六姓沂州　王　顔　諸葛　惠　符　徐

按《寰宇記》琅邪郡六姓，與殘卷全同。　王氏爲琅邪大族，《晉書・王祥傳》：「琅邪臨沂人。」　顔氏亦琅邪大族，《北齊書・文苑・顔之推傳》：「琅邪臨沂人。」　諸葛氏亦琅邪著姓，《三國志・蜀志・諸葛亮傳》：「琅邪陽都人。」　《姓解》：「惠，琅邪惠氏。」　《元和姓纂》，符氏有琅邪郡望。　《廣韻》上平聲十虞：「符姓，琅邪人也。」《廣韻》上平聲九魚：「徐姓出琅邪等六望。」

蘭陵郡一姓徐州　蕭

按《寰宇記》蘭陵郡一姓，蕭，與殘卷同。《南齊書·高帝紀》：「蕭何居沛，侍中彪免官居海蘭陵縣中都鄉中都里。晉元康元年，分東海爲蘭陵郡。」

下邳郡四姓泗州　陳　郤　谷　國

按《寰宇記》：「下邳郡三姓，陳、祁、谷。」按郤祁形近，《元和姓纂》：「祁，今扶風有此姓，又郡望樂陵，祁順之後居滄州。」是下邳非祁姓郡望。郤有濟陰郡望，亦無下邳郡望。《廣韻》上平聲十七真：「陳姓出下邳望。」《姓解》，長安谷氏，漢有太常谷永。《姓解》：「國，魏有太常卿國淵。」按谷永，長安人，國淵安樂蓋人，皆非下邳郡望。

東莞郡四姓海州　臧　闞　竹　刀

按《寰宇記》東莞郡四姓，唯臧姓與殘卷相同。《廣韻》下平聲十一唐：「臧姓，出東莞。」《宋書·臧燾傳》：「東莞莒人。」闞，《寰宇記》作闕，闕有河東郡望而無東莞郡望。《廣韻》入聲十月：「闕姓出下邳，漢有荆州刺史闕翊。」《廣韻》入聲一屋：「竹姓，後漢有下邳相竹曾。」又「竺姓，出東莞。」

廣陵郡三姓揚州　戴　高　盛

按廣陵殘卷原訛廣陽，繆荃孫跋：「廣陽郡，陽當作陵。」今據改。《寰宇記》廣陵郡四姓，其中戴、高、盛三姓與殘卷相同。《晉書·戴若思傳》:「廣陵人。」是戴姓有廣陵郡望。高,《古今姓氏書辨證》作商。《辨證》商姓下云:「唐貞觀所定揚州廣陵郡四姓,其一曰商。」又游姓下云:「其後有徙居揚州廣陵者,隋時間,又與戴、商、盛爲廣陵四姓。」按據《辨證》,則高當作商。又《貞觀氏族志》廣陵郡四姓,與《寰宇記》相同,和殘卷三姓不同。《元和姓纂》,盛有廣陵郡望。

長城郡一姓湖州　錢

按湖州殘卷訛作胡州,據繆荃孫跋改正。《寰宇記》長城郡二姓,其中一姓卽錢氏。《陳書·錢道戢傳》:「吳興長城人。」

會稽郡七姓越州　虞　孔　賀　棨　盛　鍾離　〔謝〕

按《寰宇記》會稽郡七姓,虞、孔、棨、鍾離四姓同殘卷。《廣韻》上平聲十虞:「虞姓出會稽望。」《三國志·吳志·虞翻傳》:「會稽餘姚人。」孔氏,會稽大姓。《元和姓纂》,孔有會稽郡望。《晉書·孔瑜傳》:「會稽山陰人也,其先世居梁國。曾祖潛,太子少傅,漢末避地會稽,因家焉。」《元和姓纂》,賀有山陰會稽郡望。《廣韻》去聲三十八箇:「賀姓出會稽。」《三國志·吳志·賀齊傳》:「會稽山陰人也。」裴松之注引虞預《晉書》:「賀氏本姓慶氏,齊伯父純,漢安帝時,避安帝父孝德皇帝諱,改爲賀。」《姓解》:「鍾離,漢有鍾離意,吳有鍾離牧。」《後漢書·鍾離意傳》:「會稽山陰人。」《三國志·吳志·鍾離牧傳》:「會稽山陰人。」按殘卷七姓,脱去一姓,據《寰宇記》,蓋脱去謝氏。《世説新語》:「會稽孔沉、魏顗、虞球、虞存、謝奉,並是四族之俊,于時之桀。」劉峻注引《晉百官名》：「謝奉，字弘道，會稽山陰人。」

吴郡四姓蘇州 朱 張 顧 陸

蘇州，殘卷作豫州，據繆荃孫跋改。 按《寰宇記》吴郡四姓，和殘卷相同。

吴興郡七姓湖州 姚 明 丘 紐 聞 施 沈

按湖州殘卷訛作胡州，據繆荃孫跋改正。 《寰宇記》吴興郡四姓，姚、沈、丘、紐，與殘卷七姓中四姓同。 《廣韻》下平聲四宵：「姚姓，出吴興。」《周書·藝術·姚僧垣傳》：「吴興武康人。」 《廣韻》下平聲十八尤：「丘姓，出吴興。」《南齊書·文學·丘靈鞠傳》：「吴興烏程人。」 《廣韻》上聲四十四有：「紐姓，何氏《姓苑》云，今吴興人。」 《元和姓纂》，鈕氏，吴興郡望。 按紐或作鈕，或作鈕。聞當作聞人，漢複姓。 《南史·孝義傳》有吴興人聞人㚒。 施亦有吴興郡望。 《陳書·任忠傳》，施文慶，吴興烏程人。 《元和姓纂》，沈爲吴興著姓。 《宋書·自叙》：沈戎「因避地徙居會稽烏程縣之餘不鄉遂世家焉。 順帝永建元年，分會稽爲吴郡，復爲吴郡人。 靈帝初平五年，分烏程、餘杭爲永安縣，吴孫皓寶鼎二年，分吴郡爲吴興郡，復爲郡人。 晋太康二年，改永安爲武康縣。 史臣七世祖延始居縣東鄉之博陸里餘烏村。」《宋書·沈慶之傳》：「吴興烏程人。」

錢唐郡三姓杭州 全 褚 范

按錢唐，殘卷訛作餘唐，繆荃孫謂當作餘杭，據《寰宇記》錢唐郡二姓，全、范。 今改作錢唐郡。全，殘卷訛金，據《寰宇記》改正。 《三國志·吴志·全琮傳》：「吴郡錢唐人。」 《古今姓氏書辨證》：

「吴大司馬全琮居吴郡錢唐。」《元和姓纂》，褚氏有錢唐郡望。《新唐書・褚亮傳》：「杭州錢唐人。」范，殘卷訛花，據《寰宇記》改。《南史・循吏・范述曾傳》：「吴郡錢唐人。」《南史・隱逸・范元琰傳》：「吴郡錢唐人。」范氏有錢唐郡望，見《元和姓纂》。

鹽官郡三姓杭州　岑　鄔　戚

按《新唐書・宰相世系表》：「岑氏，世居南陽棘陽，岑晊徙居吴郡，後徙鹽官。」《姓解》：「鄔，鄔郡太守司馬牟之後，以爲氏。」《南史・儒林・戚衮傳》：「吴郡鹽官人。」

丹陽郡四姓潤州　紀　甘　許　左

按《寰宇記》丹陽郡四姓，與殘卷全同。《元和姓纂》，紀氏有丹陽郡望。《廣韻》上聲五旨：「紀姓出丹陽望。」《晉書・紀瞻傳》：「丹陽秣陵人。」《晉書・甘卓傳》：「丹陽人。」《元和姓纂》，許氏居晉陵。

東陽郡五姓婺州　葯　姚　習　黄　留　難

按東陽郡五姓，下衍一姓爲六姓，疑。《廣韻》入聲十七薛：「列姓，鄭有列禦寇。」《廣韻》下平聲十八尤：「留姓，後漢末，避地會稽，遂居東陽，爲郡豪族。」《陳書・留異傳》：「東陽長山人，世爲郡著姓。」

臨海郡四姓台州　屈　譚　靖　弋

按《元和姓纂》，靖有陳留郡望。《姓解》：「弋，河東弋氏，今蒲坂出此姓。」

松陽郡四姓括州　黃　瀨　曲　豆

按《寰宇記》縉雲郡三姓，黃、賴、豐。　按縉雲郡卽松陽郡。　殘卷四姓，當從《寰宇記》作三姓，由豐字分離成曲豆兩字。　《古今姓字書辨證》黃姓下云：「唐貞觀所定括州松陽郡三姓，有黃氏。」按據是《貞觀氏族志》亦作三姓。　瀨作賴。

尋陽郡二姓江州　陶　翟

按《寰宇記》尋陽郡三姓，其中二姓陶、翟，與殘卷相同。　《晉書・陶侃傳》：「本鄱陽人也。吳平，徙家廬江之尋陽。」《宋書・隱逸・陶潛傳》：「尋陽柴桑人。」　《宋書・隱逸・翟法賜傳》：「尋陽柴桑人。」

豫章郡五姓洪州　熊　羅　章　雷　湛

按《寰宇記》豫章郡五姓，與殘卷同。　《晉書・熊遠傳》：「豫章南昌人。」《陳書・熊曇朗傳》：「豫章南昌人也，世爲郡著姓。」　《古今姓氏書辨證》章姓下云：「唐貞觀所定洪州豫章郡六姓，有章氏。」按殘卷豫章郡五姓，而《辨證》云《貞觀氏族志》六姓。　雷亦豫章士族，《宋書・隱逸・雷次宗傳》：「豫章南昌人。」　《元和姓纂》，新淦有湛氏。　《晉書・列女・陶侃母湛氏傳》：「豫章新淦人。」

武陵郡二姓〔朗〕州　供　仵

繆荃孫跋：「武陵郡下，州上，字脫，當作朗州。」按《寰宇記》作荆州。　又繆荃孫跋：「武陵供氏，供當作拱，《辨證》撫州臨川民多此姓。」《寰宇記》武陵郡三姓中有伍姓，當作仵。繆荃孫跋：「仵氏，《路史》楚公族有仵氏。」《姓解》：「仵，《姓苑》云，襄陽多此姓，晉有仵戎。」

長沙郡四姓〔潭〕（譚）州　劉　茹　曾　秦

按潭州殘卷訛譚州，據繆荃孫跋改正。《寰宇記》長沙郡五姓，劉、茹、曾、秦四姓，與殘卷同。《廣韻》下平聲十八尤：「劉姓，出長沙望。」

武都郡一姓果州　冉

按《古今姓氏書辨證》藥姓下云：「唐貞觀所定果州武都郡五姓，一曰藥。」又《辨證》霍姓下云：「唐貞觀所定果州武都郡七姓，一曰霍氏。」按殘卷武都郡一姓，而《辨證》引《貞觀氏族志》一作五姓，一作七姓，五七當有一訛。《姓解》：「冉姓，孔子弟子冉耕、冉季、冉求，並晉人。」按唐在隋巴西郡南充縣置果州，屬劍南道，又在武都郡置武州，屬隴右道。兩地距離很遠，何以武都郡下注明果州，《辨證》引《貞觀氏族志》也稱它爲果州武都郡，皆無法解釋通。

南安郡五姓泉州　黄　林　單　仇　戚

按《寰宇記》南安郡五姓，與殘卷全同。《古今姓氏書辯證》黄姓下云：「唐貞觀所定南安郡六姓，有黄氏。」又《辨證》章姓下云：「唐貞觀所定泉州南安郡六姓，有章氏。」按殘卷及《寰宇記》南安郡並是五姓，《辨證》引《貞觀氏族志》，兩處並作六姓，那一姓，可能就是章氏。

以前太史因堯置九州，今爲八十五郡，合三百九十八姓。今貞觀八年五月十日壬辰，自今已後，明加禁約，前件郡姓出處，許其通婚媾。結婚之始，非舊委〔悉〕（怠），必須精加研究，知其囊譜相承不虚，然可爲匹。其三百九十八姓以外，又二千一百雜姓，非史籍所載，雖預三百九十八姓之限，而或媾官混雜，或從賤入良，營門雜户，慕容商賈之類，雖有譜亦不通。如有犯者，剔除籍。光禄大夫兼吏部尚書許國公〔高〕士廉等奉敕令臣等，天下氏族，若不别條舉，恐無所憑准。令詳事訖，件録如前。

敕旨：「依奏。」

大蕃歲次丙辰，後三月庚午朔，十六日乙酉，魯國唐氏𠕇苾悟真記。

按這個殘卷中所記的年月，如貞觀八年五月十日壬辰，根據陳援庵氏《二十史朔閏表》推算，這一年五月初一日是辛酉，初十日是庚戌，不是壬辰。

這個殘卷最末一行大蕃歲次丙辰，據向達先生的考訂，是唐文宗開成元年（公元八三六年），這一年是閏年，中原地區置閏在五月，可是吐蕃佔領的河西地區置閏却在三月，所以稱「後三月」。據《二十史朔閏表》，開成元年四月庚午朔，十六日乙酉，年月干支都和長曆相適合，没有錯誤。

殘卷中提到的一些郡名，如中山郡、廣平郡、上谷郡、蘭陵郡、長城郡之類，大都隋唐時代，早已不復存在，往往是兩晉南北朝時代的郡名，這裏是當作郡望來稱呼它的。殘卷末端所引奏文，説原件一共是「八十五郡，合三百九十八姓」，現在殘卷，只留剩六十六郡，二百六十六姓，二百六十六姓中，又殘脱了十三姓，只殘存了二百五十三姓。殘卷的斷爛部分，計失去十九郡，一百三十二姓，關内、隴右、劍南等道的郡望，幾乎全缺。

因爲郡姓的高下，是和選舉有關的，高士廉任吏部尚書，是直接掌握選舉的，所以《氏族志》的修撰，得由高士廉來負責主持。這個《貞觀八年條舉士族事件》，不僅可以作爲修撰《氏族志》的依據，同時加以傳鈔，也可以供州縣選舉之用。儘管卷子斷爛得很厲害，但對唐初郡姓的研究，它具有的史料價值，應該説是非常高的。

在這個《唐貞觀八年條舉氏族事件》奏文的基礎上，貞觀十二年，《氏族志》終於修成了。《唐貞觀八年條舉氏族事件》的奏文，是只列舉郡姓，不分三品九等，氏族志却不然，不但提到郡姓的等别，而且也提到郡姓的代表人物和他們的世系。在這件事上，就碰到了問題。在《貞觀氏族志》初稿裏，把博陵崔幹列居第一等，唐太宗看了大爲不滿，對高士廉等説：「我與山東崔、盧、李、鄭，舊既無嫌，爲其世代衰微，全無冠蓋，猶自云士大夫，婚姻之間，則多邀財幣。才識凡下，而偃仰自高，販鬻松檟，依託富貴，我不解人間何爲重之。只緣齊家（北齊）惟踞河北，梁、陳僻在江南，當時雖有人物，偏僻小國，不足可貴，至今猶以崔、盧、王、謝爲重。我平定四海，天下一家，凡在朝士，皆功效顯著，所以擢用。見居三品以上，欲共衰代舊門爲親，縱多輸錢帛，猶被偃抑，我今特定族姓者，欲崇重今朝冠冕，何因崔幹猶爲第一等？卿不貴我官爵邪！不須論數世以前，止取今日官爵高下作等級。」（《舊唐書·高士廉傳》）于是以皇宗列居第一等，外戚列居第二等，崔幹降居第三等。到了貞觀十六年（公元六四二年），唐太宗又下了一道詔文：「氏族之盛，實系於冠冕，婚姻之道，莫先於仁義。自有魏（北魏）失馭，齊氏（北齊）云亡，市朝既遷，風俗陵替，燕趙右姓，多失衣冠之緒，齊韓舊俗，或乖德義之風，名雖著於州閭，身未免於貧賤。自號膏粱之胄，不敦匹敵之儀，問名惟在於竊貲，結縭必歸於富室。乃有新官之輩，豐財之家，慕其祖宗，競結婚媾，多納貨賄，有如販鬻。或貶其家門，受屈辱於姻婭，或矜其舊族，行無禮於舅姑。積習已久，既紊人倫，實虧名教。自今已後，明加告示，使識嫁娶之序，各合典禮，知朕意焉。其自今年六月，禁賣婚。」（《唐會要》卷八十三《婚娶》）儘管下了這道詔令，習慣勢力還是相當頑固的，當朝大臣如房玄齡、魏徵、李勣等家，還是愛和山東、河北的世家大族結姻，因此山東、河北的士族的舊日社會地位，並没有多大降低。

《貞觀氏族志》我們雖已無法看到了，但是從《唐貞觀八年條舉氏族事件》殘卷中，還可以看到魏晉南北朝以來的世家大族，不僅中原的崔、盧、李、鄭，江南僑姓的王、謝、袁、蕭，江南土著的朱、張、顧、陸，依然列在郡姓的盛門之中，其它如中山甄氏、渤海高氏、廣平游氏、上谷寇氏、清河張氏、河間邢氏、巨鹿魏氏、河内司馬氏、弘農楊氏、潁川荀氏、譙國桓氏、濟陽江氏、魯國孔氏、太山羊氏、樂安任氏、琅邪顏氏、東莞臧氏、彭城劉氏、會稽虞氏、吴興沈氏，他們也還是列在郡姓之中，這也説明了唐王朝修撰《氏族志》的目的，固然想壓抑一部分舊門士族，提拔一部分新進的仕族，但《氏族志》一書的本質内容，還是在於嚴士庶之辨，爲世家大族和當時勳貴大臣服務的。《氏族志》中列上的郡姓，無論在婚媾、仕官各方面，都居於絶對有利的地位。

唐高宗顯慶初，宰相李義府想使自己的兒子和趙魏一帶的世家大族結婚，可是趙魏一帶的世家大族嫌李義府出身門第低，不屑和他攀親戚，李義府懷恨在心，上奏高宗，高宗因之在顯慶四年（公元六五九年）十月下詔：「後魏隴西李寶、太原王瓊、滎陽鄭温、范陽盧子遷、盧澤、盧輔、清河崔宗伯、崔元孫、前燕博陵崔懿、晉趙郡李楷，凡七姓十家，不得自爲婚。」（《新唐書·高儉傳》）唐太宗和唐高宗雖前後兩次下詔，禁止士族賣婚，并下令李寶等七姓十家自相爲婚。可是在强大的政治壓力下，七姓十家並沒有完全屈服下來，相反他們自封爲「禁婚家，益自貴，凡男女皆潛相聘娶，天子不能禁」（《新唐書·高儉傳》）。即使政治上受到一些壓力，他們還是説：「姓崔、盧、李、鄭了，餘復何求邪！」（《舊五代史·李專美傳》）他們之間，還是偷偷地互通婚姻，不肯和新進的仕族結爲姻親；倘若和他們結成姻親，還得贈送豐厚的財聘。白居易《唐河南元府君滎陽鄭氏墓誌銘》云：「天下有甲姓五，滎陽鄭氏居其一。鄭之勛德官爵，有國史在；鄭之源流婚媾，有家牒在。」《舊唐書·崔珙傳》云：博陵「崔氏，咸通（公元八六〇至八七三年）、乾符（公元八七四至八七九年）間，昆仲子弟，紆組拖紳，歷臺閣，踐藩岳者，二十餘人。大中（公元八四七至八五九年）已來盛族，時推甲等」。從以上兩條史料看來，可見無論在中唐或晚唐，趙魏大族還是有一定的政治經濟力量，如果人們過早地説他們的勢力已經一蹶而不振，那是不符合當時歷史實際的。

在高宗顯慶四年的六月，中書令許敬宗以《貞觀氏族志》沒有記叙皇后武氏的郡望，因此請求改撰，到了同年九月，改撰完成，稱爲《姓氏録》，一共收録二百三十五姓，二千二百八十七家，它根據官品高下，分爲九等。以后族、國賓（周、隋之後）、三公、太子三師、開府儀同三司、尚書僕射爲第一等，文武二品及知政事者三品爲第二等，凡是仕唐，「得五品官者，書入族譜」（《唐會要》卷三十六《氏族》）。由于當時以軍功官至五品，都載在譜上，因此引起世家大族的不滿，詆毁這部《姓氏録》，稱它做「勳格」。這次的改定，對於世家大族説來，比之《貞觀氏族志》影響還大。因爲《貞觀氏族志》不過把唐初的新興勳貴攙雜到世家大族的郡姓隊伍裏來；而《姓氏録》的修撰，規定「士卒以軍功致位五品，預士流」（《資治通鑑》唐顯慶四年），士流的範圍，無形擴大，勳品同流，清濁同貫，這是一個很大的變化。同時，《姓氏録》對當時冠冕世族，只收録他們有官位的人本身及其子孫，以及親兄弟，其餘的支屬，一概不載入姓氏録裏去，新興的冠冕，分房一般不多，受這規定的影響不大，世家大族，族大丁多，分房也多，所受影響就較大了。自此以後，世家大族中，「每姓第其房望，雖一姓中，高下懸隔」。「衰宗落譜，昭穆所不齒」（《新唐書·高儉傳》）。一個家族之内，房分之間，貴賤分化，也更厲害了。

唐中宗神龍元年（公元七〇五年），左散騎常侍柳沖上表請修氏族譜，參加這次修撰的，除了柳沖以外，還有徐堅、劉知幾、吴兢等人。唐玄宗開元二年（公元七一四年），撰成《大唐姓族系録》二百卷，這部書以「四海望族」爲「右姓」（《新唐書·儒林·柳沖傳》），可見世家大族的地位，也還没有被淹没掉。同時在這一部書裏，把國内少數兄弟民族的酋長姓氏，也列爲一門，這在當時我國姓氏譜録中還是一種創格。唐肅宗乾元元年（公元七五八年），著作郎賈至撰成《百家類例》十卷。德宗貞元中（公元七八五至八〇四年），左司郎中柳芳論氏族，還歸納爲五個地域性的集團，所謂「過江則爲僑姓，王、謝、袁、蕭爲大，東南則爲吴姓，朱、張、顧、陸爲大，山東則爲郡姓，王、崔、盧、李、鄭爲大，關中亦號郡姓，韋、裴、柳、薛、楊、杜首之，代北則爲虜（鮮卑）姓，元、長孫、宇文、于、陸、源、竇首之」（《新唐書·儒學·

柳沖傳》）。可見私家譜牒方面的議論，對魏晉南北朝以來的世家大族，還是充分予以重視。唐中葉以後，官修的姓譜，最著名的，有王涯、林寶等奉詔修撰的《元和姓纂》，書成於唐憲宗元和七年（公元八一二年），後來因甘露事變，王涯被殺，所以主撰人改用了林寶的名義。這部書原書雖已散失，但清代學者從《永樂大典》中把它輯出，從殘書的一鱗半爪裏，還可以窺見當時崇尚門第的風尚。

宋樂史在北宋太宗太平興國（公元九七六至九八三年）中，撰成《太平寰宇記》一書。在這一部書的有些州下，記載着郡姓，我們上面講到過，它講的是唐代後期的郡姓，我們現在根據唐十道先後，依次把它排列在後面。《寰宇記》云：

關內道雍州京兆郡八姓　韋　杜　扶　段　宋　田　黎　金

按《新唐書·宰相世系表》："「韋賢，漢丞相。又徙京兆杜陵。」《魏書·韋閬傳》："「京兆杜陵人，世爲三輔冠族。」《廣韻》上聲十姥："「杜姓出京兆望。」《新唐書·宰相世系表》："「杜氏，杜周，御史大夫，以豪族徙茂陵。」《新唐書·宰相世系表》："「田氏，漢興，諸田徙陽陵。」《元和姓纂》，金氏有京兆郡望。

雍州扶風郡二姓　蘇　韓

按《姓解》："「武功蘇氏。」《新唐書·宰相世系表》："「蘇氏世居河内，後徙武功杜陵，至漢代郡太守建，徙扶風茂陵。」《元和新纂》，韓有京兆郡望。《新唐書·韓瑗傳》："「京兆三原人，父仲良，終刑部尚書。」

華州始平郡四姓　馮　龎　陰　宣

同州馮翊郡五姓　郭　蓋　雷　党　吉

按《廣韻》入聲十九鐸：「郭姓出馮翊郡望。」《元和姓纂》，党氏有馮翊郡望，「馮翊，後魏寧州刺史北地公党弘。」《元和姓纂》，吉氏有馮翊郡望。《南史·循吏·吉翰傳》：「馮翊池陽人。」

鳳翔府扶風郡六姓　馬　竇　班　輔　魯　惠

按《元和姓纂》，馬氏爲扶風大族。《後漢書·馬援傳》：「扶風茂陵人。」《元和姓纂》，竇氏爲扶風郡望。《後漢書·竇融傳》：「扶風平陵人。」《元和姓纂》，班氏有扶風平陵郡望。《後漢書·班彪傳》：「扶風安陵人。」《姓解》：「輔，晉智果以智必亡，改姓輔氏。」

邠州新平郡三姓　古　附　異

涇州安定郡四姓　梁　席　安　皇甫

按《元和姓纂》，梁氏，安定烏氏，漢初以豪族自河東徙安定。《後漢書·梁統傳》：「安定烏氏人。」《元和姓纂》，席氏出安定臨涇。安氏無安定郡望。《元和姓纂》，皇甫氏郡望有安定朝那。《後漢書·皇甫規傳》：「安定朝那人。」《古今姓氏書辨證》：「唐貞觀所定涇州安定郡六姓，其一曰皇甫。」《新唐書·皇甫鎛傳》：「涇州臨涇人。」

河南道河南府河南郡九姓　賀蘭　丘　褚　祝　竇　南宫　穆　獨孤　□

按九姓缺一姓。

鄭州滎陽郡四姓　鄭　毛　潘　陽

虢州恒農郡五姓　楊　劉　强　晉　奚

許州潁川郡八姓　陳　荀　鍾　許　庫　于　鮮于　韓

開封府陳留郡五姓　防　謝　何　虞　蔡

按防疑阮字之訛。

豫州汝南郡九姓　殷　周　袁　應　和　荆　梅　齊　汝

滑州白馬郡三姓　費　成公　上官

宋州梁國郡三姓　宋　張　喬

曹州濟陽郡五姓　蔡　丁　江　曹　易

濮州濮陽郡七姓　吴　徐　房　慶　黄　袁　扶

鄆州東平郡四姓　萬　吕　畢　康

海州東莞郡四姓　臧　闞　何　公孫

按《廣韻》入聲十月：「闕姓出下邳望，漢有荆州刺史闕翊。」《唐貞觀八年條舉氏族事件》殘卷闕譌闞。

兖州魯國郡七姓　夏　孔　唐　車　顔　粟　宰

按《唐貞觀八年條舉氏族事件》殘卷粟作栗。《元和姓纂》：「宰，孔子弟子宰予，魯人也。漢有司空掾宰直。」

兗州太山郡五姓　胡　周　羊　曹　孫

兗州平昌郡三姓　管　孟　牟

按《廣韻》去聲四十三映：「孟姓出平昌望。」　按《古今姓氏書辨證》蓋姓下云：「唐魏徵定天下姓氏，平昌郡三姓，有蓋氏。」

兗州□□郡五姓　邵　隸　徐　史　錢

按《姓解》：「隸，古有善算者隸首。」　《廣韻》上平聲九魚：「徐姓，出東海望。」《姓解》：「東海徐氏。」

兗州山陽郡三姓　鞏　郗　蹇

按《元和姓纂》，鞏氏有陽翟郡望而無山陽郡望。

徐州彭城郡六姓　劉　袁　曹　□　□　□

徐州蘭陵郡一姓　蕭

徐州沛郡三姓　朱　張　周

泗州下邳郡三姓　陳　祁　谷

沂州琅邪郡六姓　王　顔　諸葛　惠　暢　符

齊州濟陰郡四姓　苗　董　卞　郗

青州齊郡四姓　史　甯　左　梁

青州千乘郡二姓　倪　庾

青州樂安郡九姓　孫　任　高　薛　閻　仲　蔣　房　亢

青州成陽郡三姓　成　毌　〔蓋〕（益）

按益爲蓋之訛。

河東道蒲州河東郡九姓　裴　柳　薛　費　呂　滿　聶　茹　廉

按《古今姓氏書辨證》："「魏太和族品，柳、裴、薛爲河東三姓。」《三國志・魏志・裴潛傳》："「河東聞喜人。」《姓解》："「柳，遷晉之解梁，秦置河東郡，故爲河東解縣人。」《魏書・柳崇傳》："「河東解人。」《魏書・薛辯傳》："「其先自蜀徙于河東之汾陰，因家焉。」《新唐書・宰相世系表》："「薛氏，薛齊，蜀亡，率户五千降魏，徙河東汾陰，世號蜀薛。」

晉州平陽郡六姓　柴　解　賈　馬　路　鄧

按《姓解》："「平陽柴氏。」《新唐書・柴紹傳》："「晉州臨汾人。」《晉書・賈逵傳》："「平陽襄陵人。」《元和姓纂》，路氏有平陽郡望。《新唐書・宰相世系表》："「漢符離侯路博德始居平陽。」《元和姓纂》，鄧氏有平陽郡望。

晉州晉陽郡二姓　〔勾〕（習）　景

汾州西河郡四姓　任　臨　欒　相里

按《姓解》："「相里，漢複姓。」《新唐書・高宗則天順聖皇后武氏傳》："「父士彠，娶相里氏。」

潞州上黨郡四姓　包　鮑　樊　上官

澤州高平郡六姓　米　范　巴　翟　過　獨孤

并州太原郡十一姓　王　武　郭　霍　蓼　郝　温　閻　昝　令狐　尉遲

按《唐會要》卷三十六《氏族》載："初，《貞觀氏族志》稱爲詳練，至是（高宗顯慶四年）許敬宗以其書不叙明皇后武氏本望，乃奏改之。"

并州晉郡三姓　魚　儀　景

河北道懷州河内郡八姓　梁　〔向〕（何）　車　常　〔荀〕（苟）　淳于　司馬　□

按何當爲向字之訛。　荀原訛苟，據《唐貞觀八年條舉氏族事件》殘卷改正。

衛州黎陽郡四姓　蘧　桑　衛　柘

按《元和姓纂》："《急就章》漢有柘温舒。"

魏州魏郡五姓　申　暴　柏　〔暢〕（鴨）　萇

按《廣韻》上平聲十七真："申姓，出魏郡望。"　《元和姓纂》，暴，漢有御史大夫暴勝之，河東人。《元和姓纂》，柏有魏郡郡望，居斥丘。　暢原訛鴨，據敦煌斯坦因文書第二〇五二號《新集天下姓望氏族譜》改正。　暢原件作𢡟，蓋俗體字。

相州内黄郡三姓　扈　路　駱

貝州清河郡六姓　崔　張　房　尚　傅　靳

按《古今姓氏書辨證》："尚，漢高士尚長字子平，河内朝歌人，今望出汲郡及清河、上黨。"

邢州巨鹿郡五姓　莫　魏　時　劉　舒

趙州趙郡二姓　李　眭

冀州高陽郡五姓　許　紀　夏　伏　公孫

冀州渤海郡三姓　吴　高　歐陽

德州平原郡六姓　師　雍　芮　義　華　東方

鎮州中山郡五姓　旻　甄　焦　楊　藺

山南東道鄧州南陽郡十一姓　張　樂　趙　井　何　白　韓　鄧　姬　周　滕

荆州武昌郡六姓　吴　伍　程　史　龍　郢

荆州武陵郡三姓　卞　伍　龔

淮南道揚州廣陵郡四姓　戴　〔商〕〔高〕　盛　游

江南東道潤州丹陽郡四姓　許　左　甘　紀

蘇州吴郡四姓　朱　張　顧　陸

湖州吴興郡四姓　姚　沈　丘　紐

湖州長城郡二姓　錢　胥

杭州錢唐郡二姓　全　范

杭州餘杭郡二姓　曁　隗

越州會稽郡七姓　虞　孔　夏　榮　鍾離　兹　謝

處州縉雲郡三姓　黄　賴　豐

泉州南安郡五姓　黄　林　單　戚　仇

江南西道洪州豫章郡五姓　熊　羅　雷　諶　章

江州潯陽郡三姓　陶　翟　蹇

鄂州江夏郡三姓　黄　喻　潘

潭州長沙郡五姓　劉　茹　曾　秦　彭

隴右道秦州天水郡七姓　權　趙　尹　莊　龍　狄　姜

按《廣韻》下平聲二仙：「權姓出天水望。」《周書·權景宣傳》：「天水顯親人。」《廣韻》上聲三十小：「趙姓，出天水望。」《新唐書·宰相世系表》：「趙氏世居隴西天水西縣。」《元和姓纂》，尹氏有天水郡望。《元和姓纂》，狄氏有天水郡望。《新唐書·宰相世系表》：「狄氏，漢博士山，世居天水。」《元和姓纂》，姜有天水郡望，「漢初以豪傑徙關中，遂居天水」。《廣韻》下平聲十陽：「姜，姓也，出天水，齊姓，本自炎帝，居姜水，因爲氏，漢初以豪姓徙關中，遂居天水也。」

渭州隴西郡八姓　李　牛　彭　辛　聞　蹇　艾　蓋

按《魏書·李寶傳》：「隴西狄道人。」《元和姓纂》，牛氏有隴西郡望。《廣韻》上平聲十七真：

「辛姓，漢初辛蒲，爲趙魏名將，及徙家隴西，便爲隴西人。」《漢書·辛慶忌傳》：「本狄道人。」《元和姓纂》：「蹇，秦蹇叔後。」

涼州武威郡六姓　賈　陰　索　安　曹　石

按《元和姓纂》，賈氏居武威。《三國志·魏志·賈詡傳》：「武威姑臧人。」《廣韻》下平聲二十一侵：「陰姓出武威望。」《元和姓纂》，索氏有敦煌郡望。

涼州西平郡二姓　申屠　曹

劍南道益州雲陽郡三姓　委　言　幸

按《廣韻》上聲四紙：「委姓，漢有太原太守委進，出《風俗通》。」《姓解》：「言，《史記》孔子弟子言偃。」《姓解》：「幸，《晉書》有術士幸靈。」按幸靈豫章建昌人。又《古今姓氏書辯證》金姓下云：「唐貞觀所定益州蜀郡三姓，一曰金氏。」蓋《寰宇記》益州下，亦脱蜀郡郡姓。

上引《寰宇記》只記載了七十五郡，三百五十八姓（其中又脱去了五姓），它雖然也只能是反映部分州、道的郡姓，像劍南道，只保存了雲陽郡郡姓，至如山南西道、嶺南道的郡姓，已完全缺失，其餘如廬江郡、北平郡等郡姓，也不見記載，可見《寰宇記》所記載的氏族，也已經不能完全反映唐後期的郡姓全貌。但是如果把《寰宇記》所記載的郡姓内容，來和《唐貞觀八年條舉氏族事件》殘卷所留存的郡姓内容比較一下，明顯可以看到出入還是較大的。一方面，我們看到有些郡，如吴郡的朱、張、顧、陸四姓，幾乎和前代没有多大變動，而另一方面，有些郡的舊姓固然還維持一定地位，如河東郡的裴、柳、薛三姓，仍然是當郡著姓，名列前茅，可是在三姓之外，又出現了費、吕、滿、聶、茹、亷六個新興的郡姓，殘卷巨鹿郡原來只有莫、魏、時三姓，《寰宇記》裏又增加了劉、舒二姓，殘卷黎陽郡原來只有蘧、桑二姓，《寰宇記》裏又增加了衛、柘二姓，這類情況，不勝枚舉。總之，在郡姓的行列中，既保存了不少魏晉南北朝以來的士族舊姓，但也涌現了不少稀姓庶族，攙進到郡姓行列裏來了。

我們現在再來總結一下魏晉南北朝和隋唐時期的士族制度發展和變化吧！當南朝的南齊時代，世家大族東海王源，因受聘錢五萬，嫁女與寒人富陽滿璋之子滿鸞爲妻，遭到了御史中丞沈約的彈劾，沈約請求政府把王源剔出士族，禁錮終身，事見《文選》卷四十沈約《奏彈王源》一文。可見那時政府是從門閥士族的利益出發，嚴格地區分世族寒門的界限，目的是想鞏固士族制度。到了《唐貞觀八年條舉氏族事件》殘卷的内容中，雖也規定郡姓不得和從賤入良、營門雜户、慕容商賈之類通婚，如有違犯，剔除士籍；但是從唐太宗、唐高宗以來一直下詔禁賣婚和禁止七姓十家自相爲婚的事實看來，實際是想鼓勵七姓十家和門第較次一等的士族通婚，目的在於鬆動士族、寒門之間的界限，從中央集權的利益出發，擴大士族陣營，强化中央集權。

唐王朝爲了强化中央集權，曾經有限度的對趙魏大姓加以壓抑；事實上，門閥士族經過隋末農民大起義的巨大衝擊，他們的政治、經濟勢力，比起魏晉南北朝的全盛局面來，確實也大大減色了。但是，百足之蟲，死而不僵，我們也還不能説世家大族自此便一蹶而不振了。固然，這些世家大族，過去憑藉世資，平流取進，坐致公卿，是非常容易的。現在，這種特權受到一定限制，以門蔭作爲進身之階，比較困難了。通過科舉制度，取得高官厚禄，又成爲時髦的事情了。在唐王朝勵行中央集權化政策的同時，也發展了科舉制度，魏晉南北朝以來的世家大族，由於經濟條件遠比一般庶族地主爲優越，他們的讀書條件、文化修養也遠遠勝過一般庶族地主，于是他們就積極地從事科舉，參加考試，作爲他們進入仕官之途的進身之階。他們很快躐居高位，只從任宰相的世族來統計，李唐一代，三百年間，博陵崔氏出宰相十二人，清河崔氏出宰相五人，范陽盧氏出宰相八人，滎陽鄭氏出宰相九人，趙郡李氏出宰相十三人，隴西李氏出宰相十人，太原王氏出宰相七人，琅邪王氏出宰相四人，京兆韋氏出宰相十四人，河東裴氏出宰相十一人，弘農楊氏出宰相十七人，蘭陵蕭氏出宰相十人，儘管其中也有不少人未必都是科舉制度出身的，但多少能説明魏晉南北朝以來的世家大族，在政治、經濟上的勢力，還是不能低估的。我們在對唐代郡姓問題的研究上，也獲得了確切的證明。

我們現在抄一段鄭樵《通志·氏族略》的序來做個結束吧。鄭樵説：「自隋、唐而上，官有簿狀，家有譜系。官之選舉，必由于簿狀；家之婚姻，必由於譜系。凡百官族姓，有家狀者，則上之官，爲考定詳實，藏於祕閣，副在左户。若私書有濫，則糾之以官籍；官籍不及，則稽之以私書。所以人尚譜系之學，家藏譜系之書。自五季（五代十國）以來，取士不問家世，婚姻不問閥閲，故其書散佚，而其學不傳。」鄭樵這個説法，反映了經唐末農民大起義之後，魏晉以來的世家大族，無論政治上、經濟上，各方面的勢力，都完全衰落了，譜學也絶而不傳了。魏晉南北朝隋唐譜系之學之發生、發展、衰亡的歷程，是我國封建社會前期歷史發展的必然結果，這是不足爲異的。

《新集天下姓望氏族譜》考釋

斯坦因敦煌文書第二〇五二號《新集天下姓望氏族譜》，大概是唐德宗時代的作品。這件文書裏有「處州松陽郡出五姓」之語，處州原名括州，唐德宗名适，故大曆十四年（公元七七九年）即位後，避帝嫌名，改括州爲處州。唐憲宗名諄，即位後，元和元年（公元八〇六年），改淳于複姓爲單姓于。《新集天下姓望氏族譜》中，已改括州爲處州，而淳于複姓尚仍舊稱，可見這個《氏族譜》是大曆十四年以後，元和元年以前的産物。今迻録原件並條釋如下。

《新集天下姓望氏族譜》一卷并序

夫人立身在世，姓望爲先，若不知之，豈爲人子。雖即博學，姓望殊乖，晚長後生，切須披覽。但看注脚，姓望分明。謹録元出州郡，分爲十道如右。

第一關内道〔八〕郡

雍州京兆郡出卌姓 車 杜 段 嚴 黎 宋 秦 鉉 雍 韋 田 粟 於 米 冷 支 員

銻 扈 皮 昆 申屠 庚 别 夫蒙 郜 豐 禄 史 倫 邢 金 戔 第五 宗 宜 扶

（粟） 計 □ □

京兆郡出四十姓，今只三十八姓，其中粟姓重見故不計在内，蓋尚缺二姓。《廣韻》下平聲九麻：

「車，又姓，出魯國、南平、淮南、河南四望。」無京兆郡望。《元和姓纂》杜氏有京兆郡望。《廣韻》上聲十姥：「杜，亦姓，出京兆、濮陽、襄陽三望。漢有御史大夫杜周，以南陽豪族徙茂陵，始居京兆。」《廣韻》去聲二十八翰：「段，又姓，出武威。」《古今姓氏書辨證》：「前秦扶風太守段鏗，出馮翊。」皆不言有京兆郡望。《廣韻》下平聲二十八嚴：「嚴，亦姓。」《元和姓纂》：「嚴，有馮翊、敦煌、吴郡、廣漢、東海、濟北六望。」而無京兆郡望。《廣韻》上平聲十二齊：「黎，又姓，侯國之後。」《元和姓纂》：「黎有宋城、河南二望。」無京兆郡望。《廣韻》去聲二宋：「宋，又姓，出西河、廣平、敦煌、河南、扶風五望。」而無京兆郡望。《廣韻》上平聲十七真：「秦，人姓，秦子嬰之後，支庶以爲秦氏也。」《元和姓纂》：「秦有太原齊郡、鄜州、洛川、河内諸望。」而無京兆郡望。鉉姓，姓書未見。《世本》：「雍父作舂。」《廣韻》上平聲三鍾：「雍，亦姓。《左傳》有雍糾。」《元和姓纂》有雍姓，謂「文王十二子，雍伯受封於雍，在河内山陽，子孫以國爲姓。漢有雍齒」。《廣韻》上平聲八微：「韋，又姓，出自顓頊，大彭之後，夏封於豕韋，苗裔以國爲氏，因家彭城。至楚太傅韋孟，遷于魯。孟玄孫賢爲漢丞相，始遷京兆之杜陵也。」《新唐書·宰相世系表》，京兆韋氏，宰相十二人。《新唐書·宰相世系表》：「田氏，漢興，諸田徙陽陵。」《姓解》：「粟，後漢《袁紹傳》有魏郡太守粟舉。」《廣韻》上平聲九魚：「於，亦姓，今淮南有之。」《姓解》：「《姓苑》，米，胡人姓也。」按昭武九姓有米國，唐有米嘉榮，長慶間人，善歌，劉禹錫詩云：「三朝供奉米嘉榮，能變新聲作舊聲。」已在元和之後，此當是米國大首領入居京兆而顯達者，故京兆郡望出米氏也。《古今姓氏書辨證》：「漢功臣下相壯侯冷耳，以拒黥布功侯。元康四年，詔復耳玄孫長安公士安家，元帝功臣騶望侯冷廣。」《廣韻》上平聲五支：「支，亦姓，何氏《姓苑》云，琅邪人。《後趙録》有司空支雄。」《新唐書・員半千傳》：「員半千，齊州全節人。其先本彭氏劉氏，十世祖凝之，事宋，起部郎。及齊受禪，奔元魏，以忠烈自比伍員，因賜姓員。」《古今姓氏書辨證》：「員音云。《前涼録》員懷遠。六代孫半千，其先隋末徙居臨淄。」 銻姓，姓書未見。 《廣韻》上聲十姥：「扈，亦姓。《風俗通》云：趙有扈輒，又三字姓扈地干氏。《元和姓纂》：「扈，夏時姒姓國也。漢有扈輒，又上郡太守扈育，廣陵太守扈商。」京兆郡望，「北魏有扈累，晉有射聲校尉扈懷」。 《廣韻》上平聲五支：「皮，亦姓，出下邽。」《元和姓纂》：「《風俗通》，皮，周卿士樊仲皮之後，漢有諫議大夫皮究。下邳，後漢有皮仲周。王僧孺《百家譜》云：荀昭，娶下邳皮仁之女。」 《廣韻》上平聲二十三魂：「昆，亦姓，夏諸侯昆吾之後，《戰國策》有齊賢者昆辯。」 《元和姓纂》：「申屠，周幽王后申氏兄申侯之後，支孫居安定屠原，因以爲氏。一説云，申徒狄，夏賢人，後音轉改爲申屠氏。 或云，申屠，楚官號也。」「漢丞相故安侯申屠嘉，扶風茂陵人。」 《廣韻》下平聲十二庚：「庚，又姓。」 《廣韻》入聲十七薛：「別，又姓，何氏《姓苑》云，揚州人。」《元和姓纂》：「別，《姓苑》云，京兆人。」《通志・氏族略》：「別氏，《姓苑》云，京兆人，望出京兆。」 《廣韻》上平聲十虞：「夫蒙，羌複姓。《後秦録》，建威將軍夫蒙大羌。」《立界山石祠碑》：「維大秦建元四年。」《碑陰》有「夫蒙頭，夫蒙彭□部，夫蒙護部，夫蒙大毛部，夫蒙傷大部，夫蒙進部，夫蒙犁部」。《北周文王之碑》有大都督夫蒙儁。 高昌出車坊馬帳有「右件馬配兵夫蒙守莊牧」。 伯希和敦煌第三五五九號《唐畢令愛等名籍殘卷》貳拾玖人没落，中有夫蒙行琮。《資治通鑑》唐玄宗天寶三載：「河西節度使夫蒙靈詧。」胡三省《注》：「按《元和姓纂》云，夫蒙，本西羌姓，後秦有建威將軍夫蒙羌，今蒲同二州多此姓，或改姓馬氏。」《考異》曰：「《會要》作馬靈詧，今從《實録》。」《廣韻》去聲三十七號：「郜，又姓。晉有高昌長郜玖。」《元和姓纂》：「郜，國名，在濟陰，以國爲姓。」《姓解》：「郜，周文王十六子封十六國，郜叔第九。晉有高昌長郜玖。」《廣韻》上平聲一東：「豐，又姓，鄭公子豐之後。」《廣韻》入聲一屋：「禄，又姓，紂子禄父之後。」《元和姓纂》：「史，周太史史佚之後，有建康、宣城、高密、京兆、陳留諸望。」「京兆，史丹裔孫瓚留長安，隋左領大將軍史萬歲狀稱，瓚十二代孫寶。」《廣韻》上平聲十八諄：「倫，又姓。《風俗通》曰，黄帝樂人伶倫氏之後。」《廣韻》下平聲十五青：「邢，又姓，出河間也。本周之胤，邢侯爲衛所滅，後遂爲氏。」按諸姓書，邢氏無京兆郡望。《元和姓纂》：「金，亦姓：漢秺侯金日磾，匈奴休屠王子也。生賞，弟倫，生安上，爲侍中。」戔姓，姓書未見。《廣韻》去聲十二霽：「第五，又漢複姓。《後漢書·第五倫傳》云，齊諸田徙園陵者，多以次第爲氏，有第五、第八等氏。」《元和姓纂》：「第五，出自齊諸田之後。」「京兆長陵，後漢司空第五倫，字伯魚。」按唐肅宗乾元二年，以户部侍郎第五琦同平章事。琦三子，「峰、平、申。峯台州刺史，平京兆兵曹，申兼御史中丞。」《廣韻》上平聲二冬：「宗，亦姓，周卿宗伯之後，出南陽。」按宗姓有南陽郡望，無京兆郡望。《廣韻》上平聲五支：「宜，亦姓。出《姓苑》。」《廣韻》上平聲十虞：「扶，又姓，漢有廷尉扶嘉。」《元和姓纂》：「《國語》計然爲越大夫范蠡師，云本夔丘濮上人，姓辛，字文子。《風俗通》，漢計子勳爲司空掾。」 按《太平寰宇記》京兆郡八姓，韋、杜、扶、段、宋、田、黎、金，此《氏族譜》多出《太平寰宇記》三十姓。

雍州始平郡出四姓 馮 龐 宣 陰

按《晉書·地理志》：「始平郡，泰始二年置。」唐世已無此郡。 《廣韻》上平聲一東：「馮，又姓，畢公高之後，食采於馮城，因而命氏，出杜陵及長樂。」《元和姓纂》：「秦丞相馮去疾，至馮唐徙安陵，弟奮，自上黨徙杜陵。 後漢馮衍，杜陵人。」 《廣韻》上平聲四江：「龐，姓也。 出南安、南陽二望。本周文王子畢公高之後，封於龐，因氏焉。 魏有龐涓。」《元和姓纂》：「龐，京兆，狀云本望南安，漢太尉龐參後，今居京兆。」 《元和姓纂》：「宣，魯叔孫宣伯之後。」《古今姓氏書辨證》：「宣，《風俗通》曰，宋宣公之後，以謚爲氏。 後漢馮翊雲陽人宣秉，爲大司徒司直。 子彪，官至玄菟太守。 按漢功臣表，南安莊侯宣虎，以重將破臧荼，侯九百户。 又土軍武侯宣義，以廷尉擊陳豨，侯千一百户，皆宋宣公後。」 《廣韻》下平聲二十一侵：「陰，又姓，出武威。《風俗通》云，管修自齊適楚，爲陰大夫，其後氏焉。」《元和姓纂》，陰有南陽，武威二望，而無始平郡望。

雍州武功郡出四姓 蘇 韓 是 殳

按《太平寰宇記》：「後魏置武功郡， 北周建德三年省郡」。唐世已無武功郡。 《廣韻》上平聲十一模：「蘇，又姓，出扶風、武邑二望。」《元和姓纂》：「蘇，蘇忿生後，至建生武、嘉，十二代孫則，則次子遁，八代孫綽，西魏度支尚書。 生威，隋左僕射、房公。」《周書·蘇綽傳》：「綽，武功人。」 《廣韻》

上平聲二十五寒：「韓，又姓，出自唐叔虞之後，曲沃桓叔之子萬，食邑於韓，因以爲氏。代爲晉卿，分晉爲國。韓爲秦滅，復以國爲氏。有潁川，南陽二望。」《元和姓纂》韓有京兆郡望。「邠寧節度使檢校僕射韓遊瓌」。按《新唐書·韓遊瓌傳》謂遊瓌是靈州靈武人，《元和姓纂》蓋據其行狀云然。

《廣韻》上聲四紙：「是，又姓。《吳志》云，是儀，本姓氏，孔融嘲之曰：『氏字民無上』，乃改爲是焉。」《元和姓纂》：「是儀，仕吳官侍中都亭侯。天寶祕書少監是光乂。」《登科記》：「開元二十九年上書拜官是光乂。」《新唐書·藝文志》類書類著録「是光乂《十九部書語類》十卷，開元末，自祕書省正字，上授集賢院修撰，後賜姓齊」。《廣韻》上平聲十虞：「殳，又姓，《舜典》有殳所。」《通志·氏族略》：「殳氏，望出武功。」

岐州扶風郡出十一姓　竇　馬　曾　魯　萬　寇　井　蘇　惠　班　輔

《廣韻》去聲五十候：「竇，又姓，出扶風、觀津、河南三望。」《元和姓纂》：「竇，扶風、竇嬰之先，本居清河觀津，後徙扶風平陵，漢章武侯竇廣德女爲文帝皇后。兄子嬰，魏其侯。七世孫融，後漢大司空安豐侯。」《後漢書·竇融傳》：「扶風平陵人也。」按唐太宗母竇氏，實鮮卑紇豆陵氏，北魏孝文帝時，以河南爲郡望，西魏、北周時，以京兆爲郡望，其後遂冒扶風郡望。《新唐書·宰相世系表》：「竇氏，後魏爲紇豆陵氏，二房，宰相六人。」《廣韻》上聲三十五馬：「馬，亦姓，扶風人，趙奢封馬服，後遂字焉。秦滅趙，徙奢孫興於咸陽，爲右内史，遂爲扶風人。」《元和姓纂》：「馬，扶風茂陵。」《廣韻》下平聲十七登：「曾，亦姓，曾參之後，後漢有尚書曾偉。」《元和姓纂》：曾，夏少康封少子曲烈于鄫，春秋時爲邾所滅，鄫太子巫仕魯，去邑爲曾氏，見《世本》。巫生阜，阜生晳、晳生參，父子并爲仲尼弟子。」《廣韻》上聲十姥：「魯，又姓，伯禽之後，以國爲姓，出扶風。」《元和姓纂》：「魯，扶風郿縣。魯芝，官至荆州刺史。又晉光禄大夫魯褒。」《廣韻》去聲二十五願：「萬，又姓，孟軻門人萬章。」《元和姓纂》，萬有扶風郡望，「後漢雲臺二十八將，右將軍萬修」。《廣韻》去聲五十候：「寇，又姓，出馮翊、河南二望。《陳留風俗傳》云，浚儀有寇氏，黄帝之後。《風俗通》云，蘇忿生爲武王司寇，後以官爲氏。」《廣韻》上聲四十靜：「井，又姓，姜子牙之後也。《左傳》有井伯。」《元和姓纂》：「井《穆天子傳》，周有大夫井利。《左傳》，虞大夫井伯。漢司徒掾井宗。」《通志氏族略》：「井氏，望出扶風、南陽。」《廣韻》上平聲十一模：「蘇，又姓，出扶風、武邑二望。」《廣韻》去聲十二霽：「惠，又姓，出琅邪，周惠王之後，梁有惠施。」《元和姓纂》：「惠，周惠王之後，梁有惠施。」《元和姓纂》：「惠，周惠王支孫，以謚爲姓。戰國惠施爲梁相。交趾太守惠乘，太僕惠根。琅邪，惠根孫嚚，爲北海太守，子孫因居琅邪。」《古今姓氏書辨證》：「西漢長安儒生惠莊。」《通志·氏族略》：「惠氏，望出扶風。」《廣韻》上平聲二十七删：「班，亦姓，出扶風。《風俗通》云，班，亦姓，楚令尹門班之後。」《元和姓纂》：「班，扶風平陵。班况女爲成帝婕妤，徙茂陵。况生穉，穉生彪，彪生固。」《後漢書·班彪傳》：「扶風安陵人。」《廣韻》上聲九麌：「輔，亦姓，晉大夫輔躒。又智果以智伯必亡其宗，改爲輔氏。」《元和姓纂》：「輔，《左傳》晉大夫輔躒。《風俗通》云，智果以智伯剛愎，必亡其宗，别爲輔氏。河東有此姓，又有襄陽郡望。《蜀志》有左將軍輔果。」《通志·氏族略》：「輔氏望出扶風。」按

《太平寰宇記》鳳翔府扶風郡六姓，馬、竇、班、輔、魯、惠，《氏族譜》多出《太平寰宇記》五姓。

邠州新平郡出四姓　古　異　附　虢

《廣韻》上聲十姥：「古，又姓。周太王去邠適岐，稱古公，其後氏焉。《蜀志》有廣漢功曹古牧。」《元和姓纂》，古有河内、河南二望。《通志·氏族略》：「古氏望出新平。」《通志·氏族略》：「異，今温州白水有此姓。」《元和姓纂》：「附，後漢段熲將附都。唐監察御史附德意。」《登科記》：「上元登科有附不疑。」《通志·氏族略》：「附氏望出新平。」《廣韻》入聲二十陌：「虢，亦姓。《左傳》晉大夫虢射叔也。」按《元和姓纂》謂虢射複姓。按《太平寰宇記》新平郡三姓，古、附、異。

涇州安定郡出八姓　梁　皇甫　席　伍　胡　安　桀　程

《廣韻》下平聲十陽：「梁，亦姓，出安定、天水、河南三望。本自秦仲，周平王封其少子康於夏陽梁山，是爲梁伯，後爲秦并，子孫奔晉，以國爲氏。」《元和姓纂》：「安定烏氏，漢初以豪族自河東徙烏氏。」《元和姓纂》：皇甫，有安定朝那郡望。《後漢書·皇甫規傳》：「安定朝那人。」《古今姓氏書辨證》：「皇甫，賈執《姓氏譜》謂之安定五姓。魏定安定皇甫氏在乙門。唐貞觀所定涇州安定郡六姓，其一曰皇甫。」《新唐書·皇甫鎛傳》：「涇州臨涇人。」《廣韻》入聲二十二昔：「席出安定望。」《元和姓纂》：「席，李姓籍，晉大夫籍談之後也，席談十三孫瓌，避項羽名，改爲席氏。漢初徙關東豪族，席氏徙安定臨涇。」《通志·氏族略》：「伍氏望出安定。」《廣韻》上平聲十一模：「胡姓出新蔡，安定二望。」《元和姓纂》：「胡，帝舜之後，封陳，子孫後以謚爲姓。安定，漢有胡建始居焉，後漢有太尉胡廣。晉左僕射胡奮，裔孫國珍，後魏司空、女爲宣武帝皇后。」《廣韻》上平聲二十五寒：「安，亦姓。《風俗通》云，漢有安成爲太守。」《廣韻》下平聲十二庚：「榮，又姓，漢有榮啟期。」《廣韻》下平聲十四清：「程，又姓，出廣平，安定二望。本自顓頊重黎之後，周宣王時，程伯休父入爲大司馬，封于程，後遂爲氏。」按《太平寰宇記》四姓，梁、席、安、皇甫。

同州馮翊郡出八姓　魚　吉　党　雷　印　合　力　寇

《廣韻》上平聲九魚：「魚，亦姓，出馮翊。《風俗通》云，宋公子子魚，賢而有謀，以氏爲族。」《元和姓纂》：「《風俗通》，宋桓公子目夷，字子魚，子孫以王父字爲氏。漢有長安人魚翁叔也。馮翊下邽，苻秦有魚遵，玄孫經，後漢吏部尚書。魚俱羅，隋安州刺史高唐公。」《元和姓纂》：吉有馮翊郡望。《姓解》：「吉，漢有太守吉恪，宋有吉翰。」《南史·循吏·吉翰傳》：「馮翊池陽人。」《廣韻》去聲四十二宕：「黨，又姓，姚弋仲將黨耐虎。」《元和姓纂》：「党本出西羌，姚秦將軍党耐虎，代爲羌豪。又吴平男党娥，子孫世居同州馮翊。後魏寧州刺史北地公党弘。」鄭能邈《脩鄧太尉祠碑》：「大秦苻氏建元三年，歲在丁卯」，「軍録事和戎黨陸道□，軍主簿寧戎黨世永長，軍録事寧戎黨投欽詳」。龍門有黨屈蜀西魏大統四年六月六日造像記。《聖母寺四面像碑》：「大周保定四年建。」「都維那黨榮達，邑子黨榮昌，邑子黨子亮，邑子黨奴奴，邑子黨海保，邑子黨榮貴，邑子黨杦察。」《晉書·姚弋仲載記》：子萇，「以党删等爲帥」。萇子興，興子泓，「初興徙李閏羌三千家於安定，尋徙新支，至是羌酋党容率所部叛還，遣撫軍姚讚討之，容降，徙其豪右數百户於長安，餘遣還李閏」。《晉書·赫連勃勃載記》：「勃勃攻姚興將党智隆於東鄉，降之，徙其三千餘户於貳城。」《晉書・乞伏國仁載記》：弟乾歸，「討叛羌党龍頭於滋川。」《魏書・太宗紀》：「泰常四年六月，司馬德文建威將軍河西太守馮翊羌酋党道子遣使内屬。」《魏書・島夷蕭衍傳》：「景明三年五月，揚州小峴戍主党法宗襲衍大峴戍，破之。」《魏書・封懿傳》：族曾孫回，「世宗卽位，行華州事，在州鞭中散大夫党智孫」。按党、黨、党通用，党氏爲羌族大姓。《太平御覽》卷一百二十一引《十六國春秋・前秦録》：「苻健丞相雷弱兒。」「苻生又誅丞相雷弱兒，弱兒，南安羌酋也。」《晉書・姚弋仲載記》有雷惡地。《魏書・太祖紀》：「天興五年十月，獲姚興建忠將軍雷星。」《魏書・閹宦・王遇傳》：「馮翊李閏鎮羌也，與雷光、不蒙俱爲羌中强族。」鄭能邈《修鄧太尉祠碑》：「大秦苻氏建元三年，歲在丁卯。」「軍主簿和戎雷夫龍道藏□，軍主簿和戎雷遠子安，軍主簿和戎雷川□光，軍主簿和戎雷□景文，軍録事和戎雷顔道□，功曹書佐和戎雷陵道進，軍主簿寧戎雷樹進夔。」《聖母寺四面像碑》：「大周保定四年建。」有「東面像主曠野將軍殿中司馬雷榮顯」雷姓二十八人，皆羌族大姓也。《同琋氏造像記》：「保定四年，歲次甲申，六月戊子朔，九日丙申□□。」「邑子雷郎興。」《古今姓氏書辨證》：「印，出自姬姓，鄭穆公生倫，字子印，倫生黑肱，黑肱生印段，以王父字爲印氏。又有印堇父，今望出馮翊。」《通志・氏族略》，「印氏望出馮翊。」《廣韻》入聲二十七合：「合，又姓，宋有大夫合左師。」《通志・氏族略》：「合氏望出馮翊。」《廣韻》入聲二十四職：「力，又姓，黄帝佐力牧之後。」《廣韻》去聲五十候：「寇，又姓，出馮翊、河南二望。《風俗通》云：蘇忿生爲武王司寇，後以官爲氏。」《元和姓纂》：「寇有上谷、馮翊、河南三望。」「馮翊，蘇忿生之後，以官爲氏。」按《太平寰宇記》同州馮翊郡五姓，郭、蓋、雷、党、吉，此《氏族譜》八姓，多魚、印、合、力、寇五姓而無郭、蓋二姓。

同州郃陽郡出四姓　支　奉　㲺　骨

按唐無郃陽郡。支，按京兆郡有支姓，已見。《古今姓氏書辨證》：「奉，出《姓苑》。《後漢·獨行戴就傳》，光禄奉盻上就爲主事。」《元和姓纂》：「㲺，見《姓苑》。」《廣韻》入聲十一没：「骨，又姓。」《古今姓氏書辨證》：「河南骨氏，隋京兆郡丞骨儀。」

第二隴右道四郡

涼州西平郡出三姓　申屠　段　池

按唐鄯州西平郡，時已没吐蕃。《古今姓氏書辨證》：「申屠，唐貞觀所定涼州西平郡六姓有申屠氏。」《廣韻》去聲二十九換：「段，又姓，出武威。本自鄭共叔段之後。《風俗通》云：段干木之後。」《元和姓纂》：「段，〔漢〕文帝時，段卬爲北地都尉，曾孫招生會宗、貞。會宗，金城太守；貞，武威太守。子孫始居武威。九代孫熲。」《廣韻》上平聲五支：「池，又姓。漢有中牟令池瑗，出《風俗通》。又有池仲魚，城門失火，池魚燒死，故諺曰，城門失火，殃及池魚。」《通志·氏族略》：「池氏望出西平。」按《太平寰宇記》西平郡二姓，申屠、曹，此《氏族譜》有申屠氏、段氏、池氏，而無曹氏。

涼州武威郡出六姓　索　石　賈　安　廖　陰

按時河西已没吐蕃，故敦煌郡姓，並合於此。《廣韻》入聲十九鐸：「索，亦姓，出敦煌。」《元和姓纂》："「索，殷人七族之後。」「敦煌，晉索湛爲北地太守，生靖，尚書，後將軍、安樂亭侯。生綝，侍中、吏部尚書。」《通志·氏族略》："「索氏望出敦煌。」伯希和敦煌文書第二六二五號《敦煌名族志殘卷》："「索氏，右其先商王帝甲封子丹於京索，因而氏焉。武王滅商，遷之於魯，封之爲侯。秦並六國，莊侯索番致仕，國除。漢武帝時，太中大夫索撫、丞相趙周，直諫忤旨，徙邊，以元鼎六年，從鉅鹿南和遷于敦煌。凡有二祖，號南索、北索。初索撫在東，居鉅鹿之北，號爲北索。至王莽天鳳三年，鳴鬬都尉索駿復西敦煌。駿在東，居鉅鹿之南，號爲南索。莫知其長幼，咸累代官族。後漢有索頵，明帝永平中，爲西域戊己校尉，居高昌城。頵子堪，字伯高，才明舉孝廉，明經對策高第，拜尚書郎，頻遷幽州刺史。其撫曾孫翊，字厚山，有文武才，明兵法，漢安帝永初六年，拜西域長史。弟華，除爲郎。華之後展，字文長，師事太尉楊賜；展孫翰，字子曾，師事司徒王朗，咸致大官。宗人德，字孟濟，祖殷，太尉掾，父祇，杜陵令。德舉孝廉，拜駙馬都尉，桓帝延熹元年，拜東平太守。子韶，西部長史。族子隆，字祖，其父宜，清靈潔浄，好黃老，沉深篤學，事繼母以孝聞。族父靖，父湛，北地太守。靖少有逸羣之量與聞，不應辟召，鄉人號曰眘儒。隆子苺，蜀郡太守。族父靖，字幼〔安〕，鄉人張甝、索紾、氾衷、索紒等五人，俱遊太學，號稱敦煌五龍。四人早亡，唯靖」（其下殘缺）。《廣韻》入聲二十二昔："「石，又姓，《左傳》有衛大夫石碏。」按河西石氏，疑昭武九姓石國人入居中原內地者。《廣韻》上聲三十五馬："「賈，姓也。」《三國志·魏志·賈詡傳》："「武威姑臧人也。」《元和姓纂》："「安，姑臧涼州，出自安國。後魏安難陀至孫盤安羅，代居涼州爲薩寶，生興貴，拜左武衛大將軍、歸國公。」李抱玉，其後也。《新唐書・李軌傳》：軌平，詔安「興貴爲右武侯大將軍，封涼國公」。興貴弟「脩仁左武侯大將軍，申國公」。《唐故上開府上大將軍安府君墓誌銘》：「君諱延，字貴薛，河西武威人也。靈源濬沼，浪發崑峰，茂林森蔚，華敷積石。躍銀鞍而得儁，飛白羽而稱雄，故得冠冕酋豪，因家洛涘。祖真健，後周大都督，父比，隋上儀同。」《通志・氏族略》：「安氏望出姑臧。」《廣韻》去聲四十九宥：「廖姓，周文王子伯廖之後，後漢有廖湛。」《廣韻》下平聲二十一侵：「陰姓出武威望。」《敦煌名族志殘卷》：「陰氏，隋唐已來，尤爲望族，有陰稠者，立性清高，不求榮禄，身九十八，版授鄧州刺史。長子神幹，神監明朗，氣量含弘，世號智囊，時稱理窟。唐任昭武校尉、沙州子寧鎮將、上柱國。次子仁果，志慕三軍，情敦八陣，遠除戎醜，拓定邊將。唐任遊騎將軍、甘州甘峻府左果毅都尉、上柱國。次子仁協，稟靈敦直，愛撫字，人兼五材，騁高九德，識仁徂義，令問斯彰。唐任正議大夫、使持節、岷州諸軍事行岷州刺史，上柱國、陽郡開國公。次子仁希，性蘊九流，情含五典，作牧能理，素好兵鈐，據德齊賢，清風峻遠。唐任麾將軍、守左武衛將軍、上柱國、敦煌郡開國公。幹長嗣業，自天聰明，博諳經史，訓諸方岳，愛好琴書，令問久彰，清聲遠著。唐任正議大夫、使持節岷州諸軍事行岷州刺史、上柱國、敦煌郡開國公。次子嗣監，幼而岐嶷，植種天聽，作牧字人，明閑妙術，行高智遠，預代師謀。唐見任正議大夫、北庭副大都護、瀚海軍使、兼營田支度等使、上柱國。果子嗣璋，素好琴歌，情含五韻，作牧能撫，擅預兵鈐。唐任朝散大夫，使持節瓜州諸軍事檢校瓜州刺史、上柱國。希長子琛，情自温和，行敦仁信，琴書養志，智遠幽微。唐任昭武校尉，行瓜州雍歸鎮將、上柱國。希次子嗣瑗，素藴忠貞，志存仁孝，孫吴祕術，上崇有聞，處代名超，元緒遂之。見任昭武校尉、左金吾衛隴州源汧府左果毅都尉、賞緋、上柱國、豆盧軍子總管。協超子思諫，孝友能仁，行彰名譽，素好儒雅，志列能仁。唐任昭武校尉，原州安善府左果毅都尉、上柱國。次子思言，忠直敦信，仁孝久聞，行預聲超，時材美彦。唐任昭武校尉、秦州成紀府别將、上柱國。果長子嗣宗，仁周宗黨，賢友忠貞，名譽有聞，光粘永古。唐任昭武校尉、庭州咸泉鎮將、上柱國。果次子元祥，立性賢和，性敦詩禮，能仁亦物，處代名光。唐任昭武校尉、甘州三水鎮將、上柱國。果子嗣玉，志敦經史，博覽天聽，奉國忠貞，承家孝悌。唐見任邢州平鄉縣尉。幹子嗣瓌，志氣驍雄，情多謀略，超閑祕術，明達孫吴　唐任昭武校尉、岐州郚吉府别將、上柱國。業子庭藴，唐見任岐州望雲府别將、上柱國。五代義居，承家孝悌，忠誠奉國，各受其班。陽祖鄉閭令望，州縣軌儀，年八十四，版授秦州清水縣令、上柱國。祖子守忠，唐任壯武將軍、行西州岸頭府折衝、兼充豆盧軍副使，又改授忠武將軍、行左領軍衛涼州麗水府折衝都尉、攝本衛郎將、借魚袋、仍充墨離軍副使、上柱國。以父老請侍，孝誠懇切，蒙涼州都督郭元振判録奏，謀略克宣，勤勞久著，當三涼之西面，處四鎮之東門，彈壓山川，控禦緩急，寇不敢犯，塵不得飛，將士有投醪之歡，吏人承挾纊之惠，防援既衆，功效實多，利潤倍深，孳課尤剩，趙充國之爲將，省而成功，甘延壽之居邊，惠而能利。長子脩己，古勳衛一府勳衛，材兼文武，蹈利依仁。少習父風，鄉閭挹〔仰〕，以其幹略，節度使差專知本州軍兵馬。次子脩義，見任文州〔陰〕平府别將。」　按《太平寰宇記》武威郡六姓，賈、陰、索、安、曹、石，此《氏族譜》五姓並同，無曹氏，有廖氏。

渭州隴西郡出十三姓　李　牛　時　辛　董　艾　彭　闞　騫　閔　萬　氾　邊

按時隴西郡已陷吐蕃。　《漢書・李廣傳》：「隴西成紀人也。其先曰李信，秦時爲將逐得燕太子丹者也。」《唐宗室世系表》：「李崇爲隴西房，其後李尚，成紀令，因居成紀。尚生廣。」《魏書・李寶傳》：「隴西狄道人。」　《廣韻》上平聲十八尤：「牛，又姓，出隴西。《風俗通》云，漢有牛崇爲隴西主簿。」《元和姓纂》：「牛，隴西，漢牛邯爲護羌校尉，居隴西，又有牛崇、牛嘉。石季龍以韋、杜、牛、辛、皇甫、胡、梁七姓，衣冠華胄，不在戍役限。」　《廣韻》上平聲七之：「時，又姓。《良吏傳》有時苗。何氏《姓苑》云，今鉅鹿人。」《元和姓纂》：「齊有賢人時子著書見《孟子》。《新論》有時農。」有鉅鹿、陳留二望，而無隴西郡望。　《廣韻》上平聲十七真：「辛，姓，漢初辛蒲爲趙、魏名將，及徙家隴西，便爲隴西人。」《漢書・辛慶忌傳》：「本狄道人。」《元和姓纂》：「辛，隴西狄道，以名家漢初徙隴西，至破虜將軍武賢，生慶忌，左將軍。」　《廣韻》上聲一董：「董，又姓，出隴西，濟陰二望。」《元和姓纂》：「董，隴西，漢江都相董仲舒少子安，子孫自廣川徙隴西。」《古今姓氏書辨證》：「董，項羽封將董翳爲翟王，都高奴，翳孫遂居隴西。　後涼呂光以隴西董方爲軍佐，以討西域。」　《廣韻》去聲十四泰：「艾，亦姓，《風俗通》云，龐儉老母艾氏。」《元和姓纂》：「艾，《晏子春秋》齊大夫艾孔之後。《風俗通》，龐儉母艾氏。南燕有牙門艾江，又東平太守艾詮。」《通志・氏族略》：「艾氏望出隴西。」　《廣韻》下平聲十二庚：「彭，又姓，大彭之後。《左傳》，楚有令尹彭仲爽，漢有大司空彭宣。」　《廣韻》上平聲二十七刪：「關，又姓，《風俗通》云：關令尹喜之後，蜀有前將軍關羽，河東解人。」《通志・氏族略》：「關氏，望出隴西、東海。」《廣韻》下平聲二仙：「騫，亦姓，《風俗通》云，閔子騫之後。吐谷渾視羆博士金城騫包。」《新唐書・宰相世系表》：「金城騫氏，宰相一人，味道。」《廣韻》上聲十六軫：「閔，又姓，孔子弟子閔損。《廣韻》上聲九麌：「禹，又姓，夏禹之後。王僧孺《百家譜》云，蘭陵蕭道遊娶禹氏女也。」《古今姓氏書辨證》：「禹，即夏禹之後，漢世有從草從禹，萬章字子夏，居長安西，號曰城西萬子夏，疑此萬與禹姓同也。」《通志・氏族略》：「禹氏望出隴西。」《元和姓纂》：「氾，漢有氾勝之爲黃門侍郎，其先周大夫，食采於氾。敦煌，勝之後，晉有郎中氾騰，張掖太守氾彥。」《廣韻》下平聲一先：「邊，又姓，出陳留、北平二望。《陳留風俗傳》云，祖於宋平公。」按後漢末，有金城人邊章。按《太平寰宇記》隴西郡八姓，此多出五姓，又多不同。

秦州天水郡出廿姓　趙　姜　尹　別　嚴　龍　權　秦　上官　□　桂　莊　郝　皮　雙　智　昆　琴　蒙　玠

按時天水郡没吐蕃。《廣韻》上聲三十小：「趙姓，出天水望。」《新唐書・宰相世系表》：「趙氏世居隴西天水西縣。」《廣韻》下平聲十陽：「姜，姓也，出天水。齊姓，本自炎帝居姜水，因氏焉。漢初以豪傑徙關中。遂居天水也。」《元和姓纂》：姜有天水郡望。《新唐書・姜謩傳》：「秦州上邽人。」《元和姓纂》，尹氏有天水郡望。《廣韻》入聲十七薛：「別，又姓，何氏《姓苑》云，揚州人。」《元和姓纂》：「《姓苑》云，京兆人。」《通志・氏族略》：「別氏望出天水，京兆。」《廣韻》下平聲二十八嚴：「嚴，亦姓，本姓莊，避漢明帝諱，改姓嚴。」按嚴姓有馮翊、敦煌、吳郡、廣漢、濟北六望而無天水郡望。　《廣韻》上平聲三鍾：「龍，又姓，舜納言龍之後。」《通志・氏族略》：「龍氏望出天水。」　《廣韻》下平聲二仙：「權姓出天水望。」《周書・權景宣傳》：「天水顯親人。」　《廣韻》上平聲十七真：「秦，又姓。秦自顓頊，後子嬰既滅，支庶以爲秦氏也。」《元和姓纂》，秦有太原、齊郡、鄜州洛川縣、河内諸望而無天水郡望。　《元和姓纂》：「上官，楚懷王之子蘭爲上官大夫，因氏焉。秦滅楚，徙隴西之上邽。天水，蜀太尉上官勝。」□疑是狄字，然字有塗改，未敢臆定。《新唐書・宰相世系表》：「狄氏，漢博士山，世居天水。」《元和姓纂》，狄氏有天水郡望。　《廣韻》去聲十二霽：「桂，又姓，後漢《太尉陳球碑》有城陽炅横，漢末被誅，有四子，一守墳墓，姓炅；一子避難居徐州，姓吞；一子居幽州，姓桂；一子居華陽，姓炔，四字皆九劃。」《通志・氏族略》：「桂氏見《風俗通》。望出燕郡、天水。漢有揚州刺史桂褒，燕人。」　《廣韻》下平聲十陽：「莊，又姓，莊周，著書者也。」按莊氏避東漢明帝諱，改姓嚴，此又曹魏以後回改者也。　郍卽那之異體字。《廣韻》下平聲七歌：「那，又姓。西魏揚州刺史那椿。」《通志・氏族略》：「那氏望出天水。」　《廣韻》上平聲五支：「皮，又姓，出下邽。」《元和姓纂》：「皮，《風俗通》漢卿士樊仲皮之後。」有下邳郡望，無天水郡望。　《元和姓纂》：「雙，天水，狀云，後魏有梁州刺史疊水公雙上洛，因家天水。」　《廣韻》去聲五寘：「智，又姓，晉有智伯。」《元和姓纂》：「智，今有河東智氏。漢有零陵太守智嗣。」《通志・氏族略》：「智氏望出天水。」　《廣韻》上平聲二十三魂：「昆，又姓，夏諸侯昆吾之後。《戰國策》有齊賢者昆辯。」　《廣韻》

下平聲二十一侵："琴，又姓，《左傳》琴張也。"《元和姓纂》："《風俗通》，東蒙主以蒙山爲氏。"按蒙恬，秦將。《姓解》："玠出《姓苑》。"按《太平寰宇記》天水郡七姓，權、趙、尹、莊、龍、狄、姜，此《氏族譜》天水郡出二十姓，多《寰宇記》十三姓，其中别、桂、那、皮、雙、智、昆、琴、蒙、玠十姓，且爲稀姓。

第三山南道五郡

襄州襄陽郡出五姓　茘非　蒯　輔　騫　蹇

《廣韻》去聲十二霽："羌複姓有茘非氏。"《元和姓纂》："茘非，西羌種類也，隋有茘非雄。"西魏造像有茘非明祖。周保定四年《聖母寺四面像碑》："彌勒像主威烈將軍茘非道虞，邑子茘非仕明，邑子茘非社奴。"天和元年，佛弟子一百廿八人等造釋迦像一區："南面香火主茘非子和，邑子茘非思祖，邑子茘非思暢，邑子茘非慎智，邑子茘非佛奴。"唐李光弼部將有茘非元禮，安禄山部將有茘非守瑜。《元和姓纂》："《風俗通》云，晉大夫蒯得之後，漢有蒯徹。涿郡范陽縣，《漢書》齊辯士蒯通，本名徹，與漢武帝同名，遂改。《姓解》："襄陽有蒯氏，宋有蒯恩。"《廣韻》上聲九麌："輔，亦姓，《左傳》晉大夫輔轢。又智果以智伯必亡其宗，改爲輔氏。"《通志·氏族略》："輔氏望出襄陽。"《古今姓書辨證》："騫，出自閔氏，魯閔損字子騫，爲孔子弟子，其孫又以王父字爲氏。"按可參見金城郡下騫氏。《廣韻》上聲二十八獮："蹇，又姓，秦有蹇叔。"《元和姓纂》："《左傳》秦蹇叔後，後漢小黄門蹇碩。"《通志·氏族略》："蹇氏望出襄陽。"

鄧州南陽郡出十七姓　白　韓　滕　樂　鄧　宗　葉　穰　岑　翟　曠　井　趙　姬　仇　鹿　□

十七姓，著録者奪一姓，《太平寰宇記》鄧州南陽郡十一姓，九姓並與此譜相同，此外張、何二姓，此譜無有，豈所奪一姓，非張氏卽何氏邪！　《廣韻》入聲二十陌：「白，亦姓，秦卿有白乙丙。」《新唐書·宰相世系表》：「白氏，白乙丙之後。白居易自序家狀，又謂出楚太子建之子白公勝。」按白居易之先白建，《北齊書》有傳，建太原陽邑人。白居易居華州下邽。《通志·氏族略》：「白氏望出南陽、太原。」　《廣韻》上平聲二十五寒：「韓，又姓，出自唐叔虞之後，曲沃桓叔之子，食邑於韓，因以爲氏，代爲晉卿，後分晉爲國。韓爲秦滅，復以國爲氏。有南陽、潁川二望。」《元和姓纂》：「韓，南陽堵縣。」　《廣韻》下平聲十七登：「滕，亦姓，滕侯之後，以國爲氏。」《元和姓纂》：「滕，周文王第十四子滕侯之後，滕失國，子孫以國爲氏。吴有滕允，晉有交州刺史滕含。」按滕有北海、河東二望，而無南陽郡望。　《元和姓纂》，南陽有樂氏郡望。《新唐書·宰相世系表》：「樂氏，後漢樂乾，徙南陽淯陽。」　《廣韻》去聲四十八嶝：「鄧姓出南陽望。」《姓解》：「鄧，南陽鄧氏。」　《廣韻》上平聲二冬：「宗，亦姓，周卿宗伯之後，出南陽。」《元和姓纂》：「宗，南陽安衆，　河内太守宗均。」　《元和姓纂》：「《風俗通》，楚沈尹戌生諸梁，字子高，食采于葉，　因氏焉。《吴志》有都尉葉雄。」《通志·氏族略》：「葉氏望出下邳、南陽。」　《廣韻》下平聲十陽：「穰，又姓，齊將穰苴之後，　何氏《姓苑》云，　今高平人。」　《廣韻》下平聲二十一侵：「岑，又姓，出南陽。《風俗通》云，古岑子國之後，後有岑彭。」《元和姓纂》：「岑，南陽棘陽，後漢征南大將軍岑彭，後有岑晊。」　《廣韻》入聲二十三錫：「翟，又姓，漢有上蔡翟方進。」《元和姓纂》：「翟，黃帝之後，代居翟地，《國語》云，爲晉所滅。」有汝南上蔡郡望。《通志・氏族略》：「翟氏望出南陽。」　《廣韻》去聲四十二宕：「曠，又姓。」　《姓解》：「井，《姓苑》云，姜子牙之後也。《左傳》有虞大夫井伯，漢有司徒掾井宗，後漢井丹，精五經者。」《古今姓氏書辯證》：「漢扶風郿人井丹。後涼有臨松令井祥。」《通志・氏族略》：「井氏望出扶風、南陽。」　《廣韻》上聲三十小：「趙，又姓，今出天水、南陽、金城、下邳、潁川五望。」《古今姓氏書辨證》：「南陽趙氏，世居宛縣。」　《通志・氏族略》：「姬，姓也。帝嚳生姬水，因以爲姓，周赧季孫號姬氏。漢有周子南君姬嘉。望出南陽。」　《廣韻》下平聲十八尤：「仇，又姓，《左傳》宋大夫仇牧之後。」《元和姓纂》，仇有陳留、遼西二望。《通志・氏族略》：「仇氏望出南陽。」　《廣韻》入聲一屋：「鹿，又姓，《風俗通》云，漢有巴郡太守鹿旗。」《元和姓纂》：「鹿，趙大夫食采五鹿，因氏焉。漢有巴郡太守鹿旗。」按鹿有巴郡、濟陰、河南三望，而無南陽郡望。

荆州江陵郡出五姓　能　縣　仵　戎　酒

《廣韻》去聲十九代：「能，又姓，何氏《姓苑》云，長廣人。」《元和姓纂》：「《姓苑》云，長廣人。狀云，楚熊摯之後，避難改爲能字。」《姓解》：「能音奈。」《通志・氏族略》：「能氏望出南昌、江陵。」　《廣韻》去聲三十二霰：「縣，又姓，孔子門人縣單父。」《姓解》：「縣音懸。孔子弟子有縣成父，漢有甘陵縣芝，吳有中書令縣黜。」　《廣韻》上聲十姥：「仵，又姓，出《姓苑》。」《古今姓氏書辨證》：「《姓苑》云，襄陽多此姓。晉有仵戎。」　《廣韻》上平聲一東：「戎，又姓，漢宣帝戎婕妤生中山哀王。」《通志・氏族略》：「戎氏望出江陵。」《廣韻》去聲四十四有：「酒，亦姓也。」

朗州武陵郡出五姓　伍　龔　卜　冉　莘

《廣韻》上聲十姥：「伍姓，出《姓苑》。」《通志・氏族略》：「伍氏望出武陵。」《廣韻》上平聲三鍾：「龔，姓也。漢有龔遂。」《元和姓纂》：「龔，《左傳》晉大夫龔堅。漢有光禄大夫龔勝。後漢蠻氏首有龔氏。」《元和姓纂》：「《周禮》卜人，以官爲氏。仲尼弟子卜商字子夏，魯人。」《古今姓氏書辨證》：「《風俗通》云，氏於事者，巫卜陶匠是也。春秋魯有大夫卜齮，魯莊公車右。」《通志・氏族略》：「卜氏望出武陵。」《廣韻》上聲五十琰：「冉，又姓。」《古今姓氏書辨證》：「唐初有開州首領冉肇則，又有夔州首領冉種。」《通志・氏族略》：「冉氏望出武陵。」《廣韻》上平聲十九臻：「莘，又姓。」《元和姓纂》：「夏侯啟支子封莘，因氏焉。音轉爲辛。」

鄂州江夏郡出七姓　李　黄　程　費　任　衙　喻

《廣韻》上聲六止：「李，又姓，出隴西、趙郡、頓丘、渤海、中山、襄城、江夏、梓潼、范陽、廣漢、梁國、南陽十二望。」《廣韻》下平聲十一唐：「黄，亦姓，出江夏，陸終之後，受封於黄，後爲楚所滅，因以爲氏。漢末有黄霸。」《古今姓氏書辨證》：「唐貞觀所定郢州江夏郡三姓，有黄氏。」《廣韻》下平聲十四清：「程，又姓，出廣平、安定二望」，而無江夏望。《廣韻》去聲八未：「費，姓也。夏禹之後，出江夏。」《元和姓纂》：「費，《史記》紂幸臣費仲，夏禹之後。楚有費無極，漢有費直。」「江夏，蜀丞相費禕，巴郡太守費觀，禕孫晉巴東令穆之，生恬，晉江夏相、魚復侯。費愔，晉西中郎將。」《廣韻》下平聲二十一侵：「任，又姓，出樂安。黄帝二十五子，十二人各以德爲姓，第一爲任氏。」《元和姓纂》：「魏有任座，秦有任鄙，漢御史大夫廣阿侯任敖，武帝任安。」按任氏有樂安、南陽、廬江、西河、渭州、河東、陳留諸望，而無江夏郡望。　《廣韻》下平聲九麻：「衙，姓，秦穆公子食采於衙，因氏焉。《蜀志》有晉督護衙傳。」《通志・氏族略》：「衙氏望出江夏。」　《廣韻》去聲十遇：「喻，又姓，東晉有喻歸，撰《西河記》二卷。何承天云，喻音樹，豫章人。」《古今姓氏書辨證》：「喻，出自姬姓，鄭公子渝彌，別族爲渝氏。漢景帝皇后諱志字阿渝，中二年，改諱改水爲喻，因爲喻氏。《南史》梁世寒門達者俞藥，初爲武帝左右，帝謂曰：『俞氏無先賢，世人云俞錢，非君子所宜，改姓喻。』於陳歷位雲旗將軍、安州刺史。」

第四河東道〔九〕（十）郡

蒲州河東郡出十五姓　裴　柳　薛　儲　蕃　衞　聶　應　廉　麥　扈　昏　滿　朗　賈

《三國志・魏志・裴潛傳》：「河東聞喜人。」《魏略》：「世爲郡著姓。」《古今姓氏書辯證》：「魏太和族品，柳、裴、薛爲河東三姓。」　《姓解》：「柳，遷晉之解梁，秦置河東郡，故爲河東解縣人。」《魏書・柳崇傳》：「河東解人。」　《魏書・薛辯傳》：「其先自蜀徙于河東之汾陰，因家焉。」《新唐書・宰相世系表》：「薛氏，薛齊，蜀亡，率户五千降魏，徙河東汾陰，世號蜀薛。」唐「河東薛氏，宰相三人」。《通志・氏族略》：「薛永，依蜀先主，官至蜀郡太守。生齊，爲巴蜀郡太守，歸晉爲河東太守，子孫因家汾陰，世號蜀薛。」　《廣韻》上平聲九魚：「儲，又姓，後漢有儲太伯。」　蕃疑當作甫，《廣韻》上聲九麌：莆，非姓。「甫，又姓，《風俗通》云，甫侯之後。」《古今姓氏書辨證》：「甫，出自姜姓，炎帝裔孫伯夷，爲堯太嶽，封其後爲甫侯，子孫以國爲氏。」《通志・氏族略》：「蒲氏望出河東。」按疑蒲亦甫之誤。《廣韻》去聲十三祭：「衞，又姓，周文王子衞康叔之後，國滅因氏焉。出河東、陳留二望。」《元和姓纂》：「衞，周文王第八子康叔封于衞，秦末國滅，子孫以國爲氏，漢丞相建侯衞綰。河東安邑，狀云，晉太保衞瓘，生恆，恆生玠。」《元和姓纂》：「衞，衞大夫食采於聶，因氏焉。《史記》軹人聶政。漢潁川太守聶良，護羌校尉聶尚。」《通志・氏族略》：「聶氏望出河東。」《廣韻》下平聲十六蒸：「應，又姓，出南頓，本自周武王後，《左傳》曰：『邘、晉、應、韓，武之穆也。』漢有應曜，八代孫劭，集解《漢書》。」《廣韻》下平聲二十四鹽：「廉，亦姓。趙有廉頗。」《元和姓纂》：「廉，顓頊曾孫大廉之後，以王父爲氏。漢有廉丹。河東，狀云廉范之後。」《元和姓纂》：「麥，見《姓苑》云，高要始興有此姓。隋麥鐵杖，始興人，自周入隋，官至萊州刺史、右衛大將軍、宿國公。」《廣韻》上聲十姥：「扈，亦姓，《風俗通》云，趙有扈輒。」《元和姓纂》：「扈，夏時姒姓國也。漢有扈輒，又上郡太守扈育，廣陵太守扈商。」《姓解》：「昏，見《姓苑》。」《廣韻》上聲二十四緩：「滿，亦姓，出山陽。《風俗通》，荆蠻有瞞氏，音舛變爲滿氏。魏有滿寵。」《廣韻》上聲三十七蕩：「朗，亦姓，出《姓苑》。」《廣韻》上聲二十五馬：「賈，姓也，出河東，本自周賈伯之後。」《元和姓纂》：賈，有河東郡望。「晉有散騎常侍賈弼，生匪之，宋太宰參軍，希鑑，齊外兵郎，撰《永明氏族》。」

汾州西河郡出十姓　靳　卜　宋　林　植　相里　任　臨　欒　通

《元和姓纂》:「靳,《風俗通》,楚大夫靳尚。」《古今姓氏書辨證》:「靳,《戰國策》韓上黨守靳黿,漢功臣信武肅侯歙,汾陽莊侯彊,並家長安。」《通志·氏族略》:「靳氏望出西河。」卜姓,朗州武陵郡下已見,《通志·氏族略》:「卜氏望出西河。」《廣韻》去聲二宋:「宋,又姓,取微子之所封,遂爲氏,出西河、廣平、敦煌、河南、扶風五望。」《元和姓纂》:「宋,宋昌爲漢中尉,始居西河介休。十二代孫晃,生恭,徙廣平。」《廣韻》下平聲二十一侵:「林,又姓,《風俗通》曰:「林放之後。」《元和姓纂》:「林,殷比干之後,比干子堅逃難長林之山,因姓林氏。魯有林放。」按林氏有濟南、平涼、廣陵、魏郡、晉安、成都、河南諸望而無西河郡望。植姓,姓書未見。《姓解》:「相里,漢複姓。」《新唐書·高宗則天順望皇后武氏傳》:「父士彠取相里氏。」《舊唐書·百濟傳》:「太宗遣司農丞相里玄奬齎書告諭兩蕃。」《元和姓纂》:「任,有西河郡望。漢御史大夫任敖之後,徙西河。」《廣韻》下平聲二十一侵:「臨,又姓,《後趙録》有秦州刺史臨深也。」《姓解》:「臨,隋有臨孝恭,會天文。」《通志·氏族略》:「臨氏望出西河。」《廣韻》上平聲二十六桓:「欒,亦姓,代爲晉卿,出《左傳》。」《通志·氏族略》:「欒氏望出西河。」《廣韻》上平聲一東:「通,又姓,出《姓苑》。」《元和姓纂》:「通,巴大夫食采通川,因氏焉。」按《太平寰宇記》西河郡四姓任、臨、欒、相里,此《氏族譜》多六姓,且都是稀姓。

晉州平陽郡出十二姓 汪 雋 餗 葉 平 柴 巫 景 勾 賈 晉 風

《廣韻》下平聲十一唐:「汪,又姓,汪芒氏之胤。《姓苑》云,新安人也。」《姓解》:「雋,漢有京兆尹雋不疑。」《通志·氏族略》:「雋氏望出平陽。」　餗姓，姓書未見。　《元和姓纂》:「葉，《風俗通》，楚沈尹戌生諸梁，字子高，食采于葉，因氏焉。《吴志》有都尉葉雄。」《廣韻》下平聲二十一侵：「平，又姓，齊相晏平仲之後，後漢丞相平當。」《路史》:「韓哀侯少子婼，食采平邑，後以爲氏。」《古今姓氏書辨證》:「柴，出自姜姓，齊卿高恭仲傒裔孫柴，字子羔，爲孔子弟子，後世以柴爲氏。」《姓解》有平陽柴氏。《新唐書·柴紹傳》:「晉州臨汾人。」　《廣韻》上平聲十虞:「巫，又姓，《風俗通》云，氏於事，巫卜陶匠是也。漢有冀州刺史巫捷。」《元和姓纂》:「巫，殷有巫賢，漢有冀州刺史巫捷，又有巫都，著《養生經》。」《通志·氏族略》:「巫氏望出平陽。」　《廣韻》上聲三十八梗:「景，又姓，齊景公之後，後漢有景丹。」《元和姓纂》:「景，楚公族也。」有平陽都望。「後燕有平陽景安。」《廣韻》下平聲十九侯:「勾，亦姓，《史記》有勾彊。」《元和姓纂》:「勾，勾芒氏之後，《史記》有勾彊。」《古今姓氏書辨證》:「今勾氏望出平陽。」　《元和姓纂》，賈有長樂、宛句、洛陽、河東、廣平、樂陵、河内野王、濮陽諸望。《晉書·賈逵傳》:「平陽襄陵人。」　《廣韻》去聲二十一震:「晉，亦姓，本自唐叔虞之後，以晉爲氏。魏有晉鄙。」《元和姓纂》:「《三輔決録》，魏有晉文經，漢有晉馮，晉有尚書郎晉灼注《漢書》，其先居平陽。」有平陽郡望。　《姓解》:「風，太昊之後也，黄帝四臣，其一曰風后。」

澤州高平郡出五姓　范　巴　翟　過　獨孤

《廣韻》上聲五十五范:「范，姓也，出南陽、濟陽二望。本自陶唐氏之後，隨會爲晉大夫，食采於范，其後氏焉。」《元和姓纂》，范有順陽等六望，而無高平郡望。《廣韻》下平聲九麻：「巴，又姓，漢有揚州刺史巴祗。」《通志·氏族略》：「巴，巴子國，子孫以國爲氏。漢有太常巴茂。」翟姓已見南陽郡下，諸姓書不言翟有高平郡望。《廣韻》下平聲八戈：「過，亦姓，《風俗通》云，過國，夏諸侯後因爲氏。漢有兖州刺史過栩。」《通志·氏族略》：「過氏望出高平。」《登科記》：「宣宗大中十二年，明經科過訥。」杜去疾《過少府墓誌銘》：「公諱訥，澤州高平人。」獨孤，姚薇元教授言，卽屠各之異譯，是也。《梁高僧傳·竺佛圖澄傳》：「僕谷，劉曜胡位也」，則僕谷亦屠谷、獨孤之異譯。劉淵，匈奴右賢王去卑之後。王彌駡淵族子劉曜，「屠谷子豈有帝之意乎」！《魏書·官氏志》：「獨孤氏改爲劉氏」，北魏孝文帝遷洛，遂爲河南人。及西魏復鮮卑姓，獨孤信女爲北周明帝、隋文帝、唐世宗后，一門三皇后，最爲顯貴。然獨孤郡望，當在河南或京兆，而此出高平郡望，所未解也。

澤州晉昌郡出五姓　唐　杜　乜　爨　炅

按唐無晉昌郡，前朝澤州稱建州，亦無晉昌郡。晉惠帝改新興郡爲晉昌郡，轄九原、定襄、雲中、廣牧、晉昌五縣，亦不在唐澤州境内。《廣韻》下平聲二十一唐：「唐，亦姓，唐堯之後，子孫爲氏。出晉昌、北海、魯國三望。」杜姓已見京兆郡下，諸姓書不言有晉昌郡望。《廣韻》上聲三十五馬：「乜，蕃姓。」《古今姓氏書辨證》：「乜，蕃姓，今秦隴閒有之，望出趙郡。」《通志·氏族略》：「乜氏望出晉昌。」《廣韻》去聲二十九換：「爨，又姓。《華陽國志》，昌寧大姓有爨習，《蜀志》云，建寧大姓，《蜀録》有交州刺史爨深。」《通志·氏族略》：「爨氏望出晉昌。」炅見天水郡桂姓下。

潞州上黨郡出六姓　鮑　包　陳　樊　苣　尚

《廣韻》上聲三十一巧：「鮑，又姓，有東海、泰山、河南三望，本自夏禹之後，因封爲氏。」《通志·氏族略》：「鮑氏望出上黨，東海。」《後漢書·鮑永傳》：「上黨屯留人也。」《廣韻》下平聲五肴：「包，亦姓，楚大夫申包胥之後，後漢有大鴻臚包咸。」《廣韻》上平聲十七真：「陳，又姓，胡公滿之後，子孫以國爲氏。出潁川、汝南、下邳、廣陵、東海、河南六望」，而無上黨郡望。《廣韻》上平聲二十二元：「樊，亦姓，周宣王封仲山甫于樊，後因氏焉。」《元和姓纂》：「樊有南陽湖陽縣、廬江、沛國諸望」，而無上黨郡望。苣，不知何字，《太平寰宇記》上黨郡有上官氏，豈苣字爲上官二字之譌邪？上官已見天水郡下。《廣韻》去聲四十一漾：「尚，又姓，後漢高士尚子平。」《通志·氏族略》：「尚氏望出上黨。」

并州太原郡出廿七姓　弘　王　郭　郝　温　尉遲　祁　令狐　武　閻　宫　部　孫　伏　昝　霍　問　弓　師　義　柖　西　廖　易　龍　韶　沈

《廣韻》下平聲十七登：「弘，又姓，衛有弘演。」《元和姓纂》：「弘，《風俗通》云，衛大夫弘演之後，漢有宦者弘恭，爲中書令。吴孫權姊夫弘咨。有曲陽、晉陽二望。晉陽，唐朝有弘執恭，子孫高宗時以太子名改姓洪氏。」《新唐書·宰相世系表》：「太原王氏，自王霸始居太原晉陽。」唐代出宰相七人。《廣韻》入聲十九鐸：「郭，亦姓，出太原、河南、潁川、東郡、馮翊五望。」《元和姓纂》：「周文王季子虢叔受封於虢，虢曰郭公，因以爲氏。《公羊傳》曰，虢謂之郭，聲之轉也。燕有郭隗，後漢司徒郭丹。有太原、馮翊、京兆、潁川、華陰、中山、河内、略陽、廣平、河東、敦煌諸望。《後漢書·郭太傳》：「太原介休人也。」《廣韻》入聲十九鐸：「郝，姓也。殷帝乙時，有子期，封太原郡郝鄉，後因氏焉。」《元和姓纂》，郝，有太原，安陸、京兆諸望。《元和姓纂》：太原祁縣温氏，爲郡著姓。《新唐書·宰相世系表》：「温氏，漢有温何，始居太原祁縣。」《姓解》：「太原温氏，晉有温嶠，温羨，唐有温大雅，弟彦博。」《魏書·官氏志》，「西方尉遲氏」。《魏書·太祖紀》：「天興六年春正月，朔方尉遲部别帥率萬餘家内屬，入居雲中。」按北魏孝文帝自代遷洛，代人南遷者，並爲河南人。西魏都長安，又改代人郡望爲京兆人。此尉遲氏望出太原，《元和姓纂》：「祁，帝堯伊祁氏之後。《左傳》晉大夫祁奚。」《通志·氏族略》：「祁氏望出太原。」《廣韻》下平聲十五青：令狐，「漢複姓有令狐氏，本自畢萬之後。《國語》云，晉大夫令狐文子，卽魏顆也。自漢以後，世本太原」。《元和姓纂》：「令狐，周文王子畢公高之後有畢萬仕晉，孫魏犨武子生顆，别封令狐，因氏焉。生頡。」《唐會要。氏族》云：「初《貞觀氏族志》稱爲詳練，至高宗顯慶四年，許敬宗以其書不叙明皇后武氏本望，乃奏改之。」《新唐書·則天皇后本紀》：「并州文水人也。」《通志·氏族略》：「武氏望出太原》。」《古今姓氏書辨證》：「閻，唐貞觀所定太原十姓有閻氏。」《廣韻》上平聲一東：「宫，又姓，《左傳》虞有宫之奇。」《姓解》：「部見《姓苑》。」《廣韻》上平聲二十三魂：「孫，又姓，有太原、東莞、吴郡、樂安四望。」《元和姓纂》：「孫，太原中都，漢西河太守會宗十一代孫資，生南陽太守弘，弘生馮翊太守楚，生纂，生綽、統。從父弟盛，晉尚書。會宗裔子福，爲太原太守，遇赤眉難，因家焉。」

《廣韻》入聲一屋：「伏，又姓，出平昌。」《元和姓纂》：「伏，伏羲之後，子孫氏焉，與任、宿、須句、顓臾同祖。有濟南、平昌二望。漢有伏生名勝，治《尚書》。」《元和姓纂》：「昝，何氏《姓苑》云，昝氏，蜀人也。《晉中興書》桓温將昝堅。」《古今姓氏書辨證》：「晉載記，李壽追尊母昝氏爲皇太后，又有前將軍昝堅，卽后族也。望出太原及彭城。」《通志·氏族略》：「昝氏望出太原、彭城。」《元和姓纂》：「霍，周文王第六子霍叔之後，今河東有霍邑，是其國也，後爲晉所滅，子孫以國爲氏。」有河東、魏郡、蜀郡三望而無太原郡望。閔姓已見前隴西郡，《通志·氏族略》：「閔氏望出太原。」《元和姓纂》：「弖，魯大夫叔弖之後，以王父字爲氏。漢有光禄勳弖祉。太原，弖祉之後。」《元和姓纂》：「師，《風俗通》樂人瞽者之稱。晉有師曠，魯有師乙，晉師悝、師觸、師蠲，漢丞相高樂侯師丹，晉石勒爲師歡奴。」《廣韻》去聲五寘：「義，又姓，漢有義縱。」《元和姓纂》：「義，漢有南陽太守義縱，代居河東。」柖姓，姓書未見，或是招字之譌。《廣韻》下平聲四宵：「招，又姓，漢有大鴻臚招猛。」《廣韻》上聲四十四有：「酉，又姓，魏有酉牧。」《姓解》：「酉，黄帝十四子之一姓也。《魏志》有陳留人酉牧。」《通志·氏族略》：「酉氏望出太原。」廖當作蓼，《元和姓纂》：「蓼，望出太原。」《元和姓纂》：「易，《左傳》齊大夫易牙之後。魏雍州刺史易愷，魏郡人；晉春陵令易雄，長沙人；前涼將軍易挺。」《通志·氏族略》：「易氏望出太原。」《元和姓纂》：「龍，《尚書》舜臣龍爲納言，以王父字爲氏。又董父，巳姓，賜氏豢龍爲龍氏。龍且，楚人，爲項羽將。」《通志·氏族略》：「龍氏望出太原。」《通志·氏族略》：「韶氏望出太原。」《廣韻》上聲四十七寑：「沈，亦姓，出吴興，本自周文王第十子聃季，食采於沈，卽汝南平輿沈亭是也。子孫以國爲氏。」《元和姓纂》，沈有吴興、鄴城內黄諸望，而無太原郡望。

代州雁門郡出五姓　續　解　田　文　狄

《姓解》：「續，《姓苑》，舜七友，其一曰續牙。《風俗通》，漢有續相如。晉有續武。」《通志·氏族略》：「續氏望出雁門。」《古今姓氏書辨證》：「謹按《左傳》晉解瑕之地，沃饒而近鹽，卽河東解邑，今之解州也。晉解狐之後有解梁、解張，爲名大夫。」《廣韻》上聲十一蟹：「解姓出雁門。」《南史·孝義·解叔謙傳》：「雁門人也。」《廣韻》下平聲一先：「田，又姓，出北平，敬仲陳適齊，後改田氏，九代遂有齊國。」《元和姓纂》：「文，《風俗通》云，周文王支孫，以謚爲氏。」《廣韻》上平聲二十文：「文，亦姓，漢有廬江文翁。」《廣韻》入聲二十三錫：「狄，又姓，春秋時狄國之後，漢有博士狄山。」《元和姓纂》：「狄，周成王封少子於狄城，因氏焉。魯大夫狄虒彌，古賢人狄儀，仲尼弟子狄黑，衞人。裔孫漢博士狄山。」

虢州弘農郡出七姓　楊　譚　强　晉　虢　裘　□

虢州本屬河南道，《寰宇記》，開元初，以巡按所便，改屬河東道。《元和姓纂》：「楊，周武王第三子唐叔虞之後，至晉出公生伯僑，歸周，封爲楊侯，子孫以國爲氏。《廣韻》下平聲十陽：「楊，又姓，出弘農、天水二望。」《後漢書·楊震傳》：「弘農華陰人也。」《新唐書·宰相世系表》：「華陰楊氏，宰相十一人。」《廣韻》下平聲二十三覃：「譚，又姓，漢有河南尹譚閎。」《廣韻》下平聲十陽：「强，又姓，後漢有强華，奉赤伏符。」按强氏亦爲氏族大姓。《太平御覽》卷一二一引《十六國春秋・前秦録》：「苻健立妻强氏爲皇后。」《元和姓纂》：「强，苻秦强永、强帛，姚秦强起斌、西陽侯强景，並略陽人也。」《魏書・皮豹子傳》子喜附傳，高祖初，爲仇池鎮將，「酋帥强奴子等各率户歸附，於是置廣業、固道二郡以居之」。　晉姓見平陽郡下。　虢姓見新平郡下。　《廣韻》下平聲十八尤：「裘，又姓，本作仇，避仇改作裘。」《元和姓纂》：「裘，衞大夫食邑裘氏，或云本仇氏，改姓裘。」　弘農郡七姓，著録只六姓，蓋脱去一姓。

第五河北〔道〕十〔七〕（六）郡

冀州渤海郡出廿八姓　高　吴　歐陽　赫連　詹　喻　李　施　區　金　卿　甘　訾　凌　覃
封　刁　紇干　童　翾　冀　斯　衡　居　倉　闞　鳳　郯

《廣韻》下平聲六豪：「高，又姓，齊太公之後，食采於高，因氏焉。　出渤海、漁陽、遼東、廣陵、河南五望。」《新唐書・宰相世系表》：「高氏居渤海蓨縣，宰相四人。」　《廣韻》上平聲十一模：「吴，又姓，本自太伯之後，始封於吴，因以命氏。　後季札避國，子孫家於魯衞之間。」《元和姓纂》，吴，有濮陽、渤海、陳留三望。「渤海，吴芮後」。　《元和姓纂》：「歐陽，越王勾踐之後，支孫封烏程歐陽亭，因氏焉。　漢有歐陽和伯，授《尚書》，曾孫高，博士，孫地餘，少府。　渤海，晉有歐陽建，石崇外甥也，官至馮翊太守，爲趙王倫所殺。」　《廣韻》入聲二十陌：「又虜複姓赫連氏，其先匈奴右賢王去卑之後，劉元海之族也。　勃勃以後魏天賜四年稱王於朔方，國號夏。　勃勃以子從母之姓，非禮也，乃云，王者繼天爲子，是爲徽赫，實與天連，因改姓曰赫連氏。」《元和姓纂》：「詹，詹大卿體仁《家譜》曰，詹姓始於周宣王支子，賜姓曰詹，封爲詹侯。其後有詹父，爲周大夫。詹嘉處瑕，以守桃林之塞。又曰，楚詹尹之後有詹何，善釣，昭公九年有詹桓伯，辭于晉。」喻姓見江夏郡下。《廣韻》上聲六止：「李，又姓，出隴西、趙郡、頓丘、渤海一中山、襄城、江夏、梓潼、范陽、廣漢、梁國、南陽十二望。《廣韻》上平聲五支：「施，亦姓，《左傳》魯大夫施伯。」《廣韻》下平聲十九侯：「區，姓也，古善劍區冶子之後。」《古今姓氏書辨證》：「《王莽傳》有中郎將區博。吴有蒼梧太守區景。」《通志・氏族略》：「區氏望出渤海。」《廣韻》下平聲二十一侵：「金，又姓，古天子金天氏之後也。」《廣韻》下平聲十二庚：「卿，又姓，《風俗通》云，趙相虞卿之後。」《通志・氏族略》：「卿氏望出渤海。」《廣韻》下平聲二十三談：「甘，又姓，武丁臣甘盤之後。」《廣韻》上平聲五支：「訾，又姓，何氏《姓苑》云，今齊人，本姓祭氏，漢元帝功臣表有樓虚侯訾順。」《古今姓氏書辨證》：「訾，其先齊大夫，食邑於紀之訾城，北海郡都昌縣西訾城是也，後人因以爲氏。趙簡子有家臣訾祏。」《通志・氏族略》：「訾氏望出渤海。」《元和姓纂》：「凌，衞康叔支子爲周凌人，子孫以官爲姓。《吴志》有都督凌統，晉有凌嵩。」《通志・氏族略》：「凌氏望出渤海。」《廣韻》下平聲二十二覃：「覃，又姓，梁東寧州刺史覃元先。」《廣韻》上平聲三鍾：「封，亦姓，望出渤海，本自姜姓炎帝之後，封鉅爲黄帝師。」《元和姓纂》：「封，姜姓炎帝之後，封鉅爲黄帝師，胙土命氏，夏封父，侯國君也。今封丘是也。後有侍中封岌。渤海蓨縣，封岌始居蓨。」東魏有封隆之，生子繪，子繡，孝琬。子繡生德彝，右僕射、中書令、密明公。

《廣韻》下平聲三蕭：「刁，又姓，出渤海。《風俗通》云，齊大夫豎刁之後。俗作刀。」《魏書・官氏志》有紇干氏。《晉書・乞伏國仁載記》：「在昔有如弗斯、出連、叱盧三部，自漠北南出大陰山，遇一巨蟲於路，乃殺馬而祭之，俄而不見，乃有一小兒在焉。時又有乞伏部有老父無子者，請養爲子，衆咸許之，老父欣然自以有所依憑，字之曰紇干，紇干者，夏言依倚也。」及此小兒長大，「四部服其雄武，推爲統主，號之曰乞伏可汗託鐸莫何」。《魏故使持節平北將軍恆州刺史行唐伯元使君墓誌銘》：「君諱龍，夫人洛陽紇干氏，祖和突，南部尚書，新城侯，父萇命，代郡尹。」西魏大統五年《紇汗紋造像》：「夏州民平東將軍中散大夫長史雍丘縣開國伯紇汗紋與弟康生弟道奴爲父母造石像一區。」北周大冢宰宇文護叔母紇干氏，見《周書・晉蕩公護傳》保定四年，護母閻氏與護書。北周天和五年宇文達《造釋迦像記》，達妻紇干氏。《元和姓纂》，童有東莞、雁門二望。《通志・氏族略》：「童氏望出渤海。」《姓解》：「翾，許緣切，見《姓苑》。」《元和姓纂》：「冀，《左傳》冀國，今晉州冀氏是也。又晉大夫郤芮食采冀邑，亦爲冀氏，芮生缺。」《通志・氏族略》：「冀氏望出渤海。」《廣韻》上平聲五支：「斯，姓，《吳志・賀齊傳》有剡縣史斯從。」《通志・氏族略》：「斯氏望出東陽與渤海。」《廣韻》下平聲十二庚：「衡，又姓，《風俗通》云，何衡伊尹之後。又云，衡，魯公字，後乃氏焉。」《元和姓纂》：「居，晉大夫先且居之後，以王父字爲氏。漢來城侯居般。」《通志・氏族略》：「居氏望出渤海。」《廣韻》下平聲十一唐：「倉，又姓，黃帝史官倉頡之後。」《姓解》：「鳳見《姓苑》。」《廣韻》下平聲二十三談：「郯，國名，其後以

闞姓見隴西郡下。

國爲姓。春秋時，郯子入魯，辨古官，與孔子相遇。《姓苑》云，沛人。」

冀州中山郡出六姓　甄　焦　藺　仲　郎　宦

《廣韻》上平聲十七真：「甄，姓也。《陳留風俗傳》云，舜陶甄河濱，其後爲氏。出中山、河南二望。」《元和姓纂》：「甄，漢末太保甄邯，生豐，司徒，爲中山著姓。」《廣韻》下平聲四宵，「焦，又姓，周武王封神農之後於焦，後以國爲氏。」《古今姓氏書辨證》：「譙，舊姓書云，出自姜姓，武王克商，下車，封神農之後於譙，以國爲氏。或云姬姓，曹伯食采於譙，皆誤矣。謹按曹伯自文王子振鐸始封，至伯陽而滅，焦地未嘗在其封内。春秋時有二焦，一在陳而近楚，魯僖公二十三年，楚成得臣取焦是也。一在晉而近秦，魯宣公二年，楚師圍焦，晉趙盾救焦是也。陳云焦，宜爲神農苗裔所封，而晉之焦在河北，乃召奭子焦侯之舊國。故晉司馬對平公曰：『虞、虢、焦、滑、霍、楊、韓、魏，皆姬姓也，晉是以大，武、獻以下，兼國多矣。』蓋自晉獻公時，焦已在晉，其後惠公重賂秦以求入，許以河外列城五，杜預以二城乃焦、瑕，則姬姓焦侯之後，明而可據。姜姓焦國，本無其後。姬姓焦國，正爲得氏之始。」《廣韻》去聲二十一震：「藺，又姓，本自有周，晉穆公少子成師封韓，韓宣子玄孫曰康，食邑於藺，因氏焉。」《元和姓纂》：「藺，韓厥玄孫康仕趙，食采於藺，因氏焉。裔孫相如，爲趙上卿。《古今姓氏書辨證》：「藺，今望出中山、華陰。」《通志·氏族略》：藺氏望出中山。」《廣韻》去聲一送：「仲亦姓，《風俗通》云，凡氏於字，伯仲叔季是也。湯左相仲虺。」《元和姓纂》：「仲，高辛氏才子八元仲堪仲熊之後，以王父字爲氏。一云魯桓公子慶父，子孫號仲氏。又仲虺爲湯左相，子孫氏焉。」　《廣韻》下平聲十一唐：「郎，又姓，出中山、魏郡二望。」《古今姓氏書辨證》：「郎，出自姬姓，魯懿公孫費伯帥師城郎，因居之，子孫氏焉。郎，魯邑也，春秋魯莊公築臺於郎，即其地。漢有郎舍，後漢郎顗，又舍五世孫魏伏波將軍芳，徙居中山新市縣。」　宦姓，姓書未見。

冀州高陽郡出五姓　許　耿　紀　公孫　蒯

《廣韻》上聲八語：「許，又姓，出高陽、汝南，本自姜姓炎帝之後。太嶽之胤，其後因封爲氏。」《元和姓纂》：「許，姜姓炎帝四嶽之後，周武王封其裔孫文叔於許，後爲楚所滅，子孫分散，以國爲氏。」「高陽北新城縣，今入博陵郡，漢大司農許據，生允，魏中領軍。晉徵君許詢。」唐有中書令高陽公敬宗。　《廣韻》上聲三十九耿：「耿，又姓，晉大夫趙夙滅耿，因封焉，遂以國爲氏。」　《元和姓纂》：「紀，姜姓，炎帝之後，封紀，爲齊所滅，以國爲姓。漢有紀信，弟成子通，封襄平侯。」　《元和姓纂》：「公孫，黃帝姓公孫，子孫因爲姓焉。」　蒯姓見襄陽郡下。

洺州廣平郡出八姓　游　程　宋　談　藉　啖　梁　焦

《廣韻》下平聲十八尤：「游，又姓，出馮翊、廣平。」《元和姓纂》，游有廣平郡望。《姓解》：「前燕廣平游邃爲慕容廆股肱。」《古今姓氏書辨證》：「游，秦漢而下，著望河北廣平郡，與宋、焦、談爲廣平四姓。」　《廣韻》下平聲十四清：「程，又姓，出廣平、安定二望。本自顓頊重黎之後，周宣王時，程伯休父入爲大司馬，封于程，後遂爲氏。」　《廣韻》去聲二宋：「宋，又姓，取微子之所封，遂爲氏。出西河、廣平、敦煌、河南、扶風五望。」《元和姓纂》：「宋，子姓，微子啟封於宋，傳國三十六世，爲楚所滅，子孫以國爲氏。楚有宋玉、宋義。」「廣平，宋昌始居西河介休，十二代孫晃生恭，徙廣平。」《新唐書·宰相世系表》：「廣平宋氏，宰相二人。」《廣韻》下平聲二十三談：「談，又姓。《蜀録》云，晉有征東將軍談巴。」《古今姓氏書辨證》：「談，今望出梁國廣平。」《廣韻》入聲二十二昔：「藉，又姓，《左傳》晉大夫藉談。」《元和姓纂》：「藉，晉文侯仇弟陽叔生伯黶，司典晉籍，爲藉氏。玄孫藉談，代爲大夫。晉爲趙魏所滅，藉氏播遷於宋。漢有倖臣藉端，又諫議大夫藉禋，石趙侍中藉羆。」《通志·氏族略》：「藉氏今望出廣平。」《廣韻》上聲四十九敢：「啖，同噉，又姓，《前秦録》有將軍噉鐵。」《新唐書·儒學·啖助傳》：「趙州人。」《貞觀八年條舉氏族事件》：「廣平郡四姓，宋、焦、啖、游。」梁姓見安定郡下。焦姓見中山郡下。《貞觀八年條舉氏族事件》廣平郡四姓有焦氏。

幽州范陽郡出九姓　盧　湯　祖　郢　范　簡　張　厲　童

《廣韻》上平聲十一模：「盧，亦姓，姜姓之後，封於盧，以國爲氏，出范陽。」《元和姓纂》：「盧，姜姓，齊太公之後，至文公子高，高孫傒，食采於盧，因姓盧氏。秦有博士盧敖。漢有燕王盧綰，沛人。」「范陽涿郡，後漢尚書盧植。」《新唐書·宰相世系表》：「范陽盧氏宰相八人。」《廣韻》下平聲十一唐：「湯，又姓，宋有沙門湯休，有文集。」《通志·氏族略》：「湯氏望出范陽。」《廣韻》上聲十姥：「祖，又姓，祖己之後，出范陽。」《元和姓纂》：「祖，子姓，殷後，殷王祖甲、祖乙、祖丁，支庶因氏焉。殷有祖己、祖伊，漢有祖所治，家涿郡范陽。」《姓解》：「祖，范陽祖氏，成湯之後，晉有祖約、祖逖，北齊有祖瑩。」　郢姓，姓書未見。　《廣韻》上聲五十五范：「范，姓也。本自陶唐氏之後，隨會爲晉大夫，食采於范，其後氏焉。」《廣韻》上聲二十六產：「簡，又姓，《左氏傳》，魯大夫簡叔。《蜀志·簡雍傳》云，本幽州人，姓耿，後因訛改爲簡。」《元和姓纂》：「簡，周大夫簡師父之後。」《廣陽》下平聲十陽：「張，又姓，出清河、南陽、吴郡、安定、敦煌、武威、范陽、犍爲、沛國、梁國、中山、汲郡、河内、高平十四望。本自軒轅第五子揮，始造弦，寔張網羅，世掌官職，後因氏焉。《風俗傳》云，張王李趙，黄帝賜姓也。」《廣韻》去聲十三祭：「厲，又姓，魏有魏郡太守厲温。」《通志·氏族略》：「厲氏望出范陽。」《廣韻》上平聲一東：「童，又姓，漢有琅邪内史童仲玉。」《元和姓纂》，童有雁門、東莞二望而無范陽郡望。

易州上谷郡出六姓　侯　榮　麻　燕　寇　谷

《廣韻》下平聲十九侯：「侯，又姓，出上谷、河南二望。」《元和姓纂》：「侯，漢末侯氏徙上谷。」《廣韻》下平聲十二庚：「榮，又姓，漢有榮啟期。」《廣韻》下平聲九麻：「麻，又姓，齊大夫麻嬰之後，漢有麻達，注《論語》。」《通志·氏族略》：「麻氏望出上谷。」《廣韻》下平聲一先：「燕，又姓，邵公奭封燕，爲秦所滅，子孫以國爲氏。漢有燕倉。」《通志·氏族略》，「燕氏望出上谷、范陽。」《廣韻》去聲五十候：「寇，又姓，出馮翊、河南二望。《陳留風俗傳》云，浚儀有寇氏，黄帝之後。《風俗傳》云，蘇忿生爲武王司寇，後以官爲氏。」《元和姓纂》：「寇，蘇忿生爲司寇，子孫以官氏焉。又云衛康叔爲周司寇，支孫以官爲氏。秦滅衛，君角家於上谷。八代孫恂。」「上谷昌平，恂，後漢執金吾、雍奴侯。」《廣韻》入聲一屋：「谷，又姓，漢有谷永。」《元和姓纂》，谷有魏郡郡望而無上谷郡望。

定州博陵郡出五姓　崔　邸　壽　幸　濮陽

《廣韻》上平聲十五灰：「崔，姓也。齊丁公之子，食采於崔，因以爲氏。出清河、博陵二望。」《元和姓纂》：「崔，齊丁公汲生叔乙，讓國居崔邑，因氏焉。代爲卿大夫。」「伯基居清河東武城，仲牟居博陵安平，並爲著姓。」　邸字，姓書未見，疑是邸之或體，《姓解》有邸氏，云出《姓苑》。《廣韻》上聲四十四有：「壽，又姓，王莽兖州牧壽昆。」《古今姓氏書辨證》：「幸，後漢有幸子射，朱崖太守。《晉方使傳》幸靈。望出南昌。」《嘉話録》：「唐柳宗元與劉禹錫同年，題名於慈恩塔，談元茂執筆，俄而幸南容至，問其望曰渤海。」《元和姓纂》：「濮陽，後漢外黄令牛述以濮陽濳爲主簿。吳濮陽興，孫休時爲丞相外黄侯。《吳書》張紘從外黄濮陽闓受《詩》、《禮》、《春秋》。」

瀛州河間郡出八姓　邢　俞　家　玄　堯　劉　詹　稅

《廣韻》下平聲十五青：「邢，又姓，出河間，本周之胤，邢侯爲衞所滅，後遂爲氏。漢有侍郎邢辟，直道忤時，謫爲河間鄚令，因家焉。」《廣韻》上平聲十虞：「俞，亦姓。」按《史記·扁鵲傳》，上古時有醫俞柎。」《廣韻》下平聲九麻：「家，又姓。《風俗通》漢有家羨有劇令。」《廣韻》下平聲一先：「玄，又姓，《列仙傳》有玄俗，河間人。」《通志·氏族略》：「帝堯之後也，子孫以爲氏。望出河間、上黨。」《廣韻》下平聲十八尤：「劉，又姓，出河間等二十五望。」《元和姓纂》：「劉，河間，漢章帝子河間王開徙濮陽，十六代至炫，隋大儒。」《廣韻》下平聲二十四鹽：「詹，又姓，《楚辭》有詹尹。」

《元和姓纂》：「詹，大卿體仁家譜曰，詹姓始于周宣王支子，賜姓曰詹，封爲詹侯。其後有詹父，爲周大夫。詹嘉處瑕，以守桃林之塞。又曰，楚詹尹之後有詹何，善鈞。」《通志・氏族略》：「詹氏望出渤海、河間。」《廣韻》去聲十三祭：「税，又姓。盛弘之《荆州記》云，建平信陵縣有税氏。」《通志・氏族略》：「税氏望出河間。」

相州内黄郡出四姓　路　駱　扈　厙

《廣韻》去聲十一暮：「路，又姓，出自帝摯之後，出陽平、襄城、陳留、安定、東陽、河南等六望」，而無内黄郡望。《元和姓纂》：「路，炎帝之後，黄帝封其支子於路，今上黨路縣。漢中大夫路温舒。」《元和姓纂》：「駱，姜姓，齊太公之後有公子駱，以王父字爲氏。」《廣韻》上聲十姥：「扈，有扈，國名，亦姓，《風俗通》云，趙有扈輒。」《廣韻》去聲四十禡：「厙，姓也，出《姓苑》，今台、括有之。」

貝州清河郡出十九姓　張　房　崔　戴　莋　聶　孟　傅　蓋　卓　隋　尚　汲　檀　且　貴　革　舒　路

《廣韻》下平聲十陽：「張，又姓，出清河、南陽十四望。本自軒轅第五子揮始造弦，寔張網羅，世掌官職，後因氏焉。」《廣韻》下平聲十陽：「房，又姓，出清河、濟南、河南三望。本自堯子丹朱，舜封爲房邑侯，子陵，以父封爲氏。陵四十八代孫雅，王莽末，爲清河太守，始居清河。」《廣韻》上平聲十五灰：「崔，姓也。齊丁公之子，食采於崔，因以爲氏。出清河、博陵二望。」《廣韻》去聲十九代：「戴，又姓，本自宋戴穆公之後。《風俗通》云，凡氏於謚，戴武宣穆是也。」《元和姓纂》：「戴，宋戴公之後，以謚爲氏。宋大夫戴惡。漢有信都太守戴德，九江太守戴聖。後漢有司馬戴就。晉有戴逵。宋有戴法興。齊有戴僧靜。」 筰疑卽笮之或體。《古今姓氏書辨證》：「笮，出《姓苑》。按後漢末，笮融爲徐州牧陶謙督運糧，遂斷三郡委輸，大起浮屠寺。」 《廣韻》入聲二十九葉：「聶，姓也。楚大夫食采於聶，因以爲氏。」《元和姓纂》：「聶，衞大夫食采於聶，因氏焉。《史記》軹人聶政。漢潁川太守聶良，護羌校尉聶尚，又有聶壹。《吴志》將軍聶友。冉閔中書舍人聶熊，清河人。」《廣韻》去聲四十三映：「孟，又姓，出平昌、武威二望。本自魯桓公之子仲孫之胤，仲孫爲三桓之孟，故曰孟氏。」《元和姓纂》，孟有平昌、東海、鉅鹿、武威、江夏諸望，而無清河郡望。《廣韻》去聲十遇：「傅，亦姓，本自傅説，出傅巖，因以爲氏。出北地、清河二望。」《新唐書·宰相世系表》：「傅氏出自姬姓。黄帝裔孫大由封於傅邑，因以爲氏。商時虞、虢之界，有傅氏居於巖傍，號爲傅巖。盤庚得説於此，命以爲相。裔孫漢義陽侯介子始居北地。」「清河傅氏，出自後漢漢陽太守壯節侯燮，生幹，魏扶風太守。生晉司隸校尉鶉觚剛侯玄，生司隸校尉貞侯咸，子孫自北地徙清河。」《姓解》：「漢有司隸校尉蓋寬饒，後漢雲臺二十八將有蓋延，京兆尹蓋勳。唐蓋文達爲十八學士。」《廣韻》入聲四覺：「卓，又姓，蜀有卓王孫。」 《廣韻》上平聲五支：「隨，又姓。《風俗通》云，隨侯之後，漢有博士隨何，後漢有扶風隨蕃。」按隨是隋文帝改作隋，流俗順而不改。《廣韻》去聲四十一樣：「尚，又姓。後漢高士尚子平。」《古今姓氏書辨證》：「尚，漢高士尚長字子平，河南朝歌人。今望出汲郡及清河。」《通志·氏族略》：「尚氏望出清河、汲郡。」 《廣韻》入聲二十六緝：「汲，又姓。

漢有中尉汲黯，河東人。」《元和姓纂》：「汲，《風俗通》，衛宣公太子伋之後居汲，因爲氏焉。」《廣韻》上平聲二十五寒：「檀，又姓。太公爲灌檀宰，因氏焉。」《元和姓纂》：「檀，姜姓，齊公族，有食瑕丘檀，因以爲氏。檀伯達爲周卿士，《禮記》魯有檀弓，六國時，齊有檀子。檀道濟，宋司空江州刺史，檀道鸞撰《晉陽秋》。」《姓解》：「且，見《姓苑》。」《廣韻》去聲八未：「貴，亦姓，出自陸終之後，《風俗通》有貴遷，爲廬江太守。」《元和姓纂》：「貴，晉武帝才人貴氏生東海王越。《石趙録》有司空中郎將貴霜。」《廣韻》入聲二十一麥：「革，亦姓，漢功臣表有賫棗侯革朱。」《通志·氏族略》：「革氏望出清河。」《元和姓纂》：「舒，《風俗通》云，舒子之後，以國爲姓。」路姓見內黄郡下。

邢州鉅鹿郡出六姓　魏　耿　特　莫　時　舒

《廣韻》去聲八未：「魏，亦姓。本自周武王母弟，受封於畢，至畢萬仕晉，封魏城，後因氏焉。出鉅鹿、任城二望。」《元和姓纂》：「魏，晉文王第十五子畢公高受封于畢，裔孫萬仕晉封於魏，至犨、絳、舒，代爲晉卿，後分晉爲諸侯，稱王，至王假爲秦所滅，子孫以國爲氏。昭王生公子無忌，無忌孫無知，無知五代孫歆。」「鉅鹿，曲陽侯漢鉅鹿太守歆居鉅鹿，五代孫宣，宣孫紞，紞長子儔爲東祖，次子植爲西祖也。」《廣韻》上聲三十九耿：「耿，又姓。晉大夫趙夙滅耿，因封焉，遂以國爲氏。」《古今姓氏書辯證》：「耿，漢鉅鹿耿氏，東郡太守東光成侯純。」《廣韻》入聲二十五德：「特，亦姓。《左傳》，晉大夫特宮。」《廣韻》入聲十九鐸：「莫，亦姓，楚莫敖之後。」《廣韻》上平聲七之：「時，又姓，《良吏傳》有時苗，何氏《姓苑》云，今鉅鹿人。」《元和姓纂》：「魏有壽春令時苗，後趙有謁者僕射時軌，《姓苑》云，並鉅鹿人也。」　舒姓見清河郡下。《通志·氏族略》：「舒氏望出鉅鹿。」

德州平原郡出〔八〕(七)姓　莘　敬　孟　常　東方　師　内　義

莘姓見武陵郡下。　《廣韻》去聲四十三映：「敬，又姓，陳敬仲之後，出《風俗通》，後漢有揚州刺史敬歆。」《元和姓纂》：「敬，陳厲公子敬仲之後，以謚爲氏。《姓苑》云，黄帝孫敬康之後。」有平陽、河東、廣平三望，而無平原郡望。　孟姓見清河郡下。　《廣韻》下平聲十陽：「常，亦姓，出河内，漢有常惠。」《元和姓纂》：「常，衞康叔支孫封常邑，因氏焉。」　《廣韻》上平聲一東：「漢有平原東方朔。」《元和姓纂》：「東方，平原厭次，漢太中大夫東方朔，字曼倩。」《古今姓氏書辯證》：「唐貞觀中，定德州平原郡八姓，其一東方氏也。」　《通志·氏族略》：「師氏望出平原。」按《貞觀八年條舉氏族事件》平原郡三姓有師氏。　内姓，姓書未見。　《廣韻》去聲五寘：「義，又姓，漢有義縱。」《元和姓纂》：「《風俗通》云，義伯陽，卿也。漢有南陽太守義縱。晉有上庸都尉義欽。」

趙州趙郡出（七）〔六〕姓　李　司徒　眭　朗　乜　問　闕

《新唐書·宰相世系表》：「趙郡李氏，南祖、東祖、西祖三房，宰相十三人。」　《廣韻》上平聲七云：「司徒，漢複姓。以官爲氏。」　眭原諷睦，《姓解》：「眭，漢有眭孟，治《春秋》，又有眭弘。後漢末，曹公擊眭固於射丘。後魏有逸人眭夸。」《古今姓氏書辨證》：「眭，按前漢符節合眭孟，魯國蕃人。又《魏志》眭固殺楊醜以應袁紹，曹公破之於射犬城，事出《典略》。燕慕容垂有中書令眭邃，後魏有眭夸。」《魏書・逸士・眭夸傳》：「趙郡高邑人。」《魏書・文苑・眭豫傳》：「趙郡高邑人。」《廣韻》上聲二十七蕩：「朗，亦姓，出《姓苑》。」 乜原謌也，《古今姓氏書辨證》：「乜，蕃姓，今秦隴間有之，望出趙郡。」《通志・氏族略》：「乜氏望出趙郡。」 《廣韻》去聲二十三問：「問，又姓。」 闞氏見隴西郡、渤海郡下。

魏州魏郡出六姓　申　暴　柏　暢　頓　萇

《廣韻》上平聲十七真：「申，又姓，出魏郡。」 《元和姓纂》：「暴，漢有御史大夫暴勝之，河東人。」《元和姓纂》：「柏有魏郡郡望，居斥丘。」 《廣韻》去聲四十一漾：「暢，亦姓，《陳留風俗傳》云，暢氏出齊。」《元和姓纂》：「暢，《陳留風俗傳》有暢悦，河東人，狀云本望魏郡，瓘子當，悦子偃，又詩人。」《古今姓氏書辯證》：「暢《風俗通》云，暢出姜姓，齊後。有暢惠明注《論語義注》十卷。唐有詩人暢當，今望出魏郡。」 《元和姓纂》：「頓，《風俗通》頓子國，今南頓是也，後爲楚所滅，子孫以國爲氏。漢有頓肅。」《廣韻》去聲二十六頓：「頓，亦姓。《魏志・華佗傳》有督郵頓子獻。」《通志・氏族略》：「頓氏望出魏郡。」 《廣韻》下平聲十陽：「萇，又姓，《左傳》周有大夫萇弘。」《通志・氏族略》：「萇氏望出魏郡。」

衛州黎陽郡出〔五〕(四)姓　璩　桑　衛　析　猗

璩即蘧伯玉之蘧。《通志・氏族略》：「蘧氏望出黎陽。」唐神功登科有璩抱朴。」 按《唐貞觀八年條舉氏族事件》：「黎陽郡二姓，璩、桑。」《太平寰宇記》「黎陽郡四姓，蘧、桑、衛、柘。」 璩蓋蘧之異體字。《姓解》:「桑，秦大夫子桑之後以爲氏，漢有桑弘羊。」《晉書・孝友・桑虞傳》:「魏郡黎陽人。」《廣韻》去聲十三祭:「衛，又姓，周文王子康叔之後，國滅因氏焉。」出河東、陳留二望，而無黎陽郡望。《廣韻》入聲二十三錫:「析，亦姓，《風俗通》齊大夫析歸父。」《元和姓纂》:「猗頓，魯國富人。河東猗氏，猗頓自魯居之。」

□

懷州河內郡出十七姓　司馬　常　向　賀　平　車　善　宗　文　淳于　懷　茄　苟　枚　屈　容

河內郡出十七姓，今只十六姓，脱一姓，《廣韻》上平聲七云:「又漢複姓司馬氏，本自重黎，程伯休父之後，出河內。」《元和姓纂》:「秦司馬錯後人司馬談、司馬遷。河內温縣，項羽封司馬卬爲殷王，漢以其地爲河內郡，子孫家焉。」常姓見平原郡下。《廣韻》去聲四十一漾:「向，又姓，出河內。本自有殷，宋文公支子向父肸，肸孫戌以王父字爲氏。」《元和姓纂》:「宋桓公向父肸，肸孫戌爲左師，子孫氏焉。河內山陽，後漢侍中向栩，五代孫秀，黄門侍郎。」《廣韻》去聲三十八箇:「賀，亦姓，出會稽、河南二望。本齊之公族慶封之後。漢侍中慶純，避安帝諱，改爲賀氏。」《廣韻》下平聲十二庚:「平，又姓。齊相晏平仲之後，漢丞相平當。」《通志・氏族略》:「平氏望出河內。」車姓見京兆郡下。《廣韻》上聲二十八獮:「善，又姓。《吕氏春秋》云，善卷，堯師。」《廣韻》上平聲二冬:「宗，亦姓。周卿宗伯之後。」《元和姓纂》:「宗，河內太守宗均。」《廣韻》上平聲二十文:「文，亦姓。漢有廬江文翁。」《古今姓氏書辨證》:「淳于公，子孫以國爲氏。」《元和姓纂》:「淳于，

《風俗通》云，春秋時小國也，一號淳于公。元和初，避上嫌名，改于氏。」《廣韻》上平聲十四皆：「懷，又姓。《吴志·顧雍傳》有尚書郎懷叙。」《通志·氏族略》：「懷氏望出河内。」茄姓，姓書未見。《廣韻》上聲四十五厚：「苟姓出河内。」《姓解》：「苟，《姓苑》黄帝之子有居河内者，地多苟杞，因以爲氏。漢有苟參，晉有苟晞。」《晉書·苟晞傳》：「河内懷人。」《廣韻》上平聲十五灰：「枚，亦姓。漢有臨淮枚乘。」《元和姓纂》：「屈，楚公族，芈姓之後。楚武王子瑕食采于屈，因氏焉。」《廣韻》上平聲三鍾：「容，又姓，八凱仲容之後。《禮記》有徐大夫容居。」《元和姓纂》：「容，《帝王世紀》，黄帝臣容成造曆。」帝舜舉八凱有仲容，或云其後以王父字爲氏。

第六淮南道四郡

〔揚〕州廣陵郡出十〔一〕姓　高　支　錢　盛　慶　於　立　戴　游　貢　莉

《廣韻》下平聲六豪：「高，又姓，齊太公之後，食采於高，因氏焉。出渤海、漁陽、遼東、廣陵、河南五望。」《廣韻》上平聲五支：「支，亦姓。何氏《姓苑》云，琅邪人。《後趙録》有司空支雄。」《元和姓纂》：「錢，顓頊曾孫陸終生彭祖，孫孚，周錢府上士，因官命氏。戰國時，隱士錢丹。秦有御史大夫錢産，子孫居下邳。」《廣韻》下平聲二仙：「錢，又姓，晉有歷陽太守錢鳳。」《廣韻》去聲四十五勁：「盛，又姓，後漢《西羌傳》有北海太守盛苞，其先姓奭，避元帝諱，改姓盛。」《元和姓纂》：「盛，周同姓國也，爲齊所滅。《穆天子傳》，盛，姬姓之國也。」「廣陵，吴有盛沖，晉有盛彦，事母孝，仕至中書郎。」《廣韻》去聲四十三映：「慶，亦姓，《左傳》齊大夫慶封。」《元和姓纂》：「慶，《姓苑》慶父之後慶克、慶封。慶封奔吴，子孫徙下邳，漢東平太守慶普治《禮》。」《通志·氏族略》：「慶氏望出廣陵。」
於，黄帝臣有於則，始造履。　封於商於，見《世本》。《姓解》：「於，淮南多此姓。」《通志·氏族略》：「於氏出《姓苑》，望出廣陵、京兆。」　立姓，姓書未見。　《廣韻》去聲十九代：「戴，又姓，本自宋戴穆公之後。」《元和姓纂》，戴有濟北、譙國、吴興、魏郡、河東諸望，而無廣陵郡望。　《古今姓氏書辨證》：「游，其後有徙居揚州廣陵者，隋時與戴、商、盛又爲廣陵四姓。」　《元和姓纂》：「貢，仲尼弟子端木賜子貢之後，以王父字爲氏。漢有御史大夫貢禹」，琅邪人。《通志·氏族略》：「貢氏望出廣陵。」　《姓解》：「莉，音池，出《姓苑》。」

楚州山陽郡出六姓　典　楚　鞏　念　郄　蹇

《廣韻》上聲二十七銑：「典，又姓。《魏志》有典韋。」　《廣韻》上聲八語：「楚，又姓。《左傳》趙襄子家臣楚隆。」《古今姓氏書辨證》：「楚，出自晉趙孟家臣楚隆之後，蓋其先以地若字爲氏。　姓書皆以爲芈姓，國滅於秦而氏焉，誤矣。」　《廣韻》上聲二腫：「鞏，亦姓。《左傳》晉大夫鞏朔。」　《元和姓纂》：「鞏，周卿士鞏簡公，晉鞏朔，漢侍中鞏攸。」《通志·氏族略》：「鞏氏望出山陽。」　《廣韻》去聲五十六㮇：「念，又姓。　西魏太傅念賢。」按念賢，代人，又吐谷渾樹洛干母念氏，蓋亦鮮卑姓，見《姓氏尋源》。　郄亦作郤，《廣韻》入聲二十陌：「郄姓出濟陰、河南二望。　《左傳》晉有大夫郤獻子。」《通志·氏族略》：「郄氏望出山陽。」　蹇姓見襄陽郡下。　《通志·氏族略》：「蹇氏望出山陽。」

廬州廬江郡出四姓　何　況　門　俞

《廣韻》下平聲七歌：「何，又姓，出自周成王母弟唐叔虞後，封於韓，韓滅，子孫分散，江淮間音，以韓爲何，字隨音變，遂爲何氏。出廬江、東海、陳留三望。」《廣韻》去聲四十一況：「況，又姓，何氏《姓苑》云，今廬江人。」《廣韻》上平聲二十三魂：「門，亦姓，《周禮》云，公卿之子，入王端門之左，教以六藝，謂之門子，其後氏焉。」《莊子》有門無鬼。《通志·氏族略》：「門氏望出廬江。」俞姓見河間郡下。

舒州同安郡出二姓　舒　僕固

《廣韻》上平聲九魚：「舒，亦姓。何氏《姓苑》云，廬江人。」《新唐書·僕固懷恩傳》：「鐵勒部人。貞觀二十年，鐵勒九姓大首領率衆降，分置瀚海、燕然。金微、幽陵等九都督府，以僕骨歌濫拔延爲右武衛大將軍、金微都督，訛爲僕固氏，生乙李啜，乙李啜生懷恩，世襲都督。」

第七河南道廿二郡

洛州河南郡出廿三姓　褚　穆　獨孤　丘　祝　元　閻人　賀蘭　慕容　高　南宫　古　山　方　藺　慶　閭丘　利　芮　侯莫陳　房　庸　宇文

《廣韻》上聲八語：「褚姓，出河南，本自殷後，宋恭公于石食采於褚，其德可師，號曰褚師，因而名氏也。」《元和姓纂》：「褚，漢梁相褚大，元成間褚先生少孫，並以儒學稱焉。」「河南陽翟，後漢褚重始居河南，晉褚裒，兖州刺史，贈太傅，女爲晉康帝后，生穆帝。曾孫秀之，生湛之，左僕射。生彦回，齊司徒。褚亮，唐左散騎常侍、陽翟侯。生遂良，中書令、河南文忠公。」《魏書·官氏志》：「丘穆陵氏後改爲穆氏。」《元和姓纂》:「穆,河南代人,本姓丘穆陵氏,代爲部落大人, 爲北人八族之首,孝文遷洛陽,改爲穆氏。」 獨孤氏見高平郡下。 《魏書・官氏志》:「獻帝以次弟爲丘敦氏,後改爲丘氏。」《廣韻》下平聲十八尤:「丘,亦姓,出吴興、河南二望。」《通鑑》宋武帝永初三年:「魏以散騎常侍代人丘堆爲右弼。 堆姓丘敦。」 《魏書・官氏志》:「西方叱羅氏後改爲祝氏。」 《廣韻》下平聲二十二元:「後魏孝文改拓跋氏爲元氏,望出河南。」《通鑑》齊明帝建武三年春正月,魏主下詔,以爲北人謂土爲拓,后爲跋,魏之先出於黄帝,以土得王,故爲拓跋氏。 夫土者黄中之色,萬物之元也,宜改姓元氏。」隋費長房《歷代三寶記》:「魏孝文帝太和十九年,改拓跋爲元姓。」 《元和姓纂》:「聞人,漢有聞人通,沛人, 治后氏《禮》。」 《魏書・官氏志》:「西方尉遲氏。」《古今姓氏書辨證》:「唐貞觀所定洛州河南郡十四姓,一曰賀蘭。」 《魏書・官氏志》:「東方宇文、慕容氏,卽宣帝時東部,此二部最爲强盛,別自有傳。」《元和姓纂》:「慕容,高辛少子,居東北夷,後徙遼西,號鮮卑,國于昌黎棘城,至涉歸爲鮮卑單于。 自云慕二儀之德, 繼三光之容,或云以冠步摇,音訛改爲慕容氏。」 高姓見渤海郡下。又鮮卑姓,《魏書・官氏志》:「是樓氏後改爲高氏。」 《廣韻》下平聲二十二覃:「南宫,漢複姓,又魯有南宫敬叔。」《元和姓纂》:「南宫,文王四友南宫适之後。魯孟僖子生説號南宫敬叔,敬叔生路,路生會,會生虔, 爲南宫氏,見《世本》。」 《魏書・官氏志》:「吐奚氏後改姓古氏。」《元和姓纂》:「古,河南。 《官氏志》,吐奚氏改爲古氏。後魏古弼,代人,本姓吐奚,名筆,後爲司徒,賜姓古,名弼。」 《魏書・官氏志》:「吐難氏後改爲山氏。」蓋鮮卑姓。《古今姓氏書辨證》:「賈執《姓氏譜》，河南五姓，山其一也。」　《廣韻》下平聲十陽:「方，又姓，《史記》周大夫方叔之後。」　藺姓見中山郡下。　慶姓見廣陵郡下。《元和姓纂》:「閭丘，《世本》齊閭丘産生嬰，嬰生歐，歐生荎，荎生施。漢有廷尉閭丘勳，漢太常閭丘遵，有閭丘決著書十二篇，晉有太常閭丘沖。」　《元和姓纂》:「利，河南。　《官氏志》，叱利氏改爲利氏。」《通志·氏族略》:「利氏望出河南。」　《姓解》:「芮，周司徒芮伯之後，齊景公有妾曰芮姬。」　《廣韻》下平聲十九侯:「虜三字姓侯莫陳，《周書·侯莫陳崇傳》，其先魏之别部也。」《元和姓纂》:「侯莫陳，其先後魏别部，居庫斛真水。《周書》云，代武川人，代爲渠帥，隨魏南遷，爲侯莫陳氏。」望出河南。　《廣韻》下平聲十陽:「房，又姓，出清河、濟南、河南三望。」按河南望爲鮮卑姓。」《魏書·官氏志》:「屋引氏後改爲房氏。」　《廣韻》上平聲三鍾:「庸，又姓，漢有庸光。」《古今姓氏書辨證》:「庸，出自商諸侯之國，以國爲氏，仕衛爲世族，戰國有庸芮，齊有庸職。」《姓解》:《姓苑》，漢有庸光，又有膠東庸生。」　《周書·文帝紀》:「太祖文皇帝姓宇文氏，諱泰，字黑獺，代武川人也。　其先居朔野，有葛武菟者，雄武多算略，鮮卑慕之，奉以爲主，遂總十二部落，世爲大人。　其後曰普回，因狩得玉璽三紐，有文曰皇帝璽，　普回心異之，以爲天授。　其俗謂天曰宇，謂君曰文，因號宇文國，并以爲氏焉。　普回子莫那，自陰山南徙，　始居遼西，是曰獻侯，爲魏舅生之國。　九世至侯豆歸，爲慕容晃所滅，其子陵仕燕，拜駙馬都尉，封玄菟公。　慕容寶敗，陵率甲騎五百歸魏，拜都牧主，賜爵安定侯。　天興初，徙豪傑於代都，　陵隨例遷武川焉。　陵生系，系生韜，韜生肱」，肱生泰。　北周爲隋所滅，　隋文帝盡滅宇文氏，　唯疏族宇文洛得免。《新唐書·宰相世系表》，宇文氏又有費也頭氏，臣屬鮮卑俟豆歸，後從其主，亦稱宇文氏，仕後魏，世爲沃野軍主。」至宇文盛，盛子述，述子化及、智及、士及。化及在江都殺隋煬帝，自稱皇帝，《隋書·李密傳》：「密與宇文化及隔水而語，密數之曰：『卿本匈奴阜隸破野頭耳。』」士及歸唐，爲唐中書令。

許州潁川郡出十一姓　陳　荀　庾　庫　鍾　柏　許　韓　豆盧　鮮于　焉

《廣韻》上平聲十七真：「陳，又姓，胡公滿之後，子孫以國爲氏，出潁川、汝南、下邳、廣陵、東海、河南六望。」《元和姓纂》：「陳，嬀姓，周武王封舜後胡公滿於陳，後爲楚所滅，以國爲氏。出潁川、汝南、下邳、廣陵、東海、河南六望。」《廣韻》上平聲十八諄：「荀，又姓，本姓郇，後去邑爲荀。今出潁川。」《元和姓纂》：「荀，周文王第十七子郇侯之後，以國爲氏，後去邑爲姓。晉有荀林父，裔孫荀況，潁川潁陰人。況十一代孫遂，遂子淑，生儉、緄、靖、燾、汪、爽、肅、敷，號八龍。儉生悦，緄生彧，爽曾孫勗，勗生藩，歷漢、魏、晉，位並高。或玄孫崧，晉録尚書。生羡，徐州刺史。」《廣韻》上聲九麌：「庾，又姓，出潁川、新野二望。本自堯時爲掌庾大夫，因氏焉。」《元和姓纂》：「庾，堯時掌庾大夫，以官命氏。周有大夫庾皮，衛有庾公差。」「潁川，後漢始居潁川，魏襄城令庾乘，生太子中大夫遁，並見《晉書》。遁孫琛，晉會稽内史，生亮、冰、翼。亮，東晉司空、永昌公。冰，中書監、都鄉侯。」翼，荆州刺史。《通志·氏族略》：「庾氏望出潁川。」《廣韻》去聲十一姥：「庫，又姓，《風俗通》云古守庫大夫之後，以官爲氏。後漢輔義侯庫鈞。」《元和姓纂》：「庫，《風俗通》古守庫大夫，因官命氏。漢文景時有倉氏、庫氏。後漢《竇融傳》有金城太守庫鈞。」《廣韻》上平聲三鍾：「鍾，亦姓，出潁川。」《元和姓纂》：「鍾，宋微子之後，桓公曾孫伯宗，仕晉生州犁，仕楚食采鍾離，因氏焉，子孫或姓鍾氏。楚有鍾儀、鍾建。」「潁川，〔鍾〕接始居潁川長社，魏太尉鍾繇，繇弟演，演玄孫雅，過江爲晉侍中。」《廣韻》入聲二十陌：「柏，又姓，趙王倫母曰柏夫人。」《元和姓纂》：「柏，《風俗通》柏皇氏之後，又柏梁父爲顓頊師，柏紹爲帝嚳師，柏同爲周太僕。國在汝南西平縣，爲楚所滅，子孫以國爲氏。漢有柏英，爲大鴻臚。秦大將軍柏直。晉武帝柏夫人生趙王倫。」《廣韻》上聲八語，「許，又姓，出高陽、汝南。本自姜姓，炎帝之後，大嶽之胤，其後因封爲氏。」《廣韻》上平聲二十五寒：「韓，又姓，出自唐叔虞之後，曲沃桓叔之子萬，食邑於韓，因以爲氏，代爲晉卿，後分晉爲國。韓爲秦滅，復以國爲氏。出潁川。後韓騫避王莽亂，移居南陽，故有潁川、南陽二望。」《元和姓纂》：「韓，潁川長社縣，漢御史大夫韓安國，與〔後漢司空韓〕稜，並潁川人。」《元和姓纂》：「豆盧，本姓慕容，燕王廆弟西平王慕容運孫精之後。」《周書·豆盧寧傳》：「昌黎徒何人，其先本姓慕容氏，前燕之支庶也。高祖勝，以皇始初歸魏，授長樂郡守，賜姓豆盧氏，或云避難改焉。」《新唐書·宰相世系表》：「豆盧氏本姓慕容氏，燕主廆弟西平王運，生尚書臨澤敬侯制，制生右衛將軍北地愍王精，降後魏，北人謂歸義爲豆盧，因賜以爲氏。」《廣韻》下平聲二仙：「鮮于，又漢複姓鮮于氏。」按丁零之入居中原者，亦姓鮮于，見《晉書·載記》及《資治通鑑》。《廣韻》下平聲二仙：「鄢，又姓。」按焉疑鄢去邑而爲姓。

鄭州滎陽郡出[七](六)姓　鄭　潘　毛　陽　羊　郟　干

《廣韻》去聲四十五勁：「鄭，又姓，滎陽、彭城、安陸、壽春、東陽五望。本自周宣王封母弟友於鄭，及韓滅鄭，子孫以國爲氏，今之望多滎陽。」《元和姓纂》：「鄭，滎陽開封，〔漢大司農鄭〕當時，六代孫稱，漢末自陳徙河南開封，晉置滎陽郡，開封隸焉，遂爲郡人。」《新唐書·宰相世系表》：「滎陽鄭氏，宰相九人。」　《廣韻》上平聲二十六桓：「潘，又姓，周文王子畢公之子季孫食采於潘，因氏焉。出廣宗、河南二望。」《元和姓纂》：「潘，芘生岳，　滿生尼，　本居滎陽中牟。」　《廣韻》下平聲六豪：「毛，亦姓，本自周武王母弟毛公，後以爲氏，本居鉅鹿，避難滎陽也。」《元和姓纂》：「毛，周文王第九子毛伯，受封毛國，因以爲氏。　子孫爲周卿士，毛伯過、毛伯得，並毛公之後也。趙有毛遂。　漢有毛公治詩，趙人也，爲河間王博士。毛萇亦治詩，爲詁訓。」《晉書·毛寶傳》：「滎陽陽武人。」　《廣韻》下平聲十陽：「陽，又姓，出右北平。　本自周景王封少子於陽樊，後裔避周之亂，適燕，家於無終，因邑命氏。秦置右北平，子孫仍屬焉。」按北平陽氏，爲北朝著姓，《魏書·陽尼傳》：「北平無終人也。」滎陽本無陽氏，據《古今姓氏書辨證》青陽姓下云：「唐貞觀所定鄭州滎陽四姓，一曰青陽。」是滎陽陽氏，原爲青陽氏，後去青字，單稱陽氏，遂與北平陽氏相混。　《廣韻》下平聲十陽：「羊，又姓，出泰山。　本自羊舌大夫之後，《戰國策》有羊千者，　著書顯名。」　《廣韻》入聲三十一洽：「郟，　又姓，《左傳》鄭大夫郟張。」《通志·氏族略》：　「郟氏因先封郟鄉，因氏焉。　望出滎陽。」　干原譌子，《廣韻》上平聲二十五寒：「干，亦姓，《左傳》宋有干犨。」《姓解》：「干，晉有干寶。」《通志·氏族略》：「干氏望出滎陽、潁川。」

滑州白馬郡出三姓　成公　費　上官

《古今姓氏書辨證》：「成公，出自姬姓，周昭王子成公男之後。」《晉書·文苑·成公綏傳》：「東郡白馬人。」《廣韻》去聲八未：「費，姓也，夏禹之後，出江夏。後漢汝南費長房。」《元和姓纂》：「《史記》紂幸臣費仲，夏禹之後。楚有費無極。漢有費直。」上官見天水郡下。《元和姓纂》，上官有東郡郡望。

汴州陳留郡出十五姓　阮　何　謝　衛　殷　郭　蔡　典　虞　邊　申屠　伊　智　曲　全

《廣韻》上聲二十阮：「阮，姓出陳留。」何姓見廬江郡下。《廣韻》去聲四十禡：「謝，又姓，出陳郡、會稽二望。」《元和姓纂》：「謝，姜姓，炎帝之胤，申伯以周宣王舅受封于謝，今汝南謝城是也。後失爵，以國爲氏焉。魯有謝息。」《廣韻》去聲十三祭：「衛，又姓，周文王子衛康叔後，國滅因氏焉。出河東，陳留二望。」《元和姓纂》：「衛，周文王第八子康叔封于衛，傳國四十餘代，秦末國滅，子孫以國爲氏。漢丞相衛綰。」《廣韻》上平聲二十一欣：「殷，亦姓，武王克紂，子孫分散，以殷爲氏。出陳留。」郭原作邮，蓋當時俗體。郭姓見太原郡下。《廣韻》去聲十四泰：「蔡，又姓，出濟陽，周蔡叔之後也。」《元和姓纂》：「蔡，周文王第十四子蔡叔度生蔡仲胡，受封蔡，後爲趙所滅，子孫以國爲氏。晉有蔡墨，秦相蔡澤，漢功臣表肥如侯蔡演。演元孫義，義元孫勳，後漢爲長安邳長。後徵不起。勳曾孫携。」「濟陽考城縣，携生稜，質，稜生邕。質始居陳留，分爲濟陽，因爲郡人。」《元和姓纂》："「典，陳留，《魏志》有都尉典韋，生滿。」《通志·氏族略》：「典氏望出陳留。」《廣韻》上平聲十虞："「虞，亦姓，出會稽、濟陽二望。」《元和姓纂》：虞，虞有天下號曰虞，子商均因以爲氏。又武王封虞仲於河東，亦爲虞氏。」「濟陽，狀云，逸人虞仲之後。」《廣韻》下平聲一先：「邊，又姓，出陳留、北平二望。《陳留風俗傳》云，祖于宋平公。」申屠見京兆郡下。《元和姓纂》：「申屠，陳留，後漢徵士申屠蟠。」《廣韻》上平聲六脂："「伊，伊尹之後，今山陽人。」《元和姓纂》：「伊，帝堯伊耆氏之胤，裔孫伊尹相湯。漢有議郎伊推，又伊喜嘉爲雁門都尉，石顯黨也。《蜀志》伊籍，山陽人。」《元和姓纂》："「智，出自荀氏，林父之弟荀首，食邑於智，謂之智莊子，以邑爲氏。智瑶爲韓魏趙所滅，智氏遂亡。」智亦作知。《通志·氏族略》：「智氏望出天水、河東、陳留。」《廣韻》入聲三燭："「曲，又姓。晉穆侯子成師，封於曲沃，後氏焉。漢有代郡太守曲謙。」《元和姓纂》："「曲，貞元中，陳許節度曲環，陳許人。」《廣韻》下平聲二仙："「全，又姓，吴有大司馬全琮。」《古今姓氏書辨證》："「吴大司馬全琮居吴郡錢塘。」

宋州梁國郡出四姓　喬　宋　葛　賓

《廣韻》下平聲四宵："「橋，又姓，出梁國。後漢有太尉橋玄。」橋喬通用。《廣韻》去聲二宋：「宋，又姓，取微子之所封，遂爲氏。出西河、廣平、敦煌、河南、扶風五望」，而無梁國郡望。《廣韻》入聲十二曷："「葛，亦姓，漢有潁川太守葛興。」《元和姓纂》："「葛，《風俗通》葛天氏之胤，子孫氏焉。夏時葛伯，嬴姓國也。亦爲葛氏。漢有潁川太守葛興，後漢有汾葛令龔，梁國葛興之後。」《廣韻》

上平聲十七真：「賓，又姓，《左傳》齊有大夫賓須無。」《元和姓纂》：「賓，《左傳》賓須無。周賓起爲王子朝傳。」《通志·氏族略》：「賓氏望出梁國。」

亳州譙郡出十姓　曹　丁　婁　戴　夏侯　嵇　奚　桓　薄　汝

《廣韻》下平聲六豪：「曹，又姓，本自顓頊玄孫，陸終之子六安，是爲曹姓。周武王封曹挾於邾，故邾，曹姓也。魏武作家傳，自云曹叔振鐸之後，周武王封母弟振鐸於曹，後以國爲氏，出譙國、彭城、高平、鉅鹿四望。」《廣韻》下平聲十五青：「丁，又姓，本自姜姓，齊太公子伋，謚丁公，因以命族，出濟陽、濟陰二望。」《古今姓氏書辨證》：「丁氏望出譙國。」《廣韻》下平聲十九侯：「婁，亦姓，邾婁國之後。漢有婁敬。」《元和姓纂》：「婁，《風俗通》邾婁國之後，子孫以婁爲姓。《左傳》齊大夫婁裡。」戴姓見清河郡下。《元和姓纂》：「戴，譙國戴逵之後，逵弟逯，大司農，廣信侯。」《元和姓纂》：「夏侯，夏后之後，至東婁公，封爲杞侯。至簡公，爲楚惠所滅，弟他奔魯，魯悼公以夏侯受爵爲侯，因氏焉。後去魯之沛居譙，遂爲郡人。漢有太僕夏侯嬰，譙國人。」《三國志·魏志·夏侯惇傳》：「沛國譙人，夏侯嬰之後也。」《廣韻》上平聲十二齊：「嵇，亦姓，出譙郡、河南二望。」《元和姓纂》：「嵇，譙郡銍縣，嵇康、魏中散大夫，生紹，晉侍中。」《晉書·嵇康傳》：「其先姓奚，會稽上虞人。以避怨徙譙，有嵇山，家於其側，因而命氏。」《廣韻》上平聲十二齊：「奚，亦姓，夏車正奚仲。」《元和姓纂》：「奚，夏車正奚仲之後，漢功臣表，魯侯奚涓。」《舊唐書·奚涉傳》：「亳州人也。」《通志·氏族略》：「奚氏望出譙國。」《廣韻》上平聲二十六桓：「桓，又姓，本自姜姓，齊桓公之後。

望出譙郡。後漢有太子太傅桓榮。」《元和姓纂》：「桓，姜姓，齊桓公之後，以謚爲姓。又宋桓公之後向魋亦爲桓氏。後漢太子少傅桓榮。」「譙國龍亢，桓榮後有司徒桓虞。桓榮八代孫彝，生温。」《新唐書·宰相世系表》：「桓氏，世居譙國龍亢，宰相一人桓彥範。」按桓氏，上元中准制改姓姜氏，上元爲肅宗年號，此《氏族譜》成於德宗世，而桓氏仍舊，未改爲姜氏也。《廣韻》入聲十九鐸：「薄，又姓，漢文帝母薄氏。」《元和姓纂》：「薄，《風俗通》衞賢人薄疑没。〔漢〕高帝薄后弟薄昭，封軹侯，官至車騎將軍。」《通志·氏族略》：「薄氏望出譙國。」《廣韻》上聲八語：「汝，又姓，《左傳》晉有汝寬。」《元和姓纂》：「汝，《左傳》晉大夫汝寬、汝齊。漢長水校尉汝隨。」

豫州汝南郡出廿六姓　周　殷　荆　項　盛　和　宣　南　蔡　梅　袁　鄒　貝　應　晉　汝　吴　言　昌　藍　胙　沙　滿　靳　寧　仲

按代宗諱豫，《通典》避諱稱豫州爲荆河州，此《氏族譜》豫州、豫章郡皆不避。《廣韻》下平聲十八尤：「周，又姓，出汝南、廬江、尋陽、臨川、陳留、沛國、泰山、河南等八望。本自周平王子，別封汝川，人謂之周家，因氏焉。一云赧王爲秦所滅，黜爲庶人，百姓稱爲周家，因而氏焉。」《元和姓纂》：「周，汝南安城縣，周平王次子秀，別封汝川，因家焉。漢汝南侯周仁徙汝南。裔孫浚，生顗，左僕射，武城侯。六代孫顒，顒生捨，捨生弘正、弘讓、弘直。弘正爲陳左僕射。弘直，陳太常卿。」《晉書·周浚傳》：「汝南安成人。」殷姓見陳留郡下。《元和姓纂》，殷氏有汝南郡望。《廣韻》下平聲十二庚：「荆，又姓，燕刺客荆軻。」《廣韻》上聲三講：「項，又姓，本姬姓國，《公羊》曰，爲齊桓公所滅，子孫以國爲氏。 項燕爲楚將，生梁，梁兄子籍，號霸王。」《元和姓纂》：「項，《左傳》云滅項，《公羊傳》曰，爲齊桓公所滅，子孫以國爲氏。 項橐八歲服孔子。項燕，下相人，爲楚將，子梁，梁兄子籍，號西楚霸王。」 盛姓見廣陵郡下。 《廣韻》下平聲八戈：「和，又姓，出汝南、河南二望。本自義和之後。 一云卞和之後。 晉有和嶠。」 宣姓見始平郡下。 《通志・氏族略》：「宣氏望出汝南。」 《廣韻》下平聲二十二覃：「南，又姓，魯大夫南遺。」 蔡姓見陳留郡下。 《廣韻》上平聲十五灰：「梅，又姓，出汝南。 本自子姓，殷有梅伯，漢有梅鋗。」《元和姓纂》：「梅，汝南，漢將軍梅鋗，六代孫嘉，始居汝南。」 《廣韻》上平聲二十二元：「袁，姓，出陳郡、汝南、彭城三望。 本自胡公之後。」 鄹，鄒之異體字。 《廣韻》下平聲十八尤：「鄒，又姓，漢有鄒陽。」《元和姓纂》：「鄒，子姓，宋愍公之後正考父食邑于鄒，生叔良紇，遂爲鄒氏，齊有鄒衍、鄒忌。」 《玉篇》：「貝氏出清河貝丘。」《廣韻》下平聲十六蒸：「應，又姓，出南頓，本自周武王之後，《左傳》曰，邘、晉、應、韓，武之穆也。漢有應曜，隱於淮陽山中。 八代孫劭，集解《漢書》。」《通志・氏族略》：「應氏望出汝南。」 曆，姓書未見， 亦不識何字。 汝姓見譙郡下。 吴姓見渤海郡下。 《廣韻》上平聲二十二元：「言，又姓，孔子弟子有言偃。」《通志・氏族略》：「言氏望出汝南。」 《廣韻》下平聲十陽：「昌，又姓，後漢有東海相昌豨。」《姓解》：「昌，《古今人表》，昌僕者，昌意妃也。 出顓頊後。 後漢有東海相昌豨。宋有豫州刺史昌義之。」 《通志・氏族略》：「昌氏望出汝南、東海。」 《廣韻》下平聲二十三談：「藍，又姓，《戰國策》有中山大夫藍諸。」《通志・氏族略》：「藍氏望出中山， 今望出東莞、汝南。」 《姓解》:「胙，《左傳》云周公之胙胤也。」《廣韻》下平聲九麻:「沙，又姓，何氏《姓苑》云，東莞人。」《元和姓纂》:「沙，今東莞有沙氏。《風俗通》，晉有沙廣。」《廣韻》上聲二十四緩:「滿，亦姓，出山陽，魏有滿寵。」《古今姓氏書辨證》:「魏有滿寵，爲揚州刺史，生太尉翼，翼生奮，晉尚書令，世爲山陽昌邑人，墓在濟州金鄉。」 靮姓，姓書未見。《廣韻》去聲四十六徑:「甯，亦姓。」《元和姓纂》:「甯，衞康叔之後，至武公生季亹，食采於甯。齊有甯戚，周有甯越，漢太僕甯成。」 仲姓見中山郡下。

曹州濟〔陰〕（陽）郡出八姓 丁 卞 江 左 蔡 單 曹 郁

唐曹州稱濟陰郡，然漢濟陰郡，晉曾改名濟陽郡，並治定陶，則《氏族譜》用前朝郡名，亦未爲厚誣也。《廣韻》下平聲十五青:「丁，又姓，本自齊太公子伋諡丁公，因以命族。出濟陽、濟陰二望。」《廣韻》去聲三十三線:「卞，又姓，出濟陰。本自有周曹叔振鐸之後，曹之支子封于卞，遂以建族。」《元和姓纂》:「卞，魯有卞莊子，楚卞和。晉卞壼，濟陰冤句人。」《廣韻》上平聲四江:「江，亦姓，出陳留。本顓頊玄孫伯益之後，爵封於江陵，爲楚所滅，後以國爲氏。」《元和姓纂》:「江，嬴姓，顓頊玄孫伯益之後，爵封於江，後爲楚所滅，以國爲氏。」「濟陽考城，後漢有太常〔江〕德，其先居陳留圉縣，德十代孫蕤，晉譙郡太守、亢父男，生湛，侍中，吏部尚書。湛子恁，恁子斆，齊侍中、都官尚書。生蒨，梁光禄大夫，生紑，紑生總，陳尚書令。」按江氏在晉屬濟陽郡之考城縣，考城縣至唐屬曹州濟陰郡。《廣韻》上聲三十三哿:「左，亦姓，齊之公族有左右公子，後因氏焉。」《元和姓纂》:

「左，魯有左丘明。」《通志・氏族略》：「左氏望出濟陽。」《廣韻》去聲十四泰：「蔡，又姓，出濟陽，周蔡叔之後也。」《元和姓纂》：「蔡，姓，望出濟陽考城。」《宋書・蔡廓傳》：「濟陽考城人。」《廣韻》去聲三十三線：「單，亦姓。」《姓解》：「單，音善，周卿單穆公之後。《左傳》有周大夫單伯，東漢有將軍單超，魏有太史令單颺，晉有術士單道開。」《古今姓氏書辨證》：「單，出姬姓，周成王封少子臻於單邑，爲畿内諸侯，因氏焉。裔孫莊侯，漢濟陰太守，因家焉。」曹姓見譙郡下。《廣韻》入聲一屋：「郁，又姓，魯相有郁貢。」《元和姓纂》：「郁見《姓苑》。《國語》魯相郁貢，子孫氏焉。」按《太平寰宇記》濟陽郡五姓，蔡、丁、江、曹、易五姓，此無易姓。

濮州濮陽郡出六姓　吴　文　扶　黄　慶　濮

《廣韻》上平聲十一模：「吴，又姓，本泰伯之後，始封於吴，因以爲氏。後季札避國，子孫家在魯衛之間，今望在濮陽。」《廣韻》上平聲二十文：「文，亦姓，漢有廬江文翁。」《廣韻》上平聲十虞：「扶，又姓，漢有廷尉扶嘉。」《廣韻》下平聲十一唐：「黄，亦姓，出江夏，陸終之後，受封於黄，後爲楚所滅，因以爲氏。漢末有黄霸。」《古今姓氏書辨證》：「黄，唐貞觀所定濮州濮陽郡六姓有黄氏。」慶姓見廣陵郡下。《廣韻》入聲一屋：「濮，又姓，出何氏《姓苑》。」

兖州魯國郡出廿姓　唐　吕　孔　齊　俞　曲　冉　萬　宰　曾　鄒　夏　車　顔　栗　仙　濮　韶　巢　□

魯國出二十姓，此只十九姓，蓋脱去一姓。《廣韻》下平聲十一唐：「唐，亦姓，唐堯之後，子孫氏焉。出晉昌、北海、魯國三望。」《元和姓纂》：「唐，帝堯陶唐氏之後裔，封唐侯。又周成王封弟叔虞於唐，子孫以國爲姓。又《左傳》唐成公國於比陽，今唐州是也。」《廣韻上聲八語：「吕，亦姓，太嶽爲禹心膂之臣，故封吕侯，後因爲氏，出東平。」《廣韻》上聲一董：「孔，亦姓，殷湯之後，至宋孔嘉父，遭華父督之難，其子奔魯，故孔子生於魯。」《廣韻》上平聲十二齊：「齊，又姓，《風俗通·氏姓篇序》曰，四氏於國，齊、魯、宋、衞是也。」《元和姓纂》：「齊，炎帝姜姓之後，太公望封營丘爲齊國，因氏焉。」俞姓見河間郡下。曲姓見陳留郡下。《廣韻》上聲五十琰：「冉，又姓，孔子弟子冉有。」《元和姓纂》：「冉，高辛氏之後，一云大夫叔山冉之後。」「魯國，仲尼弟子冉耕字伯牛，冉雍字仲弓，冉求字子有，又冉孺，並魯人。」《廣韻》去聲二十五願：「萬，又姓，孟軻弟子萬章。」《廣韻》上聲十五海：「宰，亦姓，孔子弟子宰予。」《元和姓纂》：宰，周大夫宰孔之後，以官爲氏。仲尼弟子宰予，魯人也。漢有司空掾宰直。」《廣韻》下平聲十七登：「曾，亦姓，曾參之後。漢有尚書曾偉。」《元和姓纂》：「曾，夏少康封少子曲烈于鄫，春秋時爲莒所滅，鄫太子巫仕魯，去邑爲曾氏，見《世本》。巫生阜，阜生晳，晳生參，父子並爲仲尼弟子。」鄒姓見汝南郡下。鄒作騶。《元和姓纂》：「夏，夏后氏之後，以國爲姓。又陳宣公孫御，亦爲夏氏，徵舒其後也。」《廣韻》下平聲九麻：「車，又姓，出魯國、南平、淮南、河南四望。本自舜後，陳敬仲奔齊爲田氏，至漢丞相田千秋，以年老得乘小車，出入省中，世人謂之車丞相，子孫因以爲氏。漢末避地於魯。」《廣韻》上平聲二十七删：「顔，又姓，出琅邪。本自魯伯禽支庶有食采於顔邑者，因而著族。又郳武公名夷，字曰顔，故《公羊傳》稱顏公，後遂爲氏。」《元和姓纂》：「顏，顓頊之後，陸終第五子曰六安，裔孫挾，周武王封邾，至武公字顏，《公羊》謂之顏公，子孫因以爲氏，出《陳留風俗傳》及葛洪《要字》。又王儉《譜》云，出自魯侯伯禽支庶，食采顏邑，因氏焉。真卿尚書譜云，未知儉何所憑。仲尼弟子顏回。顏芝，河間人，秦末藏《書經》者。漢大司農顏異，濟南人也。」《廣韻》入聲五質，「栗，又姓，漢長安富室栗氏。」「《元和姓纂》：「栗，栗陸氏之後，漢有高士栗融，字客卿。漢有富民栗氏，長安人。漢景帝栗夫人生臨江王。」按栗氏無魯國郡望，而要氏有魯國郡望，栗或是要之譌。《通志·氏族略》：「要氏，吴人要離之後，漢有河南令要兢。望出魯國。」仙姓，姓書未見。濮姓見濮陽郡下。《通志·氏族略》：「韶氏出《姓苑》，望出太原。」《廣韻》下平聲五肴：「巢，亦姓，有巢氏之後，《左傳》楚有巢牛臣。」《古今姓氏書辨證》：「巢，春秋時巢邑大夫牛臣，亦或以巢爲氏。後世望出魯國者，王僧孺《百家譜》云：「河内苟超娶魯國巢正女。」

兖州太山郡出四姓　鮑　羊　胡〔母〕　斛斯

《廣韻》上聲三十一巧：「鮑，又姓，出東海、泰山、河南三望。本自夏禹之裔，因封爲氏。」《元和姓纂》：「鮑，姒姓，夏禹之後有鮑叔，食采於鮑，因氏焉。鮑叔生叔牙，曾孫國，代爲齊卿。」《廣韻》下平聲十陽：「羊，又姓，出泰山。」《晉書·羊祜傳》：「泰山南城人也。世吏二千石，至祜九世，並以清德聞。祖續，仕漢南陽太守。父衜，上黨太守。祜，蔡邕外孫。」按胡氏出安定、新蔡二望，無泰山郡望。胡母氏爲泰山大族，《廣韻》上平聲十一模：「胡母，漢複姓，齊宣王母弟，別封母鄉，遠本胡公，近取母邑，故爲胡母氏。」《晉書·胡母輔之傳》：「泰山奉高人。」　斛斯，鮮卑姓。《元和姓纂》：「斛斯，其先居廣漠，代襲莫弗大人，號斛斯部，因氏焉。」《集古録，斛斯疋碑》，「疋字，貸敦，河南洛陽人，仕後魏至驃騎將軍贈侍中司徒，謚武昭」，碑以永熙二年立。《北史·斛斯椿傳》：「廣牧富昌人也，其先世爲莫弗大人。父疋，一名敦。明帝時爲左牧令，時河西賊起，牧人不安，椿乃將家投爾朱榮。椿四子，悦。

恢、徵、演、悦散騎常侍、新蔡郡公，子政。徵周上大將軍、大宗伯，子該。」

兗州平昌郡出四姓　管　蓋　牟　孟

《廣韻》上聲二十四緩：「管，又姓，周文王子管叔之後。」　《廣韻》入聲二十八盍：「蓋，姓也。漢有蓋寬饒。」《元和姓纂》：「蓋，漢蓋公，又司隸校尉蓋寬饒，後漢二十八將左馮翊安平侯蓋延。」《古今姓氏書辨證》蓋姓下云：「唐魏徵定天下姓氏，平昌郡三姓有蓋氏。」《廣韻》下平聲十八尤：「牟，又姓，《風俗通》云，牟，子國，祝融之後，後因氏焉。　漢有太尉牟融。」》廣韻》去聲四十三映：孟，又姓，出平昌、武威二望。」《元和姓纂》：「孟，魯桓公子慶父之後，號曰孟孫，因以爲氏」。「平昌安丘縣，孟敬子生滕伯，伯生廖，廖生軻，軻居高密，置平昌郡，因爲郡人。」

鄆州東平郡出六姓　魏　吕　萬　平　戢　□

東平郡六姓，此只五姓，蓋脱去一姓。　《廣韻》去聲八未：「魏，亦姓，本自周武王母弟受封于畢，至畢萬仕晉封魏城，後因氏焉。」　吕姓見魯國郡下。《姓解》：「吕，其望或陽翟，或濮陽，或東平，唯東平者，吕望之苗裔也。」 萬姓見魯國郡下。 《廣韻》下平聲十二庚：「平，又姓，齊相晏平仲之後。漢丞相平當。」

戳疑是戢之異體字。《古今姓氏書辨證》：「戢，春秋有廬戢犂。《國語》曰，廬，楚邑，戢犂，廬大夫。」

青州北海郡出廿六姓 史 成 戚 倪 蓋 譚 郵 晏 查 莫 柯 汎 盡 花 左 甯 終 庾 然 范 戠 开 謍 彭 鞠 □

按北海郡出廿六姓，此只廿五姓，蓋脱去一姓。《廣韻》上聲六止：「史，亦姓，周史佚之後。」 《廣韻》下平聲十四清：「成，又姓，本自周文王子成伯之後。」 《廣韻》入聲十三錫：「戚，又姓，漢有臨轅侯戚鰓。」《元和姓纂》：「戚，衛大夫食采於戚，因氏焉。 先賢戚子著書，漢高祖戚夫人， 功臣表，臨轅堅侯戚鰓。」 《元和姓纂》：「倪，郳武公封次子於郳，是爲小郳，後失國，子孫爲郳氏，避仇改爲倪。郳城在東海。 漢有揚州刺史倪彦。」 蓋姓見平昌郡下。 《廣韻》下平聲二十二覃：「譚，又姓。 漢有河南尹譚閎。」 郵原仲作郎字，初疑是歸字，歸姓爲吴郡郡望。後檢姓氏書，有郵氏望出臨菑，故定爲郵字也。 《廣韻》下平聲十八尤：「郵，又姓，《西京雜記》有郵長倩。」《元和姓纂》：「郵，出自王良，字無恤，爲晉趙簡子御，食邑於郵，子孫以邑爲氏。」《通志·氏族略》：「《古今人表》有郵無恤，《西京雜記》公孫弘故人郵長倩。 望出臨菑。」 《廣韻》去聲三十諫：「晏， 又姓，《左傳》齊有晏氏，代爲大夫。」《元和姓纂》：「晏，《左傳》晏桓氏名弱，齊公族。 生嬰，字平仲， 晏父戎、晏父釐，並其族也。漢司隸校尉晏南，見《漢書》，御史晏忠見《風俗通》。南燕有晏謨，漢青州人。」《廣韻》下平聲九麻：「查，又姓，出何氏《姓苑》。」《廣韻》入聲十八藥：「莫，亦姓，楚莫敖之後。」《元和姓纂》：「莫，漢富人莫氏，見《游俠傳》。」《廣韻》下平聲七歌：「柯，又姓，吴公子柯盧之後，何氏《姓苑》云，吴人也。」《古今姓氏書辨證》：「汎，漢末陳宮將汎嶷。」《通志·氏族略》：「凡氏，周公第二子凡伯之後，爲周畿内諸侯。皇甫謐謂凡氏避亂，添水爲汎氏。」盡姓，姓書未見。《姓解》：「花氏出《姓苑》。」左姓見濟陰郡下。《元和姓纂》：「左，齊國臨菑縣，左丘明之後，魏左雍爲侍御史，生思，官至祕書郎。甯姓見汝南郡下。《古今姓氏書辨證》：「甯，唐貞觀所定青州齊郡四姓，一曰甯氏。」《廣韻》上平聲一東：「漢有濟南終軍。」《通志·氏族略》：「終氏，陸終之後，以名爲氏，望出濟南、南陽。」庚姓見潁川郡下。《通志·氏族略》：「庚氏望出齊郡。」《廣韻》下平聲二仙：「然，又姓，《左傳》楚有然舟，何氏《姓苑》云，今蒼梧人。」范姓見高平郡下。姓戠，姓書未見。开姓，漢時有开羌，附漢後居天水，因以爲姓，見《漢書·趙充國傳注》。《廣韻》下平聲十四清：「營，又姓，《風俗通》云，周成王卿士營伯之後，漢有京兆尹營郃。」《廣韻》下平聲十二庚：「彭，又姓，大彭之後，《左傳》楚仲令尹彭仲爽，漢有大司空彭宣。」《廣韻》入聲一屋：「鞠，又姓，出東萊、平原二望。漢有尚書平原鞠譚。」《元和姓纂》：「鞠，后稷生不窋，生而有文在手曰鞠，支庶氏焉。裔孫鞠武，爲燕太子丹傅。《風俗通》漢尚書令鞠譚。」

青州樂安郡出十〔四〕(二)姓　孫　任　陶　國　長孫　薛　蔣　种　公孫　供　閻　房　賀　曹

按樂安郡出十四姓，而原件作十二姓，今改正。《廣韻》上平聲二十三魂：「孫，又姓，周文王子康叔封於衛，至武公子惠孫曾耳，爲衛上卿，因氏焉。後有孫吳、孫臏，俱善兵法，各撰書。凡太原、東莞、吳郡、樂安四望。」《元和姓纂》：「孫，樂安，孫武之後，漢有孫賓碩，魏有清河太守孫焕，晉有孫顗，避地於魏，故屬樂安，因家焉。」《廣韻》下平聲二十一侵：「任，又姓，出樂安。黄帝二十五人，十二人各以德爲姓，第一爲任氏。」《元和姓纂》：「任，魏有任座，秦有任鄙，漢御史大夫廣阿侯任敖，武帝時任安。樂安博昌，任敖之後，晉大夫任愷，梁新安太守任昉。」《廣韻》下平聲六豪：「陶，亦姓，陶唐之後。」《廣韻》入聲二十五德：「國，又姓。太公之後，《左傳》齊有國氏，代爲上卿。」《通志·氏族略》：「國氏望出樂安。」按長孫有鮮卑姓，亦有漢複姓，此長孫，漢複姓也。《元和姓纂》：「長孫，北海，梁賈執《姓氏英賢傳》云，北海長孫氏，左王魚家後。」《漢書·儒林傳》有長孫順，受業於王吉。《廣韻》上聲三十六養：「蔣，亦姓，《風俗通》云，周公之胤。」《元和姓纂》：「蔣，周公第三子伯齡封蔣，子孫氏焉。國在汝南期思縣，宋改爲樂安。漢有蔣詡、蔣朗。」《廣韻》上平聲一東：「种，亦姓，後漢司徒河南种暠。」《元和姓纂》：「种，本姓仲氏，仲山甫之後，因避難改爲种氏。後漢有种暠。」《廣韻》上平聲二十三魂：「公孫，又漢複姓，古封公之後，皆稱公孫，故其姓多，非一族也。供姓，姓書未見。閻姓見太原郡下。《通志·氏族略》：「閻氏望出樂安。」《廣韻》下平聲十陽：「房，又姓，出清河、濟南、河南三望。」賀姓見河内郡下。曹姓見譙郡下。

齊州濟〔南〕（陰）郡出四姓　卞　單　東門　信都

按唐齊州濟南郡，本齊郡，天寶元年，又更名臨淄郡，天寶五載，改爲濟南郡。治歷城，今山東濟南市。自漢魏至唐，今濟南一帶，未嘗隸濟陰郡也。原件作濟陰，今改濟南。卞姓見濟陰郡下。單姓見濟陰郡下。《廣韻》上平聲一東：「東門，又漢複姓，《左傳》魯卿東門襄仲，後因氏焉。」《古今姓氏書辨證》：「東門，出自姬姓，魯莊公之子遂居東門，因氏焉，謂之東門襄仲。《列子》有東門吴。漢孝武帝時善相馬者東門京。又有琅邪東門雲，學嚴氏春秋。」《廣韻》去聲二十一震：「信都，漢複姓，何氏《姓苑》有信都氏。」《元和姓纂》：「信都，《風俗通》云，張敖尚魯元公主，封敖子侈爲信都侯，因氏焉。北齊有河間信都芳，明算術。」

徐州彭城郡出十〔三〕（二）姓　劉　朱　到　徐　莊　宛　支　宗　政　韓　巢　幸　碓

彭城郡出十四姓，一姓塗抹，實十三姓，此只云十二姓，蓋脱記一姓也，今補正。《廣韻》下平聲十八尤：「劉，又姓，出彭城等二十五望。」《元和姓纂》：「劉，彭城，漢高帝弟楚元王交後，向、歆子孫居彭城，分居三里，叢亭、綏輿、安上里。」《廣韻》上平聲十虞：「朱，又姓，出沛國、義陽、吴郡、河南四望。本自高陽後，周封於邾，後爲楚所滅，子孫乃去邑氏朱焉。」《元和姓纂》：「朱，顓頊之後，周封曹挾於邾，爲楚所滅，子孫去邑以爲氏。一云舜臣朱虎之後，漢中邑侯朱進、鄢陵侯朱濞。」《廣韻》去聲三十七號：「到，又姓，出彭城。李自高陽氏，楚令尹屈到之後。漢有東平太守到質。」《南史·到彦之傳》：「彭城武原人，楚大夫屈到後也。」《廣韻》上平聲九魚：「徐，又姓，出自顓頊之後，春秋時，徐偃王行仁義，爲楚文王所滅，其後氏焉。」《廣韻》下平聲十陽：「莊，亦姓，莊周著書者也。」《廣韻》上聲二十阮：「宛，又姓，《左傳》有宛春。」《古今姓氏書辨證》：「宛，《春秋左傳》楚大夫宛春，晉大夫宛沒，齊大夫宛茂，鄭大夫宛射犬。後漢有下邳太守宛邏，吳有吳興太守宛方。」支姓見郃陽郡下。　宗姓見京兆郡下。　《廣韻》去聲四十五勁：「政，亦姓，出《姓苑》。」　龏，疑即龔之異體字。《廣韻》上平聲三鍾：「龔，姓也，漢有龔遂。」《元和姓纂》：「龔，《左傳》晉大夫龔堅，漢有光禄大夫龔勝。」按龔勝楚人，家居彭城。　巢姓見魯國郡下。《通志·氏族略》：「夏商有巢國，其地在廬江，子孫以國爲氏。後漢有司空巢椹。望出彭城。」　幸姓見博陵郡下。　磓姓，姓書未見。

徐州蘭陵郡出四姓　蕭　繆　万俟　端木

《廣韻》下平聲三蕭：「蕭，又姓，出蘭陵、廣陵二望。本自宋支子食采於蕭，後因爲氏。漢侍中蕭彪，始居蘭陵。彪玄孫望之，居杜陵，望之孫紹復還蘭陵。《風俗通》云，宋樂叔以討南宮萬立御説之功，受封于蕭，列附庸之國，漢相國蕭何，即其後也。」《廣韻》去聲五十一幼：「繆，又姓，《漢書·儒林傳》有申公弟子繆生。」《史記·索隱》：「繆氏出蘭陵。」《姓解》：「蘭陵繆氏，《後漢書·獨行傳》有繆彤。魏有繆襲，晉有繆播、繆徵。」　万俟，鮮卑姓，《一切經音義》卷八十：「万俟氏，上万音墨，下俟音期。案《周書》，万俟，鮮卑姓也。万俟天懿善咒語，譯經人也。」《魏書·孝莊帝紀》：「建義元年秋七月，高平鎮人万俟醜奴僭稱大位。」《北齊書·万俟普傳》：「普字普撥，太平人，其先匈奴之別種也。正光中，破六韓拔陵構逆，授普太尉。率部下降魏，授第二領人酋長。累遷太尉、朔州刺史。子洛，字受洛干，建昌郡公、領軍將軍。」《廣韻》上平聲二十六桓：「端木，又漢複姓，孔子弟子端木賜。」

泗州下邳郡出八姓　開　余　沈　邳　谷　國　皮　滑

《廣韻》上平聲十六咍：「開，又姓，《呂氏春秋》云，開方，衞公子。」　《廣韻》上平聲九魚：「余，又姓，《風俗通》云，秦由余之後。何氏《姓苑》云，今新安人。」《通志·氏族略》：「余氏望出下邳。」　沈姓見太原郡下。　《廣韻》上平聲六脂：「邳，又姓，《風俗通》云，奚仲爲夏車正，自薛封邳，其後爲氏，後漢有信都邳彤。」　《姓解》：「谷，長安谷氏，漢有太常谷永。」《唐貞觀八年條舉氏族事件》下邳郡四姓有谷氏。　《姓解》：「國，魏有太常卿國淵。」《唐貞觀八年條舉氏族事件》下邳郡四姓有國氏。《通志·氏族略》：「國氏望出下邳。」　《廣韻》上平聲五支：「皮，亦姓，出下邳。」　《元和姓纂》：「皮，《風俗通》周卿士樊仲皮之後，漢有諫議大夫皮充。」「下邳，後漢上計掾《秦嘉集敍》，皮仲固撰。晉有尚書郎皮諶，宋武康令皮延年，並下邳人。王僧孺《百家譜》云，荀昭娶下邳皮仁之女。」《古今姓氏書辯證》：「皮，後漢元初元年，先零羌叛，敗涼州刺史皮揚千。狄道《千姓編》曰，望出下邳。」《廣韻》入聲十四黠：「滑，又姓，《風俗通》云，漢有詹事滑曲。」《元和姓纂》：「滑，滑伯，周同姓國也，爲秦所滅，子孫以國爲氏。《左傳》鄭大夫滑羅。」

沂州琅邪郡出十二姓　王　顏　諸葛　繆　胥　葛　艾　干　惠　暢　苻　乾

《廣韻》下平聲十陽：「王，出太原琅邪。周靈王太子晉之後。」《新唐書·宰相世系表》：「琅邪王氏，宰相四人。」《廣韻》上平聲二十七刪：「顔，又姓，出琅邪。本自魯伯禽支庶，有食采顔邑者，因而著族。又邾武公名夷，字曰顔，故《公羊傳》稱顔公，後遂爲氏。」《廣韻》上平聲九魚：「諸葛，又漢複姓，《吴書》曰，其先葛氏，本琅邪諸縣人，徙陽都。先姓葛，時人謂徙居者爲諸葛氏，因爲氏焉。《風俗通》云，葛嬰爲陳涉將，有功而誅，孝文追録，封諸縣侯，因并氏焉。」繆姓見蘭陵郡下。《廣韻》上平聲九魚：「胥，又姓，晉有大夫胥童。何氏《姓苑》云，琅邪人也。」《元和姓纂》：「胥，晉大夫胥臣之後，有胥克、胥良、胥帶、胥午。《姓苑》云，琅邪有胥氏。」《廣韻》入聲十二曷：「葛，亦姓，後漢有潁川太守葛興。」《元和姓纂》：「葛，《風俗通》葛天氏之胤，子孫氏焉。夏時葛伯，嬴姓國也，亦爲葛氏，漢有潁川太守葛興。」艾姓見隴西郡下。干姓見滎陽郡下。《廣韻》去聲十二霽：「惠，又姓，出琅邪，周惠王之後。梁有惠施。」《元和姓纂》：「周惠王支孫，以謚爲氏。《戰國策》，惠施爲梁相。交阯太守惠乘，太僕惠根。」《通志·氏族略》：「惠氏望出琅邪。」暢姓見魏郡下。苻當作符。《通志·氏族略》：「符，魯頃公爲楚所滅，公子孫公雅，爲秦符節令，因以爲氏。後漢有符融。望出琅邪。」《廣韻》上平聲二十五寒：「乾，又姓，出何氏《姓苑》。」

海州東海郡出十姓　徐　匡　戚　竹　喻　闞　綦母　麋楚　茅

《廣韻》上平聲九魚：「徐，又姓，出本顓頊之後，春秋時，徐偃王行仁義，爲楚文王所滅，其後氏焉。出東海、高平、東莞、琅邪、濮陽五望。」《廣韻》下平聲十陽：「匡，又姓，《風俗通》云，匡，魯邑也。

句須爲宰，其後氏焉。漢有匡衡。」　戚姓見北海郡下。　竹疑當作竺，然竹竺本一姓。《廣韻》入聲一屋：「竹，亦姓，本姜姓，封爲孤竹君，至伯夷、叔齊之後，以竹爲氏，　今遼東孤竹城是。　後漢有下邳相竹曾。」《古今姓氏書辨證》：「竺氏，後漢凝陽侯竹晏之後，避仇不改其姓，乃加二字，而移於琅邪莒縣，其孫竺固，爲後漢侍中。」　喻姓見江夏郡下。　闞姓見渤海郡下。　《元和姓纂》：「綦母，《左傳》晉大夫綦母張，《風俗通》漢有廷尉綦母參，《戰國策》綦母子與公孫龍爭辯。」《姓解》：「北齊有綦母懷文。」　《廣韻》上平聲六脂：「麋，又姓。　蜀將東海麋竺也。」《元和姓纂》：「麋，楚大夫受封南郡麋亭，因以爲姓。」「東海朐山，　漢有麋敬。《蜀志》麋竺弟麋芳。　宋有麋勖之。　又麋信撰《説要》，注《穀梁》。」《通志·氏族略》：「麋氏望出東海。」　《廣韻》上聲八語：「楚，又姓。《左傳》趙襄子家臣楚隆。」《元和姓纂》：「楚，《風俗通》芈姓，鬻熊封梵，以國爲姓。《左傳》有楚尹、楚丘。趙襄子家臣楚隆。」　《廣韻》下平聲五肴：「茅，又姓。《史記》秦有茅焦。」

第八江東道二十郡

潤州丹陽郡出八姓　甘　紀　那　洪　左　洗　鄢　廣

《廣韻》下平聲二十三談：「甘，又姓，武丁臣甘盤之後。」《古今姓氏書辨證》：「甘，姬姓，周惠公少子太叔帶食采於甘，謂之甘昭公，生成公，成公生簡公及悼公甘過，成公孫平公鰌，　鰌生桓公。　又有甘歜，敗戎於邥垂，及甘大夫襄，皆其族。」《晉書·甘卓傳》：「丹陽人，　秦丞相茂之後也。　曾祖寧，爲吴將。　祖述，仕吴爲尚書。　父昌，太子太傅。」　《廣韻》上聲六止：「紀，又姓，　出丹陽。」《元和姓纂》：「紀，姜姓，炎帝之後封紀，爲齊所滅，以國爲姓。漢有紀信，弟成子通，封襄平侯。」「丹陽秣陵，吴有紀騭生瞻，晉侍中、驃騎大將軍。」《廣韻》下平聲七歌：「那，又姓。西魏揚州刺史那椿。」《姓譜》：「《左傳》楚武王克權，遷權於那處，因氏。」《通志·氏族略》：「那氏望出丹陽、天水。」《廣韻》上平聲一東：「洪，亦姓，共工氏之後，本姓共氏，後改爲洪氏。」《元和姓纂》：「洪，共工氏之後，本姓共氏，因避仇改洪氏。吴有廬江太守洪矩。」《廣韻》上聲三十三哿：「左，亦姓，齊之公族有左右公子，後因氏焉。」《廣韻》上聲十一薺：「洗，又姓。」《廣韻》下平聲二仙：「鄢，人姓。」《古今姓氏書辯證》：「謹按《春秋釋例》，鄢，鄭地也，其先以所食邑爲氏。楚鄢將帥，衛鄢武子肸，皆爲大夫，姓書未有此氏，今增入。」《元和姓纂》：「廣，《風俗通》云，廣成子之後。」

宣州宣城郡出四姓　曠　賁　蔄　棸

《廣韻》去聲四十二宕：「曠，又姓。」《古今姓氏書辨證》：「曠，《風俗通》云，師曠之後。」《廣韻》上平聲二十三魂：「賁，亦姓，古有勇士賁育。」《後漢書·光武帝紀》有董憲將賁休。《古今姓氏書辯證》：「蔄，《姓苑》蔄音漏。」《廣韻》上聲四十四有：「棸，姓也，襄州有之。」《元和姓纂》：「棸，晉有棸儔，今江南襄陽，並有此姓。」《古今姓氏書辨證》：「棸，周幽王内史棸子之後。」

蘇州吴郡出五姓　朱　張　顧　陸　暨

《唐貞觀八年條舉氏族事件》殘卷，吴郡四姓，朱、張、顧、陸。蓋自東吴以來，即此四姓也。《姓考》「暨，大彭之裔，封於暨，因以爲氏。」《古今姓氏書辨證》：「暨，今餘杭與閩中多此姓。」

杭州錢塘郡出〔五〕（七）姓　范　岑　褚　盛　仰

《唐貞觀八年條舉氏族事件》殘卷錢唐郡有范氏。《元和姓纂》，范氏有錢唐郡望。《南史·循吏·范述曾傳》：「吴郡錢唐人。」《南史·隱逸·范元琰傳》：「吴郡錢唐人。」《新唐書·宰相世系表》：「岑氏世居南陽棘陽，岑晊徙居吴郡，後徙鹽官。」《元和姓纂》褚氏有錢唐郡望。《新唐書·褚亮傳》：「杭州錢唐人。」《姓考》：「盛，周穆王時盛國之後。」《廣韻》去聲四十五勁：「盛，又姓，後漢《西羌傳》有北海太守盛苞，其先姓奭，避元帝諱，改姓盛。」《姓解》：「仰氏見《姓書》。」《通志·氏族略》：「仰氏出《姓苑》，今新安、吴興並有此姓。望出汝南、錢唐。」

杭州鹽官郡出五姓　翁　戚　東闞　忽　延

《廣韻》上平聲一東：「翁，又姓，《漢書·貨殖傳》有翁伯，販脂而傾縣邑。」戚姓見北海郡下。《南史·儒林·戚衮傳》：「吴郡鹽官人。」《廣韻》上平聲一東：「晉有東闞嬖五。」《古今姓氏書辨證》：「東闞，《風俗通》晉有東闞嬖五。漢有將軍東闞義。」忽姓，姓書未見。《廣韻》下平聲二仙：「延，又姓。漢有延篤，南陽人，京兆尹。」《古今姓氏書辨證》：「後漢有公孫述將延岑。又有京兆尹延篤。謹按吴公子札食采延陵及州來，《左傳》稱延州來季子，則已去陵稱延，延氏宜出於此。」

杭州餘杭郡出四姓　暨　隗　戢　監

暨姓見吴郡下。《通志·氏族略》：「暨氏望出餘杭。渤海。」《廣韻》上聲十四賄：「隗，亦姓，出天水。後漢有隗囂。」《元和姓纂》:「隗，春秋時翟國，隗姓，子孫因氏焉。」「晉有隗紹，善易。」 戩卽戩字，見東平郡下。 《廣韻》去聲五十九鑑:「監，亦姓。《風俗通》云，衛康叔爲連屬之監，其後氏焉。」

湖州吴興郡出十六姓 沈 錢 姚 吴 清 丘 放 宣 萌 金 銀 陰 洗 鈕 木 明

原件木字下有丘字，按上已有丘氏，重出，今删去。 《元和姓纂》，沈爲吴興著姓。 沈約《宋書·自序》:沈戎「因避地徙居會稽烏程縣之餘不鄉，遂世家焉。 順帝永建元年，分會稽爲吴郡，復爲吴郡人。靈帝初平五年，分烏程、餘杭爲永安縣，吴孫晧寶鼎二年，分吴郡爲吴興郡，復爲郡人。晉太康二年，分永安爲武康縣。 史臣七世祖延始居縣東鄉之博陸里餘烏村。」《宋書·沈慶之傳》:「吴興烏程人。」 《廣韻》下平聲二仙:「錢，又姓，晉有歷陽太守錢鳳。」《古今姓氏書辨證》:「錢，出自顓頊曾孫陸終生彭祖，彭祖孫孚，爲周錢府上士，因官命氏。 戰國時，有隱士錢丹。《西京雜記》會稽人錢勃，朱買臣爲太守至郡，引爲上客。 漢哀、平間，錢襄爲廣陵太守，避王莽亂，徙居烏程，生晟。又東晉青州刺史端、歷陽太守鳳。 裔孫樂之，宋太史令，居長城，故又望出吴興。」《廣韻》下平聲四宵:「姚姓出吴興。」《周書·藝術·姚僧垣傳》:「吴興武康人。」 吴姓見汝南郡、濮陽郡下。 《姓解》:「清，出諸家姓書。 《廣韻》下平聲十八尤:「丘姓，出吴興。」《南齊書·文學·丘靈鞠傳》:「吴興烏程人。」 《姓解》:「放氏出《姓苑》。」按吴興爲施氏郡望，疑放爲施字之譌。《陳書·任忠傳》:「施文慶，吴興烏程人。」 宣《風俗通》謂周宣王後，《路史》注謂宋宣公後，《通志·

氏族略》謂魯大夫叔孫宣伯之後。　《姓解》：「萠氏出姓書。」《廣韻》下平聲二十一侵：「金，又姓，古天子金天氏之後也。」　銀，姓也，　漢有銀木。今廣西有銀姓。　《廣韻》下平聲二十一侵：「陰，又姓，出武威。《風俗通》云，管修自齊適楚，　爲陰大夫，其後氏焉。」　洗姓見丹陽郡下。《廣韻》上聲二十四有：「鈕，又姓。何氏《姓苑》云，　今吴興人也。東晉有鈕滔也。」《元和姓纂》：「木，端木賜之後，因避仇改姓木氏。晉《文章志》，木華，字玄虚，作《海賦》，嘗爲楊駿太傅主簿。又有木概，著《戰國策春秋》三十卷，見《七録》。」　《廣韻》下平聲十二庚：「明，　又姓。出平原、河南，《山公集》有平原明普。」《唐貞觀八年條舉氏族事件》吴興郡七姓有明氏。

常州晉陵郡出四姓　蔣　苻　英　周

《廣韻》上聲三十六養：「蔣，亦姓，《風俗通》云，周公之胤。」《晉書·苻洪載記》：「略陽臨渭氏人也。世爲西戎酋長。始其家池中蒲生，長五丈，五節如竹形，時咸謂之蒲家，因以爲氏焉。」洪後「以讖文有艸付應王，又其孫堅背有艸付字，遂改姓苻氏。」苻音與蒲並同。《廣韻》下平聲十二庚：「英，亦姓，漢有英布。」　周姓見汝南郡下。

越州會稽郡出十四姓　夏　謝　賀　康　孔　虞　盛　資　鍾離　駱　兹　俞　榮　汎

《古今姓氏書辨證》：「夏，謹按《春秋》出自嬀姓，陳宣公庶子西，字子夏，別其族爲少西氏，生御叔，御叔娶鄭宣公子貉之妹，生徵舒，始以王父字爲夏氏，而其母謂之夏姬。徵舒三世孫夏齧，四世孫夏區夫，皆仕陳爲大夫。裔孫夏禦寇亦仕齊爲大夫。漢有司徒夏勤，後漢交阯太守夏方，九江人。

晉有會稽人夏統，字仲御。」　《廣韻》去聲四十禡：「謝，又姓。出陳郡、會稽二望。」　《元和姓纂》：「賀，有山陰、會稽郡望。　《廣韻》去聲三十八箇：「賀姓出會稽。」《三國志・吴志・賀齊傳》：「會稽山陰人也。」裴松之注引虞預《晉書》：「賀氏本姓慶氏，齊伯父純，漢安帝時，避安帝父孝德皇帝諱，改爲賀。」　《廣韻》下平聲十一唐：「康，又姓。衛康叔之後。」《登科記》：「唐高宗顯慶三年，明經科康希銑，會稽人。神龍三年材堪經邦科康元瓌，希銑之子。」　《元和姓纂》，孔有會稽郡望。《晉書・孔瑜傳》：「會稽山陰人也，其先世居梁國。曾祖潛，太子少傅，漢末避地會稽，因家焉。」　《廣韻》上平聲十虞：「虞姓出會稽望。」《三國志・吴志・虞翻傳》：「會稽餘姚人。」　盛姓見錢唐郡下。　《姓解》：「資，黄帝子有食采於資者，後以爲氏。漢有太守資成。」《通志・氏族略》：「《風俗通》資成，陳留人。望出南陽、會稽。」　《廣韻》上平聲三鍾：「漢複姓有鍾離氏。《世本》云，與秦同祖，其後因封爲姓。」《元和姓纂》：「鍾離，《世本》云，與秦同祖，嬴姓也。《戰國策》，齊賢人鍾離子。漢有鍾離昧，楚人。鍾離岫撰《會稽後賢傳》。後漢尚書僕射鍾離意，會稽山陰人。鍾離意曾孫緒，樓船都尉，生駰。」　《廣韻》入聲十九鐸：「駱，又姓，出東陽。吴有駱光。」《元和姓纂》：「駱，姜姓，齊太公之後有公子駱，以王父字爲氏。吴駱統，東陽人。統曾孫勍，又居會稽。」《三國志・吴志・駱統傳》：「會稽烏傷人也。」《通志・氏族略》：「駱氏望出會稽。」　《廣韻》上平聲七云：「兹，又姓，《左傳》魯大夫兹無還。」《古今姓氏書辨證》：「兹，出自姬姓，魯桓公孫曰公孫兹，其孫無還，以王父字爲氏。」《通志・氏族略》：「兹氏望出會稽。」　俞姓見河間郡下。　榮姓見上谷郡下。　汎姓見北海郡下。

處州松陽郡出〔四〕（五）姓　勞　賴　葉　瞿曇

《廣韻》下平聲六豪：「勞，又姓。後漢有琅邪勞丙。」《通志·氏族略》：「勞氏望出松陽。」《廣韻》去聲十四泰：「賴，又姓。《風俗通》云，漢有交阯太守賴先。」《元和姓纂》：「賴，《左傳》賴國爲楚所滅，以國爲氏。漢有交阯太守賴先，蜀零陵太守賴文。」《廣韻》入聲二十九葉：「葉，又姓。《吴志·孫堅傳》有都尉葉雄。」《元和姓纂》：「葉，《風俗通》，楚沈尹戌，生諸梁，字子高，食采於葉，因氏焉。《吴志》有都尉葉雄。」《翻譯名義集》：「瞿曇，《西域記》云喬答摩。至於後代，改姓釋迦。」《廣韻》上平聲十虞：「瞿曇，西國姓。」

台州臨海郡出六姓　屈　冷　靖　譚　弌　葉

《廣韻》入聲八物：「屈，亦姓。」《元和姓纂》：「屈，楚公族羋姓之後，楚武王子瑕食采於屈，因氏焉。三閭大夫屈平，其後也。」　冷，康叔後有冷氏，見《路史》、《姓解》：「《年表》，漢元時有冷廣，封忠侯。《後漢書·方伎傳》有冷壽光。《前燕録》有徐州刺史冷道。」《廣韻》去聲四十靜：「靖，又姓，齊靖郭君之後。《風俗通》云，單靖公之後。」《元和姓纂》：「靖，《風俗通》單靖公之後，以謚爲姓。一云齊田氏之族靖郭君之後。《著姓略》云，河東裴公續娶散騎常侍中山靖延康之女。」　譚姓見弘農郡下。　戋疑當作弌，即壹字。《古今姓氏書辨證》：「壹，漢有壹元。」　葉姓見會稽郡下。

婺州東陽郡出七姓　蒯　習　苗　姚　袁　難　□

東陽郡出七姓，此只六姓，蓋脱去一姓。　蒯姓見襄陽郡下。　《廣韻》入聲二十六緝：「習，又姓，出襄陽。晉有習鑿齒。」《元和姓纂》：「習，《風俗通》云，習，國名也。漢習響爲陳相。」《左傳》齊大夫習明。《史記》齊習虛，田成子時人。」　《廣韻》下平聲四宵：「苗，亦姓。《風俗通》云，楚大夫伯棼之後，賁皇奔晉，食采於苗，因而氏焉。」《通志·氏族略》：「苗氏望出東陽。」按《通志》謂苗氏出東陽郡望，卽據此譜。然予疑苗或是留字之譌。《姓解》：「留出自會稽，本衛大夫留封人之後，漢末避地山陰，居東陽，爲郡甲族。」《陳書·留異傳》：「東陽長山人，世爲郡著姓。」《唐貞觀八年條舉氏族事件》殘卷東陽郡五姓有留氏。　姚姓見吳興郡下。　《廣韻》上平聲十六咍：「哀，又姓，漢有哀章。」《姓解》：「哀，《姓苑》云，漢有哀章。《莊子》有哀駘它，衛之醜人也。」　《廣韻》上平聲二十五寒：「難，又姓，百濟人。」《古今姓氏書辨證》：「難，《姓苑》云，百濟人姓。」

歙州歙郡出五姓　叔孫　方　諫　授　汪

《元和姓纂》：「叔孫，魯桓公子叔牙生茲，號叔孫，亦氏焉。漢有叔孫通爲太子太傅。」　《廣韻》下平聲十陽：「方，又姓。《史記》周大夫方叔之後。」　《廣韻》去聲三十諫：「諫，又姓。《風俗通》云，漢有治書侍史諫忠。」《元和姓纂》：「諫，《周禮》有司諫，子系以官爲氏。」《通志·氏族略》：「諫氏望出歙郡。」　《廣韻》去聲四十九宥：「授，又姓，出何氏《姓苑》。」　《廣韻》下平聲十一唐：「汪，又姓，汪芒氏之胤，《姓苑》云，新安人也。」

洪州豫章郡出八姓　羅　雷　熊　除　璩　諶　洪　□

豫章郡出八姓，此只七姓，蓋脱去一姓。　《廣韻》下平聲七歌：「羅，又姓，出長沙。本自顓頊末胤，受封於羅國，今房州也。爲楚所滅，子孫以爲氏。」《元和姓纂》：「羅，祝融之後，妘姓國，初封宜城，徙岷江，周末居長沙。漢有梁相羅懷，《襄陽記》有羅象。《唐貞觀八年條舉氏族事件》豫章郡五姓有羅氏。　《廣韻》上平聲十五灰：「雷，又姓。後漢有雷義。」《元和姓纂》：「雷，方雷氏之後，女爲黄帝妃，生元囂，蓋古諸侯國也。後漢有雷義，蜀有將軍雷同，吴《陸抗傳》有宜都太守雷譚，晉有豐城令雷焕。」《古今姓氏書辨證》：「晉豫章人雷焕，豐城令。」《宋書·隱逸·雷次宗傳》：「豫章新淦人。」　《廣韻》上平聲一東：「熊，亦姓，《左傳》賢者熊宜僚。」《元和姓纂》：「熊，楚鬻熊之後，以王父字爲氏。周成王時，封鬻熊曾孫繹於楚，是爲楚子熊繹。三國時有徵士熊僧循，尚書熊睦乂。」「南昌，晉侍中、太常卿熊遠。」《晉書·熊遠傳》：「豫章南昌人。」《陳書·熊曇朗傳》：「豫章南昌人也，世爲郡著姓。」《唐貞觀八年條舉氏族事件》豫章郡五姓有熊氏。《通志·氏族略》：「熊氏望出南昌。」　除姓，姓書未見。　璩姓見黎陽郡下。《通志·氏族略》：「璩氏望出豫章。」　諶姓，漢有荆州刺史諶仲，南昌人。《通志·氏族略》：「諶氏望出豫章。」按《唐貞觀八年條舉氏族事件》豫章郡五姓，有湛氏，無諶氏，諶或是湛之譌。《元和新纂》，新淦有湛氏。《晉書·列女·陶侃母湛氏傳》：「豫章新淦人。」　洪姓見丹陽郡下。　脱一姓疑奪去章氏，《古今姓氏書辨證》章姓下云，唐貞觀所定洪州豫章郡六姓，有章氏；《唐貞觀八年條舉氏族事件》豫章郡五姓亦有章氏。《通志·氏族略》：「章氏望出豫章。」

饒州鄱陽郡出四姓　饒　芮　鐸　㚇

《廣韻》下平聲四宵：「饒，又姓，《風俗通》云，漢有饒斌，爲漁陽太守。」《廣韻》去聲十三祭：「芮，又姓，周司徒芮伯之後。」《元和姓纂》：「芮，《左傳》周司徒芮伯，同姓國也，芮伯萬之後，爲晉所滅。漢鉅鹿太守芮強。吴郡太守芮珍，丹陽人。今望出扶風。」㚇，不知何字。或是夐，或是象。《古今姓氏書辨證》：「夐，出《姓苑》。」《姓解》：「象，出何氏《姓苑》。」《通志·氏族略》：「象氏見《姓苑》，潁川望族，今南昌多此姓。」

江州潯陽郡出六姓　陶　翟　淳　瞿　騫　步

《晉書·陶侃傳》：「本鄱陽人也，吴平，徙家廬江之尋陽。」《宋書·隱逸·陶潛傳》：「尋陽柴桑人。」《廣韻》入聲二十三錫：「翟，又姓，漢有上蔡翟方進。」《宋書·隱逸·翟法賜傳》：「尋陽柴桑人。」《廣韻》上平聲十八諄：「淳，又姓，何氏《姓苑》云，今吴人。」《廣韻》上平聲十虞：「瞿，又姓。王僧孺《百家譜》曰，裴桃兒娶蒼梧瞿寶女。」《元和姓纂》：「瞿，晉東海王越參軍瞿莊，博陵人。」騫姓見隴西郡下。《廣韻》去聲十一暮：「步，又姓。《左傳》晉有步揚，食采於步，後因氏焉。」《三國志·吴志·步騭傳》：「臨淮淮陰人也。」裴松之注引《吴書》曰：「晉有大夫揚食采於步，後有步叔，與七十子師事仲尼，秦漢之際，有爲將軍者，以功封淮陰侯，騭其後也。」《通志·氏族略》：「步氏望出尋陽。」

袁州宜春郡出四姓　袁　彭　易　邵

《廣韻》上平聲二十二元：「袁姓，出東郡、汝南、彭城三望，本自胡公之後。」《廣韻》下平聲十二庚：「彭，又姓，大彭之後。《左傳》楚有令尹彭仲爽，漢有大司空彭宣。」《摭言》：「彭伉，袁州宜春人，進士擢第。」《通志·氏族略》：「彭氏望出宜春。」《廣韻》入聲二十二昔：「易，又姓，齊大夫易牙。」《元和姓纂》：「易，《左傳》齊大夫易牙之後。魏雍州刺史易愷，魏郡人。晉春陵令易雄，長沙人。」《登科記》：「昭宗景福二年進士易標。《永樂大典》引《宜春志》，景福二年，易標登進士第。」《廣韻》去聲三十五笑：「邵，又姓，出魏郡，周文王子邵公奭之後。」

潭州長沙郡出六姓　曾　吴　羅　彭　茹　秦

《廣韻》下平聲十七登：「曾，亦姓，曾參之後，後漢有尚書曾偉。」《元和姓纂》：「漢有長沙吴王芮。」　羅姓見豫章郡下。　彭姓見宜春郡下。　《古今姓氏書辨證》：「茹，出《姓苑》。」秦姓見京兆郡下。

虔州南康郡〔出四姓〕　賴　葉　銀　尋

賴姓見松陽郡下。　葉姓見南陽郡下。　銀姓見吴興郡下。　《廣韻》下平聲二十一侵：「尋，又姓。晉有尋曾字子貢。」《元和姓纂》：「尋，古斟尋之後，晉有尋曾。」

泉州南安郡出四姓　林　仇　弘　單

南安郡原譌南交郡，今改正。　《廣韻》下平聲二十一侵：「林，又姓。《風俗通》曰林放之後。」《元和姓纂》：「林，殷太丁之子比干之後，比干爲紂所滅，其子堅逃難長林之山，遂生林氏。魯有林放，仲尼弟子。《左傳》林雍、林不狃、林楚，代仕季氏。《左傳》云，林楚之先，皆林氏之良也。齊有林阮，見《說苑》，林類見《列子》，林回見《莊子》。」《廣韻》下平聲十八尤：「仇，又姓。《左傳》宋大夫仇牧。」《元和姓纂》：「仇，宋大夫仇牧之後。王莽時有仇延。」《廣韻》下平聲十七登：「弘，又姓。衛有弘演。」《元和姓纂》：「弘，《風俗通》云，衛大夫弘演之後。漢有宦者弘恭，爲中書令。吳孫權姊夫弘咨。」按唐高宗以太子名弘，故改弘氏爲洪氏。此已不諱，蓋太子弘未繼體爲君而早卒，故不諱也。單姓見濟陰郡下。

第九劍南道二郡

益州蜀郡出五姓　郗　文　費　任　郄

《廣韻》上平聲六脂：「郗，又姓，出高平。」《元和姓纂》，郗，望出高平金鄉。《晉書·郗鑒傳》：「高平金鄉人。」《廣韻》上平聲二十文：「文，亦姓，漢有廬江文翁。」按文翁教蜀，文教斐然，蜀郡文姓，當是文翁之後。費姓見江夏郡下。《廣韻》去聲八未：「費，姓也。孫盛《蜀譜》云，益州諸費，有名位者多。」《元和姓纂》：「晉費試，成都人。」任姓見樂安郡下。郄姓見山陽郡下。郄亦作郤。《三國志·吳志·郤正傳》：「河南偃師人也。祖父儉，靈帝末爲益州刺史，爲盜賊所殺。會天下大亂，故正父揖因留蜀。」正，晉「泰始中，遷巴西太守。」蜀之郄氏，或其後也。

梓州梓潼郡出四姓　綿　景　文　麋

《元和姓纂》：「綿，晉大夫食采綿上，子孫氏焉。」《姓解》：「綿，《風俗通》云，《孟子》有綿駒，善歌。

晉張方以綿思爲腹心。」《古今姓氏書辨證》：「綿，孟子時有高唐人綿駒，善歌者，卽其後。」景姓見平陽郡下。《元和姓纂》：「景，芈姓公族也。」《古今姓氏書辨證》：「後漢侍郎景勃居蜀郡。」文姓見雁門郡、蜀郡下。麋姓見東海郡下。《廣韻》上平聲六脂：「麋，又姓。蜀將東海麋竺也。」

第十嶺南道五府邕、容、桂、廣、安南等，都管七十州，並〔不〕（下）出人姓望。

這個《新集天下姓望氏族譜》很完整，很全面，凡十道中記載了九道九十一郡七百七十七個姓氏和郡望。在這七百七十七個姓氏中，兩晉以來的東南僑姓如琅邪王氏、顏氏、諸葛氏、陳郡謝氏、陳留阮氏、濟陽江氏、蔡氏、潁川陳氏、荀氏、庾氏、鍾氏、汝南周氏、袁氏、殷氏、太山羊氏、平昌孟氏、蘭陵蕭氏、東海徐氏、彭城劉氏、到氏、南陽樂氏、廬江何氏、譙國桓氏，幾乎全都列入望族之內。吳姓如吳郡的朱氏、張氏、顧氏、陸氏，會稽的虞氏、謝氏、孔氏，丹陽的甘氏、紀氏，吳興的沈氏、錢氏、姚氏、丘氏，尋陽的陶氏，也都列爲望族。山東的郡姓，除了清河崔氏，博陵崔氏、范陽盧氏、趙郡李氏、滎陽鄭氏、太原王氏外，還有樂安孫氏、任氏、渤海高氏、封氏、刁氏、中山甄氏、高陽許氏、廣平游氏、程氏、宋氏、河間邢氏、清河張氏、鉅鹿魏氏、范陽祖氏、張氏、上谷侯氏、寇氏、太原郭氏、河内司馬氏，幾乎北朝的山東郡姓，都被保留下來。此外如河東的裴氏、柳氏、薛氏，京兆的韋氏、杜氏、武功蘇氏、弘農楊氏、安定皇甫氏、胡氏、隴西李氏、牛氏、辛氏、天水趙氏、權氏、上官氏、武威陰氏、敦煌索氏，也冠冕蟬聯不衰。當然在《新集天下姓望氏族譜》中，還湧現了許多新的郡姓，有些是魏晉南北朝史書上所未曾提到過的，他們的加入《新集天下姓望氏族譜》行列，說明新興的族望在開始抬頭，門閥士族獨佔的局面已開始動摇。

代北的鮮卑姓氏，北魏孝文遷都洛陽後以河南爲其郡望，西魏北周都長安以京兆爲其郡望。在《新集天下姓望氏族譜》中，洛州河南郡郡姓中列有穆、獨孤、丘、祝、元、賀蘭、慕容、古、山、侯莫陳、宇文諸氏，可以證明他們都是漢族完全融合以後的鮮卑姓氏。同時他們也分居到河東道、河北道、河南道諸州居住，成爲當地的望族了，如澤州高平郡有獨孤氏，并州太原郡有尉遲氏，冀州渤海郡有赫連氏和紇干氏，許州潁川郡有豆盧氏，兖州太山郡有斛斯氏，徐州蘭陵郡有万俟氏，可見鮮卑族望不僅代居京兆、洛陽，而且分佈居住在大河南北了。

此外如羌族大姓，雍州京兆郡有夫蒙氏，同州馮翊郡有党氏、雷氏，襄州襄陽有荔非氏。又如淮南道舒州同安郡住有出自鐵勒九姓之一的僕固氏，江南道處州松陽郡住有出自五天竺的瞿曇氏，隴右道涼州武威郡住有出自昭武九姓的石氏、安氏。國内少數族和國外昭武九姓安氏、石氏以及天竺的瞿曇氏之類，分住在大河南北、大江南北、河西走廊，作爲唐王朝來看，「四海無外」，本來可以説是極普通的事情，不過這些族姓，被列爲著姓郡望，那就是説他們在所住地區，還擁有一定的經濟地位和政治地位、社會地位，他們有較高深的文化修養，可以説不是很簡單的事了。

關於稀姓的攙入《新集天下姓望氏族譜》，郡望著姓數目的擴大，從《唐貞觀八年條舉氏族事件》殘卷中提到的三百九十八姓，擴展爲七百七十七姓，這標識着庶族地主在逐漸抬頭，門閥士族在逐漸衰落，當另文敍述，這裏就不多講了。

敦煌石室出殘姓氏書五種考釋

予既爲《唐貞觀八年條舉氏族事件》殘卷考釋及《新集天下姓望氏族譜》考釋二文，又取伯希和、斯坦因縮影膠卷中，有關姓氏書四件，可分爲五種，加以探索　別成此文，今條別於下。

一

斯坦因敦煌文書第五八六一號一件，本件文書由四斷片拼凑而成，實際第四片、第三片、第一片能够拼凑一件文書，第二片是另外一件文書，體例全異，故別爲專條。

斯坦因敦煌文書第五八六一號第四斷片：

海州　東莞郡　□

第七淮南道

楊州　廣陵郡　□

第八江南〔道〕

越州　會稽郡　□

湖州二郡長城郡　□

斯坦因敦煌文書第五八六一號第三斷片：

洪州　豫章郡　五姓　能　[]

《貞觀八年條舉氏族事件》，豫章郡五姓，熊　羅　章　雷　湛。《寰宇記》同。能爲熊之爛字。

潭州　長沙郡　五姓　劉　[]

《貞觀八年條舉氏族事件》，長沙郡四姓，劉　茹　曾　秦。《寰宇記》，長沙郡五姓，劉　茹　曾　秦　彭。此同《寰宇記》作五姓。

泉州　南安郡　五姓　黄　[]

南安郡原件譌安南，今改正。《寰宇記》泉州南安郡五姓，黄　林　單　戚　仇。

㕥州　武陽郡　□姓　[]

㕥州武陽郡，疑，或是江州潯陽郡，或是朗州武陵郡之譌耶？

鄂州　江夏郡　三姓　[]

《寰宇記》鄂州江夏郡三姓，黄　喻　潘。

第九劍南道

果州　武都郡　二姓　[]

《貞觀八年條舉氏族事件》，武都郡一姓，果州，冉。

益州　蜀郡　二姓　□

太史因堯置九州，今〔爲八十五郡，合三百九十八姓，今貞觀八年〕五月十日〔壬辰，自今已後，明加禁約。前件郡姓出處，許其通婚媾。結婚之始，非舊委悉，必須精加研究，知其曩譜相承不虛，然可爲〕

缺文據《貞觀八年條舉氏族事件》高士廉奏議補。第三斷片到此爲止。

斯坦因敦煌文書第五八六一號第一斷片：

疋偶，其三百九十八姓〔以外，又二千一百雜姓，〕並非史籍所載，或〔媾官混雜，或從賤入良，營門雜〕户，〔慕容〕商賈之類。（中有脱文）上柱國□甫等奉敕令□各別爲條，□聽　進□

缺文據《貞觀八年條舉氏族事件》補。《貞觀八年條舉氏族事件》敍高士廉職銜爲「光禄大夫兼吏部尚書士廉」，而此處所敍職銜爲「上柱國□甫等」，則似爲兩人，然三百九十八姓，著録郡姓之數，又盡相同，殊爲可疑。又長沙郡五姓同《寰宇記》，而《貞觀八年條舉氏族事件》只四姓。果州武都郡二姓，而《貞觀條舉氏族事件》只一姓，亦不盡相同。

二

伯希和敦煌文書第三一九一號，舊題以爲《新集天下姓望氏族譜》，與斯坦因敦煌文書第二〇五二號相同，但別本異出耳。其實非一書，當改題殘姓氏書，今考釋如下。

眭

此字在第一行中間，《貞觀八年條舉氏族事件》，趙郡二姓，李、眭。《新集天下姓望氏族譜》，眭作睦。此字當是趙郡條殘文。

□

勃　葛

此三姓脱去郡望。

魏州魏郡　申　暴　柏　暢　萇

《寰宇記》，魏州魏郡五姓，申　暴　柏　暢　萇。《新集天下姓望氏族譜》，魏州魏郡出六姓，申　暴　柏　暢　頓　萇。此同《寰宇記》。

懷州河内郡　宋　向　車　常　尋　苟　司馬　淳于

《貞觀八年條舉氏族事件》，河内郡九姓，内宋　向　尋　苟　司馬　淳于六姓同此。《新集天下姓望氏族譜》，懷州河内郡出十七姓，向　車　常　苟　司馬　淳于五姓同此，宋作宗。

衛州黎陽郡　璩　桑　衛　柘

《貞觀八年條舉氏族事件》，黎陽郡二姓，璩　桑。《寰宇記》，衛州黎陽郡四姓，蘧　桑　衛　柘。與此並同。《新集天下姓望氏族譜》，衛州黎陽郡出〔五〕（四）姓，璩　桑　衛　析　猗。

第六　〔河南道〕　廿八郡

《新集天下姓望氏族譜》有「第七，河南道，廿二郡。」道的次序不同，郡的數目不同。

〔洛〕州河南郡　賀蘭　褚　穆　祝　藺　丘　竇　南宮　獨孤

《貞觀八年條舉氏族事件》，河南郡七姓，賀蘭　穆　祝　丘四姓同此。《新集天下姓望氏族譜》，洛州河南郡出廿三姓，賀蘭　褚　穆　祝　藺　丘　南宮　獨孤八姓同此。

齊州濟陰郡　四姓　苗　董　卞　郗

《貞觀八年條舉氏族事件》，濟陰郡五姓，苗　董二姓同此。《寰宇記》，濟陰郡四姓，苗　董　卞　郗並同。《新集天下姓望氏族譜》，齊州濟陰郡四姓，卞　單　東門　信都，只卞姓同此。

許州潁川郡　八姓　陳　韓　鍾　荀　于　許　庫　鮮于

《貞觀八年條舉氏族事件》，潁川郡七姓，陳　荀　韓　鍾　許　庫六姓同此。　《寰宇記》，許州潁川郡八姓，陳　韓　鍾　荀　于　許　庫　鮮于八姓並同。《新集天下姓望氏族譜》，潁川郡出十一姓，陳　韓　鍾　荀　許　庫　鮮于七姓同此。

鄭州滎陽郡　四姓　鄭　毛　潘　陽

《貞觀八年條舉氏族事件》，滎陽郡四姓，鄭　毛　潘　陽並同。《寰宇記》，鄭州滎陽郡四姓，鄭　毛　潘　陽並同。《新集天下姓望氏族譜》，鄭州滎陽郡出〔七〕（六）姓，其中鄭　毛　潘　陽相同。

汴州陳留郡　五姓　阮　謝　虞　蔡　何

《貞觀八年條舉氏族事件》，陳留郡四姓，阮 謝 虞三姓同此。《寰宇記》，陳留郡五姓，〔阮〕（防）謝 虞 蔡 何五姓全同。《新集天下姓望氏族譜》，汴州陳留郡出十五姓，内阮 謝 虞 蔡 何五姓同此。

滑州東（平）郡 三姓 費 成公 上官

《貞觀八年條舉氏族事件》，東郡三姓，費 成公 上官並同。《寰宇記》，滑州白馬郡三姓，費 成公 上官並同。

宋州譙國郡 九姓 戴 李 石 譙 曹 〔婁〕（安） 桓 龐 夏〔侯〕

《貞觀八年條舉氏族事件》，譙國郡八姓，戴 曹 婁 桓 龐五姓同此。《新集天下姓望氏族譜》，亳州譙郡出十姓，其曹 婁 戴 桓 夏侯同此。

徐州彭〔城〕（山）郡 三姓 焉 張 宋

《貞觀八年條舉氏族事件》，彭城郡五姓，劉 曹 袁 〔到〕（引） 受，無一姓同此。《新集天下姓望氏族譜》，徐州彭城郡出十二姓，其中劉 到二姓同此。

沛國郡 三姓 周 張 朱

《貞觀八年條舉氏族事件》，沛郡三姓，朱 張 周，同此。《寰宇記》，徐州沛郡三姓，朱 張 周，同此。

蘭陵郡 □姓 □

沂州琅邪郡　六姓　王　顔　惠　暢　乾　可

《貞觀八年條舉氏族事件》，琅邪郡六姓，王　顔　惠三姓同此。《寰宇記》，沂州琅邪郡六姓，王　顔　惠　暢四姓同此。《新集天下姓望氏族譜》，沂州琅邪郡出十二姓，王　顔　惠　暢　乾五姓同此。

泗州下邳郡　三姓　陳　祁　谷

《貞觀八年條舉氏族事件》，下邳郡四姓，陳　谷二姓同此，又有郤姓，疑是祁姓之誤。《寰宇記》，泗州下邳郡三姓，陳　祁　谷，與此並同。《新集天下姓望氏族譜》，泗州下邳郡出八姓，〔祁〕（郄），谷二姓同此。

〔海州東莞郡　四姓〕　臧　關　何　公孫

《貞觀八年條舉氏族事件》，東莞郡四姓，臧　關二姓同此。《寰宇記》，海州東莞郡四姓，臧　闕　何　公孫。《廣韻》入聲十月，「闕姓出下邳望，漢有荆州刺史闕翊。」則作闕是，作關者譌。《新集天下姓望氏族譜》，海州東海郡出十姓，有關姓，當亦闕姓之譌，其餘九姓，無一相同。

〔第七淮南道　〔　〕郡

〔揚州廣陵郡　三姓　戴〕　高　盛

《貞觀八年條舉氏族事件》，廣陵郡三姓，戴　高　盛。《寰宇記》，揚州廣陵郡四姓，戴　高　盛三姓並同。《新集天下姓望氏族譜》，揚州廣陵郡出十姓，戴　高　盛三姓同此。

從以上核對中，説明此件殘姓氏書，既不同於《貞觀八年條舉氏族事件》殘卷，亦不同於《新集天下姓望氏族譜》，而與《寰宇記》所引唐姓氏書相近，然亦不盡同。

三

伯希和敦煌文書第三四二一號，只殘存雍州京兆郡、雍州始平郡、岐州扶風郡、〔豳〕（幽）州新平郡凡十九行。雍州京兆郡六行，殘落過甚，已無法詳辨，今釋文如下。

□於段□

此二字在殘卷第一行中間，「於段」，大概是封於段。《寰宇記》、《新集天下姓望氏族譜》，雍州京兆郡下並有段氏。

□〔昌〕意之子顓〔頊〕□

此殘卷第二行，只殘存中間四字。

□承帝嚳之苗裔文王之□

此殘卷第三行。

□氏　承帝顓頊之苗裔夏禹之□

此殘卷第四行

□氏　□

□氏　□

此殘卷第五、第六行，並脱去姓氏，無法考訂。

始平〔郡〕四姓　雍州　馮　龐　宣　陰

此殘卷第七行，自第七行以後，較爲完整。《寰宇記》，華州始平郡四姓，馮　龐　陰　宣。又《新集天下姓望氏族譜》，雍州始平郡出四姓，馮　龐　宣　陰，與此並同。

馮氏　承姬姓周文王裔，畢公高之後。

《元和姓纂》，馮，周文王之第十五子畢公高之後，畢萬封魏，子孫食邑於馮，遂氏焉。《世本》云，姬姓，鄭大夫馮簡子後。

龐氏　承帝之苗裔，□若〔敖〕之胤緒，楚王子龐之後。

龐氏，《元和姓纂》以爲周文王子畢公高之後，此以爲楚王子龐之後。

陰氏　承帝嚳之苗裔，殷武丁封爲陰氏，遂有陰氏生焉。

《元和姓纂》，陰，周文王第三子管叔鮮之後。管夷吾七代孫修，適楚爲陰大夫，因氏焉。

宣氏

脱去受姓經過。《元和姓纂》，宣，魯叔孫宣伯之後。應劭《風俗通》云，宋宣公之後。

扶風郡六姓　岐州　馬　竇　班　輔　魯　惠

《寰宇記》，扶風郡六姓，馬　竇　班　輔　魯　惠六姓並同。《新集天下姓望氏族譜》，岐州扶風郡出十一姓，馬　竇　班　輔　魯　惠六姓同此。

馬氏　承顓頊之苗裔(緒)，伯益之後。

《元和姓纂》，嬴姓伯益之後。趙王子奢封馬服君，子孫氏焉。奢孫興，趙滅，徙咸陽。

竇氏　承顓頊之苗裔，夏禹之胤。

《元和姓纂》，姒姓夏少康之後，漢丞相竇嬰之先。本居清河觀津，後徙扶風平陵。

班氏　承后稷之苗裔，周文王之胤。

《元和姓纂》，班，楚若敖之後。

輔氏　承姬姓周文王之苗裔，武王之胤緒，周〔昭〕(照)王之子

《元和姓纂》，輔，《左傳》魯大夫輔躒。

魯氏　承周〔文〕(成)王之苗裔，魯之胤緒，魯伯禽之後。

《元和姓纂》，周公子伯禽封魯，至頃公，三十四代，九百餘年，爲楚所滅，子孫以國爲氏。有扶風郡望。

惠氏　承姬姓周文王之苗裔，周公旦之胤緒，魯伯禽之別族，柳下惠之後。

《元和姓纂》，惠，周惠支孫，以謚爲姓。與此異。

新平郡出一姓　〔豳〕(幽)州　古

古氏　承帝顓頊之苗裔，后稷之胤緒

《元和姓纂》，古，《風俗通》古公亶父後，因氏焉。

四

斯坦因敦煌文書第五八六一號，由四斷片拼湊而成，其中第二斷片與餘三斷片，雖筆跡相同，而體例全異，今考釋如下。

宋姓三〔望〕

〔京〕兆郡宋　河内郡宋　廣〔平郡宋〕

《寰宇記》、《新集天下姓望氏族譜》，京兆郡並有宋氏。《貞觀八年條舉氏族事件》、《新集天下姓望氏族譜》，河内郡並有宋姓。《貞觀八年條舉氏族事件》、《新集天下姓望氏族譜》，廣平郡並有宋姓。

陽姓三望

中山郡陽　滎陽郡陽　河□

《貞觀八年條舉氏族事件》、《新集天下姓望氏族譜》，中山郡並無陽姓。《寰宇記》，中山郡有楊姓，無陽姓。《貞觀八年條舉氏族事件》、《寰宇記》、《新集天下姓望氏族譜》，滎陽郡並有陽姓。

「河」字下殘脱，不知脱何字。河南郡、河東郡、河内郡、河間郡皆無陽姓。

車姓二望

河内郡車　魯國郡車

《貞觀八年條舉氏族事件》、《寰宇記》，河内郡皆無車姓，《新集天下姓望氏族譜》有車姓。　《貞觀八年條舉氏族事件》、《寰宇記》、《新集天下姓望氏族譜》，魯國郡並有車姓。

賈姓三望

河東郡賈　平陽郡賈　武〔威郡賈〕

《新集天下姓望氏族譜》，河東郡有賈姓。　《寰宇記》、《新集天下姓望氏族譜》，平陽郡並有賈姓。　《寰宇記》、《新集天下姓望氏族譜》，武威郡並有賈姓。

五

伯希和敦煌文書第二九九五號雜姓氏書，係寫經生隨手所寫，今迻録如下。

王　李　趙　天下多少　陰　薩　唐　郎　〔令〕狐　杜　韋　安　康　石　平　羅　白　米　□

□　牛　楊　宋　□　□　索　麴　奔　左　戴　孔　□　容　落　閻　鄯　霍

袁　馬　□　□　常　汜　荆　郭　橋　徐　翟　量　裴　陳　龍　羽　栁　郝　價　温　沙　柞

沈　岳　談　彭　嚴　孫　盡　田　吴　屈　鄭　樊　饒　吉　段　侯　朱　武　花　崔　成　任

多　洎　渾　蘇　鉗　苻　傅　星　解　聞　穆　朝　辛　申　馮　召　劉

沙彌天生道理多，人名不得解人何！從頭至尾没用姓，急若索字不得者，沙彌沙彌頭拙疎。

從這首詩的詩句内容來看，寫經生認爲沙彌不用姓，所以就不會注意姓氏之學，一行人來進香，由於沙彌不懂姓字之學，急切索字不得，因此他寫了這一張姓氏書。既有不少中原腹地的姓氏，也介紹了隴西的李、牛、彭、辛、閻諸姓，西平的麴姓，武威的賈、陰諸姓，敦煌的氾、索、曹諸姓，焉耆的龍姓，龜兹的白姓，鄯善的鄯姓，吐火羅的羅姓，昭武諸國的康、米、安、石等姓。這些姓氏的人，經常到敦煌莫高窟來進香，因此寫經生認爲有必要把他們的姓氏寫出。這五句詩，雖拙樸無華，但把沙彌拙疎無學的嘴臉寫出，躍然紙上。

《元和姓纂四校記》書後

魏晉南北朝，百氏譜狀，並多散落，近百年間，敦煌石室發現，唐代氏姓書數種，始復見於世。唐憲宗時，王涯領銜成《元和姓纂》，其後甘露事變，涯全家爲宦官所害，並被以惡名，於是《元和姓纂》改稱林寶修撰。然其書至清世，亦散軼無完書，清乾隆中，修四庫書，館臣自《永樂大典》中輯出，雖失而復見，惜訛奪者多，陽湖孫星衍氏、上虞羅振玉氏，並治此書，陸續加以訂正，惜尚未能復其舊觀也。岑仲勉先生近年治此書。及軍興，隨中央研究院流寓西南，攜此稿與俱，寢饋不廢，凡六七載。書成，名之曰《元和姓纂四校記》。廣徵石誌，以相印證，用補舊史之闕文，其用功至勤也。且考知歐陽修、吕夏卿作《新唐書·宰相世系表》，其元和以前，大概本自此書，千載矜異之鉅製，一朝得知其所從出，亦快事也。然《姓纂》爲書，上叙得姓之源，次述郡望所繫，上自東漢三國兩晉南北朝世族勳家，下訖李唐一代名門，牽涉至廣，仲勉先生致力此書，考訂至百萬餘言，中間或偶有未詳及者，盛夏無事，翻閲一過，於《姓纂》原著，而《四校記》所未及者，又得百餘條，今悉不復闌入，當别爲文論之。其有涉及書中之未安者，得二三十條，以僻居青島，手邊無書，不敢廣事徵引，今但就南北朝言之耳。

一〇一頁　封孝琰，北齊散騎常侍。　《四校記》云：《元龜》一三〇稱周尚書左丞封孝琰。

犖按《北齊書·封隆之傳弟子孝琰附傳》：「和士開死後，爲通直散騎常侍，尋以本官兼尚書左丞，與崔季舒等以正諫同死。」崔季舒等被殺，在北齊後主武平四年十月。孝琰未嘗入周，北周行周禮，亦無尚書左丞，《元龜》稱之曰周尚書左丞，誤也。孝琰以通直散騎常侍兼尚書左丞，《姓纂》北齊下脱通直二字。

一二六頁　刁　蜀有刁逵之後，避難改焉。《四校記》云：章本校云，按《廣韻》注作刁逵，非刁達。溫校據《通志》，亦謂達字誤。予按《類稿》四作達，《姓觿》一作逵。

犖按《魏書·刁雍傳》：「渤海饒安人也。高祖攸，晉御史中丞。曾祖協，從司馬睿渡江，居於京口，位至尚書令。父暢，司馬德宗右衞將軍。初，暢兄逵，以劉裕輕狡薄行，負社錢三萬，違時不還，執而徵焉。裕誅桓玄，以嫌，故先誅刁氏。雍爲暢故吏所匿，奔姚興，後歸國。」《姓纂》謂蜀有刁達之後，蜀字謁，刁達亦當作刁逵，《宋書》、《晉書》皆作刁逵也。

一五三頁　韋　旭次子鄖國公裕，字孝寬，周大司徒尚書令。《四校記》云：古泉山館跋《韋端誌》云，「據傳所言，則孝寬之爲尚書令鄖國公，皆當在後周時，與志所言合，表屬之隋，失其實矣」。以隋字爲誤，已洞見本源。顧其跋《端妻王氏誌》又云：「考史傳，孝寬贈雍州牧，故此志稱隋雍牧，而《宰相世系表》乃稱隋尚書令，非也。」殊不知《新表》之誤，誤在隋字，雍州牧贈官，固不必書也。又《全唐文》三二六王維《韋斌碑》，「高祖孝寬，周大司空鄖國公」，與《周書》合，此作司徒，誤。

犖按韋孝寬西魏世已拜尚書右僕射，入周拜小司徒，歷大司空，薨，贈太傅、雍州牧，大象二年十一月也。北周行六官，無尚書令，以孝寬有平尉遲迥之功，隋受周禪，或又追贈尚書令，紀傳失載，而

《新唐書・宰相世系表》紀其事。大司徒疑由小司徒、大司空訛奪而成，蓋其家狀已然矣，非《姓纂》之誤。

一五六頁　韋　津　吏部尚書。　《四校記》云：「按《隋書》四七及《舊唐書》九二，津嘗判民部尚書，此作吏部，或因避諱而訛歟？」

岑按唐人諱民，故改民部尚書爲户部尚書，未聞有改吏部者。

一六三頁　韋　顥孫諛，普安公。　《四校記》云：温校：普《唐表》作晉。

岑按《隋書》三八《皇甫績傳韋諛附傳》，諛封普安郡公，普安不誤，作晉安則誤矣。

一七〇頁　韋　郿城公元禮，隋司農少卿。　《四校記》云：《舊唐書》一三五《韋渠牟傳》：「六代祖範，後周封郿城公。」按《載之集》一一《韋皐廟碑》：「六代祖範，字元禮，以字行。入隋，爲沂州刺史，啟土郿城。」《全唐文》五零六《韋渠牟誌》：「隋郿城莊公。」又七六四《韋正貫碑》：「八世至隋郁（郿）城莊公諱元禮。」

岑按《隋書地理志》：「扶風郡郿，舊曰平陽縣，西魏改曰郿城，後周廢入周城縣。」《太平寰宇記》：「鳳翔府郿縣，後魏廢帝因縣内郿城，改爲郿城縣，至天和三年，以郿城縣併入周城縣。」是郿城爲西魏所置，韋元禮之封郿城縣公，當在西魏北周之世，廢於天和三年，隋世已無郿城縣也。

一九六頁　徐　官至西兖州刺史新陽王。　《四校記》云：《北齊書・徐遠傳》：官至東楚州刺史，無封王事，此殆誤。

犖按《北齊書·徐之才傳》：曾爲西兗州刺史，封西陽王。新陽或是西陽之誤。

二一六頁　于　銓　《四校記》云：《會要》稱銓延陵公，《長安志》稱延壽公，亦與舊史異。

犖按《周書·于謹傳》：「子寔，孝閔帝踐阼，進爵延壽郡公。」寔之子仲文，《隋書·于仲文傳》：「封延壽郡公。」《長安志》謂于銓封延壽公，疑有誤。又《周書·于翼傳》：「保定三年，改封常山縣公。隋文帝執政，封任國公。」北周之制，父進爵，舊封聽迴授次子，于銓，翼次子也，疑當襲封常山公。

二三六頁　胡　（裔孫國珍，後魏司空）女爲宣武帝皇后，生孝明帝。珍兄真，曾孫延，北齊太宰安平王。（女爲北齊武成帝皇后，生後主緯。）《四校記》云：《文館詞林》四五七《兗州都督胡延碑銘》：「王諱延，字厶，安定臨涇人。司空文貞公之曾孫，相國文宣公之孫，中書監公之子，今上之外祖父也。」依《姓纂》前文稱國珍後魏司空（《魏書》八三下作司徒），此司空文貞似指國珍，曾孫猶曾孫行。但《魏書》國珍謚文宣，非文貞也。碑有「魏肅宗明皇帝出自於我」之語，則國珍與延當是一家，但《北齊書》長仁傳未之及。

犖按《姓纂》此段脱訛甚多，岑説亦多未諦。據《魏書·胡國珍傳》：「女以選入掖庭，生肅宗，即靈太后也。靈太后臨朝，國珍封安定郡公。延和初，遷司徒公。神龜元年薨，追崇假黄鉞使持節侍中相國都督中外諸軍事太師領太尉公司州牧，號太上秦公，謚文宣公。又詔國珍祖父父兄下逮從子，皆有封職。」岑云《姓纂》之司空，應作司徒，是也。至《兗州都督胡延碑銘》之司空文貞公，蓋指國珍父淵；相國文宣公，則指國珍。中書監公指國珍子祥，《魏書・胡國珍傳》：「子祥，歷位殿中尚書、中書監、侍中，改封東平郡公」是也。胡延亦作胡延之，疑與胡誕爲一人。《魏故胡昭儀墓誌銘》：昭儀諱明相，「聖朝散騎常侍征虜將軍使豫州刺史誕之曾孫，散騎常侍征西將軍金紫光禄大夫使持節岐雍二州刺史高平侯洪之孫，散騎常侍征虜將軍都督并州諸軍事使持節并州刺史陰槃伯樂世之女」。誕即延，洪即長洪，樂世則長洪之子。《誌》又云「宣武皇帝崇訓皇太后之從侄」。崇訓皇太后卽靈太后，與胡昭儀相距已四世，昭儀嬪於北魏肅宗明皇帝，而肅宗卽靈太后之子，胡氏卽其外家，乃取其表侄孫女爲昭儀，此則已不可糾詰矣。胡延爲國珍之孫，祥之子。延有女爲北齊武成帝皇后，后生北齊後主高緯。延長子長仁，見《北史・外戚傳》。傳云：「齊武成皇后長兄也。父延之，魏中書令、兗州刺史。大寧中，贈司空公。長仁以内戚，歷位尚書左僕射、尚書令，封隴東郡王。天統五年，賜死。尋而後主納長仁女爲后，重加贈。」《元和姓纂》於延稱「北齊太宰安平王」，疑後主立長仁女爲后時，加長仁謚贈，亦封贈長仁之父延也。長仁子君璧，襲爵隴東王，君璧弟君璋，並見《北史・外戚傳》。君璧又有弟君瑜，見《北齊書・祖珽傳》：「珽欲因后黨爲援，請以皇后兄胡君瑜爲侍中、中領軍，又徵君瑜兄梁州刺史君璧，欲以爲御史中丞。」又《魏書・胡國珍傳》：「初國珍無男，養兄真子僧洗爲後，後生子祥。」「真子寧，女爲清河王亶妃，生孝静皇帝。武定初，贈太師、太尉公、録尚書事，謚曰孝昭。」寧「子虔字僧敬。元叉之廢靈太后，虔時爲千牛備身，謀殺叉，坐遠徙。興和三年，以帝元舅超遷司空公，薨，贈太傅、太尉公、尚書僕射、徐州刺史，謚曰宣。子長粲」。《北史·外戚傳》：胡長粲，「後主踐阼」，「正爲侍中」，「號爲八貴」。又寧弟盛傳，〔北魏〕明帝後納其女爲皇后。《北史·后妃列傳》：「魏孝明皇后胡氏，靈太后從兄冀州刺史盛之女也。」蓋胡氏北魏、東魏、北齊三朝外戚，一門四后，北魏宣武帝靈太后，明帝胡皇后，北齊武成胡皇后，後主高緯胡皇后，一貴嬪，北魏明帝胡貴嬪，一帝母，清河王亶妃，東魏孝静皇帝母。今譜列胡氏世系如後：

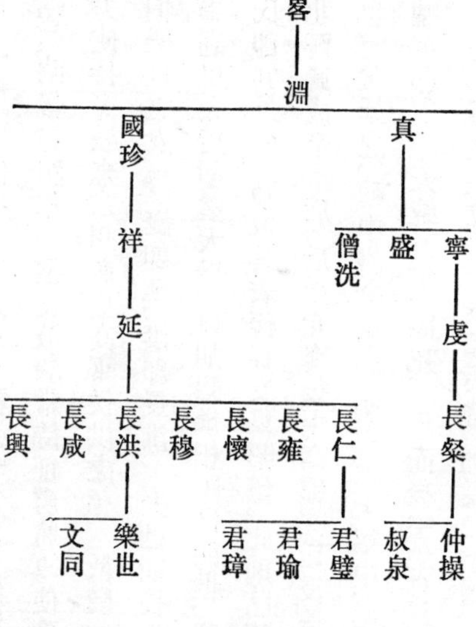

《姓纂》應作「裔孫國珍，後魏司徒，女爲宣武帝皇后，生肅宗孝明帝。國珍兄真，生寧、盛、僧洸。

寧女爲後魏清河王亶妃，生東魏孝静帝善見。寧生虔司空，虔生長粲，北齊侍中。盛女爲後魏孝明帝皇后。國珍子祥，中書監。祥生延，北齊太宰東平王，女爲北齊武成帝皇后，生後主緯。延生長仁，隴東王，延女爲後主皇后。長仁弟長雍、長懷、長穆、長洪、長咸、長興，並封王。長洪子樂世、文同，皇繇州萬安令。」及北齊滅，胡氏亦中衰。隴東王胡長仁，國珍之曾孫也，李延壽撰《北史》，國珍、長仁同列《外戚傳》，同卷異傳，於其世系，似已不能考詳。《姓纂》據家牒，於胡氏安定一支，其世系似較《魏書》、《北齊書》、《北史》爲有系統，惜乎篇章殘缺，亦無以致詳也。

二九〇頁　申　魏郡　裔孫徽，後周北海公。　《四校記》云：據《周書》，徽封博平公，與此異。

犖按《周書》三五《裴俠傳》有北海公申徽，爲武成二年前事，本傳失載。

三二〇頁　元　曾孫旻，左武衛大將軍。　《四校記》云：《畿輔通志》一四八引畿輔碑目，有萬歲通天元年元旼妻趙氏等造像記。按旻之同輩如萬頃，亦在武后朝，時代似合。旻字又可移上下爲左右，但碑目從攵不從文，或非一人。

犖按隋世有元旻，《隋書·儒林·元善傳》：「善嘗言於上曰：『楊素麤粗，蘇威怯懦，元胄元旻，正似鴨耳。可以付社稷者，惟獨高熲。』」《隋書·房陵王勇傳》：「左衛大將軍五原郡公元旻，並處斬。」《隋書·元胄傳》：「房陵王之廢也，上正窮治東宫事，左衛大將軍元旻苦諫，上大怒，執旻於仗」，「遂誅旻」。旻仕隋至左衛大將軍，《姓纂》作左武衛大將軍，蓋《姓纂》衍「武」字。隋文帝殺元旻在開皇二十年（公元六〇〇年），至武則天萬歲通天元年（公元六九六年），已九十六年，元旻、元旼，決非一人。

三二四頁　元　孫巖，龍涸公。《四校記》云：此與前文力真後裔之元巖同姓名。彼之元巖，《隋書》六二有傳；此之元巖，下見於他史。温校云：「《隋書·元巖傳》，爵平昌郡公，龍涸字疑誤。」則未知同姓名而不同人，平昌已見前文矣。

犖按岑氏以隋有二元巖，是也。其一元巖，亦見《隋書》，謂不見於他書，非也。《隋書·列女傳》：「華陽王楷妃，河南元氏之女也。父巖，仁壽中，爲黄門侍郎，封龍涸縣公。煬帝嗣位，坐與柳述連事，除名爲民，徙南海，後會赦還長安，有人譖巖逃歸，收而殺之。」

四〇四頁　高車　後魏有高車解如　《四校記》云：解，《通志》作惑。

犖按《北史·高車傳》：「初，道武時，吐突鄰部在女水上，常與解如部相爲脣齒。登國三年，道武親西征，渡弱洛水，復西行，趣其國，至女水上，討解如部落，破之。明年春，盡略徙其部落而還。」據此，作「解如」爲是。

四六一頁　周　長安，本姬氏（赧王之後，先天中，避玄宗嫌名，改姓周氏）。後周太子太僕願，威弟。《四校記》云：章本作弟威。羅校云：「按《古今姓氏書辨證》作願弟威，生權。」按姬願見《周書》建德五年及宣政元年。下文又有願姪道斌，則作願弟威是也。太僕，宋本《辨證》作太保，此及《大典》本作僕，殆誤。

犖按姬願見《周書·武帝紀》：「建德五年十二月，封神水公姬願爲原國公。宣政元年五月己丑，帝總戎北伐，遣柱國原公姬願等，率五道俱入。」岑説是也。《大隋故太僕卿（元公）夫人姬氏之誌》：「夫人姓姬，曾祖懿，魏使持節驃騎大將軍東郡□公。祖亮，魏使持節大將軍開府儀同三司燕州諸軍事燕州刺史東郡敬公。父肇，周使持節侍中驃騎大將軍開府儀同三司光禄大夫東秦州諸軍事東秦州刺史勳晉絳建四州諸軍事勳州總管神水郡開國公。」願舊爵神水公，則願蓋肇之子，襲父爵神水郡公也，願弟威，見《隋書・房陵王勇傳》：「晉王始構奪宗之計」，「令段達私於東宮幸臣姬威，遺以財貨，令取太子消息，密告楊素」。「段達脅姬威曰：『東宮罪過，君能告之，則大富貴。』威遂許諾」，「勇由是遂敗」。北周東宮無太子太僕，宋本《辨證》作太子太保，或是也。犖又按《大隋故太僕卿夫人姬氏之誌》，「夫人姓姬」，姬下空二字。《姓纂》郡望繫長安。後魏都洛，代遷之人，悉爲河南洛陽人。西魏徙都長安，《周書・明帝紀》：「元年詔曰：『三十六國，九十九姓，自魏南徙，皆稱河南之民。今周室既都關中，宜改稱京兆人。』」姬氏當亦以京兆爲郡望也。《魏書・衛操傳》：「代人也。操與鄉親姬澹十數人同來歸國。」（國指北魏）姬澹，衛操立碑於大邗城南，姬澹名字，亦見於碑。《十六國春秋》亦作姬澹，而《晉書・劉琨傳》作箕澹，蓋鮮卑譯音無定準，然以作姬澹爲是，此姬姓之見於東晉之初也。《北史・京兆王黎傳曾孫叉附傳》有武川人姬庫根。《周書・晉蕩公護傳》，護母閻媪與護書，追敍鮮于修禮起兵河北，閻媪與護「至定州城南，夜宿同鄉人姬庫根家」。此姬姓之見於元魏孝昌之際者也。姬庫根與宇文泰、宇文護爲武川同鄉，故姬庫根子孫後奔關西，出任西魏、北周也。《姓纂》云赧王之後，當是據家牒之辭。《大隋故太僕卿（元公）夫人姬氏之誌》也稱姬氏之先，「圖開赤雀，文德暢於三分，瑞耀白魚，武功宣於九伐。大封四十，維城於是克昌，長享七百，本枝以之蕃衍」。亦以爲姬周之胤，蓋皆譜牒傅會，不能全信。

四八八頁　劉　魏有河間公提，生豐，以司徒封，爲河間劉氏。《四校記》云：《北齊書》二七《劉豐傳》，豐戰没，贈大司馬、司徒公、尚書令。「以司徒封，爲河間劉氏」，當有奪誤，「河間」疑應作「河南」，前文已著河間，且標題亦作河南也。

四八九頁　豐生孫龍，將作大匠。《四校記》云：孫龍下校云：「按此有脱誤。」予按《北齊書》二七，劉豐字豐生，則豐生云者，或舉其字。又《隋書》六八《何稠傳》：「劉龍者，河間人也。」「及高祖踐阼，大見親委，拜右衛將軍，兼將作大匠。」籍貫官歷皆同，當卽此人。但據《北史》五三，龍爲豐第三子，是《姓纂》之文，實應作豐生龍，孫字衍。

舉按《北齊書・劉豐傳》：「普樂人也。」《北史・劉豐傳》：「第三子龍。」《隋書・何稠傳》：「開皇時，有劉龍者，河間人也。」《舊唐書・忠義・劉感傳》：「岐州鳳泉人，後魏司徒高昌王豐生之後也。」祖孫三代，籍貫三處不同者，何邪？蓋劉豐世爲部落大人，初居靈州之普樂郡，豐妻父靈州刺史曹泥不附西魏，豐乃奔於東魏。靈州舊爲薄骨律鎮，時以鎮兵邊戍爲恥，故豐既離靈州之後，遂不復稱普樂人。後魏世，部落大人遷代者稱代人，遷洛陽後稱河南人，西魏都長安代人遷長安者稱京兆人。豐奔東魏，時東魏已移都鄴城，不都洛陽，故劉豐不得稱河南人。劉豐父提舊封河間公，或者劉豐投奔東魏以後，家於河間，故豐子劉龍得稱河間人邪？周既滅齊，龍遂仕隋，移家關中，故《舊

唐書》稱感爲岐州鳳泉人也。《姓纂》劉豐郡望繫河南郡，則以部落大人遷洛者，皆爲河南人爲例，

而一概繫之於河南郡，其實劉豐故未曾一日居洛陽也。

五四八頁　叱列　長文，北齊侍中，隋信州總管、新寧公。　《四校記》云：《叱列平傳》，子長乂，武平末，封新寧王。隋初例降爵，故新寧王降而爲新寧公矣。

犖按降王爲公，當在北周滅齊之後，非隋初。

七〇一頁　長孫　生熾、晟、敞、義莊。　《四校記》云：《新表》七二上同。按《芒洛續編補》《長孫氏誌》：「曾祖敞，祖義常，唐通議大夫、華容郡公。」使義常爲敞弟，則敞子與父同排，殊可疑。

犖按《北史·長孫道生傳》：曾孫幼，幼子子裕，「爲子義貞求官，義貞弟兕」，兕子敞、義莊，敞子義常，一門三世以「義」字爲名行，或北人仿江南，以「僧」、「之」諸字爲名行，凡此者則不避也。

七二一頁　柳　檜生雄亮，亮生贊。　《四校記》云：羅校云：「案亮當作雄亮，此奪雄字。」按檜生之下，既舉全名，則複言之時，省去上字，或者去排行之字，此則《姓纂》常有之。抑羅氏以雄亮爲雙名，不過依據《新表》，然《新表》實本《姓纂》，是否讀法不誤，未嘗質證。考《貞觀政要》二：貞觀十二年，魏徵對太宗，有徐州司户柳雄，妄加清資，將處死罪，戴胄數諫，然後赦之之語。慶子機、旦、肅等均仕於隋，則檜子雄亦可仕隋。故司户柳雄，是否檜子？雄亮是否二人，尚待考證。

犖按《姓纂》於二字名複言之際，往往省去上一字，誠如岑氏所言。但雄亮一名，易爲人誤析爲二人，故羅校謂奪「雄」字，其意可取。柳雄亮附見《隋書》四七《柳機傳》：「從弟雄亮，秦王俊之鎮隴

右也，出爲秦州總管府司馬，領山南道行臺左丞，卒官。」是雄亮卒於隋開皇之世，未嘗仕唐，與《貞觀政要》中之徐州司户柳亮，顯然爲二人，岑氏説誤。

七六三頁　沈　君理，陳侍中、僕射，女爲隋煬帝后。　《四校記》云：此大誤。據《陳書》七，君理女，乃陳後主后也。煬帝后爲蕭氏。

犖按隋煬帝爲陳煬帝之誤。陳後主叔寶，入隋封長城郡公，薨，謚曰煬。《姓纂》不名之爲隋長城煬公，而稱之爲陳煬帝。後人不知有陳煬帝，但知有隋煬帝，乃改陳作隋，以致此誤。

九四一頁　斛斯　徵生周齊州刺史岐國公。　《四校記》云：周字似當爲朝號，果爾，則生下奪名。按《周書》二六，徵子諺，《北史》四九則云子該，均未著歷官。

犖按《姓纂》衍「生」字，《北史》四九《斛斯椿傳》：「子徵，建德六年，除司宗中大夫，進封岐國公。」《隋書·趙煚傳》：周宣帝卽位，「斛斯徵出爲齊州刺史，坐事下獄」。則齊州刺史岐國公卽斛斯徵，非徵之子。

九六〇頁　尉遲　安，隋鴻臚卿。　《四校記》云：《兩京新記》三，安尚周昌樂公主。

犖按《周書·尉遲迥傳》：「父俟兜，尚〔周〕太祖姊昌樂大長公主。」尉遲安爲尉遲迥弟尉遲綱之第三子，而昌樂公主者，則安之祖母也。《辨正論·十代奉佛篇》：「周太保、柱國大將軍、吴武公尉遲安，父柱國大將軍長樂公，尚昌樂大長公主。」吴武公尉遲安，實吴武公尉遲綱之誤。長樂公者，尉遲俟兜也。《辨正論》譌尉遲綱作尉遲安，子冒父爵，相差一世。《兩京新記》作尉遲安尚昌樂公主，則孫娶祖母，相差二世。緇流記載，往往不可深信如此。尉遲安，綱第三子，以嫡嗣綱爵，周隋之世，捨宅爲寺，故《辨正論》稱述其事，而《兩京新記》又轉録之也。安弟敬，尚周明帝女河南公主，安未嘗有尚主之事。

《資治通鑑》和通鑑學

《資治通鑑》這一部編年史巨著，是我國古代著名的史學家司馬光主編的。參加這部書編撰工作的除了司馬光以外，還有劉攽、劉恕、范祖禹等。

這部書上起周威烈王二十三年（公元前四〇三年），下迄後周世宗顯德六年（公元九五九年）。全書分爲二百九十四卷，用三百多萬字，寫出了一千三百六十二年的歷史，文字簡練，記事周詳，在當時來說，是一部空前的編年史巨著。

司馬光（公元一〇一九至一〇八六年），字君實，陜州夏縣（今山西聞喜縣南舊夏縣城）人，進士出身，歷任天章閣待制、兼侍講知諫院、御史中丞、翰林侍讀學士等官職。宋神宗任王安石變法，司馬光以反對變法，因政見不同，於熙寧三年（公元一〇七〇年），出知永興軍（今陜西西安市），次年，改判西京（宋以洛陽爲西京）御史臺，遂退居洛陽，不預政事，專修《通鑑》。哲宗卽位（公元一〇八五年），年幼，祖母高太后聽政，進用舊黨，盡除新法，起用司馬光爲宰相。明年，光病卒，年六十八。司馬光著作很多，除《通鑑》外，還有《通鑑目録》、《通鑑考異》、《稽古録》、《傳家集》等等。

劉攽（公元一〇二二至一〇八八年），字貢父，臨江新喻（今江西新余縣）人，進士出身，任國子監直講。參加《通鑑》編撰時，專職兩漢。後因反對變法，斥通判泰州，旋又起知曹、亳、兖等州，後又黜監衡州鹽倉。元祐元年（公元一〇八六年），召用舊黨，起攽知襄州，入爲祕書少監，加直龍圖閣，改知蔡州，後又召拜中書舍人，卒，年六十七。劉攽博聞强記，能文章，與其兄敞、兄子奉世並稱三劉，曾合著三劉《漢書標注》六卷。劉攽撰有《東漢刊誤》、《五代春秋》、《内傳國語》、《經史新義》等書。

劉恕（公元一〇三二至一〇七八年），字道原，筠州高安（今江西高安縣）人。進士出身，任和川（今山西澤縣西北）令，遷著作佐郎。參加《通鑑》修撰時，專職魏晉南北朝。司馬光出知永興軍時，劉恕也因「忤執政」，以親老告歸，監南康（今江西贛州市）酒稅，仍遥隸書局，參預《通鑑》的編纂工作。書未成，卒，年止四十七。劉恕是一位博學的歷史學家，司馬光説他「爲人强記，紀傳之外，閭里所録，私記雜説，無所不覽，坐聽其談，衮衮不窮。上下數千載間，細大之事如指掌，皆有稽據可考驗」（《十國紀年序》）。《宋史》本傳也稱他「爲學自歷數、地理、官職、族姓，至前代公府案牘，皆取以審證」。可見他記覽之博。劉恕除了參加編纂《通鑑》魏晉南北朝部分以外，又著有《通鑑外紀》，上起庖犧，下至周威烈王，以接《通鑑》。又撰有《十國紀年》。他在《通鑑外紀》後序中還説想把宋初一祖四宗（太祖、太宗、真宗、仁宗、英宗）一百多年的歷史，寫成《通鑑後記》，可惜他死得太早，未及成書。

范祖禹（公元一〇四一至一〇九八年），字淳甫，一字夢得，成都華陽（今四川華陽縣）人。進士出身。初知龍水縣（今四川資中縣西南）事，歷奉議郎。編纂《通鑑》時，專職唐代。《通鑑》成書，轉祕書省正字。哲宗卽位，除著作佐郎，歷右諫議大夫、翰林侍講學士、龍圖閣直學士等官職後以舊黨被斥，病死賓化（今四川南川縣），年五十八。祖禹博學能文，著有《唐鑑》、《仁宗政典》、《范太史集》等書。其

《唐鑑》一書，世尤推其詳尤，故時人稱祖禹爲唐鑑公云。

我國史學發展到宋代，已經是著作浩瀚，僅就正史而論，自《史記》至《新五代史》，已經有一千五百多卷了。「諸生歷年莫能盡其篇第，畢世不能舉其大略，厭煩趨易，行將泯絶」（劉恕《通鑑外紀》後序引司馬光語）。編纂像《通鑑》這樣一部詳明簡練的通史，對於當時學術界來説，是非常迫切的要求。

司馬光自少就愛好歷史，出仕以後，仍治史不懈。他在嘉祐時（公元一〇五六至一〇六三年），即曾對劉恕説過：「予欲托始於周威烈王命韓、魏、趙爲諸侯，下迄五代，因丘明編年之體，倣荀悦簡要之文，網羅衆説，成一家言。」（《通鑑外紀》後序）可見他對編撰《通鑑》那樣一部歷史著作，也是早有打算的。不過由於私人的力量有限，所以這一巨大規模的工作，還無法全面展開。

雖然如此，司馬光還是開始了自己的編著工作，治平三年（公元一〇六六年），已修成了一部從戰國到秦二世的八卷本編年史，名曰《通志》。編好後，進呈給皇帝看，就在這一年，英宗命他自選官屬，在崇文院置書局，許借龍圖、天章閣、三館、祕閣的書籍，并賜給御府筆墨繒帛等等，令他續成此書。

神宗即位（公元一〇六七年），開經筵，命以《通志》進讀。神宗爲這部書寫了序言，並定名爲《資治通鑑》，這就是《資治通鑑》書名的由來。

後來司馬光退居洛陽，書局也移到洛陽，延續到元豐七年（公元一〇八四年），才把這樣一部巨大篇幅的編年史修成。從治平三年（公元一〇六六年）開局，至元豐七年成書，前後共用了十九年的時間。

《通鑑》的編纂工作，是在豐富的史料基礎上進行的。《通鑑》在編纂之始，先搜集資料，作成長編，在長編的基礎上，然後删繁就簡，取精用宏，編成我們今天讀到的《通鑑》。《通鑑》成書以後，草稿留在洛陽的，尚盈兩大屋之多。由此可見，編纂《通鑑》時，搜集的資料是如何廣泛和豐富了。《通鑑》採用的書籍，除了正史以外，雜史達三百二十二家之多。《通鑑》在編寫兩漢部分時，前、後《漢書》以外，還採用《東觀漢記》、《續漢書》、《前漢紀》、《後漢紀》等書；在編寫南北朝部分時，除南北朝正史外，還採用了《十六國春秋》、《三十國春秋》、《三國典略》、《太清紀》等書；在編寫唐代部分時，《唐實録》、《唐曆》等書之外，甚至稗官野史，百家譜録，正集别集，墓誌碑碣，行狀别傳，無不搜羅。《通鑑》和《通鑑考異》所引用的許多書籍，後來大部分都亡佚了。我們現在還能在《通鑑》和《通鑑考異》裏看到它們的一鱗半爪，這也增加了《通鑑》和《通鑑考異》兩書在史料價值方面的重要意義。

在《通鑑》的編纂工作中，有時同是一個事情，而三四處的記載各不相同，《通鑑》纂修者經過詳盡的考證。把最後的結論寫在《通鑑》裏，而把各家的異説，收在《通鑑考異》裏。從這點可以見到，《通鑑》的編修者雖然網羅了豐富的史料，但是没有被它所俘虜，他們能從繁雜的史料中，考訂事實，抉擇取捨，這到今天還是值得借鑑的。

《通鑑》一書，在名義上雖是官修的史書，但它和一般官書不同。司馬光本人對歷史造詣很深，協助他修書的人，又都是由他自己挑選，他們不僅是當時著名的史學家，而且又和司馬光志同道合，對歷史事件的看法，也基本上是一致的。在修書時，司馬光又能用其所長，如以劉攽任兩漢，劉恕任魏晉南北朝，范祖禹任唐代，分工方面，能人盡其長，所以能把這部書編修得很好。

主編司馬光本人對於編修《通鑑》的態度，也非常認真，他對於全書的體例、書法、史料的考訂、文章的剪裁，乃至一字一句的錘煉，事事都抓起來，不肯稍稍有所疏忽。翦伯贊同志在《學習司馬光編寫〈通鑑〉的精神》一文中說：「這個《通鑑》永昌元年手稿的發現，說明了一個極其重要的事情，它說明了司馬光對於《通鑑》的編寫，不只是在事後修改潤色，而且一開始就抓提綱，不僅抓總提綱，而且抓每年的提綱，至少抓重要年代的提綱。」「永昌元年，屬於魏晉範圍，正是劉恕担任的部分，但對於起草這一年的提綱，司馬光却没有委託劉恕而是親自動手。這一點就說明了司馬光對於總攬《通鑑》全書的綱要方面，作了辛勤的工作。」（見《人民日報》一九六一年六月十八日）

司馬光對於定稿、統稿工作，也是極爲認真的。他在《進資治通鑑表》中說：「臣既無他事，得以研精極慮，窮竭所有。日力不足，繼之以夜，遍閱舊史，旁採小説，簡牘盈積，浩如烟海，抉擿幽隱，校計毫釐。」「臣之精力，盡於此書。」因此，《通鑑》的編寫工作，有不少可以取法的地方，和當時一般史書，「閣筆相視，含毫不斷，頭白有期，汗青無日」，是不可同日而語的。

司馬光等編寫《通鑑》的動機，是想借鑑於歷史，教人君以致治之術，得使長治久安。又由於時代局限和階級局限，貫串於《通鑑》全書的歷史觀，是唯心主義的歷史觀。這些觀點更露骨地表現在「臣光曰」的評語中。例如《通鑑》在一開頭周威烈王二十三年，「初命晉大夫魏斯、趙籍、韓虔爲諸侯」一事之下，評論説：「臣聞天子之職，莫大於禮，禮莫大於分，分莫大於名。」就這樣，他系統地全面地提出了如何鞏固統治秩序，導致長治久安的看法。

由於階級局限的決定，《通鑑》的編寫者在全書中，對農民舉行的反抗和起義，必然會稱之曰亂，曰反，曰盜，曰賊。但是爲了要人君接受歷史上失敗的教訓，提醒他們注意，不要再蹈前人的覆轍，《通鑑》中也有一些在一定程度上暴露統治階級的黑暗和罪惡的材料。如卷二五一說：

唐懿宗咸通十年「六月，陝民作亂，逐觀察使崔蕘，蕘以器韻自矜，不親政事。民訴旱，蕘指庭樹曰：『此尚有葉，何旱之有！』杖之，民怒，故逐之。蕘逃於民舍，渴求飲，民以溺飲之。」

卷二五二說：

僖宗「乾符元年春正月丁亥，翰林學士盧攜上言：『臣竊見關東去年旱災，自虢至海，麥纔半收，秋稼幾無，冬菜至少，貧者磑蓬實爲麪，蓄槐葉爲齏，或更衰羸，亦難收拾。常年不稔，則散之鄰境，今所在皆飢，無所依投，坐守鄉閭，待盡溝壑。其蠲免餘稅，實無可徵，而州縣以有上供及三司錢，督趣甚急，動加捶撻，雖撤屋伐木，雇妻鬻子，止可供所由酒食之費，未得至於府庫也。或租稅之外，更有他徭，朝廷儻不撫存，百姓實無生計。乞敕州縣，應所欠殘稅，並一切停徵，以俟蠶麥。仍發所在義倉，亟加賑給。至深春之後，有菜葉木芽，繼以桑椹，漸有可食。在今數月之間，尤爲窘急，行之不可稽緩。』敕從其言，而有司竟不能行，徒爲空文而已」。

這樣的材料，對於幫助我們瞭解唐末農民大起義前夕的社會背景是有用處的。

另外，《通鑑》也有一些其他的缺點，如寫帝王將相活動多，反映人民的生活少；政治方面寫得多，經濟方面相對來説寫得不够多；文化藝術方面，寫得更少，如祖國的偉大詩人屈原、杜甫，《通鑑》裏就没有正面提到，這些現象，和編年史體例的局限，也是有關的。

《通鑑》成書後，對後來的歷史學界影響很大，因此通鑑學，便成爲一項專門的學問。宋末元初的著名學者王應麟，除了他的代表作《玉海》、《困學紀聞》以外，在《通鑑》方面，有《通鑑答問》、《通鑑地理通釋》。《通鑑地理通釋》把《通鑑》所載地名，一一考其異同沿革，敍述歷朝分據戰攻，尤爲詳明，後來顧祖禹的《讀史方輿紀要》，就是受到它的影響。

胡三省的《通鑑音注》，對通鑑學的貢獻尤大。先是《通鑑》成書不久，即有劉安世作音義，但這部書不久就亡佚而不傳了。南宋時人史炤，又著有《通鑑釋文》，可是錯誤很多。

胡三省（公元一二三〇至一三〇二年），字身之，浙江天台人。南宋寶祐四年（公元一二五六年）和文天祥、陸秀夫、謝枋得同科中進士。他做過泰和、慈谿尉，江都丞，江陵、懷寧令，壽春府學教授。咸淳十年（公元一二七四年），主管沿江制置司機宜文字。他從小受到他父親的鼓勵，愛好《通鑑》，到了成進士以後，開始《通鑑》的注釋工作。據他《新注資治通鑑序》中稱：「游宦遠外，率攜（《通鑑》）以自隨，有異書異人，必就而正焉。依陸德明《經典釋文》，釐爲《廣注》九十七卷；著論十篇，自周迄五代，略敍興亡大致。」德祐二年（公元一二七六年），南宋首都臨安失守，帝后投降。又三年，文天祥在戰鬥中被俘，張世傑覆舟死，陸秀夫負帝昺蹈海死。胡三省那年正五十歲，他在悲憤之餘，就把全部精神寄托在《通鑑音注》一書上，可是宋亡之際，胡三省把稿本丢了，於是重新買了一部《通鑑》，把司馬光的

《通鑑考異》以及《通鑑目録》中的天文、曆法，并自己的注文，都附注在《通鑑》正文之下。到公元一二八五年，這部書才脱稿，但不斷修改的工作，却一直繼續到七十三歲死的那一年。他同時還寫成《通鑑釋文辯誤》，來駁正史炤的錯誤。胡三省的注，對各朝代的典章制度，考證得很正確詳盡。尤邃於地理沿革之學，曾説：「晉、宋、齊、梁、陳之疆理，不可以釋唐之疆理。釋《通鑑》者，當隨事隨時考其建置離合沿革也。」（《通鑑釋文辯誤》卷十一）清人稱贊他這幾句話，「足爲千古注書之法」。胡三省在注《通鑑》時，爲了便利學者，每遇難字，就將音義注出，而且許多地方並不因爲前面已經注了而後面就有所省略。他遇到《通鑑》原文有句法未順，以及脱字或錯誤的地方，也作了一定的訂正。在注文裏，都注明引用的書目。在胡三省引用的書目中，如宋白《續通典》等書，現在都已看不到了，因此，《通鑑注》還保存了不少佚書的文字，可資輯佚工作者的狩獵。胡三省注《通鑑》時，遇到牽涉到上年的事情，必注明事見某年某卷；牽涉到後來的，也注明爲某事張本。遇到政事上的特殊人物，如劉淵、石勒、朱温、王建，一出現，必注明某人事始此。

「胡三省親眼看到宋朝」，「政治還是那麼腐敗，又眼見宋朝覆滅，元朝的殘酷統治，精神不斷受到劇烈的打擊。他要揭露宋朝招致滅亡的原因，斥責那些賣國投降的敗類，申訴元朝横暴統治的難以容忍，以及自己身受亡國慘痛的心情。因此，在《通鑑注》裏，他充分表現了民族氣節和愛國熱情」。（陳援庵《通鑑胡注表微》重印後記）

陳援庵先生在抗戰時，處故都北平，閉門著作，風節高亮，他寫了《通鑑胡注表微》以寄意，把胡三省的生平抱負、治學精神、愛國思想，加以發揮，是近年來對胡三省研究的一部重要著作。

胡三省《通鑑注》，徵摭既廣，不免偶有疎忽，顧炎武在《日知録》裏，就訂正了他的不少錯誤之處。錢大昕有《通鑑胡注辨誤》。陳景雲撰《通鑑胡注舉正》，糾正胡注地理方面的錯誤數條，但胡三省的《通鑑注》，博大精深，其成就是主要的，不能因爲一些小錯誤，就否定了他的偉大成就。

在明萬曆時，有一位學者嚴衍，著有《通鑑補》，一本八卷四册；武進盛氏刊本；一本二百九十四卷，咸豐元年，江夏童氏活字本。嚴衍引用了許多書籍，來補充《通鑑》所遺漏的地方，同時又給胡三省作補注。對研究《通鑑》和胡三省《通鑑注》的人説來，是很重要的一部參考書。

近人章珏認爲《通鑑》的版本很多，都應該利用來校勘。有北宋元祐本，有南宋紹興本，又清陽城張敦仁有《資治通鑑刊本識誤》，常熟張瑛有《資治通鑑校勘記》，豐城熊羅宿有《胡刻資治通鑑校字記》，章珏都用來參校，成《胡刻通鑑正文校字記》一書，這是集通鑑學校勘大成的一部專門著作。

《資治通鑑》現在流行的版本，有傅增湘影印的宋刊百衲本《資治通鑑》和商務印書館《四部叢刊》初編中影印的南宋紹興二年本《資治通鑑》，都是比較好的版本。但這兩個版本都是《通鑑》白文，没有胡三省的注。一般讀《通鑑》的，都喜歡讀有胡三省注的《通鑑》。胡三省注的《通鑑》，以元興文署刻本最好，清嘉慶二十一年（公元一八一六年），江西鄱陽胡克家翻刻元興文署本，一時成爲最精也最爲普及的本子，後來江蘇官書局又收購胡克家版片，其磨泐的又加以補刻，流傳也很廣，現在流行的石印本，大都是翻刻胡克家本的。

解放後，在黨和政府的鼓勵下，有十二位專家組成標點《資治通鑑》委員會，從事《通鑑》的點校工作。他們以胡克家復元本作底本，又把嚴衍《通鑑補》書中有關可以訂正《通鑑》的部分，以及章鈺的《通鑑校宋記》，都擇要過校，附見於各正文之下。可以説它不僅訂正了過去《通鑑》版本上的不少錯誤，而且也是通鑑學的一個初步總結。同時專家們在加工時，還標點、分段，每一年的眉頭上，都注明公曆年月，對於閱讀者翻檢，是非常方便的。這個本子就是原來古籍出版社後來中華書局所排印的這一本子。

《通鑑考異》的史料考訂價值

司馬光費了十九年的時間，編成《資治通鑑》二百九十四卷，上起周威烈王二十三年（公元前四〇三年），下迄後周世宗顯德六年（公元九五九年），前後一千三百六十二年，用三百多萬字，寫成一部空前的編年史巨著，文字簡練，記事周詳，經歷九百年的流傳，堪稱不朽之作。

和司馬光合作編修《資治通鑑》的，有劉攽、劉恕、范祖禹等人，劉攽專職兩漢，劉恕專職魏晉南北朝，范祖禹專職唐五代。五代除了范祖禹之外，劉恕尚著有《十國紀年》。可見他也參加這一段的編修，一段由兩個人來編修，一個整理北方五代的史事，一個整理十國的史事，我想完全可以配合起來的。

在《資治通鑑》的編纂過程中，有時同是一個事情，而各書記載，互相抵觸，纂修者倘不在《考異》裏加考訂，講清楚對資料抉擇的本意，後來的學人讀《通鑑》時，反而會把《通鑑》所捨棄的資料，用來作爲糾正《通鑑》之不足，因此必須加以說明。他們把最正確的結論寫在《通鑑》正文裏，而把二百多種引用的書籍，異說紛紜，經過嚴密周詳的考訂，指出哪些是錯誤的，哪些是正確的，把它收在《通鑑考異》一書裏。

《通鑑考異》全書凡三十卷，也是略古詳今，隋以前，一共只佔八卷，唐王朝的建立到滅亡，却從九卷到二十八卷，佔了二十卷，五代從二十八卷到三十卷。當司馬光編纂《資治通鑑》時，隋以前的書籍，已流傳不多，同時經過前人的考訂，歷史上許多矛盾的問題，也基本多澄清了，所以在全書中，佔卷數較少。唐接五代宋，雖經戰亂，但書籍的散失，還不算厲害，留存的有價值的歷史資料，比較豐富，記載的差異，資料的互相出入，司馬光和范祖禹，必須詳盡地加以考訂，使年月日盡量可考，記載的史事確鑿可信，才能經歷久遠，不愧爲一代編年巨著。

《通鑑考異》三十卷，而《唐紀》二十卷，佔全書的三分之二，本文舉例，也偏重在這二十卷中，今條列於後。

《通鑑考異》卷九《唐紀》一：「宇文化及、智及等謀弒煬帝」條，「《革命記》曰：『〔煬〕帝知歷數將窮，意欲南渡江水，咸言不可。帝知朝士不欲渡，乃將毒藥，醞酒二十石，擬三月十六日爲宴會，而酖殺百官。南陽公主（宇文士及妻）恐其夫死，乃陰告之而事泄。爲此始謀害帝以免禍。』」《考異》不相信這個説法，認爲：這種傳説，「並是兇逆之旅，妄構此詞。于時上下離心，人懷異志，帝深猜忌，情不與人。醞若不虛，藥須分付有處，遣何人併醞二十石藥酒？必其酒有酖毒，一石堪殺千人，審欲擬殺羣寮，謀之者必有三五。衆謀自然早泄，豈得獨在南陽〔公主〕。只〔裴〕虔通恥有殺害之名，推過惡於人主耳」。《通鑑考異》不相信隋煬帝有醞藥酒殺羣臣及南陽公主泄密謀的事情，是很有見識的，遷都建康，以求苟安江南半壁，確是煬帝始圖，故《通鑑》編者采用之。

《通鑑考異》卷九《唐紀》一：「行開元通寶錢」條，「薛璫《唐聖運圖》云：『敕進蠟樣，文德皇后（太宗長孫皇后）掐一甲，故錢上有甲痕焉。』凌璠《唐録政要》云：『竇皇后（高祖竇皇后）。』按時竇后已崩，文德后未立，今皆不取。」有關開元通寶錢上的指甲痕，傳説紛紛，《通鑑》的編者舉出竇后已死，長孫后未立（太宗未卽位）這一事實，力闢傳説，確鑿有力。這是一條小小的考證，但誰能推倒它呢！

《通鑑考異》卷十《唐紀》一：「世勣至鬱督軍山」條，「《勣傳》作烏德鞬山，《唐曆》云卽鬱督軍山，虜語兩音也。《鐵勒傳》云至於天山。今從《唐曆》。」鬱督軍山卽烏德鞬山之異譯，亦卽《周書·突厥傳》之於都斤山，蓋《通鑑》編者對這方面的對音知識，已深有瞭解。

《通鑑考異》卷十一《唐紀》三：「長安元年正月改元大足」條，「《朝野僉載》云：『司刑寺囚三百餘人，秋分後無計可作，乃於圓獄外羅牆角邊作聖人迹五尺，至夜半，三百人時大叫，內使推問，云昨夜有一聖人見，身長三丈，面作金色，云汝等並冤枉，不須怕懼，天子萬年，卽有恩赦放汝。把火照之，見有僞跡，卽大赦天下，改爲大足元年，識者相謂曰，武家理天下足也。』按改元在春，不在秋，又無赦，今不取。」《通鑑》不載神怪，卽改大足一事，亦力闢《朝野僉載》囚犯「秋分後無計可作」等語，並考證是年雖改元，亦無赦，故但記改元，不録僞造聖人足迹之説。

《通鑑考異》卷十二《唐紀》四：「太平公主用事宰相七人五出其門」條，「《唐曆》曰：『宰相有七，四出其門。天子孤立而無援。』《新·舊傳》皆云：『宰相七人，五出主門下。』按是時竇懷貞、蕭至忠、岑羲、崔湜與主連謀，其不附主者郭元振、魏知古、陸象先三人也。或者《新·舊傳》並象先數之，《唐曆》不數象先耳。」這一條《通鑑》編者采用《新·舊傳》五出其門的説法，一方面出《考異》來説明《唐曆》的四出其門之説是正確的。

《通鑑考異》卷十二《唐紀》四：「十二月張説左遷相州刺史」條，「《松窗雜録》：『姚崇爲相，忽一日對於便殿，舉右足不甚輕利，上曰：「卿有足疾邪?」崇曰：「臣有腹心之疾，非足疾也。」因前奏張説罪狀數百言，上怒曰：「卿歸中書，宜宣與御史中丞共按其事，而説未之知。……崇急呼御史中丞李林甫以前詔付之。林甫語崇曰：「説多智謀，是必困之，宜以劇地。」崇曰：「丞相得罪，未宜太逼。」林甫又曰：「公必不忍，卽説當無害。」』《通鑑》編者不信其事，以「元崇開元四年罷相，林甫十四年始爲御史中丞」。這是一個硬證；把《松窗雜録》的説法，完全推翻了。其中還夾有書生通張説侍兒一事，後來書生替張説於九公主處買關節，九公主言之於玄宗，張説得以無罪，《通鑑》編者認爲小説家言，事太離奇，出於好事者所爲，故並不取。

《通鑑考異》卷十三《唐紀》五：「十月庚申上幸汝州廣成湯」條，「令狐峘《代宗實録》云：『上以開元十四年十月十三日生，時玄宗幸汝州之温湯，有望氣者云，宮中有天子氣，玄宗卽日還宮，是夜代宗降誕。』按《玄宗實録》，此月十六日庚申，始幸温湯，己巳乃還宮，與《代宗實録》不同。《舊紀》云十二月十三日生，《舊后妃傳》：『章敬皇后吴氏，坐父事没入掖庭，開元二十三年，玄宗幸忠王邸，見王服御蕭然，傍無媵侍，命將軍高力士選掖庭宮人以賜之，而吴氏在籍中，明年生代宗皇帝，十八年薨。』按代宗此年(指開元十三年)生，而云二十三年以吴后賜忠王，十八年薨，蓋誤以十三年爲二十三年也。《次柳氏舊聞》：『肅宗在東宮，爲李林甫所構，勢既危者數矣。無何，須鬢斑白。嘗早朝，上見之，愀然曰：「汝歸第，吾當幸汝。」及上至，顧見宮庭殿宇，皆不灑掃，而樂器塵埃，左右使令，無有妓女，上爲之動色。使力士詔掖庭，按籍閲視，得三人，乃以賜太子，而章敬吴皇后在選中，生代宗。』按開元二十三年，李林甫初爲相，二十五年，廢太子瑛，二十六年乃立肅宗爲太子，天寶五年，李林甫始構韋堅之獄。《舊聞》所記，事皆虚誕，年月不合，《新書后妃傳》全取之，今皆不録。」《通鑑》編者用肅宗立爲太子的年月日，否定《次柳氏舊聞》記載之不確，同時也對《新唐書·后妃傳》的記載，作了糾正。駁斥有力，《次柳氏舊聞》之説，蓋不可信。

《通鑑考異》卷十五《唐紀》七：「至德元載七月庚午上皇至巴西」條，「《次柳氏舊聞》：『上始入斜谷，天尚早，烟霧甚昧。知頓使韋倜於墅中得新熱酒一壺，跪獻于馬首者數四，上不爲之舉，倜懼，乃注於他器，自引滿於前。上曰：「卿以我爲疑也，始吾御宇之初，嘗大醉，損一人，吾悼之，因以爲戒，迨今四十年矣，未嘗甘酒味。」指力士近臣曰：「此皆知之，非紿卿也。」從者聞之，無不感悦。』《幸蜀記》：『上皇在巴西郡，宰臣請高力士奏：「蜀中氣候温瘴，宜數進酒。」上皇令高力士宣旨曰：「朕本嗜酒，斷之已久，終不再飲，深愧卿等意也。」力士因説上皇開元四年，因醉怒殺一人，明日都不記得，猶召之，左右具奏，上愴然不言，乃賜御庫絹五百匹，用給喪事，更令力士就宅宣旨致祭，從兹斷酒，雖下藥亦不輒飲。』按玄宗荒于聲色，幾喪天下，斷酒小善，夫何足言，今不取。」《次柳氏舊聞》説玄宗入斜谷，這是不真實的，唐玄宗是取道大散關入劍閣的。玄宗斷酒，雖是小事，《通鑑》編者認爲不值得一提，因此但在《考異》中加以説明，今人編《天寶遺事》電影劇，寫唐玄宗醉酒事，其實自開元四年後，唐玄宗滴酒不霑，史有明文，儻使編寫電影劇本的同志看到這條記載，就會寫得更加附合歷史事實了。

《通鑑考異》卷十五《唐紀》七："「上欲免張均張垍死上皇不從」條，「柳珵《常侍言旨》云：『太上皇召肅宗謂曰："張均弟兄，皆與逆賊作權要官，就中張均更與賊毁阿奴三哥家事，雖犬彘之不若也，其罪無赦。」肅宗下殿叩頭再拜曰："臣比在東宫，被人誣譖，三度合死，皆張說保護，得全首領，以至今日。說男一度合死，臣不能力争。儻死者有知，臣將何面目見張說於地下。」嗚咽俯伏。太上皇命左右曰："扶皇帝起。」乃曰："與阿奴處置，張垍宜長流遠惡處，張均宜棄市。阿奴更不要苦救這賊也。」肅宗掩泣奉詔。』按肅宗爲李林甫所危，時說已死，乃得均、垍之力耳，今略取其意。」《通鑑》編者取柳珵《常侍言旨》意，以爲張均、張垍可能保護過肅宗，張說早死，不可能有保護肅宗事，核對時日，有說服力。

《通鑑考異》卷十六《唐紀》八："「又殺朝清等」條，此條二千餘字，引《實録》、《薊門紀亂》、《河洛春秋》、《新唐書》等，序史思明死後，薊中奪權各種混亂情況，委曲詳盡，《通鑑》正文只略取簡明經過，較之《考異》所引，删略很多。

《通鑑考異》卷十七《唐紀》九："「三年四月上欲以李泌爲相固辭」條，「《鄴侯家傳》：『固辭以讓元載。』按載時已爲相，何讓之有？」《通鑑》編者對《鄴侯家傳》一書，充分不相信，認爲可靠程度極可懷疑。這個問題，我們下面還要充分講到。

《通鑑考異》卷十八《唐紀》十："「貞元元年七月馬燧入朝請討懷光」條，「《鄴侯家傳》稱李泌語曰："『臣爲陛下憂，不在河中，乃在太原。今馬燧亦蹭蹬矣，領河東十萬之師，遣王權領五千人赴難，及再幸梁洋，遂抽歸本道，男暢在奉天，亦便北歸。』又曰：『馬燧保全河東十餘州，以待陛下還宮，此亦功也。』」《鄴侯家傳》裏還曲折地敍述李泌通過各種渠道説服馬燧出軍討伐河中的經過，「既而馬燧表至，請全軍南收河中，仍自供糧。上大悦，召先公對，曰：『馬燧果請全軍討懷光來矣，兼請至行營以來，自備軍糧，何其畏伏卿如此也。』」《通鑑》編者按：「泌到長安數日，即除常侍，時興元元年七月乙未也。八月癸卯，加燧晉慈隰節度使。然則癸卯之前，燧已取晉慈隰三州矣。故朝廷命爲副元帥以討懷光，十月，已拔絳州及猗氏等諸縣矣。貞元元年正月改元赦，於時燧豈得猶在太原雪懷光邪？自乙未至癸卯纔九日，自長安至晉陽千餘里，若必因諷諭（太原行事）鄭叔規始來京師，又令叔規還激勸燧，又使燧以書諭懷光，懷光不從，然後上表興師伐之，事多如此，豈九日之内所能容也？此直李繁欲取馬燧平河中之功，皆歸於其父耳。今從《舊燧傳》。」《通鑑考異》還説：「是時懷光垂亡，燧功已成八九，故自入朝争之，豈肯面雪懷光邪！今從《舊傳》。」這段文字很長，引用時删節很多，總之一句話，李繁的《鄴侯家傳》，往往爲了提高李泌，攻訐别人，掠人之美，不惜採用任何手法。譬如潤州（浙西）韓滉運米餉李晟，後來又把江淮的租米源源不斷運進關中，李繁在《鄴侯家傳》中也歸功於李泌，《通鑑》有的採用，有的不採用，其取捨是比較嚴格的。《通鑑考異》在《唐紀》十一：「三月李泌好談神仙爲世所輕」條，「《舊泌傳》：『泌自外徵還，以至大用，時論不以爲愜。及在相位，隨時俯仰，無足可稱。』」然「《舊傳》毁之太過，《家傳》出於其子，雖難盡信，亦豈得盡不信，今擇其可信者存之」。

《通鑑考異》卷二十《唐紀》十二：「十五年正月帝暴崩時人言陳弘志弑逆」條，「《實録》但云『上崩于大明宮之中和殿。』《舊紀》曰：『時帝暴崩，皆言内宫陳弘志弑逆，史氏諱而不書。』《王守澄傳》曰：『憲宗疾大漸，内官陳弘慶等弑逆，憲宗英武，威德在人，内官祕之，不敢除討，但云藥發暴崩。』《新傳》曰：『守澄與内常侍陳弘志弑帝於中和殿。』裴廷裕《東觀奏記》云：『宣宗追恨光陵（穆宗陵名）商臣之酷，郭太后亦以此暴崩。』然兹事曖昧，終不能測其虚實，故但云暴崩。」又《通鑑考異》卷二十二《唐紀》十四：「二年五月太皇太后郭氏崩」條，「《實録》：五月己卯，太后崩。『初上篡位，以憲宗遇弑，頗疑后在黨中，至是暴得疾崩，帝之志也。』《東觀奏記》曰：『憲宗皇帝晏駕之夕，上雖幼，頗記其事，追恨光陵商臣之酷，即位後，誅鋤惡黨，無漏網者。郭太后以上英察孝果，且懷慚懼，時居興慶宫，一日與一二侍兒同升勤政樓，倚衡而望，便欲殞於樓下，欲成上過，左右急持之，即聞于上，上大怒，其夕太后暴崩，上志也。』」憲宗爲宦官所殺害，事無可疑，憲宗之死，或者經過郭后及太子（穆宗）點頭的，子弑其父，妻殺其夫，是封建社會倫常之大變，《通鑑》作者一方面在《考異》中提供線索，一方面又採用疑以傳疑的態度。

《通鑑考異》卷二十《唐紀》十二：「九月李逢吉結王守澄」條，「李讓夷《敬宗實録》曰：『逢吉用族子仲言（即李訓）之謀，因鄭注與守澄潛結上於東宫，且言逢吉實立殿下，上深德之。』劉昫（《舊唐書》作者）承之爲《逢吉傳》，亦言『逢吉令仲言賂注，求結於守澄，仲言辯譎多端，守澄見之甚悦，自是逢吉有助，事無違者』。其《李訓傳》則云：『訓自流所還，丁母憂居洛中，時逢吉爲留守，思復爲相，乃使訓因鄭注結王守澄。』然則逢吉結守澄，乃在文宗時，非穆宗時也。二傳自相違，逢吉結守澄，要爲不誣，然未必因鄭注。李讓夷乃李德裕之黨，惡逢吉，欲重其罪，使與李訓、鄭注皆有連結之迹，故云用訓謀，因注以交守澄耳。」牛李黨争，此時已開始，李逢吉，牛黨之健者，但甘露事變，牛李兩黨魁，皆已外放，離開中樞，所以牛李兩黨的主要人物，多不染及。李讓夷，是李德裕之黨，硬要把李逢吉説成因鄭注以結王守澄，想趁勢打擊李逢吉，《通鑑》編者有卓識，替李逢吉辨白，歷史事實也證明李逢吉與鄭注無關，李訓雖是李逢吉族子，但政治路線，也不完全湊在一起。

《通鑑考異》卷二十《唐紀》十二：「四月八關十六子」條，「按宰相之門，何嘗無特所親愛之士，數蒙引接，詢訪得失，否臧人物，其間忠邪溷殽，固亦多矣。其疎遠不得志者，則從而怨疾之，巧立品目，以相譏誚，此乃古今常態，非獨逢吉之門，有八關十六子也。《舊逢吉傳》以爲『有求於逢吉者，必先經此八人納賂，無不如意。』亦恐未必然，但逢吉之門，險詖者爲多耳。此皆出於李讓夷《敬宗實録》，蓋讓夷德裕之黨，故深詆之耳。」牛李黨争，李黨如李讓夷《敬宗實録》，皇甫松《續牛羊日曆》，皆深詆牛黨，唯恐不能置之死地，而《通鑑》編者皆不取其説。

《通鑑考異》卷二十《唐紀》十二：「敬宗寶曆元年正月牛僧孺爲武昌節度使」條，「皇甫松《續牛羊日曆》曰：『太牢（指牛僧孺）既交惡黨，潛豫姦謀。太牢乃元和中青衫外郎耳。穆宗世因承和薦，不三二年，位兼將相。憲宗仙駕至灞上，以從官召知制誥。當時宰臣未盡兼職，而獨綜集賢、史館兩司；出鎮未盡佩相印，而太牢同平章事出夏口。夏口去節十五年，由太牢而加節焉。』太牢『作《周秦行紀》，呼德宗爲沈婆兒，謂睿真皇太后爲沈婆，此乃無君甚矣。』此朋黨之論，今不取。」牛李黨争，李德裕一黨對牛黨進行攻擊，無微不知，劉軻《牛羊日曆》、皇甫松《續牛羊日曆》尤其甚者，《通鑑》編者並不取，也是有識見的。

《通鑑考異》卷二十一《唐紀》十三：「殺生除拜皆決於兩中尉」條，「皮光業《見聞録》曰：『崔慎由以元和元年登第，至開成已入翰林。因寓直之夕，二更以來，有中使宣召，引入數重門，至一處，堂宇華煥，簾幕俱垂，見左右二廣（二廣，兩軍，指左右神策軍中尉），燃蠟而坐，謂慎由曰：「上不豫來已數日，兼自登極後，聖政多虧，今奉太后中旨，命學士草廢立令。」慎由大驚曰：「某有中外親族數千口，列在搢紳長行，兄弟甥姪僅三百人，一旦聞此覆族之言，寧死不敢承命。況聖上高明之德，覆于八荒，豈可輕議。」二廣默然，無以爲對，良久，啓後户，引慎由至一小殿，見文宗坐於殿上，二廣逕登階，而疏文宗過惡，上唯俛首。又曰：「不爲此拗木枕措大，不合更在此坐矣。」街談以好拗爲拗木枕。仍戒慎由曰：「事泄即是此措大也！」於是二廣自執炬送慎由出邃殿門，復令中使送至本院。慎由尋以疾出翰林，遂金縢其事付胤（崔慎由子崔胤），故胤切於勦絶北司者，由此也。誅北司後，胤方彰其事。』《新傳》曰：『慎由記其事，藏箱枕間，將没，以授其子胤，故胤惡中官，終討除之。』按《舊傳》，崔慎由大中初始入朝爲右拾遺、員外郎、知制誥，文宗時，未爲翰林學士，蓋崔胤欲重宦官之罪而誣之，《新傳》承皮《録》之誤也。」《新唐書·崔慎由傳》採用皮光業的《見聞録》，《通鑑》編者指出有明顯的錯誤，因爲開成時，崔慎由根本不在長安，也尚未做到翰林學士，據《翰苑羣書》引丁居晦《重修承旨學士壁記》大中後翰林學士二十九人中有崔慎由，其爲翰林學士在「大中三年六月八日，自職方郎中、知制誥充，九月六日，拜中書舍人，依前充，十二月九日，守本官出（翰林）院」。從崔慎由的仕歷，不可能見到二中尉面疏文宗過惡事，皮光業是皮日休的兒子，雖然和崔胤時代相接，但他的記載，却不全可靠的。

《通鑑考異》卷二十二《唐紀》十四：「上不禮光王怡」條，「韋昭度《續皇王寶運録》：『宣宗即憲皇第四子（應作第十三子），自憲皇崩，便合紹位，乃與姪文宗，文宗崩，武皇慮有他謀，乃密令中常侍四人擒宣宗於永巷，幽之數日，沉於宮厠。宦者仇公武愍之，乃奏武宗曰：「前者王子，不宜久於宮厠，誅之。」武宗曰：「唯！唯！」仇公武取出，於車中，以糞土雜物覆之，將別路歸家密養之。三年後，武皇宮車晏駕，百官奉迎於玉宸殿立之，尋擢仇公武爲軍容使。』尉遲偓《中朝故事》：『敬宗、文宗、武宗相次即位，宣皇，皆叔父也。武宗初登極，深忌焉。一日會鞠於禁苑間，武宗召上，遥覩，瞬目於中官仇士良，士良躍馬向前曰：「適有旨，王可下馬。」士良命中官輿出，軍中奏云：「落馬，已不救矣。」尋請爲僧，游行江表間。會昌末，中人請還京，遂即位。』令狐澄《貞陵遺事》：『上在藩時，嘗從駕迴，而上誤墮馬，人不之覺。比二更，方能興。時天大雪，四顧悄無人聲，上寒甚，會巡警者至，大驚，上曰：「我光王也。不悟至此，方困且渴，若爲我求水。」警者即於旁近得水以進，遂委而去。上良久起，舉甌將飲，顧甌中水，盡爲芳醪矣。上獨喜自負，一舉盡甌，已而體微暖有力，遂步歸藩邸。』此三事皆鄙妄無稽，今不取。」僧傳載宣宗龍潛時好微行江淮事，即位後，也有不少記載，説帝好微行，此三條，太詭異，《通鑑》編者不取，也是有識見的。

《通鑑考異》卷二十三《唐紀》十五：「王仙芝起長垣」條，「《實録》：『二年五月，王仙芝反於長垣。』按《續寶運録》、『濮州賊王仙芝自稱天補平均大將軍，兼海内諸豪都統，傳檄諸道，檄末稱乾符二年正月三日，則仙芝起，必在二年前，今置於歲末。」王仙芝起兵年月，此最可靠，天補平均大將軍稱號，也始見於《續寶運録》。

舉例且舉到這裏爲止。

《通鑑》是編年體的體裁。因此首先考訂每件史事發生的年月日，使它盡量正確。在《通鑑考異》裏，用大量的篇幅考訂史事發生的年月日，有時引書至五六種之多。在人名方面，張鎮洲抑張鎮周，周摯抑周萬至，仇甫抑裘甫等等，也廣引載籍，作了解釋。至於西域、南海地名、人名的異譯，都有交代，更是不用説了。在這方面《考異》所出的校記尤其多，例子也舉不勝舉，這裏也就不多説了。

《通鑑考異》和二百九十四卷《通鑑》，這兩部書，是不可分割開來的，没有《通鑑考異》就不可能説明《通鑑》功力之深，泛覽之勤，經歷千年，而此書仍舊受人贊揚，不是偶然的事情了。

從《宋書·顏延之傳·庭誥》校勘記看《册府元龜》在校勘學上的價值

北宋統一全國後，全國（包括已合併於宋的南唐、吴越、閩、越地區）封建知識份子的工作安排和發揮他們的作用問題，就提到議事日程上來了。宋太宗在太平興國（公元九七六至九八四年）時期，前後編出了幾部大書：《太平御覽》一千卷；太平興國二年（公元九七七年），李昉領銜編成；《太平廣記》五百卷，太平興國二年，李昉領銜編成；《文苑英華》一千卷，太平興國七年（公元九八二年），李昉領銜編成；《太平寰宇記》二百卷，樂史撰進。上面四部書，前三部是官修的，所以由宰相李昉領銜；第四部是私修的，才由撰述者樂史呈進。在官修上面三種大著述時，大都由政府招集了許多文士，包括南唐、吴越、閩、蜀的文士進行，俸禄待遇較厚，生活條件照顧得較好，天府祕閣所收藏的書籍，也讓編修官員充分利用。因此編出來的書，質量較高，能够長期流傳下來，直到今天還有重要的參考價值。

宋真宗時期，繼承了這一優良傳統。咸平四年（公元一〇〇一年），宋白奉詔撰成《續通典》二百卷。景德二年（公元一〇〇五年），又命王欽若領銜，實際依靠楊億、劉筠、錢惟演等人，編製了一部篇幅巨大的《册府元龜》，共一千卷。據《麟臺故事》云，在《册府元龜》未編成前，這部書没有正式名稱，但稱編次《歷代君臣事迹》。

《麟臺故事》云：

景德二年九月，命刑部侍郎資政殿學士王欽若、右司諫知制誥楊億修《歷代君臣事迹》。欽若等奏請以太僕少卿直祕閣錢惟演、都官郎中直祕閣龍圖閣待制杜鎬、駕部員外郎直祕閣刁衎、户部員外郎直集賢院李維、右正言祕閣校理龍圖閣待制戚綸、祕書丞直史館王希逸、祕書丞直史館陳彭年、姜嶼、太子右贊善大夫宋貽序、著作佐郎直史館陳越同編修。初命億等編修，俄又取祕書丞陳從易、祕閣校理劉筠。及希逸卒，貽序貶官，又取直史館查道、太常博士王曙（後避帝諱改名曉，是寇準女壻），復取直集賢院夏竦。又命職方員外郎孫奭撰《音義》。凡九年，大中祥符六年（公元一〇一三年），成一千卷上之，及《目録》、《音義》各十卷，久之，賜名《册府元龜》。

《册府元龜》開始纂撰於景德二年（公元一〇〇五年），時距後蜀孟氏之亡（宋乾德三年，公元九六五年）已四十年，距南唐之亡（宋開寶八年，公元九七五年）已三十年，距吴越之降（宋太平興國三年，公元九七八年）已二十七年，因此當編纂《册府元龜》時，南唐、吴越、閩、蜀的遺臣入宋者，半已凋謝，參加修書者已不如修《太平御覽》、《太平廣記》、《文苑英華》時之盛。其中編修官如錢惟演，是吴越王錢俶之子，刁衎曾以門蔭仕南唐爲祕書郎集賢校理，舒雅是韓熙載的門人，久仕南唐，薛映父薛允中仕蜀，杜鎬仕南唐爲集賢校理，查道父祖皆仕南唐，致身通顯。其餘如楊億，建州埔城人，祖仕南唐爲玉山令，億未嘗仕南唐。丁謂，蘇州長洲人，宋太宗淳化年間，以進士及第，也未曾仕南唐。可以説都是宋所培養出來的知識份子。在《册府元龜》編纂時，南唐、吴越、閩、蜀文士的人數比重，已經不算太多了。

《册府元龜》所收採的資料，除了九經正史以外，還有《國語》、《戰國策》、《管子》、《晏子春秋》、《孟子》、《韓非子》、《淮南子》、《吕氏春秋》、《韓詩外傳》以及歷代類書《修文殿御覽》之類。編修官上言：「近代臣僚自述揚歷（歷官經過）之事，如李德裕《文〔宗〕武〔宗〕兩朝獻替記》、李石《開成承詔録》、韓偓《金鑾密記》之類；又有子孫追述先德，敍家世，如李繁《鄴侯家傳》、《柳氏序訓》、《魏公家傳》之類，或隱己之惡，或攘人之善，並多溢美，故匪信書。并僭僞諸國，各有著撰，如僞《吴録》、《孟知祥實録》之類，自矜本國，事或自誣。其上諸書，並欲不取。餘有《三十國春秋》、《河雒記》、《壺關録》之類，多是正史已有。《秦記》、《燕書》之類，出自魏邦。《商芸小説》、《談藪》之類，俱是恢諧小事。《河南志》、《邠志》、《平剡録》之類，多是故吏賓從述本府戎帥征伐之功，傷於煩碎。《西京雜記》、《明皇雜録》，事多語怪，《奉天録》尤是虚詞。盡議採取，恐成蕪穢。」因此纂修《册府元龜》的編修官都不主張採用。詔下，並依從之。《容齋隨筆》認爲《册府元龜》對這些書，多不採收，「遺棄既多，故亦不能暴白」。把它和司馬光所編《資治通鑑》來比較，「如《資治通鑑》則不然，以唐一代言之，敍王世充、李密事，用《河雒記》，魏鄭公（魏徵）用《諫録》，李絳議奏用《李司空論事》，睢陽（張巡）事用《張中丞傳》，淮西（吴元濟）事用《涼公（李愬）平蔡録》，李泌事用《鄴侯家傳》，李德裕太原澤潞回鶻事用《兩朝獻替記》，大中吐蕃尚婢婢等事用林恩《後史補》，韓偓奉翔謀劃用《金鑾密記》，平龐勛用《彭門紀亂》，討裘甫用《平剡録》，畢師鐸、吕用之事用《廣陵妖亂志》，皆本末粲然。則雜史、瑣説、家傳，豈可盡廢也」。馬端臨《文獻通考・經籍考》採其説，用《册府元龜》來和《資治通鑑》作比較，批評了《册府元龜》不當不收雜史瑣説，把部分最珍貴的第一手資料都捨棄了，這確實是非常可惜的。他的批評可以説是非常中肯的。

從《歷代君臣事迹》賜名爲《册府元龜》一事看來，元龜就是指南的意思，册府卽策府，《穆天子傳》：「癸巳，至於羣玉之山，容□氏之所守，曰羣玉田山，□知阿平無險，四轍中繩，先王之所謂策府。」郭璞注：「言往古帝王以爲藏書册之府，所謂藏之名山者也。」因爲王欽若、楊億等奉詔在祕書修書，書成，也藏之祕閣，祕閣就是帝王書册之府，所以定名爲《册府元龜》。《册府元龜》既然命名的意思是祕閣中帶有指導意義的藏書，是供帝王乙夜披覽的，也就是説，書的内容，是叫後王作爲式法的，只能講好事，不能講壞事，所以臣弑其君、子殺其父以及統治階級淫亂之事，是《册府元龜》内容中所不允許收録的。據《容齋隨筆》記載，《册府元龜・宴享門》有録「唐中宗宴飲，韋庶人（韋后）等預會和詩，與臣僚馬上口摘含桃（櫻桃）」一事，宋真宗審稿時，認爲馬上口摘櫻桃，很不雅觀，勒令删去此條，使這部書，能够「垂爲世法」。書中只講「君臣善迹，邦家美政，禮樂沿革，法令寬猛，官師議論，多士名行」。宋真宗自己也説：「朕編此書，蓋取著歷代君臣德美之事，爲將來取法。」可以説《册府元龜》是一部只講好事，不載壞事，教人向它學習的書。在剥削階級統治的社會裏，好事固然也有，但壞事更多於好事的。尤其這些壞事，正可以作爲人們的鑒戒，而《册府元龜》却把它删除了，這可以説是非常片面的。

張耒在《明道雜志》裏談到這樣一個故事：

楊大年(楊億字大年)奉詔修《册府元龜》,每數卷成,輒奏之。比再降出,真宗常有籤貼,有少差誤必見,至有數十籤。大年雖服上之精鑒,而心頗自愧。竊揣上萬幾少暇,不應能如此,稍訪問之,乃每進本到,輒降付陳彭年。彭年博洽,不可欺毫髮,故謬誤處皆籤貼以進。大年乃盛薦彭年文字,請與同修。自是進本降出,不復籤矣。

按《麟臺故事》,景德二年九月,修《册府元龜》,即命陳彭年爲同修官,所以張耒在《明道雜志》中説楊億後來才推薦陳彭年爲同修官之説,是不足爲據的。不過《册府元龜》原稿進本入内呈請御覽,再由御批降付陳彭年覆審,這也完全是可能的。陳彭年所挑剔的,無非有些内容,楊是認爲可以收録的,而陳彭年却百般挑剔,以迎合宋真宗,恐怕上引馬上口摘櫻桃之類,也是陳彭年把它挑剔出去的。據沈括《夢溪筆談》説:「王公(王旦)素所厚唯楊大年,公有一茶囊,唯大年至,則取茶囊具茶,他客莫與也。公之弟子但聞取茶囊,則知大年至。」《宋書·王旦傳》亦稱「旦與楊億素厚」,及病困,「延〔億〕至卧内,請撰遺表」。又稱旦與向敏中同在中書,「敏中出陳彭年所留文字,旦瞑目取紙封之。敏中請一覽,旦曰:『不過與建符瑞圖進爾』」。可見楊億與陳彭年兩人之賢佞,在王旦心目中,完全有清楚的看法。楊億所進呈的《册府元龜》稿本,受到陳彭年的挑剔,決不是楊億等的學力有不够的地方,而是陳彭年迎合宋真宗,故意加以挑剔的。

北齊人撰《修文殿御覽》,唐人修《初學記》、《藝文類聚》、《白帖》,所引之事,皆注明引書的出處,宋人修《太平御覽》,也寫明出處。獨有《册府元龜》則不然,但分門别類,不言出處,這是《册府元龜》不及

《初學記》、《太平御覽》等的地方。但是《册府元龜》是北宋前期編就的一部書，陳援庵先生説：「其所見史，又皆北宋以前古本，故可以校史，亦可以補史。《舊唐》、《舊五代史》無論，《魏書》自宋南渡後卽有缺頁，嚴可均輯《全後魏文》，其三十八卷劉芳上書言樂事，引《魏書・樂志》僅一行，卽注原有缺頁，盧文弨《羣書拾補》，於《魏書》此頁認爲無從考補，僅從《通典》補得十六字，不知《册府元龜》五百六十七卷載有此頁全文，一字無闕。盧、嚴輯佚名家，號稱博洽，乃均失之交臂，致《魏書》此頁埋没八百年，亦可爲清儒不重視《册府元龜》之一證。」（《影印明本册府元龜序》）

近年中華書局不但影印了《册府元龜》出版，而且在點校二十四史時，在點校《宋書》、《南齊書》、《梁書》、《陳書》和《魏書》、《北齊書》、《周書》時，曾充分利用了《册府元龜》來對校，收穫也很大，每一卷多則十餘條，少則三五條，校勘的質量，比用版本（百衲本、三朝本、南監本、北監本、毛本、殿本、局本）校，以及利用《南北史》、《太平御覽》來對校，收穫都很大，這是值得推廣介紹的一條經驗。

現在只抽出沈約《宋書・顏延之傳》的校勘記來敍述一下。《顏延之傳》所載的《庭誥》，錯字奪文比較多，嚴可均輯《全宋文》時，也只有沿襲其誤，無法改正。現在用《册府元龜》對校一下，可説文通字順，問題基本算解決了。

今所載咸其素蓄　「蓄」，各本並作「畜」，據《册府元龜》卷八一六改。

若不練之庶士　各本並脱「若」字，據《册府元龜》卷八一六補。

非可一時同處　各本並脱「同」字，據《册府元龜》卷八一六補。

諧調哂謔適坐之方　「適坐」《册府元龜》卷八一六作「適生」。

期變犬馬則步顧成妖　「期變」《册府元龜》卷八一六作「耽愛」。

使施如王丹受如杜林　「受」各本並作「愛」，據《册府元龜》卷八一六改。按此兩句，上句見《後漢書·王丹傳》，下句見《後漢書·杜林傳》。

猶火含烟而烟妨火桂懷蠹而蠹殘桂　各本並作「猶火含烟而妨火，桂懷蠹而殘桂」，今據《藝文類聚》卷二三引、《册府元龜》卷八一六改。

難以生矣　「生矣」各本作「主言」，下一字不成字，今據《册府元龜》卷八一六改正。

是以中外羣聖　「是」各本作「其」，據《册府元龜》卷八一六改。

然有之者不患誤深　「誤」字三朝本脱去，北監本、毛本、殿本、局本作誤，《册府元龜》卷八一六作「不」。

所以毁道多而於義寡　各本並脱「於」字，據《册府元龜》卷八一六補。

義必幽隱　「幽」各本並作「出」，據《册府元龜》卷八一六改。

又蒙蔽其咎　「蔽」各本並作「之」，據《册府元龜》卷八一六改。

或涉流傳　各本並作「或無涉傳」，據《册府元龜》卷八一六改。

能以懷道爲念　「念」各本並作「人」，據《册府元龜》卷八一六改。

理固得而齊　各本並脱「齊」字，據《册府元龜》卷八一六補。

凡養生之具豈間定實　各本並脱「養」字，據《册府元龜》卷八一六補。

所足在内不由於外　各本並作「所足與不由外」，據《册府元龜》卷八一六改正。

況心得優劣　「優」各本並作「復」，據《册府元龜》卷八一六改正。

靡懷曲異　「靡」三朝本、毛本作「唯」，北監本、殿本作「無」，《册府元龜》卷八一六作「靡」。今從《册府元龜》改正。

夫人之生　各本並作「三人至生」，據《册府元龜》卷八一六改正。

暫有心識　「心」各本並作「之」，據《册府元龜》卷八一六改。

如曰不然　「曰」各本並作「值」，據《册府元龜》卷八一六改。

偶懷所撰　「偶」各本並作「值」，據《册府元龜》卷八一六改。

略布衆條　「條」各本並作「修」，據《册府元龜》卷八一六改。

本猶賴服食　各本並脱「食」字，據《册府元龜》卷八九九補。

比倦悸遠晚　各本並脱「晚」字，據《册府元龜》卷八九九補。按遠晚，猶言日暮途遠。

顔延之《庭誥》，錯字脱字很多，本來稱爲難讀的，現在用《册府元龜》來加以校勘，疑句滯義，可説幾乎雪融冰釋了。所以《册府元龜》這部書在校勘學上，有其重要的意義。

《册府元龜》由於不引出處，因此宋刻殘本（中華書局有影印本，供内部使用）也好，明崇禎刻本也好，都不敢遽改原文。如果錯了，也只有沿襲原來的錯文，不敢輒加改正。這反而保存了《册府元龜》

在北宋編纂時的原來面目。如果利用它來校史，真是美不勝收。它所據的北宋鈔本，近人在點校《史記》、《漢書》、《後漢書》、《三國志》、《晉書》、《舊唐書》時，尚未充分利用。如果有志之士，能利用經史諸子來對校《册府元龜》全文，我想收穫一定很大。當然這項工作的工作量是很大的，難度也是很大的。

總之，這部《册府元龜》，前代學者和當代學人，已經部分利用了，但還沒有充分利用。固然，前代學者和當代學人曾用它來校勘部分正史，其實也可以用九經、正史來校勘它。這樣，收穫當更可觀。

還有應該特别説明一下的，北宋編纂《册府元龜》時，唐歷朝實録，藏祕閣中尚未散失，所以《册府元龜》中唐代歷史部分，有許多資料是軼出《舊唐書》(時《新唐書》、《資治通鑑》皆未成書)之外的，尤其《外臣部》所記載的中央亞細亞各族各部落的活動及和唐的外交關係，《舊唐書》裏多没有記載，而《册府元龜》却特别記録著，所以這部書對唐史的研究，也特别有用。

渤澥一勺

——讀影印本《永樂大典》存卷後記

《永樂大典》原裝一萬一千九十五册，計二萬二千八百七十七卷，目録六十卷。本有正副本，正本燬於明清之際，副本嘉靖隆慶之際所重録者，至清乾隆時，亦已殘缺二千四百二十二卷矣。其後官吏偷盜，散佚日多，最後八國聯軍侵入北京，貯書之翰林院被掠，書多焚燬，即有存者，亦爲聯軍劫走，散失於天涯海角而不可見矣。

黨和政府重視祖國文化遺産，建國以來，蘇聯和德意志民主共和國又先後贈還《永樂大典》六十七册，國内收藏家之收藏《大典》殘卷，亦多捐贈北京圖書館。一九六〇年，中華書局即據北京圖書館貯藏之原本及複製本，並向國内外公私各方借印，共彙集至七百三十卷，乃用照相版影印以傳世。此七百三十卷雖僅占原書之百分之三强，然南金之貴，固不能以殘帙而輕視也。

《永樂大典》編纂之體裁，用韻統字，用字繫事，有時以一句之一字繫於韻字之下，有時又以整篇而以篇名之一字繫於韻字之下，有時又以全書（如《水經注》、《井田譜》、《太玄經》之類）而以書名之一字繫於韻字之下，體例龐雜，爲世詬病。但《大典》收輯舊籍七、八千種，經史子集百家之書，至於天文地志、陰陽醫卜、僧道技藝之言，無不網羅，元以前之佚文祕典，世所不見者，胥賴此以傳，則《永樂大典》對保存祖國文獻之貢獻，其功績實爲巨大也。

清乾隆時，編輯《四庫全書》，曾從《永樂大典》中輯出經部六十一種，史部四十一種，子部一百三種，集部一百七十五種，收入《四庫》。其中輯出之書籍，如晉杜預《春秋釋例》、梁元帝《金樓子》、唐樊綽《蠻書》、唐林寶《元和姓纂》、宋鄧名世《古今姓氏書辯證》、熊克《中興小曆》、李燾《續資治通鑑長編》、李心傳《建炎以來繫年要録》、劉恂《嶺表録異》、周去非《嶺外代答》、陳振孫《直齋書録解題》等，此皆海内難得之祕籍，而賴《大典》以傳者也。當清開四庫館時，又别從《永樂大典》中輯出經部書七種，史部書三十六種，子部書六十五種，集部書十種，此一百十八種書籍，其後雖未收入《四庫》，而僅録書名以入《存目》，然其中如宋人夏休《井田譜》、倪思《重明節館伴語録》、王宗稷《東坡年譜》、鄭剛中《西征道里記》、佚名《西湖繁勝録》、元官修《至正條格》、《金玉新書》、武祺《寶鈔通攷》、佚名《水牛經》、《安驥集》等，以今日視之，學術價值皆極高，固不能以《四庫》不收，遂亦從而賤視之也。

當清嘉慶間修纂《全唐文》時，除從專集及類書中加以輯録以外，大抵皆據《永樂大典》以入録，而《大典》所録唐文，又多據宋元舊籍，遠勝坊間刻本，故《全唐文》固有可以訾議之處，而由於其中不少文章録自《大典》，今《大典》已佚，則其書彌可貴重。不獨此也，即使唐賢之集具在，而以《全唐文》則以所録唐賢之作多從《永樂大典》宋元舊籍入録之故，一字之是正，固有勝於後世坊間傳刻者，又比比皆是，故吾人對《全唐文》，亦應重新估價，固不能隨人之後，妄加譏評也。

四庫館既由《永樂大典》中輯出《舊五代史》，徐星伯又從此書中輯出《宋中興書》、《續禮書》、《宋會要》諸種，此皆煌煌鉅製，賴此書以存，獨恨嘉道以前學者，對元朝典章制度，未加留意，以致不能及時將《經世大典》諸書輯出，致一代宏典，多付闕如，此可爲惋惜者也。今《大典》殘卷中，尚存元《經世大典》站赤等若干條，雖靈光片瓦，而研治元代典制者，尚可用以取證，固不能以殘卷零簡而遂蔑視之也。

趙懷玉從《永樂大典》中輯出蘇過《斜川集》(按《大典》《斜川集》繫以蘇邁，邁，軾長子，過，軾季子），辛啓泰亦從此中搜集辛稼軒詩文詞佚篇，此皆佚出《四庫》之外者；文廷式在翰苑日，曾竊取《大典》數十册，又從《大典》殘册中鈎稽搜獲，輯出零種不少，惜文氏藏書，至今有多種不知下落，其輯出零種，亦多未印行。蓋此書流落天壤間者尚多，尚有待於吾人慇懃求索也。

前人從《永樂大典》中輯出數百種古籍祕典，其功誠不可没；然當乾隆開四庫館時，《大典》已殘缺二千餘卷，緣此《四庫》從《大典》輯出之書，亦往往有殘缺而非全帙。如《易》類之唐史徵《周易口訣義》、宋李光《讀易詳説》、都絜《易變體義》、趙善譽《易説》、李杞《周易詳解》、丁易東《周易象義》、元曾貫《易學變通》諸書，皆缺《豫》、《隨》、《無妄》、《大壯》、《晉》、《睽》、《蹇》、《中孚》等數卦，正以當時《大典》繫此數卦之卷，已佚失故也。《尚書》類如楊簡《五誥解》、錢時《融堂書解》諸書，皆缺《梓材》等篇，亦正以當時《大典》繫此數篇之卷，已佚失故也。《周禮》類如宋王安石《周禮新義》、易祓《周官總義》、元毛應龍《周官集傳》諸書，皆缺地官、夏官，亦正以當時《大典》繫此二官之卷，已佚失故也。《儀禮》類如宋張淳《儀禮識誤》、李如圭《儀禮集釋》諸書，皆缺《鄉射》、《大射》二篇，亦正以當時《大典》繫此二篇之卷，已佚失故也。此不過就可以攷知者言之爾，至如小説筆記，文賦詩詞，《大典》往往就其題目内容，分繫各韻之下，清臣雖在《大典》中輯出筆記若干種，詩文集一百餘部，篇數當時亦尚存原書什八九，然而原書由於一經分隸各處之故，篇次顛倒，年月無攷，已不能全復其舊矣。噫，搜輯唐宋舊籍之舉，誠能於明代爲之，則當時《大典》尚是全帙，未經散失，篇第顛倒之患，或不能免，而闕佚之憾，則庶幾可免耳。

宋初修《太平御覽》既成，又别爲《太平廣記》以載筆記、小説、傳奇、野史之言，用示博採廣收，然其不欲以稗官、野史之言闌入《御覽》，意蓋顯然也。清修《四庫全書》，網羅古今圖籍夥矣，而於《水滸》、《三國》、宋元戲文、話本之屬，亦皆擯而不録。獨《永樂大典》則不然，於話本、戲文，罔不網羅兼收，巨細不遺，今影印殘卷中，除《小孫屠》、《張協狀元》、《宦門子弟錯立身》三種世多傳本外，第五千二百四十四卷中（第五十六册）收有金元話本（講史）《薛仁貴征遼事略》，此皆當時搢紳先生所不屑採録者，而御撰之《永樂大典》收輯之，則永樂君臣之編纂眼光，固高出於乾隆君臣遠甚。惜乎《大典》今多散失，不然，不知有多少宋元通俗文學作品可藉此書以傳也。

《永樂大典》所收古籍祕典殆七八千種，又大都依據宋、金、元等版本或公私所藏精鈔本摹寫，於摹録時，雖遇疑訛之處，亦一仍原本，不輕改定，故書寫官雖於書寫時，尚不能避免譌奪，要之與清《四庫全書》編纂時之任意竄改故籍相較，區以別矣。由於其保存古籍原來面目，故清代學者視此書爲校勘家淵藪。《四庫》所收《水經注》，卽從《大典》録出，其版本之善，冠絶羣本，此盡人知之矣；其餘圖籍，所據版本，不獨勝於坊刻，其勝於明初刻本者，亦比比皆是。故前輩學者繆筱珊、傅沅叔諸先生，曾用《大典》讎校羣書，所獲綦多。今《大典》殘卷七百三十卷中，可取而以與傳世本故記相校勘者猶不少，如劉斧《青瑣高議》後集卷之二《范文正不學方士乾汞術》條，坊本據明鈔本皆作永，而《大典》卷一萬三千八十四《乾汞》條引正作汞，一字之是正，使讀者曠若發蒙，洵可貴也。

《大典》自纂修至書成，僅六閲寒暑，以二萬餘卷之巨著，網羅七八千種故記舊聞，繫事隸韻，支離分析，不一其處，編纂者稍或疏忽，謬譌自不能遽免，然校理之官，於書成之際，亦似未嘗精心細讀，其疎漏之譏，有不能不任其責者。如卷二千二百五十九《種瓠法》條引王禎《穀諳集》，余初讀之，以爲王禎著《農書》之外，且有《穀諳集》，雖散佚不傳，爲之惋惜，然或者《大典》收《穀諳集》逸文尚多，可資輯録。其後取以讎校《農書》，乃知係《農書·穀譜》之文，譜譌書作諳，衍集字，使人以爲王禎有《穀諳集》之作也，如此之譌尚不少。蓋原本《農書》標題作「穀譜集之幾」，「集之幾」，卽「卷之幾」也，《大典》譌以「集」字連上文，又譌「譜」字作「諳」。《四庫全書》輯本及《武英殿聚珍本》，又變亂原書次第，改稱卷一、卷二，則并《大典》衍「集」字之緣因，亦無從攷知矣。又如卷一萬二千十七引《卹窮友》條，引《唐語林》孔嵩與荀彧共游太學云云，當是裴啓《語林》，而妄題《唐語林》。又卷一萬一千六百二《品藻》條引《唐語林》謝碣絶其婦云云，此亦出《世説新語》而妄題爲《唐語林》者。卷八千九百八周康王條引《通鑑外編》，而妄題爲《通鑑外紀》，如此非一。此固《大典》編纂之時，任其事者核校不精；然當時翰苑諸公任分校官者亦漫不別白，尸位之譏，固不可辭也。

刻本書之有句讀圈點，自南宋始，岳珂《九經三傳沿革例》已有圈點必校之語，是其證也。圈點句讀之書，始於文章規範、唐宋名家詩文，其後遂及經史讀本。今傳世宋版真德秀《文章正宗》、吕祖謙《古文關鍵》、元版謝枋得《文章規範》，咸有圈點句讀，時坊間刻書，多請名家批點，劉辰翁一生評點之書甚多，同時方回亦好評點唐宋人説部詩集，坊間刻以射利，士林靡然向風，迨及元代，遂及經史讀本，如元刻葉時《禮經會元》，程端禮《春秋本義》，皆有句讀圈點。永樂時，修《大典》，承襲前代風尚，全書咸加圈點，以今視之，雖非自我作故，而亦有足稱者。惜夫參預《大典》編纂之「圈點監生」，大都讀書不多，句讀是難，以至一頁之中，破句滿目，至有不應謌而亦謌者，下舉數例，聊示梗概。如《大典》二千三百四十六卷引徐霆《黑韃事略》：

韃人見物則欲。謂之撒花。予之則曰捺殺因韃。（破句，韃字應屬下句）語好也。不予則曰冒烏韃。（破句，韃字應屬下句）語不好也。撒花者。漢語覔也。

此卷嘉靖重摹本圈點監生爲曹忠、周芬，分校官爲張居正，以張江陵之所學，而於其所任分校卷中破句乃爾，則彼圈點監生者，又何足責！又例如《大典》卷七百八十三引《全堂詩話》，其中《韓偓》條：

《香奩集》。和魯公（凝）之詞也。惟其艷麗。故貴後嫁。（破句，嫁字應屬下句）其名於偓。

《曹松》條：

李肇《國史補》云。曲江大會。此爲下第舉人。邇來漸侈靡。皆爲上列。(破句)所占向之。(破句,所占應屬上句,向之應屬下句)下第舉人。不復預矣。

江湖間多美材(應斷句)士君子。(破句)苟樂退而有文者(應斷句)死。無不爲時惜。可勝言耶。

此皆稍識之無者,卽不至乃爾,顧明代監生曾不知此,疑編纂《大典》時,於書寫官、書寫儒士、書寫生員、書寫辦事官之要求尚稱嚴格,而於圈點監生之要求則極寛,故《大典》摹寫雖極工整,而圈點句讀則又極草率也。此亦美中之不足也矣。

一九六二年春,病中繙閱《大典》殘帙七百三十卷一過,雖草草過目,不復深研,記憶既差,了無所得,然既登閬峯,游渤澥,海寶山珍,萬狀千品,觸目卽是,到手難捨,有不能已於言者,爰略舉子目,録述於後,其中大半近賢已有論及,今兹復有所云云,難乎免於陳言之譏矣。

《商子·兵守篇》校記

《商君書》世無善本,明刻本以緜眇閣刊本及天一閣刊本爲最著,蓋無宋元舊本可據也。《大典》殘卷第八千三百三十九有《商子·兵守篇》,今取以校涵芬樓覆明天一閣本,「患無不盡死而邑」,「邑」,《大典》作「已」。「守城之道盛力」,《大典》作「守城之道重在城也」。「故曰客治簿檄,三軍之多分以」,

「以」，《大典》作「矣」。「客之候車之數」，《大典》作「客之候軍之效」。「撤屋給從」，「從」，《大典》作「徙」。「而慎使三軍無相過」，「壯男過壯女之軍」，「壯女過老弱之軍」，「故曰慎使三軍無相過」，凡此四「過」字，《大典》皆作「遇」。凡此數字，《大典》所引本《商子》皆遠勝於明刻本也。惜《大典》殘缺，無從據以校《商子》全文。

《吴興志》多保存六朝古籍及舊事

《大典》現存卷帙中，述府州事者，有湖州府、梧州府、太原府、潮州府、長沙府、杭州府、汀州府、衡州府、河南府、撫州府、廣州府及遼州等諸卷。其中所採録地志，以湖州府中所引之《吴興志》最爲雅馴有法度，其書保存六朝舊籍亦獨多，繆筱珊先生曾從是書中輯出宋劉玄之《吴興山墟名》及山謙之《吴興記》，刻入其自編之《雲自然龕叢書》中。今檢《大典》所引《吴興志》中，尚有梁吴均《入東記》十一條，顧長生《三吴土地記》三條，有資於輯佚者之狩獵也。然宋初撰《太平御覽》，引用書一千六百九十餘種，雜書、詩賦尚不列其數中，陳振孫《書録解題》謂《御覽》特因諸家類書之舊，非其所引書宋初尚存也。《吴興志》所引六朝舊籍，恐亦非當時六朝舊籍具在也，特以六朝以來，有《地理書鈔》，如《隋志》載陸澄《地理書鈔》二十卷，任昉《地理書鈔》九卷，劉黄門《地理鈔》十卷之類，其書雜載各家地志、行記之言，猶後世類書之屬，宋人修《吴興志》時，多從其中加以採録，故六朝舊籍，藉之保存者多，此亦古地志之可珍貴之處也。

《大典》二千二百七十九引《吴興志》云：「覆船山，在武康縣西南二十五里，一名馬頭塢。晉咸和七年，石勒將韓雍寇吴興，詔遣西中郎趙引攻之於馬頭塢，卽此也。」按《晉書·成帝紀》稱：「咸和五年夏五月，石勒將劉徵寇南沙（今江蘇常熟縣），都尉許儒遇害，進入海虞（江蘇常熟縣東）。六年春正月癸巳，劉徵復寇婁縣（今江蘇崑山縣），遂掠武進（今江蘇武進縣西北）。七年春三月，西中郎將趙胤、司徒中郎匡術攻石勒馬頭塢剋之。勒將韓雍寇南沙及海虞。」時南沙、海虞、婁縣皆屬吴郡，武進屬晉陵郡，皆非吴興屬縣，獨馬頭塢在武康縣（今浙江武康縣）西南，而武康時隸吴興郡，故《吴興志》誌其事獨詳。馬頭塢，《吴興志》謂在武康縣西南二十五里；而《太平寰宇記》謂在歸安縣（今浙江歸安縣）西南二十五里，疑《太平寰宇記》爲是。趙引，《晉書》作趙胤，蓋《吴興志》避宋諱追改。《寰宇記》亦作引。温公《通鑑》載咸和五年、六年石勒遣將寇抄江南諸縣事，而不載咸和七年三月事，蓋脱漏也。用《吴興志》以證《晉書》本紀及《寰宇記》，乃知石勒乘江南蘇峻之亂，出兵寇擾江南，軍鋒且抵吴興，此治晉史者平日之所忽者，獨《吴興志》致其詳，故書舊記之可貴者正在此耳。

《齊民要術》佚文並校記

以《永樂大典》所收《齊民要術》校涵芬樓影印鄧氏羣碧樓藏明鈔本《齊民要術》，異文尚多，今逐録於後。

大小麥篇：「穬麥非良地則不須種」，本注：「薄地徒勞種而必不收」，「地」，《大典》二萬二千一百八十二引作「田」。

種瓠篇：「作區方深一赤」，「赤」，《大典》二千二百五十九引作「尺」。下同。

同上篇：「二十日出，黄色好，破以爲瓢」，《大典》無「好」字。

同上篇：「用蠶矢二百石」，《大典》挩「石」字。

同上篇：「子外之條，亦稻去之」，「稻」，《大典》作「掐」，是也。《大典》無「之」字。

同上篇：「家政法曰」，《大典》奪「政」字。

栽樹篇：「時時溉灌常令潤澤」，《大典》一萬四千五百三十七引無「常」字。

栽樹篇：「及六畜觗突」，「觗」，《大典》作「觝」，是也。

養羊篇抨酥法本注：「盆中浮酥得冷悉凝」，「得」，《大典》二千四百五引作「待」，是也。

五槃果蓏菜茹非中國物産者篇。藻條：「可長四五赤」，「赤」，《大典》一萬一千六百二引作「尺」。

同條：「來麵糝蒸爲茹佳美，荆陽人飢荒以當穀食」，「來」，《大典》作「米」，「陽」，《大典》作「楊」，按楊蓋揚之譌也。

同篇槃多條：「卽貝多也」，《大典》一萬四千五百三十六引「多」字下有「樹」字。

此外《大典》一萬四千五百三十六、一萬四千五百三十七卷中，尚引有皇覽冢記（木條）、仙樹、娑羅、都句、木密、君遷、古度、都咸、都桷、夫編、乙樹、州樹、前樹、石南、國樹、蕒毋、白緣、烏臼、都昆諸條，並皆校過，文字全同，獨一萬四千五百三十六卷蘇枋樹條引《齊民要術》：

《南方草木狀》：蘇枋樹，類槐花，黑子，出九真，南人以染絳，漬以大庾之水，則色愈深。

此條遍檢全書，不見著録，蓋是逸文。然今流傳本《齊民要術》及《大典》所引《齊民要術》他條，於《南方草木狀》皆作《南方草物狀》，獨《大典》蘇枋樹條引《齊民要術》作《南方草木狀》，今本《南方草木狀》尚存此條，而《齊民要術》又佚去此條，豈《大典》所引書目有訛耶？不然，同引一書，而書名又何以違戾若此耶！

《永樂大典》除可以校補《齊民要術》以外，殘卷中尚收有吴欑《種藝必用》及張福《種藝必用補》兩種。一萬三千一百九十四卷種藝必用條作吴欑，一萬四千五百三十七卷種樹條、接樹條及二萬二千一百八十二卷種麥條作吴懌，五百四卷引，第標書目，不著撰人名氏，疑作「懌」爲是。近賢於此兩書，已有論列，故不復及。

王子年《拾遺記》校記

《拾遺記》無傳世宋元舊刻，世以嘉靖乙酉顧氏思玄室刊稱最精，今據《大典》殘存所引《拾遺記》語以校《古今逸史》本《拾遺記》，爰迻録如下：

少昊篇：「帝子與皇娥泛於海上」，「上」，《大典》二千二百四十六引《事物紀原》轉引《拾遺記》作「山」。

同篇：「結薰茅爲旌」，「薰」，《大典》作「芳」。

同篇：「今之相風，此之遺象也」，「此之」，《大典》作「亦其」。

周篇録曰：「不勞三戰之旅」，「旅」，《大典》八百九十九引作「振」。

同上：「方册未之或載」，「未」，《大典》作「失」。

魯僖公篇：「有白鵶繞煙而噪」，「鵶」，《大典》二千三百四十五作「雅」。

同篇：「俗亦謂烏白臆者爲慈烏」，「慈」，《大典》作「仁」。

周靈王篇：「有麟吐玉書於闕里人家，文云水精之子孫」，「書」，《大典》二千九百七十三引作「光」，「孫」，《大典》作「系」。

同篇：「又餙水精以爲泥」，《大典》二千九百四十八引無「以」字。

同篇：「鬢髮皆黄，非謡俗之類也」，「謡」，《大典》作「世」。

同篇：「其衣皆縫緝羽毛也」，《大典》作「其衣皆縫緝毛羽」，無「也」字。

同篇：「宫中池井堅冰可瑑」。《大典》井作「水」，「瑑」作「琢」。

同篇：「又設狐腋素裘紫羆文褥，羆褥是西域所獻也」，「素」，《大典》作「之」，「文」作「衣」，「羆褥」作「此褥」。

同篇：「乃疎萇弘而求正諫之士」，《大典》「士」下有「也」字。

同篇越謀滅吴條：「故勾踐入國起望烏臺」，《大典》二千三百四十五引「踐」字下有「得」字，

「國」字下有「也」字。

前漢篇上漢武帝思懷往者李夫人條:「暑盛則石冷」,「盛」,《大典》一萬八千二百二十三引作「往」,疑譌。

前漢篇下宣帝地節元年條:「有昆和麥調暢六府」,「麥」下《大典》二萬二千一百八十二引有「能」字。

同上條:「食之凌冬可袒」,《大典》「可」字上有「令人」二字。

後漢篇靈帝初平三年條:「采緑苔而被堦」,「而」,《大典》八千八百四十二引作「以」。

同上條:「乘船以遊漾」,「船」,《大典》作「小舟」。

同上條:「選玉色輕體以執篙檝」,「以」,《大典》作「宫人」二字。

同上條:「又奏招商之歌」,「歌」,《大典》作「曲」。

後漢篇何休條:「河洛纖緯及遠年古諺」,「及」字上《大典》二千九百四十九引有「以」字。

同上條:「學者不遠千里嬴糧而至」,「嬴」,《大典》作「贏」,是。

後漢篇曹曾條:「學徒有貧者皆給食」,「徒」字下,《大典》七千五百十八引有「從之」二字。

同上條:「諸弟子於門外立祠」,《大典》「弟子」作「子弟」,「外」作「下」。

同上條:「乃積食爲倉以藏書,故謂曹氏爲書倉」,《大典》「食」作「石」,是。「故」字下有「時人」二字,「謂」字下有「之」字,無「爲」字。

魏篇文帝所愛美人條：「選良家子女以入六宮」，「六」，《大典》二千九百七十二引作「後」。

同上條：「此香腹題國所進也」，《大典》無「國」字。

同上條：「膏燭之光相續不滅」，「滅」，《大典》作「絶」。

吴篇吴主潘夫人條：「吴主潘夫人父坐法」，「主」，《大典》二千六百四引作「王」，「父」字上有「之」字。

同上條：「有司聞於吴主」，「主」，《大典》作「王」。

同上條：「工人寫其真狀以進吴主見而喜悦」，「吴主」上《大典》又有「吴主」二字，「而喜悦」作「圖而嘉之」。

同上條：「果以姿色見寵」，「見」，《大典》作「獲」。

同上條：「每以夫人遊昭宣之臺」，「以」，《大典》作「與」。

同上條：「志意幸愜」，《大典》作「恣意幸適」。

同上條：「還劉之名，將爲妖矣」，「矣」，《大典》作「乎」。

諸名山篇崑崙山條：「皆五色玉爲臺基」，《大典》二千六百四引「爲」字上有「以」字。

諸名山篇圓嶠山條：「有移池國」，《大典》三千引作「移池國」，二千九百七十八引則作「陀移國」，疑「陀移」爲譌也。

同上條：「人長三尺，壽萬歲」，《大典》二千九百七十八「歲」字下有「廣延之國，人長二尺」

八字。

上列異文以外，《大典》二千二百五十六引《拾遺記》：

渤海之東，有五山，代輿、員嶠、方壺、瀛洲、蓬萊，臺觀皆金玉，所居之人皆仙聖。五山之根，無所連著，常隨潮波上下往來，不得暫峙。帝恐流於極，乃命禺強使巨鼇十五舉首而戴之，五山始峙而不動。

又《大典》三千七引《拾遺記》：

遂明國有大樹，名遂，屈盤萬頃。後世有聖人遊日月之外，至於其國，息此樹下，有鳥啄，粲然火出，聖人感焉，因用小枝鑽（鑽？）火，號燧人氏。

今《古今逸史》本《拾遺記》皆不載，蓋逸文也。

李肇《國史補》佚文

絳雲樓有宋本《國史補》，惜已付諸祝融。毛氏汲古閣有影宋鈔本，猶留傳於世，近人傅沅叔先生曾得以取校，異文甚多，佚篇亦不少，惜近中華書局印《國史補》時，但以《太平御覽》、《廣記》等書參校《學津討原》本付印，未及取傳校附録於後也。常日繙閱有關唐世故記，知《國史補》佚文散篇散見於唐宋人所著書中者尚不少。《唐詩紀事》曹松條即引有《國史補》佚篇一則，可以取補也。

按今《大典》卷七百八十二、七百八十三兩卷中，引有《全堂詩話》。《全堂詩話》，即《全唐詩話》，不知《大典》何故作全堂，尚無緣攷知。《全唐詩話》今本題尤袤撰，《四庫提要》稱：「袤爲紹興二十一年進士，光宗時卒，而《自序》年月乃題咸淳，時代殊不相及，校驗其文，皆與計有功《唐詩紀事》相同，……爲後人剌取影撰，更無疑義。」並攷定爲賈似道門客廖瑩中剽竊舊文，以成其書。此已鐵案如山，世無異論。然《大典》所收《全堂詩話》，尚是據宋元舊刻入録，吾嘗取以校《津逮祕書》本《全唐詩話》，異文實多。更以此校本讐校上海涵芬樓《四部叢刊》本景行明嘉靖洪氏刊本《唐詩紀事》，則《大典》所引宋元舊刻，其一字之是正，勝於明嘉靖本者又比比是也。故《全唐詩話》雖僞書，至不足道，而《大典》所録《全堂詩話》則雖以僞書，而尚有作爲校勘《唐詩紀事》之價值，固不能以僞書而遂廢棄之者也。今迻録《唐詩紀事》所引《國史補》佚文，而以《大典》及《津逮祕書》本《全唐詩話》讐校如下：

李肇《國史補》云：曲江大會，此（《大典》亦作「此」，《津逮祕書》本作「比」）爲下第舉人，邇來漸奢靡，皆爲上列所占，向之下第舉人，不復預矣。所以逼大會，則先牒教坊，請奏上御紫雲樓垂簾觀焉。時或擬作樂，則爲之移日，故曹松詩云：「追遊若遇三清樂，行從應妨一日春。」敕下後，人置皮袋，例以圖章（《大典》、《津逮祕書》本皆作「障」，是）酒器錢絹實其中，逢花卽飲，故張藉詩云：「無人不借花園宿，到處皆攜酒器行。」其皮袋，狀元録事同點檢，闕一則罰金。曲江之宴，行市羅列，安僅（《大典》、《津逮祕書》本作「闐闐」，是）爲之半（《大典》作「一」，《津逮祕書》作「半」）空。公卿家率以是日揀選東床，車馬闐塞，莫可殫述。

從讐校所引《國史補》佚文中，可證《大典》所引《全堂詩話》，在版本方面之價值，有不可抹殺者。

王讜《唐語林》佚文

《唐語林》有明鈔本，黄丕烈曾跋過，今存北京圖書館。《四庫全書》即據明齊之鸞刻殘本及《永樂大典》所載，加以校訂增補而成。然於《永樂大典》中輯存《唐語林》時，以《大典》存卷核校，二千九百七十二卷中有佚文一條，未加收録，今迻録如下：

武宗王才人有寵。帝身長大，才人亦類帝。每從禽作樂，才人必從。常令才人與帝同裝束，苑中射獵，帝與才人南北走馬，左右有奏事者，往往誤奏於才人前，帝以爲樂。帝好道術，召天下方士殆盡。王才人謂宣徽使曰：「聖人日日對藥爐，服神丹，言我取不死；今身上變差事，道士稱換骨，皆如此，某獨爲憂也。」宣徽使固求變見狀，才人忍淚不敢語。外人雖未知帝得疾，但訝稀畋獵也。明年正月，不御紫宸殿。不開延英門向百日，中外始公言帝病。頃刻無才人見，卧起益酸痛，飲食益辛苦。一日，帝熟顧才人曰：「吾氣息奄微，情慮杳杳，將不久矣！顧以别汝。」對曰：「陛下春秋鼎盛，又嘗服不死藥，聖壽必無疆，何忽出不祥語？」帝曰：「吾於汝豈同外庭臣耶！惡用作形迹意！脱不如汝所對，而千秋萬歲，何以報我？」才人欲慟，恐驚帝，乃曰：「帝若忽厭四海，妾當同日死。」帝哽咽閉目不喘息者，少頃，忽曰：「誠如汝言，當何爲？」曰：「妾止於縊。」帝引手取巾授才人曰：「以此！以此！」帝遂向壁不語。後數日，帝疾亟，才人久侍帝，歸寢，濃妝潔服如常日。乃盡取服玩散與内家，持帝所授巾至前。見帝已崩，自縊而絶。宣宗即位，贈貴妃，命與端陵同日時掩。其壙在端陵栢城内西南。又有名才人隨靈駕行慢城内，每夕望端陵焚錢帛衣物，風吹火燔所止。

按此事，温公《通鑑考異》云：「蔡京《王貴妃傳》曰：『帝疾亟，才人久視帝，而歸燕息處，濃妝潔服如常日，乃取所翫用物散與内家浄盡，持帝所授巾至帝前，已見升遐，容易自縊而仆於御座下，以縊爲名而得卒。』《舊紀》：武宗葬端陵，德妃王氏祔焉。」則《唐語林》此條蓋又詳於《通鑑考異》多矣。

又《大典》卷二千六百六西臺條引《唐語林》云：

高宗朝，改門下省爲東臺，中書〔省〕爲西臺，尚書省爲文昌臺，故御史臺呼爲南臺。南朝同〔也〕武后朝，御史〔臺〕有左右肅政之號，當時亦謂之左臺、右臺，則憲府未曾有東〔西〕臺之稱。惟俗間呼在京爲西臺，東都爲東臺。李栖筠爲御史大夫，後人不名者，呼爲西臺，不知出何故事，豈以其名上有栖字故邪！趙璘歷祠部郎，同舍多以祠曹爲目。璘因質之曰：祠部改後，唯有職祠司禋二號，無祠曹之名。爲以後漢疏寵辟司徒府，轉爲辭曹，掌天下獄訟，其平決無不厭服。又晉朝荆州人，爲羊祜諱嫌名，改户曹爲祠曹，故誤呼耳。

《唐語林》此條蓋採自趙璘《因話録》卷五，今本《因話録》此條「豈以其名上有栖字故邪」作「豈以其名上栖字，遂呼之邪」，文字稍有同異，此下無「祠曹」一段，羼入「妖神淫祀」一段，當是有闕文錯簡。《大典》所引，尤接近《因話録》原文也。又《大典》卷一萬八千二百九引《唐語林》，採自《東觀奏記》卷下：

武寧軍節度使康季榮不卹軍士，部曲譟而逐之，投於嶺外。上以直金吾大將軍田牟曾爲徐州，有政聲，開延英召對，再命往鎮。

今《藕香另拾》本《東觀奏記》「部曲」作「部下」，「直金吾大將軍」作「左金吾大將軍」，「開延英召對，再命往鎮」作「特開延英殿召對，再命建節往鎮，一方於是安帖。」此三條皆今本《唐語林》所漏輯者。

宋江少虞撰《事實類苑》，日本國尚藏有宋麻沙刻本，日本元和七年（公元一六二一年，明天啓元年）曾據以用活字本排印。近年武進董氏卽據此本影印，然傅沅叔曾用現存《大典》殘卷所引以校《事實類苑》，得未收者數十條之多，以傳校具在，此不復及。

《夢粱録》校記

《永樂大典》七千六百三收西湖老人《繁勝録》，涵芬樓收入《祕笈》中，解放後，古典文學出版社已爲重印。《大典》七千六百三又載《都城紀勝》，傅沅叔先生曾取以校《楝亭十二種本》，寥寥短帙中，改正舛繆至八十餘字之多，已收入《藏園羣書校記》中。《大典》一萬四千五百七十六載《夢粱録》米鋪、肉鋪、鮝鋪三條，短短一千餘字中，異文十四字，奪字三十字之多。

米鋪條：「及諸司有該俸人外」，「該」，《大典》作「諸」。

同條：「紅米、黄米、陳米」，「陳米」下，《大典》有「糙米」二字。

同條：「與街市鋪户，大有徑庭」，「與」字上，《大典》有「價」字。

肉鋪條：「或細抹落索兒、精鈍刀丁頭肉、條攛、精竄、燥子肉、燒猪」，「竄」，《大典》作「攛」，「燒猪」，《大典》作「燒肉」。

同條：「棒子、蹄子，腦頭、大骨等」，「腦」，《大典》作「瓜」。

同條：「肉市上紛紛賣者，聽其分寸」，「賣者」，《大典》作「來賣」，「分寸」，《大典」作「分付」。

同條：「其街坊肉鋪，各自作坊」，「自」字下，《大典》有「有」字。

同條：「華筵數十處」，「華筵」上，《大典》有「大開」二字。

鮝鋪條：「皆就此上行」，「上」，《大典》作「止」。

同條：「更有海味，如酒江瑶，酒香螺、酒蠣、酒䱜龜脚」，「瑶」，《大典》作「蟠」，「酒蠣」下，《大典》有「酒螺頭」三字。

同條：「醬蜮蠣鎖官、蜮小丁頭魚」，兩「蜮」字，《大典》皆作「醎」，「官」作「管」。

同條：「魚鰾、蚶子、鯖子」，「蚶」，《大典》作「鱬」。

同條：「魧子、海水團」，「團」，《大典》作「糰」。

同條：「江蠘、鼊蠘、鰾腸等類」，《大典》「鼊蠘」下有「酒蠘、鰣雨、鹹滷石首、海鰻等。至微者：鹹蝦兒、魚鮚、鹽蠘」等二十一字。

同條：「凍魚、凍鮝、炙鯁、炙魚」，「鯁」，《大典》作「鰍」。

《大典》殘卷所收算書中記載之物價

古代算書，不獨爲研究古代算學發展史之重要資料，亦且爲研究中國古代物價史之重要資料，蓋以算法舉例中，往往列舉當時物價之數也。《大典》所收古算書甚夥，惜今殘佚，已不可全見，今存者，僅一萬六千三百四十三及一萬六千三百四十四兩卷而已。此兩卷中所收古算書，共三之二，今大抵有刻本，而三之一，如《楊輝日用算法》、《詳明算法》、佚名《錦囊啓源》、《嚴恭通原算法》、《賈通全能集》五種，則皆世無傳本，賴此兩卷《大典》吾人得以窺知此五書者之内容也。

《大典》所收古算書中，記載隋唐時代之物價者，當另有專文具論其事，此不具列；其述及宋元時代物價者，今列載於下：

《楊輝日用算法》：菽每石七百八十五文，麥每石一貫一百六十文。

《楊輝詳解》：錢二十貫，買四百六十尺，綾，每尺四十三，羅，每尺四十四。

《楊輝摘奇算法》：醇酒每斗七貫，行酒每斗三貫，醨酒三斗直一貫。今有翁雞一，直五文，雞母一，直三文，雞雛三，直一文。温柑一枚，七文，緑橘一枚，三文，匾橘三枚，一文。

《錦囊啓源》：今有温州打染雜色布一十四匹，共直米三十三石六斗（按布匹，直米二石四斗）。今有水銀二百八十四兩，直銀七錠（按楊輝時每錠銀二十三兩）五兩（按水銀一兩，直銀五錢八分餘）。今有川芎四十五斤，共直白銀二百一十三兩七錢五分（按川芎一斤，直銀四兩七錢五分）。今有上號三梭布三百六十五匹，共得浄花四千五百六十二斤八兩（每匹布直浄花十二斤八兩）。

《詳明算法》：元有米五石八斗四升，糶銀四兩三錢八分（按米每斗，直銀七分五釐）。元有銀一兩二錢九分，糴米一石七斗二升（按米每斗，直銀七分二釐餘）。每銀一錢，買桃子一百六十四箇。每銀一錢，買李子一百二十八箇。

《透簾細草》：麻每斗價，鈔一錢八分五釐。麥每斗價，一錢三分六釐。麥每斗七十三文。粟每斗五十六文。

《丁巨算法》：今有雞三隻，價直二兩。鴨七隻，亦直二兩。今有官支鈔一十兩八錢，買絲二十四斤。今有鈔二十四兩七錢七分二釐五毫，買麪三百六十七斤。今有米七斗，直鈔三兩二錢四分八釐。今有芝麻每斗九錢。黑豆每斗六錢。核桃一錢買一十二箇。雪梨一錢買三十箇。蠟斤價三百八十文。蜜斤價六十八文。

《嚴恭通原算法》：其黄蠟每三斤該價一兩一錢。白蠟每斤三兩一錢。今有布疋價二十一兩。絹匹價四十一兩。今有錢五兩，問買絹得若干？答曰：六尺二寸五分。米石，價一十七兩二錢。麥石，價一十四兩五錢。今有大魚，一斤直錢二兩，小魚，七斤直錢五兩。桃子每箇八分。李子每箇一分。棗子每箇二釐。綾匹，價四十三兩二錢。羅匹，價三十八兩五錢。絹匹，價二十五兩。絲每兩價，錢二兩二錢四分。綿每兩價，錢二兩八錢。綫每兩價，錢四兩四錢八分。

宋元兩朝，物價升降相差甚大，此無他，宋雖行鈔法，而當時算書所引物價尚以銀兩及青銅鑄幣計算；元則寶鈔行使範圍彌廣，發行寶鈔數額極巨，故此時算書記載物價亦以寶鈔作標準貨幣計算，發鈔既濫，物價上昇，是以算書載元代物價遠視宋代爲高也。

《大明仁孝皇后勸善書》載書市事

《勸善書》，一看書目，爲之失笑，以爲緣孝明皇后撰集之故而收入《大典》中者。其後偶尋繹，得書市事一則，於宋季書市中出現「把頭」，壟斷書市事，敍述綦詳，有資於研究當時工匠生活狀況，故備録於後。《大典》卷一萬六千八百四十二引《大明仁孝皇后勸善書》云：

宋柳勝，字平之，卯金鄉升平里人也。濫得一官，藉以武斷鄉曲。性鴆毒而鼠貪，苟可攫財，雖親族比隣，亦反眼不相顧。其所居鄉里，素畜書籍，流布天下，無問官族、儒家，皆畜書版，以資生理。鄉有兩市，相距僅一舍隔，往來貿易，唯人之便。其刻書傭工，則有私約，非納錢於衆，不許輒以傭售。此乃小民欲擅衣食之源，其習俗亦從古然矣。勝視書市可爲壟斷以罔其利，不憚身爲市駔，攘取鬻書之權，一聽於己。則下令曰：「此市之書，不許鬻於彼市，違者罰錢若干。其印書傭工，不許以私約，限違者亦罰錢若干。」行之未久，適有征商官殷述慶，字去貧，瑞芝鄉卿雲里人也。貪酷之聲素著，刻剥鄉鄰，正與勝等。始至，交纂，勝從謁之，一見，首告以取財之法，述慶大喜，自此同惡相濟，互爲表裏，勝挾私以行科罰，述慶假公施敲扑。人嚴憚而心不以爲便，仍以書籍越境售之。勝乃嗾鄉之惡少，巡邏搜捕，如犯私鹺，遭罰者不知其幾。傭工則各使納價於官，而不理私約，以此得錣甚憚(有譌字)。每遇休澣，勝與述慶設燕對飲，紐計所得，鴻溝以分。雖書版之家，惡其貪鄙，不欲與競，而諸傭工不堪其害，怨讟之聲，藉藉於道。於是羣聚焚香而訴于廟之神，通晝夜禮阿育王塔，以詛以呪者，餘二百人。未半載，勝果暴死，……不數日，述慶亦以惡疾殂。……於是衆傭工相與鼓樂歌舞于市，以幸二貪之死。……是後書市復通融貿易如舊；而傭工私約，亦竟不可破云。

蓋當時書市，已有行會組織，刻書傭工，非納資於行會，不許輒以傭售也；及柳勝龍斷書市，更使工匠納價於官，而不理私約，然以柳刻剥過甚，工匠反不堪其害，故羣聚禱其死也。又當時兩書市間，所畜書版，本可彼此貿易，然後以之流布天下，柳使此市之書，不准鬻之於彼市，則兩市書商貨源均因之而驟少，利入亦因之而大減，故書版之家，亦所不欲也。二貪殂而舊制復，二市書業更獲進展，是宜鼓樂歌舞以相慶矣。《勸善書》皆剿襲舊聞故記而成，然舊聞多散失，故記多殘缺，反藉之以保存，唯吾人剔其糟粕，取其精華，能爲吾人研究資料之助，亦不可遂賤視之也。

《永樂大典》載明初記埃及事

《永樂大典》卷二萬二千一百八十二密斯兒麥條云：

「國朝遣使者至密斯兒之地，云其國有清水江一道，江岸間，古有人種植，今但有雜果木。其所遺小麥種，大如黄豆，常自發生。」

又卷三千五百二十六圓水關門條云：

「密昔兒之地，有清江一道，名盧的泥勒。江源之上，有圓水關一座，上有毫光，四邊有門懸於虛空。每立春時，其門自開，水從東門中出，經四十日方閉。門既閉，水常從門坎下細流而出。」

按上兩條，均不引書名，疑當時使臣回闕日向朝廷彙報出使國風土習俗政治情況之檔案材料也。密昔兒，卽Misr之音譯，阿拉伯人稱埃及爲Misr也。埃及，段成式《酉陽雜俎》作勿斯離國，《諸蕃志》作勿斯里國，《西使記》作密乞兒或密昔爾，《元史》作密昔兒或米西兒，《明史》作米昔兒或密思兒。「清江一道，名盧的泥勒」者，卽指尼羅河而言也。尼羅河，艾儒略《職方外紀》作泥禄河，此作盧的泥勒，埃及尼羅河譯名之最早見於漢地書籍者矣。

上條明云：「國朝遣使者至密斯兒之地」，《大典》係永樂時奉敕撰集，如此爲元時使臣之言，决不至此書中猶仍之爲「國朝」，故其爲明初記載無疑。然《明史》不載永樂前曾遣使至埃及，豈史文失載耶？疑不能明也。

噫！以《大典》之浩瀚，非淺學之所能盡究，且年來學殖久蕪，如臨渤澥，靡難窮其涯涘矣。對之慙顏，百感叢集。雖讀已隨手迻寫，綴成此篇，並擇校讐記中篇幅稍促者，附列其中，雖字不足二萬，而謬誤者恐不止三五事也。唯祈方雅，有以指正。其輯佚成卷者有《温革瑣碎録》、《山居備用》、《是齋售用》、《道僧利諭》諸録，及羣書校讐記中卷帙稍多者，當别爲專篇，此不復及云。

魏晉南北朝史餘義

拙著《魏晉南北朝史》，是一九七九年寫定脱稿的。當定稿的時候，有些歷史，尤其是統治階級的歷史，或者講到統治階級内部鬥争的經過，或者講到戰争的前因後果，以及個别人物的評價等等，本來都寫好了，後來怕把統治階級内部鬥争的歷史寫得太多了，把戰争經過寫得太詳細了；同時，十年浩劫剛結束，影射史學的餘毒還未完全肅清，寫歷史時所舉的事例，容易牽强附會，疑神疑鬼。有對我善意的同志，建議把我寫好的稿子，動一動小手術，我聽從了他的意見，把它砍去不少。

書已印成，一次印刷，二次印刷，每次印刷成書，都要讀一遍，總覺我過去砍去得多了一些，有些片段，還應該保存下來，從那些被砍去的東西裏，還可獲得許多經驗教訓，如果統統把它丢進字紙簍裏，未免有些可惜。幸虧這些删去的底稿，都被上海人民出版社責任編輯林燁卿同志所保存下來，而且寄還給我了。於是我在雜書堆裏，把底稿找出，重新加以整理，草成此篇。

一　晉武帝不以最高統治權力交給弟齊王攸而是交給太子晉惠帝

司馬懿取得支配曹魏的政治權力以後，不久病死，由其子司馬師爲其權力繼承人。司馬師病死，無子，弟司馬昭繼師位，爲其權力繼承人。司馬昭病死，長子司馬炎繼其位，後卽皇帝位，是爲晉武帝，封母弟攸爲齊王，立子衷（惠帝）爲皇太子。

攸多才藝，「清和平允，親賢好施」。司馬師無子，宣帝司馬懿指定攸爲師嗣，文帝司馬昭也特別寵愛攸。曹魏世，攸爲衛將軍，晉王朝初建，「攸總統軍事，撫寧内外」（《晉書·齊王攸傳》），聲譽很好。

太子衷初立（泰始三年，即公元二六七年），年才九歲，漸漸長大，才知道他「不慧」，變相説是個低能兒的白癡。武帝也意識到太子擔負不了交託給他天下的重任。有一天，尚書令衛瓘「會宴陵雲臺，瓘託醉」，「以手撫（御）牀曰：『此座（皇帝座）可惜！』」（《晉書·衛瓘傳》）晉武帝也領會了衛瓘的意思，因謬曰：「公真大醉邪！」武帝嘗遣大臣和嶠、荀勗二人去見太子，見了太子回來，荀勗稱歎太子説：「太子德更進茂，不同於故。」和嶠却回答武帝是：「皇太子聖質如初。此陛下家事，非臣所盡。」（《世説新語·方正篇》注引《晉陽秋》）還説：「季世多僞，而太子尚信（太真實了），非四海之主，憂太子不了陛下家事。」（《世説新語·方正篇》注引干寶《晉紀》）

咸寧二年（公元二七六年），晉武帝患了一場大病，時帝諸子並幼小，而太子又「不慧」，不堪擔當國家大事，朝臣上下都寄希望於齊王攸，盼望齊王攸出來主持大政。到了武帝病愈，中書監荀勗、侍中馮紞向武帝説：「陛下萬歲之後，太子不得立也。」帝問：「何故？」荀勗説：「百僚内外皆歸心於齊王，太子焉得立乎！陛下試詔齊王之國，必舉朝以爲不可，則臣言有徵矣。」（《晉書·齊王攸傳》）太康四年（公元二八三年），武帝詔令齊王攸就國（青州臨淄），司馬攸知道這是有人在想打擊他，氣得吐血。當時大臣扶風王司馬駿、征東大將軍王渾、光祿大夫李憙、中護軍羊琇、侍中王濟、甄德等人紛紛上書請求把齊王攸留在洛陽輔政。王渾講得更具體，他主張齊王攸擔任太子太保，和宗室汝南王司馬亮、皇后叔父楊珧三人「共幹朝事，三人齊位，足相持正」(《資治通鑑》晉武帝太康三年)。博士祭酒曹志，是曹植的兒子，他對這事的看法，更爲明朗。他對人說：「安有如此之才，如此之親，不得樹本助化，而遠出海隅！晉室之隆，其殆乎哉！」(《晉書·曹志傳》)司馬攸在很大的政治壓力下，病又加重，還來不及就國，就在洛陽病死了。死時年三十六歲。過了七年，晉武帝也病死了，要物色像齊王攸那樣的輔政大臣，已杳不可得。惠帝卽位，賈后豫政，卽着趙王篡位，八王混戰，劉石亂華，國家大事遂糜爛而不可收拾了。

在五、六十年後，後人還在討論這樁事。《世說新語·品藻篇》云：「時人共論晉武帝出齊王之與立惠帝，其失孰多？多謂立惠帝爲重。桓温：『不然，使子繼父業，弟承兄祀，有何不可？』」就是說，把西晉王朝的權力，交給齊王攸或交給惠帝，這不僅僅是父死子繼或兄終弟及等等的封建繼承權的傳統習慣問題，它是國家頭等大事，如果國家權力交託得不得其人，就會導致幾十萬甚至幾百萬人民人頭落地。所以當東晉時期，討論這個問題的時候，還有很多人死抱住傳統觀念，認爲應該立惠帝；而桓温却認爲國家總體爲重，只要子繼父業有利，可以子繼父業，如果子繼父業，這個兒子不慧，會導致大亂，就得重新考慮，弟承家祀，也有何不可。桓温從西晉王朝總體利益出發，是主張把國家權力交託給齊王攸的。這本來是一個簡單的真理，誰都會明白的，卽不能把幾千萬人口的一個國家，交給一個白癡去統治。在中國歷史上，把皇帝寶座輕易地交託給付託不了國家大事的來做，因而致亂亡國，這例子是很多的，但交給一個白癡來統治，把國家、人民陷進水深火熱的深淵之中，晉武帝立惠帝是最典型的例子了。

還有一個例子：

西晉司徒何曾「侍武帝宴，退謂諸子曰：『主上開創大業，吾每宴見，未嘗聞經國遠圖，惟説平生常事，非貽厥孫謀之道也。及身而已，後嗣其殆乎！汝輩猶可以免。』指諸孫曰：『此屬必及於難。』及永嘉之難，何氏無遺種」(《資治通鑑》晉懷帝永嘉三年)。從這個事例，也可以看到晉武帝只顧歡娱目前，没有遠慮，到了他兒子一代，便滄海横流，國家之事不堪收拾了。

二 石勒信任石虎

我過去對石勒，評價太低，寫《魏晉南北朝史》時，作了改寫，有關石勒的貶辭，作了較大幅度的修改。但對石虎的評價，還是維持原判。

石虎幫助石勒轉戰東西，立下汗馬功勞。當時胡漢分治，由大單于統領羯人。石勒晚年，石虎覬望大單于的職位，石勒偏偏不給他這職位，而任命子秦王宏爲大單于。石虎非常不滿意這件事，私謂其子邃曰：「主上(石勒)自都襄國以來，端拱指授，而以吾躬當矢石。二十餘年，南擒劉岳，北走索頭(拓跋鮮卑)，東平齊魯(徐龕、趙嶷)，西定秦雍(前趙劉曜)，剋殄十有三州。成大趙之業者，我也。大單于之望，實在于我，而授黄吻婢兒，每一憶此，令人不復能寢食。待主上晏駕之後，不足復留種也。」

（《晉書·石季龍載記》）

石勒立子弘爲太子，勒大臣徐光謂勒曰：「皇太子仁孝温恭，中山王（石虎）雄暴多詐，陛下一旦不諱，臣恐社稷必危，宜漸奪中山威權，使太子早參朝政。」程遐也對石勒説：「中山王勇武權智，羣臣莫有及者。觀其志也，自陛下之外，視之蔑如。兼荷專征歲久，威振外内，性又不仁，殘忍無賴。其諸子並長，皆預兵權。陛下在，自當無他，恐其怏怏不可輔少主也。宜早除之，以便大計。」程遐甚至説：「陛下若不誅中山，臣已見社稷不復血食矣。」（《晉書·石勒載記》）石勒没有採取他們的意見，但也注意加强太子石弘的權力。「命太子省可尚書奏事」，只有征伐斷斬的大事，才呈給石勒過目，其餘小事，太子弘完全有權處理。又怕太子没有政治經驗（時石弘年二十歲），石勒還指派嚴震「參綜可否」，石虎名爲尚書令，反而不能過問尚書省事，權力大爲削弱。石勒除了安排于秦王宏出鎮鄴城外，又命少子南陽王恢出鎮兖州（治廩丘，今河南范縣東南），石堪鎮宛（今河南南陽市），石生鎮關中，石朗鎮洛陽，加强了方鎮的力量，使自己身後，石虎有所顧忌，不敢輕易進行奪權。

公元三三四年六月，石勒病危，召太子石弘、石虎、嚴震等入侍疾，石虎就矯造石勒命令，隔絶太子弘等和石勒接近，又詐以石勒之命，把握有兵權的石宏從鄴城召回來，坐鎮河南的石堪也召回襄國。石勒在病中見到石宏，非常喫驚，説：「吾使王處藩鎮，正備今日，有召王者邪，將自來邪？有召者，當按誅之。」石虎在旁代答：「秦王思慕，暫還耳，今遣之。」實際石虎把石宏留住在襄國，並没有遣他返回鄴城。過了幾天，石勒在病中想起這件事，又問石虎，石宏有没有走。石虎答：「受詔卽遣，今已半道矣。」（《資治通鑑》晉成帝咸和八年），石虎還是把石宏、石堪留住不放。石虎又借口廣阿（今河北隆堯縣）一帶發現蝗災，命其子石邃率騎三千去捕，實際是在作石勒死後的軍事奪權佈置。

七月，石勒病死，太子弘卽皇帝位，國家權力已全部掌握在石虎手中，石虎自爲丞相、魏王、大單于，總攝朝政。稱石弘命，收殺徐光、程遐。石勒時的「文武舊臣，皆補散任」；石虎的「府寮親屬，悉署臺省要職」（《資治通鑑》晉成帝咸和八年）。彭城王石堪（本姓田，漢人，石勒養子）受劉太后命，想逃奔兗州，推勒少子南陽王石恢爲盟主，起兵討虎。堪中途被獲，爲虎所殺。石虎又殺劉太后，召南陽王石恢回襄國。石生起兵於關中，石朗起兵於洛陽，石虎親率步騎攻下洛陽、長安，殺石朗、石生。公元三三四年十一月，石虎廢石弘，自立爲大趙天王，不久，殺石弘、石宏、石恢及弘母程太后，石勒的子孫全給石虎殺盡了。

石虎剪除石勒諸子，是封建社會內部統治階級上層所時常出現的事情，是不足爲怪，不值得加以詳細記述的。但石勒生前如果把他身後事安排得妥切一些，石弘在徐光、程遐等漢族地主輔助下來進行統治，北方的農業生產可能會逐步恢復，羯族和漢族的融合可能會很快實現。石虎奪得石趙政治權力後，這個進程就完全停止了，在石虎的殘暴統治年代裏，中原的漢族人民和各少數兄弟族人民，真是「慄慄遺黎，求哀無地」（《晉書・石季龍載記》），簡直無法活下去，最後就出現冉閔盡殺胡羯這一幕慘劇，作爲羯部族從此在歷史上就消失了。石勒處理身後事的不當，不僅使羯趙王朝亡國滅種，也使漢族和氐、羌各族人民，付出了巨大犧牲。

三　淝水戰前前秦内部對攻晉的兩種不同看法

王猛是前秦賢相，前秦的强盛壯大，是和王猛的主持朝政分不開的。但王猛也明知氐族人數較少，各族力量的對比，氐族並不佔絶對優勢，雖然前秦當時已經把北方統一起來了，但她是一個脆弱的政權，非常不穩固的。所以王猛臨終，上疏苻堅：「臣聞報德莫如盡言，謹以垂没之命，竊獻遺欵。伏惟陛下威烈振乎八荒，聲教光乎六合，九州百郡，十居其七，平燕定蜀，有如拾芥。夫善作者不必善成，善始者不必善終，是以古先哲王，知功業之不易，戰戰兢兢，如臨深谷。伏惟陛下，追蹤前聖，天下幸甚。」（《資治通鑑》晉孝武帝寧康三年）「善作者不必善成，善始者不必善終」，這十四個字，對苻堅説來，真是肺腑之言，最好的座右銘。王猛還對苻堅説：「晉雖僻處江南，然正朔相承，上下安和。臣没之後，願勿以晉爲圖。鮮卑、西羌，我之仇敵，終爲人患，宜漸除之，以便社稷。」如果苻堅聽從王猛臨終的叮囑，就不應該發動淝水之戰，就不會在五將山爲姚萇所殺。

公元三八二年十月，苻堅會羣臣于太極殿，商議攻晉。對攻晉一事，可分爲兩派，一派主張攻晉，祕書監朱彤就是屬於這派的，他説：「陛下恭行天罰，必有征無戰，晉主不銜璧軍門，則走死江海。陛下返中國士民，使復其桑梓，然後回輿東巡，告成岱宗，此千載一時也。」這完全想迎合苻堅心意，並没有足够估計戰争倘或失敗所帶來的危險。

慕容垂是一個大野心家，他希望前秦戰争失敗，他可乘機復國。他向苻堅進言：「弱併於强，小併於大，此理勢自然，非難知也。以陛下神武應期，威加海外，虎旅百萬，韓、白（韓信、白起）滿朝，而蕞爾江南，獨違王命，豈可復留之以遺子孫哉！《詩》云：『謀夫孔多，是用不集。』陛下斷自聖心可矣，何必廣詢朝衆！晉武平吳，所仗者張（張華）、杜（杜預）二三臣而已，若從朝衆之言，豈有混壹之功！」苻堅聽了，非常高興，說：「與吾共定天下者，獨卿而已。」（《資治通鑑》晉孝武帝太元七年）

另一派不主張對晉用兵，尚書左僕射權翼說：「今晉雖微弱，未有大惡；謝安、桓沖皆江表偉人，君臣輯睦，内外同心，以臣觀之，未可圖也。」太子左衛率石越說：「且彼（指東晉）據長江之險，民爲之用，殆未可伐也。」又說：「今晉雖無德，未有大罪，願陛下且按兵積穀，以待其釁。」陽平公融說：「今伐晉有三難，天道不順，一也；晉國無釁，二也；我數戰兵疲，民有畏敵之心，三也。羣臣言晉不可伐者，皆忠臣也，願陛下聽之。」又說：「晉未可滅，昭然甚明。今勞師大舉，恐無萬全之功。且臣之所憂，不止於此。陛下寵育鮮卑、羌、羯，布滿畿甸，此屬皆我之深仇。太子獨與弱卒數萬留守京師，臣懼有不虞之變生於腹心肘掖，不可悔也。臣之頑愚，誠不足采，王景略（王猛字景略）一時英傑，陛下常比之諸葛武侯，獨不記其臨没之言乎！」太子苻宏也說：「晉君無罪，若大舉不竭，恐威名外挫，財力内竭，此羣下所以疑也。」所有勸苻堅不出兵攻打東晉的話，苻堅一句也聽不進去。苻堅堅持出兵攻晉，他說：「自吾承業，垂三十載，四方略定，唯東南一隅，未霑王化。今略計吾士卒，可得九十七萬」，「强兵百萬，資仗如山」，「投鞭於江，足斷其流」，「以吾擊晉，校其强弱之勢，猶疾風之掃秋葉」。「吾雖未爲令主，亦非闇弱，乘累捷之勢，擊垂亡之國，何患不克。豈可復留此殘寇，使長爲國家之憂哉」（《資治通鑑》晉孝武帝太元七年）。

沙門釋道安，這時在洛陽，苻堅平日很信重他，不主張攻晉的前秦羣臣想通過道安進言勸止苻堅親征。一天，苻堅和道安同車遊於東苑。苻堅説：「朕將與公南遊吴、越，泛長江，臨滄海，不亦樂乎！」道安乘機勸苻堅不必親征江淮，以爲「東南卑濕」，「虞舜遊而不歸，大禹往而不復」。「必不得已，陛下宜駐蹕洛陽，遣使者奉尺書於前，諸將總六師於後，彼必稽首入臣，不必親涉江淮也」（《資治通鑑》晉孝武帝太元七年）。不要小看這個政治和尚，如果苻堅真能聽從他的話，自己只進駐洛陽，命偏師攻晉，晉之君臣固然未必稽首入臣，但苻堅也未必會遭到淝水之戰這樣的慘敗，北方的政治局面尚容易收拾起來，不致於一敗塗地。

以上兩派的主張，關係前秦的存亡，我認爲應該詳細加以介紹的。相反我在《魏晉南北朝隋初唐史》裏，在叙述淝水之戰全綫總崩潰時，没有朱序乘機在陣後大喊：「秦兵敗了！秦兵敗了！」我根本不相信朱序一個人的説話，會影響三十萬大軍的軍心，後來在《魏晉南北朝》裏把這幾句話加上了，至今慊慊，不以爲然。

最近淝水之戰的討論，黄烈同志不同意提「正義」兩字，這是針對我的《魏晉南北朝史》而言的。我完全同意他的寶貴意見，把「正義」兩字勾去了。春秋無義戰，戰争本來不宜輕易地提正義或不正義。

討論淝水之戰，重點應該放在爲什麼南勝北敗。東晉存在着許多腐朽的東西，但當時有哪些有利的形勢，使他獲得勝利。前秦在王猛執政時期，政治是清明的，但到了王猛一死之後，氐族勢力分散，鮮卑、羌、羯分佈畿甸，根本空虛，亡機已成，使它導致失敗。實踐是檢驗眞理的標準，只要把東晉爲什麽勝，前秦爲什麽敗，講清楚，就算完成我們的任務了。

四　赫連勃勃都統萬而不都長安

赫連勃勃趁後秦滅亡，劉裕自關中撤退，進兵長安，敗劉義眞於青泥關，於公元四一八年十一月，即大夏皇帝位於灞上。大夏羣臣請勃勃定都長安。勃勃說：「朕豈不知長安歷世帝王之都，沃饒險固。然晉人僻遠，終不能爲吾患。魏與我風俗略同，土壤鄰接，自統萬距魏境裁百餘里，朕在長安，統萬必危；若在統萬，魏必不敢濟河而西。諸卿適未見此耳。」皆曰：「非所及也。」（《資治通鑑》晉恭帝元熙元年）胡三省注云：「使勃勃常在，猶云可也；勃勃死，則統萬爲魏有。古人所以貽厥子孫者，固有道也。」北宋都汴梁，金兵一渡河，北宋就亡；南宋不敢都建康（今南京市），而都臨安（今杭州市），都城近邊，國力强盛的時候，完全可以，一到國力衰落，就容易就到侵略了。胡三省生於南宋之末，有感而然，所以不但不表彰赫連勃勃，相反認爲赫連勃勃的留都統萬是失策的。

五　劉裕殺劉毅諸葛長民

劉裕爲了奪取政治大權，殺劉毅、諸葛長民，這樁事，在拙著《魏晉南北朝史》裏，已經講了，但講得非常簡單而籠統，不盡欲言。現在把删除的舊稿重新整理出來，寫在下面。

劉毅，彭城沛（今江蘇沛縣）人，僑寄京口（今江蘇鎮江市）。以州從事爲青州刺史（治廣陵）桓弘中兵參軍屬。桓玄稱帝，劉毅和劉裕、何無忌等起兵討玄。裕、無忌率北府兵攻入京口，毅與孟昶等率北府兵攻入廣陵，因收衆濟江，會軍共攻建康。桓玄西走，劉裕以徐州（南徐州治京口）刺史，鎮建康，劉毅以青州（治廣陵）刺史率衆攻玄。桓氏消滅，劉毅之功爲多。後來劉裕以揚州刺史、録尚書事，入輔中樞，劉毅爲豫州刺史（治姑孰，今安徽當塗縣），拜衛將軍，名位僅次於裕。

盧循、徐道覆北上，毅與道覆決戰於桑落洲（今江西九江市東北），全軍覆没。劉裕既破孫恩、盧循，轉毅江州刺史，俄轉荆州刺史，持節、都督荆寧秦雍交廣六州軍事。

劉毅和劉裕一同推翻桓玄，「功居其次，深自矜伐，不相推伏」。「及敗於桑落，知物情去已，彌復憤激。初，裕征盧循，凱歸」，「於東府聚摴蒱大擲，一判應至數百萬，餘人並黑犢以還，唯劉裕及毅在後。毅次擲得雉（骰子五枚，二雉三黑爲雉），大喜，褰衣繞牀，叫謂同坐曰：『非不能盧，不事此耳。』裕惡之，因挼五木久之，曰：『老兄試爲卿答。』既而四子俱黑，其一子轉躍未定，裕厲聲喝之，即成盧（五枚骰子全黑爲盧）焉。毅意殊不快」，「面如鐵色焉，而乃和言曰：『亦知公不能以此見借』」（《晉書·劉毅傳》）。從這些小事情方面，可見劉裕、劉毅兩人之間的隔礙已經相當深了。

劉毅既被任命爲荆州都督，又「輒割豫州文武、江州兵力萬餘人以自隨」（《資治通鑑》晉安帝義熙八年）。劉毅又請求政府任命其親信郗僧施爲南蠻校尉，並請求政府任命毅從弟兗州刺史劉藩爲其副手。

義熙八年(公元四一二年)九月,劉裕對劉毅進行突然襲擊,詔書罪狀劉毅,但這封詔書,没有事先發表。又誣陷劉藩和謝混等共毅圖謀不軌,收殺劉藩、謝混。即率領大軍,乘舸西上。以王鎮惡爲振武將軍,與龍驤將軍蒯恩將百舸先發。裕戒鎮惡:若毅「可擊,擊之;不可者,燒其船艦,留屯水際以待我」。「於是鎮惡晝夜兼行,揚聲言劉兖州上」。同年十月,鎮惡前軍「去江陵城二十里,捨船步上」。「舸留一二人,對舸岸上立六七旗,旗下置鼓,語所留人:『計我將至城,便鼓嚴,令若後有大軍狀。』又分遣人燒江津船艦。鎮惡徑前襲城,語前軍士:『有問者,但云劉兖州(藩)至。』津戍及民間皆晏然不疑。未至城五、六里,逢毅要將朱顯之欲出江津,問:『劉兖州何在?』軍士曰:『在後。』顯之至軍後不見藩,而見軍人擔彭具(楯牌,以扞鋒矢),望江津船艦已被燒,鼓嚴之聲甚盛,知非藩上,便躍馬馳去告毅,行令閉諸城門。鎮惡亦馳進,門未及下關,軍人因得入城」。「鎮南與城内兵鬥,且攻其金城」,「城内人敗散」,毅「督士卒力戰,城内人」「知裕自來,人情離駭。逮夜,聽事前兵皆散」。毅「夜半,帥左右三百許人,開北門突出」。「夜投牛牧佛寺」,在江陵城北二十里,毅知大事已去,「遂縊而死」(《資治通鑑》晉安帝義熙八年)。毅兄劉模并毅子姪,皆爲劉裕所殺。

諸葛長民爲豫州刺史(鎮姑孰,今安徽當塗縣),劉裕對荆州用兵,調他到建康監太尉(時劉裕爲太尉)留府事。他也是參預京口起兵推倒桓玄的舊人。他看到劉裕排斥勳舊,劉毅被殺,當然感慨萬端。他對親近人説:「昔年醢彭越,今年殺韓信,禍其至矣。」還歎聲對人説:「貧賤常思富貴,富貴必履危機。

今日欲爲丹徒布衣，豈可得也！」（《晉書·諸葛長民傳》）劉裕「自江陵東還，駱驛遣輜重兼行而下，前刻至期，每淹留不進。諸葛長民與公卿頻日奉候於新亭，輒差其期。〔義熙九年二月〕乙丑晦，裕輕州徑進，潛入東府。三月丙寅朔旦，長民聞之，驚趨至門。裕伏壯士於幔中，引長民卻人閒語，凡平生所不盡者皆及之。長民甚悦。丁旿自幔後出，於座拉殺之，輿尸付廷尉」（《資治通鑑》晉安帝義熙八年），并殺其弟黎民、幼民、從弟秀之。

劉裕把政治上的對手，相繼鋤滅，於是西取譙縱，攻下全蜀，後又出兵討伐不受節制的晉宗室荆州刺史司馬休之，由晉主任命劉裕弟劉道憐爲荆州刺史，荆揚兩鎮，都歸劉裕掌握，權力更大，於是調集大軍，準備北取姚秦了。

六　沈田子擅殺王鎮惡

王鎮惡是王猛的孫子，前秦亂亡，鎮惡隨叔父曜客居荆州。「頗讀諸子兵書，論軍國大事。騎乘非所長，關弓亦甚弱，而意略縱横，果決能斷」（《宋書·王鎮惡傳》）。劉裕伐南燕，以爲青州從事史，行參中軍太尉軍事。義熙八年，爲前鋒襲破江陵，江陵平，劉毅自殺，後二十日，劉裕大軍方至。

義熙十二年，劉裕伐後秦，鎮惡又爲前鋒，攻陷長安城，城内夷晉六萬餘户，鎮惡「撫慰初附，百姓安堵」。

劉穆之病死，建康空虚，劉裕留第二子劉義真爲安西將軍、雍梁秦三州刺史，留鎮長安。以王脩爲安西長史，以鎮惡爲安西司馬，領馮翊太守，以沈田子爲中兵參軍，領始平太守，以毛德祖爲中兵參軍、秦州刺史、天水太守。「關中人素重王猛，裕之克長，王鎮惡功爲多，由是南人皆忌之。沈田子」「與鎮惡争功不平。裕將還，田子」「屢言於裕曰：『鎮惡家在關中，不可保信。』裕曰：『今留卿文武將士精兵萬人，彼若欲爲不善，正足自滅耳。勿復多言。』裕私爲田子曰：『鍾會不得遂其亂者，以有衛瓘故也。語曰：猛獸不如羣狐。卿等十餘人，何懼王鎮惡。』」在這樁事情上，司馬光特别討論到：「古人有言：『疑則勿任，任則勿疑。』裕既委鎮惡以關中，而復與田子有後言，是門之使爲亂也。惜乎，百年之寇，千里之土，得之艱難，失之造次，使豐、鄗之都，復輸寇手。荀子曰：『兼並易能也，堅凝之難。』信哉！」(《資治通鑑》晉安帝義熙十三年)

大夏主赫連勃勃遣其子赫連璝帥精騎二萬撲向長安，王鎮惡和沈田子俱出兵長安之北以拒夏兵，「軍中訛言：『鎮惡欲盡殺南人，以數十人送義真南還，因據關中反。』」沈「田子請鎮惡至傅弘之營計事，田子求屏人語，使其宗人沈敬之斬之幕下」，「弘之奔告劉義真，義真與王脩被甲登横門以察其變。俄而田子率數十人來，言鎮惡反，脩執田子，斬之」(《資治通鑑》晉安帝義熙十四年)。未幾，劉義真聽左右言，又收殺王脩，不久，義真逃離關中，關中完全爲大夏佔領了。

司馬光的議論，是完全有理由的。疑則勿任，任則勿疑，王鎮惡是王猛之孫，在關中有羣衆基礎，如果委任他，付他以關中之任，關中是不至輕易失守的。關中的失落，和殺害王鎮惡一事，關係極大。

七　宋文帝得國親政

劉裕滅後秦歸，這時劉穆之新死，必須重新作一番部署，以世子劉義符鎮建康，以第三子劉義隆爲都督荆益寧雍梁秦六州諸軍事、西中郎將、荆州刺史，掌握長江上游事權。配備了很强的僚佐，以南郡太守到彦之爲南蠻校尉，張邵爲司馬，領南郡相，王曇首爲長史，王華爲西中郎將主簿，沈林子爲西中郎將參軍。這時義隆年幼，所以劉裕給荆州配備强幹的僚佐，佐理荆州的州府事。裕次子劉義真自關中敗歸，裕又用晉帝名義，發表義真爲揚州刺史，鎮石頭，荆揚兩州的事權，完全集中在劉裕手中，劉裕自己又有滅蜀譙縱，南燕慕容超，後秦姚泓的威望，代晉的條件完全成熟了。

劉裕自關中回來，駐軍壽陽（今安徽壽縣），他準備遄返建康，於是留第四子義康爲北豫州刺史，留鎮壽陽。自己就帶領一部份軍隊回到建康來了。永初元年（公元四二〇年）六月，劉裕即皇帝位，立長子劉義符爲太子。調揚州刺史劉義真爲南豫州刺史，出鎮歷陽（今安徽和縣），加强屏藩建康的力量，而改由徐羡之擔任揚州刺史。檀道濟擔任南兖州刺史，出鎮廣陵（今江蘇揚州市）。

永初三年（公元四二二年），劉裕病重，司空、録尚書事、揚州刺史徐羡之，尚書僕射傅亮，領軍將軍謝晦，鎮北將軍、南兖州刺史檀道濟，衛將軍、江州刺史王弘同被任命爲顧命大臣。裕病死，太子義符繼位，時年十七。

義符爲皇太子時，「多狎羣小，謝晦言於上（劉裕）曰：『陛下春秋既高，宜思存萬世，神器至重，不可使負荷非才。』上曰：『廬陵何如？』晦曰：『臣請觀焉。』出造廬陵王義真，義真盛欲與談，晦不甚答。還曰：『德輕於才，非人主也』（《資治通鑑》宋武帝永初三年）。

劉裕未死前，「召太子誡之曰：『檀道濟雖有幹略，而無遠志，非如兄韶有難御之氣也。徐羨之、傅亮當無異圖。謝晦數從征伐，頗識機變，若有異同，必此人也。少卻，可以會稽、江州處之」（《宋書·武帝紀》）。可見他對檀道濟是信任的，他對謝晦是不信任的。劉義符繼位後，實際上並沒有出現了不起的過失，只是在喪服中後宮姬妾懷孕的很多，又好在宮內練習武事，和左右親近也比較親暱了一些。至於政治大事全交給輔政大臣去處理，不多顧問。輔政大臣既没還政的表示，劉義符也並不急於親政。說明輔政大臣們對劉義符的缺點，應該是可以容忍的。劉義符的缺點，還不至於發展到朝政的混亂程度，照理說輔政大臣們是不應該對他加以廢黜的。劉義符才當了一年多皇帝，輔政大臣們製造了一次宮庭政變，廢黜了劉義符。在劉義符廢黜後，就得推立劉義真，輔政大臣們先挑撥了劉義符和劉義真的關係，廢劉義真爲庶人。輔政大臣們幽劉義符於吴郡（今江蘇蘇州市）金昌亭，幽劉義真於新安郡（治始新，今浙江淳安縣西），不久，又都加以殺害。

這一次政變，做得非常不明智，輔政大臣們當然要舉漢霍光廢昌邑王賀事爲例。但是昌邑王賀是由旁支入繼大宗，霍光看他不成器，才廢昏立明。而劉義符的地位，是劉裕生前指定的太子，名正言順，以此繼位做皇帝，他是和漢昭帝的地位一樣，没有嚴重的大過失，是不宜進行廢黜和殺害的。尤其劉義真，雖然他在十二歲的時候出鎮長安，遇赫連勃勃的進攻，有青泥之敗。但這不是他的過失，他長大後，愛好文義，和當代名詩人謝靈運、顔延之、慧琳道人等「情好欵密」。當時輿論對義真都非常好。不過由於義真的性格「嚴斷」，卽嚴厲而果斷，徐羨之、謝晦等怕劉義康繼劉義符做皇帝後，將來會容不了他們，所以也把他殺害了。

公元四二四年五月，廢少帝劉義符，六月，殺劉義符及劉義真，七月，把荆州刺史劉義隆從江陵接來做皇帝。還怕荆州落到別人手中，在劉義隆未離開江陵之前，先發表謝晦爲「行都督荆、湘等七州諸軍事、荆州刺史，欲令居外爲援，精兵舊將，悉以配之」（《資治通鑑》宋文帝元嘉元年）。輔政大臣們的這些安排，只是爲自己打算，而這個打算和安排又是很愚蠢的。

劉義隆這時才十八歲，接他到建康去做皇帝的輔政大臣之一傅亮到達江陵的前夜，荆州有很多將佐聽到劉義符、劉義真都被害，都勸劉義隆不要下去。但是荆州刺史幕府是人才集中的地方，長史王曇首（王導曾孫）、司馬王華（王導曾孫）、南蠻校尉到彦之等經過分析，都勸他去建康。他們的看法，可以歸納爲五點。一，「先帝（指劉裕）有大功於天下，四海所服；雖嗣主不綱，人望未改」。二，「徐羨之中才寒士，傅亮布衣諸生，非有晉宣帝（司馬懿）、王大將軍（王敦）之心明矣」。「諸公受遺，不容背義」，且「羨之等五人同功並位（地位相等），孰肯相讓！就懷不軌（卽使其中有野心家），勢必不行」。三，並解釋輔政大臣殺害劉義符、劉義真的動機是「廢主若存，慮其將來受禍，致此殺害」，「畏廬陵（義真封廬陵王）嚴斷，將來必不自容」。四，又分析徐羨之、傅亮、謝晦等人迷戀權位，決不肯放棄權力，只是想把劉義隆推出來作個傀儡，「欲握權自固，以少主仰待耳」。當時的局勢，北府兵的「勞臣舊將，内外充滿」，荆、雍(江陵、襄陽)二州的「兵力又足以制物」(控制局面)(《資治通鑑》宋文帝元嘉元年)。所以可以放心去建康。劉義隆就採納了他們的意見,去建康了。在離開江陵之前,命王華留在荆州,「總後任」。這時雍州刺史出缺,又派到彥之到襄陽去鎮守,掌握了雍州的兵力。

在劉義隆要離開江陵的這一天,才接見了傅亮,「號泣,哀動左右。既而問義真及少帝薨廢本末,悲哭嗚咽,侍側者莫能仰視」。傅亮體會到這樣氣氛,「流汗沾背,不能對」話。劉義隆下建康的坐船,密布荆州「文武,嚴兵自衞」。建康「所遣百官衆力,不得近部伍」。荆州「中兵參軍朱容子抱刀處王(劉義隆封宜都王)所乘舟户外,不解帶者累旬」。這空氣是够緊張的。到達建康後,徐羡之問傅亮:「王可方誰?」傅亮答:「晉文(司馬昭)景(司馬師)以上人。」羡之説:「必能明我赤心。」傅亮答:「不然。」(《資治通鑑》宋文帝元嘉元年)。

劉義隆做了皇帝,是謂宋文帝。他首先超遷了輔政大臣們的官位,徐羡之由司空遷司徒,傅亮加開府儀同三司。不久,任命了王曇首、王華爲侍中(也是宰相之任),並以曇首領右衛將軍,王華領驍騎將軍,朱容子爲右軍將軍,掌握了宿衛禁軍的權力。這時到彥之在襄陽,徐羡之想討好劉義隆,想正式任命到彥之爲雍州刺史,劉義隆不同意,調南豫州刺史劉粹爲雍州刺史,調到彥之爲中領軍。中領軍統率左右衛、前後左右四軍、驍騎七個將軍的營兵,宿衛京師,權力是極大的。

劉義隆剛到建康,徐羡之就讓謝晦去接任荆州刺史。「晦將行,與蔡廓别,屏人問曰:『吾其免乎?』廓曰:『卿受先帝顧命,任以社稷,廢昏立明,義無不可。但殺人二兄而以之北面,挾震主之威,據上流之重,以古推今,自免爲難』晦既懼不得去,既發,顧望石頭城,喜曰:『今得脱矣。』」(《資治通鑑》宋文帝元嘉元年)到了江陵不久,聽説到彦之由襄陽内調建康,過慮到彦之不會繞一個大灣子去江陵看他。到彦之是劉義隆的心腹紅人,爲了麻痺謝晦,從襄陽沿漢水而下到達楊口(楊水入漢之口,今湖北潛江縣澤口),特地登陸繞道去江陵見謝晦,並贈送謝晦名馬、名刀和利劍,謝晦大爲安心。

元嘉二年(公元四二五年),徐羡之、傅亮上表歸政,文帝不許,表三上,乃許。文帝開始親政,徐羡之上表請求退位還家,文帝加以挽留,環繞在徐羡之周圍的徐佩之、程道惠等也苦苦勸阻徐羡之不宜輕易放棄權力,徐羡之就又「奉詔視事」了。

徐羡之、傅亮、謝晦三人本來是想把劉義隆抬出來充當傀儡,而中央實際權力和荆州上流事權却都操縱在他們幾個人的手裏;劉義隆也清楚,如果讓這個局面繼續下去,他還會步他兩個哥哥的後塵,遭到廢殺。因此必須改變這個局面。當廢黜劉義符時,其中顧命大臣如王弘(王導曾孫)實際没有顧問這樁廢立大事,後來要遷昇他的官,任命他爲司空,他認爲自己不該無功受禄,堅決不肯受官,推讓有一年之久,終於推讓掉了。説明他和徐羡之、傅亮、謝晦等界限劃得很清,他又是王曇首的長兄,所以很容易向文帝靠攏。另外一位檀道濟,他是北府名將,時以南兖州刺史,出鎮廣陵。文帝以道濟不預廢立之謀,也想争取他到自己一邊,王華等都認爲不能争取。文帝對王華等分析:「道濟止於脅從,本非創謀,殺害(義符、義真)之事,又所不關,吾撫而使之,必將無慮」(《資治通鑑》宋文帝元嘉三年)。這樣就決定了下來。争取到檀道濟這個北府名將,實際就瓦解了徐羡之、傅亮、謝晦陣營,這是宋文帝非常高明的一着。

元嘉三年(公元四二六年)正月,下詔聲討徐羨之、傅亮、謝晦三人殺害少帝和廬陵王的罪狀,徐羨之聽到這個消息,逃至建康城外,在陶竈中自殺。傅亮外逃郭外被獲處死。謝晦的兒子謝世休時在建康,也被處死。謝晦在江陵,早已聽到要討伐他,已有所準備,徐羨之、傅亮被殺的消息傳到,他就立刻出兵,留他弟弟謝遯在江陵:「將萬人總留任」,自己親率舟師二萬,自江陵出發,「旍旗蔽日」(《資治通鑑》宋文帝元嘉三年)。

文帝派中領軍到彥之率大軍西上,到達彭城洲(湖南岳陽市東北五里),與荆州軍接觸,到彥之軍不利,退保隱磯(今湖南岳陽市東北)。文帝在討伐謝晦前,問策於檀道濟,道濟對:「臣昔與晦同從北征,入關十策,晦有其九,才略明練,殆爲少敵。然未嘗孤軍決勝,戎事恐非所長。臣悉晦智,晦悉臣勇。今奉王命以討之,可未陣而擒也。」(《資治通鑑》宋文帝元嘉三年)這個對謝晦的分析,是非常符合實際情況的,謝晦的才智横出,確是一個很好的決策人才,但就是缺乏實戰經驗。

到彥之和謝晦舟師相持於隱磯一帶,尚未決戰。宋文帝又派檀道濟提大軍增援,謝晦本來對荆州軍説,檀道濟也已被殺,忽聞檀道濟率衆西上,艦隻「前後連咽」,荆州軍「無復鬥心」,「一時皆潰」。晦夜奔巴陵(今湖南岳陽市),得小船逃還江陵。謝晦北逃北魏未成,被擒送至建康市斬首。這樣,宋文帝把國家統治權力收回到自己手中,政由己出。

八　元嘉宰相

宋文帝親政之後，以王弘爲司徒、録尚書事，輔政。元嘉之世，「宰相無常官，唯人主所與議論政事，委以機密者，皆宰相也」。「亦有任侍中而不爲宰相者；然尚書令、僕、中書監令、侍中、侍郎、給事中，皆當時要官也」（《資治通鑑》宋文帝元嘉三年）。

元嘉三年，王華、劉湛、王曇首、殷景仁「俱爲侍中，風力局幹，冠冕一時。上嘗與四人於合殿宴飲，甚悦。既罷出，上目送良久，歎曰：『此四賢一時之秀，同管喉脣，恐後世難繼也。』黄門侍郎謝弘微與華等皆上所重，當時號曰五臣」（《資治通鑑》宋文帝元嘉三年）。

元嘉六年（公元四二九年），王弘請求解除他揚州刺史、録尚書事官，讓給彭城王義康（劉裕第四子擔任。於是以義康爲南徐州刺史，録尚書事、司徒，與弘共輔朝政。弘「欲委遠大權，每事推讓義康，由是義康專總内外之務」（《資治通鑑》宋文帝元嘉六年）。元嘉九年（公元四三二年），王弘病卒，義康始改任揚州刺史，總録尚書事。

王華、王弘、王曇首相繼病死，劉湛又從侍中出爲荆州屬下的南蠻校尉，行府（撫軍將軍府）州（荆州）事，尚書僕射殷景仁推薦劉湛入參機密，並把自己的領軍將軍讓給劉湛做。劉湛還朝之後，想到殷景仁過去地位不如自己，現在地位遠遠超過自己，「意甚憤憤」。又知文帝「信仗景仁，不可移奪，乃深結司徒彭城王義康，欲倚宰相之重以傾之」。「義康納湛言，毁景仁於太祖（即宋文帝），太祖遇之益隆」。

景仁知道劉義康、劉湛在攻擊他，他「稱疾解職，表疏累上，〔文帝〕不見許，使停家養病」(《晉書·殷景仁傳》)。

劉湛和殷景仁二人之間矛盾加深，劉湛甚至想遣人僞裝劫盜，暗殺殷景仁，宋文帝微聞其事，把殷景仁的家遷到宮掖附近，劉湛當然不敢下毒手了。

義康的僚屬以及迎合劉湛勢燄的人，都彼此相約，不敢去殷景仁家。「義康擅勢專朝，威傾內外，湛愈推崇之，無復人臣之禮，上稍不能平。湛初入朝，委任甚重，日夕接引，恩禮綢繆。善論治道，並諳前世故事，敘致銓理，聽者忘疲。每入雲龍門，御者便解駕，左右及羽儀隨意分散，不夕不出，以此爲常。」到了後來，劉湛和劉義康勾結很緊，宋文帝在表面上，對劉湛好像和從前一樣，「接遇不改」，實際文帝內心裏已經非常討厭他了。他曾對左右最親近的人說：劉湛剛從江陵到建康，「吾與語，常看日早晚，慮其當去。比入(近日他入禁內)，吾亦看日早晚，慮其不去」(《宋書·劉湛傳》)。劉湛和劉義康左右，結成朋黨，排斥異己，非常囂張。宋文帝對劉義康也更是不信任起來。殷景仁也對文帝說：「相王(指義康)權重，非社稷計，宜少加裁抑」(《資治通鑑》宋文帝元嘉十七年)，文帝很重視這個意見。

義康左右見文帝多疾，皆謂「宮事一日晏駕，宜立長君」。文帝「嘗疾篤，使義康具顧命詔，義康還眉，流涕以告湛及景仁。湛曰：『天下艱難，詎是幼主所御！』義康、景仁並不答」。而義康左右孔胤秀等「輒就尚書儀曹索晉咸康末立康帝舊事，義康不知也。及上疾瘳，微聞之」。而義康左右「密謀，欲使大業終歸義康，遂邀結朋黨，伺察禁省」，「自是主相之勢分矣。義康欲以〔司徒左長史〕劉斌爲丹陽尹，言次，啟上陳其家貧。言未卒，上曰：『以爲吴郡。』後會稽太守羊玄保求還，義康又欲以斌代之，啟上曰：『羊玄保求還，不審以誰爲會稽？』上時未有所擬，倉猝曰：『我已用王鴻』」（《資治通鑑》宋文帝元嘉十七年）。

元嘉十七年九月，黜退義康爲江州刺史，出鎮豫章（今江西南昌市），停中書省十餘日，便下渚去江州，文帝「唯對之慟哭，餘無所言。上又遣沙門釋慧琳視之，義康曰：『弟子有還理否？』慧琳曰：『恨公不讀數百卷書。』」（《宋書·彭城王義康傳》）劉湛和義康親近左右孔胤秀等皆被殺。

義康黜退，改由江夏王義恭（劉裕第五子）爲司徒，録尚書事。義恭看到義康的失敗，不敢擅權，「雖爲總録，奉行文書而已，故太祖安之」（《宋書·江夏王義恭傳》）。

同年十一月，殷景仁病死，於是以范曄爲左衛將軍，沈演之爲右衛將軍，對掌禁旅，又以庾炳之爲吏部郎，三人俱參機密。義康雖廢黜，義康許多親近還不死心，密懷報效，要結朝中大臣左衛將軍范曄、丹陽尹徐湛之（文帝長姊會稽公主之子）等，想舉行政變，推奉劉義康爲主。徐湛之知事不成，怕自己連累進去，先期向文帝告密。於是這次密謀完全洩漏，范曄被殺。義康也削去王爵，發爲庶人，徙安成郡（治平都，今江西安福縣東南）幽禁，時元嘉二十二年（公元四四五年）也。元嘉二十七年（公元四五〇年），北魏南侵，二十八年（公元四五一年），義康被殺。參與機密的庾炳之也在元嘉二十五年（公元四四八年）以罪廢黜。元嘉二十七年，乃以徐湛之爲尚書僕射，江湛爲吏部尚書，俱掌機密，時稱江、徐。

九　文帝自壞萬里長城

檀道濟，是劉裕京口起兵倒桓玄時候的參與者，累立戰功。劉裕北伐後秦，道濟進軍洛陽，攻克潼關。少帝義符時，出任南兗州刺史。徐羨之、謝晦等要廢黜少帝義符廬陵王義真，「以告道濟，道濟意不同，屢陳不可，不見納」（《宋書·檀道濟傳》）。及元嘉三年，西討謝晦，道濟又立大功，改任江州刺史。

「道濟立功前朝，威名甚重，左右腹心，並經百戰，諸子又有才氣，朝廷疑畏之」。元嘉十二年（公元四三五年），文帝病危，又北魏南侵，彭城王義康召道濟入朝。留之累月。文帝病稍愈，「將遣還，已下渚，未發，會帝疾動，義康矯詔召道濟入」，因并其子十一人殺之。「道濟見收，憤怒，目光如炬，脱幘投地曰：『乃壞汝萬里長城。』魏人聞之，喜曰：『道濟死，吴子輩不足復憚』」（《資治通鑑》宋文帝元嘉十三年）。

劉真道、裴方明都是元嘉初期的名將，真道初爲錢唐令，以利民著績。元嘉十四年（公元四三七年），出爲梁、南秦二州刺史（治南鄭，今陝西漢中市）。裴方明，初爲益州刺史劉道濟中兵參軍，立有戰功。後和劉真道一起攻破仇池（今甘肅成縣西北洛谷鎮），結果他們兩人，因「斷割金銀諸雜寶貨，又藏〔楊〕難當（仇池國主）善馬，下獄死」（《宋書·劉懷肅傳》）。輕易地殺掉身經百戰的勇將，這是使親者痛，仇者快的行動。後來北魏太武帝（拓跋燾）南征，也指責宋文帝説：「彼前使裴方明取仇池，既得，疾其勇功，不能容。有臣如此，尚殺之，烏得與我校邪！」（《宋書·索虜傳》）連北魏也認爲宋文帝君臣亂殺將領，是非常失策的事。

在指揮軍事作戰方面，宋文帝也往往好自作聰明，「每命將授師，常授以成律，交戰日時，亦待中詔。是以將帥趑趄，莫敢自決」（《資治通鑑》宋文帝元嘉二十八年）。兵法裏曾提到「將能而君不御者勝」，又說：「將在軍，君令有所不受」，這兩句話，有他一定的道理。這是因爲一個將領在前敵指揮作戰，必須有權選擇在那一段地形來會戰，選擇那一個時機來進攻，選擇那一個環節是敵人的薄弱部分來作爲進攻點。如果臨時發覺敵人的軍事部署有變化，還得同時也相應改變部署，以期取得決定性的勝利。宋文帝却不然，凡遣軍命帥，連交戰的日期，都規定得很死，把軍事計劃建立在一厢情願的基礎上，一到戰場上，完全和實際情況不相符合，怎樣能够取得勝利呢？

宋文帝想攻打北魏，元嘉二十六年前後，天天和徐湛之、江湛商議，當時有實戰經驗的將領沈慶之對他說：「治國譬如治家，耕當問奴，織當問婢，陛下今欲伐國，而與白面書生輩謀之，事何由濟！」（《資治通鑑》宋文帝元嘉二十七年）這也說明了宋文帝所製訂的軍事作戰計劃，在廣泛徵詢有實戰經驗將領方面的意見是遠遠不够的。所以元嘉時期，政治方面，固然比較清明，算得上是一個小康時代，而就武功來說，比起劉裕統治時期（包括東晉義熙末），却差得太遠了。

讀史札記

《史　記》

《宋微子世家》：及祖伊以周西伯昌之修德滅阢，阢國懼禍至，以告紂。

殿本考證臣照曰：按阢國二字是衍文。

犖按：《殷本紀》：「紂之臣祖伊，聞之而咎周，恐，奔告紂。」《周本紀》：「明年，敗耆國，殷之祖伊聞之，懼以告帝紂。」《尚書》：「西伯戡黎，祖伊恐，奔告於王。」參觀前文，疑禍至二字，亦是衍文。

《鄭世家》：於是卒言王，東徙其民雒東，而虢鄶果獻十邑，竟國之。犬戎殺幽王於驪山下，并殺桓公，鄭人共立其子掘突，是爲武公。

犖按：桓公爲幽王卿士，東徙其民雒東，居虢鄶之地，而使其子武公君臨其民，如魯伯禽之事。《左氏傳》「周之東遷，晉鄭焉依」，蓋此之謂。不則桓公死幽王之難，鄭國奔走覆亡之不暇，平王焉得以爲倚依而立國哉。

《田敬仲完世家》：孫子爲帥。

殿本考證：帥一本作師。

犖按：同書《孫子吴起列傳》：「其後魏伐趙，趙急請救於齊，齊威王欲將孫臏，臏辭謝曰：『刑餘之人，不可。』於是乃以田忌爲將，而孫子爲帥，居輜車中，坐爲計謀。」據此則作帥爲是。

《荆燕世家》：澤使人謂田生曰：「弗與矣。」

《集解》孟康曰：與，黨與，言不復我爲黨與也。文穎曰：不得與汝相知。《漢書》顔師古注曰：孟説是也。

犖按：三説皆非。按上文：「澤大悦之，用金二百斤，爲田生壽，田生已得金，即歸齊。」故澤使人謂田生，言弗重與之金矣。

《留侯世家》：夫爲天下除殘賊，宜縞素爲資。

《集解》晉灼曰：資，藉也。（《漢書》「藉」作「質」。）欲沛公反秦奢泰，（《漢書》欲下有「令」字。）服儉素以爲藉也。（《漢書》「藉」作「資」。）

犖按：晉灼説非。子房蓋言爲天下除殘去賊，當服縞以弔其民也。

《商君列傳》：教之化民也深於命，民之效上也捷於令。

《索隱》劉氏曰：教謂商鞅之令也，命謂秦君之命也，言人畏鞅甚於秦君。上謂商鞅處分，令謂秦君之教令。

犖按：「劉説非是，此蓋言教化之化民，深於民令之齊民，黎甿之效上，捷於條教之處分。「齊之以禮，有恥且格」，「君子之德風，小人之德草，草上之風必偃」。蓋此之謂。故下文云：「今君左建外易，非所以爲教也。」爲教之道，或在於此。

今君又左建外易，非所以爲教也。

《索隱》：外易，謂在外革易君命也。

犖按：外易，猶今言只留滯在表面上，蓋謂徒以一切法令整齊甿俗，外易民聽，而非教化云也。

《犀首列傳》：義渠君致羣臣而謀曰：「此公孫衍所謂邪。」

《索隱》謂上文「犀首云：君之國有事，秦將輕使重幣，事君之國」，故云公孫衍之所謂，因起兵襲秦，以傷張儀也。

犖按：《索隱》誤。按上文「犀首乃謂義渠君曰：『道遠不得復過，請謁事情。』曰：『中國無事，秦得燒掇焚杅君之國；〔中國〕有事〔於秦〕，秦將輕使重幣，事君之國。』」文義甚明。《索隱》誤以「君之國有事」斷句，遂至詰屈背謬，辭義難明。《國策·秦語》：「中國無事於秦，則秦過燒焫獲君之國，中國爲有事於秦，則秦且輕使重幣而事君之國也。」《史記》之文，蓋本於此。誠如《索隱》所云，則是義渠國中有事，秦求和親，國內安輯，秦乃見伐，揆之謀略，誠可嗤也，秦必不爾，可以斷言。

《樂毅列傳》：乃遺樂間書。

顧亭林曰：燕王遺樂間書，恐卽樂毅事，而傳者誤以爲其子。

犖按：騎劫代將，毅遂奔趙，其子樂間復以燕王不用其謀，懼誅奔趙，事實殊異，書辭逕庭，顧公所云，何見而然。

《鄒陽列傳》：游於梁，與故吴人莊忌夫子，淮陰枚生之徒交，上書，而介於羊勝、公孫詭之間。

《索隱》言鄒陽上書自達，而游於二人之間，或往彼，或往此。介者，言有隔於其間，故杜預曰：「介猶間也。」《漢書》注師古曰：介謂間厠也。

犖按：《左傳》昭二年：「晏子曰：偪介之關，暴征其私。」杜注：介，隔也。又《左傳》定四年，「惎間王室」，《博雅》：間，詚也。《釋文》：詚卽詚謗之詚。此蓋言鄒陽、枚生之徒交上書，而隔於羊勝、公孫詭之詚謗，言勝等嫉鄒陽，於梁孝王前，多毁謗中傷之也。假使從《索隱》之釋，則鄒陽已曳裾二人之門矣，二人引進之不暇，何必惡之於王哉。

《刺客·曹沫列傳》：今魯城壞，卽壓齊境。

《索隱》：齊魯鄰接，魯之城壞，卽壓近齊之境也。

犖按：蓋言齊侵魯，魯皆城守，城墉以外，悉爲齊境，魯城偶壞磚墮，齊地是壓，極言魯之迫辱耳。

《刺客·荆軻列傳》：此天之所以哀燕而不棄其孤也。

《索隱》：按無父稱孤，時燕王尚在，而丹稱孤者，或記者失辭，或諸侯嫡子，時亦僭稱孤也。又劉向云：丹，燕王喜之太子。

犖按：孤，燕太子丹謙稱其君父，以説於荆軻，非丹自謂。

《蒼公列傳》：更受師同郡元里公乘陽慶，慶年七十餘，無子。

犖按：同傳「慶又告臣意曰：愼無令我子孫，知若學我方也」。又同傳「會慶子男殷來獻馬」，則慶非無子。

《漢　書》

《王子侯表》：邵侯順天漢元年，坐殺人及奴凡十六人，以捕匈奴千騎免。

師古注：詐云捕得匈奴騎，故私殺人以當之。

犖按：師古注非是。蓋順坐人及奴凡十六人，當抵罪，以捕匈奴千騎，故僅得不坐，免侯也。千騎，千夫長，匈奴官名。順《史記·建元以來王子侯者年表》作慎。

《食貨志》上陋小漢家制度，以爲疏闊。

注師古曰：莽以漢家制度爲泰疏闊，而更之令陿小。殿本考證臣照曰：顔注非也，蓋陿小者，卽鄙陋之意，言鄙陋漢制，謂爲疏闊不詳備也。

犖按：二説蓋非，莽鄙陋漢制陿小，乃更爲疏闊耳。觀其改易地名，命官易印，是可知已。

《王陵傳》：且陛下卽問長安盜賊數，又欲彊對邪。

注劉攽曰：盜賊數亦自有主者，謂不當問細故也。

犖按：劉説非，平蓋言文帝問長安盜賊頭數，則將何辭以對邪。京兆盜賊充斥，宰相焉所逃責，若飾辭以對，則又誣罔不道，故云然也。

《蕭望之傳》：侯年甯能父我邪。

注服虔曰：甯能與我父同年邪。劉攽曰：言侯年雖高，甯能爲我父邪，不足敬也。劉奉世曰：此直謂其安能爲我之父邪，輕之之辭。

犖按：《禮》年長以倍，則父事之。望之蓋言侯年甯能使我父事之邪。

《佞幸·淳于長傳》：未進。

注宋祁曰：進字上當有得字。

犖按：宋説非，進當連下幸字爲句，文義自明。

《西域·婼羌傳》：辟在西南，不當孔道。

注師古曰：孔道者，穿山險而爲道，猶今言穴逕耳。

犖按：顔注非是。《説文》：孔，通也。揚子《太玄經》「孔道夷如」，注「孔道，通道也」。蓋言辟在西南，不當通道耳。古空孔相通，《史記·大宛傳》：「而樓蘭、姑師小國耳，當空道，攻劫漢使王恢等尤甚」，亦應依此釋之。

《外戚孝宣許皇后傳》：廣漢重令爲介。

注師古曰：更令人作媒而結婚姻。重因直用反。

犖按：顔注非是，時張賀爲掖庭令，令掖庭令，廣漢重掖庭令之介，故遂以女妻曾孫也。

《外戚·孝成趙皇后傳》：許氏竟當復立邪。

注晉灼曰：昭儀前要帝不得立許美人爲皇后，而今有子中，許氏竟當復立爲皇后邪，此前約之言也。

犖按：昭儀蓋謂許皇后既見廢黜，今許美人復幸有子，豈許氏廢姓當復立邪。成帝約以趙氏故，不立許氏，使天下無出趙氏上者，蓋是時許史外戚喧赫，許氏女充侍宮闈，非止一女，恐復進幸，魚肉趙氏耳。許美人或亦外屬戚里也。

秦橋未就已沉波

據説秦始皇從海邊向海中伸進，造了一條三十華里長的石橋，這就是神話傳説中的秦橋。既然講秦橋，又不得不牽涉到對秦始皇的評價問題。

在文化大革命時期，林彪、葉羣在陰暗的角落裏，狠狠攻擊秦始皇一下。林彪倒了，「四人幫」爲了篡黨奪權的需要，又在儒法鬥争的幌子下，用李贄的話，把秦始皇捧成爲「千古一帝」。「四人幫」倒了，「四人幫」和他們的御用文人吹捧秦始皇的一些不實之詞，應該加以揭批，我看這是完全有必要的。

但對秦始皇這個人物的評價，秦始皇的功過，還是應該繼續討論下去的。我個人的看法是，秦始皇曾順應了歷史趨勢，做了一些有利於國家統一的工作，這些應該加以肯定的，還得肯定下來。但秦始皇在統一六國後，有些應該做的事，没有把它做好；有些對人民説來是壞事、錯事，對人民帶來了灾禍，而秦始皇却幹了不少，因此，可以説秦始皇是過大於功的一個人物。

秦始皇統一六國，結束了殺人盈野，以鄰國爲壑的這種血戰玄黄局面，建立了一個中央集權制度的統一國家。從鍾鼎文、候馬盟書、秦簡的一些出土文物來看，戰國時期，文字是不十分統一的。到了秦始皇統一後，他造作了秦篆，統一了文字。同時也統一了全國度量衡的規格，並規定二百四十步爲一畝的畝法。大規模的移民政策，把六國舊貴族及天下豪富十二萬户遷移到咸陽附近來，以强本弱枝，同時又徵發一部分罪犯或没有恒産的百姓，去充實邊遠地區，傳播中原文化，充實邊疆防務，這對鞏固這個中央集權的統一國家，曾經起過積極的作用。這一類工作，如果不落在秦始皇肩上，落在别的帝王身上，也得順應歷史發展趨勢來這樣做。但究竟秦始皇一步一步的做了，這是應該加以肯定的地方。

此外如秦始皇命蒙恬將三十萬衆「築長城，因地形，用制險塞，起臨洮，至遼東，延袤萬餘里」（《史記·蒙恬傳》）。築長城，以防遏游牧部落的侵犯，保衛了邊塞人民生産的正常進行，本來是有一定積極意義的。但秦始皇在執行這個政策方面，太冒進了，動員了勞動力過多，後勤工作又做得不好，以致出現了死人如麻，暴骨長城之下，頭顱相屬於道的悲慘景象。秦始皇使史禄鑿靈渠，開通嶺南的重要航道，經濟上、政治上的意義，本來是非常重大的，可是秦始皇宿大兵五十萬，經營五嶺以南，當時南方的經濟水平還不十分發展，軍糧的供給，全靠北方運去，男子力耕不足糧餉，也給經濟方面帶來了嚴重危害。秦始皇還以咸陽爲中心，四出修築馳道，馳道是皇帝專用的，但馳道左右旁近，人民亦得自由行走，馳道的修通，對國内陸路交通帶來了很大的便利。但是在修築這個馳道過程中，塹山堙谷，工程浩大，馳道東窮燕、齊，南極吴、楚，北抵塞垣，進行得又非常急遽，動員了勞動力過多，使國内經濟嚴重失調。以上興建這幾項大工程，本來都是好事情，如果安排得適宜，對國家防務和國内經濟文化交流，本來是可以起良好作用的，由於秦始皇處理失當，把好事變成壞事，本來是功，反而成過了。

秦始皇的最大過失，是徵發刑徒七十萬人分造阿房宫和驪山墓。最近在驪山始皇墓側近發現的車馬騎士俑坑，石俑有六千餘具之多，無論馬和俑，都比真的人馬還要高大，這種愚蠢蒙昧的行爲，葬埋之侈如此，只有把人民當「羣羊聚豬，皆可以竿而驅之」（《御覽》卷八十六引桓譚《新論》）的情况下，才能完成這類蠢事的。最後導致全國之内「賦斂重數，百姓罷弊，赭衣半道，羣盜滿山」（《史記·賈山傳》）。秦始皇剛一死，陳勝、吴廣揭竿一呼，暴秦統治就此結束了。「四人幫」的御用文士們，對秦始皇的焚書，美之曰統一思想，是贊歎不止的。事實上許多秦以前的寶貴古籍，多遭焚毁，對中國文化方面的損失，是不可估計的。因此我説秦始皇的功過，是過大於功。人們把秦始皇的功過三七開，三分功，七分過，過大於功，我是基本同意這個看法的。

顔之推在《顔氏家訓·勉學篇》裏曾説過，「鄴下諺云：『博士買驢，書卷三紙，未有驢字。』」我現在也得向讀者致以歉意，我上面用了一千多字來評價秦始皇的功過問題，但抱歉的是，秦始皇海上造橋的事，寫到這裏還没提到，這和顔之推所譏彈的「書卷三紙，未有驢字」，有何差異呢！好吧！現在言歸正傳，來談談秦始皇海上造橋的神話傳説吧！

我個人對於秦始皇求神仙的故事，認爲它既是很落後的事情，但另外一方面，也存在着探索海洋、瞭解海洋的積極意義。在秦始皇未統一六國之前，齊威王、齊宣王、燕昭王，就曾使方士「入海求蓬萊、方丈、瀛洲」。《史記·封禪書》裏説：

此三神山者，其傳在勃海中，去人不遠，患且至則船風引而去，蓋嘗有至者，諸仙人不死之藥皆在焉。其物禽獸盡白，黄金銀爲宫闕。未至，望之如雲；及到，三神山反居水下。臨之，風輒引

去，終莫能至云。世主莫不甘心焉

因爲齊、燕兩國海岸綫都很長，它既是一個大陸的國家，同時又是一個海洋的國家，它既要在七國中競逐雌雄，又要對海洋進行探索和瞭解，以至征服。秦始皇統一六國之後，一旦從内陸國家，變成擁有海岸綫很長的國家，他也有和齊、燕國主一樣的歷史使命，既要把兼并的國家融合爲一體，正如荀子所説的「兼并易能也，唯堅凝之難焉」（《荀子·議兵篇》）。這一艱巨的任務已經非常不容易完成了，如果想瞭解海洋，更是艱巨的任務。當然秦始皇想要瞭解海洋，就當時我國自然科學的水平而言，是有困難存在的。但作爲一個本來是内陸國家的秦，一旦變爲海岸綫很長的國家，對海洋要進行探索和瞭解，是完全有必要的。在當時的自然科學水平條件限制之下，秦始皇因要探索海洋，而產生了求仙的動機，這也是完全可以理解的。

秦始皇爲了要探索海洋，瞭解海洋，征服海洋，同時又結合了求仙這個動機，「於是遣徐市發童男女數千人，入海求仙人」（《史記·秦始皇本紀》）。據説這些童男女就留在海外島上了。《括地志》云：

亶洲，在東海中，秦始皇使徐福將童男女入海求仙人，止在此洲，共數萬家。至今洲上人有至會稽市易者，吴人《外國圖》云，亶洲去琅邪（今山東膠南縣南）萬里。

秦始皇也親自浮江航海，探索海洋。秦始皇二十八年（公元前二一九年），在封禪泰山以後，「於是乃並勃海以東，過黄（今山東黄縣東南二十五里）、腄（今山東牟平縣），窮成山（今山東榮成縣成山角），登之罘（今山東文登縣東北海中）。南登琅邪，大樂之，留三月」。「作琅邪臺」。二十九年（公元前二一八年），始皇又東游，登之罘山。返回的時候，又至琅邪臺。三十二年（公元前二一五年），始皇又到了今河北昌黎縣的碣石山。三十七年（公元二一〇年），始皇又從吴中，自江乘（今江蘇句容縣北六十里）渡長江，沿海而北，抵琅邪臺。又從琅邪臺至成山，登之罘，「並海而西」（《史記·秦始皇本紀》）。他除了在今浙江紹興登會稽山，縱望東海以外，主要的海上活動，是在琅邪臺、成山角、芝罘山（不像是今天烟台的芝罘島）以及昌黎的碣石山四個點，這幾個點，也就是從來齊燕方士進行海洋探索和求仙活動的基地。

有一點是我們不十分瞭解的，據《史記·封禪書》說，秦始皇東游海上，祠名山大川及八神，以成山作爲日主（太陽神）的祭祀點，所謂「七曰日主，祠成山。成山斗入海，最居齊東北隅，以迎日出云」。那麽秦始皇也承認成山角是齊地的最東邊了。可是始皇三十五年（公元前二一二年），却在東海上的朐（今江蘇連云港市西南海州）界上立了石闕，標誌爲秦王朝的東門。

關於秦橋的神話傳説，有兩個地點，一個是在碣石山海中，一個是在晉代的城陽郡境内。

現在先講秦橋在碣石山的記載根據。據《水經·濡水注》云：

濡水（今灤河）又東南至纍縣碣石山。漢武帝亦嘗登之，以望巨海，而勒其石於此。今枕海有石如甬道數十里，當山頂有大石如柱形，往往而見，立於巨海之中，潮水大至則隱，及潮波退，不動不没，不知深淺，世名之曰天橋柱也。狀若人造，要亦非人力所就，韋昭亦指此以爲碣石也。《三齊略記》曰：「始皇於海中作石橋，海神爲之豎柱。始皇求於相見，神曰：『我形醜，莫圖我形，當與帝相見。』乃入海四十里，見海神，左右莫動手，工人潛以脚畫其狀。神怒曰：『帝負約，速去。』始皇轉馬還，前脚猶立，後脚隨崩，僅得登岸，畫者溺死於海。」衆山之石，皆傾注，今猶岌岌東趣，疑即是也。

酈道元寫這段神話故事，是非常主觀的，他爲了要説明秦始皇造石橋於海中，是在碣石山海中，因此他就拿《三齊略記》中的一段神話傳説，證明秦橋是在碣石。我們認爲既是《三齊略記》所載的事情，當然應歸之齊地，可是酈道元却隨手牽來，作爲燕地的故事。好在世界上本來就沒有海神，這個海神爲之竪柱的秦橋傳説，本來就是無稽之談，只得由酈道元隨意去擺布吧！

另外一個傳説，認爲這個秦橋的故事，是發生在晉城陽郡境内。《初學記》卷七、《御覽》卷七十三引《齊地記》：

秦始皇作石橋，欲渡海觀日出處。舊説始皇以術召石，石自行，至今皆東首，隱軫似鞭撻瘢，勢似馳逐。

《御覽》卷八百八十二引《三齊略記》講述秦始皇和海神相見的神話故事，基本上和《水經·濡水注》所引的文字内容相同。但在《御覽》卷五十一和八百八十二引《三齊略記》的另一段裏，却點明石橋的地址在城陽山一帶，而和碣石山無關。

始皇作石橋，欲過海觀日出處。于時有神人能驅石下海，城陽一山，石盡起立，嶷嶷東傾，狀似相隨而行。云石去不速，神人輒鞭之，皆流血，石莫不悉赤，至今猶爾。

《初學記》卷六引《三齊記》：

青城山，秦始皇登此山築城，造石橋入海三十里。青城山爲青州城陽山之脱誤。神人驅石，當然也是屬於神話傳説範圍，可是秦橋的地點，却明確地指出在青州城陽郡一帶。

《齊地記》一是伏琛所作，一是晏謨所作，據前人考證，晏謨仕於南燕，那末他是十六國後期的人。《漢書·地理志》載城陽國，有縣四，莒、陽都、東安、慮，屬兖州。《晉書·地理志》，青州城陽郡，漢置屬北海，自魏至今，分北海而立焉。統縣十，莒、姑幕、諸、昌安、淳于、東武、高密、壯武、黔陬、平昌。現在只講邊海的幾個縣，城陽郡治在莒縣（今山東莒縣）。黔陬在今膠縣西南，膠南縣西北，膠州灣的大部分，都包括在黔陬縣境之内。那時的東武縣，也包括了今天膠南縣琅邪山等沿海地區。城陽郡治莒縣的縣境，伸展到今天日照沿海一帶。從而也可以考定，這個青州城陽山，就是指莒縣、東武、黔陬一帶的山脉而言的。如果秦始皇真的曾動用民夫，起造入海石橋，大概也只能從今青島市對海的薛家島起，迤南沿海經琅邪臺以至日照沿海一帶去找尋。而決不能到碣石山那一帶去找尋。

我的看法，秦始皇爲了要探索海洋，瞭解海洋，會有在晉代的城陽郡傍海一帶造起一條石橋，但在當時的技術水平下，決不可能建造一條入海三十里的石橋。由於營造技術不過關，這條石橋不久就塌方了，海水的激蕩，沖塌得秦橋無影無踪。至於圖畫海神，神人鞭石，山石流血的神話傳説，只能使這個故事，增加了神異色彩，無關大局。

對秦始皇的航海、造石橋、造琅邪臺、登之罘、登成山、令方士入海求仙，我們也應該用兩點眼光來看他，既有積極想探索海洋，瞭解海洋的一面，又有消極想尋求長生不老落後愚蠢的一面。

在本文結束之前，鈔李白《古風》一首來做結束語。

秦王掃六合，虎視何雄哉！揮劍抉浮雲，諸侯盡西來。明斷自天啟，大略駕羣才。收兵鑄金人，函谷正東開。銘功會稽嶺，騁望琅邪臺。刑徒七十萬，起土驪山隈。尚采不死藥，茫然使心哀。連弩射海魚，長鯨正崔嵬。額鼻象五岳，揚波噴雲雷。鬐鬣蔽青天，何由覩蓬萊。徐市載秦女，樓船幾時回。但見三泉下，金棺葬寒灰。

李白也是一分爲二的來評價秦始皇的，《古風》的前半首，肯定秦始皇統一六國，建立了一個中央集權國家的功績；後半段却批評了他造驪山墓、求不死之藥的一套蠢事，並譏刺了他對海洋征服的失敗。「四人幫」的時候，吹捧李白是法家詩人，並説李白這首《古風》也是歌頌法家皇帝秦始皇的，真是睁了眼説瞎話。李白在《古風》下半段正是用辛辣的筆觸，諷刺秦始皇的。「但見三泉下，金棺葬寒灰」，這結尾兩句詩，能説李白是在歌頌秦始皇嗎？

《齊民要術跋》

《齊民要術》十卷，題後魏高陽太守賈思勰撰。《魏書》有賈思伯、賈思同傳，思勰當是其兄弟行。《齊民要術》一書體製，略似《水經注》和《洛陽伽藍記》，既有正文，又有本注。《水經注》則更繁複，既有《水經》原文，又有酈道元注正文，又有道元本注，致一代清儒，爲《水經注》梳理分別，用力至勤。《齊民要術》成書時，正文用大字寫，下用夾行小注，皆思勰所手定，正文小注，部居分明。《文獻通考》載李燾孫氏《齊民要術音義解釋序》曰：「賈思勰著此書，奇字錯見，往往艱讀。今運使祕丞孫公爲之音義解釋略備，其正名辨物，蓋與揚雄、郭璞相上下，不但借助於思勰也。」後人以燾序故，遂謂思勰《本注》，亦皆是孫氏《音義解釋》之文，則以思勰注文已與孫氏《音義解釋》相雜糅，不易分別故也。噫！南北朝舊籍故記，爲後人所糅亂，豈僅《齊民要術》一書而已哉！

今按《齊民要術·造神麴并酒篇》作糯米酒一斗云云，本注云：「此元僕射家法。」元氏宗王爲尚書左右僕射者多矣，此所云元僕射，不知爲何人。

又《白醪麴篇》本注稱「皇甫吏部家法」。《北史·外戚·胡國珍傳》：「太后舅皇甫集」，「安定朝那人。封涇陽縣公，位儀同三司、雍州刺史、右衞大將軍，贈侍中、司空公，謚曰靜」。「集弟度，封安〔定〕縣公，累遷左僕射，領左衞將軍」。「孝昌元年，爲司空、領軍將軍、加侍中」。「又攝吏部事，遷司徒，兼尚書令，不拜，尋轉太尉」。爾朱榮入洛，西奔兄子華州刺史邕，尋與邕爲人所殺」。吏部尚書，於元魏爲顯官，皇甫氏居此官者，獨度嘗一攝領耳。司空官高，而下兼吏部尚書，故稱攝，本注所云皇甫吏部，當是指度。

《種桑柘篇》曰：「椹熟時，多收曝乾之，凶年粟少，可以當食。」本注云：「今自河以北，大家收百石，少者尚數十斛，故杜葛亂後，饑饉薦臻，唯仰以全軀命，數州之内，民死而生者，乾椹之力也。」杜葛之亂，謂六鎮兵户杜洛周、葛榮遷河北後之舉義。據《魏書·肅宗紀》：「孝昌元年八月，柔玄鎮人杜洛周率衆反於上谷，攻没郡縣，南圍燕州。二年春正月，都督元譚次於軍都，爲洛周所敗。五原降户鮮于修禮反於定州。夏四月丁未，都督李琚次於薊城之北，又爲洛周所敗，琚戰殁。八月癸巳，賊帥元洪業斬鮮于修禮，請降，爲賊黨葛榮所殺。九月辛亥，葛榮敗都督廣陽王淵、章武王融於博野白牛邏，融殁於陣。榮自稱天子。十一月戊戌，杜洛周攻陷幽州，執刺史王延年及行臺常景。三年春正月辛巳，葛榮陷殷州。十有一月己丑，葛榮攻陷冀州，執刺史元孚，逐出居民，凍死者十六七。十有二月戊申，都督源子邕、裴衍與葛榮戰，敗於陽平東北漳水曲，並戰殁。武泰元年春正月乙丑，定州爲杜洛周所陷，執刺史楊津，瀛州刺史元寧以城降於洛周。二月，杜洛周爲葛榮所并。三月癸巳，葛榮攻陷滄州，執刺史薛慶之，居民死者十八九。」《孝莊紀》：「武泰元年夏四月辛丑，改武泰爲建義元年。六月，葛榮飢。八月，葛榮圍相州。九月壬申，柱國大將軍爾朱榮討葛榮於滏口，破擒之，冀定滄瀛殷五州平。」思勰既後爲高陽太守，高陽舊隸瀛州，乾椹當食，思勰目所親驗，故注文叙述其事，迺爾致詳也。《魏書·崔挺傳子孝暐附傳》：「尋除趙郡太守。郡經葛榮離亂之後，民户喪亡，六畜無遺，斗粟乃至數縑，民皆賣鬻兒女。夏椹大熟，孝暐勸民多收之」。「招撫遺散」，「百姓賴之」。可見乾椹當食。《魏書》記載與《齊民要術》正同也。

《種穀篇》本注云：「西兗州刺史劉仁之，老成懿德，謂予言，昔在洛陽，於宅田以七十步之地，試爲區田，收粟三十六石。」仁之字山静，《魏書》有傳，「河南洛陽人，其先代人，徙於洛。出帝初，爲著作郎，兼中書令，出除衞將軍、西兗州刺史，在州有當時之譽，武定二年卒」。西兗州，《地形志》云「孝昌三年置」。仁之之爲西兗州刺史，蓋又在永熙之後矣。東魏武定二年，西魏大統十年也。仁之以是年卒，蓋距齊受禪只五年。思勰本注稱仁之老成懿德，則思勰年輩，復出仁之之下，其爲高陽太守，豈又在武定二年之後，東魏未亡之前邪！

東魏都鄴，齊神武霸府在晉陽，當時朝士，多往來并鄴。《種蒜篇》本注云：「今并州豌豆，度井陘已東，山東穀子，入壺關上黨，苗而不實，皆予目所親見。」是思勰亦曾來往并鄴，取道井陘也。

《種芋篇》本注云：「按芋可以救饑饉，度凶年。今中國多不以此爲意，後生有耳目所不聞見者，及水旱風蟲霜雹之災，便能餓死滿道，白骨交横，知而不種，坐致泯滅。悲夫。」自孝昌以來，亂離彌甚，山東河北，頻年饑饉。《程榮造像記》云：「維大魏興和二年，歲次庚申，佛弟子程榮以去天平二年中，遭大旹霜，穀不熟，天下人民餓死者衆。」蓋皆思勰所目睹，故致慨彌深也。

《種棗篇》本注云：「按青州有樂氏棗，豐肌細核，多膏肥美，爲天下第一。齊郡西安、廣饒二縣所有名棗即是也。」西安、廣饒二縣，發於北齊天保中，楊守敬謂西安縣之廢，在天保七年，本注指名西安，則思勰成書，又在西安、廣饒二縣未廢之前。

由是言之，思勰蓋仕進於孝明正光孝昌之際，出守於孝静興和武定之年，成《齊民要術》於東魏未授齊禪之日也。

猶有可議者，爾朱榮入洛，立彭城王勰子子攸爲帝，是爲孝莊帝。孝莊永安二年二月甲午，追尊皇考爲文穆皇帝，遷神主於太廟。思勰名犯廟諱，當有所改避，而成書之日，仍署思勰之名，豈孝莊以後見弒，節閔帝繼位，除文穆廟主，東魏以來，遂不避文穆諱，故思勰仍復故名邪？又此書於魏齊帝名弘、宏、修、善見、樹、歡諸文，皆不回避，豈後人傳録此書時，又復回改與？

太炎先生二三事

一九八一年，唐史學會第二次年會在揚州召開，事先我和唐長孺教授聯袂去揚州，參加揚州唐城討論會，同時也聯繫唐史年會開會的準備事宜，承揚州師範學院祁龍威兄不棄，一定要我和長孺教授去揚州師院做學術報告，長孺教授答應了，我當然也得答應。祁龍威兄指定的題目是要我講章太炎先生，我也答應了。題名是抄襲魯迅先生的《太炎先生二三事》。發表在揚州師範學院院刊上，後來齊魯書社的《歷史論叢》第三輯，又加以轉載。一九八四年五月去日本，五月末，在東京大學近籐邦康教授主持的座談會上，集中又談到章太炎先生，我又講了《歷史是自己譜寫的》，專講民國元年至民國三年的一段事，現在把兩次發言一併寫成此文。講的内容基本上是太炎先生政治活動方面，至於太炎先生的學問文章，博大精深，夫子之牆千仞，小子無似，何敢紹述。

第一，講同盟會和光復會之間的關係。大家知道，領導推翻清政府，建創中華民國，影響比較大的是三個人：孫中山先生、黄克强先生和章太炎先生。現在人們對太炎先生與中山先生的關係，同盟會内部的矛盾問題，把它説得太嚴重了一些，分歧觀點甚多。其實同盟會本來就是一個較爲鬆散的革命集體，内部主要的派别有興中會、華興會、光復會，好像過去民盟那樣，是由許多黨派組成的，總目的却是一個，推翻清政府，建立中華民國。光復會内既有知識份子，又有會黨；中山先生領導的興中會，也是這樣，黃克强先生領導的華興會，主要發展對象是留學在日本學軍事的日本士官學校和振武學校的學生。同盟會就是由這三種力量凑合起來的，其內部出現許多矛盾，不足爲怪。但是現在講辛亥革命史和民國史的人有時往往把這種矛盾誇大了，尤其是鄒魯編的國民黨史，爲了要强調中山先生對辛亥革命的貢獻，於是把其他力量極力貶低，對人物評價有些曲解，片面强調了中山先生和黃克强、章太炎先生的矛盾，而很少强調他們利害、目的一致的方面。

在辛亥革命前，光復會會員轟轟烈烈的幹了幾件震動全國的大事，如徐錫麟的殺恩銘，秋瑾女俠的慷慨就義，蘇報事件的鄒容、章太炎坐西牢，陶煥卿（陶成章）的結交會黨，對辛亥革命都起了很大很深遠的影響，其業績是不可磨滅的。

中山先生當時主要的力量是在國外，有許多國外華僑是非常愛國的，他們響應中山先生的號召，捐了很多錢，在日本辦報紙，都是依靠華僑的力量，這就是民報經費的來源。中山先生知道革命要必須依靠實力，所以也注意到幫會的勢力。陳英士（陳其美）是中山先生手下負責與長江下游會黨聯繫的人，他同會黨有關係，他與青幫有密切關係。光復會中的陶煥卿也與幫會有關係，他是洪幫，在江浙一帶拉攏洪幫力量。光復會和同盟會之間，陶煥卿和陳英士之間，首先在浙江地區發生摩擦。太炎先生和中山先生之間的矛盾本不太嚴重，但因陶煥卿和陳英士之間鬧幫會勢力的矛盾，促使孫、章之間矛盾有所激化。尤其在辛亥革命前夕，光復會不主張打河口，不主張打廣州，即不主張在邊疆舉兵，主張「中央革命」，即在中原要害地區，如武漢、太原來一個革命。但光復會的主將之一趙伯先（趙聲）却去香港和黄興、陳英士合作發動廣州起義，起義的結果失敗了，黄花崗七十二烈士中，光復會犧牲的人很多，這一部分志士都是陶成章結集過來的精華，黄花崗起義的失敗，使光復會的一些精華損折殆盡。更其不可寬恕的，趙伯先也被人毒死。《太炎自定年譜》云：

伯先治軍嚴肅，爲廣州人忌，發憤致死，或疑爲被毒，焕卿尤恨之。

這樣，陶焕卿和陳英士之間的矛盾更加尖銳了。另一結果是，因爲同盟會的才俊損折殆盡，武漢起義，就靠共進會來發動了。

辛亥革命爆發後，陳英士集部襲擊上海製造局，兵敗被獲，陳英士的部下請光復會的李柱中（李燮和）去往援，李柱中把上海製造局攻下，把陳英士搶出來，「製造局官長散走，餘卒盡降。柱中日夜撫慰降人，疲極。英士乘其倦卧，集部黨舉己爲上海都督」，「柱中率衆直趨吴淞，亦稱都督」（《太炎自定年譜》）後改稱總司令。上海區區彈丸之地，出現了兩個都督，陶焕卿和陳英士之間的矛盾也更加惡化。民國成立，浙江都督湯壽潛改任交通總長，浙人公推陶焕卿繼任浙江都督，陳英士乘陶焕卿在上海廣慈醫院住院醫病，派人暗殺了他。這樁暗殺事件，發生在民國元年（公元一九一二年）的一月十四日。中山先生不知道這個内幕，還打電報給陳英士：「即由都督嚴速究緝，務令凶徒就獲，明正其罪，以慰陶君之靈，泄天下之憤」。陶焕卿絕不是中山先生授意派人刺殺的，但是，太炎先生不瞭解，有時言論偏激，攻擊了陳英士，也譴責了中山先生。

在此以前，同盟會在日本辦《民報》，太炎先生任主筆。中山先生從全局考慮，但辦《民報》不行，解決不了全國革命問題，必須要搞武裝起義。要買武器，必須愛國華僑捐款，所以他跑到美國，跑到南洋，進行武裝起義的準備，這路線是正確的。但這樣一來，《民報》的經費就比較困難了，於是太炎先生對中山先生有所不滿，甚至宣稱要想到印度去當和尚。這時，清政府的特務人員布滿日本，清兩江總督端方收買了劉師培的妻子何震，叫她對章太炎説，她可以弄到一筆錢，資助太炎先生離開日本去印度當和尚。《洪業論學集》載《劉師培與端方書》云：

今〔章炳麟〕擬往印度爲僧，兼求中土未譯之經。唯經費拮据，未克驟行。儻明公赦其既往之愆，開以自新之路，助以薄款，按月支給，則國學得一保存之人，而革命黨中失一績學工文之士。

太炎先生聽了何震説有人願意資助他去印度當和尚，當然很願意，但他並沒有拿到去印度當和尚的錢，也不知道劉師培想叫端方出錢收買他。劉師培是《文心雕龍》的專家，後來魯迅先生就稱他爲偵心探龍的專家，魯迅是愛護老師，知道老師的人格，是不會被人收買的。當時，吴稚暉等人便借此攻擊章太炎先生，説他被敵人收買了，其實章太炎先生根本不知道何震的錢來自端方。關於孫章的矛盾就講到這裏爲止。

第二，講民國初年的政黨活動問題。現在有人講辛亥革命，往往把太炎先生寫給人家一封信中的兩句話：「革命軍興，革命黨消」八個字，當作他反對同盟會的綱領，我認爲提得太高了。首先不是八個字，而是十六個字，在他《致武昌譚人鳳函》中講到「革命軍興，革命黨消。天下爲公，乃克有濟」。這十六個字，内容是比較完整的。而且「天下爲公」也體現了中山先生的思想。當已經承認奠都北京，並由袁世凱擔任總統，就只有通過政黨活動來取得政權。當時軍事力量的對比，民軍不如北洋軍，從袁世凱小站練新軍以後，這支軍隊還牢牢地掌握在袁世凱的手中。民軍份子複雜，紀律不够好，像浙江王金發的軍隊，並不能打仗，只有雲南的軍隊，經過名將蔡鍔、李烈鈞、李根源的訓練，素質較好，戰鬥力較强。所以正規戰的話，民軍是打不過北洋軍的。所以太炎先生和宋教仁都幻想利用政黨活動、議會鬥争，來取得政權。當然議員的來源，宋教仁團結的是同盟會舊部；而章太炎團結的，却包括很多同盟會以外的黨外人士，連立憲派人士，也並不排斥，他們想控制議會的多數，以與袁世凱争一日之長。

起先，太炎先生對袁世凱確實存有幻想，認爲只要能推翻清政府，袁世凱究竟是漢人，是可以利用的。後來在一次見到袁世凱時，談起張之洞（因爲太炎先生在張之洞那裏辦過報），袁世凱非常貶低張之洞，章先生就感到袁世凱「褊淺若是」，對死的張之洞尚且如此，那麽對自己這樣一個革命黨人怎能容忍呢？他對袁世凱開始有所認識，「蓋無足觀矣」。尤其袁世凱暗殺了宋教仁，使他認識了袁世凱這個竊國大盗的猙獰面目，思想上行動上完全和他决裂了。在前袁世凱任命他爲東三省籌邊使，一共不滿六月，他也去了東北一趟，知道事無可爲，就辭職不幹了。他開始攻擊袁世凱，認爲袁世凱只知道「游宴相牽，勢利相動，出囊橐以買議員，受苞苴而選總統，斯乃寇盗所不齒者，夫安足以謀國是」（《致伯中書二》）。他去了武昌一次，民國二年（公元一九一三年）五月十日，在武昌電袁世凱，請去四凶，四凶指梁士詒、陳宧、段芝貴、趙秉鈞四人。同年六月十五日，太炎先生和湯國梨女士結婚，先生和湯夫人到杭州度蜜月。七月十二日，李烈鈞在江西舉兵討袁，十五日，南京宣布獨立，黄興任討袁軍總司令。章太炎也發布宣言：

統一政府成立以來，政以賄成，爲全國所指目，而厲行暗殺，賊害勛良，借外力以制同胞，遠賢智而近讒佞，肆無忌憚，不恤人言，推原禍本，實梁士詒、陳宧、段芝貴、趙秉鈞四凶爲首，而王賡（即王揖唐）、陳漢第、陸建章輩，亦惡黨之最著者。予昔早有陳戒，置若罔聞，至於今日，而江西討袁之師以起，江南諸軍，一時響應，晉陽之甲，庶幾義師。夫天之所助者順，人之所助者信。若政府能追悔往惡，幡然改圖，其勢自定。若必怙惡不悛，任用狼虎，則義師所指，固當無堅不摧（《民立報》一九一三年七月十七日）。

太炎先生這篇宣言書，義正辭嚴，和中山先生、克强先生步調完全一致的。二次革命失敗，太炎先生「念袁氏網羅周布，無所逃死，中國已復而猶亡命，所不欲也。會共和黨人急電促予入都」、「予念京師、上海皆不能避袁氏凶焰。八月，冒危入京師，宿共和黨」（《太炎自定年譜》）。這樣就被袁世凱扣留起來，軟禁起來了。現在許多人認爲太炎先生對袁世凱有幻想，其實，他從不認識袁世凱到認識袁世凱，允許有一個過程。他對袁世凱的鬥争，可以説僅次於蔡鍔。他和袁世凱所進行的鬥争，對當時的反袁士氣，起了一定的鼓舞作用。

第三，陶焕卿被刺死後，同盟會黨報《民立報》是怎樣看待章太炎的呢？太炎先生在生活小節方面確實很胡塗，出了門就回不了家，喫飯只揀放在面前的兩個菜喫，在他專一寫文章的時候，專心一意，外面有最大的雷震他也聽不到。但是，太炎先生大事並不胡塗。他在民國元年（公元一九一二年）一月三日中華民國聯合會上發表的演説，是帶有綱領性的政治看法。首先他主張限制大總統的職權，以防專制之弊。其次如限制田產，收累進稅，限制財產相續，人死後，財產以足資教養子弟及其終身衣食爲限，餘則收歸國有。反對土地收歸國有，反對由國家贖買土地，卽只准限田。財政問題，只宜整理，不應增加，違法中飽者没收其財產。改正稅則，立求負擔平均。統一幣制，設立國家銀行。中國舊有美俗良法，宜斟酌保存。禁早婚，禁納妾。家族制度宜仍舊。政教分離，不應認任何一教爲國教，僧侶、牧師都没有選舉權，他後來辦國學會，貼有一張通告：「本會專以開通智識，昌大國性爲宗，與宗教絕不能相混，其已入孔教會而後願入本會者，須先脫離孔教會，庶免薰蕕雜糅之病，章炳麟白。」他還主張禁中國人在本國境內入外國籍。承認公民不依財產納稅多額而以識字不認字爲標準。速謀語言統一，反對用拼音文字。嚴禁賭博、賽馬、鬥牛（見《大共和日報》）。當然他主張代議制，還主張成立都察院，來處理官吏的貪污違法事件。在當時，章太炎所提出的這些主張，並不可厚非。

從陶煥卿死後，太炎先生對陳英士加以譴責，當然也遷怒於中山先生，這是不必諱言的。先是在民國元年（公元一九一二年）三月二十六日，太炎先生在《大共和報》上刊登《詰問南政府一等匿名印電》的信。在這個匿名電文上説「章太炎主都北京，有功袁世凱，擬畀以教育總長或最高顧問之職，著『速晉京陛見』。提出詰問」。中山先生責令調查。江寧電報局專爲此案查覆，「所詢之電，確有內務部印信」。章先生當然很氣。可見革命黨內部某些分裂分子，正在陰暗的角落裏，對準着他放冷箭。魯迅先生說，子彈是從自己陣營裏射來的，確實是可悲的事情。

民國元年（公元一九一二年）三月，南京開四川革命烈士追悼會，太炎先生時在上海，送去一付輓聯：「群盜鼠竊狗偷，死者不瞑目；此地龍蟠虎踞，古人之虛言。」後來有人說章太炎駡南京爲鼠竊狗偷，這樣深文周納，真太冤枉太炎先生。太炎先生和鄒容真是死生與共的危難之交，他們又同屬革命黨，明明駡的是當時割據稱雄的軍閥，怎麽會說他是駡的中山先生、克强先生呢？至於王業不偏安，要想割據南京，是穩固不住的，所以他說「此地龍蟠虎踞，古人之虛言」。當辛亥革命初發動的時候，他很稱贊岑春煊的兩句話，「在清宜死社稷，在南宜北伐」。南京打下，他主張進兵臨淮關。他反對偏安的局面，這不能算作他的罪狀。

《民立報》是同盟會的機關報，對太炎先生不斷進行攻擊，一九一二年五月十二日，同盟會廣東支部通電抨擊太炎先生。電文云：「各省同盟會鑒，章炳麟前充滿奴端方偵探，泄漏民黨秘密，筆據確鑿，尚存本處。忽聞擬委國史館長，如此重大事件，委諸僉壬之手，勢必顛倒是非，摇惑萬世，同人誓不承認。中國同盟會廣東支部公叩。」事實上，袁世凱也決不會讓章先生當國史館館長，章先生也決不肯當袁世凱做總統時代的國史館長，《民立報》所發出的這支冷箭，又落空了。

《民立報》在一九一二年五月二十三日，又發了一條非常怪異的消息，說「章太炎在總統府，與唐（紹儀）總理相值，忽出手槍擊未中，唐走避，總統笑曰：『先生醉也。』飭兵護送出府」。這一條消息發出後，甚至國外華僑對章先生有所反應，同盟會南京支部甚至發出通電，「請求按法懲究」。一傳十，十傳百，百傳千，千傳萬，事情擴大了，只得由國務總理唐紹儀自己出面來爲太炎先生辨誣，致電上海同盟會，説「章氏曾説，要爲國務總理，必須不畏手槍炸彈之毅力，各報均系傳聞失實，幸勿誤會」。經過這樣解釋，才把謡言廓清。《民立報》這支冷箭，不能説威力不猛，好在真是真，假是假，事情的真相總會水落石出的。

一九一二年九月八日，《民立報》載：「章太炎忽發奇想，要得總理一席，以抒其懷抱。」這也是匪夷所思的一條消息，一支冷箭。當然這些消息報導，決不會是中山先生授意的，但是同盟會内部確實有一種力量，想把太炎先生推到敵人陣營裏，使得他身敗名裂而後快。

歷史是自己譜寫的，章先生還是吾行吾素，要講還是講，決不因此氣餒。魯迅先生回憶：「民國元年，章太炎先生在北京，好發議論，而且毫無顧忌地褒貶。常常被貶的一羣於是給他起了一個綽號曰『章瘋子』。其人既是瘋子，議論當然是瘋話，没有價值的人。但每有言論，也仍在他們的報章上登出來，不過題目特别，道『章瘋子大發其瘋』。有一回，他可是駡到他們的反對黨頭上去了，那怎麼辦呢？第二天報上登出來的時候，那題目是『章瘋子居然不瘋』」（魯迅《華蓋集·補白》）。

太炎先生一人服藍布長衫，手持羽毛扇，以大勛章作扇墜，雇街車前往總統府，大詬袁世凱之包藏禍心。被幽於龍泉寺之後，函囑湯夫人：「家居窮迫，寧向親朋借貸，下至乞食爲生，亦當安之，斷不受彼呼蹴之食」，黎公（黎元洪）若令陳紹唐、何雯輩來，「以錢接濟，尤當嚴厲拒之」（一九一四年一月十二日《家書》)。先生的長女章藴自殺、外間謠傳先生身死,湯夫人在上海急電問安。先生覆電:「在賊中,豈能安」(《自定年譜》)。先生又在《家書》中説:「吾人生死問題,正如鷄在庖厨,坐待鼎鑊,唯静聽之而已,必不委曲遷就,自喪名檢也」。太炎先生就這樣譜寫了他自己的歷史。

也有人,開始也譜寫了光榮的歷史,但是最後經不起自己陣營裏放來的冷箭,經不起傾軋,被推到敵人陣營裏去了。如李柱中(李燮和)革命之初,稱吴淞都督,後來經不住陳英士輩的排擠,以他在辛亥革命中的表現,最後只授勛五位,失職怨望,終於被拉到籌安會去了。他就没有譜寫好自己的歷史。這問題就講到這兒爲止吧。

第四,對黎元洪的推崇問題。現在很多人認爲太炎先生很推捧黎元洪,其實不然,我看到先生寫的《大總統黎公碑》原稿,其中寫到武昌起義,黎元洪躲到牀底下,共進會人把他拖出來。太炎先生寫了這麽一段,黎元洪的部下聽到了説,如果這塊碑竪起來,我們要把它砸倒,如果章太炎來,我們要揍他。李印泉(李根源)先生把事情經過委宛地告訴了太炎先生,太炎先生只得把原稿上這段話删去,並改動一下。人家説他對黎元洪有幻想,對黎元洪捧得太過頭了,其實是不瞭解真相。對共進會發動武昌起義的經過,他很清楚。他和孫堯卿(孫武,武昌起義的主要領導人之一),又過從很密。當太炎先生被袁世凱幽禁時,他聽到武昌起義的許多共進會員死於黎元洪的屠刀之下。後來他爲共進會的許多人作了傳記。所以,人們説章太炎對黎元洪没有認識,盲目推重,這不完全真實。但是話又要講回來,太炎先生對黎元洪的印象當然同對袁世凱不一樣,他認爲如果由黎元洪來收拾北方殘局,總要比交給徐世昌一類的保皇黨人好，這又是事實。

第五，關於太炎先生民國十七年（公元一九二八年）被通緝這件事。光緒二十九年（公元一九〇三年），太炎先生在上海愛國學社教書，鼓吹革命，給鄒容的《革命軍》寫了序言，刊登在《蘇報》上。《革命軍》也以小册子的形式發行，發行數量很多，對革命的影響很大，因此清政府着上海縣向租界當局交涉，由租界當局派警去愛國學社抓章太炎和鄒容，鄒容不在校，問：「誰是章炳麟？」太炎先生挺身而出，說：「我是章炳麟，你們抓我好了。」這樣，太炎先生就被捕了。第二天，鄒容自己也去投案。他們怕連累其他的革命黨人，怕對革命帶來更大的危害，所以他們兩人都挺身而出，一切都承擔下來。後來，租界法院判了太炎先生三年徒刑，判了鄒容二年徒刑。太炎先生坐了三年西牢（租界的監獄），在監牢中要勞動，因爲太炎先生身體不好，所以叫他做裁縫，裁縫的體力勞動輕一些，據說比裁縫更好的工作，是燒飯。鄒容年輕（才十九歲），身體好一些，勞動就比較重。到了快滿兩年，鄒容生病了，按例西牢可以把病人交保提前釋放，不意釋放前夕，監獄醫生給鄒容喫了一服藥，病更重，就死了。鄒容死在獄中，太炎先生刑滿釋放，當日坐上日本輪船前往日本。

當太炎先生在愛國學社教書的時候，吳稚暉也在愛國學社教書，也有不少學生環繞在吳的周圍。可是他和太炎先生關係不好，所以是分道揚鑣的。據說，清上海道俞明震曾找吳稚暉去談話，叫他講出愛國學社裏革命黨活動情況。不久，出現了逮捕章太炎和鄒容的事件。太炎先生在獄中和在出獄後，對這事進行了揭發，吳稚暉也進行了辨駁，兩人結下了不解深仇。國共分裂以後，吳稚暉被選爲中央監察委員，在南京和重慶做紀念周（等於封建時代的上朝），文官由吳稚暉領頭，武官由何應欽領頭，成爲蔣氏王朝的元老重臣。

辛亥革命後，湖南開始是由譚延闓統治的，譚是立憲派。後來譚延闓的部下趙恒惕逼走譚延闓，做了湖南督軍。因爲趙恒惕是同盟會舊人，在譚趙之争中，太炎先生是傾向趙恒惕的，趙恒惕爲了穩定自己統治湖南的局面，把太炎先生從上海請到長沙，臨時聘他擔任湖南縣長考試的考試委員長，待以盛禮。趙恒惕提倡「聯省自治」，太炎先生接受這一説法，趙恒惕是想鞏固湖南的統治地位，太炎先生目的是想抵制北洋軍閥勢力向南發展（這時吴佩孚、蕭耀南在湖北）。這樣一來，就得罪了譚延闓。譚延闓拉了一部分部隊去廣東投奔中山先生，後來北伐時，擴充了他的部隊，他還當了國民革命軍第四軍軍長。譚延闓以一個立憲派還打進了國民黨，當了國民黨中央的秘書長，北伐後，擔任南京政府的行政院長，青雲直上，當然他也是太炎先生的寃家對頭。

蔣介石是陳英士的部下，他對光復會和興中會的矛盾，陶煥卿和陳英士的矛盾，更是一清二楚的。這樣，太炎先生就倒楣了。

無庸諱言，太炎先生是反對聯俄容共的。但是他的被通緝，不是爲了這個事。據上海《民國日報》一九二七年（民國十六年）五月五日載，在國民黨右派的操縱下，上海各團體紀念五四，通過下列決議：

（一）改組全國學生總會。（二）請〔南京〕國民政府通緝學閥，并指定爲章太炎、張君勱、黄炎培、沈信卿、蔣維喬、郭任遠、殷芝齡、劉海粟、阮尚介、淩鴻勛、張東蓀、袁希濤等。(三)請國民政府收回教育權。(四)要求國民政府教育經費獨立。(五)請國民政府在上海籌備中山大學。(六)請南京國民政府討伐武漢僞政府。(七)肅清上海各學校之共産黨份子。(八)警告汪精衞。(九)殺徐謙、鄧演達。(十)驅逐鮑羅廷。

章先生碰上了蔣、譚、吴幾個對頭,就倒楣了。通緝的第一名是他,殺掉的是徐謙、鄧演達,驅逐的有鮑羅廷。這時候不是在國共合作時期,而是在國共行將分裂,蔣介石已經叛變革命時期,這是應該交代清楚的。

第六,現在來講講太炎先生生活細節吧。太炎先生被國民黨通緝後,還居租界,不做官,我認爲這是個好事。如果參加政府,做了官,當個考試院院長或監察院院長,實在是髒了他,對國計民生有什麽好處呢?他一輩子只當了六個月的東三省籌邊使,每月的辦公費三千多塊錢,全署有三四十個人,經費是非常拮据的,他還抽出一部分錢來測量製圖,由他弟子繆子才繪出一幅比較精密的《黑龍江省圖》來。所以他宦囊是蕭索的。那他的生活主要來源從那裏來?他主要依靠賣字賣文爲生。我記得有一年他的收入是七千六百元,主要是賣文得來的。當時的名教授年俸是六千元(月薪五百元),太炎先生的收入比他們要多一些。湯夫人又持家有方,家庭日常生活,雖比一般人要高一些,但並不奢侈,很樸素。太炎先生是不喜歡着新衣服的,所以他着的都是褪色的舊衣服,但也不到破爛的程度。他也不喜歡常理髮,也不太講究喫。他對他的兒女和學生是很慈祥和善的,但有時碰到某一學生的論點太離奇

的話，他就會發作，我們看到他顏色不對頭，趕緊退出，好讓他和那一位學生單獨去談話，

太炎先生從民國十七年（公元一九二八年）後，退出政治舞臺，他在學術方面就更專心了，他的文章，也更加平澹樸古了。但章太炎究竟是章太炎，他是一個民族主義者，「九一八」以後，小書房是關不住他了，他到處演講，號召抗戰，又投筆而起了。民國十七年到抗戰，太炎先生不參加政治活動，不是損失，在學術上更能專心。他晚年的著作，我們正在準備陸續發表。

現在，還有人説太炎先生死頑固，不相信甲骨文，其實不是這樣。我有一次去到他家，見他從方桌抽屜裏取出二三片刻有文字的甲骨，撫摸着説：「這大概不會是假的吧！」可見他并不認爲甲骨文是假的，是説有的甲骨文片是假的。安陽出土的甲骨片，有很多是没有文字的，古董商人將無字的甲骨片收來，仿刻上文字，文字也是從真的甲骨文上逐録過來的，不是杜撰的，就是我們今天用碳測定，年代也不會發生問題，古董商人就把這類假古董賣出去，並得高價。太炎先生懷疑的是這一類假的甲骨文片，對真正的甲骨文他並不懷疑。可惜他没有像孫仲容先生那樣去研究甲骨文，如果他去研究甲骨文，也一定會有成就。

太炎先生的記憶力特别强，真是過目不忘。有一次，建築學會來電話，問建築學上有這麼個字，應該怎樣寫，可以用什麽字來代替？他説：「噢！」他就當場講了，在《周禮·考工記》第幾頁第幾行，他没有翻書，就答覆了。他有時給他小兒子章奇講《水滸》，從頭到底，不看書，但講得清清楚楚。有一次我去，在晚飯後，他正在給小兒子講《水滸》，講到兩個李逵，一個真李逵，一個假李逵，嗨！他講得活龍

活現，清清楚楚。他大概十多歲時看過《水滸》，這時已經六十多歲了，五十年前看的書還記得那麼清楚。

劉成禺説，太炎先生喜歡聽人談政治，眉笑目開，有人和他來講學問，他却昏昏欲睡。當然有些誇大成份，却近事實。不是他不願聽人講學問，迂腐的學問，他實在不願奉陪多談，黄季剛、朱逖先、吴絸齋、汪旭初來，他很樂意和他們談學問，決不會昏昏欲睡。辛亥的老人來，兩廣的政客來，他就很喜歡和他們講政治，講過去，講現在。對學生就不談這些了。他和李印泉（根源）先生晚年過從很密。在南京的人，常常提到的有張溥泉（繼）、居覺生（正）、丁鼎丞（惟汾），很少提到胡展堂（漢民）和汪精衞（兆銘）。只有一次，汪精衞在南京拍照時被刺，張溥泉和張漢卿（學良）死扭住刺客不放，他看了報上這則新聞，迸出一句話來：「溥泉真没有出息」。怪他不該抱住刺客，讓汪精衞給刺客刺死好了。我當時聽了很奇怪，因爲當時我心目中的汪精衞，還是刺攝政王時的汪精衞形象，老師駡溥泉先生不是太偏激一些了嗎！抗戰開始，汪精衞賣國求榮當了第一號漢奸，我才佩服太炎先生看汪精衞已經看透到他骨子裏去了。

他不願寫的文章，早年請汪旭初（東）先生代筆，晚年請孫鷹若（世揚）先生代筆，最後由他來點竄幾個字。太炎先生早年的文章，氣勢磅礴，所向無前；我尤喜歡他晚年的文章，爐火純青，絢爛歸於平澹。

我是章先生的學生，以我來寫太炎先生，當然有偏護的地方，所以是不適宜的。本文所用的資料，大半採自湯志鈞先生的《年譜長編》，特此誌謝。

太炎先生的思想，在當時是起過重大影響的。毛澤東主席在給章行嚴（士釗）信中，提到康、梁、章、胡，即康有爲、梁啓超、章太炎、胡適四人並稱，我認爲是很合適的。這四個人，駡他也好，批他也好，他們在當時我國思想界，都起過重大作用，這是鐵的事實。

談談我的生平和治學經過

我生於一九一三年，原籍是浙江餘姚縣人，從小生長在上海，在上海讀小學、中學、大學。

我祖父是一個非常貧窮的農民，父親由我姑父的幫助，從餘姚到上海經營商業，在第一次世界大戰期間，發了財，爲了振興實業，他把全部財産，投資火柴廠等行業，一九二八至一九三〇年，世界經濟總危機，他破産了。家庭生活大大地衰落了下來。

我十八歲就和第一個妻子佘鳳年結了婚，當時我還没有大學畢業，我愛好文史，佘鳳年也愛好文史，她有肺病，經常躺在牀上，我們就合作注一部詩集，這就是幾年前才出版的《西崑酬唱集注》。那時我在學校聽課，剛接觸中國古典文學，很喜愛李商隱、温庭筠這一流派的詩。要學他們的詩，首先要多記典故，山陰任堇叔先生教導我揀擇一部和温李流派相近，使用典故多而卷數却又較少的詩集來加以注釋，我就選中了這部二卷本的《西崑酬唱集》來加以箋注。我白天去聽課，鳳年因病輟學在家，替我檢好《佩文韻府》中有關《西崑酬唱集》中所牽及到的故典，如此二載有餘，集腋成裘，我晚間倚着她的牀邊，在燈下慢慢梳理。單靠《佩文韻府》是不行的，我就得一部一部書翻檢詩句的出處，如《毛詩》、《左傳》、《論語》、《孟子》、《史記》、《漢書》、《後漢書》、《三國志》、《晉書》、《麟臺故事》、《初學記》、《太平御覽》、《世説新語》、《穆天子傳》、《西京雜記》、《酉陽雜俎》、《莊子》、《列子》、《楚辭》王逸注、《玉臺新詠》、《樊南詩文集》馮浩注、《文選》李善注、《全唐詩》等，一天一天的翻檢，翻檢得很詳細，不但解決了注釋問題，也充實了自己，打好了基礎。最後料檢，還有四五條典故找不到娘家，隔了十多年，偶然在《山海經》郭璞注裏都找到了。這一部注，積壓箱底有四十年之久，到了一九八〇年，才由中華書局予以出版。

余鳳年剛同我結婚的時候，看到我出身公子哥兒，上海又是一個紙醉金迷的地方，常常怕我墮落；後來看到我能沉下心來讀書，她很高興，給我以鼓舞，給我以力量。可惜她到二十三歲，以二期肺病，懷孕發高燒而死了。從此我過着獨身生活，到我三十八歲，才第二次結婚。

我十八歲結婚後，因爲我愛人的父親是章太炎先生日本時期的學生，我愛人的長兄還娶了章夫人湯國梨先生的妹妹的女兒，兩家來往密切，我開始和章先生有了接觸，但並不密切。到了一九三〇年，我家破産，住房被查封，所有的東西都被没收並拍賣，因此我們搬了家，從上海南市搬到上海英租界同孚路（今石門路）同福里十六號，説也湊巧，章太炎先生當時住在同福里八號，不久又遷到十號。兩家成了鄰居。

後來我的愛人死了母親，傷感非常，湯國梨先生和我岳母關係也很好，於是每遇我去校上課，她就找我愛人去她家，多方安慰她，我也漸漸和她接近了。我愛人死後，她知道我很喜歡古典文學，就把我的詩文介紹給太炎先生看，先生看了，認爲孺子可教。湯國梨先生就推薦我做他老人家的小學生了。我本來是他學生的女婿——小門生一輩，現在成了他的學生了。

我開始看段玉裁《説文解字》注，朱駿聲《説文通訓定聲》和章先生自著的《國故論衡》、《文始》。我開始陪侍他去蘇州和無錫講學。當時有人非議他主張讀經，我開始也認爲讀經無用。漸漸聽了幾次以後，發覺章先生的主張讀經，和當時保守勢力的提倡讀經在内容上顯有距離。第一，章先生繼承了浙東學派「六經皆史」的説法，認爲講經學就是提倡史學；第二，認爲經學也好，史學也好，多多研究，可以作借鑑，「保國性」，也是就發揚愛國主義，提倡民族主義精神，嚴夷夏之防，勸人不要當漢奸。他的早年學生錢玄同當時復舊名錢夏，他非常稱贊改得好，顯示了愛國主義精神。章先生的學問是雙軌並進的。他有純學術的著作，也有和國家民族息息相關的著作。從這一點看，就也懂得章先生爲什麽這樣嚮往顧亭林，亭林既有《音學五書》這樣純學術性著作，但也有供國家民族可以借鑑的像《日知録》這樣的著作，雙軌並進，是並行不悖的。

一九三四年秋，章先生遷居蘇州，一九三五年九月，《制言》第一期創刊號出版。我參加了《制言》一、二、三期的編輯工作，當時主持其事者爲海寧孫鷹若先生，參加編輯工作者有潘景鄭先生，鄭梨邨先生和我共四人。第四期以後，我就不參加了，因爲我家當時還住在上海，我還在上海正風文學院聽課，父親一定要我取得大學文憑，正風文學院不是一個教育設備很好的學校，我當時要轉學其它大學也很容易，但正風文學院院長王西神知道我的一切學術活動，他對我説：「你就在我們學校吧！你在校外的學術活動，我一定給你支持，你要請假我一定準，我還準備留你在學校工作呢！」這樣，我就讀到了畢業。

一九三六年夏，太炎先生以鼻衄病和胆囊炎在蘇州逝世。當時我父親在餘姚養病，我在左右侍候他的病，接到電報，趕緊赴蘇。章先生的遺著目録，就是在那時我和沈延國兄記録出來發表在《制言》之上的。

七七戰争爆發，上海也風聲鶴唳，一夕數驚。我因爲父親在餘姚，又在三七年秋天由滬經杭，返回餘姚。一九三八年夏，父親在餘姚病逝，不久，我也離開餘姚，到達上海。父親未死之前，有人想推薦我去做小學校長，我父親不同意我幹這個工作，他倒不是輕視小學校長，而是認爲戰争既起，農村正在經歷着劇烈變化，他認爲我應付不了變化，叫我快回到上海去。他還告誡我不要做秘書這類工作，認爲這是「紹興師爺」，做不得。我家没置一畝田，有一所大房子，正面是三上三下，側面是五間平屋，附帶一個不大不小的天井。我這時藏書已有五六千卷，也盡够我翻閲了。當時有一種不切實際的想法，讀書以待河清。但現實教育我，我必須離開，到我適宜工作的地方去，我就傷心地離開餘姚了。我住的那所房子，前面三上三下，在父親一九三〇年破産時，抵押給人的，大概抵押一萬多兩銀兩，在敵僞時代，由僞法院判決，准許拆屋抵債，於是就把這所房子拆了，側屋五間，我的家屬也把它拆了賣掉了，我的五六千卷書，也風流雲散了。一九四六年，抗戰勝利後的一年，我回到餘姚改葬父親和愛妻，他們的靈柩，都是暫厝在村後的，我選擇了一塊高燥的山地把他們埋掉，我也到了一次我住過房子的廢基，在廢基上憑弔一番，從此再没有回過餘姚。

我現在要回過頭來講講我的研究工作進行情況了。開始我想編一部《兩晉會要》和《南北朝會要》。後來聽説泰興朱銘盤先生已經編成《兩晉會要》和《南北朝會要》，避免重牀叠屋，我就輟筆不編這些了。因此編了一部《北周職官志》，在章先生健在時，我向他彙報過這一工作，他點點頭，指示了兩點，一、必須對孫詒讓氏的《周禮正義》，緻細地研讀，我照他的話做了。二、他説必須廣泛參考金石墓誌，我聽了他的話，後來在一九四八年到北京北大文科研究所和北京圖書館翻閲所藏的金石拓片，後來又翻閲了趙萬里氏的《漢魏南北朝墓誌集釋》，都是根據他生前指示來做的。這部書凡四易稿，後來改名爲《北周六典》，到一九六七年才重新寫定，一九七九年，由中華書局出版，但初稿都是在二十多歲時起草的。一九三五年，又起草了一部《北周地理志》，這是與《北周職官志》密切有關係的姊妹作，主要依據的材料，除正史外，還有《水經注》、《魏書·地形志》、《隋書地理志考證》、《太平寰宇記》等等。這部書也到了一九八〇年才出版，前後作了四次較大的修改。我在一九三八年離開餘姚時，就只帶一個不新不舊的箱，裏面裝些替换的衣服，還有就是上面提到的三部稿子，《西崑酬唱集注》、《北周六典》、《北周地理志》。這三部稿子，跟着我走遍了天涯海角。

在朱起鳳《辭通》(它是一九三四年出版的)未出之前，我也想仿明朱謀瑋《駢雅》例，編一部書，單收聯綿字，每天搞一些，搞了萬條以上，《十三經》、《前四史》、《晉書》、南北十史和兩《唐書》，都搞了，《楚辭》、《昭明文選》也搞了，當然還有絶大部分書中的聯綿字，還來不及輯録，計劃是二十年來寫成。當時没有卡片，是寫在廢帳簿的反面，大概寫滿了十七八厚本。我離開餘姚時要帶走，嫌份量太重，就留下了，用錫融成一個小箱子，再用錫焊起來，不透氣，不漏水，埋在宅内地下。在戰争結束，我一九四六年，去餘姚，在舊居廢墟上發掘，遍覓無着，原來家人窮困的時候，想到這個錫箱可賣幾十塊錢，把它掘出來取出稿子，把錫賣了，稿存親戚家後來就散失了。大概燒了火。這一部稿本，我是準備搞到唐五代爲止的，工作量太大，收集的資料才十分之三四，倘使手稿存在，還須投入大量工作量，盡管《辭通》、與符定一的《聯綿字典》相繼行世，我還是能從別一個角度來完成這個著作的。稿已迷失，我也集中精力放在史地方面，就不想從事訓詁語言之學了。

一九三八年，我到了上海，當時上海已成孤島，章太炎先生和黃季剛先生的弟子，不少集中在上海，章夫人湯國梨先生那時手頭有二、三萬塊錢，是章先生的國葬費和辦學經費，她認爲不是她私人所應有的，同時她還有一種看法，認爲國葬不必講究排場，五千塊錢足够了，其餘的錢她都願拿出來繼續辦學，我們就利用了這筆錢，租了上海福州路河南路轉角五洲大藥房大樓兩層的幾個大房間成立了太炎文學院，由湯國梨任院長，沈延國任教務主任（兼教授），由諸祖耿任訓導主任（兼教授），由鄭偉業任總務主任，由我任院長室秘書主任（兼教授），由汪東任中國文學系主任，他在重慶任中央大學文學院院長，不能到職，由龍沐勳代理中國文學系主任，由朱希祖任歷史系主任，但歷史系準備兩年以後開辦，所以不設置代理系主任。孫世揚只担任教授，實際他留在第二線。他有魄力，有學問，在章太炎先生生前，他担任章先生的私人秘書有十餘年之久，在章先生賣文時，碰到他不願意寫時，就由孫代筆。所以大家很尊敬他。他對於我以後的出處關係較大，所以我要多介紹他幾句。孫世揚，原名世瑒，他後來改名世揚，字鷹若，他的改名，他的取字，不是章先生改的，便是黃季剛先生改的，在改名的時候，也給他取了字。他是被北京大學開除出來的，但是很冤枉的，事見周作人《知堂回想録》，我這裏就不多介紹了。朱希祖和黄季剛兩先生，把他推薦到章先生左右。他雖是北大的學生，也不反對蔡元培先生辦北大的兼容并蓄。可是在辦太炎文學院時，却主張以章黄的學派作爲骨幹，不必模仿蔡先生那樣辦學。同時那時上海已成孤島，汪精衛正在南京想鑼鼓開場，演出他的一場醜劇，我們學院請的教師，如果稍有不慎，就會出問題。而那時十里洋場，却有很多著名的教師，想通過龍沐勳的關係，來太炎文學院兼任教職。他對此非常慎重，沉着應付。我當時只有二十六歲，没有社會經驗，但我是非常支持他的。我們一方面要打開局面，要多請名家來任課，一方面，當時政治形勢惡劣，請人得慎重。我們請到蔣維喬先生、夏承燾先生等，這都是湯國梨先生自己出面去請到的，他們都有真才實學，得到學生的歡迎。

我在院担任中國通史，没有自編講義，採用鄧之誠先生的《中華二千年史》作爲底本。學院新辦，經費不足，我和沈延國、鄭偉業等只拿一些生活費，諸祖耿兄家累重，也只拿到八十元錢一月，另外在中學兼課。我由我岳父介紹，到光華大學歷史系兼了三個鐘點課，一月兼課費三十二元。住在親戚人家，早晨喫糍飯團，中午喫地瓜，晚上一餐較好，有時還去一家春喫西餐(一元一客)。太炎文學院教師上課都很認真，教學質量也是好的，就是當時孤島政治形勢太險惡了。

在太炎文學院創辦後，沈延國辦了一個《兼明》雜誌，我也給他寫過稿。才辦了兩期，在刊物中發現了攻擊國民黨元老吴稚暉的文章，南京汪系文化特務，在上海故意放出風聲，誣蔑《兼明》和重慶唱對臺戲，向南京靠攏。同沈延國合辦《兼明》的兩位沈延國同學又登報脱離《兼明》。沈延國受此中傷，一方面不得不登報把《兼明》停辦，一方面又不得不辭去太炎文學院教務主任一職，單任教授。此職改由孫世揚來担任，世揚先生就由後臺推向前臺。

第二學年的第二學期，南京汪精衛傀儡政權袍笏登場，太炎文學院有三位教師去了南京，一位擔任南京僞中央大學文學院院長，兼任汪記立法委員，成爲南京文化界權威人士，其他兩位也都擔任南京僞中央大學教授。這三位中，兩位墓木已拱，恕我不提他們的名字了。那位任南京僞中央大學文學院長的教授將去南京的時候，孫世揚勸他不要去，他没能聽。太炎文學院經此打擊，就考慮辦不辦下去的問題。章太炎先生臨死前立有遺囑：「設有異族入主中夏，世世子孫毋食其官禄。」這幾句話，雖然是對他的兒女講的，但對他的學生，也有一定的約束力。湯國梨先生當機立斷，她説：「上海租界遲早要有變化，那時學校要收場，就被動了，不如早收場。」大家統一看法，決定登報解散，這樣我就結束了兩年的孤島生活。

在學校結束前，我和諸祖耿、鄭偉業已經取得經香港、海防、河内入雲南的護照，於是買了船票前往昆明。孫世揚、沈延國二位暫留上海，結束太炎文學院未了事宜。孫世揚已經接了重慶中央大學聘書，擬結束工作辦完後就去重慶。

當時李印泉先生出任雲貴監察使，諸祖耿、鄭偉業是應他之邀前去昆明的。到了昆明，諸祖耿被聘爲秘書，具體工作却是修《永昌府文徵》，鄭偉業當科長，公事很少，有空也參加修《永昌府文徵》這個工作。我初到昆明，就住進昆華醫院，動一個外科小手術。出院後，準備找一個中學教員做。不久，李印泉先生和諸祖耿、鄭偉業閒談中，才得悉我也到了昆明。印泉先生和太炎先生是盟兄弟。太炎先生尚住在上海去蘇州講學時，我曾陪着先生前去，曾住在十全街李宅景邃堂，後來又和他的第五子李希泌有交往，所以印泉先生對我有一定的印象，所以又送一張委任狀來，請我做他的秘書。任務是協助他修《永昌府文徵》，還有替他回覆私人的函件。少的時候，每天十幾封，多的時候，每天四五十封。快的時候，我一刻鐘就處理完了，多的時候，須費一、二個鐘頭。住在城裏一、兩個月以後，爲了躲警報，就遷居到馬街子附近的普平村去住了。經常一、二個星期入城一次，買些東西帶回普平村，大都是食品之類。城裏的住處是水月亭，在翠湖中心，房屋非常破舊。翠湖湖水漣漪，樹木蔭翳，平莎綠茵，風景幽美。一九八三年，我重遊故地，翠湖已大半枯竭，水月亭一帶房屋也全已拆除，但是環湖却出現許多高大建築，真是滄海桑田，變化很大。

因爲避警報，遷居普平村普平小學樓上，生活很寧靜。開始警報一響，就去後山帶了書去看，後來在後山時見狼羣出没，就不去了。一有警報，就上床睡大覺。那一帶狼羣真多，每逢旱季，山上的大量狼羣，下來到滇池喝水，二十多條狼，一面吼號，一面飛跑，從普平小學的圍牆外掠過，清天白日，誰一聽到，都趕快關門躲避。

那時候借不到我要讀的書，所以無法整理舊稿，幸虧身邊帶了一部大東書局的《資治通鑑》，我拿來反覆翻閲，遇到有關雲南史料，我還做了特殊記號。侯景亂梁時，雲南曾出師二萬，當時方國瑜先生也在普平村住，他是修撰《永昌府文徵》的主要骨幹，他告訴我，袁嘉穀對此事曾有論述。他還把《雲南叢書》中有一部書專摘録《資治通鑑》中有關記載雲南事的，書名已忘，借給我，叫我遇到《資治通鑑》有，而此書未收者，用毛筆寫在天地頭，我密密麻麻地寫了一本，最近國瑜先生病逝，這本書還不會遺失，希望治雲南地方史者，注意及之。

還值得一提的，當時諸祖耿兄行篋中，帶了一部章先生在蘇州講演的《尚書口説》，我向他借了過録下來。並略加整理。祖耿兄治學態度是非常嚴肅的，想把這部書加工整理，良工不示人以璞，最近編輯《章太炎全書》，向他徵求這部稿子，他不肯拿出來。我去南京徵得他的同意，把我過録的那本，交給編輯組了。

我在昆明二年時間，到過石林兩次，常去安寧温泉，到過大理兩次，經過下關四次，對當地民風習俗，略所諳習。一九四二年，孫世揚先生已到重慶，在中央大學任教授，他寫信給我，問我要不要教書，是講師最高級，二百六十元一月。我當時很苦惱，第一、學問荒廢了，已經起草的幾部稿子，找不到書，無法完成。第二、父親遺言不要我充當秘書一類職務，我恰恰充當了秘書（太炎文學院院長室主任秘書兼教授，是辦教育，又當別論），我還是應該回到教員隊伍裏來，不要丢棄「素業」。第三、當時昆明物價之高，全國第一，我收入菲薄，不能長久呆下去。第四、我從河内進入雲南，在開遠一帶住了幾天，爲瘧蚊所噬，從此得到惡性瘧疾，兩年之中，不下發了七、八次，奎銀針、金鷄納霜片，成爲經常注射和常服的藥劑，最厲害的時候，體温高到四十一度，神志昏沉，只有離開雲南，病才會痊愈。所以我決定接受中央大學的聘書，離開雲南，前去重慶。我本來是計劃到重慶過暑假的，結果因發生一件重大的事件，使我不得不延遲兩三個月才能成行。

事情是這樣的，一九四二年，日本軍突然攻下泰國、緬甸，以大軍直趨滇西，攻陷騰衝，進逼保山。龍雲的旅長龍奎垣搶劫保山，最後把它一把火燒了，因此滇西非常空虛，人心惶惶。騰衝是李印泉先生的家鄉，他就向當時中央請纓，前往發動民衆，確守怒江一綫。印泉先生的電報第一天發出，第二天就得到覆電，盼望他即刻去前綫，配合軍隊，保衛滇西。同時此行也取得了龍雲的同意。當時方國瑜先生、諸祖耿先生都是雲南大學教授，有課不能去，我既没有課，又筆頭較快，就約我一同前去。我那時已接到重慶中央聘書和旅費，但是還没有向印泉先生講。强敵壓境，不能作逃兵，就跟他去滇西了。那時雲南迤西一路，霍亂流行，人死了很多，我們一支車隊，有十幾輛汽車，約定沿途不準買東西喫，以防霍亂。第一天晚上住在天子廟坡山頂修路人員的宿舍裏，海拔很高，凍得我要命，第二天宿下關，第三天到達保山。因爲保山城遭炸又遭洗劫，屍體都還没有發掘出來，臭氣熏天，所以我們暫住一個村莊裏，這個村莊的場地上，陳列了幾十具霍亂病死的屍體，情形非常悽慘。當天晚上，保山縣政府在莊上設宴招待，一湯四菜，已經很不容易了。四盤菜中有一盤油爆火腿，我們認爲油爆的，一定高温消毒，拚命揀這盆菜喫，喫到底，發現盆底有兩個死蒼蠅，這不是霍亂病的媒介嗎？我在這天晚上，爲此做了很多惡夢。第二天，遷居龍王塘。

遷居龍王塘之後，林蔚（國民黨軍令部副部長，入緬軍事顧問團團長，當時撤退到滇西，有權指揮前線軍事）他派人來告訴印泉先生，敵軍一千多人已搶渡怒江，希望印泉先生趕快撤退，印泉先生趕去司令部開會，回來告訴我們這個消息。當時許多人多勸印泉先生跟着顧問團撤退，印泉先生沉吟不語。我在天子廟坡受凍後，惡性瘧疾復發，到了龍王塘，燒發得更高，正在打針服藥，印泉先生派人來請我，徵詢我的意見，我把我的看法坦白地告訴他。他比我長三十多歲，又是我老師的盟兄弟，我們稱呼他爲「印老」。我說：「印老出來是抗日的，今天日軍進攻滇西，印老來了兩三天就撤退回去，這絕對不可。如果形勢緊急，可以和總司令部（宋希濂任集團軍總司令）一起撤退。中國的軍隊在滇西的有四五萬人，渡江的敵人只一千多人，一定能够把他們打回去。但保山是前線，支持半個月一個月後無論印老、無論總司令部都應退到大理，那是滇西後方重鎮，居住在那裏，比較適宜。還有隨從印老來保山的人太多了，前方軍事形勢瞬息萬變，願意回昆明的，不如讓他們回去一些好。」印老模仿《三國志》曹孟德的口吻說：「正合孤意。」後來一一照這辦了，渡江的一千多敵人，遇到堅强的阻擊，很快退去，我們也嫌龍王塘常常遭到敵機襲擊，又從龍王塘遷居卧佛寺。我的瘧疾還是時發時愈，初居卧佛寺石窟內，想不到僧侶不講究衞生，遍地都是蝨子，我床上也沾了幾個蝨子，我趕快遷到閻王殿，把舖搭在黑無常白無常站着的欄外，蒙頭大睡。三五天後，奎銀針已發生療效，燒也漸漸退了。

一個多月以後，前線局勢轉穩，我們隨印泉先生退到大理。我在大理又發了一次燒，住了一個月，就回到昆明，由諸祖耿先生前往大理，我就買車票前去重慶了。

我是經宣威、安順、貴陽、遵義這一條公路到達重慶的，到重慶後，住了一天，就到沙坪壩中央大學師範學院國文系報到，系主任是伍叔儻，在見到他之後，他領我去見孫世揚先生，伍、孫見到我都非常高興，住在沙坪壩不到十天，就把行李搬往柏溪分校，担任大一國文，住柏溪有兩年之久。功課很輕鬆，三班大一國文，每班三小時，每周九小時，備課只要一個鐘頭。每周兩天半的時間，把功課應付過去了，其餘的時間，拿來整理舊稿，《北周地理志》、《北周六典》、《西崑酬唱集注》，都在這兩年中加以整理，略具眉目。我記得到達柏溪的第一年，陰曆十月十二日，是我三十生日（虛歲），我一個人到半山腰麪店裏喫了一碗麪，以示慶祝。

柏溪有一條小溪，流入嘉陵江。學校的教室和宿舍，都傍山而築。從山頂宿舍下至嘉陵江邊，只一里多地。嘉陵江可擺渡到對岸，對岸有茅屋，外有茶座，擺了一排竹躺椅，可以晒太陽，可以看嘉陵江過往的舟船，我嘉歡帶了一本書去那裏喝茶看書。後來怕肺病傳染，就自己帶了瓷杯去泡茶。到傍晚才渡江回到宿舍。

中大藏書很多，我要借的書，他們還特地從沙坪壩裝箱運到柏溪來，我記得《册府元龜》和《八瓊室金石補正》，都是在柏溪翻閱的。

一九四四年秋季，因課多排在沙坪壩，我也就遷居小龍坎校本部宿舍，後來又遷居沙坪壩宿舍。我很懊悔離開柏溪。因爲柏溪寧静，是讀書著作的好地方，沙坪壩简直是個商埠；人往人來，煩擾不堪。一九四五年八月十四日，日本宣布投降，孫世揚先生因肺病很重，先請人護送回上海，我仍留居沙坪壩上課，静待學校安排返回南京。

一九四五年秋，伍叔儻問我：「要不要改名義？」指的是從講師昇副教授。我說要。他說要送著作，你在十天内送給我，我就把《北周六典》和《西崑酬唱集注》兩稿交給他，他看了一看書名，說你在中文系，就送文學著作《西崑酬唱集注》吧。他接着緻細地翻閱了《北周六典》，感慨地說：「用這本書昇教授也可以了，希望抓緊完成它。」

《西崑酬唱集注》送教育部後，教育部委託汪東先生審查，我的名字用墨被塗掉了，偶有一處，没被塗改，他才知道是我注的。他寫了很好的評語，我很快就通過審查，我就成爲副教授了，這年我三十三歲（虚歲）。當時每一年加二十元，我已加到三百二十元，再根據物價指數累增，實發多少，我就記不清了。一九四六年夏，學校安排單身教師乘運輸飛機去南京，我一到南京，住不到幾天，就去上海，會親訪友，自有一番熱鬧。我趕緊去了一次餘姚，安葬了浮厝的父親和妻子的棺柩。

一九四六年秋，中央大學内部院系調整，撤消了師範學院國文系，合併於文學院中文系，仍由伍叔儻任系主任。兩系一合併，人事糾紛就多了，我始終没敢捲進去。

當時國民黨政府成立國史館，由張繼任館長，但燾任副館長，他們想物色章太炎先生的弟子去參加修史，章先生夫人湯國梨先生推薦我和潘景鄭兄去參加修史工作，湯國梨先生來信叫我去見張繼，張繼是太炎先生的盟兄弟，見了一次，到了國史館成立大會，就請我去參加。後來友人反對我去，認爲「這是一個衙門，不是研究學問的地方，將來戴季陶、陳立夫等人死了，宣付國史館立傳，你給他們執筆立傳嗎？」我想想說得也對，就不再去了。所以在報上登載開國史館成立大會事，記載着我的名字，但實際我没有去。

一九四五年秋到一九四七年秋，這兩年中，我對上課還是認真的，但生活動盪，讀書的時間不多，只時斷時續的翻閱了《昭和大藏經》若干册，補充了《北周六典》中有關北周武帝滅佛部分資料。時間浪費得還是很多，科研收獲，不够理想。

兩系合併，矛盾很大。一九四七年夏，改由胡光煒任中文系主任，他上任伊始，大刀闊斧地解聘了七八位教授，朱東潤先生、吴組緗先生、蔣禮鴻先生和我，都在解聘之列。當時組緗最受進步學生歡迎，怕導致學潮，放出風聲來，説組緗是自己改就金陵女大教職的。實際呢，組緗去金陵女大是兼職，中大才是本職，這一年，中大本來準備以教授名義聘他的。解放後，我在北京遇到組緗，他告訴我，他在一個會上碰到前中央大學校長吴有訓，時任中國科學院副院長，他特地跑到吴組緗面前向他道歉，説在他做校長時，解聘了他，特致歉意。組緗安慰他，説這完全不關您的事。除組緗外，朱東潤、蔣禮鴻和我，在當時水平看來，也不是壞教師，可是我們被解聘了，我到今天還是百思不得其解。我在解聘前，孫世揚先生在安慶病危，我去看了他，世揚先生不久病死，我託人把他的棺柩運回海寧原籍。

我離開南京中央大學，就接了青島山東大學的聘書。事情是這樣的，山東大學校長趙太侔先生從青島來到南京，聽到中央大學中文系解聘了七、八位教授，就向伍叔儻接洽，請他代聘教師去青島任教。伍叔儻就推薦了朱東潤。朱先生人品學問，都是一等。可是他家口很多，八年抗戰，和家人分別很久，不想再遠離家門。因此雖接了聘書，但一時不能前去，答應一年半載之後再去。我聽了，就向朱東潤先生表示我願意去，又向伍叔儻先生表示我願去青島，託他推薦。叔儻先生聽了很奇怪，他認爲我有家在上海，會想去上海教書的，結果我却表示願去青島。但他很快就對趙太侔提及，事情就定下來了。

我爲什麽不想留在上海呢？第一、我的家庭糾紛很多，我不願留在上海。第二、湯國梨先生要求恢復太炎文學院，請馬敍倫任院長，請馬宗霍先生任教務長，諸祖耿先生担任教授。我如在上海，也一定得參加實際工作。我認爲當時的政治局勢變幻莫測，特務橫行，這種局面，應付不過來，主張緩辦。我因此不想住在上海。當時還有人請我去廣州中山大學教書，我聽說中山大學小黨小派很多，不容易處。所以我就到山東大學來了。想不到一來，就住了三十六年之久。

青島風景優美，物價雖也飛漲，可是我還是一個人，負担不重，生活還過得去。因爲生活較安定，我就重新取出舊作來整理了。一九四七年冬天，我曾乘飛機去北京一行，住了一個月左右，在北京大學文科研究所和北京圖書館兩處翻閱了魏晉南北朝和唐初的墓誌，也通過介紹到羅子期先生家裏，看了家墓遺文拓片。這次的收獲是非常大的，《北周地理志》和《北周六典》金石方面的材料，基本都收集全了。一九四八年夏天，我得了一筆稿費，就乘機飛上海視家，那時剛改金圓券，上海人心惶惶，已經要接近解放了。我在暑假快完，又坐海船回到青島。我沉下心來，繼續把舊稿整理，接近完成。一九四八年夏，我也從副教授昇爲教授。這年是三十六歲(虛歲)。

一九四九年六月二日，青島解放，不久，成立歷史研究所，由趙紀彬教授任所長，調我去當研究員，搞農民戰争史資料卡片，我抄了魏晉南北朝農民戰争史卡片有幾百張。幾個月後，郭宣霖教授同我去北京參加政治學習，學習了五個月左右，郭宣霖後來轉到江西師範學院去教書了，我仍舊回到山東大學。這時歷史研究所已撤消，歷史系不久成立，我就轉到歷史系來教書了。一九五二年四月，我和鄭宜秀結婚，結束了十多年的獨身生活。我在歷史系開魏晉南北朝隋唐史的課，費了十多年的精力，寫成《魏晉南北朝史》，於一九八〇年，在上海人民出版社出版，又寫了《隋唐五代史》，在一九八三年秋天完稿，正在審稿準備出版。

鎮反、三反五反、肅反、反右，我都平安地過來了。反右以後，反對右傾，拔白旗，我和童書業教授都成爲批判的對象。一九六三年，國務院調我去中華書局參加二十四史點校工作，第一次從一九六二年十一月到一九六六年六月，第二次從一九六七年進行，我没有參加，第三次從一九七一年七月到一九七六年八月，大概共有九年時間。我的任務是主持南朝五史點校工作，我負責的是《宋書》和《南齊書》，盧振華教授負責的是《梁書》，張維華教授負責的是《陳書》，此外準備請張維華、盧振華兩教授合作點校《南史》，這是最初的計劃，後來由於人員變動，改由我和盧振華教授合作點校《南史》了。

由於我長期在北京點校《宋書》、《南齊書》，就和山東大學歷史系學生很少接觸，低班的學生甚至不知道有我這樣一個人，所以文化大革命開始，對我衝擊不大。當然，打掃厠所，掃大字報場地，是難免的。後來學生出去串聯，我也血壓非常高，病卧在床，不去勞動了。山大遷曲阜，我因病留濟南，没去曲阜。一九七一年去北京，更和學校距離遠了。我每每遇到不如意的時候，我總想沉下心來，整理舊著。一九六八年以後，我病卧中，開始把《北周地理志》加以整理，到了一九七一年，總算寫定完稿了。這部書的寫定，鼓勵我繼續寫下去，《北周六典》也接着寫定了。最後《西崑酬唱集注》也在北京寫定了。不久，四人幫倒，天日重光，我就把這三部稿子交付中華書局，中華書局接受後，很快把我這三部書陸續印刷了出來。這三部書都是我二十幾歲時起草搞的，到六十多歲，才見成書，稿藏四十多載，没有被蠹蟲蛀掉，没有被破四舊燒掉，總算萬幸了。

一九八三年八月，我把一百二十萬字的《隋唐五代史》寫完，有朋友問：「你以後還準備寫哪些書？」我告訴他我準備把這些年論文，編成一個集子，集名《蜡華山館叢稿》，計劃一年之内編成。此後視我的健康好壞，還預備寫幾部書。生命不息，寫作不止。